Langenscheidt

Słownik uniwersalny

polsko-niemiecki
niemiecko-polski

Pod redakcją
Zespołu Redakcyjnego Langenscheidta

Langenscheidt

Berlin · Monachium · Warszawa
Wiedeń · Zurych · Nowy Jork

Langenscheidt
Universal-Wörterbuch Polnisch

Polnisch – Deutsch
Deutsch – Polnisch

Herausgegeben von der
Langenscheidt-Redaktion

Langenscheidt

Berlin · München · Warschau
Wien · Zürich · New York

Bearbeitet von: Jan Swiderski
Redaktion: Susanne Brudermüller

In neuer deutscher Rechtschreibung

Inhaltsverzeichnis

Ergänzende Hinweise, für die wir jederzeit dankbar sind, bitten wir zu richten an:
Langenscheidt-Verlag, Postfach 40 11 20, 80711 München

Druck: DRUK-INTRO SA, Inowrocław
Printed in Poland
ISBN 3-468-18262-7 (deutsche Ausgabe)
ISBN 3-468-96150-2 (polnische Ausgabe)

Vorbemerkungen

Zwecks Raumersparnis sind oft mehrere Stichwörter zu Gruppen (Nestern) vereinigt worden, wobei der senkrechte Strich (|) beim ersten Stichwort den Teil abtrennt, der allen folgenden Stichwörtern gemeinsam ist. Die Tilde (~, beim Wechsel von Groß- zu Kleinschreibung bzw. umgekehrt ≈) ersetzt das ganze Stichwort oder den vor dem senkrechten Strich stehenden Teil des Stichworts:

wło|ski italienisch; **≈szka** = **Włoszka** - Italienerin.
Perfektive Verben werden mit *pf.* bezeichnet. Im 1. Teil stehen sie entweder an ihrer alphabetischen Stelle mit einem Verweis auf das imperfektive Verb oder in spitzwinkligen Klammern (⟨⟩) unmittelbar nach dem imperfektiven Verb: **siać** ⟨**po-, za-**⟩ = **siać** - imperfektiv, **posiać, zasiać** - perfektiv; **natęż|ać** ⟨**~yć**⟩ = **natężać** - imperfektiv, **natężyć** - perfektiv. Im 2. Teil stehen die Vorsilben, die das Verb perfektiv machen, vor dem imperfektiven Verb: ⟨**za**⟩**siać,** die perfektiven Endungen nach dem imperfektiven Verb, wobei ein Bindestrich vor einem für beide Verbformen gemeinsamen Buchstaben den fehlenden Teil bzw. nur die Vorsilbe ersetzt: **nacinać** ⟨**-ciąć**⟩ = **naciąć.** Der Teil der Infinitivendung, der das Verb imperfektiv macht, steht in beiden Teilen in runden Klammern: **odpis(yw)ać** = **odpisać** - perfektiv, **odpisywać** - imperfektiv.

Zahlreiche perfektive Verben, die mit Hilfe der Vorsilben **od-, po-, przed-, w-, z-** usw. gebildet werden, konnten wegen des begrenzten Umfangs im 1. Teil nicht an ihrer alphabetischen Stelle gebracht werden. Es empfiehlt sich deshalb, beim Fehlen eines mit Hilfe der o. g. Vorsilben gebildeten Verbs die Übersetzung beim Grundverb zu suchen: **posłać** unter **słać, posiać, zasiać** unter **siać.** Das Geschlecht der Substantive, wenn sie als Stichwörter erscheinen, ist immer angegeben, bei den Übersetzungen im Teil Polnisch-Deutsch nur dann, wenn das Geschlecht der Übersetzung von dem des Stichworts abweicht. Im deutsch-polnischen Teil wird das Geschlecht der polnischen Substantive nur dann angegeben, wenn es von den allgemeinen Regeln abweicht: Substantive auf Konsonant sind männlich, auf -a und -i weiblich, auf -e (ę) und -o sächlich. Adverbien, die von Adjektiven gebildet werden, aber nicht die Endung **-nie** annehmen bzw. nicht als selbstständiges Stichwort erscheinen, sind nach dem betreffenden Adjektiv angegeben (**-no, -mie, -mo, -wo, po -ku** usw.): **uczciwy** (**-wie**) = **uczciwie** – Adverb, **polski** (**po -ku**) = **po polsku** – Adverb.

Abkürzungen

Skróty

a.	*auch* także
A.	*Akkusativ* biernik
Adj.	*Adjektiv* przymiotnik
Adv.	*Adverb* przysłówek
Agr.	*Ackerbau* rolnictwo
Anat.	*Anatomie* anatomia
Arch.	*Architektur* architektura
Astr.	*Astronomie* astronomia
Bgb.	*Bergbau* górnictwo
Bio.	*Biologie* biologia
Bot.	*Botanik* botanika
bsd.	*besonders* szczególnie
Chem.	*Chemie* chemia
D	*Dativ* celownik
EDV	*Elektronische Datenverarbeitung* elektroniczne przetwarzanie danych
El.	*Elektrotechnik* elektrotechnika
e-n	*einen*
Esb.	*Eisenbahn* kolejnictwo
et.	*etwas* coś
f	*weiblich* rodzaju żeńskiego
F	*familiär* wyraz pospolity
fig.	*figürlich* w przenośni
Fin.	*Finanzen, Bankwesen* finanse, bankowość
Flgw.	*Flugwesen* lotnictwo
Fmw.	*Fernmeldewesen* łączność
Fot.	*Fotografie* fotografia
f/pl.	*Femininum Plural* liczba mnoga rodzaju żeńskiego
G	*Genitiv* dopełniacz
Geogr.	*Geographie* geografia
Gr.	*Grammatik* gramatyka
Hdl.	*Handel* handel
hist.	*historisch* historyczny
I	*Instrumental(is)* narzędnik
Int.	*Interjektion* wykrzyknik
iron.	*ironisch* ironicznie
j-m	*jemandem* komu
j-n	*jemanden* kogo

j-s	*jemandes* kogoś, czyjś
Jur.	*Recht* prawo
Kfz.	*Kraftfahrzeuge* pojazdy mechaniczne
Kj.	*Konjunktion* spójnik
k-o	kogo *jemanden, jemandes*
Kochk.	*Kochkunst* sztuka kulinarna
k-u	komu *jemandem*
L	*Lokativ(us)* miejscownik
m	*männlich* rodzaju męskiego
Mal.	*Malerei* malarstwo
Mar.	*Schifffahrt* żegluga
Math.	*Mathematik* matematyka
Med.	*Medizin* medycyna
Mil.	*Militärwesen* wojskowość
m/pl.	*Maskulinum Plural* liczba mnoga rodzaju męskiego
mst	*meist* najczęściej
Mus.	*Musik* muzyka
n	*sächlich* rodzaju nijakiego
n/pl.	*Neutrum Plural* liczba mnoga rodzaju nijakiego
od.	*oder* lub
P	*populär* wyraz gminny
Pers.	*Person* osoba
pf.	*perfektives Verb* czasownik dokonany
pl.	*Plural* liczba mnoga
Pol.	*Politik* polityka
Pron.	*Pronomen* zaimek
Prp.	*Präposition* przyimek
Rdf.	*Rundfunk* radio, TV
Rel.	*Religion* religia
s.	*siehe* patrz
Sp.	*Sport* sport
Su.	*Substantiv* rzeczownik
Tech.	*Technik* technika
Tel.	*Telefon* telefon
Thea.	*Theater* teatr
Typ.	*Buchdruckerkunst* drukarstwo
u.	*und* i
usw.	*und so weiter* i tak dalej
v.	*von, vom* z, ze
V	*vulgär* wulgarny
verä.	*verächtlich* pogardliwy
v/i	*intransitives Verb* czasownik nieprzechodni
v/t	*transitives Verb* czasownik przechodni
Zo.	*Zoologie* zoologia
Zssg(n)	*Zusammensetzung(en)* złożenie

Die Aussprache des Polnischen

ą	nasaliertes *o* wie in vielen Wörtern aus dem Französischen, z. B. Conf*é*rencier
e	immer offen wie in R*e*st
ę	nasaliertes *e* wie in vielen Wörtern aus dem Französischen, z. B. S*ain*t-Germ*ain*
o	immer offen wie in Sp*o*tt
ó	wie u in M*u*tter
y	etwa wie *i* in F*i*sch, b*i*n, jedoch mit zurückgezogener und nicht so gewölbter Zunge gesprochen
c	wie *z* in *Z*immer, *z*wicken
ć, ci	„weiches" *c* am Wortende, etwa wie *tj* in *tj*a, sonst wie z+j, wobei beide Laute zu einem verschmelzen
cz	wie *tsch* in Ku*tsch*e
dz	eine Verschmelzung von stimmhaften *d* und *s*
dź, dzi	erweichtes *d+s* mit dem nachfolgendem *j* zu einem Laut verschmolzen
dz	wie *dsch* in *Dsch*unke
h, ch	immer wie *ch* in a*ch*
ł	„hartes" *l*, etwa wie engl. *w* in *w*et oder kurzes *u* in Ma*u*s
ń, ni	„weiches" *n*, etwa wie *gn* in Kompa*gn*on
r	Zungenspitzen-*r*, deutlich hörbar auch am Wortende
rz	stimmhaft wie *j* in *J*ournal, stimmlos wie *sch* in *Sch*ule
s	stimmloses *s* wie in au*s* oder wie *ß* in wei*ß*
ś, si	„weiches" stimmloses *s* etwa wie in Mon*si*eur, mit dem nachfolgenden *j* zu einem Laut verschmolzen
sz	wie *sch* in *Sch*ule
z	stimmhaftes *s* wie in *S*en*s*e
ź	„weiches" stimmhaftes *s*, mit dem nachfolgenden *j* verschmolzen
ż	wie *j* in *J*ournal

Polnisch-Deutsches Wörterverzeichnis

A

a und; aber; ~ ***to*** und zwar
abażur *m* Lampenschirm
abecadło *n* das ABC
abon|ament *m* Abonnement *n*; **~ent** *m* Abonnent; (*Fernsprech-*)Teilnehmer
ab|sencja *f* Abwesenheit; Fernbleiben *n*; **~solutny** absolut; **~sorbować** ⟨**za-**⟩ *fig.* in Anspruch nehmen, beanspruchen
absurd *m* Unsinn
aby damit, dass; um zu
aczkolwiek obwohl, obschon
adamaszek *m* Damast
adapter F *m* Plattenspieler
administr|acja *f* Verwaltung; **~ator** *m* Verwalter; **~ować** (*I*) verwalten (*A*)
admirał *m* Admiral
adnotacja *f* Anmerkung
adres *m* Anschrift *f*; **~at** *m* Empfänger; **~ować** ⟨**za-**⟩ (***do*** *G*) adressieren (an *A*)
adwent *m* Advent
adwok|acki Anwalts-; **~at** *m* Rechtsanwalt
afektacja *f* Geziertheit, Getue *n*
aferzysta *m* Hochstapler
afisz *m* (*Theater-*)Plakat *n*, Aushang
afrykański afrikanisch
agat *m* Achat
agen|cja *f* Agentur; **~t** *m* Agent; *Hdl.* Vertreter
agit|acja *f* Agitation; **~ować** (***za*** *I*) agitieren, werben (für)
aglomeracja *f*: ~ ***miejska*** Ballungsgebiet *n*
agrafka *f* Sicherheitsnadel
agresja *f* Aggression
agrest *m* Stachelbeere(n *pl.*) *f*
AIDS *m* Aids *n*
akacja *f* Akazie
akadem|ia *f* Akademie; Gedenkfeier; **~icki** akademisch; Studenten-; **~ik** *m* Student; Akademiemitglied *n*; F Studentenwohnheim *n*
akcent *m* Akzent
akcesoria *m/pl.* Accessoires *pl.*; Zubehör *n*
akc|ja *f* Aktion; (*Roman-*) Handlung; *Hdl.* Aktie; **~jonariusz** *m* Aktionär; **~yjny** Aktien-
akompani|ament *m Mus.* Begleitung *f*; **~ować** begleiten
akord *m* Akkord (*a. Mus.*); ***praca*** *f* ***na*** ~ Akkordarbeit
akredytywa *f* Akkreditiv *n*

akrobacja *f*: ~ **lotnicza** Kunstflug *m*
aksamit *m* Samt
akt *m* Akt; *Thea.* Aufzug; (*Heirats-*, *Geburts-*)Urkunde *f*; ~ **oskarżenia** Anklageschrift *f*; **~a** *m/pl.* Akten *f/pl.*
aktor *m* (**~ka** *f*) Schauspieler(in); **~stwo** *n* Schauspielkunst *f*
aktówka *f* Kollegmappe
aktualny aktuell
aktyw *m* Aktiv *n*; **~a** *pl. Hdl.* Aktiva *pl.*; **~ność** *f* Aktivität; **~ny** aktiv
akumu|lator *m* Akku(mulator); *Kfz.* Batterie *f*; **~lować** ⟨**z-**⟩ (auf)speichern
akurat gerade (jetzt *usw.*); **~ność** *f* Sorgfalt
akuszerka *f* Hebamme
akwa|rela *f* Aquarell *n*; **~rium** *n* Aquarium
Akwizgran *m* Aachen *n*
alarmować ⟨**za-**⟩ alarmieren
albo oder; ~ **...** ~ entweder ... oder
album *m* Album *n*
ale aber; doch
aleja *f* Allee
alergiczny allergisch
alert *m* Alarmbereitschaft *f*
alfabet *m* Alphabet *n*; ~ **dla niewidomych** Blindenschrift *f*
alimenty *pl.* Unterhalt(sbeitrag) *m*
alkohol *m* Alkohol; **~owy** alkoholisch
alleluja *n*: **Wesołego** ♀ Fröhliche Ostern!
Alp|y *pl.* Alpen; **♀ejski** Alpen-; alpin
alt *m* Altstimme *f*
altan(k)a *f* Gartenlaube
altówka *f* Bratsche
aluzja *f* (**do** *G*) Anspielung (auf *A*)
amator *m* Liebhaber; *Sp. usw.* Amateur; **~ski** Amateur-; *Thea.* Laien-
ambasad|a *f* Botschaft; **~or** *m* Botschafter
ambi|cja *f* Ehrgeiz *m*; **~tny** ehrgeizig
ambona *f* Kanzel
ambulatoryjn|y: **leczenie** *n* **~e** ambulante Behandlung *f*
Ameryk|a *f* Amerika *n*; **~anin** *m* (**~anka** *f*) Amerikaner(in); **♀ański** amerikanisch
amnestia *f* Amnestie
amoniak F *m* Salmiakgeist
amortyzator *m* Stoßdämpfer
ampułka *f* Ampulle
amputować amputieren
amunicja *f* Munition
analiza *f* Analyse
ananas *m* Ananas *f*
anarchia *f* Anarchie
anatomia *f* Anatomie
anegdota *f* Anekdote
aneks *m* Beilage *f*
anemiczny anämisch
Angiel|ka *f* Engländerin; **♀ski** (**po -ku**) englisch; **ziele ♀skie** Gewürzkörner *n/pl.*
Anglik *m* Engländer
ani nicht einmal, kein(e); auch (*od.* überhaupt) nicht; ~ **...** ~

weder … noch
anielski engelhaft, Engels-
anioł *m* Engel; ~ ***stróż*** Schutzengel
ankiet|a *f* Umfrage; Fragebogen *m*; **~ować** befragen
anonimowy (-wo) anonym
anons *m* Anzeige *f*, Inserat *n*
antałek *m* Fässchen *n*
antrakt *m* Zwischenakt
antrykot *m Kochk.* Entrecote *n*
antybiotyk *m* Antibiotikum *n*
antyczny antik
antyk *m* Antiquität *f*
antykoncepcyjny: ***środek*** *m* ~ *Med.* Verhütungsmittel *n*
antykwa|riat *m* Antiquariat *n*; **~riusz** *m* Antiquar; **~rski** antiquarisch
antypat|ia *f* Abneigung; **~yczny** antipathisch
anyż(ek) *m* Anis
aparat *m* Apparat, Gerät *n*
apartament *m* Apartment *n*
apatyczny apathisch
apel *m* Apell
apelac|ja *f* Berufung; **~yjny** Berufungs-
apet|yczny appetitlich; **~yt** *m* Appetit; ***pobudzający*** **~*yt*** appetitanregend
apopleksja *f* Schlaganfall *m*
apro|bata *f* Billigung; **~bować** ⟨**za-**⟩ billigen; **~wizacja** *f* Lebensmittelversorgung
apte|czka *f* Hausapotheke; **~*czka*** ***podręczna*** Verband(s)kasten *m*; **~czny** Apotheken-; **~ka** *f* Apotheke; **~karz** *m* Apotheker
Arab *m* Araber; **?ski (po -ku)** arabisch
arbitrażowy Schlichtungs-; Schieds-
arbuz *m* Wassermelone *f*
archipelag *m* Archipel
architekt *m* Archtitekt; **~ura** *f* Architektur
arcy|biskup *m* Erzbischof; **~dzieło** *n* Meisterwerk
arena *f* Arena; Manege
areszt *m* Haft *f*; *Jur. a.* Arrest; **~ować** ⟨**za-**⟩ verhaften; **~owanie** *n* Verhaftung *f*
aria *f* Arie
arkusz *m* (*Papier-*)Bogen
armata *f* Kanone
armator *m* Reeder
armia *f* Armee; ? ***Zbawienia*** Heilsarmee
arogancki arrogant, anmaßend
arszenik *m* Arsenik *n*
arteria *f* Arterie; ~ ***komunikacyjna*** Verkehrsader
artretyzm *m* Arthritis *f*; Gicht *f*
artykuł *m* Artikel; **~*y*** *pl.* ***spożywcze*** *od.* ***żywnościowe*** Nahrungs-, Lebensmittel *pl.*
artyleria *f* Artillerie
artyst|a *m* (**~ka** *f*) Künstler(in); **~yczny** künstlerisch
arytmetyka *f* Arithmetik; (*Fach*) Rechnen *n*
asfaltowy Asphalt-
asortyment *m* Auswahl *f*,

Sortiment *n*
astro|- *in Zssgn* astro-, Astro-; **~nomiczny** astronomisch
atak *m* Angriff; *Med.* Anfall; **~ować** ⟨**za-**⟩ angreifen
atlas *m* Atlas (*Buch*)
atleta *m* Athlet
atmosferyczny atmosphärisch
atom *m* Atom *n*; **~owy** Atom-
atrament *m* Tinte *f*
atut *m* Trumpf
audycja *f* (*Radio-*)Sendung
Austral|ia *f* Australien *n*; **&ijski** australisch
Austri|a *f* Österreich *n*; **&acki** österreichisch; **~ak** *m* (**~aczka** *f*) Österreicher(in)
autentyczny authentisch
auto F *n* Auto, Wagen *m*; **~bus** *m* Autobus; **~kar** *m* Reise(omni)bus
automat *m* Automat; Maschinenpistole *f*; **~ *telefoniczny*** Münzfernsprecher; **~yczny** automatisch
autor(ka *f*) *m* Autor(in); Verfasser(in); Urheber(in)
autostrada *f* Autobahn
autostop|em F per Anhalter; **~owicz** F *m* Anhalter
awans *m* Aufstieg, Beförderung *f* (*im Rang*); **~ować** *v/i* aufrücken, befördert werden
awantur|a *f* (*Ehe-*)Krach *m*, Streit *m*; Krawall *m*; **~nik** *m* Krawallmacher; Abenteurer; **~ować się** randalieren, krakeelen
awaria *f* Havarie; Panne, Störung
azbest *m* Asbest
Azja *f* Asien *n*; **&tycki** asiatisch
azot *m* Stickstoff
azyl *m* Asyl *n*; **~ant(ka** *f*) *m* Asylant(in); ***prawo*** *n* **~u** Asylrecht
aż bis; **~ *do*** bis zu, bis nach, bis an
ażeby damit; um zu

B

bab|a *f* (altes) Weib *n*; **~cia** *f* Großmutter, F Oma; **~ka** *f* Großmutter; Napfkuchen *m*; F (flotte) Biene
babrać się (**w** *L*) manschen (in *D*)
bachor *m* Balg, Bengel
bacz|ność *f* Aufmerksamkeit, Acht(ung); **~ny** aufmerksam, wachsam
bać się (*G*) sich fürchten, Angst haben (vor *D*)
bad|acz *m* Forscher; **~ać** ⟨**z-**⟩ (er)forschen; *Med.* untersuchen; *Jur.* vernehmen; **~anie** *n* Untersuchung *f*; Forschung *f*; Vernehmung *f*; **~awczy** prüfend; Forschungs-
bagaż *m* Gepäck *n*; **~nik** *m*

Kfz. Gepäckträger; Kofferraum; **~owy** Gepäck-; *Pers.* Gepäckträger
bagnet *m* Bajonett *n*
bagn|isty sumpfig; **~o** *n* Sumpf *m*, Moor
baj|eczny fabelhaft; **~ka** *f* Märchen *n*
bajoro *n* Lache *f*, Tümpel *m*
bak *m* Tank
bakier: ***na ~*** schief
bakłażan *m* Aubergine *f*
bakteriobójczy (-czo) bakterizid
bal *m* Bohle *f*; Ball (*Tanz*)
baleron *m* Rollschinken
balet *m* Ballett *n*; **~nica** *f* Balletttänzerin
balia *f* Waschtrog *m*
balkon *m* Balkon; *Thea.* Rang
balon *m* Ballon; Korbflasche *f*; **~ik** *m* Luftballon
balowy Ball-, Fest-
bałagan F *m* Durcheinander *n*
bałamucić ⟨**z-**⟩ (*A*) den Kopf verdrehen (*D*)
bałkański Balkan-
bałtycki baltisch, Ostsee-
bałwan *m* Woge *f*, Brecher; Schneemann; *fig.* Trottel
bambosz *m* Filzpantoffel
banda *f* Bande
bandaż *m* Bandage *f*; Binde *f*; **~ować** ⟨**za-**⟩ *Med.* verbinden
bandera *f Mar.* Flagge
bandy|cki räuberisch; **~ta** *m* Räuber, Bandit
bania *f* bauchige Flasche; Kuppel; Kürbis *m*
bank *m Hdl.* Bank *f*; ***~ danych*** Datenbank *f*; **~ier** *m* Bankier; Bankhalter; **~omat** *m* Bankautomat
bankiet *m* Bankett *n*
bank|not *m* Banknote *f*, Geldschein; **~ructwo** *n* Bankrott *m*; **~rutować** ⟨**z-**⟩ Bankrott machen
bańka *f* Kanne; Kanister *m*; ***~ mydlana*** Seifenblase
bar *m* Bar *f*; Schnellimbiss; ***~ mleczny*** Imbissstube *f* (*mit vorwiegend fleischfreiem Angebot*)
barak *m* Baracke *f*
baran *m* Widder; Hammel; **~ek** *m* Lamm *n*; **~ica** *f* Schafspelz *m*; **~ina** *f* Hammelfleisch *n*
baraszkować ⟨**po-**⟩ herumtollen
barbarzyń|ca *m* Barbar; **~stwo** *n* Barbarei *f*
barchan *m* Barchent
barczysty breitschultrig
bardz|o sehr; **~iej** mehr; ***tym ~iej że*** zumal, dass
barka *f* Frachtkahn *m*
barki *m/pl.* Schultern *f/pl.*
barłóg *m* Strohlager *n*
barman *m* Barkeeper; **~ka** *f* Bardame
barszcz *m* Rote-Rüben-Suppe *f*
barw|a *f* Farbe; **~ić** ⟨**za-**⟩ färben; **~nik** *m* Farbstoff; **~ny** farbig
barykada *f* Barrikade

baryłka *f* Fässchen *n*
baryton *m* Bariton
bas *m* Bass
basen *m* (***pływacki*** Schwimm-)Becken *n*; Bettschüssel *f*
baszta *f* Bastei
baśń *f* Mär, Fabel
bat *m* Peitsche *f*; **~y** *pl.* Hiebe *m/pl.*
bateria *f* Batterie
batuta *f* Taktstock *m*
Bawar|czyk *m* (**~ka** *f*) Bayer(in); **&ski** bayrisch
bawełn|a *f* Baumwolle; **~iany** baumwollen
bawić *v/t* unterhalten; erheitern; *v/i* weilen; **~ *się*** (*I*; **w** *A*) spielen (mit; *A*); sich amüsieren
bawół *m* Büffel
baza *f* Basis; Stützpunkt *m*
bazar *m* Basar
bazgr|ać ⟨**na-**⟩ kritzeln; **~anina** *f* Gekritzel *n*
bażant *m* Fasan
bąbel *m* Blase *f*
bądź¹ oder; **~ … ~** entweder … oder; ***co* ~** immerhin; ***kto* ~** wer immer; irgendwer
bądź² *Imperativ v.* byc sei; **~ *taki dobry*** sei so gut und ...
bąk *m* *Zo.* Bremse *f*; (*Brumm-*)Kreisel; **~ać** ⟨**~nąć**⟩ vor sich hinmurmeln, brumme(l)n
beczeć *v/i* blöken; F plärren
becz|ka *f* Fass *n*, Tonne; **~ułka** *f* Fässchen *n*
bedn|arstwo *n* Böttcherei *f*; **~arz** *m* Böttcher
befsztyk *m* Beef-Steak *n*
bejcować ⟨**za-**⟩ beizen
bek *m* Blöken *n*; F Plärren *n*
bekas *m* Schnepfe *f*
bekon *m* geräucherter Frühstücksspeck
bela *f* Ballen *m*
Belgij|czyk *m* (**~ka** *f*) Belgier(in); **&ski** belgisch
belka *f* Balken *m*
bełkot *m* Gestammel *n*; **~ać** ⟨**wy-**⟩ stammeln
bełtać ⟨**z-**⟩ (ver)mischen, quirlen, (durch)schütteln
benzyn|a *f* Benzin *n*; **~owy** Benzin-; ***stacja*** *f* **~owa** Tankstelle
berbeć F *m* Knirps
beret *m* Barett *n*; Baskenmütze *f*
berlinka *f* Berlinerin
berliń|czyk *m*, **~ski** *Adj.* Berliner
berło *n* Zepter
best|ia *f* Bestie; **~wić się** bestialisch quälen, misshandeln
besztać ⟨**z-**⟩ F (aus)schelten
betonowy Beton-
bez¹ *m* Flieder; ***czarny* ~** Holunder
bez² (*G*) ohne (*A*); **~ *mała*** beinahe; fast; **~ *ustanku*** unaufhörlich
beza *f* Baiser *m*; Meringe
bez|alkoholowy alkoholfrei; **~barwny** farblos; **~błędny** fehlerfrei; **~bolesny**

schmerzlos; **~bożny** gottlos; **~bronny** (*wobec G*) wehrlos (gegen); **~brzeżny** uferlos; **~celowy (-wo)** zwecklos; **~cen**: ***za ~cen*** spottbillig; **~cenny** unschätzbar; **~chmurny** wolkenlos; **~czelny** unverschämt; **~czynny** untätig; **~denny** bodenlos; **~domny** obdachlos; **~drzewny** holzfrei; **~duszny** seelenlos, herzlos; **~dzietny** kinderlos; **~dźwięczny** laut-, tonlos; **~gotówkowy (-wo)** bargeldlos; **~graniczny** grenzenlos; **~imienny** namenlos; **~interesowny** uneigennützig; **~karny** straffrei; **~konkurencyjny** konkurrenzlos; **~królewie** *n* Interregnum; **~krwawy** unblutig; **~krytyczny** kritiklos; **~kształtny** gestaltlos; **~litosny** unbarmherzig; **~ludny** menschenleer; unbewohnt; **~ład** *m* Unordnung *f*; **~mierny** unermesslich; **~mięsny** fleischlos; **~myślny** gedankenlos; **~nadziejny** hoffnungslos; **~okolicznik** *m* Infinitiv; **~ołowiowy** *Benzin*: bleifrei; **~osobowy (-wo)** unpersönlich; **~owocny** fruchtlos; **~pański** herrenlos; **~partyjny** parteilos

bezpiecz|eństwo *n* Sicherheit *f*; **~nik** *m* Sicherung *f*; **~ny** sicher

bez|płatny kostenlos, frei; **~płodny** unfruchtbar; *fig.* fruchtlos; **~podstawny** grundlos; **~pośredni (-nio)** unmittelbar; **~powrotny** unwiederbringlich; **~prawny** rechtswidrig; **~przedmiotowy** gegenstandslos; **~przewodowy** drahtlos; **~przykładny** beispiellos; **~radny** ratlos; **~ręki** armlos; einarmig

bezrobo|cie *n* Arbeitslosigkeit *f*; **~tny** arbeitslos; *Su. m* Arbeitslose(r)

bez|senność *f* Schlaflosigkeit; **~sensowny** sinnlos; **~silny** kraftlos; *fig.* machtlos; **~skuteczny** wirkungslos; **~sporny** unbestritten; **~sprzeczny** unstreitig; **~stronny** unparteiisch; **~troski (-ko)** sorglos; **~ustanny** unablässig; **~wartościowy (-wo)** wertlos; **~warunkowy (-wo)** bedingungslos, unbedingt; **~wiedny** unbewusst; **~wietrzny** windstill

bezwład *m* Lähmung *f*; Trägheit *f*; **~ny** gelähmt; träge

bez|wonny geruchlos; **~wstydny** schamlos; **~wyznaniowy** konfessionslos; **~względny** rücksichtslos; unbedingt

bez|zębny zahnlos; **~zwłoczny** unverzüglich; **~zwrotny** nicht rückzahlbar, verloren

beżowy beige

bęben *m* Trommel *f*; **~ek** *m* *Anat.* Trommelfell *n*

bębnić trommeln; *fig.* F klimpern
bękart *m* Bastard; Balg
biadać (***nad*** *I*) wehklagen (über *A*)
biał|aczka *f* Leukämie; **~ko** *n* Eiweiß; das Weiße im Auge; **~owłosy** weißhaarig; **~y** weiß
biba P *f* Sauferei
biblia *f* Bibel
biblioteka *f* Bibliothek
bibuł|a *f* Löschpapier *n*; **~ka** *f* Zigarettenpapier *n*
bicie *n* Schlagen, Prügeln; **~ *serca*** Herzklopfen
bicz *m* Peitsche *f*; Geißel *f*
bić schlagen; prügeln (**się** sich); *Beifall* klatschen; *v/i Herz*: klopfen
biec ⟨**po-**⟩ laufen, rennen
bied|a *f* Armut, Not; **~ak** *m* armer Schlucker; **~ny** arm; *Su. m* Arme(r); **~ować** Not leiden
bieg *m* Lauf; *Kfz*. Gang; *Sp*. **~ *zjazdowy*** Abfahrtslauf; ***z ~iem czasu*** mit der Zeit; **~acz** *m* Läufer; **~ać** (herum)laufen; **~le** *Adv.* fließend; flott; **~ły** bewandert, erfahren; *Su. m* Sachverständige(r); **~nąć** *s.* **biec**
biegun *m Geogr., El.* Pol
biegunka *f Med.* Durchfall *m*
biel *f* Weiß *n*; **~eć** ⟨**wy-**⟩ weiß werden; **~ić** ⟨**po-**⟩ weißen; bleichen; **~izna** *f* Wäsche; **~iźniarka** *f* Wäscheschrank *m*; **~mo** *n Med.* Star *m*
biernik *m* Akkusativ
bierny passiv
bierzmowanie *n Rel.* Firmung *f*
bieżący (**-co**) laufend; fließend
bieżni|a *f Sp*, (*Renn-*)Bahn; **~k** *m* (*Reifen-*)Profil *n*
bigos *m Kochk.* Sauerkraut *n* mit Fleisch; F *fig.* Durcheinander *n*
bijatyka *f* Prügelei
bilans *m* Bilanz *f*
bilard *m* Billard *n*
bilet *m* (*Fahr-*)Karte *f*; **~ *powrotny*** Rückfahrkarte *f*; **~ *wstępu*** Eintrittskarte; **~erka** *f* Platzanweiserin
bilon *m* Hartgeld *n*
bimber P *m* (schwarzgebrannter) Schnaps
biodro *n* Hüfte *f*
biskup *m* Bischof; **~stwo** *n* Bistum
biszkopt *m* Biskuit *m od. n*
bit|ka *f* Rauferei; **~ki** *pl.* Fleischklopse *m/pl.*; **~wa** *f* Schlacht (**pod** bei; **nad** am)
biuletyn *m* Bericht
biur|ko *n* Schreibtisch *m*; **~o** *n* (***podróży*** Reise-)Büro; **~owiec** *m* Bürohaus *n*
biust *m* Büste *f*; Busen; **~onosz** *m* Büstenhalter
biżuteria *f* Schmuck *m*
blach|a *f* Blech *n*; **~arz** *m* Klempner
blad|ość *f* Blässe; **~y** (**-do**) blass
blag|a *f* Humbug *m*; Flunke-

rei; **~ier** *m* Aufschneider; F Spinner; **~ować** F dick auftragen; flunkern, spinnen
blaknąć ⟨**wy-**⟩ *v/i* verbleichen
blankiet *m* Vordruck
blask *m* Glanz, Schein
blaszan|ka *f* Blechdose; Blechkanne; **~y** Blech-, blechern
blat *m* (*Tisch-*)Platte *f*
blednąć ⟨**z-, po-**⟩ erblassen
blisk|i nah(e); ***z ~a*** aus der Nähe; **~o** (*G*) nahe (bei, an *D*); **~oznaczny** sinnverwandt
blizna *f* Narbe
bliźn|i *m* Mitmensch; **~iaczy** Zwillings-; **~iak** *m* Zwilling; **~ięta** *pl.* Zwillinge *pl.*
bliż|ej *Adv.*, **~szy** näher
blok *m* Block; **~ować** ⟨**za-**⟩ blockieren, sperren
blondyn(ka *f*) *m* Blonde(r), Blondine
bluszcz *m* Efeu
bluzka *f* Bluse
bluźnierstwo *n* Gotteslästerung *f*
błag|ać (***o*** *A*) flehen (um); **~alny** flehentlich
błah|ostka *f* Kleinigkeit; **~y** belanglos
bławatek *m* Kornblume *f*
błaz|en *m* Narr; **~eński (-ko)** närrisch, albern; **~nować** Possen treiben, F herumalbern, blödeln
błąd *m* Fehler; Irrtum
błą|dzić, ~kać się (umher)irren
błędny irrig, falsch
błękit *m* Bläue *f*, Himmelsblau *n*; **~ny** (himmel)blau
błogi (-go) glückselig
błogosław|ić ⟨**po-**⟩ segnen; **~ieństwo** *n* Segen *m*; **~iony** *Rel.* selig
błon|a *f Fot.* Film *m*; ***~a śluzowa*** *Anat.* Schleimhaut; **~ica** *f* Diphtherie
błot|nik *m* Kotflügel; **~nisty (-to)** sumpfig; schlammig; **~o** *n* (*Straßen-*)Schlamm *m*
błysk *m* (Auf-)Blitzen *n*; **~ać** *v/i* blitzen; blinken; **~awica** *f* Blitz(strahl) *m*; **~awiczny** blitzschnell; *s.* **zamek**; **~otać** ⟨**za-**⟩ flimmern; glitzern; **~otliwy (-wie)** glänzend; **~owy** Blitz-; Blink-
błysnąć *pf.* aufblitzen
błyszcz|eć ⟨**za-**⟩ glänzen, funkeln; **~ący** glänzend; ***na ~ąco*** auf Hochglanz
bo *Kj.* denn, weil, da
boazeria *f* Täfelung
bobas F *m* Baby *n*
bobkowy: ***liść*** *m* **~** Lorbeerblatt *n*
bochen(ek) *m* (Brot-)Laib
bocian *m* Storch
bocz|ek *m* (Bauch-)Speck; **~nica** *f* Nebenstraße; *Esb.* Anschlussgleis *n*; **~ny** Seiten-, Neben-; **~yć się** (***na*** *A*) schmollen (*D*)
bodziec *m* Impuls; Ansporn; *Bio.* Reiz
boga|cić ⟨**wz-**⟩ **się** reich werden; **~ctwo** *n* Reichtum *m*;

Fülle *f*; **~ctwa naturalne** Bodenschätze *pl.*; **~cz** *m* Reiche(r); **~ty (-to)** reich
bogin|i *f* Göttin; **~ka** *f* Nymphe; Fee
bogobojny gottesfürchtig
bohater *m* Held; **~ski (-ko, po -ku)** heldenhaft; **~stwo** *n* Heldenmut *m*
boisko *n* Sportplatz *m*
bojaź|liwy (-wie) furchtsam; verschüchtert; **~ń** *f* Furcht
bojow|nik *m* (Vor-)Kämpfer; **~y** kämpferisch; Kampf-, Gefechts-
bok *m* Seite *f*; Flanke *f*
bok|ser *m* Boxer; **~sować (się)** boxen
bol|ączka *f fig.* wunder Punkt *m*; **~eć** schmerzen; **~i mnie ...** mir tut ... weh; **~esny** schmerzhaft; **~eść** *f fig.* Schmerz *m*
bomb|a *f* Bombe; **~ka** *f* (*Weihnachtsbaum*-)Glaskugel; **~owiec** *m* Bombenflugzeug *n*
bon *m* Bon, Gutschein
bonifikata *f* Preisnachlass *m*
borowik *m* Steinpilz
borowina *f* (*Heil*-)Moor *n*
borowy: ***kwas*** *m* **~** Borsäure *f*
borówka *f* Heidelbeere
borsuk *m* Dachs
bosak *m* Bootshaken
bosk|i (-ko) göttlich; ***Matka*** **Ⴝa** Mutter Gottes
bosy (-so) barfuß
bowiem denn, nämlich
boż‌|ek *m* Götze; **~y** göttlich; **Ⴝe *Ciało*** *n* Fronleichnam *m*; **Ⴝe *Narodzenie*** *n* Weihnachten *pl.*
bób *m* Saubohne *f*
bóbr *m* Biber
Bóg *m* Gott; **~ *zapłać!*** Gott vergelt's!
bój *m* Kampf, Schlacht *f*; **~ka** *f* Schlägerei
ból *m* Schmerz; **~ *gardła*** Halsschmerzen *pl.*; **~e** *pl.* Wehen *pl.*
bór *m* Wald
bóstwo *n* Gottheit *f*
bracia *m/pl.* (Ge-)Brüder
brać nehmen; **~ *się* (*do G*)** sich machen, herangehen (an *A*); **~ *ze sobą*** mitnehmen
brak *m* (*G*) Mangel (an *D*); Ausschuss(ware *f*); ***odczu(wa)ć*** **~** (*G*) vermissen (*A*); **~ować** (*G*) fehlen, mangeln (an *D*)
bram|(k)a *f* Tor *n*; **~karz** *m Sp.* Torwart
bransolet(k)a *f* Armband *n*
branż|a *f* Branche, Zweig *m*; **~owy** Fach-
brat *m* Bruder; **~ *cioteczny, stryjeczny*** Vetter; **~anek** *m* Neffe; **~anica** *f* Nichte; **~ek** *m* Stiefmütterchen *n*; **~erski (po -ku)** brüderlich; **~erstwo** *n* Brüderschaft *f*; **~ni** brüderlich, Bruder-; **~owa** *f* Schwägerin
Brazyl|ia *f* Brasilien *n*; **Ⴝijski** brasilianisch
brąz *m* Bronze *f*; **~owy** Bron-

ze-; **(-wo)** braun
bre|dnie *f/pl.* Geschwätz *n*; **~dzić** *im Fieber* fantasieren; faseln
brew *f* (Augen-)Braue
brezent *m* Plan(deck)e *f*
brnąć stapfen; waten
broczyć: **~ *krwią*** (stark) bluten
brod|a *f* Kinn *n*; Bart *m*; **~aty** bärtig; **~awka** *f* Warze
brodzić waten
broić ⟨**z-**⟩ *v/t* anstellen, anrichten
bron|a *f* Egge; **~ować** ⟨**za-**⟩ eggen
bronić (*G*) verteidigen; (be-)schützen (*A*); ***broń Boże!*** Gott bewahre!
broń *f* Waffe; **~ *jądrowa*** Kernwaffe
broszka *f* Brosche
broszur(k)a *f* Broschüre
browar *m* (Bier-)Brauerei *f*
bród *m* Furt *f*; *fig.* **w ~** in Hülle und Fülle
bródka *f* Bärtchen *n*
bru|d *m* Schmutz, P Dreck; **~dny** **(-no)** schmutzig, P dreckig; **~dzić** ⟨**za-**⟩ (*I*) beschmutzen (mit)
bruk *m* (*Straßen-*)Pflaster *n*
brukiew *f* Kohlrübe
brukow|ać ⟨**wy-**⟩ pflastern; **~y** Pflaster-; *fig.* Straßen-; Schund-
brukselka *f* Rosenkohl *m*
brulion *m* Kladde *f*
brun|atny braun; **~et(ka** *f*) *m* Brünette(r)
brutalny roh, brutal
bru|zda *f* Furche; **~ździć** ⟨**na-**⟩ *fig.* Unfrieden stiften, F wühlen
brwi *f/pl.* Augenbrauen
bryczesy *pl.* Reithose *f*
brykać herumtollen
brykiet *m* Brikett *n*
brylant *m* Brillant
bryła *f* Klumpen *m*; *Math.* Körper *m*; **(lodu** Eis-)Block *m*
bryndza *f* Schafskäse *m*
brytan *m* Hofhund
Brytania *f*: ***Wielka ~*** Großbritannien *n*
brytyjski britisch
bryz|g *m* Spritzer; **~gać** ⟨**~nąć**⟩ *v/i* spritzen
bryzol *m Art* (*Filet-*)Steak *n*
brzana *f* Barbe
brzask *m* Morgengrauen *n*
brząk|ać ⟨**~nąć**⟩ *s.* **brzękać**
brzdąc F *m* Knirps
brzdąk|ać ⟨**~nąć**⟩ klimpern
brzeg *m* Rand; Ufer *n*
brzemię *n* Bürde *f*
brzezina *f* Birkenholz *n*
brzeżek *m* Rand; Saum
brzęcze|ć ⟨**za-**⟩ summen; klirren; **~nie** *n* Summen
brzęk *m* Klirren *n*, Gerassel *n*; **~ać** ⟨**~nąć**⟩ klirren; klimpern
brzmie|ć ⟨**za-**⟩ lauten; (er)tönen; **~nie** *n* Klang *m*; Wortlaut *m*
brzoskwinia *f* Pfirsich *m*
brzoza *f* Birke
brzu|ch *m* Bauch; **~chacz** *m*

Dickwanst; **~chaty** dickleibig; bauchig; **~szek** *m* Bäuchlein *n*; **~szny** Bauch-
brzyd|ki (-ko) hässlich; **~nąć** ⟨**z-**⟩ hässlich werden; **~ota** *f* Hässlichkeit
brzydzić się (*I*) sich ekeln (vor *D*)
brzytwa *f* Rasiermesser *n*
buble F *m/pl.* Ladenhüter *pl.*
buch|ać ⟨**~nąć**⟩ *v/i Flamme*: empor-, entgegenschlagen; *Rauch*: hervorquellen; F *v/t* klauen
bucik *m* Schuh
bucz|eć heulen, brummen; **~ek** *m* Summer
bud|a *f* Bude; **~ka** *f* (kleine) Hütte; Häuschen *n*; Kiosk *m*; (*Telefon-*)Zelle
budow|a *f* Bau *m*; **~ać** ⟨**z-**⟩ (er)bauen; **~la** *f* Bau *m*, Gebäude *n*; **~lany** Bau-; **~nictwo** *n* Bau(wesen) *m*; **~niczy** *m* Baumeister; Erbauer
budu|jący (-co) erbaulich; **~lec** *m* Baumaterial *n*
budynek *m* Gebäude *n*
budyń *m* Pudding
budzi|ć ⟨**z-**⟩ (auf)wecken; **~ć się** aufwachen; **~k** *m* Wecker
budżet *m* Etat, Haushalt(s-plan); **~owy** Etat-, Haushalts-
bufet *m* Erfrischungsraum; Imbissstube *f*; Theke *f*; **~owa** *f* Büfettfräulein *n*
bufiasty (-to) bauschig
bufor *m Esb.* Puffer
buj|ać *v/i* schweben; F flunkern; *v/t* schaukeln; **~ny** üppig; *Haar*: dicht
buk *m* Buche *f*
bukiet *m* (*Blumen-*)Strauß; (*Wein*) Blume *f*
bukszpan *m* Buchsbaum
buldożer *m* Planierraupe *f*
bulgotać blubbern
bulwa *f* Knolle
buława *f* Feldherrnstab *m*
buł|eczka, ~ka *f* Semmel
bumelować sich vor der Arbeit drücken, krankfeiern
bunt *m* Meuterei *f*, Aufruhr
buntow|ać ⟨**z-**⟩ aufwiegeln; **~ać** ⟨**z-**⟩ **się** rebellieren; meutern; **~nik** *m* Rebell, Meuterer
bura F *f* Schelte
bur|aczany Rüben-; **~ak** *m* Rübe *f*
bur|czeć ⟨**~knąć**⟩ brummen
burda F *f* Krawall *m*
burmistrz *m* Bürgermeister
bursztyn *m* Bernstein
burta *f* Bord(wand *f*) *m*
bury (grau)braun
burz|a *f* Sturm *m*; Gewitter *n*; **~liwy (-wie)** stürmisch; **~yć** ⟨**z-**⟩ zerstören; niederreißen; ⟨**wz-**⟩ aufwiegeln; **~yć się** brodeln; (auf)schäumen
burżuazja *f* Bürgertum *n*
busola *f* Kompass *m*
but *m* Schuh; Stiefel
buta *f* Hochmut *m*
butel|ka *f* Flasche; **~kowy** Flaschen-
butla *f* (*Glas-*)Ballon *m*
butonierka *f* Knopfloch *n*

butwieć ⟨**z-**⟩ (ver)modern
buzia F *f*, **~k** F *m* (*Kinder-*)Gesicht *n*; Busserl *n*
by damit, dass; um zu
byczy Stier-; F *fig.* prima, klasse
być sein; (*als Hilfsverb bei der Bildung des Futurs*) werden; ***~ może*** kann sein
byd|lę *n* Vieh; **~lęcy** viehisch; **~ło** *n* (*Horn-*)Vieh
byk *m* Stier, Bulle; *fig.* F ***strzelić ~a*** e-n Bock schießen
byle[1]: ***~ gdzie*** irgendwo; ***~ kto*** der erste Beste
byle[2] *Kj.* wenn nur
bylina *f* Staude
były ehemalig
bynajmniej durchaus nicht, keinesfalls
bystr|ość *f* Schnelligkeit; ***~ość umysłu*** Scharfsinn *m*; **~y** (**-ro**) schnell; *Strömung*: reißend; scharf(sinnig)
byt *m* Dasein *n*, Existenz *f*; **~ność** *f* Anwesenheit; Aufenthalt *m*; **~ować** existieren
bywa|ć vorkommen; (**w** *L*, **u** *G*) verkehren (bei, in *D*); **~lec** *m* Stammgast
bzdur|a *f* Quatsch *m*; **~ny** unsinnig
bzik F *m* Macke *f*, Fimmel
bzyk|ać ⟨**~nąć**⟩ summen

C

cack|ać się (***z*** *I*) zu viel Umstände machen (mit); **~o** *n fig.* Kleinod, kleines Kunstwerk
cal *m* Zoll (*Maß*); **~ówka** *f* Zollstock *m*
całkowity (**-cie**) ganz, vollkommen; *Adv.* *a.* gänzlich
cało *Adv.* unversehrt
cało|dzienny ganztägig; **~kształt** *m* Gesamtheit *f*; **~roczny** ganzjährig; **~ść** *f* das Ganze; **~wać** ⟨**po-**⟩ küssen (***się*** sich)
całus *m* Kuss
cały ganz; heil, unversehrt; ***~mi dniami*** tagelang
campingowy *s.* **kempingowy**
cap *m* Ziegenbock
cążki *pl.* (kleine) Zange *f*
ceber, **cebrzyk** *m* Zuber
cebul|a *f* Zwiebel; **~owy** Zwiebel-
cech *m* Zunft *f*, Innung *f*; **~a** *f* Merkmal *n*; Eigenschaft; (*Fabrik-*)Zeichen *n*; **~ować** kennzeichnen; eichen
ceduła *f* (*Kurs-*)Zettel *m*
cedz|ak *m* *Kochk.* Durchschlag; **~ić** ⟨**prze-**⟩ (durch-)seihen
ceg|ielnia *f* Ziegelei; **~lany** Ziegel-; **~lasty** (**-to**) ziegelrot; **~ła** *f* Ziegelstein *m*

cekaem *m* schweres Maschinengewehr
cel *m* Ziel *n*; Zweck
cela *f* (*Gefängnis-*)Zelle
celem (*G*) um zu, zwecks
celn|ik *m* Zollbeamte(r); **~y**[1] treffsicher; *Schuss*: genau
celn|y[2] Zoll-; ***odprawa*** *f* **~a** Zollabfertigung
celow|ać ⟨**wy-**⟩ (**do** *G*) zielen (auf *A*); **~nik** *m* Visier *n*; *Fot.* Sucher; *Gr.* Dativ; **~o** *Adv.* absichtlich; **~ość** *f* Zweckmäßigkeit; **~y** zweckdienlich; absichtlich
celujący (**-co**) ausgezeichnet; (*Note*) sehr gut
cementownia *f* Zementfabrik
cen|a *f* Preis *m*; **~ić** *fig.* schätzen; **~nik** *m* Preisliste *f*; **~ny** wertvoll
centr|ala *f* Zentrale; **~um** *n* Mitte *f*, Zentrum
cep *m* Dreschflegel; *fig.* Tölpel
cera *f* Teint *m*, Gesichtsfarbe
cerami|czny keramisch, Keramik-; **~ka** *f* Keramik
cerata *f* Wachstuch *n*
ceregiel|e *pl.*: ***bez*** **~i** ohne Umstände
cerkiew *f* (orthodoxe) Kirche
cerować ⟨**za-**⟩ *Strumpf* stopfen
certować się sich zieren
cesarz(owa *f*) *m* Kaiser(in)
cetnar *m* Zentner
cewka *f* *Tech.* Spule; **~ *moczowa*** Harnröhre
cęgi *pl.* Zange *f*
cętkowany gesprenkelt
chaber *m* Kornblume *f*
chałup|a *f* Bauernhütte; **~nictwo** *n* Heimarbeit *f*; **~nik** *m* Heimarbeiter
cham *m* Flegel, Rüpel; **~ski** (**po -ku**) flegelhaft, rüpelhaft
charakter *m* Charakter; **~ *pisma*** Handschrift *f*; **~ystyczny** charakteristisch
charczeć *v/i* röcheln
chata *f* Hütte, Kate
chcieć (*G*) wollen; mögen (*A*)
chciw|ość *f* Habsucht; **~y** (**-wie**) (hab)gierig
chełp|ić się (*I*) sich brüsten, prahlen (mit); **~liwy** (**-wie**) prahlerisch
chem|ia *f* Chemie; **~iczny** chemisch; **~ik** *m* Chemiker
cherlak *m* Schwächling
chę|ć *f* (**do** *G*) Lust (zu); **~tka** *f* Gelüst *n*, Lust; **~tny** (bereit)willig
chichotać kichern
Chi|nka *f* Chinesin; **~ny** *pl.* China *n*; **~ńczyk** *m* Chinese; **ᴤński** (**po -ku**) chinesisch
chlap|ać planschen; ⟨*a.* **~nąć**⟩ (*I*) (be)spritzen (mit)
chleb *m* Brot *n*
chlew *m* (Schweine-)Stall *m*
chlipać schluchzen
chlorowy Chlor-
chlub|a *f* Ruhm *m*; Stolz *m*; **~ić się** (*I*) sich rühmen (*G*); **~ny** rühmlich
chlup(ot)ać gluckern; plät-

schern; planschen
chlus|tać ⟨**~nąć**⟩ *v/i* spritzen; (hervor)sprudeln; **(na** *A***)** bespritzen (*A*); **(do** *G***)** plumpsen (in *A*)
chłeptać schlürfen
chło|dnąć ⟨**o-**⟩ sich abkühlen; **~dnia** *f* Kühlhaus *n*; **~dnica** *f Kfz*. Kühler *m*; **~dnik** *m* Gemüsekaltschale *f*; **~dny (-no)** kühl; **~dzić** ⟨**o-**⟩ (ab)kühlen; **~nąć** ⟨**w-**⟩ absorbieren; aufnehmen
chłop *m* Bauer; F Kerl; **~ak** *m* Junge, Bursche; **~czyk** *m*, **~iec** *m* Junge, Knabe; **~ięcy** knabenhaft; **~ka** *f* Bäuerin; **~ski** bäuerlich, Bauern-
chłosta *f* Prügelstrafe
chłód *m* Kühle *f*, Kälte *f*
chłystek *m* Schnösel
chmiel *m* Hopfen
chmu|ra *f* Wolke; **~rny (-no)** wolkig; *fig*. düster; **~rzyć się** ⟨**za-**⟩ sich bewölken; *fig*. sich verdüstern
chociaż, choć obgleich, obwohl, wenn nur *od*. doch
cho|dnik *m* Bürgersteig, Gehweg; Läufer (*Teppich*); **~dzić** gehen; **(do szkoły** Schule**)** besuchen; **~dzi o** es geht um
choinka *f* Christbaum *m*
cholewa *f* Stiefelschaft *m*
chomik *m* Hamster
chorą|giew *f* Fahne; **~ży** *m* Fähnrich; Bannerträger
choro|ba *f* Krankheit; **~bliwy (-wie)** krankhaft; **~bowy** Krankheits-; Kranken-; **~wać** krank sein; **(na** *A***)** leiden (an *D*); **~wity** kränklich
chorwacki kroatisch
chory krank; *Su*. Kranke(r)
chować ⟨**s-**⟩ verstecken, verbergen; ⟨**wy-**⟩ (auf-, groß-) ziehen; *Tiere* halten
chód *m* Gang
chór *m* Chor
chów *m* Zucht *f*, Haltung *f*
chrabąszcz *m* Maikäfer
chrap|ać schnarchen; **~anie** *n* Schnarchen; **~liwy (-wie)** rau, heiser
chrobry tapfer, kühn
chroniczny chronisch
chronić ⟨**o-, u-**⟩ **(od** *G*, **przed** *I***)** schützen, bewahren (vor *D*); **~ się** ⟨**s-**⟩ Schutz suchen
chropawy (-wo) rau, uneben
chrup|ać knabbern, knuspern; **~iący (-co)** knusprig
chrust *m* Reisig *n*
chrypka *f* Heiserkeit
chrzan *m* Meerrettich
chrza|kać ⟨**~knąć**⟩ sich räuspern; *Schwein*: grunzen
chrząstka *f* Knorpel *m*
chrząszcz *m* Käfer
chrzci|ć ⟨**o-**⟩ taufen; **~ny** *pl*. Taufe *f*
chrzest *m* Taufe *f*; **~na matka** *f* Taufpatin; **~ny ojciec** *m* Taufpate
chrześ|cijanin *m* Christ; **~cijański** christlich; **~cijaństwo** *n* Christentum; **~niak** (**~niaczka** *f*) *m* Patenkind *n*

chrzę|st *m* Knirschen *n*; Gerassel *n*, Geklirr *n*; **~ścić** knirschen; klirren, rasseln
chuch|ać ⟨**~nąć**⟩ *v/i* hauchen
chud|nąć ⟨**s-**⟩ abmagern; **~ość** *f* Magerkeit; **~y** (**-o**) mager
chuligan *m* Rowdy, Halbstarke(r); **~ić** randalieren
chust(ecz)ka *f* (***na głowę*** Kopf-, ***do nosa*** Taschen-) Tuch *n*
chwa|lebny lobenswert; **~lić** ⟨**po-**⟩ loben; **~lić się** (*I*) sich rühmen (*G*); **~ła** *f* Ruhm *m*; ***~ła Bogu!*** Gott sei Dank!
chwast *m* Unkraut *n*
chwiać ⟨**za-**⟩ (*A od. I*) (hin und her) wiegen, biegen; **~ się** (sch)wanken; wackeln
chwiejny (sch)wankend; wack(e)lig
chwil|a *f* Augenblick *m*; Weile; **~owy** (**-wo**) augenblicklich; zeitweilig
chwyt *m* Griff; **~ać** ⟨**chwycić**⟩ (er)greifen, packen
chy|ba wohl; ***~że*** es sei denn, dass; **~bi(a)ć** (*G*) verfehlen (*A*); **~biony** verfehlt, Fehl-; **~lić** ⟨**po-**⟩ neigen (***się*** sich); **~try** (**-rze**) listig; schlau; **~ży** (**-żo**) flink
ci *Pron. s.* **ten**
ciał|o *n* Körper *m*; Leib; ***górna część ~a*** Oberkörper; *s.* **boży**
ciarki *f/pl.* Gänsehaut *f*
ciasn|ota *f* Enge; **~y** (**-no**) eng, knapp
ciast|ko *n* Kuchen *m*; **~o** *n* Teig *m*
ciąć ⟨**po-**⟩ (zer)schneiden
ciąg *m* Zug; (Ver-)Lauf; ***~ dalszy*** Fortsetzung *f*; **~ły** (**-le**) fortwährend, stetig, Dauer-; **~nąć** ⟨**po-**⟩ ziehen; schleppen (***się*** sich); **~nienie** *n* Ziehung *f*; **~nik** *m* Zugmaschine *f*, Schlepper
ciąż|a *f* Schwangerschaft; **~enie** *n* Schwerkraft *f*; **~yć** (***na*** *L*) lasten (auf *D*)
cich|aczem *Adv.* heimlich, verstohlen; **~nąć** ⟨**u-**⟩ verstummen; **~y** (**-cho**) still, leise; ruhig
ciec *s.* **cieknąć**
ciecz *f* Flüssigkeit
ciekaw|ość *f* Neugier; **~y** (**-wie**) neugierig; interessant, spannend
ciek|ły flüssig; **~nąć** fließen, rinnen; leck sein
ciel|ak *m*, **~ę** *n* Kalb *n*; **~ęcina** *f* Kalbfleisch *n*; **~ęcy** Kalb(fleisch)-; **~na** *Kuh*: trächtig
ciem|ię *n Anat.* Scheitel *m*; **~nia** *f Fot.* Dunkelkammer; **~nieć** ⟨**po-, ś-**⟩ dunkel werden; **~ność** *f* Dunkel(heit) *n*; **~ny** (**-no**) dunkel, finster
cieni|ować tönen, schattieren; **~sty** (**-ście, -to**) schattig
cienki (**-ko**) dünn; fein
cień *m* Schatten
ciepl|arnia *f* Treibhaus *n*; **~eć** ⟨**po-**⟩ warm werden; **~lny** Wärme-

ciepł|awy (-wo) lau(warm); **~o** *n* Wärme *f*; *Adv.* warm; **~ota** *f*: ***~ota ciała*** *Med.* Temperatur; **~ownia** *f* Fernheizwerk *n*; **~y** warm
cier|niowy Dornen-; **~nisty** dornig; **~ń** *m* Dorn, Stachel
cierpie|ć *v/i* leiden; dulden; ⟨**wy-**⟩ ertragen; **~nie** *n* Leid(en)
cierpki (-ko) herb
cierpliw|ość *f* Geduld; **~y (-wie)** geduldig
cierpnąć ⟨**ś-**⟩ *Fuß*: einschlafen; *Zähne*: stumpf werden
cieszyć freuen (**się** sich); **~ się** (*I*) sich erfreuen (*G*)
cieśla *m* Zimmermann
cieśnina *f* (Meer-)Enge
cietrzew *m* Birkhahn
cię|cie *n* Schnitt *m*; Hieb *m*; **~ciwa** *f* Bogensehne; *Math.* Sehne
ciężar *m* Gewicht *n*; Last *f*; **~na** schwanger; **~ówka** *f* Lastwagen *m*, F Laster *m*
ciężki (-ko) schwer
ciocia *f* Tante
cios *m* Hieb, Schlag; **~ać** behauen
ciot|eczny *s.* **brat, siostra**; **~ka** *f s.* **ciocia**
ciskać[1] ⟨**cisnąć**⟩ werfen
cisnąć[2] ⟨**na-, po-**⟩ drücken; *nur impf.* ***~ się*** sich drängen
cisza *f* Stille
ciśnienie *n* Druck *m*
ciuchy F *m/pl.* gebrauchte Kleider *n/pl.*, Klamotten *f/pl.*
ciułać ⟨**u-**⟩ (zusammen)sparen
ciupa F *f* Bude; Kittchen *n*
ciupaga *f* Bergstock *m*
ciżba *f* Gedränge *n*; (*Menschen-*)Menge
ckliwy (-wie) rührselig
clić ⟨**o-**⟩ verzollen
cło *n* Zoll(gebühr *f*) *m*
cmentarz *m* Friedhof
cmok|ać ⟨**~nąć**⟩ schnalzen; schmatzen (*a. küssen*)
cnot|a *f* Tugend; **~liwy (-wie)** tugendhaft
co was; (irgend)etwas; ***~ do*** bis (auf); was … betrifft; ***~ godzinę*** jede Stunde; ***~ za*** was für ein; ***w razie czego*** falls etwas schiefgeht; ***po czym*** danach; ***o czym*** wovon; davon
codzienny (all)täglich
cofać ⟨**cofnąć**⟩ zurückziehen; *Wagen* zurücksetzen; *Uhr* zurückstellen; widerrufen; entziehen; ***~ się*** zurückweichen, -treten, -fahren
cokolwiek ein wenig; **~bądź** was auch immer
comber *m* *Kochk.* Rücken, Ziemer
coraz immer (***lepiej*** besser *usw.*)
coroczny alljährlich
coś etwas; **~kolwiek** irgendetwas
cór|eczka *f* Töchterlein *n*; **~ka** *f* Tochter
cóż was denn; warum
cuchnąć F stinken

cucić ⟨**o-**⟩ (wieder) zu sich bringen
cud *m* Wunder *n*; **~aczny** wunderlich; **~ny** wunderschön; **~owny** wunderbar
cudzołóstwo *n* Ehebruch *m*
cudzoziem|iec *m* (**~ka** *f*) Ausländer(in); **~ski** fremd(ländisch)
cudzy (**-dzo**) fremd; **~słów** *m* Anführungszeichen *n/pl.*
cukier *m* Zucker; **~ek** *m* Bonbon *m od. n*; **~nia** *f* Konditorei; **~niczka** *f* Zuckerdose
cukrow|nia *f* Zuckerfabrik; **~y** Zucker-
cukrzy|ca *f* Zuckerkrankheit; **~ć** ⟨**po-**⟩ zuckern
cumować ⟨**przy-**, **za-**⟩ (*Schiff*) festmachen
cwał *m* Galopp
cwan|iak *m* Schlaukopf, Schlitzohr *n*; **~y** gewieft, gerissen
cyfr|a *f* Ziffer; **~owy** Ziffer(n)-, Zahlen-; (*a.* **-wo**) zahlenmäßig; digital
Cygan *m* (**~ka** *f*) Zigeuner(in); **≈ić** ⟨**o-**⟩ F (be)schummeln
cygar|etka *f s.* **papieros**; **~niczka** *f* Zigarettenspitze; **~o** *n* Zigarre *f*
cylinder *m* Zylinder
cymbał *m fig.* Trottel
cyna *f* Zinn *n*
cynamon *m* Zimt
cynkować ⟨**o-**⟩ verzinken
cynować ⟨**o-**⟩ verzinnen
cypel *m* Kap *n*; Spitze *f*, Ende *n*
cypryjski zypriotisch
cyrk *m* Zirkus
cysterna *f* Zisterne; Tankwagen *m*
cytować ⟨**za-**⟩ zitieren
cytryna *f* Zitrone
cywil *m* Zivilist; **~ny** zivil
cza|d *m* Kohlendunst; **~dzić** qualmen
czaić ⟨**za-**⟩ **się** lauern
czajka *f Zo.* Kiebitz *m*
czajnik *m* Teekessel
czapka *f* Mütze, Kappe
czapla *f* Reiher *m*
czar *m* Zauber; Bann
czarn|orynkowy Schwarzmarkt-; **~y** (**-no**) schwarz
czaro|dziej *m* Zauberer; **~wać** zaubern, hexen; ⟨**o-**, **za-**⟩ be-, verzaubern; **~wnica** *f* Hexe
czart *m* Teufel
czarujący (**-co**) bezaubernd
czas *m* Zeit *f*; ***po ~ie*** zu spät; **~em**, **~ami** bisweilen, manchmal
czaso|pismo *n* Zeitschrift *f*; **~wy** (**-wo**) zeitlich; zeitweilig
czaszka *f* Schädel *m*
czatować *s.* **czaić się**; (***na*** *A*) auflauern (*D*)
cząst(ecz)ka *f* Teilchen *n*
czci|ć anbeten, verehren; **~godny** ehrwürdig
czcionka *f* Letter, Type
czcz|y: ***na ~o*** auf nüchternen Magen
Czech *m* Tscheche; **~y** *pl.* Böhmen *n*; Tschechien *n*

czego warum; *s.* **co**
czek *m* Scheck
czeka|ć ⟨**za-, po-**⟩ warten; (**na** *A*) erwarten (*A*); **~nie** *n* Warten
czekolad|a *f* Schokolade; **~ka** *f* Schokoladenbonbon *m od. n*
czekowy Scheck-
czeladnik *m* Geselle
czele: **na ~** an der Spitze
czelność *f* Frechheit
czemu *s.* **co**
czepek *m* Haube *f*; Kappe *f*
czepi(a)ć się (*G*) sich hängen an (*A*); anpöbeln
czereda *f* Schar
czereśnia *f* Süßkirsche
czer|nica *f* Blaubeere; **~nić** ⟨**po-**⟩ schwärzen; **~nieć** ⟨**s-**⟩ schwarz werden; **~ń** *f* Schwarz *n* (*a. Farbe*)
czerp|ać schöpfen; **~ak** *m* Schöpfbecher; Baggerlöffel
czerstwy (**-wo**) altbacken; *fig.* rüstig, frisch
czerw|iec *m* Juni; **~ienić** ⟨**za-**⟩ **się** sich röten; rot werden, erröten; **~ień** *f* Rot *n*; *s.* **kier**; **~onka** *f* Ruhr; **~ony** rot
czesać ⟨**u-**⟩ kämmen (**się** sich)
cze|ski (**po -ku**) tschechisch, böhmisch; **♀szka** *f* Tschechin
cześć *f* Ehre; **~!** F *poln. Grußformel: Begrüßung* Hallo!; *Abschied* Tschüss!
często *Adv.* oft; **~kroć** oftmals; häufig; **~ść** *f* Häufigkeit; **~tliwość** *f* Frequenz
częstować bewirten; ⟨**po-**⟩ (**k-o** *I*) anbieten (j-m *A*)
częsty häufig
częściowy (**-wo**) teilweise
część *f* Teil *m*
czkawka *f* Schluckauf *m*
człon *m* Glied *n*; **~ek** *m* Mitglied *n*; *Anat.* Glied *n*; **~ek rodziny** Familienangehörige(r); **~kostwo** *n* Mitgliedschaft *f*
człowiek *m* Mensch; man
czmych|ać ⟨**~nąć**⟩ huschen; F verduften
czołg *m* Panzer(kampfwagen); **~ać się** kriechen
czoł|o *n* Stirn *f*; **~ówka** *f* Spitze(ngruppe); Vortrupp *m*
czop *m* Zapfen; Spund; **~ek** *m Med.* Zäpfchen *n*
czosnek *m* Knoblauch
czół|enka *n/pl.* Pumps *m/pl.*; **~no** *n* Kahn *m*
czter|dziesto- vierzig-; **~dziesty** vierzigste(r); **~nasto-** vierzehn-; **~nasty** vierzehnte(r)
cztero|- vier-; **~krotny** viermalig; **~suwowy** *Kfz.* Viertakt-
czub *m* Schopf; **~ek** *m* Spitze *f*; **~ić się** (sich) raufen
czucie *n* Gefühl
czuć ⟨**po-, u-**⟩ fühlen, empfinden; (ver)spüren
czujny wachsam
czuł|ość *f* Empfindlichkeit; Zärtlichkeit; **~y** (**na** *A*) empfindlich (für *A*); (**-le**) zärtlich

czupryna *f* Haarschopf *m*
czupurny streitsüchtig
czuwać wachen
czwart|ek *m* Donnerstag; **~y** vierte(r)
czwor|aczki *pl.* Vierlinge *pl.*; **~aki (-ko)** vierfach
czworo vier; *in Zssgn* vier-, Vier-; **~boczny** viereckig
czwórka *f* Vier(er *m*)
czwornasób: w ~ vierfach
czy *Fragepartikel*: **~ *jesteś zdrowy?*** bist du gesund?; **~ … ~** ob … oder
czyhać (***na*** *A*) auflauern (*D*); es abgesehen haben (auf *A*)
czyj *m* (**~a** *f*, **~e** *n*) wessen; **~kolwiek** wessen auch immer
czyli das heißt, oder
czym womit; *s.* **co**; **~ …** ***tym*** je … desto
czyn *m* Tat *f*; **~ić** ⟨**u-**⟩ tun, machen; **~nik** *m* Faktor; **~ność** *f* Tätigkeit; **~ny** tätig, aktiv; in Betrieb
czynsz *m* (Miet-)Zins; **~owy** Miet(s)-
czyrak *m* Geschwür *n*
czy|stość *f* Reinheit; Sauberkeit; **~sty (-sto)** rein; sauber; **~szczenie** *n* Reinigung *f*; **~ścić** ⟨**wy-**⟩ reinigen; putzen; **~ściec** *m* Fegefeuer *n*
czyt|ać ⟨**prze-** durch⟩ lesen; **~elnia** *f* Lesesaal *m*; **~elnik** *m* Leser; **~elny** leserlich

Ć

ćma *f* Nachtfalter *m*
ćwiartka *f* Viertel *n*; F Vierteliter *m* (*Schnaps*)
ćwicz|enie *n* Übung *f*; **~yć** ⟨**wy-**⟩ trainieren; (ein)üben; **~ *się*** (***w*** *L*) sich üben (in *D*)
ćwiek *m* Stift, Nagel
ćwikła *f* *Kochk.* Rote-Rüben-Salat *m*; Rote-Rüben-Meerrettich *m*

D

dach *m* Dach *n*; **~ówka** *f* Dachziegel *m*
dać *pf. s.* **dawać**
daktyl *m* Dattel *f*
dal *f* Ferne, Weite; *s.* **skok**
dale|ce: ***tak ~ce*** dermaßen; so weit, so sehr; **~j** weiter, ferner; **~ki (-ko)** weit, entfernt; ***z ~ka*** von weitem; von weither
daleko|bieżny: ***pociąg*** *m* ***~bieżny*** Fernzug; **~pis** *m* Fernschreiber; **~wzroczność** *f* Weitsichtigkeit
dal|mierz *m* Entfernungsmesser; **~szy** weiter; Fort-

dama *f* Dame
damski Damen-
dancing *m* Tanzlokal *n*; ***iść na ~*** tanzen gehen
dane *pl.* Angaben *pl.*; Daten *pl.*
Dania *f* Dänemark *n*
danie *n* Gang *m*, Gericht
daniel *m* Damhirsch
dar *m* Gabe *f*; Geschenk *n*
daremny vergeblich
darmo, ***za ~*** umsonst
darń *f* Rasen *m*
darow(yw)ać schenken; *Strafe* erlassen
daszek *m* (*Mützen-*)Schirm; kleines Dach *n*
dat|a *f* Datum *n*; **~ek** *m* Spende *f*, Gabe *f*; **~ować** datieren; **~ownik** *m* Datumstempel
daw|ać geben; **~ca** *m* Spender; **~ka** *f* Dosis; **~kować** dosieren
dawn|iej früher, einst; **~o** lange her, längst; ***od ~a*** seit langem; **~y** früher, ehemalig; alt
dąb *m* Eiche *f*
dąć ⟨**za-**⟩ *v/i* blasen, wehen
dąsać się schmollen
dąż|enie *n*, **~ność** *f* Streben; *n*; *pl. a.* Bestrebungen *f/pl.*; **~yć** (**do** *G*) streben (nach), anstreben (*A*)
dba|ć (**o** *A*) sorgen (für), sich kümmern (um); **~łość** *f* Sorgsamkeit; **~ły** sorgsam
dealer *m Hdl.* (autorisierter) Vertragshändler; (*Drogen-*) Dealer
debil F *m* Schwachkopf
dech *m* Atem
decydować ⟨**z-**⟩ (**o** *L*) entscheiden (über *A*); **~ się** sich entschließen
de|cyzja *f* Entscheidung; Bescheid *m*; **~dykować** ⟨**za-**⟩ widmen; **~fekt** *m* Fehler; Panne *f*; **~filada** *f* Vorbeimarsch *m*, Parade; **~fraudacja** *f* Unterschlagung
deka F *n* Dekagramm
dekolt *m* Dekolleté *n*; **~owany** (tief) ausgeschnitten
dekoracja *f* Dekoration; (*Bühnen-*)Ausstattung; (*Ordens-*)Verleihung
dekret *m* Dekret *n*, Erlass
delegat *m* Delegierte(r)
delikat|esy *pl.* Delikatessengeschäft *n*; **~ny** zart(fühlend)
demaskować ⟨**z-**⟩ entlarven
demo|kratyczny demokratisch; **~lować** ⟨**z-**⟩ verwüsten
denat *m* Selbstmörder; (*Mord-*)Opfer *n*
denerwować ⟨**z-**⟩ (**się** sich) aufregen
dentyst|a *m* Zahnarzt; **~yczny** zahnärztlich
deponować ⟨**z-**⟩ deponieren
deptać ⟨**z-**⟩ (zer)treten
deseń *m* Muster *n*
deser *m* Dessert *n*
desk|a *f* Brett *n*; **~orolka** *f* Skateboard *n*
deszcz *m* Regen; ***~ pada*** es regnet; **~owy** regnerisch

deszczułka *f* Brett(chen) *n*
detaliczny Einzel(handels)-
dezercja *f* Fahnenflucht
dęb|ina *f* Eichenholz *n*; **~owy** Eichen-
dętka *f* (*Rad-*)Schlauch *m*
diab|elny, ~elski Teufels-; höllisch; **~eł** *m* Teufel
diament *m* Diamant
diet|a *f* Diät; **~y** *pl.* Tagegelder *n/pl.*; Spesen *pl.*
dla (*G*) für (*A*); wegen (*G*); zu(m); **~czego** weshalb, warum; **~tego** deshalb, darum; ***~tego że*** weil
dław|ić würgen; drosseln; **~iec** *m* Kehlkopfdiphtherie *f*
dłoń *f* Hand(fläche)
dłuba|ć (**w** *L*) stochern (in *D*); *in der Nase* bohren; F fummeln, basteln; **~nina** F *f* Fummelei
dług *m* (*Geld-*)Schuld *f*
długi lang
długo *Adv.* lange; ***na ~*** auf lange Zeit; **~falowy** *fig.* langfristig; **~grający** Langspiel-; **~letni** langjährig; **~metrażowy** *Film:* abendfüllend; **~pis** *m* Kugelschreiber; **~ść** *f* Länge; **~terminowy** langfristig; **~trwały** von langer Dauer; *a.* = **~wieczny** langlebig; **~włosy** langhaarig
dłuto *n* Beitel *m*, Meißel *m*
dłuż|ej *Adv.* länger; **~nik** *m* Schuldner; **~ny** schuldig; **~yć się** *Zeit:* langsam vergehen
dmuch|ać ⟨**~nąć**⟩ blasen; **~nąć** F *a.* klauen
dnie|ć: **~je** es wird Tag
dniówka *f* Arbeitstag *m*; Tagelohn *m*
dno *n* Boden *m*; Grund *m*
do (*G*) nach; zu; an (*A*); in (*A*); ***~ domu*** nach Hause; ***~ ciebie*** zu dir ***~ lasu*** in den Wald
doba *f* Tag (und Nacht), 24 Stunden; *fig.* Epoche, Zeit
dobierać *Passendes* aussuchen, finden; (*G*) sich noch mehr nehmen (von)
dobi|(ja)ć (*A*) den Gnadenstoß geben (*D*); **~tka** *f Sp.* Nachschub *m*; ***na ~tkę*** obendrein; **~tny** nachdrücklich
do|borowy (aus)erlesen; **~bór** *m* Auslese *f*; Auswahl *f*; **~brać** *pf. s.* **dobierać**; **~branoc!** gute Nacht!
dobro *n* Wohl; Gut; **~byt** *m* Wohlstand; **~czynność** *f* Wohltätigkeit; **~ć** *f* Güte; **~duszny** gutmütig; **~dziejstwo** *n* Wohltat *f*; **~tliwy** (**-wie**) gütig; **~wolny** freiwillig
dobry, *Adv.* **dobrze** gut
dobudówka *f* Anbau *m*
dobytek *m* Habe *f*
doby(wa)ć (hervor)ziehen
docelowy Ziel-, End-
doceni(a)ć (*A*) richtig einschätzen *od.* bewerten
dochodowy Gewinn bringend, rentabel; ***podatek*** *m* **~** Einkommensteuer *f*
docho|dzenie *n Jur.* Untersu-

chung *f*; **~dzić** (**do** *G*) sich nähern (*D*); erreichen (*A*); *zu Wort* kommen; (*G*) *Rechte* geltend machen; *Schuld* beitreiben; **~w(yw)ać** (*G*) bewahren, erhalten (*A*)

dochód *m* Einkommen *n*; Ertrag

doci|ąć *pf. s.* **docinać**; **~ekać** ⟨**~ec**⟩ (*G*) erforschen (*A*); **~erać** (**do** *G*) gelangen (bis, zu), erreichen (*A*); **~nać** (*D*) hänseln (*A*), sticheln (gegen *A*); **~nek** *m* Stichelei *f*

dociskać ⟨**docisnąć**⟩ andrücken, anpressen; **~ *się*** sich durchdrängen

docze|kać się *pf.* (*G*) erleben (*A*); *Ende* abwarten; **~pi(a)ć** anhängen; **~sny** vergänglich

doda|ć *pf. s.* **dodawać**; **~tek** *m* Beilage *f*; Anhang; Zuschlag; ***~tek na dzieci, mieszkaniowy*** Kinder-, Wohngeld *n*; **~tkowy (-wo)** zusätzlich; **~tni (-nio)** positiv; günstig; **~dawać** hinzufügen; addieren; **~wanie** *n* Addition *f*

do|gadać się *pf.* einig werden; **~gadywać** (*D*) *s.* **docinać, dogryzać**; **~gadzać** (*D*) zufrieden stellen (*A*); **~ganiać** einholen; **~gasać** verglimmen; **~glądać** (*G*) aufpassen (auf *A*); **~godny** bequem; günstig; *Zeit*: passend; **~godzić** *pf. s.* **dogadzać**; **~gonić** *pf. s.* **doganiać**; **~gorywać** in den letzten Zügen liegen; **~gotow(yw)ać** (gar) kochen; **~gryzać** ⟨**~gryźć**⟩ (*D*) hart zusetzen (*D*)

do|ić ⟨**wy-**⟩ melken; **~jarka** *f* Melkerin; Melkmaschine

do|jazd *m* Zufahrt(sstraße) *f*; **~jazdowy** Zufahrts-; **~jechać** *pf.* (**do** *G*) *fahrend* erreichen (*A*), gelangen (bis nach, zu)

dojmujący(-co) *Wind*: durchdringend; *Kälte*: schneidend; *Schmerz*: quälend

dojrz|ałość *f* Reife; **~ały (-le)** reif; **~e(wa)ć** *v/i* reifen

dojrzeć *pf.* erblicken

dojść *pf. s.* **dochodzić**

doka|zywać[1] ausgelassen sein, herumtollen; **~z(yw)ać**[2] (*G*) vollbringen (*A*)

dokąd wohin

doker *m* Hafenarbeiter

dokład|ać (**do** *G*) zulegen (zu); **~ność** *f* Genauigkeit; **~ny** genau

doko|ła ringsum(her); **~n(yw)ać** (*G*) tun (*A*); durchführen; *Wunder* vollbringen; *Straftat* begehen; *et.* fertigbringen

dokończ|enie *n* Beendigung *f*; Schluss *m*; **~yć** *pf.* beenden

dokręc|ać ⟨**~ić**⟩ *Schraube* anziehen, festdrehen

dokształc|ać ⟨**~ić**⟩ fortbilden; **~ający** Fortbildungs-

doktorski Doktor-

dokucz|ać ⟨**~yć**⟩ (*D*) belästigen; plagen, quälen (*A*); **~liwy (-wie)** lästig
dokument *m* Urkunde *f*; **~y** *pl. a.* (*Ausweis-*)Papiere *n/pl.*
dola *f* Los *n*, Schicksal *n*
dolać *pf. s.* **dolewać**
doleg|ać schmerzen; **~liwość** *f* Leiden *n*
dolewać (*G*) zugießen (*A*)
dolicz|ać ⟨**~yć**⟩ hinzurechnen
dolin|a *f* Tal *n*; **~iarz** F *m* Taschendieb
dolny untere, Unter-; Nieder-
dołącz|ać ⟨**~yć**⟩ (**do** *G*) beifügen (*D*); **~yć się** sich anschließen (*D*)
dołożyć *pf. s.* **dokładać**
dom *m* Haus *n*; Heim *n*
domagać się (*G*) fordern (*A*)
domek *m* Häuschen *n*; (*Einfamilien-*)Haus *n*
domiar *m*: **~ podatku** Steuernachzahlung(sbescheid) *f*
domiesz|ać *pf.* (**do** *G*) beimischen (*D*); **~ka** *f* Zusatz *m*, Beimischung
domięśniowy (-wo) intramuskulär
domniemany mutmaßlich
domo|stwo *n* Haus (und Hof *m*); **~wnik** *m* Hausgenosse; **~wy** häuslich, Haus-; *s.* **wojna**
domy|sł *m* Vermutung *f*; **~ślać** ⟨**~ślić**⟩ **się** (*G*) vermuten (*A*); *pf. a.* erraten; **~ślny** scharfsinnig
doniczka *f* Blumentopf *m*
donie|sienie *n* Anzeige *f*; Meldung *f*; **~ść** *pf. s.* **donosić**
donios|łość *f* Tragweite, Wichtigkeit; **~ły (-śle)** bedeutsam, wichtig
dono|siciel *m* Denunziant; **~sić** (**o** *L*) melden (*A*); (**na** *A*) denunzieren (*A*); **~śny** laut, vernehmbar
dookoła *s.* **dokoła**
dopa|dać (*G*) erwischen (*A*); sich stürzen (auf *A*); **~lać** ⟨**~lić**⟩ **się** niederbrennen (*v/i*); *Zigarette*: aufgeraucht sein; **~sow(yw)ać** (**do** *G*) anpassen (an *A*); **~ść** *pf. s.* **dopadać**
dopatrywać ⟨**dopatrzyć**⟩ (*G*) Acht geben (auf *A*); **~ się** (*G*) finden, entdecken (*A*)
dopełni(a)ć auf-, nachfüllen; ergänzen; erfüllen; **~niacz** *m* Genitiv
dopędz|ać ⟨**~ić**⟩ einholen
dopiąć *pf.* erreichen
dopie|kać ⟨**~c**⟩ (gar) braten; *v/i Sonne*: brennen; *fig.* (*D*) *s.* **dogryzać**
dopiero erst; **~ co** (so)eben
dopilnować *pf.* (*G*) überwachen (*A*)
dopis|(yw)ać (**do** *G*) (hin)zuschreiben (zu); *v/i* (**nie**) **~(yw)ać** (nicht) gut ausfallen; (nicht) günstig sein; **~ek** *m* Nachtrag; (Rand-)Bemerkung *f*
dopła|cać ⟨**~cić**⟩ zu-, nachzahlen; **~ta** *f* Nachzahlung;

Strafporto *n*; *Esb.* Zuschlag *m*
dopływ *m* Nebenfluss
dopom|agać ⟨**~óc**⟩ helfen, behilflich sein; **~inać** ⟨**~nieć**⟩ **się** (**o** *A*) verlangen, fordern (*A*)
dopóki solange; so lange wie
dopra|wdy *Adv.* wirklich; **~wi(a)ć** (*I*) abschmecken (mit)
doprowadz|ać ⟨**~ić**⟩ (**do** *G*) führen, bringen zu (*D*); *Leitung* (ver)legen; *Tech.* zuführen
dopuszczać ⟨**dopuścić**⟩ zulassen, gestatten; **~ *się*** (*G*) verüben (*A*)
do|pyt(yw)ać się (**o** *A*) erfragen (*A*); sich erkundigen (nach); **~rabiać** *Schlüssel* nachmachen; *v/i* sich *et.* dazuverdienen
dora|dca *m* Berater; **~dzać** ⟨**~dzić**⟩ raten, anraten; **~stać** heranwachsen; **~źny** sofortig; Not-; ***sąd*** *m* **~źny** Standgericht *n*
doręcz|ać aushändigen; *Post* zustellen; **~enie** *n* Zustellung *f*; **~yciel** *m* Überbringer; **~yć** *pf. s.* **doręczać**
dorob|ek *m* Errungenschaft *f*; (*Kultur-*)Erbe *n*; (*Künstler-*)Werk *n*; **~ić** *pf. s.* **dorabiać**; **~kiewicz** *m* Neureiche(r)
doro|czny alljährlich; **~dny** stattlich; **~sły** erwachsen; *Su.* *m* Erwachsene(r); **~snąć** *pf. s.* **dorastać**; **~żka** *f* Droschke
doрówn(yw)ać gleichkommen
dorsz *m* Dorsch, Kabeljau
dorywczy (**-czo**) gelegentlich
dorzecze *n* Stromgebiet
dorzuc|ać ⟨**~ić**⟩ (*G*) hinzutun (*A*); *Kohle* nachlegen
do|rzynać ⟨**~rznąć**⟩ notschlachten
dosadny derb, deftig
dosiego: **~ *roku!*** prosit Neujahr!
dosięg|ać ⟨**~nąć**⟩ (*G*) reichen bis (zu); erreichen (*A*)
doskona|lić vervollkommnen (***się*** sich); **~ły** (**-le**) vollkommen; vortrefflich
do|skwierać *j-m* zusetzen; **~słowny** wörtlich
dosłyszeć *pf.* hören, verstehen; ***nie* ~** nicht verstanden haben; schwer hören
dostać *pf. s.* **dostawać**
dostarcz|ać ⟨**~yć**⟩ liefern
dostat|eczny genügend; **~ek** *m* Wohlstand; **~ni** (**-nio**) wohlhabend
dosta|wa *f* Lieferung; **~wać** erhalten, bekommen; erreichen; herausnehmen, -ziehen; **~wca** *m* Lieferant; **~wi(a)ć** liefern
dostęp *m* Zutritt, Zugang; **~ny** zugänglich; *Preis:* erschwinglich
dostoj|nik *m* Würdenträger;

~ny würdevoll; ehrwürdig
dostosow(yw)ać (*do G*) anpassen (an *A*)
dostrze|gać ⟨**~c**⟩ (mit dem Auge) wahrnehmen; **~galny** sichtbar; wahrnehmbar
dosyć genug; ziemlich
dosyp(yw)ać nachschütten
doszczętny restlos, völlig
doszk|alać ⟨**~olić**⟩ fortbilden, schulen
dosztukow(yw)ać anstückeln
dościg|ać ⟨**~nąć**⟩ einholen
dość *s.* **dosyć**
dośrodkowy zentripetal
doświadcz|alny Versuchs-; **~enie** *n* Erfahrung *f*; Versuch *m*; **~ony** erfahren
dotąd bis hierher; bis jetzt
dotk|liwy (**-wie**) empfindlich; **~nąć** *pf. s.* **dotykać**; **~nięcie** *n* Berührung *f*
do|trwać *pf.* ausharren; erhalten bleiben; **~trzeć** *pf. s.* **docierać**; **~trzym(yw)ać** *Wort* halten; *Termin* einhalten; *Gesellschaft* leisten
dotychczas bisher, bis jetzt; **~owy** bisherig
dotycz|yć (*G*) betreffen; **~ący** betreffend
dotyk *m* Berührung *f*; Tastsinn; **~ać** (*G*) berühren (*A*); *fig.* verletzen; heimsuchen
doustny *Med.* oral
dowcip *m* Witz; **~ny** witzig
dowi|adywać ⟨**~edzieć**⟩ **się** (*o L*) sich erkundigen (nach); erfahren (*A*)
dowierzać trauen; ***nie*** ~ misstrauen
dowie|ść *pf. s.* **dowodzić²**; **~źć** *pf. s.* **dowozić**
dowo|dowy Beweis-; **~dzić¹** (*I*) befehligen, anführen (*A*); **~dzić²** (*G*) beweisen (*A*); **~lny** beliebig; frei; *Sp.* Kür-; **~zić** *v/t* fahren, bringen (bis zu); (her)anfahren, heranbringen
dowód *m* Beweis; (*Kassen-*) Beleg; ~ ***osobisty*** Personalausweis; **~ca** *m* (*Truppen-*) Führer; Befehlshaber
dowództwo *n* Kommando; Stab *m*
dowóz *m* Zufuhr *f*
doza *f* Dosis
do|zgonny ewig, bis ans Grab; **~zna(wa)ć** (*G*) empfinden; erfahren; **~zorca** *m* Aufseher; Hauswart; **~zorować** beaufsichtigen, überwachen
dozować *s.* **dawkować**
dozór *m* Aufsicht *f*
dozwolony gestattet
dożylny intravenös
dożynki *pl.* Erntefest *n*
doży|(wa)ć (*do G*) erleben (*A*); **~wotni** (**-nio**) lebenslänglich
dół *m* Grube *f*; ***w*** ~ abwärts, hinunter
drabina *f* Leiter
dramat *m* Drama *n*
drań *m* Lump, Schuft
drapa|cz *m*: **~cz *chmur*** Wolkenkratzer; **~ć** ⟨**po-**⟩ krat-

zen (*się* sich); **~ć *się*** *a.* (hinauf)klettern
drapieżnik *m Zo.* Räuber; **~ny** *Zo.* Raub-
dra|snąć *pf.* ritzen; **~śnięcie** *n* Schramme *f*, Kratzer *m*
drażetka *f* Dragée *n*
draż|liwy (-wie) reizbar; heikel; **~nić ⟨po-⟩** reizen
drą|g *m* Stange *f*; **~żek** *m* Knüppel; Hebel; *Sp.* Reck *n*; **~żyć ⟨wy-⟩** aushöhlen
dres *m* Trainingsanzug
dreszcz *m* Schau(d)er; **~e** *pl. a.* Schüttelfrost
drewn|iak *m* Holzschuh; **~iany** hölzern, Holz-; **~o** *n* Holz
Drez|no *n* Dresden; **&deński** *Adj.* Dresdner
dręczyć peinigen, quälen
drętwieć ⟨z-⟩ *vor Angst* erstarren; *Fuß*: F einschlafen
drg|ać ⟨~nąć⟩ zucken; beben; schwingen; **~awki** *f/pl.* Zuckungen *pl.*
drob|iazg *m* Kleinigkeit *f*; **~iazgowy (-wo)** pedantisch, kleinlich; genau; **~ne** *pl.* Kleingeld *n*; **~nica** *f* Stückgut *n*; **~nostka** *f* Kleinigkeit; ~nostkowy (-wo) kleinlich; **~ny (-no)** klein, gering; fein
droga *f* Weg *m*, Straße
drogeria *f* Drogerie
drogi (-go) teuer; *fig. a.* lieb
drogo|cenny kostbar; **~wskaz** *m* Wegweiser; **~wy-** Weg-, Straßen-; ***wypadek ~wy*** Verkehrsunfall
drozd *m Zo*: Drossel *f*
drożdż|e *pl.* Hefe *f*; **~owy** Hefe-
dro|żeć ⟨po-⟩ teurer werden; **~żyzna** *f* Teuerung
drób *m* Geflügel *n*
dróż|ka *f* Pfad *m*; **~nik** *m Esb.* Bahnwärter
druciany Draht-
drug|i zweite(r); andere(r); ***~a godzina*** zwei Uhr; ***po ~ie*** zweitens
drugorzędny zweitklassig
druk *m* (*Buch-*)Druck; Drucksache *f*; **~arka** *f EDV* Drucker *m*; **~arnia** *f* Druckerei; **~arz** *m* Drucker; **~ować ⟨wy-⟩** drucken
drut *m* Draht
druzgotać ⟨z-⟩ zerschmettern
drużba *m* Brautführer
drużyn|a *f Sp.* Mannschaft; **~owy** Mannschafts-
drwa *pl.* (Brenn-)Holz *n*; **~l** *m* Holzfäller
drwi|ć spotten; **⟨za-⟩** (*z G*) verspotten (*A*); **~ny** *pl.* Gespött *n*, Spott *m*
drzazga *f* (*Holz-*)Span *m*, Splitter *m*
drzeć ⟨po-⟩ *v/t* (zer)reißen
drzem|ać schlummern; **~ka** *f* Schläfchen *n*
drzewo *n* Baum *m*; Holz; **~ryt** *m* Holzstich
drzwi *pl.* Tür *f*
drżeć ⟨za-⟩ (er)zittern, beben
dubeltówka *f* Doppelflinte
duch *m* Geist

duchow|ieństwo *n* Geistlichkeit *f*; **~ny** geistlich; *Su. m* Geistliche(r); **~y (-wo)** geistig, Geistes-
dudek *m Zo.* Wiedehopf
dudnić ⟨**za-**⟩ dröhnen
dum|a *f* Stolz *m*; **~ny** stolz
Dunka *f* Dänin
Duń|czyk *m* Däne; **2ski (po-ku)** dänisch
dur *m Med.* Typhus
dur|eń F *m* Dummkopf; **~ny** P dumm, bescheuert
durzyć się F (**w** *L*) vernarrt sein (in *A*)
dusić ⟨**u-**⟩ (er)würgen; *Speise* dünsten; *fig.* ⟨**z-**⟩ ersticken (*v/t*); **~ się** ersticken (*v/i*); *Kochk.* schmoren (*v/i*)
dusz|a *f* Seele; **~kiem** *Adv.* mit e-m Zug, ex; **~ność** *f* Schwüle; *Med.* Atemnot; **~ny (-no)** schwül; stickig; **~ony** gedünstet, Schmor-; **~pasterz** *m* Seelsorger
duż|o *Adv.* viel; **~y** groß; *Bewölkung*: stark
dwa|kroć zweimal; **~naścioro** zwölf
dwo|ić się sich verdoppeln; **~isty (-ście)** zwiefach; zwiespältig; **~jaczki** *pl.* Zwillinge *pl.*; **~jaki (-ko)** zweierlei; **~je** zwei
dwor|cowy Bahnhofs-; **~ek** *m* kleines (*Land-*)Gut *n*
dworzec *m* Bahnhof
dwójka *f* Zweier *m*; ungenügend (*Zensur*)
dwór *m* Hof, Hofstaat; Landgut *n*; Gutshaus *n*
dwu|barwny zweifarbig; **~cyfrowy** zweistellig; **~dniowy** zweitägig; **~dziestoletni** zwanzigjährig; **~dziesty** zwanzigste(r); **~kołowy** Zweirad-, zweirädrig; **~kropek** *m* Doppelpunkt; **~krotnie** *Adv.* zweimal; zweifach; **~krotny** zweimalig; **~licowy** doppelzüngig, heuchlerisch; **~nastka** *f* Zwölf; **~nasty** zwölfte(r); **~osobowy** *Zimmer*: Doppel-; **~piętrowy** zweistöckig; **~pokojowy** Zweizimmer-; **~stronny** zweiseitig; **~tygodnik** *m* Halbmonatsschrift *f*; **~znaczny** zweideutig
dygnitarz *m* Würdenträger
dygotać zittern, beben
dykta *f s.* **sklejka**
dyk|tando *n* Diktat; **~tatura** *f* Diktatur; **~tować** ⟨**po-**⟩ diktieren
dym *m* Rauch; **~ić (się)** rauchen
dymisj|a *f* Rücktritt *m*; Abschied *m*; ***podać się do ~i*** zurücktreten; s-n Abschied nehmen
dyndać baumeln; schlenkern
dynia *f* Kürbis *m*
dyplom *m* Diplom *n*; **~atyczny** diplomatisch
dyrek|cja *f* Direktion; **~tor** *m* Direktor
dyrygent *m* Dirigent
dys|k *m* Diskus; Scheibe *f*; ***twardy ~k*** Festplatte *f*;

~kietka *f* Diskette; **~kobol** *m* Diskuswerfer; **~kretny** diskret; **~kusja** *f* Diskussion; **~kwalifikować** disqualifizieren; **~tans** *m* Entfernung *f*; **~trybucja** *f* Verteilung; Vertrieb *m*; **~tyngowany** vornehm
dysz|a *f* Düse; **~eć** keuchen, schnaufen
dyszel *m* Deichsel *f*
dywan *m* Teppich
dyżur *m* Bereitschaft(sdienst *m*) *f*; ***nocny ~*** Nachtdienst; **~ny** Dienst habend
dzban *m* Krug; **~ek** *m* Kanne *f*
dziać wirken, stricken; ***~ się*** geschehen, sich ereignen
dziad *m* Ahn; Alte(r), Greis; Bettler; **~ek** *m* Großvater; Nussknacker
dział *m* Teil *m od. n*; (*Wissens*-)Zweig; Abteilung *f*; **~acz** *m* Funktionär; **~ać** *v/i* arbeiten, funktionieren; ⟨**z-**⟩ handeln; wirken; **~alność** *f* Tätigkeit; **~anie** *n* Handeln; Wirkung *f*; **~ka** *f* Parzelle
działo *n* Geschütz
dziarski (**-sko**) rüstig; munter
dziczyzna *f* Wild(bret) *n*
dziec|iak *m*, **~ię**, **~ko** *n* Kind; **~ięcy**, **~inny** kindlich; kindisch; **~iństwo** *n* Kindheit *f*
dziedzi|c *m* Erbe; **~ctwo** *n* Erbschaft *f*; **~czny** erblich; **~czyć** ⟨**o-**⟩ erben; **~na** *f* Fach *n*, Bereich *m*, Gebiet *n*; **~niec** *m* Hof
dziegieć *m* Teer
dzie|je *pl.* Geschichte *f*; **~jowy** geschichtlich
dziekan *m* Dekan; Dechant
dziel|enie *n* Teilen; **~ić** ⟨**po-**⟩ teilen (***się*** sich); dividieren; ***~ić się*** (***czym z*** *I*) teilen (et. mit *j-m*); **~nica** *f* Stadtteil *m*, -viertel *n*; Region; **~ność** *f* Tapferkeit; Tüchtigkeit; **~ny** tapfer; tüchtig
dzieło *n* Tat *f*; Werk
dzien|nie *Adv.* täglich; **~nik** *m* Tagebuch *n*; (Tages-)Zeitung *f*; (*Amts*-)Blatt *n*; **~nikarz** *m* Journalist; **~ny** täglich, Tages-
dzień *m* Tag; ***co ~*** jeden Tag; ***~ powszedni*** Wochentag; ***~ dobry!*** guten Tag *od.* Morgen!
dzierżaw|a *f* Pacht; **~ca** *m* Pächter; **~ić** pachten
dziesiąt|ka *f* Zehn; **~y** zehnte(r)
dziesięcio|bój *m Sp.* Zehnkampf; **~krotny** zehnfach; **~lecie** *n* Jahrzehnt; **~ro** zehn
dziesię|ćkroć zehnmal; **~tny** Dezimal-
dziewcz|ę *n s.* **dziewczyn(k)a**; **~ęcy** Mädchen-; (**-co**) mädchenhaft; **~yna** *f* Mädchen *n*; **~ynka** *f*, **dziewczka** *f* (kleines) Mädchen
dziewiąt|ka *f* Neun; **~y** neunte(r)
dziewiczy (**-czo**) jungfräulich; ***~ las*** *m* Urwald
dziewięciokrotny neunfach

dziewięć|dziesiąty neunzigste(r); **~kroć** neunmal
dziewiętnasty neunzehnte(r)
dziew|ka *f* Dirne; **~ucha** *f*, **~uszka** *f s.* **dziewczyn(k)a**
dzięcioł *m* Specht
dzięk|czynny Dank(es)-; **~i** *pl.* Dank *m*; dank (*D*); ***~i Bogu!*** Gott sei Dank!; **~ować** ⟨**po-**⟩ (***za*** *A*) danken (für)
dzik *m* Wildschwein *n*; **~i** (**-ko**) wild
dziob|ać ⟨**~nąć**⟩ picken; hacken; **~aty** F pockennarbig; **~owy** *Mar.* Bug-
dziób *m* Schnabel; (*Schiffs*-) Bug
dzisiejszy heutig
dziś, **dzisiaj** heute
dziupla *f* (*Nist*-)Höhle
dziur|a *f* Loch *n*; ***~a ozonowa*** Ozonloch *n*; **~awić** ⟨**po-**⟩ (durch)löchern; **~awy** löcherig; leck; **~ka** *f* (*Knopf*-, *Schlüssel*-)Loch *n*; **~kacz** *m* (*Brief*-)Locher; **~kować** lochen; perforieren
dziwa|ctwo *n* Absonderlichkeit *f*; Schrulle *f*; **~czny** komisch; verschroben; **~k** *m* Sonderling
dziw|ić ⟨**z-**⟩ **się** sich wundern; **~ny** seltsam, sonderbar; **~oląg** *m* Kuriosität *f*; Unsinn
dzwon *m* Glocke *f*; **~ek** *m* Klingel *f*; **~ić** ⟨**za-**⟩ läuten, klingeln; (***do*** *G*) anrufen (*A*); **~ienie** *n* Geläut(e); Geklingel; **~nica** *f* Glockenturm *m*
dźwię|czeć ⟨**za-**⟩ (er)klingen, (er)tönen; **~czny** klangvoll; **~k** *m* Klang, Ton; **~kowy** Ton-
dźwig *m* (*Bau*-)Kran; Lift, Aufzug; **~ać** tragen; ⟨**~nąć**⟩ heben; **~ar** *m Arch.* Träger; **~nia** *f* Hebel *m*
dżdż|ownica *f* Regenwurm *m*; **~ysty** (**-sto**) regnerisch
dżem *m* Marmelade *f*
dżinsy *pl.* Blue Jeans *pl.*
dżokej *m* Jockei
dżuma *f* Pest
dżungla *f* Dschungel *m*

E

echo *n* Echo
edukacja *f* Erziehung
egipski ägyptisch
egoistyczny egoistisch
egzamin *m* Prüfung *f*
egzekucja *f* Zwangsvollstreckung; Hinrichtung
egzekutywa *f*: ***~ partyjna*** Parteiausschuss *m*
egzema *f* Ekzem *n*
egzemplarz *m* Exemplar *n*
egzystencja *f* Existenz
ekipa *f* Equipe, Mannschaft
ekler *m* Reißverschluss; *Kochk.* Eclair *n*
ekonom|ia *f* Wirtschaftsleh-

re; **~ista** *m* Volkswirtschaftler
ekran *m* (*Film-*)Leinwand *f*; Bildschirm
ekspatriacja *f* Ausbürgerung; Auswanderung
ekspedient(ka *f*) *m* (*Laden-*) Verkäufer(in)
ekspedycja *f* Expedition; **~ *bagażowa*** Gepäckaufgabestelle
eks|pert *m* Sachverständige(r); **~ploatacja** *f* Ausbeutung; **~plozja** *f* Explosion; **~ponat** *m* Ausstellungsstück *n*; **~pres** *m* Expresszug; Eilbrief
ekwipunek *m* Ausrüstung *f*
elastyczny elastisch; flexibel
elegan|cja *f* Eleganz; **~cki (-ko)** elegant
elektro|ciepłownia *f* Heizkraftwerk *n*; **~niczny** elektronisch; **~wnia** *f* Kraftwerk *n*; **~wóz** *m* Elektrolok(omotive) *f*
elektryczn|ość *f* Elektrizität; elektrisches Licht *n*; **~y** elektrisch; Elektro-
element *m* Element *n*; **~arz** *m* Fibel *f*
elewacja *f* *Arch.* Fassade
eliminacyjn|y: ***zawody*** *pl.* **~e** Ausscheidungskämpfe *pl.*
emaliowany emailliert
emblemat *m* Emblem *n*; Sinnbild *n*
emeryt *m* (**~ka** *f*) Rentner(in); **~ura** *f* Ruhegehalt *n*; ***przejść na ~urę*** in den Ruhestand treten
emigracj|a *f* Emigration; ***na ~i*** im Exil
energia *f* Energie; Tatkraft
energiczny energisch
entuzjazm *m* Begeisterung *f*; **~ować się** (*I*) sich begeistern (für)
epilepsja *f* Epilepsie
epizod *m* Episode *f*
epok|a *f* Epoche, Zeitalter *n*; **~owy** epochemachend
era *f* Ära, Zeitalter *n*; Zeitrechnung *f*
erotyczny erotisch
esencja *f* Essenz
eskadra *f* Geschwader *n*
eskort|a *f* Eskorte; ***pod ~ą*** unter Bewachung; **~ować** geleiten
estetycny ästhetisch
estoński (po -ku) estnisch
etap *m* Etappe *f*
etat *m* Planstelle *f*; **~owy** im Stellenplan vorgesehen, fest angestellt
etażerka *f* (Wand-)Gestell *n*
eter *m* Äther
etykieta *f* Etikette; Etikett *n*; Aufkleber *m*
euro *n* Euro *m*
Europej|czyk *m* (**~ka** *f*) Europäer(in); **&ski** europäisch
ewaku|acja *f* Evakuierung; **~ować** (*im*)*pf.* evakuieren
ewangel|icki evangelisch; **~ik** *m* Protestant
ewentualny eventuell
ewidencja *f* Registrierung; Kartei, Datei

F

fabry|czny Fabrik-; **~ka** *f* Fabrik; **~kacja** *f* Herstellung; **~kować** ⟨**s-**⟩ fabrizieren
fabularny: ***film*** ~ Spielfilm
fachow|iec *m* Fachmann; **~y** (**-wo**) fachmännisch
fajer|ka *f* Ofenring *m*; **~werk** *m* Feuerwerk *n*
fajka *f* (*Tabaks-*)Pfeife
faks *m* Fax(gerät) *n*; **~ować** faxen
fakt *m* Tatsache *f*; **~yczny** tatsächlich
fal|a *f* Welle; **~isty** (**-to**) wellenförmig; **~ochron** *m* Wellenbrecher; **~ować** wogen; **~owanie** *n* Seegang *m*
falc *m* Falz
fałd *m*, **~a** *f* Falte *f*
fałsz *m* Falschheit *f*; **~erstwo** *n* Fälschung *f*; **~erz** *m* Fälscher; **~ować** ⟨**s-**⟩ fälschen; **~ywy** (**-wie**) falsch
fantazja *f* Fantasie
fantow|y: ***loteria*** *f* **~a** Sachlotterie
fara *f* Pfarrkirche
farb|a *f* Farbe; **~ować** ⟨**po-**⟩ färben; *v/i* abfärben
farsz *m* *Kochk.* Füllung *f*
fartuch *m* Schürze *f*
fasola *f* Bohne(n *pl.*)
fason *m* Fasson *f*; F ***z*** **~*em*** mit Bravour
fastryg|a *f* Heftnaht; **~ować** ⟨**s-**⟩ *Stoff* heften
fasz|yzm *m* Faschismus; **~ystowski** faschistisch
fatalny verhängnisvoll; F *a.* scheußlich
fatyg|a *f* Mühe; **~ować** ⟨**po-**⟩ bemühen (***się*** sich)
faul *m* *Sp.* Foul *n*
faza *f* Phase
febra P *f* Schüttelfrost *m*
federa|cja *f* Föderation, Bund *m*; **~lny** Bundes-
fenig *m* Pfennig
fermentować ⟨**s-**⟩ gären
festyn *m* (Volks-)Fest *n*
fig|a *f* Feige; **~iel** *m* Streich
figura *f* Figur; Gestalt
filar *m* Pfeiler; *fig.* Stütze *f*
filatelista *m* Briefmarkensammler
filharmonia *f* Philharmonie
filia *f* Filiale
filiżanka *f* Tasse
film *m* Film; **~ować** ⟨**s-**⟩ filmen; **~owy** Film-
filo|logia *f* Philologie; **~zofia** *f* Philosophie
filtr *m* Filter *m od. n*
finał *m* Finale *n*
finans|e *pl.* Finanzen; **~ować** ⟨**s-**⟩ finanzieren
finisz *m* *Sp.* Endspurt; **~ować** spurten
fiński (**po -ku**) finnisch
fioletowy violett
fiołek *m* Veilchen *n*
firanka *f* Gardine

firm|a *f* Firma; **~owy** (**-wo**) Firmen-; ***danie*** *n* ***~owe*** Spezialität *f* des Hauses
fisharmonia *f* Harmonium *n*
fizyczny physikalisch; physisch; ***pracownik*** *m* **~** Arbeiter
fizyka *f* Physik
flaga *f* Flagge
flaki *m/pl.* Därme; *Kochk.* (Kuttel-)Flecke, Kutteln *f/pl.*
flakonik *m* Fläschchen *n*
flamaster *m* Filz-, Faserschreiber
flądra *f* Flunder
flegmatyczny phlegmatisch
flesz *m* Blitzlicht(gerät) *n*
flet *m* Flöte *f*
flirtować flirten
flisak *m* Flößer
floret *m* Florett *n*
flota *f* Flotte; *fig.* F Kies *m*
foka *f* Seehund *m*
folia *f* Folie
folklorystyczny folkloristisch, Folklore-
form|a *f* Form; **~alność** *f* Formalität; **~ować** ⟨**u-**⟩ formen; formieren; **~uł(k)a** *f* Formel
forsa *f* F Geld *n*, Moneten *pl.*
forsow|ać ⟨**s-**⟩ forcieren; **~ny** anstrengend
forteca *f* Festung
fortel *m* List *f*, Trick
fortepian *m* Klavier *n*
fortuna *f* Glück *n*; Vermögen *n*
fosa *f* (*Burg-*)Graben *m*
fotel *m* Sessel
foto|grafia *f* Foto(grafie *f*) *n*; **~grafować** ⟨**s-**⟩ fotografieren; **~kopia** *f* Fotokopie
fracht *m* Fracht *f*; **~owiec** *m* Frachtschiff *n*
frak *m* Frack
francu|ski (**po -ku**) französisch; **♀z** *m* Franzose; **♀zka** *f* Französin
frank *m* Franc; Franken
fraszka *f* Lappalie; Epigramm *n*
frezarka *f* Fräsmaschine
frędzla *f* Franse
front *m* Front *f*; **~owy** Vorder-; Front-
froter|ka *f* Bohnermaschine; **~ować** ⟨**wy-**⟩ bohnern
fryz|jer *m* Friseur; **~ować** ⟨**u-**⟩ frisieren; **~ura** *f* Frisur
fund|acja *f* Stiftung; **~ować** ⟨**za-**⟩ F spendieren; **~usz** *m* Fonds
funkcj|a *f* Funktion; **~onariusz** *m* Beamte(r)
funt *m* Pfund *n*
fura *f* Fuhre
furgonetka *f* Lieferwagen *m*
furia *f* Wut(anfall *m*)
furt(k)a *f* Pforte
fusy *pl.* Bodensatz *m*
fuszerować ⟨**s-**⟩ (ver)pfuschen
futerał *m* Futteral *n*
fut|erko, **~ro** *n* Fell; Pelz *m*
futryna *f* (*Tür-*)Rahmen *m*
futrzany Pelz-
fuzja¹ *f* Fusion
fuzja² *f* Büchse, Flinte

G

gabinet *m* Arbeitszimmer *n*; Kabinett *n*; **~ *lekarski*** Sprechzimmer *n*
gablot(k)a *f* Vitrine
gad *m* Reptil *n*
gada|ć F reden; **~nie** *n*, **~nina** F *f* Gerede *n*; **~tliwy** geschwätzig
galanteria *f* Galanterie
galareta *f* Gelee *n*; Sülze
galeria *f* Galerie
galop *m* Galopp; **~ować** ⟨**po-**⟩ galoppieren
galowy Gala-, festlich
gałąź *f* Zweig *m*
gałgan *m* Lappen; *fig.* Schuft
gałka *f* Knauf *m*; Drehknopf *m*; **~ *oczna*** Augapfel *m*
gama *f* Tonleiter
gamoń *m* Tölpel
ganek *m Arch.* Laube *f*, Veranda *f*
ganić ⟨**z-**⟩ tadeln, rügen
gap|a *f*: ***na ~ę*** umsonst; ***pasażer*** *m* ***na ~ę*** blinder Passagier; **~ić się** gaffen; **~iowaty (-to)** F dusselig
garaż *m* Garage *f*
garb *m* Buckel
garbarnia *f* Gerberei
garb|aty (-to) bucklig; **~ić się** ⟨**z-**⟩ sich krumm halten
garbować ⟨**wy-**⟩ gerben
gardło *n* Kehle *f*; F Hals *m*; *Anat.* Rachen *m*; ***wąskie ~*** *fig.* Engpass *m*
gardzić *s.* **pogardzać**
garmażeryjn|y: ***wyroby ~e*** Fertiggerichte *n/pl.*
garn|carnia *f* Töpferei; **~ek** *m* Topf
garni|rować garnieren; **~tur** *m* Anzug; Garnitur *f*
garsonka *f* Jackenkleid *n*
gar|stka *f*, **~ść** *f* Handvoll
gas|ić ⟨**z-**⟩ *Feuer, Durst* löschen; *Motor* abstellen; **~nąć** ⟨**z-**⟩ erlöschen
gaśnica *f* Feuerlöscher *m*
gatun|ek *m* Sorte *f*; Qualität *f*; *Bio.* Art *f*; **~kowy** Qualitäts-, Marken-
gawę|da *f* Plauderei; **~dzić** ⟨**po-**⟩ plaudern
gaworzyć *Kind*: lallen
gawron *m* Saatkrähe *f*
gaz *m* (***łzawiący*** Tränen-, ***ziemny*** Erd-)Gas *n*; **~*y pl. spalinowe*** Verbrennungsgase
gaza *f* Gaze, Mull *m*
gazet|a *f* Zeitung, Blatt *n*; **~owy** Zeitungs-
gazo|ciąg *m* Gasfernleitung *f*; **~mierz** *m* Gaszähler; **~wnia** *f* Gaswerk *n*; **~wy** Gas-
gaźnik *m Kfz.* Vergaser
gaża *f* Gage
gąbka *f* Schwamm *m*
gąsi|enica *f* Raupe; *Tech.* Gleiskette; **~or** *m* Gänserich

gąska *f s.* **gęś**
gąszcz *m* Dickicht *n*
gburowaty (**-to**) flegelhaft
gdakać gackern
gderać nörgeln, F meckern
gdy *Kj.* als; wenn; **~by** *Kj.* falls; wenn; **~ż** *Kj.* da, denn, weil
gdzie wo; **~indziej** anderswo(hin); **~kolwiek** irgendwo(hin)
generał *m* General
geniusz *m* Genie *n*
geo|grafia *f* Geographie, Erdkunde; **~logia** *f* Geologie; **~metria** *f* Geometrie
gęba P *f* Mundwerk *n*, Maul *n*
gę|gać *Gans*: schnattern; **~si** Gänse-
gęst|nieć ⟨**z-**⟩ dick *od.* dicht(er) werden; **~y** (**-to**) dick(flüssig); dicht
gęś *f* Gans
giąć ⟨**z-**⟩ biegen; *pf. a.* verbiegen
giełda *f Fin.* Börse
giętk|i (**-ko**) biegsam; **~ość** *f* Biegsamkeit
gilza *f* Hülse
gimnasty|czny gymnastisch; **~ka** *f* Gymnastik, Turnen *n*
ginąć ⟨**z-**⟩ umkommen; F *a.* verschwinden, abhanden kommen
ginekolog *m* Frauenarzt
gips *m* Gips; Gipsverband; **~ować** ⟨**za-**⟩ (ver)gipsen
gitara *f* Gitarre
glazur|a *f* Glasur; **~ować** ⟨**po-**⟩ glasieren
gleba *f* (*Acker-*)Boden *m*
gliceryna *f* Glyzerin *n*
glin *m* Aluminium *n*; **~a** *f* Lehm *m*, Ton *m*; **~iany** Ton-, Lehm-; **~iasty** lehmig
glista *f Med.* Spulwurm *m*; F *a.* Regenwurm *m*
glon *m.* Alge *f.*
gła|dki (**-ko**) glatt; **~dzić** ⟨**wy-**⟩ glätten; ⟨**po-**⟩ = **~skać** ⟨**po-**⟩ streicheln
głaz *m* Felsblock
głęb|ia *f*, **~ina** *f* Tiefe; **~ia ostrości** *Fot.* Schärfentiefe; **~oki** (**-ko**) tief; **~okość** *f* Tiefe
głod|ny (**-no**) hungrig; **~ować** hungern; **~ówka** *f* Hungerstreik *m*; Hungerkur; **~owy** Hunger-
głos *m* Stimme *f*; ***prosić o ~*** ums Wort bitten; **~ić** verkünden; **~ka** *f* (*Sprach-*)Laut *m*; **~ować** (ab)stimmen; **~owanie** *n* Abstimmung *f*
głoś|nik *m* Lautsprecher; **~ny** (**-no**) laut
głow|a *f* Kopf *m*; Haupt *n*; **~ica** *f* (***bojowa*** Spreng-, ***zapisująca*** Tonaufnahme-) Kopf *m*; **~izna** *f* Schweinskopf(sülze *f*) *m*
głód *m* Hunger
główka *f* Köpfchen *n*; **~nie** *Adv.* hauptsächlich; **~ny** Haupt-; Grund-
głuch|awy schwerhörig; **~nąć** ⟨**o-**⟩ taub werden; **~oniemy** taubstumm; **~osłuch** *m* Hörgerät *n*;

~ota *f* Taubheit; **~y** taub; **(-cho)** dumpf
głup|i (-pio) dumm; **~iec** *m* Dummkopf, Tor; **~ota** *f* Dummheit; **~stwo** *n* Dummheit *f*
głuszyć ⟨o-⟩ betäuben; **⟨za-⟩** übertönen
gmach *m* Gebäude *n*
gmatwać ⟨po-, za-⟩ durcheinander bringen
gmin|a *f* Gemeinde; **~ny** Gemeinde-
gnębić ⟨z-⟩ unterdrücken; (*nur impf.*) bedrücken
gniazd(k)o *n* Nest; **~ *wtyczkowe*** Steckdose *f*
gnić ⟨z-⟩ (ver)faulen
gnieść ⟨z-⟩ (zer)drücken
gniew *m* Zorn; **~ać ⟨roz-⟩** (ver)ärgern; **~*ać się* (na** *A* **o** *A*) sich ärgern (über *A* wegen *G*); **~ny** zornig
gnieździć się nisten
gno|ić *s.* **nawozić**; **~jówka** *f* Jauche
gnój *m* Mist, Dung
gnuśny träge, faul
god|ło *n* Emblem, Wappen; **~ność** *f* Würde; F *a.* Name *m*; **~ny** würdig
godzić ⟨po-⟩ (*z I*) aussöhnen (mit; ***się*** sich)
godzin|a *f* Stunde; **~ny** Stunden-
godziwy (-wie) angemessen
goić ⟨wy-⟩ *v/t* heilen; **~ ⟨za-⟩ się** *v/i* (ab)heilen
gol *m Sp.* Tor(schuss)
golas *m*: ***na ~a*** nackt
goleni|e *n* Rasieren; ***maszynka f do ~a*** Rasierapparat *m*
goleń *f* Schienbein *n*
golić ⟨o-⟩ rasieren (***się*** sich)
golonka *f* Eisbein *n*
gołąb *m* Taube *f*; **~ek** *m* (*mst pl.*) Kohlroulade *f*
gołęb|i Tauben-; **~nik** *m* Taubenschlag
goło *Adv.* nackt; **~ledź** *f* Glatteis *n*; **~słowny** haltlos
goły nackt; bloß; kahl
gon|ić *v/t* jagen, verfolgen; *v/i* rennen; (***za*** *I*) streben (nach); **~iec** *m* Bote; (*Schach-*)Läufer; **~itwa** *f* Rennen *n*
gont *m* (Dach-)Schindel *f*
gończy: ***list*** *m* **~** Steckbrief
gorą|co *n* Hitze *f*; **~cy (-co)** heiß; hitzig
gorączk|a *f* Fieber *n*; **~ować** fiebern; **~*ować się*** sich ereifern
gorczyca *f* Senf(korn *n*) *m*
gorliw|ość *f* Eifer *m*; **~y (-wie)** eifrig
gors *m* Brust *f*; Busen
gorsz|ący (-co) anstößig; **~y** schlechter, ärger; **~yć ⟨z-⟩** Anstoß erregen; **~*yć* ⟨z-⟩ *się*** (*I*) Anstoß nehmen (an *D*)
gorycz *f* Bitterkeit; **~ka** *f Bot.* Enzian *m*
goryl *m* Gorilla
gorzałka *f* F Schnaps *m*
gorzej *Adv.* schlimmer, ärger
gorzelnia *f* (*Sprit-*)Brennerei *f*
gorzk|i (-ko) bitter; **~nieć ⟨z-⟩** bitter werden; *fig.* verbittern

gospoda *f* Gasthaus *n*
gospodar|czy Wirtschafts-; **(-czo)** wirtschaftlich; **~ka** *f* Wirtschaft; **~ny** wirtschaftlich; **~ować** wirtschaften
gospodarstwo *n* Wirtschaft *f*; (*Bauern-*)Hof *m*; **~ *domowe*** Haushalt *m*; **~ *rolne*** landwirtschaftlicher Betrieb *m*
gospod|arz *m* (*Haus-*)Wirt; Hausherr; Bauer; **~arzyć** wirtschaften; **~yni** *f* Hausfrau, Wirtin
gościć ⟨**u-**⟩ bewirten; *v/i* ⟨**po-**⟩ zu Gast sein, weilen
gościec *m* Rheuma *n*
gościn|a *f*: ***w ~ie*** zu Gast; **~ny** gastfreundlich
gość *m* Gast; Besucher
gotowa|ć ⟨**u-**⟩ kochen; **~ny** gekocht
goto|wość *f* Bereitschaft; **~wy**, **gotów** fertig; bereit
gotówka *f* Bargeld *n*
gotycki gotisch
goździk *m* Nelke *f*
gór|a *f* Berg *m*; *s. a.* **góry**; **~al-(ka** *f*) *m* Bergbewohner(in); **~ka** *f* Hügel *m*; **~nictwo** *n* Bergbau *m*; **~niczy** bergmännisch, Bergbau-; **~nik** *m* Bergmann; **~ny** ober(e), Ober-; **~ować** (***nad** I*) überragen (*A*); **~ski** Berg-; Gebirgs-; **~y** *f/pl.* Gebirge *n*
górzysty bergig, gebirgig
gówno V *n* Scheiße *f*
gra *f* Spiel *n*
grab *m* Hain-, Weißbuche *f*
grabarz *m* Totengräber
grabić¹ ⟨**z-**⟩ harken
grabić² ⟨**o-**⟩ (be)rauben, (aus)plündern
grabie *pl.* Harke *f*, Rechen *m*
grabieć ⟨**z-**⟩ vor Kälte erstarren
grabież *f* Plünderung; Raub *m*; **~ca** *m* Plünderer
graca *f* Hacke
gracz *m* Spieler
grać ⟨**z-**⟩ (***w karty*** Karten, ***na fortepianie*** Klavier) spielen
grad *m* Hagel; **~obicie** *n* Hagelschlag *m*
grafi|czny grafisch; **~k** *m* Grafiker
gramatyka *f* Grammatik
gramofon *m* Plattenspieler
granat *m* Granate *f*; **~owy (-wo)** dunkelblau
granda P *f* Beschiss *m*; Stunk *m*
grani|ca *f* Grenze; ***za ~cą*** im Ausland; ***za ~cę*** ins Ausland; **~czyć** (***z** I*) grenzen (an *A*)
grań *f* Grat *m*; Kante
grasować um sich greifen, wüten
grat *m* altes Ding *n*; Klapperkasten; *pl. a.* Gerümpel *n*
gratis(owy) F frei, gratis
gratulacja *f* Glückwunsch *m*
grawerować ⟨**wy-**⟩ (ein)gravieren
gre|cki (po -ku) griechisch; **Ꙩk** *m* (**Ꙩczynka** *f*) Grieche (-in)
grobla *f* Deich *m*

grobo|wiec *m* Gruft *f*; **~wy (-wo)** Grab(es)-
groch *m* Erbse *f*; **~ówka** *f* Erbsensuppe
grodzić ⟨**o-**⟩ umzäunen
grom *m* Donner(schlag)
groma|da *f* Schar, Haufen *m*; Gemeinde; **~dzić** ⟨**na-, z-**⟩ (an)sammeln, (an)häufen; **~dzić** ⟨**z-**⟩ **się** sich (ver)sammeln
gromić ⟨**z-**⟩ (aus)schelten
grono *n* Traube *f*; **~ *znajomych*** Bekanntenkreis *m*; **~wy** Trauben-
grosz *m* Groschen
groszek *m* (*Zucker-*)Erbsen *fpl.*
groz|a *f* Grausen *n*; Entsetzen *n*; **~ić** (*a. I*) drohen (zu)
groź|ba *f* Drohung; **~ny** drohend; bedrohlich
grożący (*I*) …gefährdet
grób *m* Grab *n*
gród *m* Burg *f*
grubas F *m* Dicke(r)
grubia|nin *m* Grobian; **~ński (-ko, po -ku)** grob
grub|ość *f* Dicke, Stärke; **~oziarnisty** grobkörnig; **~y (-bo)** dick, stark
gruchać girren
gruczoł *m* Drüse *f*
gruda *f* (*Erd-*)Klumpen *m*
gru|dniowy Dezember-; **~dzień** *m* Dezember
grunt *m* Grund, Boden; **~owny** gründlich
grup|a *f* Gruppe; **~owy** Gruppen-
grusz|a *f* Birnbaum *m*; **~ka** *f* Birne
gruz *m* Schutt; **~y** *pl.* Ruinen *fpl.*
gruźlica *f* Tuberkulose
gryka *f* Buchweizen *m*
grypa *f* Grippe
grys *m* Grieß; Splitt; **~ik** *m* Grießbrei
gryzący ätzend, beißend
gryzmolić ⟨**na-**⟩ kritzeln
gryzoń *m* Nagetier *n*
gryźć ⟨**u-**⟩ beißen
grzać ⟨**o-, z-**⟩ (er)wärmen
grzałka *f*: **~ *nurkowa*** Tauchsieder *m*
grzanka *f* Toast *m*
grząski (-sko) sumpfig
grzbiet *m* (***górski*** Berg-)Rücken
grzeb|ać graben, wühlen; ⟨**po-**⟩ begraben; ⟨**wy-**⟩ ausgraben; **~ień** *m* Kamm
grzech *m* Sünde *f*
grzech|otać klappern; **~otka** *f* Klapper
grzeczn|ość *f* Höflichkeit; **~ny** höflich; artig
grzejnik *m* Heizkörper; Erhitzer
grzeszyć ⟨**z-**⟩ sündigen
grzęznąć ⟨**u-**⟩ versinken, stecken bleiben
grzmieć ⟨**za-**⟩ donnern
grzmot *m* Donner
grzyb *m* Pilz
grzyw|a *f* Mähne; **~ka** *f* Ponyfrisur; **~na** *f* Bußgeld *n*
gubić ⟨**z-**⟩ verlieren
gum|a *f* Gummi *m od. n*; **~a**

do żucia Kaugummi *m*; **~ka** *f* Radiergummi *m*; Gummiband *n*; **~owy** Gummi-
gust *m* Geschmack; **~owny** geschmackvoll
guz *m* Beule *f*; Tumor, Geschwulst
guzdrać się F trödeln
guzik *m* Knopf
gwał|cić ⟨**z-**⟩ vergewaltigen; **~t** *m* Gewalttat *f*; Zwang
gwałtow|ność *f* Gewalttätigkeit; Heftigkeit; **~ny** gewalttätig; heftig
gwar *m* Stimmengewirr *n*
gwara *f* Mundart, Dialekt *m*
gwaran|cja *f* Garantie; Bürgschaft; **~tować** ⟨**za-**⟩ garantieren; bürgen
gwarny laut, lärmend
gwarzyć ⟨**po-**⟩ plaudern
gwiazd|a Stern; (*Film-*)Star *m*; **~ka** *f* Sternlein *n*; F Weihnachten *n*; **~kowy** Stern-; Weihnachts-; **~ozbiór** *m* Sternbild *n*
gwiaździsty gestirnt
gwiezdny Stern-
gwint *m* Gewinde *n*; **~ownik** *m* Gewindebohrer
gwizd *m* Pfeifen *n*; Pfiff; **~ać** ⟨**~nąć**⟩ pfeifen; **~ek** *m* Pfeife *f*
gwóźdź *m* Nagel
gzyms *m* Gesims *n*; Sims

H

habit *m* Ordenskleid *n*
haczyk *m* Häkchen *n*; Angelhaken
haft *m* Stickerei *f*; **~ka** *f* Heftel *n* (*Haken u. Öse*); **~ować** ⟨**wy-**⟩ sticken
hak *m* Haken; **~owaty** (**-to**) hakenförmig
hala *f* Halle; (*Tatra-*)Alm
halka *f* Unterrock *m*
hała|s *m* Lärm; **~sować** lärmen, rumoren; **~śliwy** (**-wie**) laut, lärmend
hałda *f* Halde
hamak *m* Hängematte *f*
ham|ować ⟨**za-**⟩ bremsen; **~ulec** *m* (***bezpieczeństwa*** Not-)Bremse *f*
hand|el *m* (***wewnętrzny*** Binnen-; ***zagraniczny*** Außen-) Handel *m*; **~larz** *m* Händler; **~lować** (*I*) handeln (mit); **~lowiec** *m* Kaufmann; **~lowy** Handels-
hangar *m* Flugzeughalle *f*
haniebny schändlich, schmählich
hańb|a *f* Schande, Schmach; **~ić** ⟨**z-**⟩ entehren, schänden
harce|rstwo *n* Pfadfinderbewegung *f*; **~rz** *m* (**~rka** *f*) Pfadfinder(in)
hard|ość *f* Hochmut *m*; **~y** (**-do**) hochmütig
harmoni|a *f* Harmonie; **~jka** *f* *s.* **organki**

harować *v/i* schuften
hart *m* Härte *f*; **~ować** ⟨**za-**⟩ härten; *fig.* abhärten; **~owany** gehärtet
hasać *Kinder*: tollen
hasło *n* Losung *f*, Parole *f*; Kennwort
haust *m* Schluck
hazard *m* Hasardspiel *n*; Risiko *n*
heban *m* Ebenholz *n*
hebrajski (**po -ku**) hebräisch
hejnał *m* Trompetensignal *n*
hełm *m* Helm
herb *m* Wappen *n*
herba|ciarnia *f* Teestube; **~ta** *f* Tee *m*; **~tniki** *m/pl.* Teegebäck *n*
herezja *f* Ketzerei
hetman *m* *hist.* Hetman; (*Schach*) Dame *f*
higieniczny hygienisch
hierarchia *f* Hierarchie
hipnoza *f* Hypnose
hipopotam *m* Nilpferd *n*
hipoteka *f* Hypothek; Grundbuch *n*
histeryczny hysterisch
histor|ia *f* Geschichte; **~yczny** geschichtlich; **~yk** *m* Historiker
Hiszpa|n *m* (**~nka** *f*) Spanier(in); **℘ński** (**po -ku**) spanisch
hodow|ać ⟨**wy-**⟩ züchten; **~ca** *m* Züchter; **~la** *f* Zucht; *Agr. a.* Anbau *m*
hojn|ość *f* Freigebigkeit; **~y** freigebig
hokej *m* Hockey *n*
hol *m* (*Hotel-*)Halle *f*; *Mar.* Schlepptau
Holender *m* (**~ka** *f*) Holländer(in); **℘ski** (**po -ku**) holländisch
holow|ać ⟨**od-**⟩ (ab)schleppen; bugsieren; **~nik** *m* *Mar.* Schlepper
hołdować huldigen
hołota *f* Gesindel *n*
homar *m* Hummer
honor *m* Ehre *f*; ***słowo*** *n* **~u** Ehrenwort; **~arium** *n* Honorar; **~owy** Ehren-; ehrenhalber; ehrenamtlich
horyzont *m* Horizont
hotel *m* Hotel *n*; **~owy** Hotel-
hrabi|a *m* Graf; **~na** *f* Gräfin
hucz|eć ⟨**za-**⟩ *v/i* brausen; **~ny** rauschend; schallend
hufiec *m* Schar *f*
huk *m* Krachen *n*, Getöse *n*; Donner; **~ać** ⟨**~nąć**⟩ *v/i* krachen; knallen
hula|ć zechen; **~jnoga** *f* (*Kinder-*)Roller *m*; **~szczy** liederlich
humor *m* Humor; Laune *f*
huragan *m* Orkan
hurt *m* Großhandel; **~em** en gros; **~ownia** *f* Großhandlung
huśta|ć ⟨**po-**⟩ schaukeln (***się*** sich); **~wka** *f* Schaukel
hut|a *f* *Tech.* Hütte; **~nictwo** *n* Hüttenwesen; **~niczy** Hütten; **~nik** *m* Hüttenarbeiter
hydraulik *m* Klempner
hymn *m* Hymne *f*

I

i und, auch
idea *f* Idee; **~lny** ideal
idiota *m* Idiot
ig|liwie *n* (*Fichten-*)Nadeln *f/pl.*; **~ła** *f* (*Näh-*)Nadel
igra|ć (*I*) spielen (mit); **~szka** *f* Spielerei
igrzyska *n/pl.* (*Sport-*)Spiele; **2 *olimpijskie*** Olympische Spiele
ikra *f* Rogen *m*; Laich *m*
ile wie viel; **~kroć** sooft
ilo|czyn *m Math.* Produkt *n*; **~raz** *m Math.* Quotient *m*; **~ść** *f* Anzahl, Menge
iluzjonista *m* Zauberkünstler
ił *m* (*Ziegel-*)Ton
im: ~ ... *tym...* je ... desto
imadło *n* Schraubstock *m*
imaginacja *f* Einbildungskraft
imbir *m* Ingwer
imbryk *m s.* **czajnik**
imi|eniny *pl.* Namenstag *m*; **~enny** namentlich; Namens-; **~ę** *n* (Vor-)Name *m*
imigrant *m* Einwanderer
impertynencki (-ko) unverschämt
impet *m* Ungestüm *n*; Wucht *f*
impon|ować imponieren; **~ujący (-co)** imposant
importowany Import-
impreza *f* Veranstaltung
inaczej anders; sonst
inauguracyjny Eröffnungs-
incydent *m* Vorfall; Zwischenfall
indy|czka *f* Pute; **~k** *m* Truthahn
infor|macja *f* Information; Auskunft; **~mować** ⟨**po-**⟩ informieren (***się*** sich)
innowacja *f* Neuerung
inny andere(r); sonstig
inspek|cja *f* Inspektion; Besichtigung; **~towy** Mistbeet-
instalator *m* Installateur
instrukcja *f* Instruktion; **~ *obsługi*** Bedienungsanleitung
instrument *m* Instrument *n*; Werkzeug *n*
instytucja *f* Institution, Anstalt
inteligencja *f* Intelligenz
intencja *f* Absicht
interes *m* Geschäft *n*; **~ant** *m* Klient, Kunde; **~ować się** (*I*) sich interessieren (für); **~ujący (-co)** interessant
interpretacja *f* Auslegung
intratny einträglich
introligator *m* Buchbinder
intruz *m* Eindringling
inwalida *m* Invalide, Versehrte(r)
inwentaryzacja *f* Inventur
inżynier *m* Ingenieur
irlandzki (po -ku) irisch
irytacja *f* Verärgerung

iskra *f* Funke(n) *m*
iskrzyć się funkeln
islam *m* Islam; **~ski** islamisch
islandzki (po -ku) isländisch
ist|nieć existieren; bestehen; **~ota** *f* Wesen *n*; **~otny** wesentlich
iść gehen, F laufen; *s.* **chodzić**
izba *f* Stube, Zimmer *n*; **~ *handlowa*** Handelskammer
izol|acja *f* Isolierung; **~ować** ⟨**za-**⟩ isolieren
izraelski Israel-
iż *Kj.* dass

J

ja ich
jabł|ecznik *m* Apfelkuchen; Apfelwein; **~ko** *n* Apfel *m*; **~oń** *f* Apfelbaum *m*
jad *m* Gift *n*; Toxin *n*
jadal|nia *f* Speisezimmer *n*, -saal *m*; **~ny** essbar
jadło|dajnia *f* Gaststätte; **~spis** *m* Speisekarte *f*
jadowity (-cie) giftig
jagnię *n* Lamm
jagoda *f* Beere; ***czarna* ~** *f* Heidelbeere
jaj|(k)o *n* Ei; **~ecznica** *f* Rührei *n*; **~nik** *m* Eierstock
jak wie; **~ *najszybciej*** möglichst schnell; **~i** was für ein; **~iś** irgendein; **~kolwiek** obwohl, obgleich; **~o** als; ***~otako*** leidlich, soso; **~oś** irgendwie; **~ość** *f* Qualität; **~ościowy (-wo)** qualitativ
jałmużna *f* Almosen *n*
jałowiec *m* Wacholder
jałowy unfruchtbar
jama *f* Grube; Loch *n*; *Anat.* Höhle
Japo|nka *f* Japanerin; **~ńczyk** *m* Japaner; **♀ński (po -ku)** japanisch
jarmark *m* Jahrmarkt
jar|osz *m* Vegetarier; **~ski (po -ku)** vegetarisch
jarzębiak *m* Ebereschenschnaps
jarzeniówka *f* Leuchtröhre
jarzmo *n* Joch
jarzyna *f* Gemüsepflanze; *pl. a.* Gemüse *n*, Gemüsebeilage
jaskinia *f* Höhle
jaskółka *f* Schwalbe
jaskrawy (-wo) grell; F knallig
jasn|o- hell-; **~ość** *f* Helligkeit; **~owidz** *m* Hellseher; **~y (-no)** hell; klar
jastrząb *m* Habicht
jaszczurka *f* Eidechse
jaśnieć leuchten, glänzen
jaw: ***wyjść na* ~** an den Tag kommen; **~ny** öffentlich
jawor *m* Bergahorn
jazda *f* Fahrt; *Sp.* Lauf(en *n*) *m*; *hist.* Reiterei; **~ *konna*** Reiten *n*; *s.* **prawo**

jądro *n* Kern *m*; *Anat.* Hoden *m*; **~wy** Kern-
jąkać się stottern
jątrzyć *Wunde*: eitern
jechać ⟨**po-**⟩ (hin)fahren; **~ *konno*** reiten
jed|en ein(er); allein; ***wszystko ~no*** ganz gleich
jedenast|ka *f* Elf, F Elfer *m*; **~oletni** elfjährig; **~y** elfte(r)
jednak doch, dennoch; **~owy (-wo)** gleich
jedno *s.* **jeden**; *in Zssgn* ein-, Ein-; **~czesny** gleichzeitig; **~czyć** ⟨**z-**⟩ vereinigen (***się*** sich); **~dniowy** eintägig; **~głośny** einstimmig; **~kierunkowy** *Straße*: Einbahn-; **~lity (-cie)** einheitlich; **~myślny** einmütig; **~osobowy** Einpersonen-; Einzel-; **~rodzinny** Einfamilien-; **~rzędowy** einreihig; **~stajny** eintönig; **~stka** *f* (***miary*** Maß-)Einheit; Individuum *n*; **~stronny** einseitig; **~ść** *f* Einigkeit; **~znaczny** eindeutig
jedwab *m* Seide *f*; **~ny** Seiden-
jedyn|ie nur, bloß; **~ka** *f* Eins, Einer *m*; **~y** einzig
jedzenie *n* Essen
jele|ni Hirsch-; **~ń** *m* Hirsch
jelito *n* Darm *m*
jełczeć ⟨**z-**⟩ ranzig werden
jeniec *m* (*Kriegs-*)Gefangene(r)
jesi|enny Herbst-; herbstlich; **~eń** *f* Herbst *m*; **~onka** *f* Übergangsmantel *m*
jeszcze noch
jeść ⟨**z-**⟩ (auf)essen; **~ *śniadanie*** frühstücken
jeśli wenn
jezdnia *f* Fahrbahn
jezioro *n* See *m*
jeździ|ć fahren; ***~ć konno*** reiten; ***~ć na rowerze*** Rad fahren; ***~ć na nartach*** Schi laufen; **~iec** *m* Reiter
jeż *m* Igel
jeżeli wenn
jeżyna *f* Brombeere
jęczeć stöhnen
jęczmień *m* Gerste *f*; *Med.* Gerstenkorn *n*
jędrny markig; drall
jęk *m* Stöhnen *n*; **~nąć** *pf. s.* **jęczeć**
język *m* Zunge *f*; Sprache *f*; **~oznawstwo** *n* Sprachwissenschaft *f*
jodła *f* Tanne
jodyna *f* Jodtinktur
jogurt *m* Joghurt
jubiler *m* Juwelier
jubileusz *m* Jubiläum *n*
Jugosłowia|nka *f hist.* Jugoslawin; **~nin** *m hist.* Jugoslawe; **2ński** *hist.* jugoslawisch
juror *m* Preisrichter
jut|ro *Adv.* morgen; **~rzejszy** morgig; **~rzenka** *f* Morgenstern *m*; **~rznia** *f* Frühmette
już schon, bereits

K

kabanos *m* Kabanossi *f*
kabina *f* Kabine; Zelle; **~** ***kierowcy*** Führerhaus *n*
kacz|ka *f* Ente; **~or** *m* Erpel
kadłub *m* Rumpf; Gehäuse *n*
kadra *f* Kader *m*
kadzidło *n* Weihrauch *m*
kadź *f* Bottich *m*
kafel *m* Kachel *f*
kaftan *m*: **~** ***bezpieczeństwa*** Zwangsjacke *f*; **~ik** *m* Jäckchen *n*
kaganiec *m* Maulkorb
kajak *m* Paddelboot *n*
kajdan|ki *m/pl.* Handschellen *f/pl.*; **~y** *pl.* Fesseln *f/pl.*
kajuta *f* Kajüte
kalafior *m* Blumenkohl
kale|ctwo *m* Gebrechen; **~czyć** ⟨**o-, s-**⟩ verletzen (**się** sich); **~ka** *m* Krüppel
kalendarz *m* Kalender
kalesony *pl.* Unterhose *f*
kalka *f* Blau-, Kohlepapier *n*
kalkulatorek *m*: **~** ***kieszonkowy*** Taschenrechner
kaloryfer *m* Heizkörper
kalosz *m* (Gummi-)Überschuh *m*
kał *m* Kot
kałamarz *m* Tintenfass *n*
kałuża *f* Pfütze
kamera *f* Kamera
kamfora *f* Kampfer *m*
kamica *f* (*Nieren-*)Steinkrankheit
kamie|nica *f* Mietshaus *n*; **~niołom** *m* Steinbruch; **~nisty** steinig; **~nny** Stein-; **~ń** *m* Stein
kamizelka *f* Weste
kampania *f* Aktion, Kampagne; **~** ***wyborcza*** Wahlkampf *m*
kana|lizacja *f* Kanalisation; **~ł** *m* Kanal
kanap|a *f* Sofa *n*; **~ka** *f* Sandwich *n*, belegtes Brötchen *n*
kanarek *m* Kanarienvogel
kanciasty (**-to**) kantig
kanclerz *m* Kanzler
kandyz *m* Kandis
kanonik *m* Domkapitular; Probst
kantor *m* Kontor *n*; **~** ***wymiany*** Wechselstube *f*
kantować ⟨**wy-**⟩ F *fig.* hereinlegen
kapa *f* Bettdecke
kapać *v/i* tropfen; tröpfeln
kapelusz *m* Hut
kapi|tał *m* Kapital *n*; **~tan** *m* Kapitän; *Mil.* Hauptmann
kaplica *f* *Rel.* Kapelle
kapłan *m* Priester
kapłon *m* Kapaun
kapral *m* Korporal
kapry|s *m* Laune *f*; **~sić** nörgeln; **~śny** launenhaft
kaptur *m* Kapuze *f*
kapusta *f* (***biała*** Weiß-, ***czerwona*** Rot-)Kohl *m*; **~** ***kiszo-***

na Sauerkraut *n*
kapuśniak *m* Sauerkrautsuppe *f*
kara *f* Strafe; **~ć** ⟨**u-**⟩ (*za A*) (be)strafen (für)
karabin *m* (***maszynowy*** Maschinen-)Gewehr *n*
karaluch *m* Küchenschabe *f*
karawan *m* Leichenwagen
karb *m* Kerbe *f*
karbidówka F *f* Karbidlampe
karciarz *m* Kartenspieler
karcić ⟨**s-**⟩ rügen
karczoch *m* Artischocke *f*
karczować ⟨**wy-**⟩ roden
karetka *f*: ***~ pogotowia*** Rettungswagen *m*
kark *m* Nacken; *Kochk.* Kamm; **~ołomny** halsbrecherisch
karłowaty (**-to**) zwerghaft
karmić ⟨**na-**⟩ nähren; füttern
karnawałowy Faschings-
karnet *m* Abonnement *n*; Dauerkarte *f*; ***~ miesięczny*** Monatskarte *f*; ***~ roczny*** Jahreskarte *f*
karp *m* Karpfen
kart|a *f* Blatt *n*; (*Spiel-*)Karte; ***~a gwarancyjna*** Garantieschein *m*; ***~a kredytowa*** Kreditkarte; ***~a telefoniczna*** Telefonkarte; **~ka** *f* Zettel *m*; (*Post-*)Karte
kartof|el *m* Kartoffel *f*; **~lanka** F *f* Kartoffelsuppe
karuzela *f* Karussel *n*
karygodny sträflich
karzeł *m* Zwerg
kas|a *f* Kasse; **~et(k)a** *f* Kassette; **~jer(ka** *f*) *m* Kassierer(in); **~ować** ⟨**s-**⟩ *v/t* entwerten; löschen
kasz|a *f* Grütze; Brei *m*; **~anka** *f* Grützwurst
kasz|el *m* Husten; **~lać**, **~leć** husten
kasztan *m* Kastanie(nbaum *m*) *f*; Braune(r) (*Pferd*)
kat *m* Henker
katar *m* Schnupfen; Katarrh; **~akta** *f Med.* Star *m*
katedra *f* Kathedrale
katoli|cki katholisch; **~k** *m* (**~czka** *f*) Katholik(in)
kaucja *f* Bürgschaft; Kaution
kawa *f* Kaffee *m*
kawaler *m* Junggeselle; Kavalier
kawał *m* Stück *n*; F *fig.* Streich, Witz; **~e(cze)k** *m* Stückchen *n*
kawiarnia *f* Café *n*
kawior *m* Kaviar
kawka *f* Dohle
kawowy Kaffee-
kazać befehlen, anordnen
kazanie *n* Predigt *f*
każd|orazowy jeweilig; jedesmalig; **~y** jede(r); jedermann
kącik *m s.* **kąt**
kąp|ać ⟨**wy-**⟩ baden (***się*** sich); **~iel** *f* Bad *n*; **~ielisko** *n* Badeort *m*; Badestelle *f*; **~ielowy** Bade-; *Su. m* Bademeister; **~ielówki** *pl.* Badehose *f*
kąs|ać beißen; *Mücke*: stechen; **~ek** *m* Bissen
kąt *m* Winkel; (*a.* **~ek**) (*Zim-*

mer-)Ecke *f*
kelner *m* Kellner
keczup *m* (Tomaten-)Ketchup *m od. n*
kemping *m* Camping *n*; **~owy** Camping-; ***domek*** *m* **~owy** Ferienhäuschen *n*
kędzierzawy kraus(haarig)
kędzior *m* Locke *f*
kęs *m* Bissen, Stück *n*
kibic *m fig.* Schlachtenbummler, (Sport-)Fan
kich|ać ⟨**~nąć**⟩ niesen
kiedy wann; wenn; **~ś** einst; **~ż** wann denn
kieli|ch *m* Kelch; **~szek** *m* (*Wein- usw*)Glas *n*
kieł *m* Eckzahn
kiełbasa *f* Wurst
kiepski (**-ko**) mies, schlecht
kier *m* (*Spielkarte*) Herz *n*, Coeur *n*
kiermasz *m* Kirmes *f*
kierow|ać ⟨**po-**⟩ (*I*) leiten; lenken (*A*); ⟨**s-**⟩ (***do*** *G*) ver-, überweisen (an *A*); **~ca** *m* Kraftfahrer; **~nica** *f* Lenkrad *n*; Lenkstange; **~nictwo** *n* Führung *f*, Leitung *f*; **~nik** *m* Leiter, Geschäftsführer
kierun|ek *m* Richtung *f*; **~kowskaz** *m Kfz*. Blinker
kieszeń *f* Tasche
kieszonkow|iec *m* Taschendieb; **~y** Taschen-
kij *m* Stock, Stab
kilka einige, mehrere; **~krotnie** mehrmals; **~naście** etwa 11–19
kilk|oro *s.* **kilka**; **~u...** *in Zssgn* mehr...
kilo|gram *m* Kilogramm *n*; **~metr** *m* Kilometer
kiła *f Med.* Syphilis
kim: ***z*** **~** mit wem; ***o*** **~** über wen, von wem
kinomechanik *m* Filmvorführer
kiosk *m* Kiosk
kip|ieć ⟨**za-**⟩ *v/i* sieden; brodeln; **~iel** *f* Brandung
kisić ⟨**za-**⟩ (ein)säuern, einlegen
kisiel *m Art* rote Grütze *f*
kiszka *f* Darm *m*; Blut- *bzw.* Leberwurst; ***ślepa*** **~** Blinddarm
kiszony *s.* **kapusta**
kiść *f* Traube
kit *m* Kitt
kiw|ać ⟨**~nąć**⟩ (***na*** *A*) winken (*D*); **~ać** ***się*** wackeln
klacz *f* Stute
klakson *m* Hupe *f*
klamka *f* (*Tür-*)Klinke
klamra *f* Klammer
klapa *f* Klappe
klasa *f* Klasse
klaskać *v/i* klatschen
klas|owy Klassen-; **~ówka** *f* Klassenarbeit; **~yczny** klassisch
klasztor *m* Kloster *n*
klatka *f* Käfig *m*
klawi|atura *f* Tastatur; **~sz** *m* Taste *f*
kląć ⟨**za-**⟩ fluchen
klecić ⟨**s-**⟩ (notdürftig) zusammenstoppeln

klei|ć ⟨**s-**⟩ (zusammen)leimen; **~k** *m* (*Hafer-*)Schleim; **~sty** klebrig
klej *m* Leim, Kleber
klekotać ⟨**za-**⟩ *v/i* klappern
klepać klopfen; *Sense* dengeln
kler *m* Klerus
kleszcz *m* Zecke *f*
kleszcze *pl.* Zange *f*
klę|czeć knien; **~kać** ⟨**~nąć**⟩ niederknien
klęska *f* Niederlage; (*Natur-*) Katastrophe
klient(ka *f*) *m* Kunde (-din)
klimat *m* Klima *n*; **~yzowany** klimatisiert
klin *m* Keil
klister *m* Schiwachs *n*
kloc *m* Klotz; **~ek** *m* Klötzchen *n*
klomb *m* Blumenbeet *n*
klon *m* Ahorn
klops *m* Hackbraten; F Flop, Pleite *f*
klosz *m* Lampenschirm
klucz *m* Schlüssel
kluski *f/pl.* Mehlklößchen *n/pl.*
kłam|ać ⟨**s-**⟩ lügen; **~ca** *m* Lügner; **~stwo** *n* Lüge *f*
kłaniać się (*D*) grüßen (*A*)
kłaść legen (***się*** sich)
kłębek *m* Knäuel *n*
kłoda *f* Klotz *m*
kłopot *m* Mühe *f*; Sorge(n *pl.*); **~liwy** peinlich
kłos *m* Ähre *f*
kłócić ⟨**po-**⟩ **się** streiten, sich zanken
kłódka *f* Vorhängeschloss *n*
kłót|liwy (**-wie**) zänkisch; **~nia** *f* Zank *m*, Streit *m*
kłuć ⟨**po-, u-**⟩ (zer)stechen
kminek *m* Kümmel
knajpa F *f* Kneipe
knedle *m/pl.* (*Pflaumen-*)Klöße
knot *m* Docht; *Mar.* Knoten
kobie|cy (**-co**) weiblich; Frauen-; **~ta** *f* Frau, Weib *n*
kobyła *f* Stute
koc *m* (*Woll-*)Decke *f*
koch|ać lieben (***się*** sich); **~anek** *m* Liebhaber; **~anka** *f* Geliebte; **~any** lieb
kocioł(ek) *m* Kessel
koczownik *m* Nomade
kod *m* Code; ***~ bankowy*** Bankleitzahl *f*; ***~ pocztowy*** Postleitzahl *f*
kodeks *m*: ***~ drogowy*** Straßenverkehrsordnung *f*; ***~ karny*** Strafgesetzbuch *n*
kogo wen; ***do ~*** zu wem
kogut *m* Hahn
koić ⟨**u-**⟩ lindern
kojarzyć ⟨**s-**⟩ verbinden
kokard(k)a *f* (*Band-*)Schleife; Kokarde
kokieteryjny kokett
koklusz *m* Keuchhusten
koktajl *m* Cocktail; ***~ mleczny*** Milchmixgetränk *n*
kolacj|a *f* Abendessen *n*; ***jeść ~ę*** zu Abend essen
kolano *n* Knie
kolar|ski Rad-; **~stwo** *n* Radsport
kolarz *m* Radsportler

kolba *f* (*Glas-*)Kolben *m*
kolczasty (**-sto**) stach(e)lig; Stachel-
kolczyk *m* Ohrring
kolebka *f* Wiege
kolec *m* Dorn, Stachel
koleg|a *m* Kollege; Kamerad; **~ium** *n* Kollegium; Kolleg; (*Hochschule*) College
kolej *f* Eisenbahn; Reihe(nfolge); **~ *podziemna*** U-Bahn; **~arz** *m* Eisenbahner; **~ka** *f s.* **kolej**; ***stać w ~ce*** (**po** *A*) Schlange stehen, anstehen (nach); **~ny** (nächst)folgend; **~owy** Eisenbahn-
kolekcjonować sammeln
koleżeński (**po -ku**) kameradschaftlich
kolęda *f* Weihnachtslied *n*
kolizja *f* Zusammenstoß *m*
kolka *f* Kolik
kolońsk|i: ***woda f ~a*** kölnisch Wasser *n*
kolor *m* Farbe *f*; **~owy** (**-wo**) farbig
kolumna *f* Säule; Kolonne; *Typ.* Spalte
kołatać pochen, klopfen
kołdra *f* (*Stepp-*)Decke
kołek *m* Pflock; Dübel
kołnierz *m* Kragen
koło[1] (*G*) um (*A*) herum; neben, bei, an (*D*)
koło[2] *n* Kreis *m*; Rad; **~wy** Kreis-; Rad-
kołys|ać wiegen (***się*** sich), schaukeln; **~ka** *f* Wiege
komar *m* Mücke *f*
kombajn *m*: **~ *zbożowy*** Mähdrescher
kombine|rki *pl.* Kombizange *f*; **~zon** *m* Overall
komedia *f* Komödie
komend|a *f* Kommando *n*; Kommandatur; **~erować** kommandieren
komiczny komisch
komin *m* Schornstein; **~ek** *m* Kamin; **~iarz** *m* Schornsteinfeger
komis *m* Kommissionsgeschäft *n*; **~ariat** *m* Polizeirevier *n*; **~ja** *f* Kommission
komitet *m* Komitee *n*
komor|a *f* Kammer; **~ne** *n* Miete *f*; **~nik** *m* Gerichtsvollzieher
komórka *f* (*Rumpel-*)Kammer; *El.*, *Bio.* Zelle; Handy *n*
kompakt *m* P CD *f*
komplet *m* Satz; Garnitur *f*; **~ny** komplett; völlig
kompot *m* Kompott *n*
kompres *m* Umschlag
kompromitacja *f* Bloßstellung
komputer *m* Computer
komu wem
komuni|a *f* Kommunion; **~kacja** *f* Verkehr *m*; **~kat** *m* (*Presse-*, *Wetter-*)Bericht; (*Rundfunk-*)Meldung *f*
komunikować ⟨**za-**⟩ mitteilen; **~** ⟨**s-**⟩ **się** in Verbindung stehen; *pf.* Verbindung aufnehmen

komunistyczny kommunistisch
kon|cert *m* Konzert *n*; **~cesja** *f* Konzession; **~dolencja** *f* Beileid *n*; **~duktor** *m* Schaffner; **~dycja** *f* Kondition; **~dygnacja** *f* Stockwerk *n*, Geschoss *n*
konew(ka) *f* (Gieß-)Kanne
kon|fesjonał *m* Beichtstuhl; **~fiskata** *f* Beschlagnahme; **~fitury** *f/pl.* Konfitüre *f*
koniak *m* Kognak, Weinbrand
koniczyna *f* Klee *m*
koniec *m* Ende *n*; Schluss *m*; ***w końcu*** schließlich
konieczn|ie *Adv.* unbedingt; **~y** notwendig; unerlässlich
konik *m fig.* Steckenpferd *n*
konkretny konkret
konkur|encja *f* Konkurrenz; **~s** *m* Wettbewerb; Preisausschreiben *n*
konno *s.* **jechać, jeździć**
konopie *pl.* Hanf *m*
kon|serwować ⟨**za-**⟩ konservieren; **~spiracja** *f* Geheimhaltung; Tarnung; Untergrundbewegung; **~stytucja** *f* Verfassung; **~sumpcja** *f* Verbrauch *m*; Verzehr *m*
kontaktować się ⟨**s-**⟩ (**z** *I*) kontaktieren (*A*)
kontener *m* Container
kontrakt *m* Vertrag, Kontrakt; **~owy** Vertrags-
kontrol|a *f* Kontrolle; Überwachung; **~er** *m* Kontrolleur, Prüfer; ***~er lotu*** *m* Fluglotse; **~ować** ⟨**s-**⟩ kontrollieren
kon|tuzja *f* (innere) Verletzung, Quetschung; **~tynuować** fortsetzen; **~wojent** *m* Begleiter, Bewacher; **~wojować** begleiten; **~wój** *m* Geleit(zug) *n*
koń *m* Pferd *n*; ***~ mechaniczny*** *Tech.* Pferdestärke *f*
końc|owy End-; Schluss-; **~ówka** *f* Endstück *n*; *Gr.* Endung
kończyć ⟨**s-**⟩ (be)enden
kooperacja *f* Kooperation
kop|ać¹ ⟨**s-**⟩ (um)graben; **~ać²** ⟨**~nąć**⟩ (*A*) e-n Fußtritt versetzen (*D*); **~alnia** *f* Bergwerk *n*; **~arka** *f* Bagger *m*
kopcić *v/i* qualmen
koper *m* Dill
koperta *f* Briefumschlag *m*
kopia *f* Kopie
kopiec *m* (*Erd-*)Hügel; (*Kartoffel-*)Miete *f*
kopiarka *f* Kopiergerät *n*
kopiować ⟨**s-**⟩ kopieren
kopuła *f* Kuppel
kopyto *n* Huf *m*; (*Schuh-*) Leisten *m*
kora *f* (*Baum-*)Rinde
koral *m* Koralle *f*; **~owy** Korallen-
korb|a *f* Kurbel; **~owód** *m* Pleuel(stange *f*)
koreański (**po -ku**) koreanisch
korek *m* Kork; Pfropfen; *El.* Sicherung *f*

korekta *f* Korrektur
korespondenc|ja *f* Briefwechsel *m*; **~t** *m* Korrespondent
korko|ciąg *m* Korkenzieher; **~wać** ⟨**za-**⟩ zukorken
koron|a *f* Krone; **~ka** *f* Spitze (*Gewebe*); (*Zahn-*)Krone
korowód *m* Reigen
kort *m* Tennisplatz
korytarz *m* Korridor, Gang
koryto *n* Trog *m*
korze|nić ⟨**za-**⟩ **się** Wurzeln schlagen; **~ń** *m* Wurzel *f*; **~nie** *pl.* Gewürze *n/pl.*
korzy|stać ⟨**s-**⟩ (**z** *G*) benutzen (*A*); in Anspruch nehmen (*A*); **~stny** vorteilhaft; günstig; **~ść** *f* Nutzen *m*; Vorteil *m*
kos *m* Amsel *f*
kos|a *f* Sense; **~iarka** *f* Mähmaschine; **~ić** ⟨**s-**⟩ mähen
kosmety|czka *f* Kosmetikerin; Kosmetiktasche, -koffer *m*; **~ka** *f* Schönheitspflege
kosmiczny kosmisch
kosmyk *m* Haarsträhne *f*
kostium *m* Kostüm *n*; **~ kąpielowy** Badeanzug
kost|ka *f* Knöchel *m*; Würfel *m*; **~nieć** ⟨**s-**⟩ verknöchern; *fig.* erstarren; **~ny** Knochen-
kosz *m* Korb
koszary *f/pl.* Kaserne *f*
koszt *m* Kosten *pl.*; **~orys** *m* Kostenanschlag
kosztow|ać *v/i* kosten; ⟨**s-**⟩ (*G*) kosten, probieren (*A*); ***ile to kosztuje?*** was kostet es?; **~ny** kostbar; kostspielig
koszula *f* Hemd *n*
koszyk *m* Korb; **~ówka** *f* Basketball *m*
kościec *m* Gerippe *n*
kościelny kirchlich; *Su.* *m* Kirchendiener, Küster
kościół *m* Kirche *f*
koś|cisty (**-sto**) knochig; **~ć** *f* Knochen *m*; ***~ć słoniowa*** Elfenbein *n*
koślawy (**-wo**) krumm; schief
kot *m* Katze *f*, Kater *m*
kotara *f* Portiere, Vorhang *m*
kotka *f* Katze
kotlet *m* Kotelett *n*; ***~ siekany, ~ pożarski*** Frikadelle *f*, Hacksteak *n*
kotlina *f* Talkessel *m*; Mulde
kotłow|ać ⟨**za-**⟩ **się** brodeln; **~nia** *f* Kesselhaus *n*
kotwica *f* Anker *m*
kowa|dło *n* Amboss *m*; **~l** *m* Schmied
koz|a *f* Ziege; **~ica** *f* Gemse; **~ioł** *m* (*Ziegen-*)Bock
kożuch *m* (*Schaf-*)Pelz
kółko *n* Rädchen; Ring *m*; Kreis *m*
kpi|ć ⟨**za- sobie**⟩ (**z** *G*) spotten (über *A*); **~na** *f* (*oft pl.* **~ny**) Spott *m*
kra *f* Eisscholle
kraciasty kariert
kradzi|eż *f* (***z włamaniem*** Einbruchs-)Diebstahl *m*; **~ony** gestohlen
kraina *f*, **kraj** *m* Land *n*
krajać ⟨**po-**⟩ (zer)schneiden

kraj|obraz *m* Landschaft *f*; **~owy** inländisch; einheimisch
krakać ⟨**za-**⟩ krächzen
krakowski *Adj.* Krakauer
kramarz *m* Krämer
kran *m s.* **kurek, dźwig**
kraniec *m* Rand; Ende *n*
krasnoludek *m* (Garten-)Zwerg
kraść ⟨**u-**⟩ stehlen
krat|(k)a *f* Gitter *n*; ***w ~ę***, **~kowany** kariert
krawat *m* Krawatte *f*
krawcowa *f* Schneiderin
krawę|dź *f* Kante; Rand *m*; **~żnik** *m* Bordstein
krawiec *m* Schneider
krąg *m* Kreis; Ring
krąż|ek *m* (kleine) Scheibe *f*; *Tech.* Rolle *f*; **~enie** *n* Umlauf *m*, Zirkulation *f*; **~yć** *v/i* kreisen; umlaufen
kreda *f* Kreide
kredens *m* Geschirrschrank
kredka *f* Buntstift *m*; ***~ do ust*** Lippenstift *m*
kredyt *m* Kredit
krem *m* Creme *f*; **~owy** cremefarben
kres *m* Ende *n*; Grenze *f*; **~ka** *f* Strich *m*; **~kowany** gestrichelt; mit Strich
kreśl|arz *m* technischer Zeichner; **~ić** zeichnen
kret *m* Maulwurf
krew *f* Blut *n*; **~ki (-ko)** temperamentvoll; **~niak** *m*, **~ny** *m* Verwandte(r)
kręc|ić ⟨**po-, za-**⟩ drehen (***się*** sich); **~ony**: ***~one schody*** *pl.* Wendeltreppe *f*
kręg|ielnia *f* Kegelbahn; **~le** *pl.*: ***grać w ~le*** kegeln
kręgosłup *m* Wirbelsäule *f*
krępować ⟨**s-**⟩ fesseln; ***~ się*** sich genieren
krępy stämmig, untersetzt
kręt|acz *m* Gauner; Lügner; **~y** gewunden
krochmal *m* (*Wäsche-*)Stärke *f*
kroczyć schreiten
kroić ⟨**u-**⟩ (ab)schneiden; ⟨**s-**⟩ zuschneiden
krok *m* Schritt
krokiet *m Kochk.* Krokette *f*
kromka *f* Brotschnitte
kronika *f* Chronik
krop|ić *v/i Regen*: tröpfeln; *v/t* ⟨**po-**⟩ (be)sprengen; **~idło** *n* Weihwedel *m*; **~ka** *f* Punkt *m*; **~la** *f* Tropfen *m*; **~lówka** *f Med.* Tropf *m*
krosno *n* Webstuhl *m*
krosta *f* Pustel
krowa *f* Kuh
krócej *Adv.* kürzer
krój *m* (Zu-)Schnitt
król *m* König; **~estwo** *n* Königreich; **~ewski** königlich; **~ik** *m* Kaninchen *n*; **~owa** *f* Königin; **~ować** herrschen
krótki (-ko) kurz
krótko|falowy Kurzwellen-; kurzfristig; **~metrażówka** *f* Kurzfilm *m*; **~ść** *f* Kürze; **~terminowy** kurzfristig; **~trwały** von kurzer Dauer; **~wzroczny** kurzsichtig

krtań *f* Kehlkopf *m*

kruchy (-cho) mürbe; spröde

kruczy (-czo) rabenschwarz

kruk *m* Kolkrabe

krupnik *m* Graupensuppe *f*

kruszec *m* Erz *n*; **~yć ⟨po-, s-⟩** zerkleinern; (zer)bröckeln; zertrümmern

krużganek *m* Kreuzgang

krwaw|ić bluten; **~ienie** *n* Blutung *f*; **~y (-wo)** blutig

krwio|bieg *m* Blutkreislauf; **~dawca** *m* Blutspender; **~nośny**: ***naczynie ~nośne*** Blutgefäß *n*

krwisty blutig; blutrot

krwotok *m* Blutung *f*

kry|ć ⟨s-, u-⟩ verstecken, verbergen (***się*** sich); **~jówka** *f* Versteck *n*

kryminalny kriminell

kryształ *m* Kristall *m u. n*

kryt|y gedeckt; **~yczny** kritisch; **~yka** *f* Kritik; **~ykować ⟨s-⟩** kritisieren

kryzys *m* Krise *f*

krzak *m* Strauch, Busch

krzątać się (***koło*** *G*) sich zu schaffen machen (an *D*)

krzemień *m* Kiesel

krzep|ić ⟨po-⟩ stärken (***się*** sich); **~ki (-ko)** kernig; rüstig; **~nąć ⟨o-⟩** erstarken; **⟨s-⟩** gerinnen

krzesło *n* Stuhl *m*

krzew *m* Strauch; **~ić** verbreiten

krztusiec *m* Keuchhusten

krzy|czeć schreien; **~k** *m* (Ge-)Schrei *n*; **~liwy (-wie)** lärmend, schreiend

krzyw|a *f Math.* Kurve; **~da** *f* Unrecht *n*; **~dzić ⟨po-, s-⟩** (*A*) Unrecht tun (*D*); **~ica** *f* Rachitis; **~ić ⟨s-⟩** krümmen; verbiegen; **~izna** *f* Krümmung; **~oprzysięstwo** *n* Meineid *m*; **~y (-wo)** krumm; schief

krzyż *m* Kreuz *n*; **~acki** Kreuzritter-; **~ować ⟨s-⟩** kreuzen (***się*** sich); **~ówka** *f* Kreuzworträtsel *n*

kserokopia *f* Fotokopie

ksiądz *m* Priester, Pfarrer

książeczka *f* Büchlein *n*, Heft *n*; ***~ oszczędnościowa*** Sparbuch *n*

książę *m* Fürst; Herzog

książk|a *f* Buch *n*; **~owy** Buch-

księg|arnia *f* Buchhandlung; **~owy** *m* Buchhalter; **~owość** *f* Buchhaltung

księ|stwo *n* Fürstentum; Herzogtum; **~żna** *f* Fürstin; Herzogin; **~żniczka** *f* Prinzessin; **~ży** Priester-

księżyc *m* Mond

kształ|cić ⟨wy-⟩ (aus)bilden; **~t** *m* Form *f*, Gestalt *f*; **~tny** gut gebaut, gut gewachsen; **~tować ⟨u-⟩** formen, gestalten (***się*** sich)

kto wer; ***~ bądź***, **~kolwiek** irgendjemand; **~ś** jemand

któr|ędy wo entlang, welchen Weg; **~y** welche(r); **~ykolwiek** irgendwelche(r)

któż wer denn

ku (*D*) gegen; nach; zu
kubański kubanisch
kube|k *m* Becher; **~ł** *m* Kübel, Eimer
kucha|rka *f* Köchin; **~rski** Koch-; **~rz** *m* Koch
kuchen|ka *f* (*Spiritus-, Gas-*) Kocher *m*; Kochnische *f*; **~ny** Küchen-
kuch|mistrz *m* Küchenchef; **~nia** *f* Küche; (*Koch-*)Herd *m*
kuć ⟨**o-**⟩ *Pferd* beschlagen; ⟨**u-**⟩ schmieden
kudłaty zottig
kufel *m* Bierseidel *n*
kukułka *f* Kuckuck *m*
kukurydza *f* Mais *m*
kula¹ *f* Kugel
kul|a² *f* Krücke; **~awy** hinkend, lahm; **~eć** hinken
kulig *m* Schlittenfahrt *f*
kulisty (**-sto**) kugelförmig
kulk|a *f* Kügelchen *n*; **~owy** Kugel-
kultur|a *f* (***fizyczna*** Körper-) Kultur; **~alny** kulturell; kultiviert
kumoterstwo *n* Vetternwirtschaft *f*
kuna *f* Marder *m*
kundel F *m* Köter
kunsztowny kunstvoll
kupa *f* Haufen *m*; Stoß *m*
kupić *pf. s.* **kupować**
kupiec *m* Kaufmann; **~ki** (**po -ku**) kaufmännisch
kup|ka *f* Häufchen *n*; **~no** *n* Kauf *m*; **~ować** kaufen; **~ujący** *m* Käufer
kura *f* Henne, Huhn *n*
kurac|ja *f* Kur; **~jusz** *m* Kurgast
kuranty *m/pl.* Glockenspiel *n*
kurcz *m* Krampf
kurcz|ak *m* Hähnchen *n*; **~ę** *n* Küken
kurcz|owy (**-wo**) krampfhaft; **~yć** ⟨**s-**⟩ **się** (zusammen)schrumpfen
kurek *m* (*Wasser-*)Hahn
kurnik *m* Hühnerstall
kuropatwa *f* Rebhuhn *n*
kurs *m* Kurs; Kursus; **~ować** *Bus usw.*: verkehren
kurtka *f* Jacke, Joppe
kurtyna *f* Vorhang *m*
kurz *m* Staub
kurzy Hühner-
kurzyć (się) stauben
kusić ⟨**s-**⟩ locken, reizen
kuszetka *f Esb.* Liegewagen(platz) *m*
kuśnierz *m* Kürschner
kuter *m* Kutter
kuzyn *m* Vetter; **~ka** *f* Kusine
kuźnia *f* Schmiede
kwadra *f* (*Mond-*)Viertel *n*; **~ns** *m* Viertelstunde *f*; **~t** *m* Quadrat *n*
kwalifikacja *f* Befähigung, Eignung
kwarantanna *f* Quarantäne
kwarta|lny vierteljährlich; **~ł** *m* Vierteljahr *n*
kwa|s *m* Säure *f*; **~sić** ⟨**za-**⟩ *s.* **kisić**; **~skowaty** (**-to**) säuerlich; **~śny** (**-no**) sauer; ***~śny deszcz*** *m* saurer Regen

kwatera *f* Quartier *n*, Unterkunft
kwesti|a *f* Frage; **~onariusz** *m* Fragebogen; **~onować** ⟨**za-**⟩ in Frage stellen; beanstanden
kwękać kränkeln
kwia|ciarnia *f* Blumenhandlung; **~t** *m* Blume *f*
kwiczeć ⟨**za-**⟩ quieken
kwie|cień *m* April; ***w kwietniu*** im April; **~cisty** geblümt; **(-to)** blumenreich; **~tnik** *m* Blumenbeet *n*
kwilić ⟨**za-**⟩ wimmern
kwit *m* Quittung *f*; **~ *bagażowy*** Gepäckschein; **~ariusz** *m* Quittungsblock
kwitnąć ⟨**za-**⟩ (er)blühen
kwitować ⟨**po-**⟩ quittieren
kwoka *f* Glucke
kwota *f* Betrag *m*

L

lać gießen; **~ *się*** sich ergießen, strömen
lada *f* Ladentisch *m*
laik *m* Laie
lak *m* Siegellack
lakier *m* Lack; **~ki** *m/pl.* Lackschuhe; **~ować** ⟨**po-**⟩ lackieren
lakować ⟨**za-**⟩ (ver)siegeln
lalka *f* Puppe
lamentować jammern
lampa *f* Lampe; **~ *błyskowa*** *Fot.* Blitzgerät *n*
lampart *m* Leopard
lampka *f*: **~ *wina*** Schoppen *m* Wein
la|nie *n* Gießen; F *fig.* Prügel *pl.*; **~ny** gegossen, Guss-
laryngolog *m* Hals-Nasen-Ohren-Arzt, F HNO-Arzt
las *m* **(*iglasty*** Nadel-, ***liściasty*** Laub-)Wald
laska *f* (*Spazier-*)Stock *m*
latać *v/i* fliegen; F rennen
latar|ka *f* Taschenlampe; **~nia** *f* Laterne; **~*nia morska*** Leuchtturm *m*
latawiec *m* Drachen
lato *n* Sommer *m*; ***latem, w lecie*** im Sommer
laureat *m* Preisträger
ląd *m* (Fest-)Land *n*; **~ować** ⟨**wy-**⟩ *v/i* landen; **~owanie** *n* Landung *f*
lecieć ⟨**po-**⟩ *v/i* fliegen
lecz aber; ***nie … ~*** nicht … sondern
lecz|enie *n* (Heil-)Behandlung *f*; **~nica** *f* Heilanstalt; **~nictwo** *n* Gesundheitswesen; **~niczy** Heil-; **~yć** ⟨**wy-**⟩ *v/t* (aus)kurieren, behandeln; **~*yć się*** in Behandlung sein
ledw|ie, ~o kaum; fast
legitym|acja *f* Ausweis *m*; **~ować** ⟨**wy-**⟩ **się** sich ausweisen
legumina *f* Süßspeise
lej(ek) *m* Trichter

lejce *m/pl.* Zügel *pl.*
lek *m* Arznei *f*; **~arka** *f* Ärztin; **~arski** ärztlich; **~arstwo** *n* (**na** *A*, **od** *G*) Arznei *f* (gegen); **~arz** *m* Arzt
lekceważ|ący (**-co**) geringschätzig; **~yć** ⟨**z-**⟩ gering schätzen; unterschätzen
lekcja *f* Lektion
lekki (**-ko**) leicht
lekko|atletyka *f* Leichtathletik; **~myślny** leichtsinnig; **~ść** *f* Leichtigkeit
lemoniada *f* Limonade
len *m* Flachs, Lein
leni|ć się faul sein; **~wy** (**-wie**) faul, träge
leń *m* Faulenzer
lep *m* Leim; **~ić** ⟨**za-**⟩ (zu-) kleben; **~ić się** *v/i* kleben
lepiej *Adv.* besser
lepki (**-ko**) klebrig, leimig
lepszy besser
leszcz *m Zo.* Blei, Brachse *f*
leszczyna *f* Haselnuss
leśn|ictwo *n* Forstwesen; **~iczówka** *f* Försterei; **~iczy** *m* Förster; **~y** Wald-
letn|i Sommer-; **~ik** *m* Sommergast; **~isko** *n* Sommerfrische *f*
lew *m* Löwe
lewarek *m* Wagenheber
lew|ica *f* Linke (*a. Pol.*); **~ostronny** linksseitig; **~y** linke(r); Links-; ***na ~o, w ~o*** nach links
leźć ⟨**po-**⟩ kriechen
leż|ak *m* Liegestuhl; **~anka** *f* Liege; **~eć** liegen
lęk *m* Angst *f*, Furcht *f*; **~ać się** (*G*) sich fürchten (vor *D*)
libacja *f* Saufgelage *n*
licencjat *m* Bakkalaureat *n*, B.A.
liceum *n* Lyzeum
lichwiarz *m* Wucherer
lichtarz *m* Leuchter
lichy (**-cho**) schlecht, F mies
licytacja *f* Versteigerung
licz|ba *f* Zahl; **~ebnik** *m* Zahlwort *n*; **~nik** *m* Zähler; **~ny** zahlreich; **~yć** rechnen; ⟨**po-, z-**⟩ (zusammen)zählen
lider *m* Führer; *Sp.* Spitzenreiter
likier *m* Likör
lil|a, ~iowy lila
lin *m Zo.* Schleie *f*
lin|a *f* Leine; Tau *n*; **~ia** *f* Linie; **~iał** *m* Lineal *n*; **~owy** Seil-
lip|a *f* Linde; F *fig.* Schwindel *m*; Plunder *m*; **~iec** *m* Juli; ***w ~cu*** im Juli; **~owy** Linden-
Lipsk *m* Leipzig *n*; **ℒi** *Adj.* Leipziger
lis *m* Fuchs; **~ica** *f* Füchsin
list *m* Brief; **~a** *f* Liste; **~onosz** *m* Briefträger
listopa|d *m* November; ***w ~dzie*** im November
listowny brieflich
listwa *f* Latte, Leiste
liszaj *m Med.* Flechte *f*
liszka F *f* Raupe
liść *m* Blatt *n*; *pl. a.* Laub *n*
litera *f* Buchstabe *m*; **~cki** (**-ko**) literarisch

litewski **(po -ku)** litauisch
lito|ść *f* Mitleid *n*; **~sny, ~ściwy** mitleidig; **~wać się** (*nad I*) Mitleid haben (mit)
litr *m* Liter *n*; **~aż** *m Kfz.* Hubraum; **~ówka** F *f* Literflasche
Lit|wa *f* Litauen *n*; **~win(ka** *f*) *m* Litauer(in)
liz|ać ⟨**~nąć**⟩ lecken; **~ak** *m* Lutscher, F Lolli
lniany leinen, Lein-
locha *f* Sau
lodo|waty **(-to)** eisig; **~wisko** *n* Eisbahn *f*; **~wy** Eis-
lod|ówka *f* Kühlschrank *m*; **~y** *m/pl.* (*Speise-*)Eis *n*
lodziarz *m* Eisverkäufer
lokator *m* Mieter
lokomo|cja *f*: ***środek*** *m* ***~cji*** Verkehrsmittel *n*; **~tywa** *f* Lok
lokować ⟨**u-**⟩ unterbringen
lornetka *f* Fernglas *n*
los *m* Los *n*; Schicksal *n*; **~ować** ⟨**wy-**⟩ (aus)losen
lot *m* Flug; **~nia** *f Sp.* Drachen *m*; **~nictwo** *n* Flugwesen; **~nik** *m* Flieger; **~nisko** *n* Flugplatz *m*; **~niskowiec** *m* Flugzeugträger
loża *f* Loge
lód *m* Eis *n*
lub oder
lubić gern haben *od.* essen; mögen
lud *m* Volk *n*; **~ność** *f* Bevölkerung; **~ny** (dicht) bevölkert; belebt; **~owy** Volks-; Bauern-
ludz|ie *pl.* Menschen *pl.*; **~ki** Menschen-; **(-ko, po -ku)** menschlich
luka *f* Lücke
luksusowy luxuriös, Luxus-
luneta *f* Fernrohr *n*
lusterko *n* Taschenspiegel *m*; **~ *wsteczne*** Rückspiegel *m*
lust|ro *n* Spiegel *m*; **~rzanka** *f* Spiegelreflexkamera
lutow|ać ⟨**z-**⟩ (ver)löten; **~nica** *f* Lötkolben *m*
luty *m* Februar
lu|zować ⟨**z-**⟩ ablösen; lockern; **~źny** lose, locker
lwica *f* Löwin
lżej *Adv.*, **~szy** leichter

Ł

Łaba *f* Elbe
łabędź *m* Schwan
łachman *m* Lumpen
łacia(s)ty **(-to)** gefleckt
łaciński lateinisch
ład *m* Ordnung *f*
ład|nieć ⟨**wy-**⟩ hübscher werden; **~ny** hübsch, schön
ładow|ać laden; ⟨**za-**⟩ verladen; **~nia** *f* Laderaum *m*
ładunek *m* Ladung *f*
łago|dny mild; sanft; **~dzić** ⟨**z-**⟩ mildern
łajać ⟨**z-**⟩ (aus)schelten

łajdak *m* Halunke, Schuft
łakomy naschhaft; **~ *kąsek*** *m* Leckerbissen
łam *m Typ.* Spalte *f*; **~ać** ⟨**po-, z-**⟩ *v/t* (zer)brechen; **~liwy** brüchig, spröde
łania *f* Hirschkuh
łańcuch *m* Kette *f*
łap|a *f* Pfote; Tatze; **~ać** ⟨**z-**⟩ fangen; **~czywość** *f* Gier; **~ownictwo** *n* Bestechlichkeit *f*; **~ówka** *f* Schmiergeld *n*
łaska *f* Gnade; **~wy (-wie)** gütig, gnädig
łaskotać ⟨**po-**⟩ kitzeln
łata *f* Flicken *m*; Latte; **~ć** ⟨**za-**⟩ flicken
łatw|ość *f* Leichtigkeit; **~opalny** leicht entzündlich; **~owierny** leichtgläubig; **~y (-wo)** leicht, einfach
ław|(k)a *f* (*Sitz-*)Bank; **~*a oskarżonych*** Anklagebank; **~nik** *m* Schöffe
łazanki *f/pl.* Lasagne *pl.*
łazić (herum)kriechen; bummeln, sich herumtreiben
łazienka *f* Badezimmer *n*
łaźnia *f* Badeanstalt
łącz|nie (*z I*) zusammen (mit); **~nik** *m El.* Schalter; *Sp.* Halbstürmer; Bindestrich; **~ność** *f* Verbindung; (Post- und) Fernmeldewesen *n*; **~ny** gesamt; **~yć** ⟨**po-, z-**⟩ verbinden (***się*** sich)
łąka *f* Wiese
łeb *m* (*Tier-*)Kopf
łechtać ⟨**po-**⟩ kitzeln
łga|ć lügen; **~rz** *m* Lügner
łkać schluchzen
łobuz *m* Lümmel, Range *f*
łodyga *f* Stängel *m*, Stiel *m*
łokieć *m* Ellbogen; Elle *f*
łom *m* Brechstange *f*; **~ot** *m* Krach
łono *n* Schoß *m*
łopat|a *f* Schaufel; **~ka** *f* Schulterblatt *n*; *Kochk.* Bug *m*
łoskot *m* Gepolter *n*
łosoś *m* Lachs
łotewski (po -ku) lettisch
łotr *m* Schuft, Schurke
Łot|wa *f* Lettland *n*
łow|ić ⟨**z-**⟩ fangen; **~iecki** weidmännisch; **~iectwo** *n* Jagd *f*
łożysko *n* (***kulkowe*** Kugel-) Lager *n*; Plazenta *f*
łó|dka *f* Boot *n*, Kahn *m*; **~dź** *f* (***podwodna*** U-)Boot *n*
łój *m* Talg
łóżko *n* Bett
łuk *m* Bogen
łuna *f* Feuerschein *m*
łup *m* Beute *f*; **~ać** spalten; **~ek** *m* Schiefer; **~ież** *f* Schuppen *f/pl.*; **~ina** *f* Schale
łuska *f* Hülse; Schale; **~ć** ⟨**wy-**⟩ aushülsen; *Nüsse* knacken
łuszcz|yca *f Med.* Schuppenflechte; **~yć się** sich (ab-) schuppen
Łużyc|e *pl.* Lausitz *f*; **ℒki** sorbisch
Łużyczan|in *m* Sorbe; **~ka** *f* Sorbin
łydka *f* Wade

łyk *m* Schluck; **~ać** 〈**~nąć**〉 schlucken
łyko *n* Bast *m*; **~waty** zähe
łys|ina *f* Glatze; **~y** kahl(köpfig)
łyż|eczka *f* Teelöffel *m*; **~ka** *f* Löffel *m*
łyżwa *f* Schlittschuh *m*
łza *f* Träne; **~wić** tränen

M

macać 〈**po-**〉 (be)tasten
mach|ać 〈**~nąć**〉 winken
macierzyństwo *n* Mutterschaft *f*
macocha *f* Stiefmutter
maczać *s.* **umoczyć**
magazyn *m* Lager(haus) *n*; **~ier** *m* Lagerverwalter; **~ować** 〈**z(a)-**〉 (ein)lagern
magne|s *m* Magnet; **~tofon** *m* Tonbandgerät *n*; **~towid** *m* Videorecorder
mahometański mohammedanisch
mahoń *m* Mahagoni *n*
maj *m* Mai
majątek *m* Vermögen *n*
majonez *m* Mayonnaise *f*
majsterkować basteln
majtek *m* Matrose
majtki *pl.* Schlüpfer *m*
mak *m* Mohn
makaron *m* Nudeln *f/pl.*
makijaż *m* Make-up *n*
makowiec *m* Mohnkuchen
mal|arstwo *n* Malerei *f*; **~arz** *m* Maler
maleńki ganz klein
malina *f* Himbeere
malo|wać 〈**na-**〉 malen; **~widło** *n* Gemälde; **~wniczy** (**-czo**) malerisch
malutki *s.* **maleńki**
mało *Adv.* wenig; **~letni** minderjährig; **~obrazkowy** *Fot.* Kleinbild-; **~stkowy** kleinlich; **~wartościowy** minderwertig
małpa *f* Affe *m*
mały klein; gering
małż *m* Muschel *f*
małżeń|ski ehelich; **~stwo** *n* Ehe *f*; Ehepaar
małżon|ek *m* Gatte; **~ka** *f* Gattin; **~kowie** *pl.* Eheleute *pl.*
mamka *f* Amme
mamrotać 〈**wy-**〉 murmeln
mandarynka *f* Mandarine
mandat *m*: **~ *karny*** Strafzettel
manewr *m* Manöver *n*
manierka *f* Feldflasche
mankiet *m* Manschette *f*
manna *f Kochk.* Grieß *m*
mańkut *m* Linkshänder
mapa *f* (Land-)Karte
marchew(ka) *f* Möhre
marcowy März-
margines *m* Rand
marka[1] *f hist.* Mark (*Währung*)
marka[2] *f* Marke; Sorte

markotny (**-no**) bekümmert
marmolada *f* Marmelade
marmur *m* Marmor
marnieć 〈**z-**〉 verkümmern
marno|trawstwo *n* Verschwendung *f*; **~wać** 〈**z-**〉 verderben; vergeuden
marny miserabel, elend
marsz *m* Marsch
marszałek *m* Marschall; **~ sejmu** (*Parlamentspräsident*) Sejm-Marschall
marszczyć 〈**z-**〉 *Stirn* runzeln; **~ się** Falten werfen; das Gesicht verziehen
martwić 〈**z-**〉 betrüben; **~ się** (**o** *A*) sich Sorgen machen (um)
martwy (**-wo**) tot
marudzić F trödeln; bocken
maryn|arka[1] *f* Jacke, Sakko *m*; **~arka**[2] *f* Marine; **~arz** *m* Seemann; Matrose; **~ować** 〈**za-**〉 marinieren
marzec *m* März; ***w marcu*** im März
marzenie *n* Träumerei *f*; Wunsch(bild *n*) *m*
marznąć frieren
marzyć (**o** *L*) träumen (von)
masa *f* Masse
masaż *m* Massage *f*; **~ysta** *m* Masseur
mask|a *f* Maske; **~ować** 〈**za-**〉 tarnen; maskieren (***się*** sich)
masło *n* Butter *f*
mas|ować massieren; **~owy** Massen-; **~ówka** *f* Massenversammlung
maszt *m* Mast
maszy|na *f* (***do pisania*** Schreib-, ***do szycia*** Näh-) Maschine; **~nista** *m* Maschinist; *Esb.* Lokführer; **~nistka** *f* Stenotypistin
maszynka *f*: **~ *do golenia*** Rasierer *m*; **~ *spirytusowa*** Spirituskocher *m*
maść *f* Salbe
maślanka *f* Buttermilch
matematyczny mathematisch
mater|ac *m* Matratze *f*; **~ia** *f* Materie; *Med.* Eiter *m*; **~iał** *m* Material *n*, Stoff
matka *f* Mutter
matowy (**-wo**) matt
matura *f* Abitur
matrymonialn|y: ***biuro*** *n* **~e** Eheanbahnungsinstitut
mazać 〈**za-**〉 (ver)schmieren
mącić 〈**z-**〉 trüben
mącz|ka *f* (***rybna*** Fisch-) Mehl *n*; **~ny**, **~ysty** Mehl-; mehlig
mąd|rość *f* Klugheit; **~ry** (**-rze**) klug
mąka *f* Mehl *n*
mątwa *f* Tintenfisch *m*
mąż *m* (Ehe-)Mann
mdleć 〈**o-, ze-**〉 ohnmächtig werden; *Glieder*: einschlafen
mdł|ości *f/pl.* Übelkeit *f*; **~y** (**-ło**) süßlich, Ekel erregend; *Licht*: trübe; *fig.* fade
meb|el *m* Möbel(stück) *n*; **~lować** 〈**u-**〉 möblieren; einrichten (***się*** sich)
mech *m* Moos *n*

mechanik *m* Mechaniker
mecz *m* (*Fußball-*)Spiel *n*; (*Box-*)Kampf
meczet *m* Moschee *f*
medal *m* Medaille *f*
medy|cyna *f* Medizin; **~czny** medizinisch; **~k** *m* (**~czka** *f*) Medizinstudent(in)
meksykański mexikanisch
meldować ⟨**za-**⟩ (an)melden (***się*** sich)
meldunkow|y: ***biuro*** *n* **~e** Einwohnermeldeamt
melon *m* (*Zucker-*)Melone *f*
meta *f* Ziel *n*
metal *m* Metall *n*; **~owiec** *m* Metallarbeiter
meteorologiczny: ***komunikat*** *m* **~** Wetterbericht
metr *m* Meter *m od. n*
metro *n* U-Bahn *f*
metryk|a *f*, ***wyciąg*** *m* ***z*** **~i** (*Geburts-*)Urkunde *f*
mewa *f* Möwe
męcz|ący (**-co**) quälend; anstrengend; **~yć** ⟨**za-**⟩ quälen; ⟨**z-**⟩ ermüden; **~yć** ***się*** sich plagen; müde werden
męka *f* Qual; Pein
męski männlich; Herren-
mętny trübe
męż|atka *f* verheiratete Frau; **~czyzna** *m* Mann; **~ny** mannhaft, tapfer
mglisty (**-to**) neb(e)lig
mgła *f* Nebel *m*
mgnienie *n* Augenblick *m*
miano|wać ⟨**za-**⟩ (*I*) ernennen (zu); **~wicie** nämlich; und zwar; **~wnik** *m Math.* Nenner; *Gr.* Nominativ
miara *f* Maß *n*
miasto *n* Stadt *f*
miazga *f* Brei *m*, Masse
miażdż|yca *f Med.* Sklerose; **~yć** ⟨**z-**⟩ zerquetschen
miąć ⟨**z-**⟩ (zer)knittern
miąższ *m* (*Frucht-*)Fleisch *n*
miecz *m* Schwert *n*
•**mieć** haben; sollen; (***za*** *A*) halten (für)
miednica *f* (*Wasch-*)Schüssel; *Anat.* Becken *n*
mie|dziany kupfern; **~dź** *f* Kupfer *n*
miejs|ce *n* Platz *m*; (***zamieszkania*** Wohn-; ***urodzenia*** Geburts-)Ort *m*; **~ce *stojące*** Stehplatz; **~ownik** *m Gr.* Lokativ; **~owość** *f* Ort(schaft *f*) *m*; **~owy** Orts-, örtlich; **~ówka** *f Esb.* Platzkarte; **~ki** (**po -ku**) städtisch
mielizna *f* Sandbank
mielony gemahlen; Hack-
mienić się schillern
mienie *n* Gut, Habe *f*
mier|niczy Mess-; **~nik** *m* Maß(einheit *f*) *n*; Maßstab; **~ny** (mittel)mäßig
mierzeja *f* Nehrung
mierzyć ⟨**z-**⟩ (aus)messen
miesi|ąc *m* Monat; **~ączka** *f* Monatsblutung; **~ęczny** monatlich, Monats-; ***bilet*** **~*ęczny*** *m* Monatskarte *f*
miesza|ć ⟨**z-**⟩ (ver)mischen; **~nina** *f* Gemisch *n*; **~nka** *f* Mischung
mieszczański bürgerlich

mieszk|ać (*w L*) wohnen (in *D*); **~alny** bewohnbar; Wohn-; **~anie** *n* Wohnung *f*; **~aniec** *m* Be-, Einwohner; **~aniowy** Wohn(ungs)-
mieścić enthalten; **~ *się*** sich befinden; ⟨*a.* **z-**⟩ Platz haben
miewać się sich fühlen
między (*I*) zwischen; unter (*D*); **~miastowy** interurban, Fern-; **~narodowy** international; **~państwowy** zwischenstaatlich
mięk|ki **(-ko)** weich; **~nąć** ⟨**z-**⟩ weich werden
mięs|ień *m* Muskel; **~isty** fleischig; **~ny** Fleisch-; **~o** *n* Fleisch
mięt|a *f* Minze; **~owy** Pfefferminz-
mig: ***w ~*** im Nu; **~acz** *m Kfz.* Blinker; **~ać** blinken; flimmern; **~awka** *f Fot.* Verschluss *m*
migdał *m* Mandel *f*; **~ki** *pl. Anat.* Mandeln
migotać ⟨**za-**⟩ flimmern
migrena *f* Migräne
mija|ć *v/t* vorbeifahren, -gehen (an *D*); überholen; *v/i Zeit*: vergehen; **~nie** *n* Überholen; *s.* **światło**; **~nka** *f* Ausweichstelle
mikro|bus *m* Kleinbus; **~fon** *m* Mikrophon *n*
mikser *m* (*Küchengerät*) Mixer; Barmixer
mila *f* Meile
milcze|ć schweigen; **~nie** *n* Schweigen
mile *Adv. s.* **miły**
milicja *f* Miliz (*Volkspolen: Polizei*); **~nt** *m* Milizionär (*Volkspolen: Polizist*)
miło *Adv.* angenehm; **~sierny** barmherzig; **~sny** Liebes-; **(-śnie)** liebevoll; **~ść** *f* Liebe; **~śnik** *m* **(*sztuki*** Kunst-)Liebhaber
miły lieb; nett
mimo (*G*) trotz (*G*); ***~ to*** trotzdem; ***~ woli*** *Adv.* unwillkürlich
mina *f* Miene; *Mil.* Mine
min|ąć *pf. s.* **mijać**; **~iony** vergangen
minister *m* Minister; **~stwo** *n* Ministerium
minuta *f* Minute
miodowy Honig-
miot|acz *m* Werfer; **~ać** werfen, schleudern; **~ła** *f* Besen *m*
miód *m* Honig; ***~ pitny*** Met
mis(k)a *f* Schüssel, Schale
misja *f* Mission
mistrz *m* Meister; **~ostwo** *n* Meisterschaft *f*; **~owski** **(po -ku)** meisterhaft; **~yni** *f* Meisterin
miś *m* Teddybär; Bärchen *n*
mit *m* Mythos
mizeria *f* Gurkensalat *m*
mizer|nieć ⟨**z-**⟩ abmagern; **~ny** elend; miserabel
mlecz|arnia *f* Molkerei; **~arski** Molkerei-; **~ny** Milch-; milchig
mleć ⟨**ze-**⟩ mahlen

mleko *n* Milch *f*
młocarnia *f* Dreschmaschine
młod|ociany jugendlich; **~ość** *f* Jugend(zeit); **~szy** jünger; **~y** (**-do**) jung
młodzie|niec *m* Jüngling; **~ńczy** (**-czo**) jugendlich; **~ż** *f* Jugend
młot(ek) *m* Hammer
młócić ⟨**wy-**⟩ (aus)dreschen
młyn *m* Mühle *f*; **~arz** *m* Müller; **~ek** *m*: ***~ek do kawy*** Kaffeemühle *f*
mnich *m* Mönch
mnie mich; ***u ~*** bei mir
mniej weniger; ***~ więcej*** ungefähr; **~szość** *f* Minderheit; **~szy** kleiner
mniemać *v/i* meinen; **~nie** *n* Meinung *f*
mniszka *f* Nonne
mnoż|enie *n* Vermehrung *f*; Multiplikation *f*; **~yć** ⟨**po-**⟩ vermehren; multiplizieren
mnóstwo *n* (Un-)Menge *f*
moc *f* Kraft; Macht; ***na ~y, ~ą*** kraft; **~arstwo** *n* Großmacht *f*; **~ny** (**-no**) stark, kräftig; **~ować się** ringen
mocz *m* Harn; **~owy** Harn-; **~yć** ⟨**za-**⟩ wässern, (ein)weichen
moda *f* Mode
model *m* Modell *n*
modli|ć ⟨**po-**⟩ **się** beten; **~tewnik** *m* Gebetbuch *n*; **~twa** *f* Gebet *n*
modny modisch
modry (**-ro**) blau
modystka *f* Putzmacherin
mogiła *f* Grab(hügel *m*) *n*
moja, moje *s.* **mój**
mok|nąć ⟨**z-**⟩ nass werden; **~ry** (**-ro**) nass
molo *n* Mole
Monachium *n* München
moneta *f* Münze
monitować (an)mahnen
mont|aż *m* Montage; **~er** *m* Monteur; Installateur
moralność *f* Moral
mord|erca *m* Mörder; **~erstwo** *n* Mord *m*; **~ęga** F *f* Schinderei; **~ować** ⟨**za-**⟩ (er)morden; ⟨**z-**⟩ plagen (***się*** sich)
morela *f* Aprikose
morfina *f* Morphium *n*
morowy (**-wo**) F prima, prächtig
morski See-, Meeres-
morze *n* Meer, See *f*; ***♀ Bałtyckie*** Ostsee *f*; ***♀ Północne*** Nordsee *f*; ***♀ Śródziemne*** Mittelmeer
mosi|ądz *m* Messing *n*; **~ężny** Messing-
most *m* Brücke *f*; **~ek** *m* Steg; *Kochk.* Brust(stück *m*) *f*
moszcz *m* Most
motać ⟨**na-**⟩ (auf)wickeln
motłoch *m* Gesindel *n*
moto|cykl *m* Motorrad *n*; **~r** *m s.* **silnik**; **~rniczy** *m* Straßenbahnwagenführer; **~rower** *m* Moped *n*, Mofa *n*; **~rowiec** *m* Motorschiff *n*; **~rówka** *f* Motorboot *n*
motyl *m* Schmetterling
motyw *m* Beweggrund;

~ować ⟨**u-**⟩ begründen
mowa *f* Rede; (**ojczysta** Mutter-)Sprache
mozolny mühevoll
moździerz *m* Mörser
moż|e vielleicht; **~liwość** *f* Möglichkeit; **~liwy** (**-wie**) möglich; **~na** man kann *od.* darf; ***czy ~na?*** darf man?
móc können; dürfen
mój mein
mól *m* Motte *f*
mów|ca *m* Redner; **~ić** sprechen, reden; sagen
mózg *m* Gehirn *n*
móżdżek *m Kochk.* Brägen
mroczny dunkel, düster
mrok *m* Dämmerung *f*
mrowisko *n* Ameisenhaufen *m*
mro|zić ⟨**za-**⟩ *v/t* gefrieren; **~źny** (**-no**) frostig; **~żonki** *f/pl.* Tiefkühlkost *f*
mrówka *f* Ameise
mróz *m* Frost
mruczeć brummen; *Katze*: schnurren
mrug|ać ⟨**~nąć**⟩ blinzeln, zwinkern
mrzonka *f* Hirngespinst *n*
msza *f Rel.* Messe
mszyca *f* Blattlaus
mścić ⟨**po-**⟩ rächen
much|a *f* Fliege; **~ołapka** *f* Fliegenfänger *m*; **~omór** *m* Fliegenpilz
mulisty schlammig
muł[1] *m* Maultier *n*
muł[2] *m* Schlamm
mundur *m* Uniform *f*
mur *m* Mauer *f*; **~arz** *m* Maurer; **~ować** ⟨**wy-**⟩ mauern
Murzyn(ka *f*) *m* Neger(in)
musieć müssen·
muskularny muskulös
muszka *f* Fliege; (*Visier-*) Korn *n*
muszla *f* Muschel; (*WC*-)Becken *n*
musztarda *f* Senf *m*
muzułma|nin *m* Moslem; **~ński** moslemisch
muzyk *m* Musiker; **~a** *f* Musik; **~alny** musikalisch
my wir
myć ⟨**u-**⟩ waschen (***się*** sich)
myd|lany Seifen-; **~lić** ⟨**na-**⟩ einseifen; **~ło** *n* Seife *f*
myjnia *f* (*Auto-*)Waschanlage
myl|ić ⟨**z-**⟩ irreführen; **~ić** ⟨**o-**⟩ ***się*** sich irren; **~ny** irrig, falsch
mysz *f* Maus
myśl *f* Gedanke *m*; **~eć** ⟨**po-**⟩ denken; **~enie** *n* Denken; **~iciel** *m* Denker
myśli|stwo *n* Weidwerk; **~wiec** *m* Jagdflugzeug *n*; **~wy** *m* Jäger
myślnik *m* Gedankenstrich
mżawka *f* Sprühregen *m*
mżyć *v/i* nieseln

N

na *Prp.* (*L*, *A*) auf (*D*, *A*), an (*D*, *A*), in (*D*); zu, für; **~ *bok*** zur Seite; **~*końcu*** am Ende; **~ *łóżku*** auf dem Bett
nabawi|(a)ć: **~*(a)ć k-o strachu*** j-m Angst einjagen; **~*ć się*** *pf.* (*G*) sich zuziehen (*A*)
nabiał *m* Milchprodukte *n/pl.*
nabić *pf. s.* **nabijać**
nabie|gać się *pf.* sich müde laufen; **~rać** (*G*) *Wasser* schöpfen; *Mut* fassen; *Nummer* wählen; F *j-n* prellen, neppen
nabi|jać (*I*) beschlagen (mit); *Waffe* laden; **~ty** vollgestopft
nabożeństwo *n* Gottesdienst *m*, Andacht *f*
nabój *m* Ladung *f*; Patrone *f*
na|brać *pf. s.* **nabierać**; **~brzeże** *n* Kai *m*; **~brzmie(wa)ć** anschwellen
naby|cie *n*: ***do ~cia*** zu kaufen; **~tek** *m* Anschaffung *f*; **~(wa)ć** erwerben; **~wca** *m* Käufer, Abnehmer
nachyl|ać ⟨**~ić**⟩ beugen (***się*** sich)
nacią|ć *pf. s.* **nacinać**; **~gać** ⟨**~gnąć**⟩ spannen; *v/i* *Tee*: ziehen
naci|erać (*I*) einreiben (mit); (***na*** *A*) angreifen (*A*); **~nać** anschneiden
nacis|k *m* Druck; *fig.* Nachdruck; **~kać** ⟨**~nąć**⟩ drücken
naczeln|ik *m* Vorsteher; **~y** Ober-, Chef-
naczepa *f Kfz.* Auflieger *m*
naczy|nie *n* Gefäß; ***maszyna f do mycia ~ń*** Geschirrspüler *m*
nad *Prp.* (*A*, *I*) über, an (*A*, *D*); **~ *rzeką*** am Fluss
nada|ć *pf. s.* **nadawać**; **~jnik** *m Rdf.* Sender
nadal weiter(hin)
nadanie *n* Verleihung *f*; (*Post-*)Aufgabe *f*; **~ *obywatelstwa*** Einbürgerung *f*
nada|remny vergeblich; **~rzać** ⟨**~rzyć**⟩ **się** sich bieten; **~wać** verleihen; *Post, Gepäck* aufgeben; *Rdf.* senden; **~wca** *m* Absender
nadą|ć *pf. s.* **nadymać**; **~żać** ⟨**~żyć**⟩ (***za*** *I*) Schritt halten, mitkommen (mit)
nad|budow(yw)ać *Haus* aufstocken; **~chodzić** (an)kommen, eintreffen; **~ciśnienie** *n* Überdruck *m*; *Med.* Hochdruckkrankheit; **~czynność** *f Med.* Überfunktion *f*; **~dźwiękowy** Überschall-; **~ejście** *n* Ankunft *f*, Eintreffen; **~ejść** *pf. s.* **nadchodzić**
nadep|tać ⟨**~nąć**⟩ (***na*** *A*) treten (auf *A*)
nader überaus, äußerst
nade|rżnąć *pf. s.* **nadrzynać**;

~słać *pf. s.* **nadsyłać**
nadęty aufgeblasen
nad|godziny *f/pl.* Überstunden; **~jeżdżać** ⟨**~jechać**⟩ ankommen; **~leśniczy** *m* Oberförster
nadliczbow|y überzählig; *godziny* **~e** *s.* **nadgodziny**
nad|ludzki übermenschlich; **~łam(yw)ać** anbrechen; knicken; **~miar** *m* Überschuss; **~mieni(a)ć** erwähnen; **~mierny** übermäßig; **~morski** Küsten-, See-; **~much(iw)ać** aufblasen
na dół herunter
nad|pis *m* Auf-, Überschrift *f*; **~program** *m* Beiprogramm *n*; Zugabe *f*; **~prokurator** *m* Oberstaatsanwalt; **~przyrodzony** übernatürlich; **~rabiać** ⟨**~robić**⟩ nachholen; nacharbeiten
nadruk *m* Aufdruck
nad|rzędny übergeordnet; **~rzynać** anschneiden; **~słuchiwać** *v/i* horchen, lauschen; **~spodziewany** unverhofft; **~syłać** (zu)senden, schicken
nadto überdies, außerdem
nad|użycie *n* Missbrauch *m*; **~waga** *f* Übergewicht *n*; **~werężać** ⟨**~werężyć**⟩ überanstrengen, verletzen; **~wozie** *n* Karosserie *f*; **~wyżka** *f* Überschuss *m*
nadymać aufblasen (*się* sich)
nadzieja *f* Hoffnung
nad|ziemny überirdisch; **~zorca** *m* Aufseher; **~zorować** beaufsichtigen; **~zór** *m* Aufsicht *f*; Überwachung *f*
nadzwyczaj *Adv.* äußerst; **~ny** außergewöhnlich
naft|a *f* Petroleum *n*; **~owy** Petroleum-; Rohöl-
nagabywać behelligen
nagana *f* Tadel *m*, Rüge
nagi nackt
nagi|nać ⟨**~ąć**⟩ beugen
nagl|ący dringend; **~e** *Adv.* plötzlich; **~ić** drängen, antreiben
nagłówek *m* Titelkopf; Briefkopf; Überschrift *f*
nagły plötzlich; dringend
nagniotek *m* Hühnerauge *n*
nago *Adv.* nackt; **~ść** *f* Nacktheit
na|gradzać ⟨**~grodzić**⟩ (*za A*) belohnen (für); **~grobek** *m* Grabmal *n*; **~groda** *f* Belohnung; (*pocieszenia* Trost-)Preis *m*
nagrz|ać ⟨**~ewać**⟩ (an)wärmen; erhitzen (*się* sich)
naiwny naiv
na|jadać się sich satt essen; **~jazd** *m* Ein-, Überfall; **~jąć** *pf. s.* **najmować**
najem *m* Miete *f*, Pacht *f*; **~ca** *m* Mieter, Pächter; **~ny** Miet-; Lohn-
najeść się *pf. s.* **najadać się**
najeźdźca *m* Eindringling
naj|gorzej *Adv.* am schlimmsten; **~lepiej** *Adv.* am besten; **~mować** mieten; **~pierw** zuerst; **~więcej** am meisten;

~wyższy höchste(r)
nakaz *m* Befehl; Gebot *n*; **~(yw)ać** befehlen; gebieten
nakle|jać ⟨**~ić**⟩ aufkleben; **~jka** *f* Aufkleber *m*
nakład *m* (*Buch-*)Auflage *f*; Aufwand; **~ać** (auf)legen; *Verband* anlegen; *Heu* aufladen; *Strafe* verhängen; **~ka** *f* Lasche
nakł|aniać ⟨**~onić**⟩ (**k-o do** *G*) bewegen (j-n zu)
nakreśl|ać ⟨**~ić**⟩ zeichnen
nakrę|cać ⟨**~cić**⟩ *Uhr* aufziehen; *Film* drehen; **~tka** *f* *Tech.* Mutter
nakry|cie *n* Gedeck; **~(wa)ć** bedecken; **~wka** *f* Deckel *m*
na|lać *pf. s.* **nalewać**; **~legać** (**na** *A*) eindringlich (auf)fordern (*A*); **~lepi(a)ć** aufkleben; **~lepka** *f* Aufkleber *m*; **~leśnik** *m* Eierkuchen; **~lewać** eingießen; **~lewka** *f* Fruchtlikör *m*; Tinktur
należ|eć (**do** *G*) (an)gehören (*D*); **~ność** *f* (fälliger) Betrag *m*; **~ny** gebührend; **~yty** (**-ycie**) gehörig
na|lot *m* Anflug, Hauch (*G*/von); Luftangriff; **~ładować** *pf.* aufladen; **~łożyć** *pf. s.* **nakładać**; **~łóg** *m* Sucht *f*; **~macalny** *fig.* greifbar; **~mawiać** (**k-o do** *G*) überreden; anstiften (j-n zu); **~miastka** *f* Ersatz *m*; **~miętność** *f* Leidenschaft; **~miot** *m* Zelt *n*; **~moczyć** *pf.* einweichen; **~mowa** *f* Überredung; **~mówić** *pf. s.* **namawiać**
namydl|ać ⟨**~ić**⟩ einseifen
namyśl|ać ⟨**~ić**⟩ **się** (**nad** *I*) überlegen (*A*)
nan|osić ⟨**~ieść**⟩ zusammentragen; *Sand* anschwemmen
naoczny *s.* **świadek**
naokoło ringsherum
napa|d *m* Überfall; *Sp.* Angriff, Sturm; *Med.* Anfall; **~dać** (**na** *A*) überfallen, angreifen (*A*)
napalić *pf.* (**w piecu**) heizen
naparstek *m* Fingerhut
naparz|ać ⟨**~yć**⟩ (auf)brühen
napast|liwy (**-wie**) aggressiv; gehässig; **~nik** *m* Angreifer; *Sp.* Stürmer
na|paść *f u. pf. s.* **napad(ać)**; **~pchać** *pf. s.* **napychać**; **~pełni(a)ć** (voll)füllen
napę|d *m* *Kfz.* (**przedni** Front-)Antrieb; **~dzać** ⟨**~dzić**⟩ (**do** *G*) antreiben (zu)
na|piąć *pf. s.* **napinać**; **~pić się** *pf.* (*G*) trinken (*A*); **~pierać** (**na** *A*) bedrängen (*A*); **~pięcie** *n* Spannung *f*; **~pinacz** *m* Spanner; **~pinać** (an)spannen; **~pis** *m* Auf-, Inschrift *f*; **~piwek** *m* Trinkgeld *n*; **~pletek** *m* *Anat.* Vorhaut *f*; **~pluć** *pf. s.* **pluć**
napły|w *m* Zufluss; Andrang; **~wać** ⟨**~nąć**⟩ (herbei)strömen; (zu)fließen
napo|minać ermahnen;

~mknąć *pf. s.* **napomykać**; **~mnieć** *pf. s.* **napominać**; **~mnienie** *n* Ermahnung *f*; **~mykać** erwähnen; **~t(y-)kać** (*A*) begegnen (*D*)
na powrót *s.* **powrót**
napój *m* Getränk *n*
na pół halb, zur Hälfte
napra|szać się sich aufdrängen; **~wa** *f* Ausbesserung, Reparatur; **~wi(a)ć** ausbessern, reparieren
naprawdę *Adv.* wahrhaftig
napręż|ać ⟨**~yć**⟩ (an)spannen; **~enie** *n* Spannung *f*
naprzeciw(ko) *Prp.* (*G*) gegenüber (*D*); *Adv.* entgegen
naprzeć *pf. s.* **napierać**
naprzód vorwärts; voran; zuerst
naprzykrz|ać ⟨**~yć**⟩ **się** (*D*) sich aufdrängen (*D*); **~ony** lästig
napuszony schwülstig
napychać vollstopfen
narada *f* Besprechung
naradz|ać ⟨**~ić**⟩ **się** (***nad*** *I*) beraten (*A*)
naraz plötzlich, auf einmal
nara|żać ⟨**~zić**⟩ *Leben usw.* riskieren, gefährden; (***na*** *A*) aussetzen (*D*) (***się*** sich)
narcia|rski Ski-, Schi-; **~rstwo** *n* Skisport *m*; **~rz** *m* (**~rka** *f*) Skiläufer(in)
nareszcie *Adv.* endlich
narko|man *m* Suchtkranke(r); **~tyk** *m* Rauschgift *n*; **~tyzować się** Drogen nehmen
naro|dowość *f* Nationalität; **~dowy** (**-wo**) national; **~dzenie** *n*, **~dziny** *pl.* Geburt *f*
narośl *f* Beule, Knoten *m*
naroż|nik *m* Ecke *f*; Eckhaus *n*; **~ny** Eck-
naród *m* Volk *n*; Nation *f*
nart|ostrada *f* Skipiste; **~y** *pl.* Ski, Schi *pl.*
narusz|ać ⟨**~yć**⟩ antasten; *Gesetz* verletzen; **~enie** *n* Verstoß *m*
narwa|ć *pf.* pflücken; **~ny** F verrückt
narybek *m fig.* Nachwuchs
narząd *m Anat.* Organ *n*
narzecze *n* Mundart *f*
narzecz|eni *pl.* Brautpaar *n*; **~ona** *f* Verlobte; **~ony** *m* Verlobte(r)
narzekać klagen
narzędzi|e *n* Werkzeug; **~owiec** *m* Werkzeugmacher
narzu|cać ⟨**~cić**⟩ aufdrängen (***się*** sich); **~t** *m Hdl.* Aufschlag; **~tka** *f* Umhang *m*
nas uns
nasad|a *f* Ansatz *m*; **~ka** *f* Aufsatz *m*
nasi *s.* **nasz**
nasiadówka *f* Sitzbad *n*
nasenny: ***środek*** *m* **~** Schlafmittel *n*
nasienie *n* Same(n) *m*
nasilenie *n* Verstärkung *f*
nask|akiwać ⟨**~oczyć**⟩ (***na*** *A*) prallen (gegen)
nasmarować *pf.* (ein-) schmieren
nasta|nie *n* Anbruch *m*, Be-

ginn *m*; **~(wa)ć** *v/i* anbrechen; eintreten; **~wi(a)ć** einstellen (***się*** sich); **~wnia** *f Esb.* Stellwerk *n*
nastąpić *pf. s.* **następować**
następ|ca *m* Nachfolger; **~nie** *Adv.* danach, ferner; **~ny** nächste(r); folgende(r); **~ować** (***na*** *A*) treten (auf *A*); *fig.* erfolgen; stattfinden; (***po*** *L*) (nach)folgen (*D*); **~stwo** *n* Folge *f*; **~ująco** *Adv.* wie folgt; **~ujący** folgend
nastrajać stimmen
nastraszyć *pf.* erschrecken
nastręcz|ać ⟨**~yć**⟩ empfehlen; ***~ać się*** sich bieten
nastr|oić *pf. s.* **nastrajać**; **~ojowy** stimmungsvoll; **~ój** *m* Stimmung *f*
nasu|wać ⟨**~nąć**⟩ schieben (***się*** sich); ziehen, stülpen
nasyc|ać ⟨**~ić**⟩ (*I*) tränken, sättigen (mit)
nasyp *m* Damm; **~(yw)ać** (auf)schütten; streuen
nasz, ~a, ~e, nasi unser
na|szyć *pf. s.* **naszywać**; **~szyjnik** *m* Halskette *f*; **~szywać** aufnähen; **~śladować** nachahmen; **~śmiewać się** (***z*** *G*) auslachen (*A*)
naświetl|ać ⟨**~ić**⟩ bestrahlen; belichten; **~anie** *n* Bestrahlung *f*; *Fot.* Belichtung *f*
natar|cie *n* Einreibung *f*; *Mil.* Angriff *m*; **~czywy** **(-wie)** zudringlich
natęż|ać ⟨**~yć**⟩ anspannen; **~enie** *n* Intensität *f*, Stärke *f*
natłok *m* Gedränge *n*
natłu|szczać ⟨**~ścić**⟩ einfetten
na|tomiast dagegen; **~trafi(a)ć** (***na*** *A*) treffen; finden (*A*); **~trętny** zudringlich, lästig; **~trysk** *m* Brause *f*; Dusche *f*; **~trząsać się** (***z*** *G*) verspotten (*A*); **~trzeć** *pf. s.* **nacierać**
natur|a *f* Natur; **~alny** natürlich; Natur-
natychmiast sofort; **~owy** sofortig, unverzüglich
naucz|ać ⟨**~yć**⟩ (***k-o*** *G*) beibringen (j-m *A*); *s.* **uczyć**; ***~yć się*** *pf.* (*G*) (er)lernen (*A*); **~yciel(ka** *f*) *m* Lehrer(in); **~ycielski** Lehrer-
nauk|a *f* Lehre; Unterricht *m*; Wissenschaft *f*; **~owiec** *m* Wissenschaftler; **~owy** **(-wo)** wissenschaftlich
naumyślnie *Adv.* absichtlich
nawa *f* (*Kirchen-*)Schiff *n*
nawał *m* (Un-)Menge *f*, Masse *f*; **~nica** *f* Gewittersturm *m*
nawet sogar, selbst
nawias *m* Klammer *f*; ***~em mówiąc*** nebenbei gesagt
na|wiąz(yw)ać (***do*** *G*) anknüpfen (an *A*); **~wierzchnia** *f* Straßendecke; **~wijać** ⟨**~winąć**⟩ (auf)wickeln; **~wlekać** ⟨**~wlec**⟩ einfädeln; **~wodnienie** *n* Bewässerung *f*; **~woływać** rufen; (***do*** *G*) auffordern (zu); **~wozić**

düngen; **~wóz** *m* Dünger; **~wracać** ⟨**~wrócić**⟩ *v/i* kehrtmachen; *v/t* bekehren (*się* sich); **~wrót** *m* *Med.* Rückfall
nawyk|ać ⟨**~nąć**⟩ (*do* *G*) sich angewöhnen (*A*)
nawzajem *Adv.* gegenseitig
nazad P zurück
nazbyt allzu
naziemny oberirdisch
naznacz|ać ⟨**~yć**⟩ bezeichnen; bestimmen
naz|wa *f* Bezeichnung, Name *m*; **~wać** *pf.* (be)nennen; **~wisko** *n* (Zu-)Name *m*; **~ywać** nennen; ***~ywać się*** heißen
negatyw *m* Negativ *n*
negować verneinen
neonowy Neon-; Leucht-
nerk|a *f* Niere
nerw *m* Nerv; **~ica** *f* Neurose; **~owy** Nerven-; (**-wo**) nervös
nędz|a *f* Elend *n*, Not *f*; **~ny** elend; niederträchtig
nękać ⟨**z-**⟩ plagen
niańka *f* Kindermädchen *n*
niby (*A*) gleich (*D*), wie (*A*); (so) als ob
nic nichts; ***~ a ~*** ganz und gar nichts
nici *f/pl.* Zwirn *m*; Garn *n*
nicpoń *m* Taugenichts
niczyj niemandes
nić *f* Faden *m*
nie nein; nicht, kein; *oft* un-, -frei; **~apetyczny** unappetitlich; **~baczny** unbedacht; **~bawem** bald, in Kürze
niebezpiecz|eństwo *n* Gefahr *f*; **~ny** gefährlich
nie|bieski[1] (**-ko**) blau; **~bieski**[2] himmlisch; **~bo** *n* Himmel *m*
nieboszcz|ka *f*, **~yk** *m* Verstorbene(r)
nie|bywały (**-le**) noch nicht (*od.* nie) dagewesen; **~cały** nicht ganz; knapp; **~celowy** (**-wo**) unzweckmäßig
niech: ***~ pan(i) …*** bitte …; ***~ on*** er soll; ***~ żyje!*** es lebe!
nie|chcący *Adv.* unabsichtlich; **~chęć** *f* Abneigung; Unlust; **~chętny** unwillig; **~chlujny** schlampig; **~chybny** unvermeidlich
niecierpliw|ić się ungeduldig sein (werden); **~y** (**-wie**) ungeduldig
niecny niederträchtig
nieco etwas, ein wenig
nie|czuły unempfindlich; **~czynny** außer Betrieb; geschlossen; **~czystości** *f/pl.* Unrat *m*; **~czysty** (**-to**) unsauber; **~czytelny** unleserlich; **~daleki** (**-ko**) nahe (gelegen); *Reise*: kurz; **~dawno** neulich, unlängst
niedba|lstwo *n* Fahrlässigkeit *f*; Nachlässigkeit *f*; **~ły** (**-le**) fahrlässig; nachlässig
niedo|bór *m* Fehlbetrag; **~bry** (**-brze**) schlecht, übel; **~ciągnięcie** *n* Missstand *m*; **~godny** unbequem; ungünstig; **~jrzały** (**-le**) unreif; **~kładny** ungenau; **~kończo-**

ny unvollendet; **~krwistość** *f* Blutarmut; **~łężny** gebrechlich; **~magać** kränkeln; **~myślny** begriffsstutzig; **~pałek** *m* (*Zigaretten-*) Stummel; **~puszczalny** unzulässig; **~rzeczny** unsinnig; **~skonały (-le)** unvollkommen; **~statek** *m* Not *f*; Mangel; **~stateczny** ungenügend; **~stępny** unzugänglich; **~ścigniony** unerreichbar; **~świadczony** unerfahren; **~widzieć** schlecht sehen (können); **~zwolony** unerlaubt; **~żywiony** unterernährt

nie|drogi (-go) preiswert; **~duży** klein

niedziel|a *f* Sonntag *m*; ***w ~ę*** am Sonntag, sonntags; **~ny** Sonntags-

niedźwie|dzica *f* Bärin; **~dź** *m* Bär

nie|fachowy ungelernt; **(-wo)** unfachmännisch; **~foremny** unförmig; **~gdyś** einst(mals); **~głęboki (-ko)** nicht tief; **~gościnny** ungastlich; **~grzeczny** unhöflich; **~istotny** unwesentlich; **~jadalny** ungenießbar; **~jaki** ein gewisser; **~jasny** unklar; **~jeden** mancher; **~jednakowy** verschieden(artig); **~jednokrotnie** mehrmals; **~kiedy** bisweilen; manchmal; **~korzystny** unvorteilhaft; **~który** manche(r); **~legalny** ungesetzlich, illegal; **~letni** minderjährig; **~liczne** *od.* **-ni** wenige, einige; **~ład** *m* Unordnung *f*; **~ładny** unschön; hässlich

nie ma (*G*) es gibt nicht *od.* kein(e); … ist nicht da; ***nie ma za co*** *Höflichkeitsformel* keine Ursache

nie|mal fast, beinahe; **~mały** ziemlich (groß)

Niemcy *pl.* Deutschland *n*

Niemiec *m* Deutsche(r); **2ki (po -ku)** deutsch

Niemka *f* Deutsche

nie|mniej dennoch; **~modny** unmodern; **~mowlę** *n* Säugling *m*; **~możliwy (-wie)** unmöglich; **~my (-mo)** stumm; **~naganny** tadellos; **~naruszalny** unantastbar; **~nasycony** unersättlich; **~nawidzić** hassen; **~nawiść** *f* Hass *m*; **~obecny** abwesend; **~obliczalny** unberechenbar; **~oczekiwany** unerwartet; **~odłączny** unzertrennlich; **~odpowiedni (-nio)** ungeeignet; **~odpowiedzialny** unverantwortlich; **~odwołalny** unwiderruflich; **~ograniczony** unbegrenzt, unbeschränkt; **~określony** unbestimmt; **~omylny** unfehlbar; **~opanowany** unbeherrscht; **~opatrzny** unbedacht; **~opisany** unbeschreiblich; **~osobowy (-wo)** unpersönlich; **~ostrożny** unvorsichtig; **~ostry** *Fot.* unscharf; **~palą-**

cy *m* Nichtraucher; **~parzysty** *Zahl*: ungerade; **~pełny** nicht voll; lückenhaft; **~pewny** ungewiss; unsicher; **~pijący** *m* Nichttrinker; **~pocieszony** untröstlich; **~poczytalny** unzurechnungsfähig
niepodleg|łość *f* Unabhängigkeit; **~ły (-le)** unabhängig
niepo|dobny (*do G*) unähnlich (*D*); **~goda** *f* schlechtes Wetter *n*; **~kalany** *Rel.* unbefleckt; **~kaźny** unscheinbar; **~koić** ⟨**za-**⟩ beunruhigen (*się* sich); **~kój** *m* Unruhe *f*; **~konany** unbesiegbar; **~myślny** ungünstig; **~prawny** fehlerhaft; unverbesserlich; **~rozumienie** *n* Missverständnis; **~rządek** *m* Unordnung *f*; **~słuszny** ungehorsam; **~spolity (-cie)** ungewöhnlich; **~trzebny** unnötig; überflüssig; **~wodzenie** *n* Misserfolg *m*; **~zorny** unscheinbar; **~żądany** unerwünscht
nieprawd|a *f* Unwahrheit; **~a?** nicht wahr?; **~opodobny** unwahrscheinlich
nie|prawdziwy (-wie) unecht; **~prawidłowy** falsch; unregelmäßig; **~prawny** ungesetzlich; **~proszony** ungebeten
nieprze|ciętny überdurchschnittlich; **~kupny** unbestechlich; **~makalny** wasserdicht; **~puszczalny** undurchlässig; **~rwany** ununterbrochen; **~tłumaczalny** unübersetzbar; **~widywany** unvorhergesehen; **~źroczysty** undurchsichtig
nieprzy|chylny ungünstig, widrig; **~datny** ungeeignet; **~jaciel** *m* Feind; **~jazny** feindselig; **~jemność** *f* Unannehmlichkeit; **~jemny** unangenehm; **~stępny** unzugänglich; *Preis*: unerschwinglich; **~tomny** bewusstlos; geistesabwesend; **~tulny** ungemütlich; **~zwoity (-cie)** unanständig
nie|punktualny unpünktlich; **~raz** manchmal; **~rdzewny** rostfrei; **~regularny** unregelmäßig; **~rentowny** unrentabel
nieroz|łączny unzertrennlich; **~puszczalny** unlöslich; **~sądny** unvernünftig; **~ważny** unüberlegt
nierów|ność *f* Unebenheit; Ungleichheit; **~ny (-no)** uneben; ungleich
nie|ruchomy (-mo) unbeweglich; **~rząd** *m* Unzucht *f*; **~rzeczowy (-wo)** unsachlich; **~samodzielny** unselbständig; **~skazitelny** makellos; **~skończony** unendlich; **~słony** ungesalzen; **~słowny** wortbrüchig; **~słuszny** ungerecht; **~słychany** unerhört; **~smaczny** schlecht schmeckend; **~spełna** nicht ganz, fast

niespo|dzianka *f* Überraschung; **~dzi(ew)any** überraschend, unverhofft; **~kojny** unruhig
niesprawiedliwy (**-wie**) ungerecht
niestety leider
nie|stosowny unpassend; **~strawny** unverdaulich; **~sumienny** unehrlich; **~szczery** (**-rze**) unaufrichtig
nieszczę|ście *n* Unglück; **~śliwy** (**-wie**) unglücklich
nie|szkodliwy unschädlich; **~ścisły** (**-le**) ungenau
nieść tragen; *Eier* legen
nie|ślubny unehelich; **~śmiały** (**-ło**) schüchtern; **~śmiertelny** unsterblich; **~świadomy** (**-mie**) unbewusst; **~świeży** nicht (mehr) frisch; altbacken
nietakt *m* Taktlosigkeit *f*
nietoperz *m* Fledermaus *f*
nie|trzeźwy betrunken; **~ubłagany** unerbittlich; **~uchronny** unvermeidlich; **~uctwo** *n* Unwissenheit *f*; **~uczciwy** (**-wie**) unredlich; **~udany** misslungen; **~ufność** *f* Misstrauen *n*; **~ugięty** (**-cie**) unbeugsam; **~uleczalny** unheilbar; **~umiejętny** ungeschickt; **~umyślny** unabsichtlich; **~unikniony** unvermeidlich; **~uprzedzony** unvoreingenommen; **~urodzaj** *m* Missernte *f*; **~ustanny** unaufhörlich; **~ustraszony** unerschrocken; **~uważny** unaufmerksam; **~uzasadniony** unbegründet; **~uzbrojony** unbewaffnet; **~ważny** ungültig; nichtig; **~wątpliwy** (**-wie**) zweifellos; unstreitig; **~wdzięczny** undankbar; **~wesoły** (**-ło**) traurig; **~wiadomy** unbekannt
niewiara *f* Unglaube *m*
niewi|domy *m* Blinde(r); **~dzialny** unsichtbar
niewiel|e, **~u** nicht viel(e)
niewiern|ość *f* Untreue; **~y** untreu; treulos
nie|winny unschuldig; harmlos; **~właściwy** (**-wie**) unrichtig, falsch; unzuständig; **~wola** *f* Gefangenschaft; **~wolnica** *f* Sklavin; **~wolnik** *m* Sklave; **~wprawny** ungeübt; **~wrażliwy** (**na** *A*) unempfindlich (gegen); **~wskazany** nicht angezeigt
niewy|baczalny unverzeihlich; **~godny** unbequem; **~kształcony** ungebildet; **~mowny** unaussprechlich; **~muszony** ungezwungen; **~pieczony** unausgebacken; **~raźny** undeutlich; **~spany** unausgeschlafen; **~tłumaczony** unerklärlich
niewzruszony gelassen; unerschütterlich
niezadowol|enie *n* Unzufriedenheit *f*; **~ony** unzufrieden
nieza|kłócony ungestört; **~leżny** unabhängig; **~mężna** *Frau*: unverheiratet; **~po-**

minajka *f Bot.* Vergissmeinnicht *n*; **~pomniany** unvergesslich; **~służony** unverdient; **~wisły** unabhängig; **~wodny** zuverlässig

nie|zbędny unentbehrlich; **~zbity (-cie)** unwiderlegbar; **~zdatny** untauglich; **~zdolność** *f* Unfähigkeit; **~zdrowy (-wo)** ungesund; unwohl; **~zgrabny** unförmig, plump; *s.* **niezręczny**; **~zliczony** unzählbar; **~zły** ganz gut; ziemlich; **~zmienny** unveränderlich; **~zmiernie** *Adv.* äußerst; **~zmierny** unermesslich; **~znaczny** unbedeutend, gering

nieznajom|y *m*, **~a** *f* Unbekannte(r)

nie|znany unbekannt; **~znośny** unerträglich; **~zręczny** ungeschickt; **~zrozumiały (-le)** unverständlich; **~zwłoczny** unverzüglich; **~żonaty** *Mann*: unverheiratet; **~życzliwy (-wie)** missgünstig; **~żywy** leblos

nieżyt *m* Katarrh

nieźle *Adv. s.* **niezły**

ni|gdy nie(mals); **~gdzie** nirgends; **~jaki** fade, farblos; *Gr.* sächlich

nikczemny niederträchtig

niklowany vernickelt

niknąć ⟨**z-**⟩ (ver)schwinden

niko|go niemanden; ***~go nie ma*** es ist niemand da; **~mu** niemandem

nikt niemand

nim *Kj.* bevor, ehe; *Pron.* ***z ~*** mit ihm; ***o ~*** über ihn

niniejsz|y vorliegend; **~ym** hiermit

nisk|i (-ko) niedrig; tief; **~okaloryczny** kalorienarm; **~otłuszczowy** fettarm

niszcz|eć ⟨**z-**⟩ *v/i* verfallen; verderben; **~yciel** *m* Zerstörer; **~yć** ⟨**z-**⟩ zerstören; vernichten; F kaputtmachen

nitka *f* Faden *m*

nizina *f* Tiefebene

niż¹ *Kj.* als, denn

niż² *m* Tief *n*; **~ej** *Adv.*, **~szy** niedriger; tiefer

noc *f* Nacht; ***w ~y***, **~ą** bei Nacht; nachts; **~leg** *m* Übernachtung *f*; **~nik** *m* Nachttopf; **~ny** Nacht-; **~ować** ⟨**prze-**⟩ übernachten

noga *f* Bein *n*

nora *f* (*Fuchs-*)Bau *m*; *fig.* Loch *n*

norma *f* Norm; Standard *m*

Norwe|g *m* (**~żka** *f*) Norweger(in); **2ski (po -ku)** norwegisch

nos *m* Nase *f*

nosić tragen

nosorożec *m* Nashorn *n*

nosze *f/pl.* Trag(bahr)e *f*

nośn|ik *m* Träger; ***~ik danych*** Datenträger; **~ość** *f* Tragfähigkeit

not|ariusz *m* Notar; **~atka** *f* Notiz; **~atnik** *m*, **~es** *m* Notizbuch *n*; **~ować** ⟨**za-**⟩ notieren

nowina *f* Neuigkeit

nowo|czesny modern; **~roczny** Neujahrs-; **~rodek** *m* Neugeborene(s) *n*; **~ść** *f* Neuheit; **~twór** *m* Tumor
now|y neu; ***na ~o*** von neuem
noży|ce, ~czki *pl.* Schere *f*
nów *m* Neumond
nóż *m* Messer *n*
nud|a *f* Langeweile; **~ności** *f/pl.* Brechreiz *m*; **~ny (-no)** langweilig
nudyst|a *m*: ***plaża*** *f* ***dla ~ów*** FKK- Strand *m*
nudzić langweilen (***się*** sich)
numer *m* Nummer *f*; ***~ kierunkowy*** Vorwahlnummer *f*; **~ować** nummerieren
nur|ek *m* Taucher; **~kować** *v/i* tauchen
nurt *m* Strömung *f*
nuta *f Mus.* Note
nutria *f* Biberratte
nuż|ący (-co) ermüdend; **~yć** ⟨**z-**⟩ *v/t* ermüden
Nysa *f* (*Fluss*) Neiße

O

o *Prp.* (*A, L*) um, über (*A*); von, mit, in, zu (*D*)
oba *m u. n* (*männl. Pers.*: **obaj**), **obie** *f* beide
obal|ać ⟨**~ić**⟩ *v/t* (um)stürzen
obarcz|ać ⟨**~yć**⟩ (***k-o*** *I*) aufbürden (j-m *A*)
obarzanek *m* Brezel *f*
obaw|a *f* Befürchtung; **~iać się** (*G*) fürchten (*A*)
obcas *m* (*Schuh-*)Absatz
ob|cążki, ~cęgi *pl.* Zange *f*
obchodzić *v/t* (her)umgehen; betreffen, angehen; *Fest* begehen; ***~ się*** (***z*** *I*) behandeln (*A*); (***bez*** *G*) auskommen (ohne)
obchód *m* Fest *n*; (*Arzt-*)Visite *f*
obciąć *pf. s.* **obcinać**; **~gać** ⟨**~gnąć**⟩ (*I*) überziehen (mit); **~żać** ⟨**~żyć**⟩ belasten
ob|cierać abwischen; abreiben; **~cinać** ab-, beschneiden; **~cisły (-śle)** eng (anliegend)
obco|krajowiec *m* Ausländer; **~wać** (***z*** *I*) verkehren (mit)
ob|cy (-co) fremd; **~czyzna** *f* Fremde
obdarz|ać ⟨**~yć**⟩ beschenken
obdzierać *Haut* abziehen; abschürfen
obecn|ie jetzt; **~ość** *f* Anwesenheit; **~y** anwesend; gegenwärtig
obedrzeć *pf. s.* **obdzierać**
obej|mować umarmen; umfassen; **~rzeć** *pf. s.* **oglądać**; **~ść** *pf. s.* **obchodzić**
obel|ga *f* Beleidigung; **~żywy (-wie)** beleidigend
obe|rwać *pf. s.* **obrywać**; **~rznąć** *pf. s.* **obrzynać**; **~schnąć** *pf. s.* **obsychać**;

~trzeć *pf. s.* **obcierać**; **~znany** (*z I*) vertraut (mit); bewandert (in *D*); **~żreć** *pf. s.* **obżerać**
obfity (**-cie**) reichlich; üppig
obgry|zać ⟨**~źć**⟩ abnagen
obiad *m* Mittagessen *n*; ***jeść ~*** zu Mittag essen; **~owy** Mittags-
obi|cie *n* Beschlag *m*; Bezug *m*; **~ć** *pf. s.* **obijać**
obie *s.* **oba**
obiec *pf. s.* **obiegać**
obiec|anka *f*: ***~anka cacanka*** leere Versprechung; **~(yw)ać** versprechen
obieg *m* Umlauf; **~ać** umrunden; umkreisen; **~owy** Umlauf-; ***karta*** *f* ***~owa*** Laufzettel *m*
obie|rać schälen; (*I*) wählen (zu); **~rzyny** *f/pl.* (*Kartoffel-*)Schalen
obietnica *f* Versprechen *n*
obijać (*I*) beschlagen; auspolstern (mit)
objaśni|(a)ć erläutern, erklären; **~enie** *n* Erläuterung *f*
objaw *m* Erscheinung *f*; Symptom *n*; **~ienie** *n* Offenbarung *f*
objazd *m* Rundfahrt *f*; Umleitung *f*; **~owy** *Theater usw.*: Wander-
objąć *pf. s.* **obejmować**
obje|żdżać ⟨**~chać**⟩ *v/t* fahren (rund um *A*); bereisen
obję|cie *n* Umarmung *f*; Übernahme *f*; **~tość** *f* Umfang *m*; Volumen *n*
ob|kładać (*I*) belegen (mit); **~lać** *pf. s.* **oblewać**; **~lepi(a)ć** (*I*) bekleben (mit); **~lewać** (*I*) über-, begießen (mit); **~leżenie** *n* Belagerung *f*; **~liczać** berechnen
oblicz|e *n* Antlitz; ***w ~u*** angesichts (*G*)
ob|liczenie *n* Berechnung *f*; **~liczyć** *pf. s.* **obliczać**; **~liz(yw)ać** (ab)lecken; **~łado(wy)wać** *v/t* beladen; **~ława** *f* Razzia; Treibjagd
ob|łąkany wahnsinnig; **~łęd** *m* Wahnsinn; **~łędny** irr(e)
obłok *m* Wolke *f*
obłożyć *pf. s.* **o(b)kładać**
obłud|a *f* Heuchelei; **~nik** *m* (**~nica** *f*) Heuchler(in); **~ny** heuchlerisch
ob|łup(yw)ać (ab)schälen; **~mac(yw)ać** ab-, betasten; befühlen; **~mawiać** ⟨**~mówić**⟩ (*A*) lästern (über *A*); **~mowa** *f* üble Nachrede
obmy|(wa)ć abwaschen; **~ślać** ⟨**~ślić**⟩ überlegen
obnażony entblößt
obniż|ać ⟨**~yć**⟩ herabsetzen, senken; **~ka** *f* (*Preis-*)Senkung
obnosić herumtragen, herumreichen
obojczyk *m* Schlüsselbein *n*
oboje *s.* **oba**
obojętny gleichgültig; *Chem.* neutral
obok nebenan; *Prp.* (*G*) neben (*A od. D*)
obopólny beiderseitig

obor|a *f* Kuhstall *m*; **~nik** *m* Stallmist
obowiąz|ek *m* Pflicht *f*; **~kowy (-wo)** verbindlich, Pflicht-; **~ujący** obligatorisch; geltend; **~ywać** gelten; verpflichten
obozow|ać lagern, kampieren; **~isko** *n* Lager-, Zeltplatz *m*
obóz *m* Lager *n*
obrabia|ć bearbeiten **~rka** *f* Werkzeugmaschine
obra|bować *pf.* berauben; **~cać** (um)wenden; (um)drehen; ***~cać się*** *a.* rotieren; **~chunek** *m* Berechnung *f*; Abrechnung *f*; **~ć** *pf. s.* **obierać**; **~da** *f* Beratung; **~dować** *v/i* beraten; **~stać** *v/i* (*I*) bewachsen (mit)
obraz *m* Bild *n*; Gemälde *n*
obraz|a *f* Beleidigung; **~ek** *m* Bild(chen) *n*; **~zić** *pf. s.* **obrażać**; **~owy (-wo)** bildlich
obra|żać beleidigen; **~żenie** *n* Beleidigung *f*, Verletzung *f*; **~źliwy (-wie)** beleidigend
obrączka *f* (***ślubna*** Trau-) Ring *m*
obręb *m* Saum; **~i(a)ć** umsäumen
obręcz *f* Reifen *m*; Felge
ob|robić *pf. s.* **obrabiać**; **~rona** *f* Verteidigung; **~rońca** *m* Verteidiger; **~brośnięty** bewachsen; **~rotny** gewandt; **~rotowy** Dreh-; *Hdl.* Umsatz-; **~róbka** *f* Bearbeitung; **~rócić** *pf. s.* **obracać**; **~rót** *m* (Um-)Drehung *f*; *Hdl.* Umsatz
obrus *m* Tischtuch *n*
ob|rywać *v/t* abreißen; (ab-) pflücken; **~ryzg(iw)ać** bespritzen
obrządek *m* Brauch; Ritus
obrzęk *m* Schwellung *f*; **~ły** geschwollen
obrzuc|ać ⟨**~ić**⟩ bewerfen
obrzy|dliwy (-wie) ekelhaft; **~dzać** ⟨**~dzić**⟩ verleiden; **~dzenie** *n* Ekel *m*; **~nać** beschneiden
obsa|da *f* (*Rollen-*)Besetzung; **~dzać** ⟨**~dzić**⟩ besetzen
obserw|acja *f* Beobachtung; **~ować** beobachten
obsłu|ga *f* Bedienung; ***stacja f ~gi*** Servicestation; **~giwać** ⟨**~żyć**⟩ bedienen; **~gowy** Bedienungs-; Service-
obsta|lunek *m* Bestellung *f*; **~wać** (***przy, na*** *L*) bestehen (auf *D*); beharren (bei); **~wi(a)ć** umstellen
ob|strzał *m* Beschuss; **~suwać** ⟨**~sunąć**⟩ **się** (ab)rutschen; **~sychać** *v/i* trocknen; **~syp(yw)ać** (*I*) bestreuen (mit)
obszar *m* Raum; Gebiet *n*; Fläche *f*
ob|szarpany zerlumpt; **~szerny** geräumig; **~szuk(iw)ać** durchsuchen; **~szy(wa)ć** (*I*) besetzen (mit)
obu *s.* **oba**; **~dowa** *f* Verklei-

dung; Gehäuse *n*; **~dzić** *pf. s.* **budzić**; **~marły** abgestorben; **~rącz** *Adv.* beidhändig

oburz|ać ⟨**~yć**⟩ entrüsten (***się*** sich); **~enie** *n* Entrüstung *f*

obustronny beiderseitig

obuwie *n* Schuhwerk

obwarzanek *m* Brezel *f*

ob|wąch(iw)ać beschnüffeln; **~wiąz(yw)ać** umbinden; verschnüren; **~wieszczenie** *n* Bekanntmachung *f*; **~wini(a)ć** (**o** *A*) beschuldigen (*G*)

obwod|nica *f* Ringstraße; **~owy** Bezirks-

obwód *m El.* Kreis; *Pol.* Bezirk; (*Erd-*, *Brust-*)Umfang; **~ka** *f* Kante

obyczaj *m* Brauch; Sitte *f*; **~owy** (**-wo**) Sitten-

obydw|a *m u. n*, **~oje** *s.* **oba**

oby(wa)ć się (***bez*** *G*) sich behelfen (ohne)

obywatel *m* (**~ka** *f*) Bürger(in); **~stwo** *n* Staatsangehörigkeit *f*

obżerać abfressen

ocal|ać ⟨**~ić**⟩ retten; **~eć** *pf.* (***z, od*** *G*) entrinnen (*D*); heil überstehen (*A*); **~enie** *n* Rettung *f*

ocen|a *f* Bewertung; Beurteilung; **~i(a)ć** bewerten; beurteilen

ocet *m* Essig

ochładzać *s.* **chłodzić**

ocho|czo *Adv.* (bereit)willig; **~ta** *f* Lust; **~tniczy** (**-czo**) freiwillig; **~tnik** *m* Freiwillige(r)

ochron|a *f* Schutz *m*; Bewachung; ***~a środowiska*** Umweltschutz *m*; **~ny** Schutz-

ocie|mniały *m* blind; *s.* **niewidomy**; **~plać** ⟨**~plić**⟩ wärmer machen (***się*** werden)

ociężały (**-le**) schwerfällig

ocios(yw)ać behauen

oclenie *n* Verzollung *f*; ***do ~a*** zu verzollen

oczekiwa|ć erwarten; **~nie** *n* Erwartung *f*

oczerni(a)ć anschwärzen

oczko *n* Äuglein; (Lauf-)Masche *f*

ocz|ny Aug(en)-; **~y** *s.* **oko**

oczy|szczać ⟨**~ścić**⟩ reinigen

oczytany belesen

oczywisty (**-ście**) offensichtlich; *Adv. a.* klar, natürlich

od *Prp.* (*G*) von (*D*); seit (*D*); ***starszy ~ ciebie*** älter als du

od|bić *pf. s.* **odbijać**; **~bicie** *n* Zurückwerfen; Spiegelbild; **~biegać** ⟨**~biec**⟩ (***od*** *G*) *fig.* abweichen (von); **~bierać** ab-, wegnehmen; in Empfang nehmen; *Rdf.* empfangen; **~bijać** *v/t Licht* zurückwerfen; *Ball* zurückschlagen; *Schlag* parieren; *Angriff* abwehren; *Stempel* aufdrücken; F *Mädchen* ausspannen; *v/i Schiff:* ablegen; ***~bi(ja)ć się*** sich (wider-) spiegeln

odbior|ca *m* Abnehmer; Empfänger; **~czy** Abnahme-; Empfangs-; **~nik** *m Rdf.* Empfänger
od|biór *m* Abnahme *f*; Empfang; **~bitka** *f* Abdruck *m*; *Fot.* Abzug *m*; **~blask** *m* Abglanz; Widerschein
odbudow|a *f* (Wieder-)Aufbau *m*; **~(yw)ać** (wieder-) aufbauen
od|bytnica *f* Mastdarm *m*; **~by(wa)ć się** stattfinden; **~cedzać** ⟨**~cedzić**⟩ abseihen; **~chody** *pl.* Exkremente *pl.*; **~chodzić** weggehen; *Esb.* abgehen; **~chudzać** ⟨**~chudzić**⟩ **się** abnehmen (*v/i*)
odchyl|ać ⟨**~ić**⟩ zurückbiegen; **~ać** ⟨**~ić**⟩ ***się*** (**od** *G*) abweichen (von); **~enie** *n* Abweichung *f*
odciąć *pf. s.* **odcinać**
odciąg|ać ⟨**~nąć**⟩ (***od*** *G*) weg-, abziehen (von)
odcień *m* Schattierung *f*
odci|ęty abgeschnitten; **~nać** abschneiden; **~nek** *m* Abschnitt; Strecke *f*
od|cisk *m* Abdruck; *Med.* Hühnerauge *n*; **~cyfrować** *pf.* entziffern; **~czepi(a)ć** abhängen, abkoppeln; **~czu(wa)ć** empfinden; **~czyt** *m* Ablesung *f*; Vortrag
odda|lać ⟨**-lić**⟩ entfernen (***się*** sich); **~lony** entfernt; **~(wa)ć** ab-, zurückgeben; **~wca** *m* Überbringer
od|dech *m* Atmung *f*; Atem; **~dychać** atmen
oddział *m* Abteilung *f*; (*Kranken-*)Station *f*; **~ *intensywnej terapii*** Intensivstation *f*; **~(yw)ać** (ein)wirken
oddziel|ać ⟨**~ić**⟩ abtrennen; absondern; **~ny** getrennt, separat
od|dzierać ab-, losreißen; **~dźwięk** *m* Widerhall
ode *s.* **od**; **~brać** *pf. s.* **odbierać**; **~drzeć** *pf. s.* **oddzierać**; **~gnać** *pf. s.* **odganiać**; **~grać** *pf. s.* **odgrywać**; **~jmowac** abziehen, subtrahieren; **~jście** *n* Weggang *m*; **~jść** *pf. s.* **odchodzić**; **~pchnąć** *pf. s.* **odpychać**; **~przeć** *pf. s.* **odpierać**; **~rwać** *pf. s.* **odrywać**; **~słać** *pf. s.* **odsyłać**; **~tchnąć** *pf.* aufatmen
odezwa *f* Aufruf *m*; **~ć się** *pf. s.* **odzywać się**
odgad|ywać ⟨**~nąć**⟩ (er)raten
odgałęzi|ać się abzweigen (*v/i*); **~enie** *n* Abzweigung *f*
od|ganiać fort-, wegjagen; **~ginać** ⟨**~giąć**⟩ aufbiegen; **~głos** *m* Widerhall; Geräusch *n*; **~gonić** *pf. s.* **odganiać**
odgra|dzać abzäunen; **~niczać** ⟨**~niczyć**⟩ abgrenzen; **~żać się** drohen
od|grodzić *pf. s.* **odgradzać**; **~gruzow(yw)ać** die Trümmer wegräumen; **~grywać** (***się*** sich ab)spielen; **~gry-**

zać ⟨**~gryźć**⟩ abbeißen; **~grz(ew)ać** aufwärmen; **~jazd** *m* Abfahrt *f*; Abreise *f*; **~jąć** *pf. s.* **odejmować**; **~jeżdżać** ⟨**~jechać**⟩ abreisen; abfahren; **~każać** ⟨**~kazić**⟩ desinfizieren

odkąd seit wann; seitdem

odkąsić *pf. s.* **odgryzać**

odkł|adać beiseite legen; *Geld* zurücklegen; **~aniać** ⟨**~onić**⟩ **się** den Gruß erwidern

odkręc|ać ⟨**~ić**⟩ abschrauben; *Hahn* aufdrehen

odkry|cie *n* Entdeckung *f*; **~ty** offen; **~(wa)ć** aufdecken; entblößen; entdecken

odkurz|acz *m* Staubsauger; **~ać** ⟨**~yć**⟩ abstauben; Staub saugen

odla|ć *pf. s.* **odlewać**; **~tywać** ⟨**odlecieć**⟩ fort-, abfliegen

odległ|ość *f* Entfernung; **~y** entfernt; fern

odlew *m* Abguss; **~acz** *m* Gießer; **~ać** abgießen; **~nia** *f* Gießerei

odlicz|ać ⟨**~yć**⟩ abzählen; abrechnen, abziehen

odlot *m* Abflug; ***czas*** *m* **~u** Abflugzeit *f*

odłam|ek *m* Bruchstück *n*; **~*ki*** *pl.* Splitter *pl.*; **~(yw)ać** *v/t* abbrechen

odłącz|ać ⟨**~yć**⟩ (ab)trennen

od|łożyć *pf. s.* **odkładać**; **~łóg** *m* Brachland *n*; **~łup(yw)ać** abspalten; **~mawiać** (***k-u*** *G*) abschlagen, verweigern (j-m *A*); *Gebet* hersagen; **~miana** *f* Abänderung; Umschwung *m*, Wende; Variante, Abart; *Gr.* Flexion

odmien|i(a)ć (ab)ändern; umwandeln; deklinieren; konjugieren; **~ny** verschieden; abweichend

odmierz|ać ⟨**~yć**⟩ abmessen

odmł|adzać ⟨**~odzić**⟩ verjüngen, jünger machen

odmow|a *f* Ablehnung; Weigerung; **~ny** ablehnend

od|mówić *pf. s.* **odmawiać**; **~mrożenie** *n* Erfrierung *f*

odna|jdywać ⟨**~leźć**⟩ (wieder)finden (***się*** sich); **~wiać** erneuern; renovieren

od|nieść *pf. s.* **odnosić**; **~noga** *f* Abzweigung; (*Berg-*) Ausläufer *m*; (*Fluss-*)Arm *m*

odno|sić (zurück)bringen; *Sieg* davontragen; *Verletzung* erleiden; *Eindruck* haben; **~*sić się*** (***do*** *G*) sich beziehen (auf *A*); **~śny** betreffend; einschlägig; **~wić** *pf. s.* **odnawiać**

odosobni|(a)ć absondern; **~enie** *n* Isolierung *f*; Abgeschiedenheit *f*

odpa|dać (***od*** *G*) abfallen (von); **~dki** *m/pl.* Abfälle; **~rzać** ⟨**~rzyć**⟩ wundreiben (**sobie** sich); **~ść** *pf. s.* **odpadać**

od|pędzać ⟨**~pędzić**⟩ fort-, wegjagen; **~piąć** *pf. s.* **odpinać**; **~pierać** *Angriff* zurückschlagen; *Vorwurf* zurück-

weisen; **~piłow(yw)ać** abfeilen; absägen; **~pinać** ab-, aufknöpfen
odpis *m* Abschrift *f*; **~(yw)ać** abschreiben; *Brief* beantworten
odpłac|ać ⟨**~ić**⟩ vergelten
odpły|w *m* Ebbe *f*; Abfluss; **~wać** ⟨**~nąć**⟩ *Schiff*: auslaufen; fort-, wegschwimmen; *Wasser*: abfließen
odpocz|ąć *pf. s.* **odpoczywać**; **~ynek** *m* Ruhe *f*, Rast *f*; **~ywać** (aus)ruhen, rasten
odporn|ość *f* Widerstandsfähigkeit; **~y** (**na** *A*) widerstandsfähig (gegen)
odpowi|adać¹ ⟨**~edzieć**⟩ (**na** *A*) beantworten (*A*); erwidern; **~adać²** entsprechen; **~edzialność** *f* Verantwortung; Haftung; **~edzialny** verantwortlich; **~edź** *f* Antwort
odpowietrz|ać ⟨**~yć**⟩ entlüften
odpra|sow(yw)ać aufbügeln; **~wa** *f* Besprechung; Abfuhr (*fig.*); (*Zoll-*)Abfertigung; **~wi(a)ć** abfertigen; *Messe* zelebrieren
odpręż|ać ⟨**~yć**⟩ entspannen (**się** sich); **~enie** *n* Entspannung *f* (*a. Pol.*)
odprowadz|ać ⟨**~ić**⟩ begleiten; abführen
od|pru(wa)ć *Knopf* abtrennen; **~pust** *m Rel.* Ablass; Kirmes *f*; **~pychać** wegstoßen
odra *f* Masern *pl.*; ♀ (*Fluss*) Oder
odra|biać abarbeiten; *Hausaufgaben* machen; **~czać** verschieben, vertagen; **~dzać¹** (*G*) abraten (von); **~dzać² się** *fig.* wiedererstehen; **~dzić** *pf. s.* **odradzać¹**; **~p(yw)ać** abkratzen; **~stać** nachwachsen; **~za** *f* Widerwille *m*; **~żający** (**-co**) abstoßend
odrę|bny besonder...; separat; **~czny** handschriftlich; handgearbeitet; **~twienie** *n* Erstarrung *f*
odro|bić *pf. s.* **odrabiać**; **~bina** *f* ein bisschen; **~czenie** *n* Vertagung *f*; **~czyć** *pf. s.* **odraczać**; **~dzenie** *n* Wiedergeburt *f*; *hist.* Renaissance *f*; **~dzić** *pf. s.* **odradzać²**
od|różni(a)ć unterscheiden (**się** sich); **~ruch** *m* Reflex(bewegung *f*) *m*; **~rywać** abreißen (**się** *v/i*); **~rzec** *pf.* antworten
odrzu|cać ⟨**~cić**⟩ zurückwerfen; wegwerfen; *fig.* ablehnen; **~towiec** *m* Düsenflugzeug *n*
odset|ek *m* Prozent(satz); **~ki** *pl.* Zinsen *pl.*
odsi|adywać ⟨**~edzieć**⟩ F *Strafe* absitzen
odsk|akiwać ⟨**~oczyć**⟩ abprallen; (**na bok** zur Seite) springen; **~ocznia** *f* Sprungbrett *n*
odsłon|a *f Thea.* Aufzug *m*;

~ięcie *n* Enthüllung *f*
od|sprzeda(wa)ć wiederverkaufen; **~stawać** (**od** *G*) abstehen (von); sich ablösen; **~stawi(a)ć** wegstellen; **~stąpić** *pf. s.* **odstępować**
odstę|p *m* Abstand; **~pne** *n* Abstand(ssumme *f*) *m*; **~pstwo** *n* Abweichung *f*; **~pować** abtreten; (**od** *G*) zurücktreten (von)
odstrasz|ać ⟨**~yć**⟩ abschrecken; verscheuchen; **~ający** (**-co**) abschreckend
odstrzał *m* Abschuss (*Jagd*)
odsu|wać ⟨**~nąć**⟩ wegschieben, abrücken (***się*** *v/i*)
odsyła|cz *m* Verweis(ungszeichen *n*) *m*; **~ć** (ab)senden; zurückschicken; (**do** *G*) verweisen (an *A*)
od|syp(yw)ać abschütten; **~szkodowanie** *n* Entschädigung *f*; Schadenersatz *m*; **~szukać** *pf.* (wieder)finden (***się*** sich)
odśwież|ać ⟨**~yć**⟩ auffrischen, F aufmöbeln
od|świętny festlich; **~tąd** von nun an; von hier ab; **~tłuszczony** entfettet, Mager-
odtrąc|ać ⟨**~ić**⟩ wegstoßen; zurückweisen
odtrutka *f* Gegengift *n*
odtwarzacz *m*: **~ *płyt kompaktowych*** CD-Spieler
odtwór|ca *m* (**~czyni** *f*) Darsteller(in)
oducz|ać ⟨**~yć**⟩ (**od** *G*) abgewöhnen (*j-m A*)
odurz|ający (**-co**) berauschend, Rausch-; **~enie** *n* Benommenheit *f*; Rausch *m*
odwaga *f* Mut *m*
odwa|lać ⟨**~lić**⟩ wegräumen, -wälzen; **~żać** ⟨**~żyć**⟩ abwiegen; **~żny** mutig; **~żyć się** *pf.* (**na** *A*) wagen (*A*)
odwdzięc|ać ⟨**~yć**⟩ **się** sich dankbar zeigen
odwet *m* Vergeltung *f*
odwiąz(yw)ać losbinden
odwie|czny uralt; **~dzać** ⟨**~dzić**⟩ besuchen; **~dziny** *pl.* Besuch *m*; **~ść** *pf. s.* **odwodzić**; **~źć** *pf. s.* **odwozić**
od|wijać ab-, auswickeln; **~wilż** *f* Tauwetter *n*; **~winąć** *pf. s.* **odwijać**; **~wodzić** (**od** *G*) abbringen (von); **~wołanie** *n* Widerruf *m*; Abberufung *f*; *Jur.* Berufung *f*
odwoł(yw)ać widerrufen; abberufen; **~się** (**do** *G*) appellieren (an *A*); sich berufen (auf *A*); *Jur.* Berufung einlegen
od|wozić *fahrend* hin-, wegbringen; **~wracać** (um)drehen, (***się*** sich ab)wenden; umblättern; **~wrotny** umgekehrt; Rück-, Kehr-; **~wrócić** *pf. s.* **odwracać**; **~wrót** *m* Rückzug; ***na ~wrocie*** auf der Rückseite
odwzajemni(a)ć *Gefühl* erwidern; **~ *się*** sich revanchieren
odziedzicz|ać ⟨**~yć**⟩ erben
odzież *f* Kleidung; **~owy**

Bekleidungs-
odzna|czać ⟨**~czyć**⟩ auszeichnen (**się** sich); **~czenie** *n* Auszeichnung *f*; **~ka** *f* Abzeichen *n*
odzwierciedl|ać ⟨**~ić**⟩ widerspiegeln (**się** sich)
odzwyczaj|ać ⟨**~ić**⟩ (**od** *G*) abgewöhnen (*j-m A*; **się** sich)
odzy|sk(iw)ać wiedergewinnen, -erlangen; **~wać się** sagen; sich äußern *od.* melden; sich vernehmen lassen
odży(wa)ć wiederaufleben; **~wi(a)ć** (er)nähren (**się** sich); **~wka** *f* (**dla dzieci** Kinder-)Nahrung
oferować ⟨**za-**⟩ anbieten
ofiar|a *f* Opfer *n*; Spende; **~ny** opferwillig; **~ow(yw)ać** opfern; spenden
oficer *m* Offizier
oficjalny offiziell, amtlich
ogarn|iać ⟨**~ąć**⟩ umfassen
ogień *m* Feuer *n*
ogier *m* Hengst
oglądać sich *et.* ansehen; besichtigen; **~ się** sich umsehen
oglę|dny umsichtig; **~dziny** *pl.* Besichtigung *f*
ogłada *f fig.* Schliff *m*
ogł|aszać ⟨**~osić**⟩ bekannt machen; inserieren; **~oszenie** *n* Bekanntmachung *f*; Inserat
ogłuchnąć *pf.* taub werden
ogłusz|ać ⟨**~yć**⟩ betäuben
ogni|otrwały feuerfest; **~sko** *n* (*Lager-*)Feuer; Herd *m* (*a. Med.*); (*a. fig.*) Brennpunkt *m*; **~skowa** *f* Brennweite; **~sty** (**-ście**) feurig; Feuer-; **~wo** *n* (*Ketten-*)Glied; *El.* Element
ogon *m* Schwanz, Schweif; **~ek** *m* (*Blatt-*)Stiel; F *fig.* (*Menschen-*)Schlange *f*
ogóln|ie *Adv.* allgemein; **~okrajowy** gesamtstaatlich, Landes-; **~opolski** gesamtpolnisch; **~y** allgemein; gesamt
ogół *m* Allgemeinheit *f*; Gesamtheit *f*; **~em** im Ganzen, zusammen; **na ~** im allgemeinen
ogórek *m* Gurke *f*
ograbi(a)ć *s.* **grabić²**
ogranicz|ać ⟨**~yć**⟩ ein-, beschränken; **~enie** *n* Einschränkung *f*; **~ony** beschränkt
ogrod|nictwo *n* Gartenbau *m*; Gärtnerei *f*; **~nik** *m* Gärtner
ogrodzenie *n* Umzäunung *f*
ogromny gewaltig, riesig
ogród *m* Garten
ogródk|a *f*: **bez ~ek** ohne Umschweife
ogr|yzać ⟨**~yźć**⟩ (*A*) nagen (an *D*)
ogrz|(ew)ać (er)wärmen; beheizen; **~ewanie** *n* Heizung *f*
ogumienie *n Kfz.* Bereifung *f*
ohydny scheußlich, widerwärtig

oj|ciec *m* Vater; **~costwo** *n* Vaterschaft *f*; **~czym** *m* Stiefvater
ojczy|sty heimatlich; *s.* **mowa**; **~zna** *f* Vaterland *n*, Heimat
okalecz|ać ⟨**~yć**⟩ verstümmeln; *s.* **kaleczyć**
okaz *m* (*Pracht-*)Stück *n*; Muster *n*; **~ać** *pf. s.* **okazywać**; **~ały** (**-le**) prächtig, prachtvoll; **~iciel** *m* Inhaber; Überbringer; **~ja** *f* Gelegenheit; **~yjny** Gelegenheits-; **~ywać** (be-, vor)zeigen
okienn|ica *f* Fensterladen *m*; **~y** Fenster-
oklaski *m/pl.* Beifall *m*; **~wać** Beifall klatschen
oklepany abgedroschen
okład *m Med.* Umschlag; **~ać** belegen; **~ka** *f* (*Heft-*)Umschlag *m*; (*Buch-*)Deckel *m*
okładzina *f* (*Brems-*)Belag *m*
okłam(yw)ać belügen
okno *n* Fenster
oko *n* Auge
okolica *f* Gegend; Umgebung
okoliczność|ciowy Sonder-, Gedenk-; **~ć** *f* Umstand *m*
około[1] (*G*) um (*A*) herum; (*Zeit*) gegen
około[2] *Adv.* etwa, rund
okoń *m* Barsch
okólnik *m* Rundschreiben *n*
okpi(wa)ć beschwindeln
okra|dać ⟨**~ść**⟩ bestehlen
okrą|gły (**-ło**) rund; **~żać** ⟨**~żyć**⟩ umkreisen; umzingeln; **~żenie** *n* Umkreisung *f*; Umzingelung *f*; *Sp.* (*Bahn-*)Runde *f*
okre|s *m* Zeit(raum *m*) *f*; Dauer *f*; Frist *f*; Zeitalter *n*; *Med.* Regel *f*, Periode *f*; **~ślać** ⟨**~ślić**⟩ bezeichnen; **~ślony** bestimmt
okręg *m* Bezirk; **~owy** Bezirks-
okręt *m* (*Kriegs-*)Schiff *n*
okrężn|y: ***droga*** *f* **~a** Umweg *m*
okropny schrecklich
okruch *m* Brocken
okrutny grausam
okry|cie *n* Bedeckung *f*; **~(wa)ć** bedecken
okrzyk *m* (Aus-)Ruf
okucie *n* Beschlag *m*
okul|ary *pl.* Brille *f*; **~ista** *m* Augenarzt
okup *m* Lösegeld *n*
okupac|ja *f* Besetzung; **~yjny** Besatzungs-
olbrzym *m* Riese; **~i** riesig
olcha *f* Erle
olej *m* Öl *n*; **~arnia** *f* Ölmühle; **~ek** *m* (***do opalania*** Sonnen-)Öl *n*; **~ny** (**-no**) Öl-
olimpijski olympisch
oliw|a *f* Olivenöl *n*; Schmieröl *n*; **~ka** *f* Olive; **~kowy** Oliven-; oliv(grün)
ołów *m* Blei *n*; **~ek** *m* Bleistift
ołtarz *m* Altar
omal (nie) fast; beinahe
omawiać besprechen
omdle|nie *n* Ohnmacht *f*; **~wać** *s.* **mdleć**

omi|jać ⟨**~nąć**⟩ (*A*) vorbeigehen, -fahren (an *D*); umgehen, umfahren
omlet *m* Omelett *n*
omot(yw)ać umwickeln
omówić *pf. s.* **omawiać**
omułek *m* Miesmuschel *f*
omy|lić się *pf. s.* **mylić**; **~łka** *f* Irrtum *m*; Fehler *m*
on *m*, **ona** *f*, **ono** *n* er, sie, es
ondulacja *f*: ***trwała ~*** Dauerwelle
on|e, **~i** *pl. v.* **on**
onieśmiel|ać ⟨**~ić**⟩ einschüchtern
ono *s.* **on**
opactwo *n* Abtei *f*
opaczny verkehrt
opad *m* Fall(en *n*) *m*; **~y** *pl.* Niederschläge; **~ać** (herab-) fallen; sinken
opak: ***na ~*** andersherum
opakow|anie *n* Verpackung *f*; **~(yw)ać** verpacken
opal|acz *m* Strandanzug; **~ać** ⟨**~ić**⟩ absengen; beheizen; ***~ać się*** sich sonnen; ***~ić się*** (von der Sonne) braun gebrannt sein; **~enizna** *f* Sonnenbräune; **~ony** braun gebrannt
opał *m* Heizmaterial *n*
opanow(yw)ać einnehmen; beherrschen (***się*** sich)
opar *m* Dunst
oparcie *n* Stütze *f*; Lehne *f*
oparze|lina *f* Brandwunde; **~nie** *n* Verbrühung *f*
opaska *f* Band *n*; Binde
opasły dick; feist
opaść *pf. s.* **opadać**
opat *m* Abt
opatrun|ek *m Med.* Verband; **~kowy** Verband(s)-
opat|rywać ⟨**~rzyć**⟩ *Wunde* versorgen; (*I*) versehen (mit)
opatrzność *f* Vorsehung
opera *f* Oper(nhaus *n*)
operac|ja *f* Operation; **~yjny** operativ; Operations-
operetka *f* Operette
operować ⟨**z-**⟩ operieren
opętany (*I*) besessen (von)
opie|c *s.* **opiekać**; **~czętować** *pf.* versiegeln; **~ka** *f* Fürsorge; Obhut; (*Denkmals-*) Pflege; Schutz *m*; **~kać** *am Spieß* rösten, grillen; **~kować się** (*I*) betreuen (*A*); sorgen (für); **~kun** *m* Beschützer; Fürsorger; Pflegevater; *Jur.* Vormund; **~kuńczy** Vormundschafts-
opierać (***o*** *A*) (an)lehnen (an *A*); ***~ się*** (***na*** *L*) sich stützen (auf *A*); sich sträuben
opieszały (**-le**) langsam, träge
opiłki *m/pl.* (*Feil-*)Späne
opini|a *f* Meinung; Ruf *m*; Beurteilung; **~ować** ⟨**za-**⟩ beurteilen
opis *m* Beschreibung *f*; **~(yw)ać** beschreiben
opłac|ać ⟨**~ić**⟩ bezahlen; **~alny** vorteilhaft; **~ony** bezahlt; frankiert
opłakany beklagenswert
opłat|a *f* Gebühr; ***za ~ą*** gebührenpflichtig

opłatek *m* Oblate *f*
opłucna *f* Rippenfell *n*
opłuk(iw)ać (ab)spülen
opodatkow|anie *n* Besteuerung *f*; **~(yw)ać** besteuern
opona *f Kfz*. Reifen(decke *f*) *m*; **~ *mózgowa*** Gehirnhaut
opor|a *f* Stütze; **~nik** *m El.* Widerstand; **~ny** widerspenstig
opowi|adać ⟨**~edzieć**⟩ erzählen; **~adanie** *n* Erzählung *f*
opór *m* Widerstand
opóźn|i(a)ć verzögern; **~*i(a)ć się*** sich verspäten; **~ienie** *n* Verzögerung *f*; Verspätung *f*
opraw|a *f* Fassung; (*Buch-*) Einband *m*; **~i(a)ć** (ein)fassen; (ein)binden; (ein)rahmen; **~ka** *f* (*Brillen-*)Fassung; **~ny** *Buch*: gebunden
opro|centowanie *n* Verzinsung *f*; **~gramowanie** *n EDV* Software *f*; **~wadzać** ⟨**~wadzić**⟩ herumführen
oprócz *Prp*. (*G*) außer (*D*, *A*)
opróżni(a)ć (ent)leeren
oprysk|iwacz *m* Sprühgerät *n*; **~(iw)ać** besprühen
opry|skliwy (**-wie**) barsch, unwirsch; **~szczka** *f* Bläschenausschlag *m*
oprzeć *pf. s.* **opierać**
optyk *m* Optiker
opuch|ły, **~nięty** geschwollen
opukiwać abklopfen
opu|stoszały verödet; **~szczać** ⟨**~ścić**⟩ herunterlassen; verlassen; auslassen; versäumen; **~szka** *f* Fingerkuppe
opyl|ać ⟨**~ić**⟩ bestäuben
orać ⟨**z-**⟩ pflügen, ackern
oranżada *f* Orangeade
oraz sowie
orbita *f Astr.* Umlaufbahn
order *m* Orden
organiz|acja *f* Organisation; **~m** *m* Organismus; **~ować** ⟨**z-**⟩ organisieren
organ|ki *m/pl.* Mundharmonika *f*; **~y** *m/pl.* Orgel *f*
orientować ⟨**z-**⟩ informieren; **~ *się*** sich orientieren
orkiestra *f* Orchester n
orszak *m* Gefolge *n*; Zug
orzec *pf. s.* **orzekać**
orzech *m* Nuss(baum *m*) *f*
orze|czenie *n* Gutachten; *Jur.* Spruch *m*; *Med.* Befund *m*; *Gr.* Prädikat; **~kać** befinden; *Urteil* fällen
orzeł *m* Adler
orzeźwiający (**-co**) erfrischend
osa *f* Wespe
osad *m* Bodensatz; Niederschlag; **~a** *f* (An-)Siedlung; **~nik** m Siedler
osądz|ać ⟨**~ić**⟩ (be)urteilen; *pf. a.* verurteilen
oset *m* Distel *f*
osiadać *s.* **osiedlać się**; sich (ab)setzen
osiąg|ać ⟨**~nąć**⟩ erreichen; erlangen; **~nięcie** *n* Errungenschaft *f*, Leistung *f*
osiąść *pf. s.* **osiadać**
osiedl|ać ⟨**~ić**⟩ ansiedeln

(**się** sich); **~e** *n* Siedlung *f*
osiemkroć achtfach
osika *f* Espe
osioł *m* Esel
oskarż|ać (**o** *A*) beschuldigen (*G*); anklagen (*G*); **~enie** *n* Anklage *f*; **~ony** *m* Angeklagte(r); **~yciel** *m* Kläger; **~yć** *pf. s.* **oskarżać**
oskrzel|e *n* Bronchie *f*; **~owy** bronchial
osłabi|(a)ć (ab)schwächen; **~enie** *n* Abschwächung *f*; *Med.* Schwäche *f*
osł|adzać *s.* **słodzić**; **~aniać** ⟨**~onić**⟩ schützen; verdecken; **~ona** *f* Hülle; Schutz *m*; *Fot.* (*Sonnen*-)Blende
osłuch(iw)ać *Med.* abhorchen
osłupienie *n* Bestürzung *f*
osob|a *f* Person; **~istość** *f* Persönlichkeit; **~isty (-ście)** persönlich; **~liwość** *f* Rarität, (*Natur*-)Phänomen *n*; Eigenart; **~liwy (-wie)** merkwürdig; **~nik** *m* Individuum *n*; **~ny (-no)** *s.* **oddzielny**; **~owy** Personen-
osowiały (-le) apathisch
ospa *f* Pocken *pl.*; ***wietrzna ~*** Windpocken *f/pl.*; **~ły (le)** verschlafen; träge
ostat|ecznie letztlich, schließlich; **~eczny** äußerst; endgültig; **~ni** letzte(r); **~nio** letztens, zuletzt
ostro *s.* **ostry**; **~ga** *f* Sporn *m*; **~kątny** spitzwinklig; **~ść** *f* Schärfe; **~żność** *f* Vorsicht; **~żny** vorsichtig
ostry (-ro) scharf; *Med.* akut
ostryga *f* Auster
ostrze *n* Schneide *f*
ostrze|gać ⟨**~c**⟩ warnen; **~l(iw)ać** beschießen; **~żenie** *n* Warnung *f*
ostrzy|ć ⟨**na-, za-**⟩ schärfen; **~gać** ⟨**~c**⟩ *s.* **strzyc**
ostudz|ać ⟨**~ić**⟩ *v/t* abkühlen
osu|szać ⟨**~szyć**⟩ (ab)trocknen; *Moor* trockenlegen; **~wisko** *n* Erdrutsch *m*
oswob|adzać ⟨**~odzić**⟩ (**od** *G*) befreien (von; **się** sich)
oszaleć *pf.* F verrückt werden
oszczep *m* Spieß, Speer; **~nik** *m* Speerwerfer
oszczerstwo *n* Verleumdung *f*
oszczę|dność *f* Sparsamkeit; **~dny** sparsam; **~dzać** ⟨**~dzić**⟩ sparen; (ver)schonen
oszklony verglast, Glas-
oszpec|ać ⟨**~ić**⟩ verunstalten
oszu|k(iw)ać betrügen; **~st** *m* (**~stka** *f*) Betrüger(in); **~stwo** *n* Betrug *m*
oś *f* Achse
ość *f* (*Fisch*-)Gräte
oślep: ***na ~*** blindlings; **~i(a)ć** blenden; **~nąć** *pf.* erblinden
ośmiel|ać ⟨**~lić**⟩ **się** wagen
ośmio|dniowy achttägig; **~krotny** achtfach; **~ro** acht
ośrodek *m* (***zdrowia*** Behandlungs-)Zentrum *n*
oświadcz|ać ⟨**~yć**⟩ erklären;

~enie *n* Erklärung *f*; **~yny** *pl.* Heiratsantrag *m*
oświ|ata *f* Bildung; **~econy** gebildet, aufgeklärt
oświetl|ać ⟨**~ić**⟩ beleuchten; **~enie** *n* Beleuchtung *f*
otaczać (*I*) umgeben (mit)
otchłań *f* Abgrund *m*
otępienie *n* Stumpfheit *f*
oto hier ist *od.* sind
otocz|enie *n* Umgebung *f*; **~yć** *pf. s.* **otaczać**
otóż *s.* **oto**
otru|cie *n* Vergiftung *f*; **~ć** *pf.* vergiften (***się*** sich)
otrząs|ać ⟨**~nąć**⟩ abschütteln
otrzewna *f* Bauchfell *n*
otrzym(yw)ać bekommen
otul|ać ⟨**~ić**⟩ einhüllen
otwar|cie *n* Eröffnung *f*; ***godziny*** *f/pl.* **~cia** Öffnungszeiten; **~ty (-cie)** offen
otw|ierać ⟨**~orzyć**⟩ öffnen; **~ór** *m* Öffnung *f*, Loch *n*
otyły beleibt, F dick
owa *s.* **ów**
owad *m* Insekt *n*
ow|ca *f* Schaf *n*; **~czarek** *m* Schäferhund; **~czarnia** *f* Schafstall *m*
owdowiały verwitwet
owies *m* Hafer
owi|jać ⟨**~nąć**⟩ umwickeln
owłosiony behaart
owo *s.* **ów**
owoc *m* Frucht *f*; **~e** *pl. a.* Obst *n*; **~arnia** *f* Obsthandlung; **~owy** Frucht-, Obst-
owsianka *f* Haferbrei *m*
owszem *Adv.* gern; natürlich
ozd|abiać schmücken; (ver-)zieren; **~oba** *f* Verzierung; **~obić** *pf. s.* **ozdabiać**; **~obny** verziert, Zier-
oziębł|i(a)ć abkühlen (***się*** sich); **~ły (-le)** kühl, frostig
ozna|czać ⟨**~czyć**⟩ bezeichnen; **~jmi(a)ć** ankündigen; bekanntgeben; **~ka** *f* Anzeichen *n*
ożyw|(wa)ć wieder lebendig werden; **~wczy (-czo)** belebend; **~wi(a)ć** beleben

Ó

ósemka *f* Acht, Achter *m*
ósm|y achte(r); **~a *godzina*** acht Uhr
ów *m*, **owa** *f*, **owo** *n* jene(r), jenes; **~czesny** damalig
ówdzie: ***tu i ~*** hier und da

P

pach|a *f* Achselhöhle; ***pod ~ą*** unter dem Arm
pachnąć ⟨**za-**⟩ duften; (*I*) riechen (nach)

pachwina *f Anat.* Leiste
pacierz *m* Gebet *n*; **~owy**: ***kość** f* **~*owa*** Rückgrat *n*
paciorki *pl.* (*Glas-*)Perlenschnur *f*
pacjent(ka *f*) *m* Patient(in)
pacz|ka *f* Paket *n*; **~uszka** *f* Päckchen *n*
pad|ać fallen; *s.* **deszcz, śnieg**; **~alec** *m* Blindschleiche *f*; **~lina** *f* Kadaver *m*, Aas *n*
pagórek *m* Hügel
pająk *m* Spinne *f*
pajęczyna *f* Spinngewebe *n*
pak|iet *m s.* **paczka**; **~ować** ⟨**za-**⟩ (ein)packen; **~unek** *m* Paket *n*; *Tech.* Packung *f*
pal *m* Pfahl
pala|cz *m* Heizer; Raucher; **~rnia** *f* Rauchzimmer *n*
palący: ***dla*** **~*ch*** (für) Raucher
palec *m* Finger
pal|enie *n* Brennen; Heizen; Rauchen; **~ić** ⟨**s-**⟩ verbrennen; ⟨**na-**⟩ heizen; *impf. a. Zigarette* rauchen; ***~ić się*** brennen; **~iwo** *n* Brennstoff *m*; **~nik** *m* Brenner
palto *n* Mantel *m*
pałac *m* Palast, Palais *n*
pał|eczka *f* Stäbchen *n*; Taktstock *m*; **~ka** *f* Knüppel *m*
pamiąt|ka *f* Andenken *n*; **~kowy** Gedenk-
pamię|ć *f* Gedächtnis *n*; *EDV* Speicher *m*; ***na ~ć*** auswendig; **~tać** (**o** *L*) denken (an *A*); (*A*) sich erinnern (an *A*); **~tnik** *m* Tagebuch *n*; **~tniki** *pl.* Memoiren; **~ny** denkwürdig
pan *m* Herr; (*Anrede*) Sie
pancerny gepanzert, Panzer-
pan|i *f* Frau; Dame; Herrin; (*Anrede*) Sie; **~na**, **~ienka** *f* Fräulein *n*; **~oszyć się** sich breit machen; herumkommandieren; **~ować** herrschen; (***nad sobą*** sich) beherrschen; **~owanie** *f* Herrschaft *f*
pańs|ki (**po -ku**) herrschaftlich; **~two** *n* Staat *m*; (*Anrede*) Damen und Herren, Herrschaften *pl.*; **~twowy** staatlich, Staats-
papa *f*: ***~ dachowa*** Dachpappe
papier *m* Papier *n*; **~nia** *f* Papierfabrik; **~os** *m* Zigarette *f*; **~ośnica** *f* Zigarettenetui *n*; **~owy** Papier-
papie|ski päpstlich; **~ż** *m* Papst
papka *f* Brei *m*
paplać plappern
paproć *f* Farn *m*
papuga *f* Papagei *m*
para[1] *f* Paar *n*
para[2] *f* Dampf *m*
parafia *f* Pfarrgemeinde; **~nin** *m* Pfarrkind *n*
parafina *f* Paraffin *n*
paragon *m* Kassenzettel
paraliż *m* Lähmung *f*; **~ować** ⟨**s-**⟩ lähmen
parasol *m* Regenschirm
parcie *n* Druck *m*; *Med.* Drang *m*

parę ein paar; **~set** einige hundert
parkan *m* (Bretter-)Zaun
parking *m* Parkplatz
parko|mat *m* Parkscheinautomat; **~metr** *m* Parkuhr *f*; **~wać** parken; **~wanie** *n*: ***zakaz*** *m* ***~wania*** Parkverbot *n*
parny **(-no)** schwül
parokonny zweispännig
parow|ać ⟨**wy-**⟩ *v/i* (ver-)dampfen; **~iec** *m* Dampfer; **~óz** *m* Dampflokomotive *f*; **~y** Dampf-
parówki *f/pl.* Würstchen *n/pl.*
partacz *m* Stümper
parter *m* Erdgeschoss *n*
partia *f* Partei; Partie
partyzantka F *f* Guerillakampf *m*; Partisanenarmee
paryski *Adj.* Pariser
parzyć ⟨**o-, s-**⟩ (ver)brühen
parzysty paarig; *Zahl*: gerade
pas *m* Gurt, Gürtel; Riemen; Streifen
pasażer *m* Fahrgast; **~ski** *Esb.* Personen-
pas|ek *m* Gürtel; Band *n*; **~karz** *m* Spekulant, Schieber; **~kudny** P scheußlich, mies; **~manteria** *f* Kurzwaren *pl.*; **~mo** *n* Strähne *f*; Streifen *m*; (*Gebirgs-*)Kette *f*
pasować passen
pasożyt *m* Schmarotzer
pasta *f* (***do butów*** Schuh-)Creme; (***do zębów*** Zahn-)Paste
past|erz *m* Hirt; **~uch** *m* Viehhirt; **~wisko** *n* Weide *f*
pastylka *f* Tablette
pasyjny *Rel.* Passions-
pasza *f* (*Vieh-*)Futter *n*
paszcza *f* Rachen *m*
paszport *m* (*Reise-*)Pass
pasztet *m* Pastete *f*; **~ówka** *f* Leberwurst
paść *v/t.* weiden; *v/i. pf.* fallen
patelnia *f* Bratpfanne
patrzeć ⟨**po-**⟩ blicken, schauen
patyk *m* Stock, Stecken
paw *m* Pfau; **~i** Pfauen-
paznokieć *m* Fingernagel
pazur *m* Kralle *f*, Klaue *f*
październik *m* Oktober
pączek *m* Knospe *f*; *Kochk.* (*Berliner*) Pfannkuchen *n*, Krapfen
pąsowy **(-wo)** (hoch)rot
pchać schieben; drängen; stoßen
pchła *f* Floh *m*
pchnąć *pf s.* **pchać**
pechowiec *m* Pechvogel
pedał *m* Pedal *n*, Fußhebel
pejcz *m* Reitpeitsche *f*
pejzaż *m* Landschaft *f*
peklowany gepökelt
pełn|ia *f* (***księżyca***) Vollmond *m*; **~oletni** volljährig; **~omocnik** *m* Bevollmächtigte(r); **~otłusty** Voll(fett)-; **~y** **(-no)** voll
pełz|ać, **~nąć**[1] kriechen; **~nąć**[2] ⟨**s-**⟩ *Stoff*: verschießen
pensj|a *f* Gehalt *n*; **~onat** *m* (*Gäste-*)Pension *f*
perfumy *pl.* Parfüm *n*

pergamin *m* Pergament *n*
perł|a *f* Perle; **~owy**: **kasza** *f* **~owa** Perlgraupen *pl.*
peron *m* Bahnsteig
perski persisch
personel *m* Personal *n*
peruka *f* Perücke
pestka *f* (*Frucht-*)Kern *m*
pew|ien (ein) gewisser; **~nie** sicher(lich); fest; **~ność** *f* Sicherheit, Bestimmtheit; **~ny** (**-no**) sicher; ***na ~no*** ganz bestimmt
pęcherz *m* Blase *f* (*a. Med.*)
pęcznieć *v/i* (auf)quellen
pęd *m* Tempo *n*; Drang; *Bot.* Trieb; **~nia** *f* Transmission
pędzel *m* Pinsel
pędzić *v/t* treiben; *v/i* eilen, rennen
pęk *m* Bündel *n*; **~ać** platzen, springen; **~aty** (**-to**) bauchig; **~nąć** *pf. s.* **pękać**; **~nięcie** *n* Riss *m*, Sprung *m*
pępek *m* (Bauch-)Nabel
pęt|a *n/pl.* Fesseln *f/pl.*; **~la** *f* Schlinge; Schlaufe; Kehre
piać *Hahn*: krähen
piana *f* Schaum *m*
pias|ek *m* Sand; **~kowiec** *m* Sandstein; **~kownica** *f* Sandkasten *m*
piast|a *f* (*Rad-*)Nabe; **~ować** *Amt* bekleiden
piaszczysty (**-to**) sandig
piąt|ek *m* Freitag; ***Wielki 2ek*** Karfreitag; **~ka** *f* Fünf, Fünfer *m*; (*Note*) sehr gut
pić ⟨**wy-** aus⟩ trinken
piec[1] *m* Ofen; (*Koch-*)Herd
piec[2] ⟨**u-**⟩ backen; *Fleisch* braten
piechot|a *f* Infanterie; **~ą**, ***na ~ę*** zu Fuß
piecz|ara *f* Höhle; **~arka** *f* Champignon *m*; **~eń** *f* Braten *m*; **~ęć** *f* Siegel *n*; Stempel *m*; **~ętować** ⟨**za-**⟩ (ver-)siegeln; **~ołowity** (**-cie**) sorgsam; fürsorglich; **~ony** gebacken; gebraten; **~ywo** *n* Backwaren *f/pl.*, Gebäck
piegowaty sommersprossig
piek|arnia *f* Bäckerei; **~arz** *m* Bäcker; **~ielny** höllisch; **~ło** *n* Hölle *f*
pielęgn|iarka *f* Krankenpflegerin; **~iarz** *m* Krankenpfleger; **~ować** pflegen
pielgrzym *m* Pilger; **~ka** *f* Pilgerfahrt
pieluszka *f* Windel
pieniądz *m*, **~e** *pl.* Geld *n*
pienić się schäumen
pieniężny Geld-
pień *m* (*Baum-*)Stamm
pieprz *m* Pfeffer; **~ny** gepfeffert; **~yć** ⟨**po-**⟩ pfeffern
piernat *m* Federbett *n*
piernik *m* Pfefferkuchen
pierś *f* Brust
pierści|eń, **~onek** *m* Ring
pierwiastek *m* *Chem.* Element *n*; *Math.* Radikal *n*; Wurzel *f*
pierwotny Ur-; ursprünglich
pierwsz|eństwo *n* Vorrang *m*; Vortritt *m*; Vorfahrt *f*; **~orzędny** erstklassig; **~y** erste(r)

pierz|e *n* Federn *pl.*; **~yna** *f* Federbett *n*
pies *m* Hund
pieszczo|ta *f* Liebkosung; **~tliwy (-wie)** zärtlich
piesz|o zu Fuß; **~y** Fuß-; *Su. m* Fußgänger
pieścić ⟨**po-**⟩ liebkosen
pieśń *f* Lied *n*
pietruszka *f* Petersilie
pięcio|bój *m Sp.* Fünfkampf; **~krotny** fünffach; **~latka** *f* Fünfjahresplan *m*; **~letni** fünfjährig; **~raczki** *pl.* Fünflinge *pl.*; **~ro**, **pięciu** fünf
piędź *f* Spanne; Fußbreit *m*
piękn|ość *f* Schönheit; **~y** schön
pięś|ciarstwo *n* Boxsport *m*; **~ciarz** *m* Boxer; **~ć** *f* Faust
pięta *f* Ferse
pięt|ro *n* Stockwerk; ***na drugim ~rze*** im zweiten Stock
pigułka *f* Pille
pigwa *f* Quitte
pija|k *m* Säufer; **~ny** betrunken; **~wka** *f* Blutegel *m*
pilnik *m* Feile *f*; Raspel *f*
piln|ość *f* Fleiß *m*; Dringlichkeit; **~ować** (*G*) aufpassen (auf *A*); wachen (über *A*); **~y** fleißig; dringend
pilot *m* Pilot; Lotse
pilśniowy Filz-
pił|a *f* Säge; **~ka** *f* (***nożna*** Fuß-)Ball *m*; **~karz** *m* Fußball(spie)ler; **~ować** sägen; feilen
piołun *m Bot.* Wermut
pion *m* Lot *n*; Senkblei *n*; *a.* = **~ek** *m* (*Schach-*)Bauer
pionowy (-wo) senkrecht
piorun *m* Blitz; **~ochron** *m* Blitzableiter
piosenka *f* Lied *n*, Chanson *n*; **~rz** *m* (**~rka** *f*) (*Schlager-*)Sänger(in)
pióro *n* Feder *f*; ***wieczne ~*** Füll(feder)halter *m*
pis|ać ⟨**na-**⟩ schreiben; **~anka** *f* Osterei *n*; **~arz** *m* Schreiber; (**~arka** *f*) Schriftsteller(in); **~emny** schriftlich
pisk|lę *n* Küken; **~liwy (-wie)** kreischend, F piepsig
pis|mo *n* Schreiben; (*Hand-*) Schrift *f*; **~ownia** *f* Rechtschreibung
pistolet *m* Pistole *f*
piszczeć piepsen; kreischen
piszczel *m od. f* Schienbein *n*
piśmien|nictwo *n* Schrifttum; **~ny** schriftlich; schreibkundig
piw|iarnia *f* Bierstube; **~nica** *f* Keller *m*; **~o** *n* Bier
plac *m* Platz; **~ek** *m* Fladen; Kuchen; Plinse *f*; (*Kartoffel-*)Puffer
plam|a *f* Fleck(en) *m*; Makel *m*; **~ić** ⟨**po-**, **s-**⟩ beflecken; **~isty** gefleckt
plan *m* Plan; **~ować** ⟨**za-**⟩ planen; **~owanie** *n* Planung *f*; **~owy (-wo)** planmäßig
plast|er *m* Pflaster *n*; **~yk**[1] *m* Kunststoff; **~yk**[2] *m* bildender Künstler
platyna *f* Platin *n*
plaża *f* (Bade-)Strand *m*

plądrować ⟨**s-**⟩ plündern
plątal|ć ⟨**za-**⟩ verwickeln (**się** sich); **~nina** *f* Wirrwarr *m*
plebania *f* Pfarrei
plec|ak *m* Rucksack; **~ionka** *f* Geflecht *n*; **~y** *pl.* Rücken *m*
plemię *n* (*Volks-*)Stamm *m*
plene|r *m*: ***w ~rze*** im Freien
plenić ⟨**wy-**⟩ ausrotten
plenum *n* Plenarsitzung *f*
pleść ⟨**za-**⟩ flechten
pleś|nieć ⟨**s-**⟩ (ver)schimmeln; **~ń** *f* Schimmel(pilz) *m*
plik *m* Bündel *n*; Stoß; *EDV* Datei *f*
plomba *f* Plombe; (*Zahn-*) Füllung
plon *m* Ertrag, Ernte *f*
plotk|a *f* Klatsch *m*, F Tratsch *m*; **~ować** klatschen
pluć spucken
plugawy (**-wo**) *s.* **ohydny**; unflätig
plusk|ać ⟨**~nąć**⟩ platschen
pluskiewka *f* Reißzwecke
plusz *m* Plüsch
płac|a *f* Lohn *m*; **~ić** ⟨**za-**⟩ (be)zahlen
pła|cz *m* Weinen *n*; **~kać** weinen
płask|i (**-ko**) flach; **~orzeźba** *f* Flachrelief *n*; **~owyż** *m* Hochebene *f*
płaszcz *m* Mantel
płaszczyzna *f* Fläche
płatki *m/pl.*: ***~ owsiane*** Haferflocken *f/pl.*
płatn|ik *m* Zahler; **~ość** *f*: ***termin m ~ości*** Zahlungstermin; **~y** zahlbar
pława *f* Boje
płaz *m* Lurch
płciowy (**-wo**) geschlechtlich, Geschlechts-
płeć *f* Geschlecht *n*
płetwa *f* Flosse
pło|ć *f*, **~tka** *f* Plötze
pło|dny fruchtbar; **~dzić** ⟨**s-**⟩ *Kind* zeugen
płomień *m* Flamme *f*
płon|ąć brennen; ⟨**s-**⟩ in Flammen aufgehen, verbrennen; **~ica** *f* Scharlach *m*; **~ić** ⟨**za-**⟩ **się** erröten; **~ny** vergeblich
płoszyć ⟨**s-**⟩ (ver)scheuchen
płot *m* Zaun *m*; **~ek** *m*: ***bieg m przez ~ki*** Hürdenlauf
płowy falb; aschblond
płoza *f* Kufe
płócienny Leinen-
pł|ód *m* Frucht *f*; **~ody** *pl.* ***rolne*** Agrarerzeugnisse *n/pl.*
płótno *n* Leinen; Leinwand *f*
płuc|a *n/pl.* Lunge *f*; **~ny** Lungen-; **~o-serce** *n* Herz-Lungen-Maschine *f*
pług *m* Pflug
płukać ⟨**wy-**⟩ (aus)spülen
płyn *m* Flüssigkeit *f*; **~ąć** fließen, strömen; schwimmen; **~ny** flüssig
płyt|a *f* Platte; ***~a kompaktowa*** CD; **~ki** (**-ko**) flach; seicht
pływ|ać schwimmen; **~ak** *m* Schwimmer; **~alnia** *f* Schwimmbad *n*
po *Prp.* (*L*) nach; auf, in (*D*); bis zu; ***~ czemu*** wie teuer; **~**

cichu leise; **~ pierwsze** erstens; **~ polsku** (auf) Polnisch

po|bicie *n* Misshandlung *f*; **~bierać** *Gehalt* beziehen; *Steuern* erheben

pobli|ski nahe gelegen; **~że** *n*: **w ~żu** in der Nähe

pobłaż|ać (*D*) (zu) viel durchgehen lassen (*D*); **~liwy (-wie)** nachsichtig

pobocz|e *n* Randstreifen *m*; **~ny** Neben-

pobo|jowisko *n* Schlachtfeld; **~rowy** *m* Wehrpflichtige(r); **~ry** *m/pl.* Bezüge; **~żny** fromm

pobra|ć się *pf.* (**z** *I*) heiraten (*A*); **~nie** *n*: **za ~niem** per Nachnahme

pobrudzić *pf.* beschmutzen

pobrzeże *n* Küste(nland *n*) *f*

pobu|dka *f* Weckruf *m*; Ansporn *m*; **~dzać** ⟨**~dzić**⟩ erregen; anregen

pobyt *m* Aufenthalt

pocał|ować *pf.* küssen; **~unek** *m* Kuss

pochleb|ny schmeichelhaft; **~stwo** *n* Schmeichelei *f*

pochł|aniać ⟨**~onąć**⟩ verschlingen

pochmurny wolkig, trübe

pocho|dnia *f* Fackel; **~dzenie** *n* Abstammung *f*; Herkunft *f*; **~dzić** (**od** *G*) abstammen (von)

pochopny übereilt

pochód *m* Marsch; (*Fest-*) Zug

pochwa *f* Scheide; Hülle

pochwała *f* Lob *n*

pochyl|ać ⟨**~ić**⟩ beugen, neigen; **~ić się** sich bücken; **~ony** geneigt; gebückt

pochyły (-ło) geneigt

pociąć *pf.* zerschneiden

pociąg *m Esb.* Zug; (**do** *G*) Neigung *f*, Hang (zu); **~ać** *s.* **ciągnąć**; **~nięcie** *n* Zug *m*; Maßnahme *f*

pocić ⟨**s-**⟩ **się** schwitzen

pociecha *f* Trost *m*

po ciemku im Dunkeln

pocierać *s.* **trzeć**

pociesz|ać ⟨**~yć**⟩ trösten; **~ający (-co)** tröstlich; erfreulich; **~enie** *n* Trost *m*; *s.* **nagroda**; **~ny** drollig

pocisk *m Mil.* Geschoss *n*

po co wozu

począ|ć *pf. s.* **poczynać**; **~tek** *m* Anfang, Beginn; **~tkowo** anfangs; **~tkowy** anfänglich; Anfangs-; **~tkujący** *m* Anfänger

poczciwy (-wie) gütig

poczeka|ć *pf. s.* **czekać**; **~lnia** *f* Wartezimmer *n*; Wartesaal *m*, -raum *m*

poczęcie *n* Empfängnis *f*

poczęstunek *m* Bewirtung *f*; Imbiss

poczt|a *f* (**lotnicza** Luft-) Post, **~owy** Post-; **~ówka** *f* Postkarte

poczu|cie *n* (*G*) Gefühl, Sinn *m* (für); **~wać się** (**do** *G*) sich bewusst sein (*G*)

poczwarka *f Zo.* Puppe

poczwórny vierfach
poczynać anfangen
poczytny viel gelesen
pod *Prp.* (*A, I*) bei; unter (*A, D*); an (*A, D*); **~ *wieczór*** gegen Abend
poda|ć *pf. s.* **podawać**; **~nie** *n* Gesuch, Eingabe *f*; (*Daten-*) Angabe *f*; **~r(un)ek** *m* Geschenk *n*; **~tek** *m* Steuer *f*; ***~tek od wartości dodanej (VAT)*** Mehrwertsteuer *f*; **~tnik** *m* Steuerzahler; **~tny** empfänglich; gefügig
podawać reichen; servieren; **~ *się*** (***za***) sich ausgeben (für)
podaż *f Hdl.* Angebot *n*
podąż|ać ⟨**~yć**⟩ (***za*** *I*) (nach-) folgen; nacheilen (*D*)
pod|bi(ja)ć unterwerfen; **~bój** *m* Unterwerfung *f*; Eroberung *f*; **~bródek** *m* Kinn *n*; **~budowa** *f* Unterbau *m*; **~burzać** ⟨**~burzyć**⟩ aufhetzen, aufwiegeln; **~chmielony** angeheitert; **~chodzić** (***do*** *G*) herantreten (an *A*); (*I*) sich füllen (mit); **~chorąży** *m* Fähnrich
podchwy|tliwy (**-wie**) verfänglich; **~tywać** ⟨**~cić**⟩ auffangen
pod|ciągać ⟨**~ciągnąć**⟩ hinaufziehen; straffen; **~cinać** ⟨**~ciąć**⟩ anschneiden; *fig.* unterbinden; **~czas** *Prp.* (*G*) während (*G*); ***~czas gdy*** in der Zeit als; wohingegen; **~dać** *pf. s.* **poddawać**; **~dany** *m* Untertan; **~dasze** *n* Dachgeschoss
poddawać unterziehen (***się*** sich); **~ *się*** sich ergeben
podejmować *Geld* abheben; *Gast* bewirten
podejrz|any verdächtig; **~enie** *n* Verdacht *m*; **~ewać** (***o*** *A*) verdächtigen (*G*); **~liwość** *f* Argwohn *m*; **~liwy** (**-wie**) argwöhnisch, misstrauisch
pode|jść *pf. s.* **podchodzić**; **~przeć** *pf. s.* **podpierać**; **~ptać** *pf.* zertreten; **~rwać** *pf. fig.* untergraben; **~rznąć** *pf. s.* **podrzynać**; **~szwa** *f* (*Fuß-, Schuh-*)Sohle
pod|glądać *s.* **podpatrywać**; **~główek** *m* Kopfkissen *n*; **~górski** am Fuße eines Gebirges gelegen; **~górze** *n* Gebirgsvorland; **~grz(e-w)ać** anwärmen; **~jazd** *m* Zufahrtsweg
podjąć *pf. s.* **podejmować**; **~ *się*** (*G*) übernehmen (*A*)
pod|jeżdżać ⟨**~jechać**⟩ heranfahren, -reiten; -rollen; **~jęcie** *n* (*Geld-*)Abhebung *f*; (*Arbeits-*)Aufnahme *f*; **~klejać** ⟨**~kleić**⟩ (von) unten ankleben; **~kład** *m* Unterlage *f*; Grund(lage) *f*; *Esb.* Schwelle *f*; **~kładka** *f* Unterlage; **~kolanówki** *f/pl.* Kniestrümpfe *m/pl.*; **~kop(yw)ać** untergraben; **~koszulek** *m* Unterhemd *n*; **~kowa** *f* Hufeisen *n*; **~kradać** ⟨**~kraść**⟩

się sich anschleichen; **~kreślać** ⟨**~kreślić**⟩ unterstreichen; **~ku(wa)ć** *Pferd* beschlagen; **~lać** *pf. s.* **podlewać**; **~le** *Adv. s.* **podły**; **~legać** unterliegen (*D*); unterstehen; **~legły** untergeben, unterstellt; **~lewać** *Blumen* gießen; **~liczać** ⟨**~liczyć**⟩ zusammenzählen; **~lotek** *m* Backfisch; **~łoga** *f* Fußboden *m*; **~łość** *f* Gemeinheit; **~łoże** *n* (Unter-) Grund *m*

podłużny Längs-; länglich

podły (**-le**) niederträchtig

pod|miejski vorstädtisch, Vorort(s)-; **~miot** *m* Subjekt *n*; **~morski** unterseeisch; **~much** *m* Windstoß; **~my(wa)ć** *Ufer* unterspülen; **~najemca** *m* Untermieter; **~niebienie** *n* Gaumen *m*; **~niecać** ⟨**~niecić**⟩ anfachen; erregen (*się* sich); **~niecenie** *n* Erregung *f*; **~nieta** *f* (An-)Reiz *m*; **~nosić** ⟨**~nieść**⟩ (auf-, hoch)heben, (*się* sich) erheben; hochklappen; *fig. a.* erhöhen; **~nośnik** *m* Aufzug; *Kfz.* Wagenheber; **~nóże** *n* (*Berg-*)Fuß *m*; **~nóżek** *m* Fußbank *f*

podob|ać ⟨**s-**⟩ **się** *j-m* gefallen; **~ieństwo** *n* Ähnlichkeit *f*; **~izna** *f* Bild(nis) *n*; **~ny** ähnlich

podołać *pf.* (*D*) gewachsen sein (*D*)

podomka *f* Morgenrock *m*

podpa|dać (**pod** *A*) fallen (unter *A*); **~lać** ⟨**~lić**⟩ anzünden; in Brand stecken; **~lacz** *m* Brandstifter; **~ść** *pf. s.* **podpadać**; **~trywać** ⟨**~trzyć**⟩ heimlich beobachten, *j-m* zuschauen

pod|pierać stützen (**się** sich); **~pis** *m* Unterschrift *f*; **~pis(yw)ać** unterschreiben; **~pity** angetrunken; **~pływać** ⟨**~płynąć**⟩ (**do** *G*) heranschwimmen (an *A*); *Schiff:* sich nähern (*D*); **~pora** *f* Stütze

podpo|rucznik *m* Leutnant; **~rządkow(yw)ać** unterordnen (**się** sich); **~wiadać** ⟨**~wiedzieć**⟩ vorsagen

pod|pórka *f* Stütze; **~prawi(a)ć** *Speise* würzen; **~pułkownik** *m* Oberstleutnant; **~rabiać** nachmachen, fälschen

podrapać *pf. s.* **drapać**

podrażni|(a)ć reizen; **~enie** *n* Reizung *f*

podręczn|ik *m* Lehrbuch *n*; Schulbuch *n*; **~y** Hand-

pod|robić *pf. s.* **podrabiać**; **~roby** *m/pl.* Innereien *f/pl.*

podrożeć *pf. s.* **drożeć**

podróż *f* Reise; **~nik**, **~ny** *m* Reisende(r); **~ny** Reise-; **~ować** reisen; (**po** *L*) bereisen (*A*)

pod|rzędny untergeordnet; Neben-; **~rzucać** ⟨**~rzucić**⟩ hochwerfen; *Kind* unterschieben; **~rzutek** *m* Findelkind *n*; **~rzynać** anschneiden, ansägen; **~sadzać** ⟨**~sadzić**⟩ auf-, einsteigen helfen; **~sądny** *m* Angeklagte(r); **~skakiwać** ⟨**~skoczyć**⟩ hüpfen, hopsen; **~skok** *m* Sprung, Hüpfer

podsłuch *m* Abhören *n*; **~(i-w)ać** belauschen; horchen

podstaw|a *f* Grundlage; **~i(a)ć** unterstellen; **~ka** *f* Untersatz *m*; **~owy** Grund-; grundlegend

pod|stęp *m* List *f*, Trick; **~strzygać** *s.* **strzyc**; **~suwać** ⟨**~sunąć**⟩ unterschieben; **~sycać** ⟨**~sycić**⟩ *fig.* schüren; **~syp(yw)ać** (unter-) streuen; *Kohle* nachlegen; **~szept** *m* Einflüsterung *f*; **~szewka** *f* (*Kleid-*)Futter *n*; **~szy(wa)ć** *Kleid* füttern; **~ściółka** *f* Streu; **~świadomy (-mie)** unterbewusst; **~ trzym(yw)ać** (unter)stützen; aufrechterhalten; **~udzie** *n* Unterschenkel *m*; **~upadać** ⟨**~upaść**⟩ herunterkommen; in Verfall geraten

poduszk|a *f* (***elektryczna*** Heiz-)Kissen *n*; **~a powietrzna** Airbag *m*; **~owiec** *m* Luftkissenfahrzeug *n*

podwajać verdoppeln

pod|walina *f fig.* Grundstein *m*; **~wiązka** *f* Strumpfband *n*; **~wieczorek** *m* Vesper *f*; **~wijać** ⟨**~winąć**⟩ hochkrempeln; **~władny** *m* Untergebene(r); **~wodny** Unterwasser-; *s.* **łódź**; **~woić** *pf. s.* **podwajać**; **~wozie** *n* Fahrgestell; *Flgw.* Fahrwerk; **~wójny** doppelt; **~wórze** *n* Hof *m*

podwyż|ka *f*, **~szenie** *n* Erhöhung *f*; **~szać** ⟨**~szyć**⟩ erhöhen; steigern

podziać *pf. s.* **podziewać**

podział *m* (Ver-)Teilung *f*; **~ka** *f* Maßstab *m*; Skala

podziel|ić *pf. s.* **dzielić**; **~ny** teilbar; **~ony** geteilt

podziem|ie *n* Keller(geschoss *n*) *m*; *fig.* Untergrundbewegung *f*; **~ny** unterirdisch; Untergrund-

po|dziewać (irgendwohin) tun, legen, F verkramen; **~dziękowanie** *n* Dank *m*; **~dziwiać** bewundern

pod|zwrotnikowy subtropisch; **~żegacz** *m* Aufwiegler, Hetzer

poe|mat *m* Poem *n*; **~ta** *m* (**~tka** *f*) Dichter(in); **~zja** *f* Poesie

poga|danka *f* Plauderei; **~niać** (an)treiben; **~nin** *m* Heide; **~ństwo** *n* Heidentum

pogar|da *f* Verachtung; **~dzać** ⟨**~dzić**⟩ (*I*) verachten; verschmähen (*A*); **~szać** verschlechtern (**się** sich)

pogawędka *f s.* **pogadanka**

pogląd *m* Ansicht *f*, Anschauung *f*; **~owy** Anschauungs-; **(-wo)** anschaulich
pogłębi(a)ć vertiefen
pogłoska *f* Gerücht *n*
pogo|da *f* Wetter *n*; **~dny** heiter; **~dzić** *pf.* versöhnen **(*się*** sich); **~nić** *pf. s.* **poganiać**
pogoń *f* Verfolgung
pogorsz|enie *n* Verschlechterung *f*; **~yć** *pf. s.* **pogarszać**
pogorzelisko *n* Brandstätte *f*
pogotowie *n* Bereitschaft *f*; **~ *ratunkowe*** Rettungsdienst *m*
pogranicz|e *n* Grenzgebiet; ***Wojska*** *n/pl.* ***Ochrony*** **℞a** Grenzschutz *m*; **~ny** Grenz-
pogrąż|ać ⟨**~yć**⟩ versenken; ***~ać*** ⟨***~yć***⟩ ***się*** versinken
po|groźka *f* Drohung; **~gromca** *m* Bezwinger; **~grzeb** *m* Begräbnis *n*; **~grzebacz** *m* Schürhaken; **~hamować się** *pf.* sich beherrschen; **~jawi(a)ć się** erscheinen; **~jazd** *m* Fahrzeug *n*; **~jąć** *pf. s.* **pojmować**; **~jechać** *pf. s.* **jechać**; **~jednanie** *n* Aussöhnung *f*
pojedyn|czy **(-czo)** einzeln; **~ek** *m* Zweikampf
pojemn|ik *m* Behälter; **~ość** *f* Volumen *n*; *Tech.* Kapazität; *Mar.* Tonnage
po|jezierze *n* Seenplatte *f*; **~jęcie** *n* Begriff *m*; **~jętny** aufgeweckt; gelehrig
pojmować begreifen
pojutrze übermorgen
pokarm *m* Nahrung *f*
pokaz *m* Schau *f*; Vorführung *f*; ***na*** **~** zur Ansicht; zur Schau; **~(yw)ać** (vor)zeigen
po|kaźny ansehnlich; **~kątny** heimlich, illegal; *Hdl.* Schwarz-; **~klask** *m* Beifall; **~kład** *m* Schicht *f*; *Mar.* Deck *n*; ***na ~kładzie*** an Bord; **~kłon** *m* Verbeugung *f*; **~kochać** *pf.* lieb gewinnen
poko|ik *m* Zimmerchen *n*; **~jowy¹** **(-wo)** friedlich; Friedens-; **~jowy²** Zimmer-; **~jówka** *f* Zimmermädchen *n*; **~lenie** *n* Generation *f*; **~n(yw)ać** besiegen; überwinden; **~rny** demütig
pokost *m* Firnis
pokój¹ *m* Zimmer *n*
pokój² *m* Friede(n)
pokrajać *pf.* (zer)schneiden
pokrew|ieństwo *n* Verwandtschaft *f*; **~ny** verwandt
po|kroić *pf. s.* **(po)krajać**; **~kropić** *pf. s.* **kropić**; **~krowiec** *m* Schonbezug; **~krótce** in Kürze, kurz; **~krycie** *n* Überzug *m*; Bedachung *f*; *Hdl.* Deckung *f*; **~kryć** *pf. s.* **pokrywać**
po kryjomu heimlich
pokry|wać (be)decken; **~wa** *f* Decke; *a.* = **~wka** *f* Deckel *m*
pokrzepi|(a)ć erquicken, stärken **(*się*** sich); **~enie** *n* Erquickung *f*, Stärkung *f*
pokrzy|wa *f* Brennnessel; **~żować** *pf.* durchkreuzen

poku|sa *f* Versuchung; **~sić się** *pf.* (*o A*) versuchen, wagen (*A*); **~ta** *f* Buße; **~tować** (*za A*) büßen (für)
pokwitowanie *n* Quittung *f*
polać *pf. s.* **polewać**
Polak *m* Pole
polana *f* (*Wald-*)Lichtung
pole *n* Feld (*a. fig.*)
polec *pf. im Krieg* fallen
polec|ać ⟨**~ić**⟩ empfehlen; *s.* **zlecać**; **~enie** *n* Empfehlung *f*; Auftrag *m*; **~ony** empfohlen; *Brief*: eingeschrieben
poleg|ać (*na L*) sich verlassen (auf *A*); **~ły** *m* Gefallene(r)
polepsz|ać ⟨**~yć**⟩ (ver)bessern; **~enie** *n* Besserung *f*
polew|a *f* Glasur; Email *n*; **~aczka** *f* Gießkanne; Sprengwagen *m*; **~ać** begießen; **~ka** *f* Suppe
polędwica *f* Lende, Filet *n*
poli|cja *f* Polizei; **~cjant** *m* Polizist; **~cyjny** polizeilich
policzek *m* Wange *f*; Ohrfeige *f*
poli|klinika *f* Poliklinik; **~technika** *f* technische Hochschule
politowanie *n* Mitleid
polity|czny politisch; **~k** *m* Politiker; **~ka** *f* Politik
Polka *f* Polin
polny Feld-
polonez *m* Polonäse *f*
polot *m fig.* Schwung; ***bez ~u*** geistlos, fade
polow|ać (*na A*) jagen (*A*); **~anie** *n* Jagd *f*; **~y** Feld-
polsk|i (**po -ku**) polnisch; **~ość** *f* Polentum *n*
polub|ić *pf. s.* **lubić**; **~owny** gütlich; ***sąd m ~owny*** Schiedsgericht *n*
poławiacz *m* (*Perlen-*)Fischer; (*Wal-*)Fänger
połączenie *n* Verbindung *f*; Anschluss *m*; *El. a.* Schaltung *f*
połknąć *pf. s.* **połykać**
poło|wa *f* Hälfte; ***w ~wie maja*** Mitte Mai; ***do ~wy*** zur Hälfte, halb-; **~wiczny** halb; Teil-; **~żenie** *n* Lage *f*; **~żna** *f* Hebamme; **~żnica** *f* Wöchnerin; **~żyć** *pf. s.* **kłaść**
połóg *m* Wochenbett *n*
połów *m* Fang; ***~ pereł*** Perlenfischerei *f*
południ|e *n* Süden *m*; Mittag(szeit *f*) *m*; ***przed ~em, po ~u*** vor-, nachmittags; **~owy** südlich; Süd-; Mittags-
po|łykać (ver)schlingen, (ver)schlucken; **~łysk** *m* Glanz; **~magać** helfen; **~mału** *Adv.* langsam
pomarańcza *f* Apfelsine
pomarszczony runzlig
pomiar *m* Messung *f*
pomidor *m* Tomate *f*; **~owy** Tomaten-
pomie|szczać ⟨**~ścić**⟩ unterbringen; **~szczenie** *n* Raum *m*; Unterkunft *f*
po|między *s.* **między**; **~mijać** ⟨**~minąć**⟩ übergehen; **~mi-**

mo *s.* **mimo**; **~mnażać** *s.* **mnożyć**; **~mniejszać** *s.* **zmniejszać**
pomnik *m* (**architektury** Bau-)Denkmal *n*
pomoc *f* Hilfe, Beistand *m*; ***na ~*** zur Hilfe; ***za ~ą*** mittels; **~niczy** Hilfs-; **~nik** *m* Helfer; Gehilfe; **~ny** behilflich
Pomorze *n* Pommern
po|most *m* Plattform *f*; (*Verlade-*)Rampe *f*; (*Hebe-*) Bühne *f*; **~móc** *pf. s.* **pomagać**; **~mór** *m* (*Tier-*)Seuche *f*
pomp|a *f* Pumpe; *fig.* Pomp *m*; **~ować** ⟨**na-**⟩ (auf)pumpen; **~ownia** *f* Pumpwerk *n*
pomruk *m* Murren *n*; **~iwać** *s.* **mruczeć**
pomsta *f* Rache
pomy|lić się *pf.* sich irren; **~łka** *f* Irrtum *m*; Fehler *m*; Versehen *n*; **~sł** *m* Einfall; **~słowy** (**-wo**) erfinderich; **~ślność** *f* Wohl(ergehen) *n*; **~ślny** günstig
ponad (*A, I*) über (*A, D*); **~...** *in Zssgn* Über-, Ultra-; **~to** überdies; außerdem
po|naglać *s.* **naglić**; **~nawiać** erneuern; **~nętny** verlockend; **~niedziałek** *m* Montag; **~niekąd** gewissermaßen; **~nieść** *pf. s.* **ponosić**; **~nieważ** weil; **~niewczasie** zu spät
poniż|ać ⟨**~yć**⟩ erniedrigen; **~ej** *Prp.* (*G*) unter (*D*), unterhalb (*G*)
pono|sić *Kosten, Schuld* tragen; *Tod, Schaden* erleiden; **~wić** *pf. s.* **ponawiać**; **~wny** erneut, wiederholt
ponury (**-ro**) *s.* **posępny**
pończocha *f* Strumpf *m*
po|obiedni Nachmittags-; **~padać** ⟨**~paść**⟩ geraten; **~parcie** *n* Unterstützung *f*; **~patrzeć** *pf.* (**na** *A*) ansehen (*A*); **~pchnąć** *pf. s.* **popychać**; **~pełni(a)ć** *Fehler, Mord* begehen
popęd *m* Trieb; **~liwy** (**-wie**) aufbrausend, jähzornig
popękany rissig
popiel|aty (**-to**) aschgrau; **℘ec** *m* Aschermittwoch; **~nic(zk)a** *f* Asch(en)becher *m*
popier|ać unterstützen, fördern; **~sie** *n* Büste *f*
po|piół *m* Asche *f*; **~pis** *m* Schau *f*; **~płatny** lohnend; **~płoch** *m* Panik *f*
popołud|nie *n* Nachmittag(szeit *f*) *m*; **~niowy** Nachmittags-; *s.* **południe**
popraw|a *f* Besserung; **~i(a)ć** verbessern; ***~i(a)ć się*** sich bessern; **~ka** *f* Korrektur, Berichtigung; **~ność** *f* Korrektheit; **~ny** richtig; korrekt; fehlerfrei
poprze|czka *f* Querbalken *m*; *Sp.* Latte; **~czny** quer (liegend), Quer-; **~ć** *pf. s.* **popierać**; **~dni** vor(her)ig; **~dnik** *m* Vorgänger; **~dnio** vorher; **~dzać** ⟨**~dzić**⟩ (*A*) vorangehen (*D*); **~k**: **w** *od.*

na ~ quer; **~z** *s.* **przez**
popu|szczać ⟨**~ścić**⟩ *v/t* lockern; *v/i* nachlassen
popycha|cz *m Tech.* Stößel; **~ć** schieben; stoßen
popyt *m Hdl.* Nachfrage *f*
pora *f* (***roku*** Jahres-)Zeit
pora|chunek *m* Abrechnung *f*; **~da** *f* Rat *m*; **~dnia** *f* Beratungsstelle; **~dnik** *m* Ratgeber (*Buch*); **~dzić** *pf. s.* **radzić**; **~nek** *m* Morgen; Matinée *f*; **~nny** Morgen…; **~stać** (*I*) be-, zuwachsen (mit); **~żenie** *n Med.* Lähmung *f*; ***~żenie słoneczne*** Sonnenstich *m*; **~żka** *f* Niederlage, F Schlappe
porcelana *f* Porzellan *n*
porcja *f* Portion
poręcz *f* Geländer *n*; (*Stuhl-*) Lehne; **~e** *pl. Sp.* Barren *m*; **~enie** *n* Bürgschaft *f*; **~ny** handlich; **~yciel** *m* Bürge
poro|dowy Geburts-; **~dówka** *f* Kreißsaal *m*; **~nienie** *n* Fehlgeburt *f*
poro|snąć *pf. s.* **porastać**; **~st** *m Bot.* Flechte *f*; ***~st włosów*** Haarwuchs; **~waty** (**-to**) porös
porozumie|nie *n* Einvernehmen; Verständigung *f*; Vereinbarung *f*; **~(wa)ć się** sich verständigen
poród *m* Entbindung *f*; Geburt *f*
porówn|anie *n* Vergleich *m*; **~(yw)ać** vergleichen
port *m* Hafen; ***~ lotniczy*** Flughafen
portfel *m* Brieftasche *f*
portki F *pl.* Hose *f*
portmonetka *f* Geldbörse
porucznik *m* Oberleutnant
porusz|ać ⟨**~yć**⟩ bewegen (***się*** sich); **~enie** *n* Bewegung *f*
por|wanie *n* Entführung *f*; **~yw** *m* Anwandlung *f*; (*Wind-*)Stoß; **~ywacz** *m* Entführer; Kidnapper; **~ywać** ⟨**~wać**⟩ entführen; (***z*** *I*) brechen (mit); **~ywający** (**-co**) hinreißend; **~ywczy** (**-czo**) heftig, ungestüm
porząd|ek *m* Ordnung *f*; Reihenfolge *f*; **~kować** ⟨**u-**⟩ ordnen; **~kowy** Ordnungs-; *Su. m* Ordner; **~ny** ordentlich
porzuc|ać ⟨**~ić**⟩ verlassen
posa|da *f* Stellung, Stelle; **~dzka** *f* (*Parkett-*, *Fliesen-*) Fußboden *m*; **~dzić** *pf. s.* **sadzać, sadzić**
posag *m* Mitgift *f*
posądz|ać ⟨**~ić**⟩ (***o*** *A*) verdächtigen (*G*)
posąg *m* Statue *f*, Standbild *n*
pose|lstwo *n* Gesandtschaft *f*; **~ł** *m Pol.* Gesandte(r); (*Sejm-*)Abgeordnete(r)
posępny düster, finster
posiad|acz *m* Besitzer; **~ać** besitzen; **~łość** *f* Besitzung
posiedzenie *n* Sitzung *f*
posi|lać ⟨**~lić**⟩ **się** sich stärken; **~łek** *m* Mahlzeit *f*
posłą|ć *pf.* senden, schicken;

~niec *m* Bote; **~nka** *f* Abgeordnete
posłu|ch *m fig.* Gehör *n*; **~giwać się** (*I*) sich bedienen (*G*); **~szeństwo** *n* Gehorsam *m*; **~szny** gehorsam; **~żyć** *pf. s.* **służyć, posługiwać**
posmak *m* Nachgeschmack
pospie|ch *m* Eile *f*; **~szać** ⟨**~szyć**⟩ (sich be)eilen; **~szny** eilig; *Esb.* Schnell-
pospolity (**-cie**) gewöhnlich
posrebrzany versilbert
post *m* Fasten *n*
posta|ć *f* Gestalt; **~nawiać** ⟨**~nowić**⟩ beschließen; **~nowienie** *n* Beschluss *m*; **~rać się** *pf.* (**o** *A*) besorgen (*A*); **~wa** *f* Haltung; Stellung; **~wić** *pf.* (hin)stellen; **~wny** stattlich
posterunek *m Mil.* Posten; (*Polizei-*)Wache *f*
postąpić *pf. s.* **postępować**
postęp *m* Fortschritt; *Math.* Progression *f*; **~ek** *m* Tat *f*, Handlung *f*; **~ować** handeln; **~owanie** *n* Handlung(sweise) *f*; *Jur.* Verfahren; **~owy** (**-wo**) fortschrittlich
postny Fasten-
postój *m* Halt(en *n*); Rast *f*; **~ *taksówek*** Taxistand
postrach *m* Schrecken
postrz|ał *m* Schusswunde *f*; *Med.* Hexenschuss; **~elić** *pf.* anschießen
postument *m* Postament *n*
posucha *f* Dürre
posu|wać ⟨**~nąć**⟩ (vor)rücken; (vor)schieben (***się*** sich); ***~wać się*** sich bewegen
po|syłać *s.* (**po**)**słać**; **~syp(yw)ać** bestreuen; **~szanowanie** *n* Achtung *f*; **~szarpać** *pf.* zerreißen; **~szczególny** (jeder) einzelne
poszerz|ać ⟨**~yć**⟩ verbreiten
poszewka *f* Kissenbezug *m*
poszkodowany *m* Geschädigte(r)
poszukiwa|ć (*G*) suchen (*A*); **~nie** *n* Suche *f*; **~wczy** Such-
pościć fasten
pościel *f* Bett(zeug) *n*
pościg *m* Verfolgung *f*
pośliz|g *m*: ***wpaść w ~g*** ins Schleudern geraten; **~nąć się** *pf.* ausgleiten
pośmiertny post(h)um
pośpiech *m s.* **pospiech**
pośredni (**-nio**) indirekt, mittelbar; **~ctwo** *n* Vermittlung *f*; **~czyć** (**w** *L*) vermitteln (in, bei); **~k** *m* (**~czka** *f*) Vermittler(in)
pośród *Prp.* (*G*) (mitten) in, unter (*D*)
poświadcz|ać ⟨**~yć**⟩ bescheinigen; beglaubigen; **~enie** *n* Bescheinigung *f*; Beglaubigung *f*
poświęc|ać ⟨**~ić**⟩ (ein)weihen; opfern (***się*** sich); **~enie** *n* Einweihung *f*; Hingabe *f*
pot *m* Schweiß
pota|jemny heimlich; geheim; **~kiwać** ⟨**~knąć**⟩ zu-

stimmen; **~nienie** *n* Verbilligung *f*; **~ńcówka** F *f* Tanzparty

potas *m* Kalium *n*

potem dann, nachher; ***na ~*** für später; *s.* **wkrótce**

potę|ga *f* Macht; *Math.* Potenz; **~gować** steigern; *Math.* potenzieren; **~pi(a)ć** verurteilen, missbilligen; **~pienie** *n* Missbilligung *f*; **~żny** mächtig, gewaltig

potknąć się *pf.* stolpern

potocz|ny üblich; alltäglich; ***~na mowa*** *f* Umgangssprache

poto|k *m* Bach; ***~k słów*** Redeschwall; **~mek** *m* Nachkomme; **~mstwo** *n* Nachkommen(schaft *f*) *m/pl.*; **~p** *m* (*Rel.* Sint-)Flut *f*

potrafić *pf.* können, verstehen

potraw|a *f* Speise, Gericht *n*; **~ka** *f* Ragout *n*

potrąc|ać ⟨**~ić**⟩ stoßen; erwähnen; (**z** *G*) *vom Lohn* abziehen; **~enie** *n* (*Lohn-*)Abzug *m*

potrójny dreifach

potrzeb|a *f* Bedürfnis *n*; Not, Bedarf *m*; **~ny** notwendig, nötig; **~ować** (*G*) benötigen, brauchen (*A*)

potwierdz|ać ⟨**~ić**⟩ bestätigen; **~enie** *n* Bestätigung *f*

po|twór *m* Ungeheuer *n*; **~tykać się** (**o** *A*) stolpern (über *A*)

pou|czać ⟨**~czyć**⟩ belehren; **~fały** (**-le**) vertraut; **~fny** vertraulich

powa|bny reizvoll; **~ga** *f* Ernst *m*; **~lić** *pf. s.* **obalać, przewracać**; **~żać** achten, schätzen

poważanie *n* Achtung *f*; ***z ~m*** hochachtungsvoll

poważny ernst; beträchtlich

powątpiewać *pf.* (**o** *L*) bezweifeln (*A*)

powia|ć *pf. s.* **wiać, powiewać**; **~dać** *s.* **powiedzieć**; **~damiać** ⟨**~domić**⟩ benachrichtigen

powiat *m Pol.* Kreis; **~owy** Kreis-

powidł|o *n*, ***~a*** *pl.* (*Pflaumen-*) Mus

powie|dzieć *pf.* sagen; **~ka** *f* (Augen-)Lid *n*; **~lacz** *m* Vervielfältiger; **~lać** vervielfältigen; **~rnik** *m* Treuhänder; **~rzać** anvertrauen; *j-n* betrauen (mit); **~rzchnia** *f* Fläche; Oberfläche; **~rzchowność** *f* Äußere(s); **~rzchowny** oberflächlich; **~rzyć** *pf. s.* **powierzać**; **~sić** *pf. s.* **wieszać**; **~ściopisarz** *m* Romanschriftsteller; **~ść** *f* Roman *m*; **~trze** *n* Luft *f*; **~trzny** Luft-; pneumatisch; **~w** *m* (*Wind-*)Hauch; **~wać** wehen; flattern; **~wny** leicht, luftig

powiększ|ać ⟨**~yć**⟩ vergrößern (***się*** sich); **~alnik** *m Fot.* Vergrößerer; **~enie** *n* Vergrößerung *f*

powin|ien, ~na, ~no er, sie, es soll; **~ność** *f* Pflicht; **~owaty**

verschwägert; **~szowanie** *n* Glückwunsch *m*
powitanie *n* Begrüßung *f*; ***na ~*** zur Begrüßung
pow|lekać ⟨**~lec**⟩ (*I*) überziehen (mit); **~łoczka** *f* (*Kissen-*)Bezug *m*; **~łoka** *f* Überzug *m*; Hülle
powo|dować ⟨**s-**⟩ veranlassen; verursachen; **~dzenie** *n* Erfolg *m*; **~dzić się** (er)gehen; ***jak się ~dzi?*** wie geht es?; **~jenny** Nachkriegs-; **~li** *Adv*., **~lny** langsam; **~łanie** *n* Berufung *f*; **~ł(yw)ać** berufen (***się na*** *A* sich auf *A*)
powód[1] *m* Anlass, Grund
powó|d[2] *m* (**~dka** *f*) *Jur.* Kläger(in); **~dztwo** *n Jur.* Klage *f*; **~dź** *f* Überschwemmung
pow|racać ⟨**~rócić**⟩ *s.* **wracać**; **~rotny** Rück-; **~rót** *m* Rückkehr *f*; ***na ~rót, z ~rotem*** zurück; **~róz** *m* Strick
powsta|ć *pf. s.* **(po)wstawać**; **~nie** *n* Entstehung *f*; Aufstand *m*; **~niec** *m* Aufständische(r); **~ńczy** aufständisch; **~wać** entstehen; sich empören
powstrzym(yw)ać aufhalten; (***od*** *G*) abhalten (von *D*); ***~ się*** sich enthalten (*G*)
powsze|chny allgemein; **~dni** alltäglich; *s.* **dzień**
po|wściągliwy (**-wie**) zurückhaltend; mäßig; **~wtarzać** wiederholen (***się*** sich)
powtó|rka F *f* Wiederholung; **~rnie** abermals, nochmals; **~rny** wiederholt; nochmalig; **~rzyć** *pf. s.* **powtarzać**
powyżej (*G*) oberhalb (*G*)
powzięcie *n*: ***~ uchwały*** Beschlussfassung *f*
poza[1] *f* Pose
poza[2] *Prp.* (*I*) außerhalb (*G*); ***~ tym*** überdies; **~służbowy** (**-wo**) außerdienstlich
poz|bawi(a)ć (***k-o*** *G*) berauben (j-n *G*); entziehen (j-m *A*); **~bierać** *pf.* einsammeln; **~by(wa)ć się** (*G*) loswerden (*A*); **~drawiać** ⟨**~drowić**⟩ (be)grüßen; **~drowienie** *n* Gruß *m*
pozew *m Jur.* Klage *f*
poziom *m* Niveau *n*; ***~ morza*** Meeresspiegel *m*; **~ka** *f* Walderdbeere; **~nica** *f Tech.* Wasserwaage; **~y** (**-mo**) horizontal, waagerecht
pozłacany vergoldet
pozna|ć *pf. s.* **poznawać**; **~nie** *n* Erkenntnis *f*; (Wieder-)Erkennen *n*; **~wać** (wieder)erkennen; kennen lernen
pozorny scheinbar, Schein-
pozosta|ć *pf. s.* **pozostawać**; **~łość** *f* (Über-)Rest *m*; *fig.* Überbleibsel *n*; **~ły** übrig (geblieben); **~wać** (zurück-) bleiben; **~wi(a)ć** zurücklassen
pozór *m* (An-)Schein; ***na ~*** scheinbar
pozw|ać *pf. s.* **pozywać**; **~alać** gestatten; erlauben; **~any** *m* Beklagte(r); **~olenie**

n Erlaubnis *f*; **~olić** *pf. s.* **pozwalać**
po|zycja *f* Position, Stellung; **~zysk(iw)ać** gewinnen, erwerben; **~zywać** *Jur. (A)* klagen (gegen)
pożar *m* Brand, Feuer *n*; **~ny** *s.* **straż**; **~ski** *s.* **kotlet**
pożądany erwünscht
pożegna|ć się *pf.* **(z** *I)* sich verabschieden (von); **~lny** Abschieds-; **~nie** *n* Abschied *m*
poż|erać ⟨**~reć**⟩ auffressen, verschlingen
pożycie *n* Zusammenleben
pożycz|ać ⟨**~yć**⟩ leihen; borgen; **~ka** *f* Anleihe; Darlehen *n*
pożyte|czny nützlich; **~k** *m* Nutzen
pożyw|ienie *n* Nahrung *f*; Kost *f*; **~ny** nahrhaft
pójść *pf.* gehen
póki *Kj.* solange (wie)
pół halb; *in Zssgn* halb-, Halb-; **~but** *m* Halbschuh; **~finał** *m Sp.* Halbfinale *n*; **~główek** *m* Dummkopf; **~ka** *f* Regal *n*; Fach *n*; **~kole** *n* Halbkreis *m*; **~kula** *f* Halbkugel; **~litrówka** F *f* Halbliterflasche; **~misek** *m* Schüssel *f*; **~noc** *f* Mitternacht; Norden *m*; **o ~nocy** um Mitternacht; **~rocze** *n* Halbjahr; **~roczny** halbjährig; **~tora** anderthalb, eineinhalb; **~wysep** *m* Halbinsel *f*
późn|iej(szy) später(e); **~y** **(-no)** spät
pra|- Ur-; **~babka** *f* Urgroßmutter
prac|a *f* Arbeit; **~obiorca** *m* Arbeitnehmer; **~odawca** *m* Arbeitgeber
pracow|ać arbeiten; **~ity** **(-cie)** arbeitsam; **~nia** *f* Arbeitsraum *m*; Atelier *n*; Werkstatt; **~nik** *m* (**~nica** *f*) Beschäftigte(r); *s.* **fizyczny, umysłowy**
praczka *f* Waschfrau
prać *Wäsche* waschen; **~ chemicznie** chemisch reinigen
pradziad *m* Urgroßvater
pragn|ąć *(G)* wünschen *(A)*; **~ienie** *n* Durst *m*; Wunsch *m*, Verlangen
prakty|czny praktisch; **~ka** *f* Praxis; **~kować** praktizieren
pra|lka *f* Waschmaschine; **~lnia** *f* Wäscherei; chemische Reinigung; **~nie** *n* (Wäsche-)Waschen
pras|a¹ *f Tech.* Presse; **~a²** *f* Presse *(Zeitungen)*; **~ować** pressen; ⟨**wy-**⟩ bügeln, plätten
prawda *f* Wahrheit; **~?** nicht wahr?
prawdopodob|ieństwo *n* Wahrscheinlichkeit *f*; **~nie** *Adv.* wahrscheinlich
prawdziw|ek F *m* Steinpilz; **~y** **(-wie)** wahr(haft); echt; wirklich
prawic|a *f* Rechte *(a. Pol.)*; **~owy** *Pol.* Rechts-

prawidło *n* Regel *f*; Schuhspanner m; **~wy (-wo)** regelmäßig; richtig
prawie fast, beinahe
praw|niczy juristisch; Rechts-; **~nik** *m* Jurist; **~ny** rechtlich, Rechts-; **~o¹** *n* Recht; Gesetz; **~o *jazdy*** Führerschein *m*; **~o²**: ***na*** *od.* **w ~o** nach rechts; **~odawca** *m* Gesetzgeber; **~omocny** rechtskräftig; **~y** rechte(r); *fig.* rechtschaffen
prażу|ć *v/t* rösten; *v/i Sonne*: brennen; **~nki** *f/pl.* (*Kartoffel-*)Chips *m/pl.*
prąd *m* Strömung *f*; **(*zmienny*** Wechsel-)Strom; **~nica** *f* Dynamo *m*; *Kfz.* Lichtmaschine
precz fort, weg
pre|fabrykowany Fertig-; **~medytacja** *f* Vorbedacht *m*; *Jur.* Vorsatz *m*; **~miera** *f* Erstaufführung
prenumer|ata *f* Abonnement *n*; **~ować** ⟨**za-**⟩ abonnieren
pre|tekst *m* Vorwand; **~tensja** *f* Anspruch *m*; **~zent** *m* Geschenk *n*; **~zenter(ka** *f*) *m Rdf.* Moderator(in); **~zerwatywa** *f* Präservativ *n*; **~zes** *m* Vorsitzende(r); **~zydium** *n* Präsidium
pręd|ki (-ko) schnell, rasch; **~kościomierz** *m* Geschwindigkeitsmesser; **~kość** *f* Geschwindigkeit
prędzej *Adv.* schneller
pręga *f* Strieme
pręt *m* Rute *f*, Gerte *f*; Stab, Stange *f*
prima aprilis *m* Aprilscherz
problem *m* Problem *n*
probo|stwo *n* Pfarrei *f*; Pfarrhaus; **~szcz** *m* Pfarrer
probówka *f* Reagenzglas *n*
proca *f* Schleuder
procent *m* Prozent(satz) *n*; **~y** *pl.* Zinsen *pl.*; **~owy** Zins-; Prozent-
proces *m* Prozess; Vorgang; *Jur., Tech.* Verfahren *n*
procesor *m EDV* Prozessor
proch *m* (*Schieß-*)Pulver *n*; **~owiec** *m* Staubmantel
produk|cja *f* Produktion; **~ować** ⟨**wy-**⟩ produzieren
prognoza *f* Prognose; **~ *pogody*** Wettervorhersage
program *m* Programm *n*; **~ować** ⟨**za-**⟩ programmieren
prokurat|or *m* Staatsanwalt; **~ura** *f* Staatsanwaltschaft
prolongata *f* Verlängerung
prom *m* Fähre *f*
promie|niować (aus)strahlen; **~niowanie** *n* Strahlung *f*; **~ń** *m* Strahl; *Math.* Radius
promo|cja *f* Promotion; Versetzung; **~wać** *Schüler* versetzen
propo|nować ⟨**za-**⟩ vorschlagen, anbieten; **~rzec** *m* Stander; **~zycja** *f* Vorschlag *m*
prosiak *m* Ferkel *n*
pro|sić ⟨**po-**⟩ (**o** *A*) bitten

(um); **~szę** ***bardzo*** bitte schön

proso *n* Hirse *f*

prosta *f Math.* Gerade; **~cki (po -ku)** grob, ordinär

prosto *Adv.* gerade; **~kąt** *m* Rechteck *n*; **~padły (-le)** senkrecht; **~ta** *f* Einfachheit; **~wać** ⟨**wy-**⟩ gerade richten

prosty gerade; einfach

prosz|ek *m* Pulver *n*; ***mleko*** *n* ***w ~ku*** Milchpulver

pro|szę *s.* **prosić**; **~śba** *f* Bitte; Gesuch *n*; **~testować** ⟨**za-**⟩ protestieren; **~teza** *f* Prothese; **~tokół** *m* Protokoll *n*

prowadz|enie *n* Führung *f*; **~ić** ⟨**po-**⟩ führen (*a. v/i*); *Auto a.* lenken

prowi|ant *m* Verpflegung *f*; **~zoryczny** provisorisch; Behelfs-

prób|a *f* Probe, Versuch *m*; **~ka** *f* Warenprobe; Muster *n*; **~ny** Probe-; **~ować** ⟨**s-**⟩ probieren; versuchen; ⟨**wy-**⟩ prüfen, testen

próch|nica *f* Humus *m*; *Med.* Karies; **~nieć** ⟨**s-**⟩ (ver)modern

prócz *Prp.* (*G*) außer (*D*)

próg *m* Schwelle *f*

próżn|ia *f* Leere; Vakuum *n*; **~iak** *m* Faulenzer; **~ować** faulenzen; **~y (-no)** leer; *fig. a.* eitel; ***na ~o*** vergeblich

pruć ⟨**po-**⟩ *Naht* (auf)trennen

prys|kać ⟨**~nąć**⟩ spritzen

pryszcz *m* Pickel, Pustel *f*

prząść ⟨**u-**⟩ *v/t* spinnen

przebacz|ać ⟨**~yć**⟩ verzeihen; **~enie** *n* Verzeihung *f*

prze|bić *pf. s.* **przebijać**; **~biec** *pf. s.* **przebiegać**; **~bieg** *m* Verlauf; **~biegać** durchlaufen; verlaufen; **~biegły (-le)** verschlagen; **~bierać** auslesen; (**się** sich) umziehen; **~bijać** durchbohren, -schlagen, -stechen; **~bitka** *f* Durchschlag *m*, Kopie; **~błyskiwać** durchschimmern; **~boleć** *pf.* verschmerzen; **~budowa** *f* Umbau *m*; **~budow(yw)ać** umbauen; **~bywać** (***w*** *L*) sich aufhalten (in *D*); **~ceni(a)ć** überschätzen; neu auspreisen; **~chadzka** *f* Spaziergang *m*; **~chodni** Durchgangs-; Wander-; **~chodzić** (***obok*** *G*) vorübergehen (an *D*); (*A*) überschreiten (*A*); (***przez*** *A*) gehen (über, durch *A*); **~chodzień** *m* Passant; **~chowalnia** *f* (***bagażu*** Gepäck-)Aufbewahrung; **~chow(yw)ać** aufbewahren; **~chwałka** *f* Prahlerei

przechy|lać ⟨**~lić**⟩ *v/t* kippen; *s. a.* **chylić**; **~trzać** ⟨**~trzyć**⟩ überlisten

przeciąć *pf. s.* **przecinać**

przeciąg *m* Zug(luft *f*); **~ać** ⟨**~nąć**⟩ durchziehen; hinüberziehen; **~ły (-le)** gedehnt; lang

przeciąż|ać ⟨**~yć**⟩ überlas-

ten; **~enie** *n* Überlastung *f*
przecie|k *m* Leck *n*; **~kać** ⟨**~knąć, ~c**⟩ durchsickern; lecken
prze|ciąć *pf. s.* **przecinać**; **~cier** *m* Brei; **~cież** (je)doch; **~cięty** durchschnittlich; **~cinać** zer-, durchschneiden; **~cinak** *m* Meißel; **~cinek** *m* Komma *n*; **~ciskać** ⟨**~cisnąć**⟩ durchzwängen (***się*** sich)
przeciw *Prp.* (*D*) gegen (*A*); **~działać** entgegenwirken; **~gorączkowy** fiebersenkend; **~ieństwo** *n* Gegensatz *m*; **~ko** *s.* **przeciw**; **~kurczowy** krampflösend; **~nik** *m* (**~niczka** *f*) Gegner(in); **~ny** entgegengesetzt; ***w ~nym razie*** andernfalls; **~pożarowy** Brandschutz-; **~stawi(a)ć** gegenüberstellen; **~zapalny** entzündungshemmend
prze|cudny wunderschön; **~czenie** *n* Verneinung *f*; **~czucie** *n* (Vor-)Ahnung *f*; **~czulenie** *n* Überempfindlichkeit *f*; **~czu(wa)ć** ahnen; **~czyć** widersprechen; *s.* **zaprzeczać**; **~czyszczający** *Med.* Abführ-; **~czytać** *pf.* (durch)lesen
przeć drängen; *Med.* pressen
przed *Prp.* (*A, I*) vor (*A, D*)
przedaw|kować überdosieren; **~niony** verjährt; verfallen, ungültig
przed|dzień *m* Vortag; **~e** *s.* **przed**; **~kładać** ⟨**~łożyć**⟩ vorlegen
przedłuż|acz *m El.* Verlängerungsschnur *f*; **~ać** ⟨**~yć**⟩ verlängern
przed|mieście *n* Vorstadt *f*; **~miot** *m* Gegenstand; Objekt *n*; **~mowa** *f* Vorwort *n*; **~ni** vordere(r), Vorder-; **~obiedni** Vormittags-
przedosta|tni vorletzte(r); **~(wa)ć się** (***do*** *G*) (hinein-) gelangen (in *A*, nach); (***przez*** *A*) hinüber-, durchkommen (über, durch *A*)
przed|pokój *m* Vorzimmer *n*; **~południe** *n* Vormittag *m*; *s.* **południe**; **~ramię** *n* Unterarm *m*
przedruk *m Typ.* Nachdruck
przedsię|biorca *m* Unternehmer; **~biorstwo** *n* Unternehmen; **~brać** ⟨**~wziąć**⟩ unternehmen; **~wzięcie** *n* Unternehmung *f*
przed|smak *m* Vorgeschmack; **~stawi(a)ć** vor-, darstellen; **~stawiciel(ka** *f*) *m* Vertreter(in); **~stawienie** *n* Vorstellung *f*; **~szkole** *n* Vorschule *f*; Kindergarten *m*; **~świąteczny** ... vor dem Fest; **~tem** vorher, früher; **~wczesny** (**-śnie**) vorzeitig, verfrüht; **~wczoraj** vorgestern; **~wiośnie** *n* Vorfrühling *m*; **~wojenny** Vorkriegs-
prze|dział *m Esb.* Abteil *n*; **~działek** *m* (*Haar-*)Scheitel;

~dzielać ⟨**~dzielić**⟩ abtrennen, abteilen; **~dzierać** ⟨**~drzeć**⟩ durchreißen; **~dziwny** wundervoll; **~farbować** *pf.* umfärben; **~gapi(a)ć** F übersehen; verpassen; **~ginać** ⟨**~giąć**⟩ (um-) biegen (***się*** sich)

przegląd *m* Durchsicht *f*; *Kfz.* Inspektion *f*; Rundschau *f*; **~ać** durchsehen; überprüfen

prze|głosować *pf. s.* **głosować**; abstimmen; überstimmen; **~gotować** *pf.* abkochen; **~grać** *pf. s.* **przegrywać**; **~grana** *f* Verlust *m*; Niederlage, F Schlappe; **~groda** *f*, **~gródka** *f* Zwischen-, Trennwand; Fach *n*; **~grywać** verspielen; *Band* überspielen; **~gryzać** ⟨**~gryźć**⟩ durchbeißen; **~grzany** überhitzt; **~gub** *m* Gelenk *n*; **~jaśniać się** sich aufheitern; **~jaw** *m* Ausdruck; Anzeichen *n*

przejazd *m* Fahrt *f*; Passage *f*; **~ *kolejowy*** Bahnübergang; **~em** auf der Durchreise

prze|jażdżka *f* Spazierfahrt; **~jąć** *pf. s.* **przejmować**; **~jeżdżać** ⟨**~jechać**⟩ bereisen; (***przez*** *A*) durchfahren (*A*); (***koło*** *G*) vorbeifahren (an *D*); *pf. a. j-n* überfahren; **~jęcie** *n* Übernahme *f*; **~jęty** (*I*) ergriffen (von)

przejmować übernehmen; (***nie***) **~ *się*** (*I*) sich (nicht) aufregen (wegen)

przej|mujący (**-co**) durchdringend; *Schmerz*: stechend; *Anblick*: ergreifend; **~rzeć** *pf. s.* **przeglądać**; **~rzysty** (**-sto, -ście**) durchsichtig; **~ście** *n* Durchgang *m*; Übergang *m*; **~ściowy** (**-wo**) Übergangs-, Zwischen-; **~ść** *pf. s.* **przechodzić**

przekaz *m* An-, Überweisung *f*; **~(yw)ać** *Geld* überweisen; *Recht* übertragen; *Gruß* bestellen

prze|kaźnik *m El.* Relais *n*; **~kąska** *f* Imbiss *m*; **~kątna** *f* Diagonale; **~kleństwo** *n* Fluch *m*; **~klinać** (ver)fluchen

przekład *m* Übersetzung *f*; **~ać** umlegen; *Text* übersetzen; **~nia** *f Tech.* Übersetzung; Getriebe *n*

przekłu(wa)ć durchstechen

przekon|anie *n* Überzeugung *f*; **~(yw)ać** überzeugen

prze|kop(yw)ać umgraben; **~korny** eigensinnig; neckisch; **~kraczać** überschreiten (*a. fig.*); *Konto* überziehen; **~krawać** durchschneiden; **~kreślać** ⟨**~kreślić**⟩ durchstreichen; **~kręcać** ⟨**~kręcić**⟩ verdrehen; **~kroczenie** *n* Überschreitung *f*; **~kroczyć** *pf. s.* **przekraczać**; **~kroić** *pf. s.* **przekrawać**; **~krój** *m* Durchschnitt; (***poprzeczny***

Quer-)Schnitt
przekształc|ać ⟨**~ić**⟩ umgestalten (*się* sich); *s.* **przeobrażać**
przekup|stwo *n* Bestechung *f*; **~ywać** ⟨**~ić**⟩ bestechen
przekwalifikow(yw)ać umschulen
przekwit|ać ⟨**~nąć**⟩ verblühen; **~anie** *n Med.* Wechseljahre *n/pl.*
przel|ać *pf. s.* **przelewać**; **~atywać** ⟨**~ecieć**⟩ (*nad I*) überfliegen (*A*); vorbeifliegen (an *D*)
przelew *m Fin.* Überweisung *f*; **~ać** umgießen, umfüllen
przelicz|ać ⟨**~yć**⟩ (durch-)zählen; umrechnen; **~yć** *się* sich verrechnen
prze|lot *m* Flug; (*Vogel-*)Zug; **~ludnienie** *n* Übervölkerung *f*; **~ładow(yw)ać** umladen; **~ładunek** *m* Umladen *n*; **~łam(yw)ać** (durch)brechen
przełącz|ać ⟨**~yć**⟩ umschalten; **~nik** *m* Umschalter
prze|łom *m* Bruch(stelle *f*); *fig.* Durchbruch; Wende *f*; **~łożony** *m* Vorgesetzte(r); **~łożyć** *pf. s.* **przekładać**; **~łyk** *m Anat.* Speiseröhre *f*; **~makać** durchnässt werden; **~marzać** ⟨**~marznąć**⟩ (durch)frieren; **~mawiać** e-e Rede halten; sprechen; **~męczenie** *n* Übermüdung *f*; **~miana** *f* Wandlung; **~mieni(a)ć** umwandeln; **~mieszczać** ⟨**~mieścić**⟩ verlagern; **~mijać** vergehen; **~milczać** ⟨**~milczeć**⟩ verschweigen; **~minąć** *pf. s.* **przemijać**; **~moc** *f* Gewalt; **~moknąć** *pf. s.* **przemakać**; **~mówić** *pf. s.* **przemawiać**; **~mówienie** *n* Ansprache *f*; **~mycać** ⟨**~mycić**⟩ schmuggeln; **~myć** *pf. s.* **przemywać**
przemysł *m* Industrie *f*; Gewerbe *n*; **~owy** Industrie-, industriell
przemyślny schlau, trickreich
przemyt *m* Schmuggel; **~nik** *m* Schmuggler
przemywać (aus)waschen
przenie|sienie *n* Übertragung *f*; *Hdl.* Übertrag *m*; Versetzung *f*; **~ść** *pf. s.* **przenosić**
przenik|ać ⟨**~nąć**⟩ durchdringen; (*do G*) eindringen (in *A*); **~liwy** (**-wie**) scharfsinnig; durchdringend
przen|osić (hinüber)tragen; *Wort* trennen; **~ośny** (über)tragbar
przeobra|żać ⟨**~zić**⟩ umgestalten, umwandeln
przeocz|ać ⟨**~yć**⟩ übersehen; **~enie** *n*: *przez ~enie* aus Versehen
przepa|dać verloren gehen; verschwinden; **~kow(yw)ać** umpacken; **~lać** ⟨**~lić**⟩ **się** *El.* durchbrennen; **~ska** *f* Band *n*; **~s(yw)ać** umgür-

ten; **~ść¹** *pf. s.* **przepadać**; **~ść²** *f* Abgrund *m*
przepchać *pf. s.* **przepychać**
przepeł|nienie *n* Überfüllung *f*; **~niony** überfüllt
przepędz|ać ⟨**~ić**⟩ vertreiben
przepis *m* Vorschrift *f*; Anweisung *f*; **~(yw)ać** abschreiben; vorschreiben; *Med.* verordnen
prze|płuk(iw)ać (durch)spülen; **~pływać** (durch)fließen; ⟨*a.* **~płynąć**⟩ durchschwimmen; **~pona** *f Anat.* Zwerchfell *n*; **~powiadać** ⟨**~powiedzieć**⟩ voraussagen; **~pracowany** überarbeitet
przepr|aszać ⟨**~osić**⟩ (*A*) sich entschuldigen (bei); **~aszam!** Verzeihung!
przeprowadzka *f* Umzug *m*
przepu|klina *f* (*Leisten-*) Bruch *m*; **~stka** *f* Passierschein *m*; **~szczać** ⟨**~ścić**⟩ durchlassen; **~szczalny** durchlässig
przepych *m* Pracht *f*; Luxus; **~ać** durchdrücken; (**się** sich) durchzwängen
prze|pyt(yw)ać *Schüler* abfragen; **~rabiać** überarbeiten; *Kleid* (um)ändern; *Rohstoff* verarbeiten
przera|żać ⟨**~zić**⟩ entsetzen (**się** sich); **~żenie** *n* Entsetzen; **~źliwy** (**-wie**) schrill, gellend; **~żający** (**-co**) entsetzlich; **~żony** entsetzt
prze|rąb(yw)ać durchhauen; **~rębel** *f* Eisloch *n*; **~robić** *pf. s.* **przerabiać**; **~róbka** *f* Umarbeitung, Änderung; **~rwa** *f* Pause; Unterbrechung; **~rwać** *pf. s.* **przerywać**; **~ryso(wy)wać** abzeichnen; **~rywacz** *m El.* Unterbrecher; **~rywać** durchreißen; *Arbeit, Strom* unterbrechen; **~rzucać** ⟨**~rzucić**⟩ (hin)überwerfen; *Truppen* verlegen; *Pflichten* abwälzen
przesa|da *f* Übertreibung; **~dny** übertrieben; **~dzać** ⟨**~dzić**⟩ umpflanzen; (**w** *L*) übertreiben (in *D*); **~lać** versalzen
przesąd *m* Aberglaube; Vorurteil *n*; **~ny** abergläubisch
przesi|ać *pf. s.* **przesiewać**; **~adać** ⟨**~ąść**⟩ **się** den Platz wechseln; *Esb. usw.* umsteigen
przesiedl|ać ⟨**~ić**⟩ umsiedeln; **~ać** ⟨**~ić**⟩ **się** übersiedeln (*v/i*); **~eniec** *m* Umsiedler, Übersiedler
przesiewać (durch)sieben
przesk|akiwać ⟨**~oczyć**⟩ überspringen; **~ok** *m* Sprung
prze|słać *pf. s.* **przesyłać**; **~słona** *f* Vorhang *m*; **~słuch(iw)ać** verhören; **~słuchanie** *n* Verhör; **~słyszeć się** *pf.* sich verhören; **~solić** *pf. s.* **przesalać**; **~solony** versalzen; **~spać** *pf.* verschlafen; **~starzały** veraltet; **~sta(wa)ć** aufhören; **~sta-**

wi(a)ć umstellen (**się** sich)
przestęp|ca *m* Verbrecher; **~czość** *f* Kriminalität; **~czy** verbrecherisch; *Jur. a.* kriminell; **~stwo** *n* Verbrechen
przestra|ch *m* Schrecken; **~szać** ⟨**~szyć**⟩ erschrecken
przestroga *f* Warnung
przestrze|gać ⟨**~c**⟩ warnen; (*G*) *Vorschrift* befolgen; *Diät* einhalten
przestrzeń *f* Raum *m*; **~ *kosmiczna*** Weltraum *m*
przesu|w *m* Schub; Hub; **~wać** ⟨**~nąć**⟩ verschieben
przesy|łać über-, zusenden; **~łka** *f* Sendung
przesyt *m* Überdruss
przeszk|adzać ⟨**~odzić**⟩ (*D*) (be)hindern (*A*); stören (*A*); **~oda** *f* Hindernis *n*
przeszł|o *Adv.* mehr als, über; **~ość** *f* Vergangenheit; **~y** vergangen
przeszuk(iw)ać durchsuchen
prześcieradło *n* Bettlaken
prześcig|ać ⟨**~nąć**⟩ überholen; übertreffen
prześladow|ać verfolgen; **~ca** *m* (**~czyni** *f*) Verfolger(in)
prześliczny wunderschön
przeświadcz|enie *n* Überzeugung *f*; **~ony** (**o** *L*) überzeugt (von)
prześwietl|ać ⟨**~ić**⟩ durchleuchten; *Fot.* überbelichten; **~enie** *n* Durchleuchtung *f*; Überbelichtung *f*
przeta|czać rollen; rangieren; **~piać** (um)schmelzen
prze|targ *m* Ausschreibung *f*; Versteigerung *f*; **~toczyć** *pf. s.* **przetaczać**; **~topić** *pf. s.* **przetapiać**; **~trwać** *pf.* überdauern; **~trząsać** ⟨**~trząsnąć**⟩ *fig.* durchwühlen, -stöbern
przetw|arzać ⟨**~orzyć**⟩ verarbeiten; **~ór** *m* Produkt *n*; **~órnia** *f* Verarbeitungsbetrieb *m*; **~órstwo** *n* Verarbeitung *f*
przewa|ga *f* Übergewicht *n*; Überlegenheit; **~żać** *v/i* überwiegen; **~żający** über-, vorwiegend; **~żnie** meistens
przewi|dywać ⟨**~dzieć**⟩ voraussehen; **~dywanie** *n* Voraussicht *f*; **~dziany** (**na** *A*) vorgesehen (für)
przewie|trzać ⟨**~trzyć**⟩ lüften; **~w** *m* Luftzug; **~wny** luftig
przewi|eźć *pf. s.* **przewozić**; **~jać** ⟨**~nąć**⟩ umwickeln; *Baby* trockenlegen; **~nienie** *n* Vergehen, Verfehlung *f*
przewlekły (**-le**) langwierig
przewodni leitend; führend; Leit-; **~czący** m Vorsitzende(r); **~czyć** (*D*) den Vorsitz führen (in *D*); **~k** *m* (*Fremden-*)Führer; *El.* Leiter
przew|odzić (*D*) befehligen (*A*); **~ozić** befördern, transportieren; **~oźne** *n* *Esb.*

Fracht(geld *n*) *f*; **~oźny** fahrbar, transportabel; **~ód** *m* *Tech.* Leitung *f*; *El. a.* Kabel *n*; *Anat.* Kanal, Gang; *Jur.* Verhandlung *f*; **~óz** *m* Beförderung *f*, Transport
przewr|acać ⟨**~ócić**⟩ (um)stürzen, umwerfen; **~acać** ⟨**~ócić**⟩ **się** umfallen; **~otny** (heim)tückisch; **~ót** *m* *Pol.* Umsturz
przewyższ|ać ⟨**~yć**⟩ größer sein (als); übersteigen; übertreffen
przez *Prp.* (*A*) durch (*A*); über (*A*); **~ to** dadurch
przeziębi|(a)ć się sich erkälten; **~enie** *n* Erkältung *f*
przezimować *pf. s.* **zimować**
przeznacz|ać ⟨**~yć**⟩ (**na** *A*) bestimmen (zu, für); **~enie** *n* Bestimmung *f*; Los
przezorny umsichtig; vorsorglich
przeźrocz|e *n* Dia(positiv); **~ystry** (**-ście**) durchsichtig; klar
prze|żu(wa)ć (zer)kauen; **~życie** *n* Erlebnis; **~ży(wa)ć** erleben; überleben; **~żytek** *m* Relikt *n*
przędza *f* Garn *n*; **~lnia** *f* Spinnerei
przęsło *n* (*Brücken-*)Joch
przod|ek *m* Vorfahr, Ahn; **~ownictwo** *n* Führung *f*; **~ownik** *m* Bestarbeiter, Aktivist
przód *m* Vorderteil; Bug
przy *Prp.* (*L*) bei; neben; an (*D*); **~ tym** dabei
przybie|gać ⟨**~c**⟩ herbeieilen
przy|bierać *v/t* annehmen; schmücken; *v/i* zunehmen; **~bi(ja)ć** annageln
przybliż|ać ⟨**~yć**⟩ **się** sich nähern; **~ony** annähernd
przy|bory *m/pl.* Utensilien *f/pl.*; Zubehör *n*; **~bory do golenia** Rasierzeug *n*; **~bór** *m* (*Wasser-*)Anstieg; **~brać** *pf. s.* **przybierać**; **~brzeżny** Küsten-; **~budówka** *f* Anbau *m*; **~bycie** *n* Ankunft *f*; **~by(wa)ć** ankommen; eintreffen; **~chodnia** *f* Beratungsstelle; Ambulanz; **~chodzić** kommen; **~chód** *m* *Hdl.* Einnahme *f*
przychyl|ać ⟨**~ić**⟩ **się** (**do** *G*) zustimmen (*D*); **~ny** wohlwollend; günstig, positiv
przyci|asny F ein bisschen (zu) eng; **~ąć** *pf s.* **przycinać**; **~ągać** ⟨**~ągnąć**⟩ (her)anziehen; **~emni(a)ć** verdunkeln; **~nać** zuschneiden; *Haare* stutzen; **~sk** *m* Briefbeschwerer; Druckknopf; **~skać** ⟨**~snąć**⟩ drücken; **~szać** ⟨**~szyć**⟩ *Radio* leiser stellen
przyczep|a *f* *Kfz.* Anhänger *m*; **~i(a)ć** anhängen; *Esb.* ankoppeln; **~ka** *f* Beiwagen *m*
przyczyn|a *f* Grund *m*, Ursache; **~ek** *m* Beitrag; **~i(a)ć się** (**do** *G*) beitragen (zu)
przy|ćmi(ewa)ć *Licht* dämp-

fen; **~datny** brauchbar, tauglich; **~da(wa)ć się (do** *G*, **na** *A*) zu gebrauchen *od.* verwenden sein (bei, für); **~dawka** *f Gr.* Attribut *n*; **~długi** F etwas zu lang; **~drożny** am Wege gelegen; **~dział** *m* Zuteilung *f*

przydziel|ać ⟨**~ić**⟩ zuteilen

przygarn|iać ⟨**~ąć**⟩ in die Arme schließen

przy|glądać się (*D*) betrachten, sich ansehen; (*A*); zuschauen (bei); **~gnębienie** *n* Niedergeschlagenheit *f*

przygo|da *f* Abenteuer *n*; **~dny** zufällig; **~towanie** *n* Vorbereitung *f*; **~towawczy** Vorbereitungs-; **~tow(yw)ać** vorbereiten (**się** sich)

przy|graniczny grenznah; **~grz(ew)ać** *v/t* aufwärmen; *v/i Sonne*: scheinen, wärmen; ~hamow(yw)**ać** (ab)bremsen; **~imek** *m* Präposition *f*

przyja|ciel *m* Freund; **~cielski (-ko, po -ku)** freundschaftlich; **~ciółka** *f* Freundin

przyjazd *m* Ankunft *f*

przyja|zny (-źnie) freundlich; **~źnić się (z** *I*) Freundschaft pflegen (mit); **~źń** *f* Freundschaft

przyjąć *pf. s.* **przyjmować**

przyje|chać *pf. s.* **przyjeżdżać**; **~mność** *f* Annehmlichkeit; Vergnügen *n*; **~mny** angenehm; **~żdżać** ankommen, eintreffen

przyj|ęcie *n* Empfang *m*; Aufnahme *f*; **~mować** annehmen; *Arznei* einnehmen; *Gast* empfangen; **~rzeć się** *pf. s.* **przyglądać się**; **~ście** *n* Ankunft *f*, Kommen; **~ść** *pf. s.* **przychodzić**

przykazanie *n* Gebot

przykle|jać ⟨**~ić**⟩ ankleben

przykład *m* Beispiel *n*; **na ~** zum Beispiel; **~ać** (an-, auf)legen

przykr|ajać zuschneiden; **~ęcać** ⟨**~ęcić**⟩ festschrauben; zudrehen

przykr|o *Adv. s.* **przykry**; **~o mi** es tut mir Leid; **~oić** *pf. s.* **przykrajać**; **~ość** *f* Unannehmlichkeit; **~y** unangenehm; peinlich; **~yw(k)a** *f* Deckel *m*; **~y(wa)ć** be-, zudecken

przykrzyć ⟨**s-**⟩ **się** (*D*) langweilen (*A*)

przy|latywać *Vögel, Flgw.* (an)kommen; **~lądek** *m* Landzunge *f*, Kap *n*; **~lecieć** *pf. s.* **przylatywać**; **~legać (do** *G*) (fest) anliegen (an *D*); angrenzen (an *A*); **~legający** (eng) anliegend; **~legły** angrenzend; **~lepi(a-)ć się** *v/i* kleben, haften; **~lepiec** *m* Heftpflaster *n*; **~lot** *m Vögel, Flgw.* Ankunft *f*

przyłącz|ać ⟨**~yć**⟩ anschließen (**się** sich); **~enie** *n* Anschluss *m*

przy|łożyć *pf. s.* **przykładać**; **~marzać** ⟨**~marznąć**⟩ fest-

frieren; **~miarka** *f* Anprobe
przymierz|ać ⟨**~yć**⟩ anprobieren; **~alnia** *f* (*Kabine*) Anprobe; **~e** *n* Bündnis
przymiotnik *m* Adjektiv *n*
przy|mknąć *pf. s.* **przymykać**; **~mocow(yw)ać** befestigen; **~mrozek** *m* Nachtfrost; **~mus** *m* Zwang; **~musowy (-wo)** Zwangs-; **~muszać** ⟨**~musić**⟩ zwingen; nötigen; **~mykać** halb schließen; *Tür* anlehnen; **~naglać** ⟨**~naglić**⟩ *s.* **naglić**; **~najmniej** wenigstens
przynależność *f* Zugehörigkeit; **~ *państwowa*** Staatsangehörigkeit
przy|nęta *f* Köder *m*; **~nosić** ⟨**~nieść**⟩ (mit)bringen; **~obiec(yw)ać** versprechen
przypad|ek *m* Zufall; *Gr.* Fall, Kasus; **~kowo** *Adv.* zufällig(erweise); **~kowy** zufällig
przypa|lać ⟨**~lić**⟩ ansengen; *Essen* anbrennen lassen; *Zigarette* anzünden; **~trywać** ⟨**~trzyć**⟩ **się** *s.* **przyglądać się**
przypi|lnować *pf. s.* **pilnować**; **~nać** ⟨**~ąć**⟩ anheften, anstecken; anschnallen; **~sek** *m* Anmerkung *f*; *Typ.* Fußnote *f*; **~s(yw)ać** zuschreiben
przypły|w *m* Flut *f*; Zufluss; **~wać** ⟨**~nąć**⟩ heranschwimmen; *Schiff.* ankommen
przypom|inać ⟨**~nieć**⟩ (***k-u*** *A*) erinnern (j-n an *A*); **~nienie** *n* Erinnerung *f*; Mahnung *f*
przypra|wa *f* Würze, Zutat; **~wy** *pl.* ***korzenne*** Gewürze *n/pl.*; **~wi(a)ć** anmachen, würzen
przyprowadz|ać ⟨**~ić**⟩ *Pers.*, *Tier* mitbringen
przypuszcz|ać ⟨**przypuścić**⟩ vermuten; **~alny** vermutlich; voraussichtlich; **~enie** *n* Annahme *f*, Vermutung *f*
przyrastać anwachsen
przyrod|a *f* Natur; **~ni** Stief-; **~niczy** Natur-; **~nik** *m* Naturforscher
przyro|dzony angeboren; Natur-; **~snąć** *pf. s.* **przyrastać**; **~st** *m* Zuwachs; **~stek** *m Gr.* Suffix *n*
przyrzą|d *m* Apparat, Gerät *n*; **~dzać** ⟨**~dzić**⟩ zubereiten
przyrze|czenie *n* Versprechen; **~kać** ⟨**~c**⟩ versprechen
przysądz|ać ⟨**~ić**⟩ *Jur.* zuerkennen, zusprechen
przysi|ad *m* Hocke *f*; Kniebeuge *f*; **~adać** ⟨**~ąść**⟩ **się** (**do** *G*) sich setzen (zu)
przysięg|a *f* Eid *m*; Schwur *m*; **~ać** ⟨**~nąć**⟩ schwören; **~ły** beeidigt; *Su. m Jur.* Geschworene(r)
przy|słać *pf. s.* **przysyłać**; **~słona** *f Fot.* Blende; **~słowie** *n* Sprichwort; **~słówek** *m* Adverb *n*; **~słuchiwać**

się zuhören; **~sługa** *f* Gefälligkeit; **~sługiwać** zustehen, gebühren; **~służyć się** *pf.* e-n Dienst erweisen
przysma|k *m* Leckerbissen *n*; **~żać** ⟨**~żyć**⟩ (an)braten
przyspiesz|ać ⟨**~yć**⟩ beschleunigen; **~enie** *n* Beschleunigung *f*; **~ony** Eil-
przysta|ć *pf. s.* **przystawać¹**; **~nąć** *pf. s.* **przystawać²**; **~nek** *m* Haltestelle *f*; **~ń** *f* Anlegestelle; Hafen *m*; **~wać¹** (**na** *A*) eingehen (auf *A*); **~wać²** stehen bleiben; **~wi(a)ć** (hin)stellen; anlegen; *Kochk.* ansetzen; **~wka** *f* Vorspeise
przyst|ąpić *pf. s.* **przystępować**; **~ęp** *m* Zutritt, Zugang; *fig.* Anfall; **~ępny** (leicht) zugänglich; *Preis:* erschwinglich; **~ępować** (**do** *G*) herantreten; *fig.* herangehen (an *A*); beitreten (*D*)
przy|stojny gut aussehend; **~stosow(yw)ać** (**do** *G*) anpassen (an *A*; **się** sich); **~strajać** ⟨**~stroić**⟩ (aus-) schmücken; **~suwać** ⟨**~sunąć**⟩ heranschieben, -rücken; **~swajać** ⟨**~swoić**⟩ **(sobie)** sich aneignen; **~syłać** (zu)senden; **~szłość** *f* Zukunft; **~szły** (zu)künftig; **~szy(wa)ć** annähen; **~śrubow(yw)ać** anschrauben; **~taczać** *Beispiel* anführen; zitieren; **~takiwać** ⟨**~taknąć**⟩ zustimmen, billigen; **~tępiony** *Sehkraft, Gehör*: schwach, schlecht; **~toczyć** *pf. s.* **przytaczać**
przytom|ność *f* Bewusstsein *n*; **~ny** bei Bewusstsein; geistesgegenwärtig
przytrzym(yw)ać fest halten
przytu|lać ⟨**~lić**⟩ an sich drücken; **~lać** ⟨**~lić**⟩ **się** sich anschmiegen; **~lny** behaglich, gemütlich; **~łek** *m* Zuflucht *f*; (*Alters-*)Heim *n*
przy|uczać ⟨**~uczyć**⟩ anlernen; **~wabi(a)ć** (an)locken; **~wiązanie** *n* Anhänglichkeit *f*; **~wiąz(yw)ać** anbinden; **~widzenie** *n s.* **złudzenie**; **~wieść** *pf. s.* **przywodzić**; **~wieźć** *pf. s.* **przywozić**; **~wilej** *m* Vorrecht *n*, Privileg *n*; **~witać** *pf.* begrüßen
przywłaszcz|ać ⟨**~yć**⟩ **sobie** sich aneignen
przywo|dzić führen, bringen (zu); **~ł(yw)ać** (herbei)rufen; **~zić** *v/t* (her)anfahren; *Waren* einführen; **~zowy** Einfuhr-
przywódca *m* (An-)Führer
przywóz *m* Einfuhr *f*
przywr|acać ⟨**~ócić**⟩ wiederherstellen
przywyk|ać ⟨**~nąć**⟩ (**do** *G*) sich gewöhnen (an *A*)
przyzna|(wa)ć zugeben; zugestehen; **~(wa)ć się** (**do** *G*) eingestehen (*A*); **~nie** *n* Zuerkennung *f*; Verleihung *f*; **~nie się** Eingeständnis
przyzwalać (**na** *A*) gestatten,

erlauben (*A*)
przyzwoit|ość *f* Anstand *m*; **~y (-cie)** anständig
przyzwolić *pf. s.* **przyzwalać**
przyzwycza|jać ⟨**~ić**⟩ (***do*** *G*) gewöhnen (an *A*; ***się*** sich); **~jenie** *n* Gewohnheit *f*
psot|a *f* Streich *m*; Schabernack *m*; **~nik** (**~nica** *f*) *m* Schelm
pstrąg *m* Forelle *f*
pstry (-ro) bunt
psuć ⟨**po-, ze-**⟩ kaputtmachen; verderben (***się*** *v/i*); **~** ***się*** entzwei-, kaputtgehen
psychiczny psychisch
pszczela|rstwo *n* Bienenzucht *f*; **~rz** *m* Imker
pszczoła *f* Biene
pszen|ica *f* Weizen *m*; **~ny** Weizen-
pta|ctwo *n* Vögel *pl.*; **~ctwo** ***domowe*** Geflügel; **~k** *m* Vogel
ptyś *m Kochk.* Windbeutel
publi|czność *f* Publikum *n*; **~czny** öffentlich; **~kować** ⟨**o-**⟩ veröffentlichen
puch *m* Daunen *pl.*
puchacz *m* Uhu
puchar *m* Pokal
puchnąć ⟨**s-**⟩ (an)schwellen
puchowy Daunen-
pucz *m* Putsch
pud|ełko *n* Schachtel *f*; **~erniczka** *f* Puderdose; **~ło** *n* Schachtel *f*, Kasten *m*; *fig.* F Fehlschuss *m*
pukać ⟨**za-**⟩ klopfen
pul|chny locker; mollig; **~pet** *m* Fleischklößchen *n*; **~pit** *m* Notenständer; Pult *n*
puls *m* Puls
pułapka *f* Falle
pułk *m* Regiment *n*; **~ownik** *m* Oberst
pumeks *m* Bimsstein
punkt *m* Punkt; Stelle *f*; **~ualny** pünktlich
pupa F *f* Popo *m*
purchawka *f* Bofist *m*
pustelnik *m* Einsiedler
pustk|a *f* Leere; **~owie** *n* Einöde *f*; Wildnis *f*
pust|oszeć ⟨**o-**⟩ veröden; **~oszyć** ⟨**s-**⟩ verwüsten; **~y (-to)** leer; hohl; **~ynia** *f* Wüste
puszcza *f* Urwald *m*
puszczać *v/t* (los-, fort)lassen; *Wurzeln* treiben; *v/i* nachlassen; abfärben
puszka *f* Büchse, Dose
puszysty (-ście) flaumig; flauschig; *Schnee*: locker
puścić *pf. s.* **puszczać**
pycha *f* Hochmut *m*; Stolz *m*
pyli|ca *f Med.* Staublunge; **~ć** *v/i* stauben
pył *m* Staub
pysk *m* Maul *n*, Schnauze *f*; **~aty (-to)** frech, vorlaut
pyszny prächtig; hochmütig
pyta|ć się ⟨**s-, za-**⟩ (***o*** *A*) fragen (nach); **~nie** *n* Frage *f*
pytlowy: ***chleb*** *m* **~** Roggenmischbrot *n*
pyza *f* Kartoffelkloß *m*

R

rabarbar *m* Rhabarber
rab|ować ⟨**z-**⟩ rauben; (aus-) plündern; **~unek** *m* Raub; Plünderung *f*; **~uś** *m* Räuber
rachun|ek *m* Rechnung *f*; **~kowość** *f* Rechnungswesen *n*
racica *f* Klaue
racj|a[1] *f* Ration; **~a**[2] *f*: ***mieć ~ę*** Recht haben; ***przyznać ~ę*** Recht geben; **~onalizacja** *f* Rationalisierung
raczej eher, vielmehr
rad[1] *m* Radium *n*
rad[2], **~a**[1] (***z*** *G*) froh (über *A*); ***~(a) bym*** ich würde gern
rada[2] *f* Rat *m*
radca *m* Rat (*Titel*); ***~ prawny*** Rechtsberater
radio *n* Radio; **~fonia** *f* Rundfunk *m*; **~odbiornik** *m* Rundfunkempfänger; **~stacja** *f* Rundfunksender *m*; **~telefon** *m* Sprechfunkgerät *n*; **~wóz** *m* Funkstreifenwagen; **~wy** Radio-; Funk-
rado|sny (**-śnie**) fröhlich; **~ść** *f* Freude; **~wać** ⟨**u-**⟩ **się** sich freuen
radzić ⟨**do-**⟩ (an)raten
radziecki *hist.* sowjetisch; ***Związek*** *m* ♀ *hist.* Sowjetunion *f*
rafa *f* Riff *n*
raj *m* Paradies *n*
rajd *m* Fahrt *f*; *Sp.* Rallye *f*
rak *m* Krebs (*a. Med.*)
rakieta[1] *f* Rakete
rakieta[2] *f* Tennisschläger *m*
rakowy Krebs-
ram|a *f* Rahmen *m*; **~iączko** *n* Kleiderbügel *m*; **~ię** *n* Arm *m*; Schulter *f*
rana *f* Wunde
randka *f* Rendezvous *n*
ranek *m* Morgen
ran|ić ⟨**z-**⟩ verwunden; **~ny**[1] verwundet, verletzt; *Su. m* Verwundete(r)
ran|ny[2] Morgen-; **~o** (früh-) morgens
raport *m* Bericht; *Mil.* Meldung *f*
rapt|em *Adv.* plötzlich; **~owny** heftig; plötzlich
ras|a *f* Rasse; **~owy** rassig
rat|a *f* Rate; ***na ~y*** ratenweise, auf Raten
ratow|ać ⟨**u-**, **wy-**⟩ (er)retten; bergen; **~nictwo** *n* Rettungswesen
ratun|ek *m* Rettung *f*; **~kowy** Rettungs-
ratusz *m* Rathaus *n*
ratyfikować ratifizieren
raz[1] *m* Hieb, Schlag
raz[2] ein(s); *Adv.* (ein)mal; ***na ~ie*** vorläufig; ***od ~u*** sofort; **~em** zusammen
razić *Licht*: blenden; *fig.* schockieren; beleidigen

razowiec *m* Vollkornbrot *n*
rażący (**-co**) grell; schrill; krass
rąb|ać ⟨**po-**⟩ (zer)hacken; **~ek** *m* Rand, Saum
rącz|ka *f* Händchen *n*; Griff *m*; **~y** (**-czo**) flink
rdza *f* Rost *m*; **~wy** rostfarben; rostig
rdzeń *m* *Bot.* Mark *n*; *Tech.*, *fig.* Kern; **~ *kręgowy*** Rückenmark *n*
rdzewieć ⟨**za-**⟩ (ver)rosten
re|akcj|a *f* Reaktion; **~alistyczny** realistisch; **~alizator** *m* (*Film-*)Regisseur; **~cepcja** *f* Rezeption; **~cepta** *f* Rezept *n*
rechotać ⟨**za-**⟩ *Frosch*: quaken
recydywa *f* Rückfall *m*
redak|cja *f* Redaktion; Fassung; **~tor** *m* Redakteur
redukować ⟨**z-**⟩ reduzieren
refer|at *m* Bericht; Abteilung *f*; **~ent**(**ka** *f*) *m* Sachbearbeiter(in)
reflektor *m* Scheinwerfer
regał *m* Regal *n*
regaty *pl.* Regatta *f*
regula|cja *f* Regelung; **~min** *m* (*Dienst-*)Vorschrift *f*; (*Haus-*)Ordnung *f*; **~rny** regelmäßig
regu|lować regeln; ⟨**na-**⟩ einstellen, justieren; **~ła** *f* Regel
reja *f* *Mar.* Rah(e)
rejestr *m* Register *n*; **~acja** *f* Registrierung; *Kfz.* F Nummernschild *n*
rejon *m* Gebiet *n*
rejs *m* *Mar.* (Über-)Fahrt *f*
rekin *m* Hai(fisch)
reklama *f* Reklame; **~cja** *f* Reklamation
re|kreacyjny Erholungs-; **~lacja** *f* Bericht *m*; **~ligia** *f* Religion; **~ligijny** religiös; **~manent** *m* Inventur *f*; (*Waren-*)Bestand; **~misowy** (**-wo**) unentschieden; **~mont** *m* Reparatur *f*, Instandsetzung *f*
Ren *m* Rhein; ***nad ~em*** am Rhein
ren|cista *m* (**~cistka** *f*) Rentner(in); **~ta** *f* Rente
rentgen F *m* Röntgenapparat
rentowny rentabel
reński Rhein-; rheinisch
re|patriacja *f* Repatriierung; **~peracja** *f* Reparatur; **~perować** ⟨**z-**⟩ reparieren; **~pertuar** *m* Spielplan; **~putacja** *f* Ruf *m*, Leumund *m*
resor *m* *Kfz.* (Blatt-)Feder *f*
restauracja *f* Restaurant *n*; Restaurierung
reszta *f* Rest *m*
reumatyzm *m* Rheuma *n*
re|wanżować ⟨**z-**⟩ **się** sich revanchieren; **~welacyjny** sensationell; **~wia** *f* Revue; Schau; **~wizja** *f* Revision; (*Haus-*)Durchsuchung; **~wolucyjny** revolutionär; **~zerwa** *f* Reserve; *Sp.* Ersatzspieler *m*; **~zerwować** ⟨**za-**⟩ reservieren; *Platz* be-

legen; *Flug* buchen; **~zygnować** ⟨**z-**⟩ (**z** *G*) verzichten (auf *A*); **~żyser** *m* Regisseur
ręcz|nik *m* Handtuch *n*; **~ny** Hand-; handgearbeitet; **~yć** ⟨**po-, za-**⟩ (*za* *A*) bürgen (für)
ręka *f* Hand; **~w** *m* Ärmel; **~wiczka** *f* Handschuh *m*
ręko|jeść *f* Heft *n*, Griff *m*; **~pis** *m* Manuskript *n*
roba|ctwo *n* Ungeziefer; **~k** *m* Wurm
robić ⟨**z-**⟩ machen, tun
robo|czy Arbeits-; **~ta** *f* Arbeit; **~tniczy** Arbeiter-; **~tnik** *m* (**~tnica** *f*) Arbeiter(in)
roczni|ca *f* Jahrestag *m*; **~k** *m* Jahrbuch *n*; Jahrgang
rod|ak *m* Landsmann; **~owity** gebürtig; **~owód** *m* Stammbaum
rodz|aj *m Gr.* Geschlecht *n*; *Bio.* Gattung *f*; Art *f*; **~eństwo** *n* Geschwister *pl.*; **~ice** *pl.* Eltern; **~ić** ⟨**u-**⟩ gebären; **~imy** heimatlich; **~ina** *f* Familie; **~inny** Familien-; **~ony** leiblich
rodzynek *m* Rosine *f*
roga|lik *m Kochk.* Hörnchen *n*; **~tka** *f* Schranke; **~ty** gehörnt, Horn-
rogi *m/pl. s.* **róg**; Geweih *n*
rogówka *f Anat.* Hornhaut
roj|ny (**-no**) belebt; **~owisko** *n* Gewimmel
rok *m* (*pl.* **lata**) Jahr *n*
rokowa|ć verhandeln; erwarten (lassen); **~nia** *n/pl.* Verhandlungen *f/pl.*
rola[1] *f* Rolle
rol|a[2] *f* Acker(boden) *m*; **~nictwo** *n* Landwirtschaft *f*; **~nik** *m* Landwirt
roman|s *m* Romanze *f*; Liebschaft *f*; **~tyczny** romantisch
romański romanisch
rondel *m* Kasserolle *f*
rondo *n* (*Hut-*)Krempe *f*
rop|a *f* Erdöl *n*; *Med.* Eiter *m*; **~ieć** eitern; **~ień** *m* Abszess
ropucha *f* Kröte
rosa *f* Tau *m*
Rosja *f* Russland *n*
Rosjan|in *m* Russe; **~ka** *f* Russin
rosyjski (**po -ku**) russisch
rosnąć ⟨**u-**⟩ wachsen
rosół *m* Fleischbrühe *f*
rostbef *m* Roastbeef *n*
roszczenie *n* Anspruch *m*
roślin|a *f* Pflanze; **~ny** Pflanzen-, pflanzlich
rotunda *f* Rundbau *m*
rowek *m* Rille *f*; Einschnitt
rowe|r *m* Fahrrad *n*; **~rzysta** *m* Radfahrer
roz|bawiony vergnügt; **~bicie** *n* Zerschlagung *f*; **~bieg** *m* Anlauf; **~biegać** ⟨**~biec**⟩ **się** auseinander laufen; **~bierać** auseinander nehmen; (**się** sich) ausziehen; **~bi(ja)ć** zerschlagen; **~bieżność** *f* Diskrepanz; **~biór** *m* Zergliederung *f*; Zerlegung *f*; *Pol.* Teilung *f*; **~biórka** *f* Abbruch *m*; Demontage;

~bitek *m* Schiffbrüchige(r); **~bójnik** *m* Räuber
rozbr|ajać ⟨**~oić**⟩ entwaffnen; *Bombe* entschärfen; **~ojenie** *n* Abrüstung *f*
rozbudow|a *f* Ausbau *m*; **~(yw)ać** ausbauen
roz|brzmie(wa)ć (er)tönen; **~chodzić się** auseinander gehen; **~chorować się** *pf.* krank werden; **~chód** *m* Ausgabe(n *pl.*) *f*; **~ciąć** *pf. s.* **rozcinać**; **~ciągać** ⟨**~ciągnąć**⟩ (aus)dehnen (*się* sich); strecken
rozcieńcz|ać ⟨**~yć**⟩ verdünnen
roz|cierać ver-, zerreiben; **~cinać** zerschneiden; aufschneiden; **~czarowanie** *n* Enttäuschung *f*; **~czyn** *m* Sauerteig; **~da(wa)ć** verteilen, ausgeben; **~drabniać** zerkleinern; **~drap(yw)ać** zer-, aufkratzen; **~drażnienie** *n* Reizung *f*; **~drażniony** gereizt; **~drobnić** *pf. s.* **rozdrabniać**; **~droże** *n* Kreuzweg *m*; **~dwajać** ⟨**~dwoić**⟩ **się** sich spalten; **~dział** *m* Trennung *f*; Aufteilung *f*; (*Buch-*)Kapitel *n*
rozdziel|acz *m* (***zapłonu*** Zünd-)Verteiler; **~ać** ⟨**~ić**⟩ (ver)teilen; **~nia** *f El.* Schaltwerk *n*
rozdzierać *v/t* zerreißen
roze|brać *pf. s.* **rozbierać**; **~dma** *f Med.* Emphysem *n*; **~drzeć** *pf. s.* **rozdzierać**; **~grać** *pf. s.* **rozgrywać**
rozejm *m* Waffenstillstand
rozej|rzeć się *pf. s.* **rozglądać**; **~ść się** *pf. s.* **rozchodzić się**
roze|rwać *pf. s.* **rozrywać**; **~słać** *pf. s.* **rozsyłać, rozściełać**; **~śmiać się** *pf.* laut auflachen; **~trzeć** *pf. s.* **rozcierać**
rozgałęzi|(a)ć się sich verzweigen; **~enie** *n* Verzweigung *f*
roz|gardiasz F *m* Durcheinander *n*; **~ginać** ⟨**~giąć**⟩ auseinander biegen; gerade biegen; **~glądać się** umherblicken, sich umsehen; **~głośnia** *f* Rundfunksender *m*; **~gniatać** ⟨**~gnieść**⟩ zerquetschen; **~gniewać (się)** *pf. s.* **gniewać (się)**; **~gniewany** zornig; **~goryczony** verbittert; **~gotow(yw)ać się** *v/i* zerkochen; **~graniczać** ⟨**~graniczyć**⟩ abgrenzen; **~gromić** *pf.* zerschmettern; **~grywać** *Spiel* austragen; ***~grywać się*** sich abspielen; **~grzeszenie** *n Rel.* Absolution *f*; **~grz(ew)ać** erwärmen (*się* sich); **~jazd** *m Esb.* Weiche *f*; **~jaśni(a)ć** erhellen; aufhellen (*się* sich); **~jemca** *m* Schlichter; **~jeżdżać** ⟨**~jechać**⟩ **się** auseinander fahren; **~juszony** rasend, wütend; **~kapryszony** *Kind*: quengelig; verzogen

rozkaz *m* Befehl; **~(yw)ać** befehlen

rozkład *m* Ein-, Verteilung *f*; (**jazdy** Fahr-, **lekcji** Stunden-)Plan; *Bio., fig.* Verfall; *Chem.* Zersetzung *f*; **~ać** ausbreiten; ein-, verteilen; zerlegen; **~ać się** verwesen

rozkop(yw)ać aufgraben

rozkosz *f* Wonne; **~e** *pl. a.* Freuden *f/pl.*; **~ny** entzückend; **~ować się** (*I*) sich ergötzen (an *D*); genießen (*A*)

rozkr|ajać zerschneiden; **~ęcać** ⟨**~ęcić**⟩ auseinander schrauben; *fig.* ankurbeln; **~oić** *pf. s.* **rozkrajać**

rozkwit *m* Blüte *f*; **~ać** ⟨**~nąć**⟩ aufblühen

roz|lać *pf. s.* **rozlewać**; **~latywać** ⟨**~lecieć**⟩ **się** auseinander fallen; **~legać** ⟨**~lec**⟩ **się** ertönen; **~legły** (**-le**) ausgedehnt, weit; **~lewać** vergießen, verschütten; abfüllen; **~liczenie** *n* Ab-, Verrechnung *f*; **~ładow(yw)ać** entladen; **~ładunek** *m* Entladung *f*

rozłam *m* Bruch; Spaltung *f*; **~(yw)ać** *v/t* (zer)brechen

rozłą|czać ⟨**~czyć**⟩ trennen (**się** sich); **~ka** *f* Trennung

roz|łożyć *pf. s.* **rozkładać**; **~mach** *m* Schwung; **~maity** (**-cie**) mannigfaltig, verschieden(artig); **~mawiać** (**o** *L*) sich unterhalten (über *A*); **~miar** *m* Abmessung *f*; Ausmaß *n*; **~mieni(a)ć** *Geld* wechseln

rozmie|szczać ⟨**~ścić**⟩ unterbringen; verteilen; **~szczenie** *n* Unterbringung *f*

rozmięk|ać ⟨**~nąć**⟩ weich werden, aufweichen (*v/i*)

rozmn|ażać ⟨**~ożyć**⟩ vermehren (**się** sich)

rozmow|a *f* Gespräch *n*, Unterredung; **~ny** gesprächig

rozmów|ca *m* (**~czyni** *f*) Gesprächspartner(in); **~ić się** *pf.* sich verständigen

rozmr|ażać ⟨**~ozić**⟩ *v/t* auftauen

rozmyśl|ać nachdenken; **~ić się** *pf.* sich anders besinnen; **~ny** vorsätzlich

rozn|iecać ⟨**~iecić**⟩ entfachen; **~osić** ⟨**~ieść**⟩ *Zeitungen* austragen; *Krankheit* verbreiten

rozpacz *f* Verzweiflung; **~ać** verzweifeln; **~liwy** (**-wie**) verzweifelt

rozpa|d *m* Zerfall; **~dać się** zerfallen; **~kow(yw)ać** auspacken; **~lać** ⟨**~lić**⟩ anzünden; **~ść się** *pf. s.* **rozpadać**; **~trywać** ⟨**~trzyć**⟩ (über-)prüfen, untersuchen; erörtern

rozpę|d *m* Anlauf, Schwung; **~dzać** ⟨**~dzić**⟩ auseinander jagen; **~t(yw)ać** entfesseln

rozpi|ąć *pf. s.* **rozpinać**; **~eszczony** verhätschelt, verzogen; **~ętość** *f* Spannweite; **~łow(yw)ać** zersägen;

~nać aufknöpfen; **~s(yw)ać** ausschreiben
roz|pląt(yw)ać entwirren; **~płakać się** *pf.* in Tränen ausbrechen; **~pływać** ⟨**~płynąć**⟩ **się** zerfließen
rozpocz|ęcie *n* Beginn *m*; **~ynać** ⟨**~ąć**⟩ (**się** *v/i*) beginnen
roz|pogodzenie *n* Aufheiterung *f*; **~porek** *m* Hosenschlitz
rozporządzenie *n* Verfügung *f*; An-, Verordnung *f*
rozpowszech|ni(a)ć verbreiten; **~nianie**, **~nienie** *n* Verbreitung *f*
rozpozna|(wa)ć erkennen; **~nie** *n Med.* Diagnose *f*; **~wczy** Erkennungs-
rozpra|szać zerstreuen (**się** sich); **~wa** *f* Debatte, Erörterung; *Jur.* Verhandlung; **~wiać** debattieren; **~wić się** *pf.* (**z** *I*) fertig werden (mit); abrechnen (mit)
rozpro|stow(yw)ać gerade machen; *Glieder* strecken; **~szyć** *pf. s.* **rozpraszać**; **~wadzać** ⟨**~wadzić**⟩ verteilen
roz|pru(wa)ć *Naht* (auf)trennen; **~pryskiwacz** *m s.* **rozpylacz**; **~przed(aw)ać** ausverkaufen; **~przestrzeni(a)ć** verbreiten (**się** sich)
rozpu|sta *f* Ausschweifung(en *pl.*); **~szczać** ⟨**~ścić**⟩ auflösen (**się** sich); **~szczalnik** *m* Lösungsmittel *n*; **~szczalny** löslich
rozpyl|acz *m* Zerstäuber; **~ać** ⟨**~ić**⟩ zerstäuben
roz|pyt(yw)ać (się) ausfragen; **~rachunek** *m* Abrechnung *f*; **~rąb(yw)ać** zerhacken; **~rodczy** Fortpflanzungs-; **~róbka** F *f* Rabatz *m*; **~różni(a)ć** unterscheiden; **~ruszać** *Motor* anlassen; *fig.* aufmuntern; **~rusznik** *m* Anlasser
rozryw|ać *v/t* (zer)reißen; *fig.* unterhalten (**się** sich); **~ka** *f* Unterhaltung, Vergnügen *n*; **~kowy** Unterhaltungs-
rozrzu|cać ⟨**~cić**⟩ verstreuen; **~tność** *f* Verschwendung
rozsą|dek *m* Vernunft *f*; **~dny** vernünftig
rozsiodł(yw)ać absatteln
rozsta|nie (się) *n* Abschied(nehmen *n*) *m*; **~(wa)ć się** (**z** *I*) sich trennen (von); **~wi(a)ć** aufstellen
rozstęp *m* Abstand
rozstr|ajać ⟨**~oić**⟩ verstimmen; **~ój** *m* (*Nerven*-)Zerrüttung *f*; (*Magen*-)Verstimmung *f*
rozstrzel(iw)ać erschießen
rozstrzyg|ać ⟨**~nąć**⟩ entscheiden; **~nięcie** *n* Entscheidung *f*
rozsu|wać ⟨**~nąć**⟩ auseinander rücken; *Tisch* ausziehen
roz|syłać versenden; **~syp(yw)ać** verstreuen; **~szarp(yw)ać** zerreißen, zerfleischen; **~szczepi(a)ć**

(auf)spalten
rozszerz|ać ⟨**~yć**⟩ erweitern, ausdehnen; **~enie** *n* Ausweitung *f*; Verbreiterung *f*
roz|sznurow(yw)ać aufschnüren; **~ścielać** ausbreiten; **~śmieszyć** *pf.* zum Lachen bringen; amüsieren; **~taczać** ⟨**~toczyć**⟩ verbreiten; **~tapiać** ⟨**~topić**⟩ *s.* **topić**; **~targniony** zerstreut; **~terka** *f* Zwiespalt *m*; **~topy** *m/pl.* Schneematsch *m*; **~tropny** besonnen; umsichtig; **~trzask(iw)ać** zerschmettern, zersplittern; **~trzep(yw)ać** zerzausen; **~trzęsiony** F klapp(e)rig; *fig.* zitt(e)rig; **~twór** *m Chem.* Lösung *f*
rozum *m* Verstand; **~ieć** ⟨**z-**⟩ verstehen; begreifen; **~ny** klug; vernünftig
rozwa|ga *f* Besonnenheit; Umsicht; **~lać** ⟨**~lić**⟩ zerstören; ***~lić się*** auseinanderfallen; **~rty** offen; *Winkel*: stumpf; **~żać** ⟨**~żyć**⟩ überlegen; **~żny** bedächtig; überlegt
rozwiąz|anie *n* (Auf-)Lösung *f*; *Med.* Entbindung *f*; **~ły** (**-źle**) *fig.* locker, lose; **~(yw)ać** (auf)lösen
rozwie|dziony geschieden; **~ść się** *pf. s.* **rozwodzić**
rozwi|jać auswickeln; abrollen; *fig.* entwickeln (***się*** sich); **~kłać** *pf.* entwirren; **~nąć** *pf. s.* **rozwijać**
rozwlekły (**-le**) weitschweifig
rozwo|dnik F *m* geschiedener Mann; **~dowy** Scheidungs-; **~dzić się** sich scheiden lassen; (***nad*** *I*) sich auslassen (über *A*)
rozwolnienie *n* Durchfall *m*
rozwód *m* (Ehe-)Scheidung *f*; **~ka** *f* geschiedene Frau
roz|wój *m* Entwicklung *f*; **~wścieczony** wutentbrannt; **~zu(wa)ć** *Schuhe* ausziehen; **~żalony** verbittert; **~żarzony** glühend
roże|k *m Kochk.* Hörnchen *n*; **~n** *m* Bratspieß; Grill
ród *m* (*Volks-*)Stamm; (*Adels-*) Geschlecht *n*
róg *m* Horn *n*; Ecke *f*; ***na rogu*** an der Ecke
rój *m* (*Bienen-*)Schwarm
rów *m* Graben
rówieśni|k *m*, **~czka** *f* Altersgenosse, -genossin
równa|ć ⟨**wy-**, **z-**⟩ ebnen; ausgleichen; ***~ć się*** (***z*** *I*) gleichkommen (*D*); **~nie** *n Math.* Gleichung *f*
rów|nież ebenso, gleichfalls; **~nik** *m* Äquator; **~nina** *f* Ebene
równo *Adv. s.* **równy**; **~czesny** (**-śnie**) gleichzeitig; **~legły** (**-le**) parallel; **~leżnik** *m* Breitenkreis; **~mierny** gleichmäßig; **~rzędny** gleichrangig; **~ść** *f* Gleichheit; **~uprawnienie** *n* Gleichberechtigung *f*; **~waga** *f* Gleichgewicht *n*; (*Ten-*

nis) Einstand *m*; **~ważnia** *f Sp.* Schwebebalken *m*; **~ważnik** *m* Äquivalent *n*
równy (**-no**) gleich; eben
rózga *f* Rute
róża *f* Rose; **~niec** *m* Rosenkranz
róż|nica *f* Unterschied *m*; *Math.* Differenz; **~nić się** (**od** *G*) sich unterscheiden (von); **~nie** *Adv. s.* **różny**; **~nobarwny** bunt; **~norodny**, **~ny** verschieden
różowy rosa; rosig
rtęć *f* Quecksilber *n*
ruch *m* Bewegung *f*; Betrieb; Gang; (*Schach*) Zug; **~ uliczny** Straßenverkehr; **w ~u** in Betrieb, in Gang; **~liwy**, (**-wie**) rege; belebt; **~omy** (**-mo**) beweglich
rud|a *f* Erz *n*; **~y** (**-do**) rotbraun; rothaarig
rufa *f Mar.* Heck *n*
ruina *f* Ruin *m*; Ruine
rujnować ⟨**z-**⟩ ruinieren (***się*** sich); zerstören; zugrunde richten
rulon *m* Rolle *f*
rum|ianek *m* Kamille *f*; **~iany** (**-no**) rotbackig; **~ienić** *Kochk.* bräunen; ⟨**za-**⟩ **się** erröten; **~ienic** *m* (*Gesichts-*)Röte *f*
rumsztyk *m* Rumpsteak *n*
rumuński (**po -ku**) rumänisch
runąć *pf. v/i* (ein)stürzen
runda *f Sp.* Runde
rupieci|arnia *f* Rumpelkammer; **~e** *m/pl.* Gerümpel *n*
rur|a *f* Röhre, Rohr *n*; **~ka** *f* Röhrchen *n*; **~ociąg** *m* Rohrleitung *f*
rusz|ać ⟨**~yć**⟩ (be)rühren; bewegen (***się*** sich); sich in Bewegung setzen
ruszt *m* (*Feuer-*)Rost; *Kochk.* Grill; **~owanie** *n* (*Bau-*)Gerüst
rwać ⟨**po-**⟩ *v/t* (zer)reißen; ⟨**wy-**⟩ *Zahn* ziehen; ⟨**ze-**⟩ pflücken
ryb|a *f* Fisch *m*; **~acki** Fischer-; **~ak** *m* Fischer; **~i** Fisch-; **~ny** Fisch-; fischreich; **~ołówstwo** *n* Fischerei *f*
rycerz *m* Ritter
rychł|o *Adv.* bald; **~y** baldig; schnell
rycina *f* Abbildung
rycyna *f* Rizinus(öl *n*) *m*
ryczałt *m* Pauschale *f*
ryć wühlen
rydel *m* Spaten
rydz *m* Reizker
rygiel *m* Riegel
ryj *m* Rüssel
ryk *m* Gebrüll *n*
rym *m* Reim
rymarz *m* Sattler
ryn|ek *m* Markt(platz); **~ek zbytu** Absatzmarkt *n*; **~kowy** Markt-; **~na** *f* (*Dach-*) Rinne; **~sztok** *m* Rinnstein
rys *m* Skizze *f*; *fig.* Zug; **~y** *pl.* Gesichtszüge *pl.*
rys|a *f* Riss *m*; **~ik** *m* Griffel; **~opis** *m* Personenbeschrei-

bung *f*; **~ować** ⟨**na-**⟩ (auf-)zeichnen; **~ownica** *f* Zeichenbrett *n*; **~ownik** *m* Zeichner; **~unek** *m* Zeichnung *f*
ryś *m* Luchs
rytm *m* Rhythmus
rytownik *m* Graveur
rywal *m* Rivale, Nebenbuhler
ryzykow|ać ⟨**za-**⟩ riskieren; **~ny** riskant
ryż *m* Reis; **~owy** Reis-
rzadki (**-ko**) dünn(flüssig); selten
rząd *m* Reihe *f*; *Bio.*, *Math.* Ordnung *f*; *Pol.* Regierung *f*; **~owy** Regierungs-
rządzić (*I*) regieren (*A*), herrschen (über *A*)
rzec *pf.* sagen
rzecz *f* Ding *n*, Sache; **~nik** *m* Sprecher; **~ny** Fluss-; **~ownik** *m* Substantiv *n*; **~owy** (**-wo**) sachlich; **~oznawca** *m* Sachverständige(r)
Rzeczpospolita *f* (***Ludowa*** Volks-)Republik
rzeczywist|ość *f* Wirklichkeit; **~y** (**-ście**) wirklich
rzeka *f* Fluss *m*
rzekomy (**-mo**) angeblich
rzemień *m* Riemen, Gurt
rzemi|eślniczy Handwerks-, Gewerbe-; **~eślnik** *m* Handwerker; **~osło** *n* Handwerk, Gewerbe
rzep *m* Klette *f*; **~a** *f* Steckrübe; **~ak** *m* Raps; **~ka** *f* Kniescheibe
rzesza *f* (*Menschen-*)Menge; **♀** *hist.* Reich *n*
rze|ški (**-ko**) munter; rüstig; **~telny** redlich; **~wny** wehmütig
rzeźb|a *f* Plastik, Skulptur; **~iarz** *m* Bildhauer; **~iarstwo** *n* Bildhauerkunst *f*; **~ić** ⟨**wy-**⟩ schnitzen, meißeln
rzeźni|a *f* Schlachthof *m*; **~k** *m* Fleischer, Schlachter
rzeżączka *f* Tripper *m*
rzeżucha *f* Kresse
rzę|sa *f* Wimper; **~sisty** (**-ście**) reichlich; **~zić** röcheln
rznąć schneiden; *Tier* schlachten
rzodkiew *f* Rettich *m*; **~ka** *f* Radieschen *n*
rzu|cać ⟨**~cić**⟩ werfen; verlassen; **~t** *m* Wurf; ***~t dyskiem*** Diskuswerfen *n*; ***~t młotem*** Hammerwerfen *n*; **~tki** aktiv, dynamisch
rzygać speien, V kotzen
rzymski römisch
rżeć wiehern
rżysko *n* Stoppelfeld

S

sad *m* Obstgarten
sadło *n* Fett; *fig. a.* Speck *m*
sadownictwo *n* Obstbau *m*
sadz|a *f* Ruß *m*; **~ać** (hin)setzen; **~ić** ⟨**po-**⟩ pflanzen; **~awka** *f* Weiher *m*; **~onka** *f* Setzling *m*; **~ony**: **~one jajka** *pl.* Spiegeleier *pl.*
Sakso|nia *f* Sachsen *n*; **~ńczyk** *m* Sachse
sala *f* Saal *m*
salaterka *f* Salatschüssel
salceson *m* Presskopf
saletra *f* Salpeter *m*
salowa *f* Stationshilfe
sałata *f* Salat *m*
sam¹ *Pron.* allein; selbst; *s.* **ten**
sam² F *m* Selbstbedienungsladen
sami|ca *f Zo.* Weibchen *n*; **~ec** *m Zo.* Männchen *n*
samo|bieżny *Tech.* selbstfahrend; **~bójca** *m* Selbstmörder; **~bójstwo** *n* Selbstmord *m*; **~chód** *m* Auto *n*, (***ciężarowy*** Last-, ***osobowy*** Personen-)Kraftwagen; **~chwalstwo** *n* Eigenlob; **~czynny** selbsttätig; **~dzielny** selbstständig; **~głoska** *f* Vokal *m*; **~gon** F *m* schwarzgebrannter Schnaps; **~krytyka** *f* Selbstkritik; **~lot** *m* Flugzeug *n*; **~lubstwo** *n* Selbstsucht *f*; **~obsługowy** Selbstbedienungs-; **~poczucie** *n* Allgemeinbefinden; **~pomoc** *f* Selbsthilfe; **~rząd** *m* Selbstverwaltung *f*; **~tność** *f* Einsamkeit; **~tny** einsam; allein; **~uk** *m* Autodidakt; **~wola** *f* Willkür; **~wolny** eigenmächtig
sandacz *m* Zander
sandał *m* Sandale *f*
sanie *pl.* Schlitten *m*
sanitar|iusz(ka *f*) *m* Sanitäter(in); (Kranken-)Pfleger(in); **~ka** F *f* Krankenwagen *m*; **~ny** sanitär
sankcja *f* Sanktion; Maßnahme
sanki *pl. s.* **sanie**
sardynka *f* Sardine
sarna *f* Reh *n*
satelita *m* Satellit; **~rny** Satelliten-
są *3. Pers. pl. Präsens v.* **być**
sąd *m* Gericht *n*; *fig.* Urteil *n*; **~ownictwo** *n* Gerichtswesen; **~ownie** *Adv.*, **~owy** gerichtlich
sądzić richten; (**o** *L*) urteilen (über *A*)
sąsiad(ka *f*) *m* Nachbar(in)
sąsie|dni nachbarlich, Nachbar-; **~dztwo** *n* Nachbarschaft *f*
scen|a *f* Szene; Bühne; **~ariusz** *m* Drehbuch *n*
schab *m* Schweinsrücken;

~owy: ***kotlet*** *m* ***~owy*** Schweinskotelett *n*
schadzka *f* Rendezvous *n*
schemat *m* Schema *n*
schlebiać schmeicheln
schnąć *v/i* trocknen
scho|dy *m/pl.* Treppe *f*; **~dzić** hinuntergehen, herabsteigen; ***~dzić się*** zusammenkommen; **~rowany** ausgezehrt; **~wać** *pf.* verstecken, verbergen (***się*** sich); **~wek** *m* Versteck *n*
schron *m* Schutzraum, Bunker; **~ienie** *n* Zuflucht *f*
schronisko *n* Zufluchtsort; (*Jugend-*)Herberge *f*; ***~ górskie*** Baude *f*; ***~ dla zwierząt*** Tierheim
schwycić *pf. s.* **chwytać**
schylać *s.* **chylić**
scyzoryk *m* Taschenmesser *n*
seans *m* (*Film-*)Vorstellung *f*
sedes *m* Klosettbrille *f*
sejm *m* Sejm
sekator *m* Baumschere *f*
sekcja *f* Sektion
sekret *m* Geheimnis *n*; **~arka** *f* Sekretärin; **~arz** *m* Sekretär
sekund|a *f* Sekunde; **~nik** *m* Sekundenzeiger
seler *m* Sellerie *f*
semafor *m* *Esb.* Signal *n*
seminarium *n* Seminar
sen *m* Schlaf; Traum; **~ny** schläfrig; verschlafen; Traum-
sen|s *m* Sinn; **~sacyjny** sensationell; **~sowny** vernünftig
separatka *f* Isolierraum *m*; Einzelzelle
seplenić lispeln
ser *m* (***szwajcarski*** Schweizer) Käse
ser|ce *n* Herz; **~cowy** Herz-; **~deczny** herzlich
serdelek *m* Bockwurst *f*
serio *Adv.* ernsthaft; ***na ~*** ernst, im Ernst
sernik *m* Käsekuchen
ser|watka *f* Molke; **~weta** *f* Tischtuch *n*; **~wetka** *f* Serviette; **~wis** *m* Service *n od. m*; **~wować** *Sp.* aufschlagen
set *m* *Sp.* Satz
set|ka *f* Hundert *n*; F Deziliter *n*; **~ny** hundertste(r)
sezon *m* Saison *f*
sędzia *m* (***sportowy*** Schieds-, ***śledczy*** Untersuchungs-)Richter
sęk *m* Ast(ansatz); **~acz** *m* Baumkuchen; **~aty** knorrig
sęp *m* Geier
sfera *f* Sphäre
siać ⟨**po-, za-**⟩ säen
siadać sich setzen
siano *n* Heu; **~kosy** *m/pl.* Heuernte *f*
siar|czan *m* Sulfat *n*; **~czany** Schwefel-; **~ka** *f* Schwefel *m*; **~kowy** Schwefel-
siatk|a *f* Netz *n*; **~ówka** *f* *Anat.* Netzhaut; *Sp.* Volleyball *m*
siąść *pf. s.* **siadać**
sidła *m/pl.* Schlinge *f*
siebie *Pron.* (*G, A*) sich; ***dla ~*** für sich; ***od ~*** von sich; ***do ~*** zu sich; ***u ~*** bei sich; *s.*

sobą, sobie
siec hacken; prügeln
sieciowy Netz-
sieczka *f* Häcksel *n*; **~rnia** *f* Häckselmaschine
sieć *f* Netz *n*
siedem|nasty siebzehnte(r); **~setny** siebenhundertste(r)
siedmio|krotny siebenfach; **~letni** siebenjährig; **~ro** sieben
siedz|ący sitzend; Sitz-; **~enie** *n* Sitz *m*; F Gesäß; **~iba** *f* (Wohn-)Sitz *m*; **~ieć** sitzen
siek|acz *m* Hackmesser *n*; Schneidezahn; **~any** *Kochk.* gehackt, Hack-; **~iera** *f* Axt, Beil *n*
sielanka *f* Idylle
siemię *n* Samen *m*
sien|nik *m* Strohsack; **~ny** Heu-
sień *f* (*Haus-*)Flur *m*
sierota *m/f* Waise *f*
sierp *m* Sichel *f*; **~ień** *m* August; ***w ~niu*** im August
sierść *f* Fell *n*
siew *m* Saat *f*; **~nik** *m* Sämaschine *f*
się *Pron.* sich; man; ***mówi ~ po niemiecku*** man spricht deutsch
sięg|ać ⟨**~nąć**⟩ reichen; (**po** *A*) langen (nach *D*)
sik|ać ⟨**~nąć**⟩ spritzen; P ⟨**po-**⟩ pinkeln; **~awka** *f* Feuerspritze
sikorka *f* Meise
sil|nik *m* Motor; *Flgw.* Triebwerk *n*; **~ny** kräftig, stark
sił|a *f* Kraft; Gewalt; **~acz** *m* Athlet; **~ownia** *f* Fitnessstudio *n*; Kraftwerk *n*
sin|iec *m* F blauer Fleck; **~y** (**-no**) blau
siod|ełko *n* (*Fahrrad-*)Sattel *m*; **~larz** *m* Sattler; **~łać** ⟨**o-**⟩ satteln; **~ło** *n* Sattel *m*
siost|ra *f* Schwester; **~rzenica** *f* Nichte; **~rzeniec** *m* Neffe; **~rzyczka** *f* Schwesterchen *n*
siód|emka *f* Sieben; **~my** siebente(r)
sit|(k)o *n* Sieb; **~owie** *n* Binse *f*
siusiać F pinkeln
siw|awy angegraut; **~ieć** ⟨**o-, po-**⟩ ergrauen; **~izna** *f* graues Haar *n*; **~y** (**-wo**) grau
skafander *m* Anorak
skakać springen, hüpfen
skala *f* Skala; Maßstab *m*
skaleczenie *n* Verletzung *f*
ska|listy felsig; **~ła** *f* Felsen *m*; **~mieniały** versteinert
skandaliczny skandalös
skarb *m* Schatz; ***~ państwa*** Fiskus; **~iec** *m* Schatzkammer *f*; **~nik** *m* Schatzmeister; Zahlmeister; **~onka** *f* Sparbüchse; **~owy**: ***urząd*** *m* **~** Finanzamt *n*
skar|ga *f* Klage; Beschwerde; **~pa** *f* Böschung; **~pet(k)a** *f* Socke; **~żyć** ⟨**za-**⟩ verklagen; ***~żyć*** ⟨**po-**⟩ ***się*** sich beklagen; sich beschweren
skaz|a *f* Makel *m*; **~anie** *n*

Verurteilung *f*; **~(yw)ać** verurteilen; **~ić** *pf.* vergällen
skąd *Adv.* woher; **~kolwiek** irgendwoher
skąp|ić ⟨**po-**⟩ (*G*) geizen, knausern (mit); **~iec** *m* Geizhals; **~y** geizig; **(-po)** knapp
skierow|anie *n* Ein-, Überweisung *f*; **~(yw)ać** *s.* **kierować**
skinienie *n* Wink *m*
skle|jać ⟨**~ić**⟩ zusammenkleben; verleimen; **~jka** *f* Sperrholz *n*
sklep *m* Geschäft *n*, Laden; **~ienie** *n* Gewölbe; **~owa** *f* Verkäuferin
skład *m* Zusammensetzung *f*; Lager *n*; *Typ.* Satz; **~acz** *m* *Typ.* Setzer; **~ać** zusammenlegen, -setzen; *Eid* leisten; *Gesuch* einreichen; *Aussage* machen; *Bericht* erstatten; *Prüfung* ablegen; **~ać się** (**z** *G*) sich zusammensetzen (aus); **~ak** *m* Klappfahrrad *n*; Faltboot *n*; **~any** zusammenlegbar, Klapp-; **~ka** *f* (*Geld-*)Beitrag *m*; **~nia** *f* Syntax; **~nica** *f* *Hdl.* (Auslieferungs-)Lager *n*; **~nik** *m* Bestandteil; *Math.* Summand; **~ować** *v/t* lagern; **~owisko** *n* Lagerplatz *m*
skł|aniać ⟨**~onić**⟩ neigen; (**do** *G*) *fig.* bewegen (zu); **~onność** *f* Neigung; **~onny** geneigt
sknera *m/f* Geizhals *m*
skocz|ek *m* Springer; **~nia** *f* Sprungschanze; **~yć** *pf. s.* **skakać**
skok *m* (***o tyczce*** Stabhoch-, ***w dal*** Weit-, ***wzwyż*** Hoch-) Sprung; *Tech.* (*Kolben-*)Hub
skomleć winseln, jaulen
skoro sobald; **~szyt** *m* Schnellhefter; **~widz** *m* Verzeichnis *n*, Register *n*
skorupa *f* Kruste; (Eier-) Schale; (*Topf-*)Scherbe
skos *m* Schräge *f*
skostniały verknöchert; steif
skośny schief, schräg
skowronek *m* Lerche *f*
skó|ra *f* Haut; Fell *n*; Leder *n*; **~rzany** Leder-
skra|cać (ab)kürzen; **~dać się** sich (her)anschleichen; **~dziony** gestohlen
skrajność *f* Extrem *n*
skra|piać besprengen; **~wek** *m* (*Papier-*)Schnitzel *n od. m*
skreśl|ać ⟨**~ić**⟩ (aus-, durch-) streichen
skręc|ać ⟨**~cić**⟩ zusammenschrauben; verdrehen; **~powanie** *n fig.* Verlegenheit *f*; **~t** *m* Drehung *f*; **~t *kiszek*** Darmverschlingung *f*
skrob|ać kratzen (***się*** sich); schaben; **~ak** *m* Schaber; **~ia** *f* *Bio*, Stärke
skromny bescheiden
skroń *f* Schläfe
skropić *pf. s.* **skrapiać**
skró|cić *pf. s.* **skracać**; **~t** *m* Abkürzung *f*
skru|cha *f* Reue; **~pulatny**

genau, penibel; **~puł** *m* Skrupel
skry|ć *pf. s.* **kryć, skrywać**; **~tka** *f* Geheimfach *n*; (*Post-*)Schließfach *n*; **~tość** Verschlossenheit; **~ty (-cie)** verschlossen; verborgen; **~wać** verbergen (**się** sich)
skrze|czeć kreischen; quaken; **~p** *m* (*Blut-*)Gerinnsel *n*; **~pły** geronnen
skrzętny emsig, geschäftig
skrzydło *n* Flügel *m*; **~wy** Flügel-; *Su. m Sp.* Außenstürmer
skrzyn|ia *f* Kiste, Kasten *m*; **~ka** *f* (***pocztowa*** Brief-) Kasten *m*; ***~ka biegów*** *Kfz.* Schaltgetriebe *n*
skrzyp|ce *f/pl.* Geige *f*; **~ek** *m* Geige(nspiele)r; **~ieć** ⟨**~nąć**⟩ *v/i* knarren; *Tür:* quietschen; *Schnee:* knirschen
skrzy|wi(a)ć *s.* **krzywić**; **~wiony** krumm, verbogen; **~żowanie** *n* Kreuzung *f*
skubać rupfen; zupfen
skup *m* Aufkauf; **~i(a)ć** sammeln; konzentrieren (**się** sich); **~ienie** *n* Konzentration *f*; Zusammenballung *f*; **~ować, ~ywać** aufkaufen
skut|eczny wirksam; **~ek** *m* Folge *f*; (Aus-)Wirkung *f*
skuter *m* Motorroller
skutkować ⟨**po-**⟩ wirken
skwar *m* Sonnenhitze *f*, -glut *f*; **~ka** *f* Griebe *f*
slajd F *m* Dia *n*
sleeping *m*, **sliping** *m* *Esb.* Schlafwagen
słab|nąć ⟨**o-**⟩ schwach (*od.* schwächer) werden; **~ość** *f* Schwäche; **~owity** schwächlich; **~y (-bo)** schwach
słać[1] ⟨**po-**⟩ senden, schicken
słać[2] ⟨**po-**⟩ *Bett* machen; *Decke* ausbreiten
sław|a *f* Ruhm *m*; Berühmtheit; **~ny** berühmt
słod|ki (-ko) süß; **~kowodny** Süßwasser-; **~owy** Malz-; **~ycze** *m/pl.* Süßigkeiten *f/pl.*
słodzić ⟨**o-, po-**⟩ süßen
słoik *m* (*Einmach-*)Glas *n*
słom|a *f* Stroh *n*; **~ianka** *f* Strohmatte; **~iany** Stroh-; **~ka** *f* Strohhalm *m*
słonecz|nik *m* Sonnenblume *f*; **~ny** Sonnen-; sonnig
słonina *f* Speck *m*
słoniowy *s.* **kość**
słony (-no) salzig
słoń *m* Elefant
słońce *n* Sonne *f*
słota *f* Regenwetter *n*
Słowia|nin *m* Slawe; **~nka** *f* Slawin; **♀ński** slawisch
słowik *m* Nachtigall *f*
słow|nie *Adv.* in Worten; **~nik** *m* Wörterbuch *n*; **~ny** verbal; *Pers.* verlässlich; **~o** *n* Wort; **~o w ~o** Wort für Wort; **co do ~a** wortgetreu
słód *m* Malz *n*
słój *m* (*Einmach-*)Glas *n*; *Bot.* Jahresring
słuch *m* Gehör *n*; **~acz** *m* (Zu-)Hörer; **~ać** ⟨**po-**⟩ (*G*) hören (*A*), zuhören (*D*); **~awka** *f* (Kopf-)Hörer *m*;

~owisko *n* Hörspiel
sługa *m/f* Diener(in)
słup *m* Säule *f*; Pfahl; Stange *f*; **~ek** *m* Pfosten
słuszn|ie *Adv. s.* **słuszny**; **~ość** *f* Richtigkeit; ***mieć ~ość*** Recht haben; **~y** richtig; berechtigt; (ge)recht; *Pers.* hoch gewachsen
służ|ąca *f* Dienstmädchen *n*; **~ący** *m* Diener; **~ba** *f* Dienst *m*; **~bowy (-wo)** dienstlich; **~yć** dienen
słychać: ***jak ~*** wie man hört; ***co ~?*** was gibt es Neues?
słynny berühmt
słysz|alny hörbar; **~eć** ⟨**po-, u-**⟩ hören
smacz|ny wohlschmeckend; ***~nego!*** guten Appetit!
smag|ać ⟨**~nąć**⟩ peitschen
smak *m* Geschmack; **~ołyk** *m* Leckerbissen; **~osz** *m* Feinschmecker; **~ować** *v/i* schmecken; **~owity (-cie)** schmackhaft
smalec *m* Schmalz
smar *m* Schmiermittel *n*; **~kacz** F *m* Rotzbengel; **~ować** ⟨**po-**⟩ schmieren; **~owidło** *n* Schmiere *f*
smaż|ony gebraten; **~yć** ⟨**u-**⟩ braten
smoczek *m* Schnuller
smok *m* Drache
smoła *f* Pech *n*; Teer *m*
smr|odliwy (-wie) stinkend; **~odzić** ⟨**na-**⟩ die Luft verpesten; V furzen; **~ód** *m* Gestank
smu|cić ⟨**za-**⟩ betrüben; ***~cić się*** traurig sein; **~ga** *f* Streifen *m*; Rauchfahne; **~kły (-ło)** schlank; **~tek** *m* Trauer *f*, Traurigkeit *f*; **~tny (-no)** traurig
smycz *f* Hundeleine; **~ek** *m* (*Violin-*)Bogen; **~kowy** *Mus.* Streich-
smyk *m* Bengel
snop *m Agr.* Garbe *f*; Bund *n*; **~owiązałka** *f* Garbenbinder *m*
snuć *Wolle* spinnen; *Pläne* schmieden; *Vermutungen* anstellen; ***~ się*** *Rauch*: (in Schwaden) hängen
snycerz *m* Holzschnitzer
sob|ą *Pron.* (*I*), **~ie** *Pron.* (*D*, *L*) sich; ***z ~ą*** mit sich; ***przy ~ie*** bei sich; ***był ~ie*** es war einmal
sobot|a *f* Sonnabend *m*; **~ni** Sonnabend-
sobowtór *m* Doppelgänger
soból *m* Zobel
sobór *m* Konzil *n*
socjalistyczny sozialistisch
soczew|ica *f* Linse; **~ka** *f Fot.* Linse
soczysty (-ście) saftig
soda *f* Soda; ***~ żrąca*** Ätznatron *n*
sojusz *m* Bündnis *n*; **~nik** *m* Verbündete(r)
sok *m* Saft
sokół *m* Falke
sola *f* Seezunge; **~nka** *f* Salzbrötchen *n*; Solquelle
solen|izant *m* (**~ka** *f*) Geburts-

tagskind *n*; **~ny** feierlich
solić ⟨**po-**⟩ salzen
solidarn|ość *f* Solidarität; **~y** solidarisch
sol|niczka *f* Salzfass *n*, -streuer *m*; **~ony** gesalzen
sołtys *m in Polen*: Dorf-, Gemeindebürgermeister
sopel *m*: ~ ***lodu*** Eiszapfen
sortować ⟨**po-**⟩ sortieren
sos *m* Soße *f*, Tunke *f*
sosna *f Bot.* Kiefer
sowa *f* Eule
sód *m* Natrium *n*
sól *f* (***kuchenna*** Koch-)Salz *n*
spacer *m* Spaziergang; **~ować** ⟨**po-**⟩ spazieren; **~owicz** *m* Spaziergänger
spaczony entstellt
spać schlafen
spad *m* Gefälle *n*; **~ać** (herab)fallen; **~ek¹** *m* Gefälle *n*; (Ab-)Sturz; Abnahme *f*; **~ek²** *m* Erbschaft *f*; Nachlass
spadko|bierca *m* Erbe; **~bierczyni** *f* Erbin; **~dawca** *m* Erblasser
spadochron *m* Fallschirm
spadzisty (**-to**) abschüssig
spajać¹ verbinden; *fig.* einigen
spajać² betrunken machen
spal|ać ⟨**~ić**⟩ verbrennen; **~enizna** *f* Brandgeruch *m*; **~inowy** *Kfz.* Verbrennungs-; ~iny *f/pl.* Abgase *n/pl.*; **~ony** verbannt
sparzyć *pf.* verbrühen (***się*** sich)
spaść *pf. s.* **spadać**
spawać *Tech.* schweißen
spazm *m* Krampf
specjal|ista *m* Spezialist; Facharzt; **~ność** *f* Fachgebiet *n*; **~ny** besonders, speziell, Spezial-
spedytor *m* Spediteur
spełni(a)ć erfüllen (***się*** sich)
spędz|ać ⟨**~ić**⟩ zusammentreiben; *Zeit* verbringen; *Frucht* abtreiben
spiąć *pf. s.* **spinać**
spich(le)rz *m* Speicher
spierać się streiten
spierzchnięty rissig, aufgesprungen
spiesz|ny eilig; **~yć** ⟨**po-**⟩ (***się*** sich be)eilen
spięcie *n*: ***krótkie*** ~ *El.* Kurzschluss *m*
spiker(ka *f*) *m Rdf.* Ansager(in)
spin|acz *m* Büroklammer *f*; **~ać** zusammenheften
spirytus *m* Spiritus, Sprit
spis *m* Liste *f*, (***treści*** Inhalts-)Verzeichnis *n*; ~ ***ludności*** Volkszählung *f*; ~ ***potraw*** Speisekarte *f*; **~ek** *m* Verschwörung *f*; **~(yw)ać** aufschreiben; *Protokoll* aufnehmen
spiż|arnia *f* Vorratskammer; **~owy** ehern
spleśniały verschimmelt
splot *m* Verflechtung *f*
splu|wać ⟨**~nąć**⟩ (aus)spucken
spłac|ać ⟨**~ić**⟩ abzahlen

spłaszcz|ać ⟨**~yć**⟩ abplatten
spłat|a *f* Abzahlung; ***kupno** n* ***na ~y*** Ratenkauf *m*
spław *m* Flößerei *f*; **~i(a)ć** *Holz* flößen; **~ny** flößbar
spłon|ąć *pf. v/i* abbrennen; **~ka** *f* Spreng-, Zündkapsel
spłu|czka *f* (*Klosett-*)Spülung; **~k(iw)ać** (ab)spülen
spły|w *m*: ***~w tratwą*** Floßfahrt *f*; **~wać** ⟨**~nąć**⟩ abfließen
spocony verschwitzt
spocz|ynek *m* Ruhe *f*, Rast *f*; **~ywać** ⟨**~ąć**⟩ (aus)ruhen
spod|ek *m* Untertasse *f*; **~enki** *pl.* kurze Hose(n); **~ni** Unter-; **~nie** *pl.* Hose *f*
spodziewać się (*G*) hoffen (auf *A*), erwarten (*A*)
spo|glądać blicken, schauen; **~ić** *pf. s.* **spajać**; **~ina** *f* Fuge; Lötstelle; **~isty** fest, dicht; **~iwo** *n* Bindemittel; **~jówka** *f* Bindehaut; **~jrzeć** *pf. s.* **spoglądać**; **~jrzenie** *n* Blick *m*
spok|ojny ruhig; **~ój** *m* Ruhe *f*
spokrewniony verwandt
społecz|eństwo *n* Gesellschaft *f*; Öffentlichkeit *f*; **~ny** gesellschaftlich; sozial, Sozial-
spomiędzy *Prp.* (*G*) unter, aus (*D*)
spontaniczny spontan
sporny strittig, Streit-
sporo *Adv.* ziemlich viel
sport *m* Sport; **~owiec** *m* Sportler; **~owy** Sport-; (**-wo**) sportlich
spory beträchtlich
sporządz|ać ⟨**~ić**⟩ anfertigen
spos|obność *f* Gelegenheit; **~ób** *m* Art *f*, Weise *f*
spostrze|gać ⟨**~c**⟩ erblicken, wahrnehmen; **~żenie** *n* Wahrnehmung *f*
spot|kanie *n* Begegnung *f*; **~(y)kać** *v/t* begegnen (*D*), treffen (**się** sich)
spow|iadać ⟨**wy-**⟩ **się** (**z** *G*) beichten (*A*); **~iednik** *m* Beichtvater; **~iedź** *f* Beichte
spoza *Prp.* (*G*) hinter (*D*) hervor
spoży|cie *n* Konsum *m*, Verbrauch *m*; Verzehr *m*; **~(wa)ć** konsumieren, verzehren; **~wczy** Nahrungs-; Nähr-
spód *m* Boden, Unterteil *m*, -seite *f*; **~nica** *f* (*Frauen-*) Rock *m*
spójnik *m* Bindewort *n*
spółdziel|czość *f* Genossenschaftswesen *n*; **~czy** genossenschaftlich; **~nia** *f* (***mieszkaniowa*** Wohnungsbau-) Genossenschaft
spółgłoska *f* Konsonant *m*
spółka *f Hdl.* Gesellschaft
spór *m* Streit
spóźni|(a)ć się sich verspäten; **~enie** *n* Verspätung *f*
spragniony durstig
spraw|a *f* Sache, Angelegenheit; Fall *m*; ***zdać ~ę*** Rechenschaft ablegen; **~ca** *m*

Urheber, Täter; **~dzać** ⟨**~dzić**⟩ nachprüfen; ***~dzić się*** sich bewahrheiten, bestätigen; **~dzian** *m Tech.* Lehre *f*; Kaliber *n*; **~i(a)ć** verursachen; *Sorge* bereiten; *Freude* machen
sprawiedliw|ość *f* Gerechtigkeit; ***ministerstwo*** *n* ***~ości*** Justizministerium; **~y** (**-wie**) gerecht
spraw|ność *f* Leistungsfähigkeit; Wirkungsgrad *m*; **~ny** leistungsfähig; **~ować** *Amt* ausüben; *Aufsicht* führen; ***~ować się*** sich betragen; **~owanie** *n* Betragen; **~ozdanie** *n* Bericht *m*; **~ozdawca** *m* Berichterstatter
sprawun|ek *m*: ***załatwiać ~ki*** Einkäufe machen
spręż|ać ⟨**~yć**⟩ komprimieren, verdichten; **~arka** *f* Kompressor *m*; **~yna** *f Tech.* Feder; *fig.* Triebfeder; **~ystość** *f* Spannkraft; **~ysty** (**-ście**) elastisch; federnd
sprostow|ać *pf.* berichtigen; **~anie** *n* Berichtigung *f*; Richtigstellung *f*
sprośny obszön, zotig
sprowadz|ać ⟨**~ić**⟩ *j-n* kommen lassen; *Hilfe* (herbei-)holen; *Ware* beziehen
spróchniały morsch; kariös
spry|ciarz F *m* Schlaukopf, gerissener Kerl; **~sk(iw)ać** besprühen; **~skiwacz** *m* (***szyb***) *Kfz.* Scheibenwaschanlage *f*; **~t** *m* Pfiffigkeit *f*, Durchtriebenheit *f*; **~tny** pfiffig; clever; flink
sprząc *pf. s.* **sprzęgać**
sprzączka *f* Schnalle
sprzą|taczka *f* Raumpflegerin; **~tać** ⟨**~tnąć**⟩ aufräumen; **~tanie** *n* Reinemachen
sprzeciw *m* Einwand; Einspruch; **~i(a)ć się** sich widersetzen
sprzecz|ać się (sich) streiten; **~ka** *f* Streit *m*, Zank *m*; **~ność** *f* Widerspruch *m*; **~ny** widersprechend
sprzeda|(wa)ć verkaufen; **~wca** *m* (**~wczyni** *f*) Verkäufer(in); **~ż** *f* Verkauf *m*
sprzeniewierzenie *n* Veruntreuung *f*
sprzęg *m Esb.* Kupplung; **~ać** ⟨**~nąć**⟩ (zusammen)koppeln, (an)koppeln; **~ło** *n Kfz.* Kupplung *f*
sprzęt *m* Gerät *n*; Ausrüstung *f*
sprzy|jać (*D*) begünstigen (*A*); **~mierzeniec** *m* Verbündete(r); **~mierzony** verbündet; **~sięgać** ⟨**~siąc**⟩ **się** sich verschwören; **~siężenie** *n* Verschwörung *f*
spuch|lizna *f* Schwellung; **~nięty** geschwollen
spulchni(a)ć (auf)lockern
spust *m* Ablass(öffnung *f*); (*Waffe*) Abzug; *Fot.* Auslöser
spu|stoszenie *n* Verwüstung *f*; **~szczać** ⟨**~ścić**⟩ herablassen; **~ścizna** *f* Nachlass *m*

spycha|cz *m*, **~rka** *f* Planierraupe *f*
spytać się *pf. s.* **pytać**
sreb|rny silbern; **~ro** *n* Silber; **~rzysty (-sto)** silbrig
srog|i (-go, srodze) streng; **~ość** *f* Strenge
sroka *f* Elster
srom *m Anat.* Scham *f*; **~otny** schmählich
ssa|ć saugen; lutschen; **~k** *m* Säugetier *n*
sta|cja *f* Station; *Rdf.* Sender *m*; *s.* **benzynowy, obsługa**; **~cyjka** F *f Kfz.* Zündschloss *n*; **~czać** hinabwälzen, -rollen
stać[1] stehen; **~ *się*** *pf.* geschehen
stać[2] **(*na*** *A*) imstande sein (zu), können (*A*)
stad|nina *f* Gestüt *n*; **~o** *n* Herde *f*; Rudel, Schar *f*
stajnia *f* Stall *m*
stal *f* Stahl *m*
stale *Adv.* stets, ständig
stal|oryt *m* Stahlstich; **~owy** stählern, Stahl-; stahlblau; **~ówka** *f* Schreibfeder
stał|ość *f* Beständigkeit; **~y** fest; (be)ständig; Dauer-
stamtąd *Adv.* von dort; von drüben
stan *m* Zustand; Lage *f*; Bestand; (*Familien*-)Stand; **𝔖y** *pl.* ***Zjednoczone*** Vereinigte Staaten; **~ąć** *pf. s.* **stawać**; **~ik** *m* Büstenhalter, BH
stanow|czość *f* Entschiedenheit; **~czy (-czo)** entschieden; **~ić** *v/t* bilden, ausmachen; **~isko** *n* Stellung *f*; (*Arbeits*-)Platz *m*; *fig.* Standpunkt *m*
stara|ć się (*o* *A*) sich bemühen (um); **~nie** *n* Bemühen; **~nny** sorgfältig
star|cie *n fig.* Zusammenstoß *m*; *Sp.* Runde *f*; **~czać** ⟨**~czyć**⟩ (aus)reichen, genügen
staro *Adv.* alt; **~dawny** altertümlich; **~modny** altmodisch; **~sta** *m* Starost, Landrat; **~ść** *f* Alter *n*; **~świecki (po -ku)** altväterlich; **~żytny** altertümlich, antik
star|ówka F *f* Altstadt; **~uszek** *m s.* **starzec**; **~uszka** *f* altes Mütterchen *n*; Greisin; **~y** alt; ***po ~emu*** wie gehabt
starz|ec *m* Greis; **~eć** ⟨**ze-**⟩ **się** altern; **~yzna** *f* Trödel *m*
stateczny stabil; *fig.* gesetzt
stat|ek *m* Schiff *n*; **~ki** *pl.* Küchengeschirr *n*
statut *m* Satzung *f*
statyst|a *m* Statist; **~yczny** statistisch
statyw *m* Stativ *n*
staw *m* Teich; *Anat.* Gelenk *n*
staw|ać stehen bleiben; Halt machen; ***~ać się*** werden; **~i(a)ć** stellen; **~ka** *f* Einsatz *m*; (*Tarif*-)Satz *m*
staż *m* Probezeit *f*; Praktikum *n*; Dienstalter *n*; **~ysta** *m* Praktikant
stąd *Adv.* von hier; daher

stąp|ać ⟨**~nąć**⟩ schreiten
stek *m* Steak *n*
stemplować ⟨**o-**⟩ (ab)stempeln
step *m* Steppe *f*
ster *m* Steuer *n*
sterany erschöpft
sterczeć herausragen
stereofoniczny stereophon, Stereo-
ster|nik *m* Steuermann; **~ować** steuern
sterta *f* Schober *m*; Stoß *m*
stęchły (**-le**) muffig
stęk|ać ⟨**~nąć**⟩ stöhnen, ächzen; **~anie** *n* Stöhnen
stę|pieć *pf.* stumpf werden; **~pka** *f Mar.* Kiel *m*; **~żenie** *n* Erstarrung *f*; *Chem.* Konzentration *f*
stłuczenie *n* Quetschung *f*, Prellung *f*
stłumi(a)ć *s.* **tłumić**
stocz|nia *f* Werft; **~yć** *pf. s.* **staczać**
stodoła *f* Scheune
sto|i *s.* **stać**¹; **~isko** *n* (*Messe-*) Stand *m*; **~jak** *m* Ständer; **~jący** Steh-; stehend
stok *m* Abhang; Böschung *f*
stokro|ć hundertmal; **~tka** *f* Gänseblümchen *n*; **~tny** hundertfach
stola|rnia *f* Tischlerei; **~rz** *m* Tischler
stolec *m* Stuhlgang
stolica *f* Hauptstadt
stolik *m* Tisch(chen *n*)
stoł|ek *m* Schemel; **~ówka** *f* Kantine; Mensa
stop *m* Legierung *f*; **~a** *f* Fuß *m* (*a. Maß*); **~a procentowa** Zinssatz *m*; **~a życiowa** Lebensstandard *m*; **~er** *m* Stoppuhr *f*; **~ień** *m* Stufe *f*; Grad (*a. Math., Geogr.*); Note *f*, Zensur *f*; *Mil.* Rang; **~niowy** (**-wo**) allmählich
stos *m* Stapel, Haufen
stosow|ać ⟨**za-**⟩ anwenden; **~ać się** (**do** *G*) sich halten (an *A*); **~ny** passend, angebracht
stosun|ek *m* Verhältnis *n*; Beziehung *f*; Geschlechtsakt; **~kowy** (**-wo**) verhältnismäßig
stowarzyszenie *n* Verein(igung *f*) *m*
stoż|ek *m* Kegel; **~kowaty** kegelförmig; **~kowy** konisch
stóg *m* Schober
stół *m* Tisch; **~ szwedzki** kaltes Büfett *n*
stówa F *f* Hunderter *m*
stracenie *n* Hinrichtung *f*
strach *m* Angst *f*, Furcht *f*
stragan *m* Marktstand
strajk *m* Streik; **~ować** ⟨**za-**⟩ streiken
strasz|ak *m* Schreckschusspistole *f*; **~liwy** (**-wie**), **~ny** furchtbar, schrecklich; **~yć** ⟨**prze-, wy-**⟩ *v/t* ängstigen, schrecken; *nur impf* (*I*) drohen (mit); **~ydło** *n* Schreckgespenst
strata *f* Verlust *m*
strawny verdaulich
straż *f* Wache; **~ pożarna**

Feuerwehr; ~ ***zakładowa*** Werkschutz *m*; **~acki** Feuerwehr-; **~ak** *m* Feuerwehrmann; **~nik** *m* Wachmann, Wächter
strą|cać ⟨**~cić**⟩ hinabstoßen; *Flgw.* abschießen
strą(cze)k *m* Hülse *f*, Schote *f*
strefa *f* Zone
streszczenie *n* Kurzfassung *f*; Zusammenfassung *f*
stręczyć *Kauf* vermitteln
striptiz *m* Striptease
stro|fować ermahnen; tadeln; **~ić** ⟨**na-**⟩ *Mus.* stimmen; ⟨**wy-**⟩ (aus)schmücken (***się*** sich); **~jny** elegant, schmuck; **~my** (**-mo**) steil; **~na** *f* Seite; *Jur.* Partei; **~nica** *f* (*Buch-*)Seite
stronni|ctwo *n Pol.* Partei *f*; **~czy** (**-czo**) parteilich; **~k** *m* Anhänger
strop *m Arch.* Decke *f*
stroskany bekümmert
strój *m* Kleid *n*; Tracht *f*
stróż *m* Wächter
strucla *f Kochk.* Striezel *m*
strug *m* Hobel; **~a** *f* Strahl *m*; Rinnsal *n*, Bach *m*; **~ać** ⟨**o-**⟩ *Bleistift* spitzen; *Kartoffeln* schälen; *Tech.* hobeln; **~arka** *f* Hobelmaschine
strumień *m* Bach; Strahl
struna *f* Saite; ~ ***głosowa*** Stimmband *n*
struś *m Zo.* Strauß
strych *m* Dachboden
stryj *m* Onkel (*väterlicherseits*); **~enka** *f* Tante (*Frau des Onkels*)
strzał *m* Schuss; **~a** *f*, **~ka** *f* Pfeil *m*
strząs|ać ⟨**~nąć**⟩ abschütteln
strzec (*G*) hüten (*A*); ~ ***się*** (*G*) sich hüten (vor)
strzecha *f* Strohdach *n*
strzel|ać ⟨**~ić**⟩ schießen; **~ba** *f* Flinte; **~ec** *m* Schütze; **~nica** *f* Schießstand *m*
strzemię *n* Steigbügel *m*
strzep(yw)ać abschütteln
strzęp *m*, **~ek** *m* Fetzen; **~ić** ⟨**po-, wy-**⟩ ausfransen
strzyc ⟨**o-**⟩ *Haare* schneiden; *Schafe* scheren
strzy|kawka *f* Injektionsspritze; ***~kawka jednorazowa*** Einwegspritze; **~żenie** *n* (*Schaf-*)Schur *f*; Haarschneiden
stu hundert
stud|encki Studenten-; **~ent(ka** *f*) *m* Student(in); **~ia** *n/pl.* Studium *n*; **~iować** studieren
stu|dnia *f* Brunnen *m*; **~dzić** ⟨**o-**⟩ (ab)kühlen; **~dzienny** Brunnen-
stuk *m*, **~ot** *m* Klopfen *n*; **~ać** ⟨**~nąć**⟩ klopfen, pochen
stule|cie *n* Jahrhundert; **~tni** hundertjährig
stuzłotówka *f* Hundertzlotyschein *m*
stwardniały verhärtet, hart (geworden)
stwarzać (er)schaffen
stwierdz|ać ⟨**~ić**⟩ feststellen; **~enie** *n* Feststellung *f*

stworz|enie *n* Geschöpf; **~yć** *pf. s.* **stwarzać**
stwór *m* Ungeheuer *n*; **ℒca** *m* *Rel.* Schöpfer
stycz|eń *m* Januar; **w ~niu** im Januar
styczn|a *f* Tangente; **~ość** *f* Berührung, Kontakt *m*
stygnąć ⟨**o-**⟩ kalt werden
styk *m* Berührung *f*; *El.* Kontakt; *Tech.* Stoß; **~ać się** sich berühren; (**z** *I*) begegnen (*D*)
styl *m* Stil; **~istyczny** stilistisch
stymulator *m*: **~ serca** *Med.* Herzschrittmacher
stypa *f* Leichenschmaus *m*
sub|lokator *m* Untermieter; **~stancja** *f* Substanz; **~telny** subtil
such|ar *m* Zwieback; **~oty** *pl.* Schwindsucht *f*; **~y** (**-cho**) trocken
su(cz)ka *f* Hündin
sufit *m* (*Zimmer-*)Decke *f*
sugerować suggerieren
sukces *m* Erfolg
sukn|ia *f* Kleid *n*; **~o** *n* Tuch
sum *m* Wels
suma *f* Summe; Betrag *m*; *Rel.* Hochamt *n*
sum|ienie *n* Gewissen; **~ienny** gewissenhaft; **~ować** summieren
supeł *m* Knoten
supersam F *m* Supermarkt
surow|ica *f* Serum *n*; **~iec** *m* Rohstoff; **~y** (**-wo**) roh; streng
surówka *f* Roheisen *n*; *Kochk.* Rohkost
suseł *m* *Zo.* Ziesel
susz|a *f* Dürre; **~arka** *f* (*Haar-*, *Wäsche-*)Trockner *m*; **~arnia** *f* Trocknerei; **~ka** *f* (*Tinten-*)Löscher *m*; **~yć** ⟨**wy-**⟩ *v/t* trocknen; dörren
sut|ek *m*, **~ka** *f* Brustwarze *f*
sute|ner *m* Zuhälter; **~rena** *f* Kellergeschoss *n*; Kellerwohnung
suty (**-to**) reichlich
suw *m* *Tech.* Hub; **~ać** (hin und her) schieben; **~ak** *m* *Tech.* Schieber; F Reißverschluss; **~miarka** *f* Schieblehre; **~nica** *f* (*Lauf-*)Kran *m*
swastyka *f* Hakenkreuz *n*
swa|t(ka *f*) *m* Brautwerbe-r(in); **~tać** *Ehe* vermitteln; **~wola** *f* Übermut *m*; **~wolny** übermütig
swąd *m* Brandgeruch
swędz|enie *n* Juckreiz *m*; **~dzić** *v/i* jucken
swobod|a *f* Freiheit; **~ny** zwanglos, frei
swo|isty (**-ście**) eigenartig; **~jak** *m* Landsmann; **~jski** (**-ko**) heimisch
sworzeń *m* Bolzen, Stift
swój *Pron.* mein(e), dein(e), ihr(e), sein(e), unser(e); ***masz ~ dom*** du hast dein Haus; ***mamy ~ dom*** wir haben unser Haus
syczeć zischen
syfilis *m* Syphilis *f*

sygn|ał *m* Signal *n*; (*Besetzt-*) Zeichen *n*; (*Not-*)Ruf; **~ałowy** Signal-; **~et** *m* Siegelring
syk *m* Zischen *n*; **~nąć** *pf. s.* **syczeć**
symbol *m* Symbol *n*; Wahrzeichen *n*
sympatia *f* Sympathie; F Freund(in *f*) *m*
symulować simulieren
syn *m* Sohn; **~ek** *m* Söhnchen *n*; **~owa** *f* Schwiegertochter
syntetyczny synthetisch
syp|ać schütten; streuen; **~iać** schlafen; **~ialnia** *f* Schlafzimmer *n*; **~ki (-ko)** locker
syrena *f* Sirene (*a. Tech.*)
syrop *m* Sirup
syt, **~y** satt; **~ny** sättigend
sytuacja *f* Situation
szabl|a *f* Säbel *m*; **~on** *m* Schablone *f*; **~onowy (-wo)** schablonenhaft
szach|ista *m* Schachspieler; **~ownica** *f* Schachbrett *n*; **~y** *m/pl.* Schach(spiel) *n*
szacować ⟨**o-**⟩ (ab)schätzen
szacun|ek *m* Achtung *f*; Schätzung *f*; ***z ~kiem*** hochachtungsvoll; **~kowy** Schätzungs-
szafa *f* Schrank *m*
szafir *m* Saphir
szafka *f* Schränkchen *n*; ***~ nocna*** Nachttisch *m*
szajka *f* Bande
szal *m* Schal
szale|ć wüten, toben; **~niec** *m* Verrückte(r); **~ńczy (-czo)** wahnsinnig; rasend; **~ństwo** *n* Wahnsinn *m*
szalony irr(e); *fig. a.* verrückt; *s.* **szaleńczy**
szał *m* Raserei *f*; (*Liebes-*) Rausch *m*; ***wpaść w ~*** e-n Tobsuchtsanfall bekommen
szałas *m* (*Laub-*)Hütte *f*
szamotać się zappeln; sich balgen
szampan *m* Champagner, Sekt
szampon *m* Shampoo *n*
szanow|ać ehren, schätzen; ***~ać się*** sich schonen; **~ny** geehrt
szansa *f* Chance
szantaż *m* Erpressung *f*; **~ować** erpressen; **~ysta** *m* Erpresser
szar|ak *m* (Feld-)Hase; **~ańcza** *f* Heuschrecke; **~fa** *f* Schärpe; **~lotka** *f* Apfelkuchen *m*; **~ość** *f* Grau *n*; **~otka** *f* Edelweiß *n*; **~ówka** *f* Abenddämmerung; Morgengrauen *n*; **~y (-ro)** grau; **~pać** ⟨**~pnąć**⟩ reißen, zerren; **~uga** *f* Regenwetter *n*
szarz|eć ⟨**po-**⟩ grau werden; **~yzna** *f fig.* Einerlei *n*
szat|a *f* Gewand *n*; **~nia** *f* Garderobe
szatyn(ka *f*) *m* Dunkelhaarige(r)
szczaw *m* Sauerampfer; **~iowy** Sauerampfer-
szczątek *m* (Über-)Rest
szczebel *m* Sprosse *f*; *fig., Pol. a.* Ebene *f*

szczebiotać zwitschern
Szczecin *m* Stettin *n*; **2a** *f* Borsten *f/pl.*
szczególn|ie *Adv.* besonders; **~ość** *f* Besonderheit; **w ~ości** insbesondere; **~y** besonder(e)
szczegół *m* Einzelheit *f*; **~owy (-wo)** ausführlich
szczek|ać ⟨**~nąć**⟩ bellen, kläffen; **~anie** *n* Gebell
szczel|ina *f* Spalt *m*; Fuge; **~ny** (luft-, wasser)dicht
szczen|iak *m* F *fig.* Bengel; *a.* = **~ię** *n* Welpe *m*
szczep *m* (*Volks-*)Stamm; **~ić** ⟨**za-**⟩ pfropfen; *Med.* impfen; **~ienie** *n* Pfropfung *f*; Impfung *f*; **~ionka** *f* Impfstoff *m*
szczer|ba *f* Scharte; **~ość** *f* Aufrichtigkeit; **~y (-rze)** aufrichtig; lauter, rein
szczęk *m* Geklirr *n*, Gerassel *n*; **~a** *f Anat.* Kiefer *m*; *Tech.* (*Brems-*)Backe; ***sztuczna ~a*** Gebiss *n* (*Prothese*)
szczęś|cie *n* Glück; **~liwy (-wie)** glücklich
szczodr|ość *f* Freigebigkeit; **~y (-rze)** freigebig
szczot|eczka *f* (***do zębów*** Zahn-)Bürste; **~ka** *f* Bürste; **~kować** ⟨**wy-**⟩ bürsten
szczuć ⟨**po-**⟩ hetzen
szczudła *n/pl.* Stelzen *f/pl.*
szczupak *m* Hecht
szczup|leć ⟨**ze-**⟩ schlank werden; **~ły (-ło)** schmächtig; knapp
szczur *m* Ratte *f*
szczycić się (*I*) stolz sein (auf *A*)
szczyp|ać kneifen, zwicken; **~ce** *f/pl.* Zange *f*; **~iorek** *m* Schnittlauch
szczyt *m* Gipfel, Spitze *f*; **~owy (-wo)** Gipfel-, Spitzen-
szef *m* Chef
szele|st *m* Rauschen *n*; Rascheln *n*; **~ścić** ⟨**za-**⟩ rauschen; rascheln
szelki *f/pl.* Hosenträger *m/pl.*
szelma *m/f* Schelm *m*
szemrać murren
szep|t *m* Flüstern *n*; **~tać** ⟨**~nąć**⟩ flüstern
szereg *m* Reihe *f*; **~ować** ⟨**u-**⟩ ordnen; **~owiec** *m* (gemeiner) Soldat
szermie|rka *f* Fechten *n*; **~rz** *m* Fechter
szerok|i (-ko) breit; *fig.* weit; **~ość** *f* Breite
szerszeń *m* Hornisse *f*
szerz|yć verbreiten; ***~yć się*** sich ausbreiten
szesna|stu, **~ścioro** sechzehn
sześc|ian *m Math.* Kubus, Würfel; **~ienny** Kubik-; **~iokątny** sechseckig; **~iokrotny** sechsfach; **~ioletni** sechsjährig; **~ioro**, **~iu** sechs
szew *m* Naht *f*
szew|c *m* Schuhmacher; **~stwo** *n* Schuhmacherhandwerk
szkapa *f* Mähre

szkaradny abscheulich
szkar|latyna *f Med.* Scharlach *m*; **~latny** scharlachrot
szkatuł(k)a *f* Schatulle
szkic *m* Skizze *f*; Entwurf; **~ownik** *m* Skizzenbuch *n*
szkielet *m* Skelett *n*
szkiełko *n* (*Uhr-*)Glas
szkla|nka *f* (*Trink-*)Glas *n*; **~ny** Glas-, gläsern; **~rnia** *f* Gewächshaus *n*; **~rz** *m* Glaser
szkli|ć ⟨**o-**⟩ verglasen; **~sty** glasig; **~wo** *n* Glasur *f*; (*Zahn-*)Schmelz *m*
szkło *n* Glas
szkocki (**po -ku**) schottisch
szkod|a *f* Schaden *m*; **~liwy** (**-wie**) schädlich; **~nik** *m* Schädling
szkodzić ⟨**za-**⟩ schaden
szkol|enie *n* Schulung *f*; Ausbildung *f*; **~ić** schulen; **~nictwo** *n* Schulwesen; **~ny** Schul-
szkoła *f* (***podstawowa*** Grund-, ***zawodowa*** Berufs-)Schule
szku|ner *m Mar.* Schoner; **~ta** *f* Lastkahn *m*
szkwał *m* Bö *f*
szlaban *m s.* **rogatka**
szlach|cic *m* Edelmann, Adlige(r); **~ecki** adlig; **~etny** edel; **~ta** *f* Adel *m*
szlak *m* Borte *f*; Weg; **~ *kolejowy*** Bahnstrecke *f*; **~ *wodny*** Wasserstraße *f*
szlif|ierka *f* Schleifmaschine; **~ować** ⟨**o-**⟩ schleifen
szma|ciany Lumpen-; **~t(k)a** *f* Lappen *m*
szmer *m* Geräusch *n*; Gemurmel *n*
szminka *f* Schminke; Lippenstift *m*
sznur *m* Schnur *f*, Strick; **~ek** *m* Kordel *f*; Bindfaden; **~ować** ⟨**za-**⟩ (zu)schnüren; **~owadło** *n* Schnürsenkel *m*
sznycel *m* Schnitzel *n*
szofer *m s.* **kierowca**; **~ka** *f* Fahrerkabine
szok *m* Schock; **~ować** ⟨**za-**⟩ schockieren
szop|a *f* Schuppen *m*; **~ka** *f* (*Weihnachts-*)Krippe
szor|ować scheuern; **~stki** (**-ko**) rau; schroff; **~stkowłosy** rauhaarig
szosa *f* Chaussee
szpachl|ować ⟨**za-**⟩ (ver-)spachteln; **~ówka** *f* Spachtelmasse
szpada *f* Degen *m*
szpagat *m* Bindfaden
szpak *m Zo.* Star; **~owaty** (**-to**) graumeliert
szpara *f* Spalt *m*, Ritze
szparag *m* Spargel; **~owy** Spargel-
szpargał *m* Wisch
szpecić ⟨**o-**⟩ verunstalten
szpera|cz *m* Sucher; **~ć** (***po*** *L*) durchstöbern (*A*), kramen (in *D*)
szpetny hässlich, garstig
szpic *m* Spitze *f*
szpiclować (be)spitzeln
szpiczasty (**-to**) spitz

szpieg *m* Spion; **~ostwo** *n* Spionage *f*; **~ować** spionieren
szpik *m* (Knochen-)Mark *n*
szpilk|a *f* (*Steck-*)Nadel; **~owy** Nadel-
szpinak *m* Spinat
szpital *m* Krankenhaus *n*; **~ny**: ***leczenie*** *n* **~*ne*** stationäre Behandlung *f*
szpon *m* Klaue *f*, Kralle *f*
szprot(ka *f*) *m* Sprotte *f*
szprycha *f* (*Rad-*)Speiche
szpul(k)a *f* Spule
szron *m* (Rau-)Reif
sztab *m* Stab; **~a** *f* (*Eisen-*) Stange; (*Gold-*)Barren *m*; **~owy** Stabs-
szta|chety *f/pl.* Lattenzaun *m*; **~luga** *f* Staffelei
sztan|dar *m* Fahne *f*; **~ga** *f* Stange; Scheibenhantel; **~gista** *m Sp.* Gewichtheber
sztolnia *f* Stollen *m*
sztorm *m* Sturm
sztruks *m* Kordsamt
sztucz|ka *f* Trick *m*; **~ny** künstlich, Kunst-
sztućce *m/pl.* Besteck *n*
sztuk|a *f* Kunst; (***teatralna*** Theater-)Stück *n*; **~ateria** *f Arch.* Stuck *m*; **~ować** (an-) stückeln
szturch|ać ⟨**~nąć**⟩ puffen, stoßen
szturmować *v/t* stürmen
szty|ch *m* (*Kupfer-*)Stich; **~let** *m* Dolch; **~wnieć** ⟨**ze-**⟩ steif werden; erstarren; **~wny** steif
szub|ienica *f* Galgen *m*; **~rawiec** *m* Schuft, Lump
szuf|elka *f*, **~la** *f* Schaufel; **~lada** *f* Schublade
szuja *m/f* Schuft *m*
szuka|ć suchen; **~nie** *n* Suche(n *n*) *f*
szuler *m* Falschspieler
szum *m* Rauschen *n*; **~ieć** rauschen; **~ny** rauschend; **~owiny** *pl.* Abschaum *m*
szur(g)ać (*I*) scharren (mit)
szus *m Sp.* Schussfahrt *f*
szuter *m* Schotter
szuwary *m/pl.* Schilf *n*
szwaczka *f* Näherin
szwagier *m* Schwager; **~ka** *f* Schwägerin
Szwajcar *m* Schweizer; **2ski** *Adj.* schweizerisch, Schweizer
szwalnia *f* Näherei
szwedzki (**po -ku**) schwedisch
szyb *m Bgb.* Schacht; **~a** *f* (Fenster-)Scheibe
szybciej *Adv.* schneller
szybk|i (**-ko**) schnell; rasch; **~ościomierz** *m* Geschwindigkeitsmesser; **~ość** *f* Schnelligkeit, Geschwindigkeit; **~owar** *m* Schnellkochtopf
szybow|iec *m* Segelflugzeug *n*; **~nik** *m* Segelflieger
szy|cie *n* Nähen; **~ć** ⟨**u-**⟩ nähen; **~dełko** *n* Häkelnadel *f*
szyder|czy (**-czo**) höhnisch; **~stwo** *n* Hohn *m*, Spott *m*
szydło *n* Ahle *f*

szydzić (**z** *G*) verspotten (*A*)
szyfr *m* Chiffre *f*
szyj|a *f* Hals *m*; **~ka** *f* (*Flaschen-*)Hals *m*
szyk *m* Ordnung *f*; Formation *f*; *Gr.* Wortfolge *f*; **~ować** ⟨**na-, przy-**⟩ (vor)bereiten (**się** sich); **~owny** schick, flott
szyld *m* (*Firmen-*)Schild *n*
szyling *m* Schilling
szyna *f* Schiene
szynka *f* Schinken *m*
szyszka *f* Tannenzapfen *m*

Ś

ściana *f* Wand
ściąć *pf. s.* **ścinać**
ściąg|ać ⟨**~nąć**⟩ abziehen; *Steuern* einziehen; zusammenziehen (**się** sich); F klauen
ściec *pf. s.* **ściekać**
ścieg *m* (Näh-)Stich
ściek *m* Abfluss(rinne *f*) *m*; **~i** *pl.* Abwässer *n/pl.*; **~ać** abfließen
ścielić *s.* **słać²**
ściemni|(a)ć verdunkeln; **~eć** *pf. s.* **ciemnieć**
ścienny Wand-
ścier|ać abreiben; abwischen; **~ka** *f* Wischlappen *m*; (*Staub-*)Tuch *n*
ścierwo *n* Kadaver *m*, Aas
ścieśni(a)ć verengen (**się** sich)
ścieżka *f* (Fuß-)Pfad *m*; (*Ton-*)Spur
ścię|gno *n* Sehne *f*; **~ty** abgeschnitten; *Baum*: gefällt
ścig|acz *m* Schnellboot *n*; **~ać** verfolgen
ścinać abschneiden; *Baum* fällen; enthaupten; **~ się** gerinnen
ścis|k *m* Gedränge *n*; **~kać** zusammenpressen, -drücken; umarmen; *Hand* drücken; **~łość** *f* Genauigkeit; **~ły** (**-śle**) genau; exakt; **~nąć** *pf. s.* **ściskać**
ślad *m* Spur *f*; **bez ~u** spurlos
Śląsk *m* Schlesien *n*; **♀i** schlesisch
śle|dczy *Jur.* Untersuchungs-; **~dzić** (*A*) nachspüren (*D*); beobachten; **~dziona** *f* Milz; **~dziowy** Herings-; **~dztwo** *n* Voruntersuchung *f*; Ermittlungsverfahren
śledź *m* Hering; **~ wędzony** Bückling
ślep|ie *n* (*Tier-*)Auge; **~iec** *m* Blinde(r); **~nąć** ⟨**o-**⟩ erblinden; **~ota** *f* (**kurza** Nacht-)Blindheit; **~y** (**-po**) blind
ślęczeć (**nad** *I*) hocken (über *D*)
śliczny hübsch, niedlich
ślimak *m* Schnecke *f*
ślin|a *f* Speichel *m*, F Spucke; **~ia(cze)k** *m* Lätzchen *n*

śliski (**-ko**) schlüpfrig; glatt
śliw|a *f* Pflaumenbaum *m*; **~ka** *f* Pflaume; **~kowy** Pflaumen-
ślizg|acz *m* Gleitboot *n*; **~ać się** Schlittschuh laufen; F schlittern; **~awka** *f* Eisbahn; **~owy** Gleit-
ślub *m* Trauung *f*; **~ny** Trau-, Ehe-; ***~na suknia*** *f* Hochzeitskleid *n*; **~ować** *pf.* geloben; **~owanie** *n* Gelübde
ślus|arnia *f* Schlosserei; **~arski** Schlosser-; **~arz** *m* Schlosser
śluz *m* Schleim; **~a** *f* Schleuse; **~ówka** *f* Schleimhaut
śmiać się lachen
śmia|łość *f* Kühnheit, Mut *m*; **~ły** (**-ło**) kühn, mutig
śmiech *m* Lachen *n*, Gelächter *n*
śmieci|arka *f* Müll(abfuhr-) wagen *m*; **~arz** *m* Lumpensammler; F Müllmann; **~ć** ⟨**na-, za-**⟩ verunreinigen; **~cie** *m/pl.* Müll *m*, Kehricht *m*
śmieć wagen; sich erlauben
śmiercionośny todbringend
śmierć *f* Tod *m*
śmierdzieć (*I*) stinken (nach)
śmiertel|ność *f* Sterblichkeit; **~ny** sterblich; tödlich
śmiesz|ny lächerlich; komisch; **~yć** ⟨**roz-**⟩ zum Lachen bringen
śmietan|a *f* Rahm *m*, (***bita*** Schlag-)Sahne; **~ka** *f* Sahne; **~kowy** Sahne-
śmietni|k *m* Müllkasten; Müllhaufen; **~sko** *n* Müllkippe *f*
śmigło *n* Propeller *m*
śniadanie *n* Frühstück
śniady (**-do**) dunkelhäutig
śnić (**o** *L*) träumen (von)
śnieg *m* Schnee; ***pada*** **~** es schneit; **~owce** *m/pl.* Gummiüberschuhe *pl.*
śnież|ka *f* Schneeball *m*; **2ka** *Geogr.* Schneekoppe *f*; **~nobiały** schneeweiß; **~yca** *f* Schneegestöber *n*
śpią|cy schlafend; schläfrig; **~czka** *f* Schlafkrankheit
śpieszyć *s.* **spieszyć**
śpiew *m* Gesang; **~aczka** *f* Sängerin; **~ać** singen; **~ak** *m* Sänger; **~nik** *m* Liederbuch *n*; *Rel.* Gesangbuch *n*; **~ny** *Tonfall*: singend
śpio|ch *m* Langschläfer; **~szki** *m/pl.* Strampelanzug *m*
śpiwór *m* Schlafsack
średni Mittel-; (**-nio**) mittlere(r); **~ca** *f* Durchmesser *m*; **~k** *m* Semikolon *n*; **~owiecze** *n* Mittelalter
środ|a *f* (***popielcowa*** Ascher-)Mittwoch *m*; **~ek** *m* Mitte *f*; (***zapobiegawczy*** Vorbeugungs-)Mittel *n*; **~ki** *pl.* ***pieniężne*** Geldmittel *n/pl.*; **~kowy** Mittel-; Zentral-; **~owisko** *n* Umgebung *f*; Kreis(e *pl.*) *m*; Umwelt *f*
śród|lądowy binnenländisch; Binnen-; **~mieście** *n*

Innenstadt *f*; **~ziemnomorski** Mittelmeer-
śrub|a *f* Schraube; **~okręt** *m* Schraubenzieher; **~ować** (zusammen)schrauben
śrut *m* Schrot *m u. n*; **~ówka** *f* Schrotflinte
świad|czenie *n* Leistung *f*; **~czyć (o** *L*) zeugen (von); **~ectwo** *n* Zeugnis; Urkunde *f*; **~ek** *m* (***naoczny*** Augen-) Zeuge; **~omość** *f* Bewusstsein *n*; **~omy (-mie)** bewusst
świat *m* Welt *f*
światło *n* Licht; ***światła*** *pl.* ***drogowe*** (***mijania***) Fern- (Abblend-)Licht; **~czuły** lichtempfindlich; **~kopia** *f* Lichtpause; **~mierz** *m* Belichtungsmesser
światopogląd *m* Weltanschauung *f*; **~wy (-wo)** Welt-
świąt|eczny festlich; Feiertags-; Fest-; **~ki** *pl. s.* **zielony**; **~ynia** *f* Heiligtum *n*, Tempel *m*
świd|er *m* Bohrer; **~rować** bohren
świec|a *f* (***zapłonowa*** Zünd-) Kerze; **~ić** leuchten, scheinen; **~ki** weltlich; Laien-
świecznik *m* Leuchter
świergot *m* Gezwitscher *n*; **~ać** zwitschern
świerk *m* Fichte *f*
świerszcz *m* Grille *f*; **~ *domowy*** Heimchen *n*
świerzb *m Med.* Krätze *f*
świet|lica *f* Gemeinschaftsraum *m*; **~lny** Leucht-, Licht-; **~lówka** *f* Leuchtstofflampe; **~ność** *f* Herrlichkeit, Glanz *m*; **~ny** glänzend, prächtig
śwież|ość *f* Frische; **~y (-żo)** frisch
święcić ⟨**po-**⟩ heiligen, feiern; (ein)weihen; **~cony** geweiht
święto *n* Feiertag *m*; **~kradztwo** *n* Kirchenraub *m*; **~szek** *m* Scheinheilige(r)
święt|ość *f* Heiligkeit; Heiligtum *n*; **~y (-cie)** heilig; ***Wszystkich*** ***℞ych*** Allerheiligen *n*
świ|nia *f* Schwein *n*; **~nka** *f* (***morska*** Meer-)Schweinchen *n*; *Med.* Ziegenpeter *m*, Mumps *m*; **~ński** schweinisch; **~ństwo** *n* Schweinerei *f*
świs|nąć *pf. s.* **świstać**; F klauen, stibitzen; **~t** *m* Pfiff; **~tać** ⟨**za-**⟩ pfeifen; **~tak** *m* Murmeltier *n*; **~tawka** *f* (*Signal-*)Pfeife
świt *m* Morgendämmerung *f*; **~ać** *Tag*: dämmern

T

ta *Pron. s.* **ten**
taba|ka *f* Schnupftabak *m*; **~kier(k)a** *f* Tabaksdose
tab|ela *f* Tabelle; **~letka** *f* Tablette; **~lica** *f* Tafel; **~lica** ***rozdzielcza*** Schaltbrett *n*
tabliczka *f* Täfelchen *n*; ***(rejestracyjna*** Nummern-) Schild *n*; ***~ mnożenia*** Einmaleins *n*
tabor *m* Fuhrpark
tabun *m* Pferdeherde *f*
tac(k)a *f* Tablett *n*, Platte
taczka *f* Schubkarre
tafla *f* Tafel, Platte
taić ⟨**za-**⟩ verheimlichen
tajać ⟨**roz-**⟩ *v/i* schmelzen, tauen
tajem|nica *f* Geheimnis *n*; **~niczy (-czo)** geheimnisvoll
tajn|iak F *m* Geheimpolizist; **~y** geheim
tak ja; so; ***i ~ dalej*** und so weiter
taki *Pron.* so ein(er); solch; ***~ sam*** genauso ein(er); ***~ sobie*** leidlich
taks|a *f* Taxe, Gebühr; **~ować** ⟨**o-**⟩ (ab)schätzen; **~ówka** *f* Taxi *n*; **~ówkarz** *m* Taxifahrer
takt *m* Takt; **~owny** taktvoll; **~yczny** taktisch
także auch; ebenfalls
talent *m* Talent *n*, Begabung *f*
talerz *m* Teller
talia *f* Taille; ***~ kart*** ein Spiel Karten
talk *m* Talkum(puder)
talon *m* Talon, Bon
tam da, dort; dorthin; ***~ i z powrotem*** hin und zurück; **~a** *f* Damm *m*, Deich *m*; **~ować** ⟨**za-**⟩ eindämmen; *Verkehr* behindern; *Blut* stillen; **~tejszy** dortig; **~ten** jener; **~tędy** dort entlang *od.* durch; **~że** ebendort
tan|cerka *f* Tänzerin; **~cerz** *m* Tänzer
tandet|a *f* Trödel *m*; Schund *m*; Trödelmarkt *m*; **~ny** minderwertig, Schund-
taneczny Tanz-
tani (-nio) billig
taniec *m* Tanz
tanieć ⟨**po-**⟩ billiger werden
tankowiec *m* Tanker
tańczyć ⟨**po-, za-**⟩ tanzen
tapczan *m* Couch *f*, Liege *f*
tapicer *m* Polsterer
tarapaty F *m/pl.* Schwierigkeiten *f/pl.*
taras *m* Terrasse *f*
tarcie *n* Reibung *f*
tarcz|a *f* Schild *m*; Scheibe; ***~a zegara*** Zifferblatt *n*; **~owy** Schild-; Scheiben-; Kreis-; **~ówka** *f* Kreissäge; **~yca** *f* Schilddrüse
targ *m* Markt(platz); **~i** *pl. Hdl.* Messe *f*; **~ać** ⟨**~nąć**⟩

(**za** *A*) reißen, zerren (an *D*)
targow|ać (*I*) handeln (mit); **~ać się** feilschen; **~y** Markt-; Messe-
tar|ka *f* Reibe, Reibeisen *n*; **~tak** *m* Sägewerk *n*
taryfa *f* Tarif *m*
tarzać wälzen (**się** sich)
tasiem|iec *m* Bandwurm; **~ka** *f* Bändchen *n*; Borte, Litze; **~ka gumowa** Gummiband *n*
tasować ⟨**po-**⟩ *Karten* mischen
taśma *f* Band *n*; **~ maszynowa** Farbband *n*
tatarka *f* Buchweizen *m*
taterni|ctwo *n* Bergsport *m*; **~k** *m* Bergsteiger
tatrzański Tatra-
tatuaż *m* Tätowierung *f*
tchawica *f* Luftröhre
tchnienie *n* Hauch *m*
tchórz *m* Feigling; *Zo.* Iltis; **~liwy** (**-wie**) feige; **~ostwo** *n* Feigheit *f*
te *Pron. s.* **ten**
teatr *m* Theater *n*; **~alny** Theater-; theatralisch
techni|czny technisch; **~k** *m* Techniker; **~ka** *f* Technik; **~kum** *n* Technikum, technische Fachschule *f*
teczka *f* Aktentasche
tegoroczny diesjährig
tektur|a *f* Karton *m*; **~a falista** Wellpappe; **~owy** Karton-, Papp-
telefon *m* Telefon *n*; **~iczny** telefonisch; Telefon-; **~ować** ⟨**za-**⟩ (**do** *G*) telefonieren (mit), anrufen (*A*)
tele|graf *m* Telegraf; **~grafować** ⟨**za-**⟩ telegrafieren; **~gram** *m* Telegramm *n*; **~komunikacja** *f* Fernmeldewesen *n*; **~turniej** *m* Fernsehquiz *n*; **~wizja** *f* Fernsehen *n*; **~wizja kablowa** Kabelfernsehen *n*; **~wizor** *m* Fernsehgerät *n*; **~wizyjny** Fernseh-
temat *m* Thema *n*
temper|ować ⟨**za-**⟩ *Bleistift* spitzen; **~ówka** *f* Bleistiftspitzer *m*
ten *Pron. m*, **ta** *f*, **to** *n*, *pl.* **ci, te** der, die, das; diese(r, -s); **~ sam, ta sama, to samo** der- (die-, das)selbe
tendencyjny tendenziös
tenis *m* (**stołowy** Tisch-)Tennis *n*; **~ista** *m* Tennisspieler
teoretyczny theoretisch
tera|z jetzt; **~źniejszość** *f* Gegenwart; **~źniejszy** jetzig, gegenwärtig
teren *m* Gelände *n*; Gebiet *n*; **~owy** regional, lokal; **~ówka** F *f* Geländefahrzeug *n*
termin *m* Termin, Frist *f*; **~arz** *m* Terminkalender; **~owy** (**-wo**) fristgerecht; befristet; dringend
termo|metr *m* Thermometer *n*; **~s** *m* Thermosflasche *f*
terrorystyczny Terror-, terroristisch
teś|ciowa *f* Schwiegermutter; **~ć** *m* Schwiegervater
też auch, ebenfalls

tęcza *f* Regenbogen *m*
tę|dy hier *od.* da durch (entlang, hinaus *usw.*); **~gi** beleibt, füllig; *fig.* stark, kräftig
tęp|ak F *m* Trottel; **~ić** ⟨**wy-**⟩ ausrotten, vertilgen; **~ota** *f* Dummheit, Stumpfsinn *m*; **~y** (**-po**) stumpf
tęskn|ić (**za** *I*) sich sehnen (nach); **~ota** *f* Sehnsucht; Heimweh *n*; **~y** sehnsüchtig
tęt|ent *m* Hufschlag; **~nica** *f* Puls-, Schlagader; **~nić** dröhnen; pulsieren; **~no** *n* Puls(schlag) *m*
tęż|ec *m* Starrkrampf; **~eć** ⟨**s-**⟩ erstarren; **~yzna** *f* Vitalität, Kraft
tka|ć ⟨**u-**⟩ weben; **~nina** *f* Gewebe *n*, Stoff *m*; **~nka** *f Bio.* Gewebe *n*
tkliwy (**-wie**) liebevoll, zärtlich
tknąć *pf. s.* **tykać**[1]
tlen *m* Sauerstoff; **~ek** *m* Oxyd *n*
tlić (**się**) glimmen
tło *n* (Hinter-)Grund *m*
tłoczyć ⟨**wy-**⟩ pressen; prägen; **~ się** sich drängen
tłok[1] *m* Gedränge *n*
tłok[2] *m Tech.* Kolben
tłu|c ⟨**po-, s-**⟩ (zer)schlagen; **~czek** *m* Stößel; Stampfer; **~czeń** *m* Schotter
tłum *m* (*Menschen-*)Menge *f*
tłumacz *m* (**~ka** *f*) Übersetzer(in); Dolmetscher(in); **~enie** *n* Übersetzung *f*; **~yć**[1] ⟨**prze-**⟩ übersetzen; dolmetschen; **~yć**[2] ⟨**wy-**⟩ erklären; auslegen; **~yć się** (*I*) sich entschuldigen (mit)
tłum|ić ⟨**s-**⟩ *Stimme* dämpfen; *Feuer* ersticken; *Revolte* niederschlagen; **~ik** *m* Schalldämpfer; **~ny** Massen-; gut besucht
tłu|sty (**-to**) fett; **~szcz** *m* Fett *n*; **~ścioch** F *m* Dickwanst
to *Pron.* das, dies, es; **za ~** dafür; **kto ~?** wer ist das?
toalet|a *f* Toilette; **~owy** Toiletten-
toast *m* Toast, Trinkspruch
toczyć rollen, wälzen; *Tech.* drehen; drechseln; *fig.* führen; **~ się** rollen (*v/i*); *fig.* verlaufen; sich abspielen
tok *m* Gang, Verlauf
tok|arka *f* Drehbank; **~arz** *m* Dreher; Drechsler
tolerować dulden
tom *m Typ.* Band
ton *m* Ton, Klang
tona *f* Tonne (*Gewicht*)
tonacja *f* Tonart
tonąć ⟨**u-**⟩ ertrinken; ⟨**za-**⟩ *Schiff:* (ver)sinken
topić ⟨**u-**⟩ ertränken; ⟨**za-**⟩ versenken; ⟨**roz-**⟩ schmelzen; **~ się** *s.* **tonąć**
topielec *m* Ertrunkene(r)
topnieć ⟨**s-**⟩ *v/i* schmelzen
topola *f* Pappel
topór *m* Beil *n*
tor *m* Gleis *n*; (***wyścigowy*** Renn-)Bahn *f*
torba *f* (***na zakupy*** Einkaufs-)Tasche

torebka *f* Handtasche; (*Plastik-*)Beutel *m*; Tüte
torf *m* Torf; **~owisko** *n* Torfmoor
tornister m Tornister; Schulranzen
torować ⟨**u-**⟩ *Weg* bahnen
tors *m* Oberkörper; Torso
torsje *f/pl.* Erbrechen *n*
tort *m* Torte *f*
tortura *f* Tortur, Folter
tost *m* Toast
towar *m* Ware *f*; **~owy** Waren-; Güter-, Fracht-; Last-
towarzy|ski (**-ko**) gesellig; gesellschaftlich; **~stwo** *n* Gesellschaft *f*; **~sz** *m*, **~szka** *f* Gefährte, Gefährtin; Genosse, Genossin; **~szyć** (*D*) begleiten (*A*)
tożsamość *f* Identität
tracić ⟨**s-, u-**⟩ verlieren
traf *m* Zufall; **~i(a)ć** treffen; ***~i(a)ć się*** vorkommen; **~ność** *f* Richtigkeit; **~ny** zutreffend
tragarz *m* (*Gepäck-*)Träger
tragiczny tragisch
trajkotać *v/i* rattern; schnarren; *fig.* plappern
trakt *m* (*Land-*)Straße *f*; ***w trakcie*** im Verlauf
traktorzysta *m* Treckerfahrer
traktowa|ć ⟨**po-**⟩ *v/t* behandeln; **~nie** *n* Behandlung *f*
trampki *f/pl.* Freizeitschuhe *m/pl.*
tramwaj *m* Straßenbahn *f*
transformator *m* Trafo; **~nia** *f* Umspannwerk *n*
trans|fuzja *f* (*Blut-*)Transfusion; **~misja** *f Rdf.* Übertragung; **~mitować** *Rdf.* übertragen; **~parent** *m* Spruchband *n*; **~portować** befördern, transportieren
tran|zystor *m* Transistor; **~zytowy** Transit-
trapić ⟨**s-**⟩ plagen (***się*** sich)
trasa *f* Strecke; Route
tratować ⟨**s-**⟩ zertreten, zertrampeln
tratwa *f* Floß *n*
traw|a *f* Gras *n*; **~ić** ⟨**s-**⟩ verdauen; **~ienie** *n* Verdauung *f*; **~nik** m Rasen
trąb|a *f* Trompete; Rüssel *m*; **~ić** ⟨**za-**⟩ trompeten; hupen
trąc|ać ⟨**~ić**⟩ (an)stoßen, berühren; ***~ać*** ⟨***~ić***⟩ ***się*** einander (*od.* sich) stoßen; *mit Gläsern* anstoßen
trąd *m* Aussatz, Lepra *f*
trefl *m* Treff *n*, Kreuz *n*
trema *f* Lampenfieber *n*
tren[1] *m* Klagelied *n*
tren[2] *m* (*Kleid-*)Schleppe *f*
tren|er *m* Trainer; **~ingowy** Trainings-; **~ować** ⟨**wy-**⟩ trainieren
trepki *m/pl.* Pantoletten *f/pl.*
tres|ować ⟨**wy-**⟩ abrichten, dressieren; **~ura** *f* Dressur
treś|ciwy inhaltsreich; gehaltvoll; **~ć** *f* Inhalt *m*
trębacz *m* Trompeter
trik *m* Trick
troch|ę ein wenig, etwas; ***ani ~ę*** kein bisschen; ***po ~u*** nach und nach

trociny *f/pl.* Sägespäne *m/pl.*
tro|ić ⟨**po-**⟩ **się** sich verdreifachen; **~jaczki** *m/pl.* Drillinge; **~jaki** (**-ko**) dreierlei; **~je** drei
trolejbus *m* Obus
tron *m* Thron
trop *m* Spur *f*, Fährte *f*; **~ić** verfolgen
tropikalny tropisch
tro|ska *f* Sorge; **~skać się** (**o** *A*) besorgt sein (um); **~skliwy** (**-wie**) fürsorglich; **~szczyć się** (**o** *A*) sich kümmern (um)
trój|barwny dreifarbig; **~bój** *m Sp.* Dreikampf; **2ca** *f* **Święta** *Rel.* Dreifaltigkeit; **~kąt** *m* Dreieck *n*; **~kątny** dreieckig; **~ka** *f* Drei(er *m*); **~nóg** *m* Dreifuß; **~skok** *m Sp.* Dreisprung
trucht *m* Trab
tru|cizna *f* Gift *n*; **~ć** ⟨**o-**⟩ vergiften (*się* sich)
trud *m* Mühe *f*, Strapaze *f*; **~nić się** (*I*) betreiben (*A*); sich beschäftigen (mit); **~ność** *f* Schwierigkeit; **~ny** (**-no**) schwierig, schwer
trudzić bemühen (*się* sich)
trujący (**-co**) giftig, Gift-
trumna *f* Sarg *m*
trup *m* Leiche *f*; **~iarnia** *f* Leichenhalle
truskawka *f* Erdbeere
truteń *m* Drohne *f*
trutka *f* (*Ratten-*)Gift *n*
trwa|ć ⟨**po-**⟩ dauern; währen; **~ły** (**-le**) dauerhaft; **~nie** *n* (Fort-)Dauer *f*
trwo|ga *f* Angst, Furcht; **~nić** ⟨**roz-**⟩ vergeuden; **~żliwy** (**-wie**) ängstlich; **~żyć** ängstigen (*się* sich)
tryb *m* Art *f*, Weise *f*; *Gr.* Modus; *Tech.* Zahnrad *n*
trybuna *f* Tribüne; **~ł** *m* Tribunal *n*, Gerichtshof
tryk *m* Widder
trykotowy Trikot-, Wirk-
trys|kać ⟨**~nąć**⟩ hervor-, heraussprudeln, -spritzen
trzas|k *m* Krachen *n*; F Geknatter *n*; **z ~kiem** krachend; **~kać** ⟨**~nąć**⟩ knallen, krachen
trząść ⟨**po-, za-**⟩ schütteln, rütteln
trzcina *f* (***cukrowa*** Zucker-) Rohr *n*
trzeba man muss; man soll; ***nie*** **~** nicht nötig
trzebić ⟨**wy-**⟩ ausmerzen; vertilgen
trze|ch drei; **~ci** dritte(r)
trzeć ⟨**po-**⟩ reiben
trzepa|czka *f* (*Teppich-*) Klopfer *m*; **~ć** ⟨**wy-**⟩ (aus-) klopfen; **~k** *m* Teppichstange *f*
trze|pnąć F*pf.* hauen, schlagen; **~pot** *m* Flattern *n*; **~szczeć** ⟨**za-**⟩ krachen, knarren
trzeź|wieć ⟨**o-, wy-**⟩ munter werden; nüchtern werden; **~wy** (**-wo**) nüchtern (*a. fig.*)
trzęsienie *n*: **~ *ziemi*** Erdbeben

trzmiel *m* Hummel *f*
trzoda *f* Herde; **~ *chlewna*** Schweine *n/pl.*
trzon *m* Stiel; Schaft; **~ek** *m* Griff, Stiel; *El.* Sockel; **~owy** *s.* **ząb**
trzpień *m* Bolzen, Dorn
trzustka *f* Bauchspeicheldrüse
trzy drei; **~częściowy** dreiteilig; **~ćwierciowy** Dreiviertel-; **~dziestoletni** dreißigjährig; **~dzieścioro** dreißig; **~kroć** *Adv.* dreifach; **~krotny** dreimalig; **~letni** dreijährig
trzymać halten (***się*** sich)
trzy|nasty dreizehnte(r); **~naścioro** dreizehn; **~piętrowy** dreistöckig
tu hier; hierher
tubka *f* Tube
tubylec *m* Ureinwohner
tucz *f*, **~enie** *n* Mast *f*; **~nik** *m* Mastschwein *n*; **~yć** ⟨**u-**⟩ mästen
tulej(k)a *f* Buchse, Muffe
tulić ⟨**przy-**⟩ an sich drücken, herzen; **~ *się*** (***do*** *G*) sich schmiegen (an *A*)
tulipan *m* Tulpe *f*
tułacz *m* Heimatlose(r); **~ka** *f* Wanderleben *n*
tułać się umherirren
tułów *m* Rumpf
tum *m* Dom, Kathedrale *f*
tum|an F *m fig.* Tölpel; **~anić** F ⟨**o-**⟩ beschwindeln
tunel *m* Tunnel; Stollen
tup|ać ⟨**~nąć**⟩ (auf)stampfen, trampeln; **~et** *m* Dreistigkeit *f*; **~ot** *m* Getrampel *n*
tur *m* Auerochse
tura *f* Tour
turbina *f* Turbine
turecki (**po -ku**) türkisch
turkawka *f* Turteltaube
turkotać rattern
turniej *m* Turnier *n*
turyst|a *m* (**~ka** *f*) Tourist(in); **~yczny** touristisch, Touristen-; **~yka** *f* Touristik
tusz *m* Tusche *f*; Dusche *f*; *Mus.* Tusch; **~a** *f* Leibesfülle; (*Schweine-*)Hälfte; **~ować** ⟨**za-**⟩ *fig.* vertuschen
tut|aj *s.* **tu**; **~ejszy** hiesig
tutka *f* Röllchen *n*; Zigarettenhülse
tuzin *m* Dutzend *n*
tuż *Adv.* dicht bei *od.* an; **~ *obok*** gleich hier; nebenan
tward|nieć ⟨**s-**⟩ hart werden; **~ość** *f* Härte; **~y** (**-do**) hart
twar|ożek *m*, **~óg** *m* Quark
twarz *f* Gesicht *n*; **~owy** (**-wo**) kleidsam
twierdz|a *f* Festung; **~ić** behaupten
two|ja, **~je** *s.* **twój**
tworzy|ć ⟨**s-**⟩ (er)schaffen; ⟨**u-**⟩ bilden; **~wo** *n* (***sztuczne*** Kunst-)Stoff *m*
twór *m* Geschöpf *n*; Gebilde *n*; **~ca** *m* Schöpfer; Gründer; **~czość** *f* Schaffen *n*; **~czy** (**-czo**) schöpferisch
tyczka *f* Stange; *Sp.* Stab *m*; **~rz** F *m* Stabhochspringer

tyczyć się (*G*) betreffen
tyć ⟨**u-**⟩ zunehmen, Fett ansetzen
tydzień *m* Woche *f*; **Wielki** ♀ Karwoche *f*
tyfus *m s.* **dur**
tygod|nik *m* Wochenblatt *n*; **~niowy** (**-wo**) wöchentlich
tygrys *m* Tiger
tyk|a *f s.* **tyczka**; **~ać**[1] an-, berühren; **~ać**[2] F duzen; **~ać**[3] ticken
tyle so viel; **~kroć** so viele Male
tyl|ko nur, bloß; ***~ko co*** soeben; **~ny** hintere(r); rückwärtig; Hinter-; Heck-
tylo|krotny mehrmalig; **~letni** mehr-, langjährig
tylu *s.* **tyle**
tylżycki *Adj.* Tilsiter
tył *m* Rückseite *f*; Hinterteil *n*; Heck *n*; ***w tyle*** hinten; ***od ~u, z ~u*** von hinten; ***do ~u*** nach hinten; zurück; **~ek** F *m* Hintern
tym desto; *s.* **ten**
tymczas|em *Adv.* unterdessen, inzwischen; **~owy** (**-wo**) vorläufig; *Adj. a.* behelfsmäßig
tynk *m Arch.* Putz; **~ować** ⟨**o-**⟩ verputzen
typ *m* Typ(us); *Tech. a.* Bauart *f*; **~ować** tippen; ⟨**wy-**⟩ (aus-) wählen; **~owy** (**-wo**) typisch
tyrać P schuften
tyranizować tyrannisieren
tysiąc tausend; **~lecie** *n* Jahrtausend; **~letni** tausendjährig
tyto|niowy Tabak(s)-; **~ń** *m* Tabak
tytuł *m* Titel; **~ować** titulieren; ⟨**za-**⟩ betiteln; **~owy** Titel-

U

u *Prp.* (*G*) bei, an (*D*); ***~ dołu*** unten; ***~ góry*** oben
uaktualni(a)ć aktualisieren
ubezpiecz|ać (***od*** *G*) versichern (gegen; ***się*** sich); **~alnia** *f*: ***♀alnia Społeczna*** Krankenkasse *f*; **~enie** *n* (***na życie*** Lebens-, ***od nieszczęśliwych wypadków*** Unfall-, ***społeczne*** Sozial-) Versicherung *f*; **~eniowy** Versicherungs-; **~yć** *pf. s.* **ubezpieczać**
ubić *pf. s.* **ubijać**
ubie|c *pf.* (*A*) zuvorkommen (*D*); *v/i* = **~gać** *Zeit*: verstreichen; ***~gać się*** (***o*** *A*) sich bewerben (um); **~gły** vergangen; **~rać** anziehen (***się*** sich)
ubija|cz *m Kochk.* Schneebesen; **~ć** feststampfen; *Sahne* schlagen; **~k** *m* Stampfer
ubikacja *f* Klosett *n*
ubiór *m* Kleidung *f*
ubliż|ać ⟨**~yć**⟩ (*D*) beleidigen (*A*); **~ający** (**-co**) beleidigend

ubocz|e: ***na ~u*** abseits; **~ny** Neben-

ubogi (**-go**) arm; *Su. m* Bedürftige(r)

ubolew|ać (***nad*** *I*) bedauern (*A*); **~anie** *n* Bedauern; ***godny ~ania*** bedauernswert

ubój *m* Schlachtung *f*

ubóst|wiać vergöttern, anbeten; **~wo** *n* Armut *f*

ubra|ć *pf. s.* **ubierać**; **~nie** *n* Kleidung *f*; Anzug *m*; **~ny** angezogen; gekleidet

uby|tek *m* Abnahme *f*, Verlust; **~(wa)ć** *v/i* abnehmen

ucho *n* Ohr; Henkel *m*; *Tech.* Öse *f*

ucho|dzić entgehen; *Gas*: entweichen; (***za*** *A*) gelten (als); **~dźca** *m* Flüchtling

uchronić *pf.* bewahren; ***~ się*** (***od*** *G*) entgehen (*D*)

uchwa|lać ⟨**~lić**⟩ beschließen; *Gesetz* verabschieden; **~ła** *f* Beschluss *m*

uchwy|cić *pf. s.* **chwytać**; **~t** *m* Griff; **~tny** greifbar; wahrnehmbar

uchyb|i(a)ć (*D*) verstoßen (gegen); **~ienie** *n* Verstoß *m*, Vergehen

uchyl|ać ⟨**~ić**⟩ *Hut* lüften; *Tür* ein wenig öffnen; *Gesetz* aufheben; ***~ać*** ⟨***~ić***⟩ ***się*** (***od*** *G*) sich entziehen (*D*)

uciąż|ć *pf. s.* **ucinać**; **~żliwy** (**-wie**) beschwerlich; lästig

ucichać *s.* **cichnąć**

ucie|c *pf. s.* **uciekać**; **~cha** *f* Freude; Belustigung; **~czka** *f* Flucht; **~kać** (ent)fliehen; **~kinier** *m* Flüchtling; **~leśni(a)ć** verkörpern; **~miężony** unterdrückt; **~rać** (ab)wischen; (zer)reiben; **~rpieć** *pf.* erleiden

ucieszny drollig, possierlich

ucinać abschneiden

ucisk *m* Druck; Unterdrückung *f*; **~ać** drücken; unterdrücken

uciszać ⟨**~yć**⟩ beruhigen (***się*** sich)

uczci|ć *pf. s.* **czcić**; **~wy** (**-wie**) ehrlich, redlich

ucze|lnia *f* Lehranstalt; (Hoch-)Schule; **~nie** *n* ***się*** Lernen; **~ń** *m* (**~nnica** *f*) Schüler(in); Lehrling

uczesanie *n* Frisur *f*

uczestni|ctwo *n* Teilnahme *f*; **~czyć** (***w*** *L*) teilnehmen (an *D*); **~k** *m* (**~czka** *f*) Teilnehmer(in)

uczęszcza|ć (***do*** *G*) besuchen (*A*); **~nie** *n* (***do szkoły*** Schul-)Besuch *m*

uczony *m* Gelehrte(r)

uczta *f* Schmaus *m*

uczuc|ie *n* Gefühl, Empfindung *f*; **~iowy** (**-wo**) emotional; gefühlvoll

uczul|enie *n Med.* Allergie *f*; **~ony** (***na*** *A*) empfänglich (für); allergisch (gegen)

uczyć (*G*) lehren (*A*), unterrichten (in *D*); ***~ się*** lernen

uczyn|ek *m* Tat *f*; Werk *n*; **~ny** gefällig, hilfsbereit

uda|ć *pf. s.* **udawać**; **~ny** ge-

lungen; vorgetäuscht
udar *m*: *Med.* ~ **serca** Herzschlag; ~ **słoneczny** Sonnenstich
udaremni(a)ć vereiteln
udawać nachahmen; vortäuschen; ~ **się** gelingen; ~ **się** (**do** *G*) sich begeben (nach)
udept(yw)ać festtreten
uderz|ać ⟨~**yć**⟩ schlagen; (**o** *A*) stoßen (an *A*, gegen); ~**ający** (**-co**) frappierend; ~**enie** *n* Schlag *m*, Stoß *m*, Hieb *m*
udławić się *pf.* ersticken
udo *n* Schenkel *m*
udo|bruchać *pf.* besänftigen; ~**godnienie** *n* Erleichterung *f*
udoskonal|ać ⟨~**ić**⟩ verbessern, vervollkommnen; ~**enie** *n* Verbesserung *f*, Vervollkommnung *f*
udo|stępni(a)ć zugänglich machen; ~**wadniać** ⟨~**wodnić**⟩ beweisen; belegen; ~**wodnienie** *n* Beweis *m*, Nachweis *m*
udręka *f* Plage, Qual
udusić *pf.* erdrosseln
udział *m* Anteil; Teilnahme *f*; **brać** ~ (**w** *L*) teilnehmen (an *D*); ~**owiec** *m* Teilhaber
udziel|ać ⟨~**ić**⟩ erteilen; gewähren; ~**enie** *n*: ~**enie pomocy** Hilfeleistung *f*
udźwignąć *pf. s.* **dźwigać**
uf|ać ⟨**za-**⟩ (ver)trauen; ~**ność** *f* Vertrauen *n*; ~**ny** vertrauensvoll; vertrauend
uganiać się (**za** *I*) nachlaufen (*D*)
ugaszczać bewirten
ugi|nać ⟨~**ąć**⟩ biegen (**się** sich)
ugni|atać ⟨~**eść**⟩ kneten
ugo|da *f* Übereinkommen *n*; Vereinbarung, Abkommen *n*; ~**ścić** *pf. s.* **ugaszczać**
ugór *m* Brachland *n*
ugrząźć *pf. s.* **grzęznąć**
uiszczać ⟨**uiścić**⟩ entrichten; begleichen
ujad|ać *v/i* bellen; ~**anie** *n* Gebell
ujawni(a)ć an den Tag bringen, enthüllen; offenbaren; ~ **się** zum Vorschein kommen
ująć *pf. s.* **ujmować**
ujemny negativ; nachteilig
ujeżdż|ać ⟨**ujeździć**⟩ *Pferd* zureiten; ~**alnia** *f* Reitschule
ujm|a *f* Nachteil *m*, Schaden *m*; ~**ować** ergreifen, fassen; ~**ujący** (**-co**) einnehmend
ujrzeć *pf.* erblicken
ujś|cie *n* Auslauf *m*; (*Fluss-*)Mündung *f*; ~**ć** *pf. s.* **uchodzić**
uka|ranie *n* Bestrafung *f*; ~**z(yw)ać się** sich zeigen; *Buch*: erscheinen
uką|sić *pf. s.* **kąsać**; ~**szenie** *n* Biss *m*; (*Mücken-*)Stich *m*
uklęknąć *pf. s.* **klękać**
układ *m* Anordnung *f*; Aufbau; System *n* (*a. Anat.*); Vertrag; *Pol.* Pakt; ~**ać** (zurecht-) legen, ordnen; (auf)stapeln;

Plan aufstellen; *Haare* legen; **~ać się** sich (hin)legen; sich gestalten; **~anka** *f* Puzzlespiel *n*; **~y** *m/pl.* Verhandlungen *f/pl.*
ukłon *m* Verbeugung *f*; **~y** *pl. a.* Grüße; **~ić się** *pf. s.* **kłaniać się**
ukłucie *n* (*Nadel-*)Stich *m*
ukochany geliebt, liebst-
ukojenie *n* Linderung *f*
ukończ|enie *n* Beendigung *f*; (*Schul-*)Abschluss *m*; **~yć** *pf.* beend(ig)en; absolvieren
ukoronowanie *n* Krönung *f*
uko|s: ***na ~s*** schrägüber; ***z ~sa*** von der Seite; **~śny** schräg
ukra|dkiem *Adv.* heimlich, verstohlen; **~dziony** gestohlen; **~iński (po -ku)** ukrainisch; **~jać** abschneiden; **~ść** *pf.* stehlen
ukroić *pf. s.* **(u)krajać**
ukrop *m* kochendes Wasser *n*
ukry(wa)ć verbergen (***się*** sich)
ukształtowanie *n* Gestaltung *f*
ul *m* Bienenkorb
ulał: ***jak ~*** wie angegossen
ulatniać się sich verflüchtigen; F *fig.* verduften
ulatywać ⟨**ulecieć**⟩ wegfliegen
uleczalny heilbar
ule|gać ⟨**~c**⟩ erliegen; unterliegen; **~gły (-le)** fügsam; nachgiebig
ulepsz|ać ⟨**~yć**⟩ verbessern; **~enie** *n* Verbesserung *f*
ulew|a *f* Platzregen *m*; **~ny** *Regen*: stark, heftig
ulg|a *f* Erleichterung; Linderung; **~owy** ermäßigt
uli|ca *f* Straße; **~czka** *f* (***ślepa*** Sack-)Gasse; **~cznik** *m* Gassenjunge; **~czny** Straßen-
ulot|ka *f* Flugblatt *n*; **~nić się** *pf. s.* **ulatniać się**
ultrasonografia *f* (***USG***) Ultraschalluntersuchung
ulubi|eniec *m* Liebling; **~ony** Lieblings-
ulżyć *pf.* (**w** *L*) erleichtern (*A*)
ułam|(yw)ać abbrechen (***się*** *v/i*); **~ek** *m* Bruchstück *n*, Bruchteil; **~kowy** *Math.* Bruch-
ułaskawi(a)ć begnadigen
ułatw|i(a)ć erleichtern; **~ienie** *n* Erleichterung *f*
ułomn|ość *f* Gebrechen *n*; **~y** gebrechlich
ułożyć *pf. s.* **układać**
umacniać (be)festigen
umarły tot, verstorben
uma|rzać *Schuld* tilgen; *Jur. Verfahren* niederschlagen; **~wiać się** sich verabreden
umeblowanie *n* (*Zimmer-*) Einrichtung *f*
umiar *m* Maß *n* (*fig.*); **~kowany** gemäßigt; maßvoll
umie|ć können; **~jętność** *f* (Sach-)Kenntnis; Fertigkeit; **~jętny** sachkundig; geschickt, gekonnt
umiejsc|awiać ⟨**~owić**⟩ lokalisieren

umie|rać sterben; **~szczać** ⟨**~ścić**⟩ unterbringen
umknąć *pf. s.* **umykać**
umniejsz|ać ⟨**~yć**⟩ verkleinern; verringern
umo|cnić *pf. s.* **umacniać**; **~cnienie** *n* (Be-)Festigung *f*; **~cow(yw)ać** befestigen; festmachen; **~czyć** *pf. s.* **maczać**
umorz|enie *n* Tilgung *f*; *Jur.* Niederschlagung *f*; **~yć** *pf. s.* **umarzać**
umow|a *f* Vereinbarung; (**o pracę** Arbeits-; **zbiorowa** Tarif-)Vertrag *m*; **~ny** vertraglich, Vertrags-
umożliwi(a)ć ermöglichen
umówić *pf. s.* **umawiać**
umrzeć *pf. s.* **umierać**
umy|ć *pf. s.* **myć**; **~kać** flüchten
umysł *m* Geist, Verstand; **~owy** (**-wo**) geistig, Geistes-; **pracownik** *m* **~owy** *a.* Kopfarbeiter
umyślny vorsätzlich
umywa|ć (**się**) *s.* **myć** (**się**); **~lka** *f* Waschbecken *n*; Waschtisch *m*; **~lnia** *f* Waschraum *m*
unia *f* Union
unie|możliwi(a)ć unmöglich machen; verhindern; **~ruchomić** *pf.* bewegungslos machen; stillegen; **~szczęśliwi(a)ć** unglücklich machen; **~szkodliwi(a)ć** unschädlich machen; **~ść się** *pf. s.* **unosić się**; **~ważni(a)ć** ungültig machen; für ungültig erklären; annullieren; **~winni(a)ć** freisprechen; **~winnienie** *n* Freispruch *m*; **~zależni(a)ć się** sich selbstständig machen
unik|ać ⟨**~nąć**⟩ (*G*) ausweichen (D); (ver)meiden (*A*)
uniwersyte|cki Universitäts-; **~t** *m* Universität *f*
uniżony demütig
unormować *pf.* normalisieren (**się** sich)
uno|sić się sich erheben; *fig.* aufbrausen; **~wocześni(a)ć** modernisieren
uodporni(a)ć widerstandsfähig machen
uogólni(a)ć verallgemeinern; **~enie** *n* Verallgemeinerung *f*
uos|abiać verkörpern; **~obienie** *n* Verkörperung *f*
upa|dać fallen, stürzen; **~dek** *m* Sturz; Verfall, Niedergang
upaja|ć betrunken machen; **~ć się** (*I*) sich berauschen (an *D*); **~jący** (**-co**) berauschend
upa|lny heiß; **~ł** *m* Hitze *f*
upaństwowić *pf.* verstaatlichen
upar|ciuch F *m* Dickkopf; **~ty** (**-cie**) hartnäckig; starrköpfig
upaść *pf. s.* **upadać**
upat|rywać ⟨**~rzyć**⟩ aussersehen, aussuchen
upełnomocnić *pf.* bevoll-

mächtigen
upewni(a)ć versichern; **~ *się*** sich vergewissern
upić się *pf. s.* **upijać się**
upie|c *pf. s.* **piec²**; **~rać się** (**przy** *L*) bestehen, beharren (auf *D*)
upierzenie *n* Gefieder
upiększ|ać ⟨**~yć**⟩ verschönern; (aus)schmücken
upijać się sich betrinken
upiorny gespensterhaft
upiór *m* Gespenst *n*
upłynąć *pf. s.* **upływać**
upływ *m* Abfluss; (*Zeit-*)Ablauf; **~ *krwi*** Blutverlust; **~ać** vergehen, (ver)fließen; *Frist*: ablaufen
upodabniać ⟨**upodobnić**⟩ ähnlich machen, angleichen; **~ *się*** (**do** *G*) ähnlich werden, sich angleichen (*D*)
upo|ić *pf. s.* **upajać**; **~jenie** *n* Rausch *m*, Taumel *m*
upok|arzać ⟨**~orzyć**⟩ demütigen (***się*** sich); **~orzenie** *n* Demütigung *f*
upom|inać (er)mahnen; **~*inać się*** (**o** *A*) (zurück)fordern (*A*); **~inek** *m* Geschenk *n*, Andenken *n*; **~nieć** *pf. s.* **upominać**; **~nienie** *n* (Er-)Mahnung *f*
upor|ać się *pf.* (**z** *I*) fertig werden (mit); **~czywy** (**-wie**) hartnäckig, zäh; *Blick*: starr
upo|rządkować *pf.* ordnen; regeln; **~sażenie** *n* Gehalt, Bezüge *m/pl.*
upośledz|enie *n* Benachteiligung *f*, Zurücksetzung *f*; (*Körper-*)Behinderung *f*; **~ony** benachteiligt; (körper)behindert
upoważn|i(a)ć (**do** *G*) ermächtigen (zu); **~ienie** *n* Ermächtigung *f*; Vollmacht *f*
upo|wszechni(a)ć verbreiten; **~zorowany** vorgetäuscht
upór *m* Trotz; Hartnäckigkeit *f*; Starrsinn
upragniony ersehnt
uprasz|ać bitten, ersuchen; **~czać** vereinfachen
upraw|a *f* (Boden-)Bearbeitung; (*Getreide-*)Anbau *m*; (*Wein-*)Bau *m*; **~iać** *Land* bebauen; *Pflanzen* anbauen; betreiben; *Sport* treiben; **~ni(a)ć** (**do** *G*) berechtigen (zu); **~nienie** *n* Berechtigung *f*
upro|sić *pf. s.* **upraszać**; **~ścić** *pf. s.* **upraszczać**
uprowadz|ać ⟨**~ić**⟩ entführen; **~enie** *n* Entführung *f*
uprze|ć się *pf. s.* **upierać się**; **~dzać** ⟨**~dzić**⟩ (*A*) zuvorkommen (*D*); (**o** *L*) warnen (vor *D*); **~dzenie** *n* Voreingenommenheit *f*
uprzejm|ość *f* Höflichkeit; **~y** (**-mie**) höflich
uprzemysłowienie *n* Industrialisierung *f*
uprzy|jemni(a)ć angenehm machen; **~krzony** lästig, störend; **~stępni(a)ć** zugäng-

lich machen; **~tomni(a)ć sobie** sich vergegenwärtigen; **~wilejowany** privilegiert
upuścić *pf.* fallen lassen
ura|biać bilden, formen; *Bgb.* abbauen; **~dować** *pf.* erfreuen; **~dzić** *pf.* beschließen; **~stać** (auf)wachsen, groß werden; **~towanie** *n* Rettung *f*
uraz m Verletzung *f*; Trauma *n*; **~a** *f* Groll *m*; **~ić** *pf.* verletzen
urbanistyka *f* Städtebau *m*
urlop *m* Urlaub; **~owicz** F *m* Urlauber
urobić *pf. s.* **urabiać**
uroczy (**-czo**) bezaubernd, reizvoll; **~stość** *f* Feier; Feierlichkeit; **~sty** (**-ście**) feierlich
uroda *f* Schönheit
urodzaj *m* (gute) Ernte *f*; **~ny** fruchtbar
urodz|enie *n* Geburt *f*; ***data*** *f* ***~enia*** Geburtsdatum *n*; **~iny** *pl.* Geburtstag *m*; **~ony** geboren
urojony eingebildet
urok *m* Reiz, Zauber
urosnąć *pf. s.* **urastać**
urozmaic|enie *n* Abwechslung *f*; **~ony** abwechslungsreich
uruch|amiać ⟨**~omić**⟩ in Betrieb setzen; *Motor* anlassen; **~omienie** *n* Inbetriebnahme *f*
urw|ać *pf. s.* **urywać**; **~is** *m* (Lause-)Bengel, Range *f*; **~isko** *n* (*Fels*-)Abhang *m*; **~isty** (**-to**) steil abfallend
uryw|ać abreißen (***się*** *v/i*); (ab)pflücken; **~ek** *m* Bruchstück *n*; Fragment *n*
urząd *m* (***stanu cywilnego*** Standes-, ***pracy*** Arbeits-, ***skarbowy*** Finanz-)Amt *n*; Behörde *f*; ***z urzędu*** von Amts wegen
urządz|ać ⟨**~ić**⟩ veranstalten; einrichten; **~enie** *n* Einrichtung *f*; Vorrichtung *f*
urzeczywistni(a)ć verwirklichen
urzęd|niczka *f* Beamtin; **~nik** m Beamte(r); **~ować** amtieren; **~owy** Amts-; (**-wo**) amtlich
urz|ynać ⟨**~nąć**⟩ abschneiden; ***~nąć się*** sich schneiden; P sich besaufen
uschnąć *pf. s.* **usychać**
usiąść *pf. s.* **siadać**
usilny dringend, inständig
usiłow|ać *pf.* trachten, versuchen; **~anie** *n* Bemühung *f*; Versuch *m*
uskarżać się (***na*** *A*) (sich be)klagen (über *A*)
usłu|chać *pf.* (*G*) hören (auf *A*); **~ga** *f* Dienst *m*; **~gi** *pl. a.* Dienstleistungen *fpl.*; **~giwać** (be)dienen; **~gowy** Dienstleistung-; **~żny** hilfsbereit; **~żyć** *pf.* e-n Dienst erweisen
usłyszeć *pf.* hören
usnąć *pf.* einschlafen
uspo|kajać ⟨**~koić**⟩ beruhi-

gen (***się*** sich); **~łeczniony** vergesellschaftet, volkseigen; **~sobienie** *n* Wesen; Laune *f*
usprawiedliwi|(a)ć entschuldigen (***się*** sich); **~enie** *n* Entschuldigung *f*, Rechtfertigung *f*
usprawni|(a)ć verbessern; **~enie** *n* Verbesserung *f*
usta *pl.* Mund *m*
usta|ć *pf. s.* **ustawać**; **~lać** ⟨**~lić**⟩ bestimmen, feststellen; festlegen; **~lenie** *n* Bestimmung *f*, Feststellung *f*; Festlegung *f*; **~nawiać** ⟨**~nowić**⟩ einführen; einsetzen; **~wa** *f* Gesetz *n*; **~wać** aufhören; nachlassen
ustawi|(a)ć (auf)stellen; **~cznie** immerfort; *a.* = **~czny** ständig, fortwährend
ustawodaw|ca *m* Gesetzgeber; **~stwo** *n* Gesetzgebung *f*
ustawowy (**-wo**) gesetzlich
ustąpi|ć *pf. s.* **ustępować**; **~enie** *n* Rücktritt *m*
usterka *f* Fehler *m*, Mangel *m*
ustęp *m* (*Text-*)Abschnitt; Klosett *n*, Abort; **~liwy** (**-wie**) nachgiebig; **~ować** *v/i* zurücktreten; (zurück-)weichen; nachgeben; *v/t* abtreten, überlassen; **~stwo** *n* Zugeständnis
ustn|ik *m* Mundstück *n*; **~y** mündlich; Mund-
ustosunkow|ać się *pf.* (***do*** *G*) sich verhalten (zu, gegenüber *D*); **~anie** *n* **się** Einstellung *f*, Verhältnis (zu)
ustronny abgelegen; einsam, ruhig
ustrój *m* Organismus; System *n*; Struktur *f*; **~ *państwowy*** Staatsform *f*
usu|nięcie *n* Beseitigung *f*; **~wać** ⟨**~nąć**⟩ beseitigen, entfernen
usy|chać aus-, eintrocknen; verdorren; **~p(yw)ać** aufschütten; **~piać** einschläfern
uszanowanie *n s.* **poważanie**
uszczel|ka *f Tech.* Dichtung; Packung; **~ni(a)ć** abdichten
uszczerbek *m* Schaden, Verlust; Nachteil
uszczęśliwiać beglücken
uszczyp|liwy (**-wie**) boshaft; anzüglich; **~nąć** *pf. s.* **szczypać**
uszkadzać beschädigen; verletzen
uszk|o n (*Tassen-*)Henkel *m*; (*Nadel-*)Öhr; **~a** *pl. Art* Ravioli *pl.*
uszkodz|enie *n* Beschädigung *f*; Schaden *m*; **~ić** *pf. s.* **uszkadzać**; **~ony** beschädigt; verletzt
uszlachetni(a)ć veredeln
usz|ny Ohren-; **~y** *pl. v.* **ucho**
uścisk *m* Umarmung *f*; **~ *dłoni*** Händedruck; **~ać** ⟨**uścisnąć**⟩ umarmen
uśmiech *m* Lächeln *n*; **~ać** ⟨**~nąć**⟩ **się** lächeln
uśmierc|ać ⟨**~ić**⟩ töten

uśmierz|ać ⟨**~yć**⟩ *Schmerz* lindern
uśpić *pf. s.* **usypiać**
uświad|amiać ⟨**~omić**⟩ aufklären; ***~omić sobie*** (*A*) sich bewusst werden (*G*)
utajony verborgen
utalentowany begabt
utarg *m* (**dzienny** Tages-)Erlös; **~ować** *pf. Geld* einnehmen
utarty zerrieben; *fig.* üblich
utk|nąć *pf.* stecken bleiben; **~wić** *pf. Blick* heften; *im Gedächtnis* haften bleiben
utlenion|y *Haar*: wasserstoffblond; ***woda*** *f* **~a** Wasserstoffsuperoxyd *n*
uto|nąć *pf.* ertrinken; **~pić** *pf.* ertränken
utra|cić *pf.* verlieren; **~pienie** *n* Kummer *m*; **~ta** *f* Verlust *m*
utrudni(a)ć erschweren
utrwal|acz *m Fot.* Fixiersalz *n*; **~ać** ⟨**~ić**⟩ festigen; *Fot.* fixieren
utrzeć *pf. s.* **ucierać**
utrzym|anie *n* (Lebens-)Unterhalt *m*; Verpflegung *f*; **~(yw)ać** halten (***się*** sich); *Familie* unterhalten; (aufrecht)erhalten
utw|orzenie *n* Bildung *f*, Schaffung *f*; **~ór** *m* Schöpfung *f*, Werk *n*
utykać hinken
uwaga *f* Aufmerksamkeit, Beachtung; Bemerkung; **~!** Achtung!, Vorsicht!
uwalniać befreien (***się*** sich)
uwarunkow(yw)ać (*I*) abhängig machen (von)
uważ|ać aufpassen; (***za*** *A*) halten (für; ***się*** sich); **~ny** aufmerksam
uwiąd *m*: **~ *starczy*** Senilität *f*, Altersschwäche *f*
uwi|daczniać ⟨**~docznić**⟩ zeigen, sichtbar machen
uwielbi|ać vergöttern, anbeten; **~enie** *n* Anbetung *f*
uwierzy|ć *pf.* glauben; **~telnić** *pf.* beglaubigen; **~telnienie** *n* Beglaubigung *f*
uwieść *pf. s.* **uwodzić**
uwięzić *pf.* einkerkern
uwikłać *pf.* verwickeln (***się*** sich)
uwłosiony behaart
uwo|dziciel(ka *f*) *m* Verführer(in); **~dzić** verführen
uwolni|ć *pf. s.* **uwalniać**; **~enie** *n* Befreiung *f*
uwydatni(a)ć hervorheben; **~ *się*** sich herausheben
uwzględni|(a)ć berücksichtigen; **~enie** *n* Berücksichtigung *f*
uzależni(a)ć (***od*** *G*) abhängig machen (von)
uzasadni|(a)ć begründen; **~enie** *n* Begründung *f*
uzbr|ajać ⟨**~oić**⟩ (***w*** *A*) bewaffnen (mit; ***się*** sich); ausrüsten; **~ojenie** *n* Bewaffnung *f*; Ausrüstung *f*
uzda *f* Zaum *m*
uzdatni(a)ć *Wasser* aufbereiten
uzdolni|enie *n* Begabung *f*;

~ony begabt
uzdr|awiać ⟨**~owić**⟩ gesund machen; **~awiający (-co)** heilsam; **~owienie** *n* Genesung *f*; Heilung *f*; **~owisko** *n* Kurort *m*
uzębienie *n* (*Zahn-*)Gebiss
uzg|adniać ⟨**~odnić**⟩ (aufeinander) abstimmen; verabreden
uziemienie *n* Erdung *f*
uzmysł|awiać ⟨**~owić**⟩ veranschaulichen; *s.* **uprzytomniać**
uzna|nie *n* Anerkennung *f*; Ermessen; **~(wa)ć** anerkennen
uzupełni|(a)ć ergänzen; **~enie** *n* Ergänzung *f*
uzysk(iw)ać erlangen
uży|cie *n* Gebrauch *m*, Benutzung *f*; **~ć** *pf. s.* **używać**; **~teczny** nützlich; **~tek** *m* Gebrauch; **~tkować** nutzen; verwenden; **~tkowanie** n Nutznießung *f*; **~tkownik** *m* Benutzer; Nutznießer; **~wać** benutzen, gebrauchen; verwenden; **~wany** gebraucht

W

w *Prp.* (*A*, *L*) in (*D*, *A*); ***~ nocy*** bei Nacht; ***dzień ~ dzień*** Tag für Tag; ***~ domu*** zu Hause; ***we wtorek*** am Dienstag; ***~ podróży*** auf Reisen; unterwegs; ***grać ~ karty*** Karten spielen
wabić ⟨**z-**⟩ (an)locken
wachlarz *m* Fächer
wad|a *f* Fehler *m* (*a. Med.*), Mangel *m*; **~liwy (-wie)** fehler-, mangelhaft
wag|a *f* Waage; Gewicht *n* (*a. fig.*); ***na ~ę*** nach Gewicht
wagon *m Esb.* (**restauracyjny** Speise-, **sypialny** Schlaf-)Wagen
waha|ć się pendeln; *fig.* schwanken; **~dło** *n* Pendel; **~dłowy** Pendel-; **~nie** *n* Pendeln; *fig.* Schwanken, Zögern
wakacje *pl.* Ferien *pl.*
walc *m* Walzer; **~ownia** *f* Walzwerk *n*
walczyć kämpfen
wal|ec *m* Walze *f*; *Math.* Zylinder; **~eczny** tapfer
walet *m* (*Karten*) Bube
walić hauen, schlagen; *s.* **obalać, zwalać**; ***~ się*** (zusammen)stürzen
walizka *f* Koffer *m*
walka *f* (***wręcz*** Nah-, ***o wolność*** Freiheits-)Kampf *m*
waln|y Haupt-; ***~e zgromadzenie*** *n* Generalversammlung *f*
walor *m* Vorzug; **~y** *pl. a.* Wertpapiere *n/pl.*
waluta *f* Fremdwährung
wał *m* Wall; Deich; *Tech.* (**na-**

pędowy Antriebs-)Welle *f*; **~ek** *m* Welle *f*; Walze *f*; Rolle *f*; **~ek do ciasta** Nudelholz *n*
wałęsać się sich herumtreiben
wałkować ⟨**roz-**⟩ *Teig* ausrollen; F *Frage* wälzen
wanilia *f* Vanille
wanna *f* (Bade-)Wanne
wap|ienny Kalk-; **~ień** *m* Kalkstein; **~no** *n* Kalk *m*; **~ń** *m* Kalzium *n*
warcaby *pl.* Damespiel *n*
warchlak *m* Frischling; Ferkel *n*
warchoł *m* Stänker(er), Störenfried
warczeć knurren; brummen
warga *f* Lippe
wari|actwo *n* Verrücktheit *f*, Irrsinn *m*; **~at** *m* Verrückte(r); **dom** *m* **~atów** Irrenhaus *n*; **~ować** ⟨**z-**⟩ verrückt werden *od.* spielen
warkocz *m* (*Haar-*)Zopf
warkotać brummen, surren
warown|ia *f* Burg, Kastell *n*; **~y** befestigt
warstwa *f* Schicht (*a. fig.*), Lage
warszawski *Adj.* Warschauer
warsztat *m* Werkstatt *f*
wart wert
warta *f* Wache; Wachtposten *m*
wartki (**-ko**) schnell; reißend
warto es lohnt sich, es wäre gut; **~ściowy** wertvoll, Wert-; **~ść** *f* Wert *m*
wartownik *m* Wachmann
warun|ek *m* Bedingung *f*; **~kowy** (**-wo**) bedingt; *Gr.* **tryb** *m* **~kowy** Konditional
warz|ąchew *f* Kochlöffel *m*; **~elnia** *f* (*Salz-*)Siederei; **~yć** *Bier* brauen; *Salz* sieden
warzyw|ny Gemüse-; **~o** *n* (*oft pl.*) Gemüse
was euch; **~i** eure
wasz, **~a** *f*, **~e** *n*, *pl.* euer
wawrzyn *m* Lorbeer
waza *f* Vase; Suppenterrine
wazelina *f* Vaseline
wazon *m* Blumentopf
waż|ka *f* Libelle; **~ki** gewichtig; **~niak** F *m* Wichtigtuer; **~ność** *f* Wichtigkeit; Gültigkeit; **~ny** wichtig; gültig; **~yć** ⟨*v/t a.* **z-**⟩ wiegen; *fig.* wägen
wąchać (*A*) riechen (an *D*)
wągr *m* Finne *f*; Mitesser
wąs *m* (*oft* **~y** *pl.*) Schnurrbart; **~aty** mit Schnurrbart
wąsk|i (**-ko**) schmal; eng; **~otaśmowy** Schmalfilm-; **~otorówka** *f* Schmalspurbahn
wątek *m fig.* Faden
wątły (**-ło**) schwächlich, zart; kümmerlich
wątp|ić (**o** *L*) zweifeln (an *D*); **~ienie** *n*: **bez ~ienia** zweifellos; **~liwość** *f* Zweifel *m*; **~liwy** (**-wie**) zweifelhaft; fraglich
wątrob|a *f* Leber; **~ianka** *f* Leberwurst; **~iany**, **~owy** Leber-
wątróbka *f Kochk.* Leber

wąwóz *m* Hohlweg
wąż *m* Schlange *f*; *Tech.* Schlauch
wbić *pf. s.* **wbijać**
wbie|gać ⟨**~c**⟩ hereinlaufen; (*a.* ***na górę***) hinauflaufen
wbijać einschlagen
wbrew *Prp.* (*D*) entgegen (*D*), trotz (*G*)
wbudow(yw)ać einbauen
wcale: **~ *nie*** (ganz und) gar nicht; **~ *dobrze*** ganz gut
wchł|aniać ⟨**~onąć**⟩ aufsaugen, resorbieren; *fig.* aufnehmen
wchodzić (***do*** *G*) hereinkommen, eintreten; hineingehen (in *A*); (***na*** *A*) betreten (*A*); hinaufgehen
wciąć *pf. s.* **wcinać**
wciąg|ać ⟨**~nąć**⟩ hineinziehen
w ciągu im Laufe, binnen
wciąż immerfort; **~ *jeszcze*** immer noch
wciel|ać (***do*** *G*) eingliedern, einverleiben (in *A*); **~ony** leibhaftig
wcierać einreiben
wcię|cie *n* Einschnitt *m*; *Typ.* Einzug *m*; **~ty** *Kleid*: auf Taille gearbeitet
wcinać einschneiden; F *Essen* verputzen
wcis|kać ⟨**~nąć**⟩ (hin)eindrücken, (hin)eindrängen (***się*** sich)
w czas zur rechten Zeit
wczas|owicz *m* Feriengast; **~owy** Ferien-; **~y** *pl.* Ferien *pl.*, Urlaub *m*
wczesny (**-śnie**) früh(zeitig)
wczoraj gestern; **~szy** gestrig
wczu(wa)ć się sich einfühlen
wda(wa)ć się sich einlassen
wdech *m* Einatmung *f*
wdepnąć *pf.* (**w** *A*) treten (in *A*)
wdmuch(iw)ać einblasen
wdow|a *f* Witwe; **~i** Witwen-; **~iec** *m* Witwer
w dół bergab; abwärts
wdrap(yw)ać się (***na*** *A*) hinaufklettern (auf *A*), erklimmen (*A*)
wdr|ażać ⟨**~ożyć**⟩ (***k-o do*** *G*) beibringen (j-m *A*); *Verfahren* einleiten
wdychać einatmen
wdzierać się (***do*** *G*) gewaltsam eindringen (in *A*)
wdzię|czność *f* Dankbarkeit; **~czny** dankbar; **~k** *m* Anmut *f*, Charme
we *s.* **w**
według (*G*) nach, gemäß (*D*)
wedrzeć się *pf. s.* **wdzierać**
wejści|e *n* Eingang *m*; **~e *w życie*** Inkrafttreten; **~owy** Eingangs-; Eintritts-
wejść *pd. s.* **wchodzić**
weksel *m* *Hdl.* Wechsel
welon *m* Schleier
wełn|a *f* Wolle; **~iany** Woll-, wollen
weneryczn|y: ***choroba*** *f* **~a** Geschlechtskrankheit
wentyla|cja *f* Lüftung; **~tor** *m* Ventilator, Lüfter
wepchnąć *pf. s.* **wpychać**

werb|ować ⟨**z-**⟩ anwerben; rekrutieren; **~unek** *m* Anwerbung *f*; Rekrutierung *f*
werk F *m* Uhrwerk *n*
wersalka *f* Schlafcouch
wesel|e *n* Hochzeit *f*; **~ić się** sich amüsieren, lustig sein; **~ny** Hochzeits-
wesoł|ość *f* Fröhlichkeit; **~y** (**-ło**) fröhlich, lustig
wesprzeć *pf. s.* **wspierać**
wessać *pf. s.* **wsysać**
westchn|ąć *pf. s.* **wzdychać**; **~ienie** *n* Seufzer *m*
wesz *f* Laus
weterynarz *m* Tierarzt
wet|knąć *pf. s.* **wtykać**; **~rzeć** *pf. s.* **wcierać**
wewn|ątrz *Adv.* (dr)innen; ***do*** **(*od*)** ~ nach (von) innen; *Prp.* (*G*) in (*D*), innerhalb (*G*); **~ętrzny** innere(r); innerlich; Binnen-
wezbra|ć *pf. s.* **wzbierać**; **~ny** *Fluss*: angeschwollen
wezgłowie *n* Kopfende
wezwa|ć *pf. s.* **wzywać**; **~nie** *n* Aufforderung *f*; Vorladung *f*
węch *m* Geruch(sinn)
wędk|a *f* Angel(rute); **~arski** Angel-; **~arz** *m* Angler; **~ować** angeln
wędlin|iarnia *f* Wurstwarenhandlung; **~y** *f/pl.* Räucher-, Wurstwaren
wędrow|ać wandern; **~iec** *m* Wanderer; **~ny** Wander-; wandernd
wędrówka *f* Wanderung
wędzić ⟨**u-**⟩ räuchern
wędzidło *n* Kandare *f*
wędzon|ka *f* Räucherspeck *m*; **~y** geräuchert
węgiel *m* Kohle *f*; **~ *drzewny*** Holzkohle *f*; **~ny**: ***kamień*** *m* **~*ny*** Grundstein
Węgier|(ka *f*) *m* Ungar(in); **ꝏski** (**po -ku**) ungarisch
Węgry *pl.* Ungarn *n*
węgl|an *m* Karbonat *n*; **~arka** *f Esb.* Kohlenwagen *m*; **~owodan** *m* Kohlenhydrat *n*; **~owy** Kohle(n)-
węgorz *m* Aal
węszyć schnüffeln
węz|eł *m* Knoten; **~łowy** Knoten-
wężow|aty (**-to**) schlangenartig; **~y** Schlangen-
węższy enger; schmaler
wgląd *m* Einblick
wgłębi|(a)ć się sich vertiefen; **~enie** *n* Vertiefung *f*
wiać wehen
wiadom|ość *f* Nachricht; ***podać do ~ości*** zur Kenntnis geben; **~y** (**-mo**) bekannt
wiadro *n* Eimer *m*
wian|ek *m* Kranz
wiara *f* Glaube *m*
wiaro|godny glaubwürdig; **~łomny** treulos, treubrüchig
wiatr *m* Wind; **~ak** *m* Windmühle *f*; **~ówka** *f* Windjacke; Luftgewehr *n*
wiąz *m* Ulme *f*
wiąz|ać ⟨**z-**⟩ binden (***się*** sich); **~anie** *n* Bindung *f*;

Gebinde; **~ka** *f* Bund *n*, Bündel *n*
wich|er *m* Sturm(wind); **~rzyciel** *m* Unruhestifter
wichura *f s.* **wicher**
wić winden (**się** sich); *Nest* bauen; *Kranz* flechten
wid|elec *m* Gabel *f*; **~ełki** *pl.* (*Telefon-*)Gabel *f*
wideokaseta *f* Videokassette
widły *pl.* Forke *f*, Gabel *f*
wid|mo¹ *n* Gespenst; **~mo**² *n* Spektrum; **~nokrąg** *m* Horizont; **~ny** hell; **~oczność** *f* Sicht; **~oczny** sichtbar; **~ok** *m* Anblick; Ansicht *f*, Aussicht *f*; **~okówka** *f* Ansichtskarte; **~owisko** *n* Schau *f*, Vorstellung *f*; **~ownia** *f* Zuschauerraum *m*; *fig.* Schauplatz *m*
widz *m* Zuschauer; **~enie** *n* Sehen; ***punkt*** *m* ***~enia*** Gesichtspunkt; ***do ~enia!*** auf Wiedersehen!; **~ialny** sichtbar; **~ieć** sehen
wiec *m* Kundgebung *f*
wiecha *f* Strohwisch *m*; Richtkrone
wieczerza *f* Abendmahl *n*
wiecz|ność *f* Ewigkeit; **~ny** ewig; *s.* **pióro**
wieczor|ek *m* (*Tanz-*)Abend; **~em** abends; **~ny**, **~owy** abendlich, Abend-; **~ówka** *f* Abendschule
wieczór *m* Abend; ***pod ~*** gegen Abend; ***dobry ~!*** guten Abend!
wieczyst|y (**-ście**) ewig; ***~a dzierżawa*** *f* Erbpacht
wiedeński (**po -ku**) Wiener, wienerisch
wiedz|a *f* Wissen *n*; Kenntnisse *f/pl.*; **~ieć** wissen
wiedźma *f* Hexe
wiejsk|i (**po -ku**) ländlich; Land-, Dorf-
wiek *m* Alter *n*; Jahrhundert *n*; Zeitalter *n*; **~owy** jahrhundertealt; **~uisty** (**-ście**) ewig(lich)
wielbiciel(ka *f*) *m* Verehrer(in), Bewunderer (-derin)
wielbłąd *m* Kamel *n*
wiele viel; ***tak ~*** so viel; ***za ~*** zu viel
wielebny ehrwürdig
Wielkanoc *f* Ostern *n*; ***na ~*** zu Ostern; **⁓ny** österlich; Oster-
wielki groß, Groß-, Riesen-
wielko|duszny großherzig; **~lud** *m* Riese; **~miejski** großstädtisch; **~ść** *f* Größe
wielo|barwny vielfarbig; farbenreich; **~bój** *m Sp.* Mehrkampf; **~języczny** mehrsprachig; **~kąt** *m* Vieleck *n*; **~kropek** *m* Auslassungspunkte *m/pl.*; **~krotny** mehrmalig; vielfach; **~letni** vieljährig; **~ryb** *m* Wal(fisch); **~stopniowy** mehrstufig; **~stronny** vielseitig; **~zgłoskowy** mehrsilbig; **~znaczny** vieldeutig
wieniec *m* Kranz
wień|cowy *Med.* Herzkranz-; **~czyć** ⟨**u-**⟩ bekrän-

zen; *fig.* krönen
wieprz *m* Schwein *n*; **~owina** *f* Schweinefleisch *n*; **~owy** Schweins-, Schweine-
wiercić bohren; **~ *się*** sich winden; F zappeln
wier|ność *f* Treue; **~ny¹** treu; **~ny²** *m* Gläubige(r)
wiersz *m* Gedicht *n*; Vers; Zeile *f*
wiert|arka *f* Bohrmaschine; **~ło** *n* Bohrer *m*; **~niczny** Bohr-
wierzący gläubig; *s. a.* **wierny²**
wierzba *f Bot.* Weide
wierzch *m* Oberteil; ***na ~*** obendrauf; nach oben; **~ni** Ober-; **~ołek** *m* Gipfel, Spitze *f*; *Math.* Scheitel; **~owiec** *m* Reitpferd *n*
wierzy|ciel(ka *f*) *m* Gläubiger(in); **~ć** (*a.* **w** *A*) glauben (*a.* an *A*) **wiesz|ać** (auf)hängen; **~adło** *n* Kleiderhaken *m*; **~ak** *m* Kleiderbügel; Aufhänger
wieszcz *m* Seher, Prophet; (*National*-)Dichter
wieś *f* Dorf *n*
wieść¹ *f* Nachricht, Kunde
wieść² ⟨**po-**⟩ führen
wieśnia|czka *f* Bäuerin; **~k** *m* Bauer
wietrz|eć ⟨**wy-**⟩ *Duft*: verfliegen; ⟨**z-**⟩ verwittern; **~nik** *m* Lüftungsklappe *f*; **~ny (-no)** windig; **~yć** lüften
wiewiórka *f* Eichhörnchen *n*
wieźć ⟨**od-, po-, za-**⟩ *v/t* fahren, befördern
wież|a *f* Turm *m*; **~owiec** *m* Hochhaus *n*; **~owy** Turm-
więc also, folglich, mithin; ***a ~*** und zwar; **~ej** mehr
więdnąć ⟨**z-**⟩ (ver)welken
większ|ość *f* Minderheit; Mehrzahl; **~y** größer
więz|ić gefangen halten; **~ienie** *n* Gefängnis; Haft *f*; **~ienny** Gefängnis-; **~ień** *m* Sträfling, Häftling; **~nąć** ⟨**u-**⟩ steckenbleiben; **~y** *pl.*: ***~ rodzinne*** Familienbande *f/pl.*
więźniarka *f* Gefangene, weiblicher Häftling *m*
wigil|ia *f* Vorabend *m*; ***℞ia Bożego Narodzenia*** Heiligabend *m*; **~ijny** Weihnachts-
wikariusz *m* Vikar
wiklina *f Bot.* Korbweide
wikt F *m* Kost *f*
wilcz|ur *m* Schäferhund; **~y** Wolfs-; **~yca** *f* Wölfin
wilgo|ć *f* Feuchtigkeit; **~tny** feucht
wilia *f s.* **wigilia**
wilk *m* Wolf
wina *f* Schuld
winda *f* Aufzug *m*; Fahrstuhl *m*
wini|ak *m* Weinbrand; **~arnia** *f* Weinstube
win|ić beschuldigen; **~ien, ~na** schuldig
win|nica *f* Weinberg *m*; **~niczek** *m* Weinbergschnecke *f*
winny *s.* **winien**; Wein-

wino *n* Wein *m*; **~branie** *n* Weinlese *f*; **~grona** *n/pl.* Weintraube(n *pl.*) *f*; **~rośl** *f* Weinstock *m*
winowaj|ca *m* (**~czyni** *f*) Schuldige(r), Täter(in)
winszować ⟨**po-**⟩ gratulieren
wiolonczela *f* Cello *n*
wiosenny Frühlings-
wiosło *n* Ruder; **~wać** rudern
wiosna *f* Frühling *m*
wiośla|rski Ruder-; **~rstwo** *n* Rudersport *m*; **~rz** *m* Ruderer
wiotki (**-ko**) schlaff; schlank, grazil
wiór *m* Span
wir *m* Strudel, Wirbel; **~aż** *m* Kurve *f*, Kehre *f*; **~nik** *m* Rotor; **~ować** rotieren; wirbeln; **~ówka** *f* Schleuder, Zentrifuge
wirus *m* Virus *n od. m*
wi|sieć *v/i* hängen; **~szący** Hänge-
Wisła *f* Weichsel
wiś|nia *f* Sauerkirsche; **~niowy** Kirsch-; **~niówka** *f* Kirschlikör *m*
witać ⟨**po-**⟩ (be)grüßen; **~ *się*** ⟨***przy-***⟩ (**z** *I*) *j-n* (*od.* sich) begrüßen
wit|raż *m* (*Kirchen-*)Fenster *n* mit Glasgemälde; **~ryna** *f* Schaufenster *n*
wiz|a *f* Visum *n*; **~erunek** *m* Bildnis *n*; **~jer** *m Fot.* Sucher; **~yta** *f* Besuch *m*; **~ytówka** *f* Visitenkarte
wjazd *m* Einfahrt *f*; Einreise *f*; **~owy** Einfahrts-; Einreise
wje|żdżać ⟨**~chać**⟩ (hin)einfahren
wkle|jać ⟨**~ić**⟩ einkleben
wklęsły (**-ło**) konkav, hohl
wkład *m* Einlage *f*; Beitrag; *Tech.* Einsatz; (*Schreib-*) Mine *f*; **~ać** (hin)einstecken, (hin)einlegen; **~ka** *f* Einlage; Einsatz(stück *n*) *m*
wkoło (*G*) rings (*od.* rund) um (*A*)
wkra|czać (**do** *G*) eintreten; einmarschieren (in *A*); **~dać** ⟨**~ść**⟩ **się** sich einschleichen; **~plać** einträufeln
wkręc|cać ⟨**~cić**⟩ einschrauben; eindrehen; **~t** *m* Schraube *f*; **~tak** *m* Schraubendreher
wkro|czyć *pf. s.* **wkraczać**; **~plić** *pf. s.* **wkraplać**
wkrótce *Adv.* in Kürze; **~ *potem*** kurz darauf
wkup|ywać ⟨**~ić**⟩ **się** sich einkaufen
wlać *pf. s.* **wlewać**
wlatywać (**do** *G*) hineinfliegen; F hineinrennen, hereinstürzen (in *A*)
wlec schleppen (***się*** sich), ziehen
wle|cieć *pf. s.* **wlatywać**; **~wać** eingießen; **~źć** *pf. s.* **włazić**
wlicz|ać ⟨**~yć**⟩ einrechnen, mitzählen

wlot *m* Einlass, Eintritt(söffnung *f*)
wład|ać (*I*) beherrschen (*A*); **~ca** *m* Herrscher; **~czy** (**-czo**) gebieterisch; **~ny** befugt
władza *f* Macht, Gewalt
włam|ać się *pf. s.* **włamywać się**; **~anie** *n* Einbruch *m*; **~ywacz** *m* Einbrecher; **~ywać się** (**do** *G*) einbrechen (in *A*)
własn|oręczny eigenhändig; **~ość** *f* Eigentum *n*; **~ościowy** Eigentums-; **~y** eigen
właści|ciel(ka *f*) *m* Eigentümer(in); **~wość** *f* Eigenschaft; **~wy** spezifisch; zuständig; (**-wie**) richtig, recht; eigentlich
właśnie *Adv.* gerade, eben
włazić (**na** *A*) hinaufklettern (auf *A*); (**do** *G*) hineinkriechen (in *A*)
włącz|ać ⟨**~yć**⟩ einfügen; einverleiben; einbeziehen; *Licht usw.* einschalten; **~nie** einschließlich
Włoch *m* Italiener; **~y** *pl.* Italien *n*
wło|s *m* Haar *n*; **~sisty** haarig
wło|ski (**po -ku**) italienisch; **~szczyzna** *f* Suppengrün *n*; **ᘓszka** *f* Italienerin
włożyć *pf. s.* **wkładać**
włóczęga *m* Landstreicher
włóczka *f* Strickgarn *n*, Wollgarn *n*
włók|ienniczy Textil-; **~nisty** (**-to**) faserig; **~no** *n* Faser *f*
wmawiać *j-m et.* einreden
wmiesza|ć *pf.* einrühren; **~ć się** *pf.* sich einmischen
wmówić *pf. s.* **wmawiać**
wmu|row(yw)ać einmauern; **~szać** ⟨**~sić**⟩ *j-m et.* aufzwingen
wnet bald; sofort
wnęka *f* Nische
wnętrz|e *n* Innere(s); Innenraum *m*; **do ~a** nach innen; **~ności** *pl.* Eingeweide *n*
Wniebo|wstąpienie *n* Christi Himmelfahrt *f*; **~wzięcie** *n* Mariä Himmelfahrt *f*; **ᘓwzięty** F *fig.* hingerissen
wnieść *pf. s.* **wnosić**
wnik|ać ⟨**~nąć**⟩ eindringen; **~liwy** (**-wie**) durchdringend; tiefgründig
wnios|ek *m* Antrag; Schluss(folgerung *f*); **~kodawca** *m* Antragsteller; **~kować** ⟨**wy-**⟩ (**z** *G*) schließen, folgern (aus)
wnosić (**do** *G*) hineintragen (in *A*); *fig.* einreichen, vorbringen
wnu|czka *f* Enkelin; **~k** *m* Enkel
woalka *f* Schleier *m*
wobec *Prp.* (*G*) angesichts (*G*)
woda *f* (**pitna** Trink-, **święcona** Weih-)Wasser *n*
wodn|iak F *m* Wassersportler; **ᘓik** *m Astr.* Wassermann; **~isty** wässerig, wässrig; **~y** Wasser-
wodo|ciąg *m* Wasserleitung

f; **~lecznictwo** *n* Wasserheilkunde *f*; **~lot** *m* Tragflügelboot *n*; **~mierz** *m* Wasseruhr *f*; **~odporny** wasserfest; **~pój** *m* Tränke *f*; **~rost** *m* Wasserpflanze *f*; **~spad** *m* Wasserfall; **~szczelny** wasserdicht; **~trysk** *m* Springbrunnen; **~wanie** *n* *Flgw.* Wasserung *f*; *Mar.* Stapellauf *m*; **~wstręt** *m* Wasserscheu *f*
wodór *m* Wasserstoff
wodzić (herum)führen
wojenny Kriegs-
wojewoda *m* Woiwode
wojewódz|ki Woiwodschafts-; **~two** *n* Woiwodschaft *f*
woj|na *f* (**światowa** Welt-, **domowa** Bürger-)Krieg *m*; **~ować** Krieg führen; **~owniczy** (**-czo**) kriegerisch; **~ownik** *m* Krieger; **~sko** *n* Militär, Truppe *f*, Armee *f*; **~skowy** militärisch, Militär-; *Su. m* Militär, Soldat
wokoło *s.* **wkoło**
wol|a *f* Wille *m*; **siła** *f* **~i** Willensstärke; **~eć** lieber haben *od.* mögen, vorziehen
wolno langsam; frei; **czy ~?** ist es erlaubt?, darf man?; **~cłowy** zollfrei; **~mularz** *m* Freimaurer; **~rynkowy** *Preis*: Markt-, auf dem freien Markt (gezahlt *usw.*); **~ściowy** Freiheits-; **~ść** *f* Freiheit
wolny ledig; (**od opłat** gebührenfrei; (**-no**) langsam
woła|ć ⟨**za-**⟩ rufen; **~nie** *n* Rufen; **~nie o pomoc** Hilferuf *m*
wołow|ina *f* Rindfleisch *n*; **~y** Ochsen-; *Kochk. a.* Rinds-
wonny wohlriechend
woń *f* Duft *m*
wopista F *m* Grenzsoldat
woreczek *m* Beutel; **~żółciowy** Gallenblase *f*
worek *m* Sack
wosk *m* Wachs *n*; **~ować** *v/t* wachsen; **~owina** *f* Ohrenschmalz *n*; **~owy** (**-wo**) Wachs-
wotum *n Rel.* Votivgabe *f*; Votum
wozić *v/t* fahren
woź|nica *m* Fuhrmann; **~ny** *m* Amtsbote; Gerichtsdiener
wódka *f* Schnaps *m*
wódz *m* Führer; Häuptling
wójt *m* Gemeindevorsteher
wół *m* Ochse
wór *m* Sack
wówczas *Adv.* damals, dann
wóz *m* Wagen; Fuhre *f*; **~ drabiniasty** Leiterwagen; **~ek** *m* (*Kinder-*, *Hand-*)Wagen; (*Elektro-*)Karren
wpa|dać hineinfallen; *Fluss*: münden; **~dka** *f* F Reinfall *m*; **~kow(yw)ać** hineinpacken, -stopfen; **~ść** *pf. s.* **wpadać**
wpat|rywać ⟨**~rzeć**⟩ **się** (**w** *A*) anstarren (*A*)
wpełz|ać ⟨**~nąć**⟩ hineinkriechen
wpędz|ać ⟨**~ić**⟩ hineintreiben

wpierw zuvor, zuerst
wpi|nać ⟨**~ąć**⟩ einheften
wpis *m* Eintragung *f*; **~owe** *n* Einschreibgebühr *f*; **~(y-w)ać** eintragen, einschreiben
wpląt(yw)ać verwickeln
wpła|cać ⟨**~cić**⟩ einzahlen; **~ta** *f* Einzahlung
wpław *Adv.* schwimmend
wpływ *m* Einfluss; (*Geld-*)Eingang; **~ać** ⟨**wpłynąć**⟩ (hin)einfließen; *Schiff*: einlaufen; *Post*: eingehen; (**na** *A*) beeinflussen (*A*); **~owy** (**-wo**) einflussreich
wpoić *pf. s.* **wpajać**
wpół *Adv.* halb, zur Hälfte; **~ *do drugiej*** halb zwei (Uhr)
wpraw|a *f* Übung, Fertigkeit; **~dzie** zwar; allerdings; **~i(a)ć** *Scheibe* einsetzen; *in et.* versetzen; einüben (***się*** sich); **~ny** geübt
wprost gerade(aus); direkt
wprowadz|ać ⟨**~ić**⟩ (hin)einführen; ***~ić się*** (***do*** *G*) einziehen (in *A*); **~enie** *n* Einführung *f*
wprzód *Adv.* zuvor, zuerst
wpu|szczać ⟨**~ścić**⟩ (he-r)einlassen
wpychać hineinstecken, -stopfen, -stoßen
wra|cać zurückkehren, zurückkommen; ***~cać do domu*** *a.* heimkehren; **~stać** (hin)einwachsen
wraz *Adv.* (**z** *I*) zusammen (mit); samt (*D*)
wrażenie *n* Eindruck *m*
wrażliw|ość *f* Empfindlichkeit; Empfindsamkeit; **~y** (***na*** *A*) empfindlich (gegen); empfindsam
wreszcie *Adv.* schließlich, endlich
wręcz *Adv.* gerade(zu); *s.* **walka**; **~ *przeciwnie*** ganz im Gegenteil; **~ać** ⟨**~yć**⟩ aushändigen, überreichen
Wrocław *m* Breslau *n*
wro|dzony angeboren; **~gi** (**-go**) feindlich; feindselig
wrona *f* Krähe
wrosnąć *pf. s.* **wrastać**
wrot|a *pl.* Tor *n*; **~ki** *f/pl.* Rollschuhe *m/pl.*; **~karz** *m* Rollschuhläufer
wróbel *m* Sperling, Spatz
wrócić *pf. s.* **wracać**
wróg *m* Feind
wróż|ka *f* Wahrsagerin, Kartenlegerin; **~yć** ⟨**po-**⟩ wahrsagen
wrzas|k *m* Geschrei *n*; **~kliwy** (**-wie**) schreiend; gellend; **~nąć** *pf. s.* **wrzeszczeć**
wrzawa *f* Lärm *m*, Krach *m*
wrzą|cy siedend, kochend; **~tek** *m* kochendes Wasser *n*
wrzeciono *n* Spindel *f*
wrze|ć *v/i* sieden; *fig. Kampf*: toben; **~nie** *n* Sieden; *fig.* Gärung *f*; **~sień** *m* September; **~szczeć** *v/i* schreien, F brüllen
wrzos *m* Heidekraut *n*; **~owisko** *n* Heide *f*

wrzód *m* Geschwür *n*
wrzuc|ać ⟨**~ić**⟩ (hin)einwerfen
wsadz|ać ⟨**~ić**⟩ einsetzen; (hin)einstecken
wscho|dni östlich, Ost-; orientalisch; **~dzić** *v/i Saat:* aufgehen (*a. Astr.*)
wschód *m* Osten; Orient; (***słońca*** Sonnen-)Aufgang
wsi|adać ⟨**~ąść**⟩ einsteigen
wsiąk|ać ⟨**~nąć**⟩ versickern, einziehen (*v/i*)
wskakiwać hinein-, hereinspringen; (hin)aufspringen
wskaz|ać *pf. s.* **wskazywać**; **~anie** *n* Hinweis *m*; *Tech.* Anzeige *f*; *Med.* Indikation *f*; **~any** angezeigt, ratsam; **~ówka** *f* (*Uhr-*)Zeiger *m*; Hinweis *m*; Wink *m*; **~ywać** zeigen; (hin)weisen
wsk|aźnik *m* (*Preis-*)Index; Kennziffer *f*; Richtwert; *pl. a.* Daten *n/pl.*; **~oczyć** *pf. s.* **wskakiwać**; **~órać** *pf.* ausrichten
wskrze|szać ⟨**~sić**⟩ *fig.* wieder beleben
wskutek *Prp.* (*G*) infolge (*G*); ***~ czego*** wodurch
wsławi(a)ć się (*I*) berühmt werden (durch)
wsłuch(iw)ać się (***w*** *A*) lauschen (*D*)
wspania|łomyślny großmütig, großzügig; **~ły** (**-le**) prächtig, herrlich
wsp|arcie *n* Unterstützung *f*; **~iąć się** *pf. s.* **wspinać się**; **~ierać** (unter)stützen
wspina|czka *f* Felsklettern *n*; Besteigung; **~ć się** klettern; (***na*** *A*) erklettern (*A*)
wspom|agać unterstützen; **~inać** ⟨**~nieć**⟩ (*A*) sich erinnern (*G*, an *A*); (**o** *L*) erwähnen (*A*); **~niany** erwähnt; **~nienie** *n* Erinnerung *f*; Erwähnung *f*; **~óc** *pf. s.* **wspomagać**
wspóln|iczka *f* Teilhaberin; **~ik** *m* Teilhaber; **~ość** *f* Gemeinsamkeit; **~ota** *f* Gemeinschaft; **~y** gemeinsam, gemeinschaftlich; ***~ymi siłami*** mit vereinten Kräften
współ|czesność *f* Gegenwart; **~czesny** zeitgenössisch; modern; **~czucie** *n* Mitgefühl; Beileid; **~czuć** (*D*) mitfühlen (mit); **~czynnik** *m* Koeffizient; *Math.* Faktor; **~działanie** *n* Zusammenwirken; **~istnienie** *n* Koexistenz *f*; **~lokator** *m* Mitbewohner; **~małżonek** *m* Ehepartner; **~oskarżony** *m* Mitangeklagte(r); **~praca** *f* Mitarbeit; **~pracować** mitarbeiten; **~pracownik** *m* Mitarbeiter; **~udział** *m* Mitwirkung *f*; Teilnahme *f*; **~winny** mitschuldig; **~właściciel** *m* Miteigentümer; **~zawodnictwo** *n* Wettbewerb *m*; **~zawodnik** *m* Mitbewerber; **~życie** *n* Zusammenleben
wsta(wa)ć aufstehen

wstawi|(a)ć hineinstellen; einsetzen; **~(a)ć się** (*za I*) sich einsetzen, verwenden (für); **~ennictwo** *n* Fürsprache *f*; **~ony** F voll, blau
wstąpi|ć *pf. s.* **wstępować**; **~enie** *n* Eintritt *m*
wstążka *f* Band *n*, Schleife
wstecz *Adv.* zurück, rückwärts; **~ny** rückwärtig; rückläufig; rückschrittlich; *bieg m* **~ny** *Kfz.* Rückwärtsgang
wstęga *f* Band *n*; Streifen *m*
wstęp *m* Eintritt, Zutritt; Einleitung *f*; **~ny** einleitend, Vor-; *artykuł m* **~ny** Leitartikel; *egzamin m* **~ny** Aufnahmeprüfung *f*; **~ować** (*do G*) eintreten (in *A*), beitreten (*D*); vorbeikommen (bei)
wstręt *m* Abscheu, Ekel; **~ny** abscheulich
wstrząs *m* Erschütterung *f*; Schock; (Erd-)Stoß; **~ać** ⟨**~nąć**⟩ schütteln (*się* sich); erschüttern
wstrzemięźliwy (**-wie**) enthaltsam; zurückhaltend
wstrzy|kiwać ⟨**~knąć**⟩ einspritzen, injizieren; **~m(ywać)** zurückhalten (*się* sich); anhalten, einstellen
wsty|d *m* Scham *f*; Schande *f*; **~dliwy** (**-wie**) schamhaft; **~dzić się** (*za A*) sich schämen (für)
wsu|wać ⟨**~nąć**⟩ (hin)einschieben
wsyp(yw)ać hineinschütten
wsysać einsaugen
wszcz|ynać ⟨**~ąć**⟩ einleiten, beginnen; anzetteln
wszech|mocny allmächtig; **~obecny** allgegenwärtig; **~stronny** viel-, allseitig; **~świat** *m* Weltall *n*; **~wiedzący** allwissend; **~władny** allmächtig
wszelki jeder, jegliche(r); *~mi siłami* mit allen Kräften
wszerz *Adv.* quer; *wzdłuż i ~* kreuz und quer
wszędzie überall
wszyst|ek (**~ka, ~ko**, *pl.* **~kie**) all, ganz; **~ko** *n* alles; Ganze(s); *przede ~kim* vor allem
wszy(wa)ć einnähen
wścibski neugierig
wście|kać ⟨**~c**⟩ **się** F *fig.* toben, wüten; **~klizna** *f* Tollwut; **~kłość** *f* Wut, Raserei; **~kły** tollwütig; (**-le**) *fig.* wütend, rasend
wśliz|giwać ⟨**~nąć**⟩ **się** hineinschlüpfen
wśród *Prp.* (*G*) inmitten (*G*)
wtaczać hinein- *od.* hinaufrollen
wtajemnicz|ać ⟨**~yć**⟩ einweihen; **~ony** eingeweiht
wtargnąć *pf.* (*do G*) eindringen (in *A*)
wtedy dann; damals
wtem *Adv.* plötzlich
wtenczas *s.* **wtedy**
wtł|aczać ⟨**~oczyć**⟩ hineindrücken, -pressen
wtoczyć *pf. s.* **wtaczać**
wtorek *m* Dienstag
wtór|nik *m* Duplikat *n*,

Zweitschrift *f*; **~ny** sekundär; **~y**: ***po raz ~y*** zum zweiten Mal; ***po ~e*** zweitens
wtrąc|ać ⟨**~ić**⟩ *Wort* einflechten; *ins Gefängnis* werfen; *v/i* bemerken, sagen; ***~ać*** ⟨***~ić***⟩ ***się*** sich einmischen
wtrys|kiwać ⟨**~nąć**⟩ einspritzen
wty|czka *f El.* Stecker *m*; **~kać** (hin)einstecken
wuj *m* Onkel; **~enka** *f* Tante
wulgarny vulgär
wulkan *m* Vulkan; **~izować** ⟨**za-**⟩ vulkanisieren
ww|ozić ⟨**~ieźć**⟩ einführen; **~óz** *m* Einfuhr *f*
wybacz|ać ⟨**~yć**⟩ vergeben, verzeihen; **~alny** verzeihlich; **~enie** *n* Verzeihung *f*
wybaw|ca *m*, **~iciel** *m* Retter; **~i(a)ć** retten, erlösen; **~ienie** *n* (Er-)Rettung *f*, Erlösung *f*
wy|bić *pf. s.* **wybijać**; **~biec** *pf. s.* **wybiegać**
wybieg *m* Auslauf; *fig.* Ausflucht *f*; **~ać** ⟨**~nąć**⟩ hinauslaufen, -rennen
wybierać (aus)wählen; ***~ się*** sich anschicken *et. zu tun*
wybi|jać (her)ausschlagen; *Fenster* einschlagen; **~tny** bedeutend; prominent
wyblakły ausgebleicht
wybłagać *pf.* erflehen
wyboisty *Weg*: holp(e)rig
wybor|ca *m* Wähler; **~czy** Wahl-; **~ny** vorzüglich, ausgezeichnet; **~owy** erlesen, ausgesucht; *Hdl.* extra(fein); **~y** *m/pl.* Wahlen *f/pl.*
wybój *m* Schlagloch *n*
wybór *m* Wahl *f*; Auswahl *f*, Auslese *f*
wybra|ć *pf. s.* **wybierać**; **~kowany**: ***towar m ~kowany*** Ausschuss(ware *f*); **~kow(yw)ać** aussortieren, ausrangieren; **~ny** (aus)gewählt
wy|bredny wählerisch; **~brnąć** *pf.* (**z** *G*) (heil) herauskommen (aus)
wybryk *m* Streich; Auswuchs; ***~ natury*** Laune *f* der Natur
wybrzeże *n* Küste *f*
wybuch *m* Ausbruch; Explosion *f*; **~ać** ⟨**~nąć**⟩ ausbrechen; explodieren, krepieren; **~owy** explosiv, Spreng-; *fig.* (**-wo**) aufbrausend
wy|bujały üppig, wuchernd; *Junge*: hoch gewachsen; **~burzać** ⟨**~burzyć**⟩ niederreißen; **~całow(yw)ać** abküssen; **~ceni(a)ć** Preis(e) festsetzen, auspreisen
wycho|dek F *m* Klo *n*; **~dzić** (hin)ausgehen; (her)auskommen; (***za*** *A*) *Frau*: heiraten (*A*); **~dźca** *m* Auswanderer; **~dźstwo** *n* Auswanderung *f*; Auswanderer *m/pl.*
wychow|ać *pf. s.* **wychowywać**; **~anek** *m* (**~anka** *f*, **~anica** *f*) Zögling; **~anie** *n* Erziehung *f*; **~awca** *m* Erzieher; **~awczy** Erziehungs-; (**-czo**) erzieherisch; **~awczyni** *f* Erzieherin;

~ywać großziehen; erziehen
wychudły abgemagert
wychwalać loben, preisen
wychyl|ać ⟨**~ić**⟩ hinaus- *od.* herausstrecken; *Glas* leeren; ***~ać się*** sich hinauslehnen
wyciąć *pf. s.* **wycinać**
wyciąg *m* Auszug, Extrakt; Aufzug; ***~krzesełkowy*** Sessellift; **~ać** ⟨**~nąć**⟩ ausziehen; herausziehen; hinaufziehen; ***~ać*** ⟨***~nąć***⟩ ***się*** sich (lang) ausstrecken
wycie *n* Geheul, Heulen
wyciec *pf. s.* **wyciekać**
wycieczk|a *f* Ausflug *m*; Reisegesellschaft; **~owicz** F *m* Ausflügler; **~owy** Ausflugs-
wyciek *m* Ausfluss; **~ać** ausfließen, auslaufen
wycieńcz|ać ⟨**~yć**⟩ auszehren; **~ony** entkräftet
wycier|aczka *f* Fußmatte; *Kfz.* Scheibenwischer *m*; **~ać** (ab)wischen; abreiben; *Nase* putzen; *Füße* abtreten
wyci|ęcie *n* Ausschnitt *m*; **~nać** ausschneiden; *Bäume* fällen; **~nak** *m* Meißel; **~nanka** *f* Scherenschnitt *m*; **~nek** *m* Ausschnitt
wycis|kać ⟨**~nąć**⟩ auspressen, ausdrücken
wycof(yw)ać zurückziehen
wyczek|(iw)ać (*G*) abwarten (*A*); **~iwanie** *n* Warten; **~ujący (-co)** abwartend
wyczerp|ać *pf. s.* **wyczerpywać**; **~anie** *n* Erschöpfung *f*; **~any** erschöpft; *Hdl.* vergriffen; **~ujący (-co)** erschöpfend, umfassend; **~ywać** erschöpfen (***się*** sich); schwächen
wyczes(yw)ać auskämmen
wyczu|(wa)ć (heraus)fühlen; (ver)spüren; **~walny** spürbar
wyczyn *m* Leistung *f*; Heldentat *f*; **~owiec** *m* Leistungssportler; **~owy** *Sp.* Leistungs-
wyczy|szczać *s.* **czyścić**; **~t(yw)ać** herauslesen
wyć heulen
wyda|ć *pf. s.* **wydawać**; **~jność** *f* Ergiebigkeit; Produktivität; Ertrag *m*; Ausbeute; **~jny** ergiebig; leistungsfähig; **~lać** ⟨**~lić**⟩ entlassen; ausweisen; **~lenie** *n* Entlassung *f*; Ausweisung *f*; **~nie** *n* Ausgabe *f*; *Jur.* Auslieferung *f*; Verrat *m*; ***na ~niu*** heiratsfähig
wydarz|ać ⟨**~yć**⟩ **się** sich ereignen; **~enie** *n* Ereignis, Vorfall *m*
wydat|ek *m* Ausgabe *f*, Auslage *f*; **~kować** verausgaben; **~ny** vorstehend; erheblich; maßgeblich
wydaw|ać (her)ausgeben; veranstalten, geben; *Urteil* fällen; *Jur.* ausliefern; *Ton* hervorbringen; ***~ać się*** scheinen; ***~aje (mi) się*** es scheint (mir); **~ca** *m* Herausgeber; **~nictwo** *n* Verlag *m*; Publikation *f*;

~niczy Verlags-
wydech *m* Ausatmung *f*; *Tech.* Auspuff; **~owy**: *rura f* **~owa** Auspuffrohr *n*
wydłu|b(yw)ać aushöhlen; **~żać** ⟨**~żyć**⟩ (aus)dehnen; verlängern; **~żony** länglich
wydm|a *f* Düne; **~uch(iw)ać** ausblasen
wydoby|cie *n Bgb.* Gewinnung *f*, Förderung *f*; **~(wa)ć** heraus-, hervorholen; *Bgb.* fördern; **~(wa)ć** *się* heraus-, hervordringen
wydosta(wa)ć herausbekommen; **~** *się* herauskommen
wydra *f* Fischotter *m*
wydrap(yw)ać auskratzen
wy|drążony ausgehöhlt, hohl; **~drwi(wa)ć** auslachen; **~dychać** ausatmen
wydział *m* Abteilung *f*; Dezernat *n*; Fakultät *f*; **~owy** Abteilungs-
wydziedzicz|ać ⟨**~yć**⟩ enterben; **~enie** *n* Enterbung *f*
wydziel|ać ⟨**~ić**⟩ aus-, zuteilen; ausscheiden, aussondern; **~anie** *n*, **~enie** *n* Austeilung *f*; Ausscheidung *f*; **~ina** *f* Sekret *n*
wy|dzierać herausreißen; entreißen; **~dzierżawi(a)ć** (ver)pachten; **~drzeć** *pf. s.* **wydzierać**; **~dzwaniać** klingeln, F bimmeln
wygad|(yw)ać ausplappern; **~ać** *się pf.* sich verplappern; **~any** zungenfertig
wyg|ajać ausheilen (*się v/i*); **~alać** ausrasieren; **~aniać** hinausjagen; vertreiben; **~asać** ⟨**~asnąć**⟩ erlöschen; **~aszać** ⟨**~asić**⟩ (aus)löschen; **~asły** erloschen
wygi|ęty gebogen, gekrümmt; **~nać** ⟨**~ąć**⟩ biegen, krümmen (*się* sich); **~nąć** *pf.* aussterben
wygląd *m* Aussehen *n*; **~ać**[1] *v/i* hinaus- *od.* hervorschauen, lugen; aussehen; **~ać**[2] (*G*) ausschauen (nach), erwarten
wygładz|ać ⟨**~ić**⟩ glätten
wygł|aszać ⟨**~osić**⟩ *Meinung* äußern; *Rede* halten; **~upi(a)ć** **się** F Faxen machen, herumkaspern
wygnanie *n* Vertreibung *f*; Verbannung *f*, Exil; **~c** *m* (**wygnanka** *f*) Verbannte(r)
wygni|atać ⟨**~eść**⟩ kneten; auspressen
wygod|a *f* Bequemlichkeit; Komfort *m*; **~ny** bequem
wygo|ić *pf. s.* **wygajać**; **~lić** *pf. s.* **wygalać**; **~nić** *pf. s.* **wyganiać**; **~spodarow(yw)ać** herauswirtschaften; **~tow(yw)ać** auskochen
wygórowany übertrieben; *Preis*: überhöht
wygra|ć *pf. s.* **wygrywać**; **~na** *f* (*Geld-*)Gewinn *m*; Treffer *m*; Sieg *m*; **~żać** drohen
wy|grywać gewinnen; (ob-)siegen; **~grzeb(yw)ać** ausgraben, F ausbuddeln; F

fig. hervorkramen; **~grz(ew)ać** (durch)wärmen; **~gwizd(yw)ać** auspfeifen; **~hodować** *pf.* großziehen, züchten; **~jaławiać** ⟨**~jałowić**⟩ sterilisieren
wyjaśni|(a)ć erklären; (**się** sich) aufklären; klarstellen; **~enie** *n* Aufklärung *f*; Erklärung *f*
wy|jawi(a)ć enthüllen; offenbaren; **~jazd** *m* Ausfahrt *f*; Ausreise *f*; **~jąć** *pf. s.* **wyjmować**; **~jąkać** *pf. v/t* stammeln
wyjąt|ek *m* Ausnahme *f*; **~kowo** ausnahmsweise; **~kowy** besonder; Ausnahme-
wyje|żdżać ⟨**~chać**⟩ (hin)ausfahren; verreisen
wyj|mować herausnehmen, -ziehen; **~rzeć** *pf. s.* **wyglądać¹**
wyjści|e *n* Ausgang *m*; Ausweg *m*; ***punkt*** *m* **~*a*** Ausgangspunkt; **~owy** Ausgangs-
wyjść *pf. s.* **wychodzić**
wyka *f Bot.* Wicke
wykałaczka *f* Zahnstocher *m*
wy|kańczać beenden; *Arch.* (innen) ausbauen; F *fig. j-n* erledigen; **~karmi(a)ć** *Kind* aufziehen
wykaz *m* Verzeichnis *n*, Aufstellung *f*; Nachweis; **~(yw)ać** aufweisen; nachweisen; zeigen; **~*ać się*** (*I*) vorweisen (*A*)
wy|kidajło F *m* Rausschmeißer; **~kipieć** *pf.* überkochen; **~klinać** ⟨**~kląć**⟩ verstoßen; **~kluczać** ⟨**~kluczyć**⟩ (***z*** *G*) ausschließen (aus); **~kluczony** ausgeschlossen
wykład *m* Vortrag, Vorlesung *f*; **~ać** auslegen; unterrichten; **~nia** *f* Auslegung; **~nik** *m* Exponent; **~owca** *m* Dozent; Lehrer
wy|kładzina *f* (*Fußboden-*) Belag *m*; Auskleidung; **~kłu(wa)ć** ausstechen
wykole|jać ⟨**~ić**⟩ **się** *Esb.* entgleisen; **~jeniec** *m* verkrachte Existenz *f*
wykon|ać *pf. s.* **wykonywać**; **~alny** durchführbar; *Jur.* vollstreckbar; **~anie** *n* Ausführung *f*; Vollstreckung *f*; **~awca** *m* Auftragnehmer; *Jur.* Vollstrecker; *Thea.* Darsteller; **~awczy** Exekutiv-; Vollstreckungs-; **~ywać** *Arbeit usw.* ausführen; *Urteil* vollstrecken; darbieten, darbringen
wykończ|yć *pf. s.* **wykańczać**; **~enie** *n* Vollendung *f*, Fertigstellung *f*
wykop *m* (*Erd-*)Aushub; (*Bau-*)Grube *f*; Graben; **~ać** *pf. s.* **wykopywać**; **~alisko** *n* Fund *m*; *pl. a.* Ausgrabungen *f/pl.*; **~ki** *pl.*: **~*ki ziemniaków*** Kartoffelernte *f*; **~ywać** (aus)graben
wyko|rzeni(a)ć *fig.* ausrotten; **~rzyst(yw)ać** ausnutzen (*a. fig.*); verwerten; **~rzysta-**

nie *n* Ausnutzung *f*; Verwertung *f*
wykra|czać (***poza*** *A*) hinausgehen (über *A*); (***przeciw*** *D*) verstoßen (gegen); **~dac** wegstehlen; entführen; **~jać** *s.* **wykrawać**; **~ść** *pf. s.* **wykradać**; **~wać** (her)ausschneiden; *fig.* abzweigen
wykre|s *m* Diagramm *n*; **~ślać** ⟨**~ślić**⟩ ausstreichen; (auf)zeichnen
wykrę|cać ⟨**~cić**⟩ (her)ausschrauben, -drehen; (***się*** sich) (um)drehen; **~t** *m* Ausflucht *f*; **~tny** *Antwort*: ausweichend; *Pers.* spitzfindig
wykrocz|enie *n* Ordnungswidrigkeit *f*; Vergehen; **~yć** *pf. s.* **wykraczać**
wy|kroić *pf. s.* **wykrawać**; **~krój** *m* Ausschnitt; **~kruszać** ⟨**~kruszyć**⟩ (***się*** *v/i*) abbröckeln; **~krycie** *n* Aufdeckung *f*; **~kry(wa)ć** aufdecken, aufspüren; **~krztusić** *pf.* herauswürgen
wykrzy|k *m* Ausruf, Aufschrei; **~kiwać** schreien, (aus)rufen; **~knik** *m* Ausrufungszeichen *n*; **~wi(a)ć** krümmen, (ver)biegen; *Gesicht* verziehen
wykształc|ać ⟨**~ić**⟩ (aus)bilden; **~enie** *n* Bildung *f*; **~ony** gebildet
wykup *m* Einlösung *f*; Lösegeld *n*; **~ywać** ⟨**~ić**⟩ aufkaufen; einlösen
wykusz *m* Erker
wykwalifikowany *Pers.* gelernt, ausgebildet
wykwintny fein, raffiniert
wy|lać *pf. s.* **wylewać**; **~latywać** (her)ausfliegen; F *fig.* hinausstürzen; *s.* **odlatywać**; **~lądować** *pf. v/i* landen; **~lecieć** *pf. s.* **wylatywać**
wyleczyć *pf.* heilen, kurieren; **~ *się*** (***z*** *G*) geheilt werden (von)
wylegitymować *pf.* (*A*) Personalien feststellen (*G*); **~ *się*** sich ausweisen
wyle|w *m* Hochwasser *n*; *Med.* Erguss; **~wać** ausgießen; vergießen; *v/i Fluss*: **über** die Ufer treten; **~źć** *pf. s.* **~wyłazić**
wylę|gać ⟨**~gnąć**⟩ ausbrüten; **~garka** *f* Brutapparat *m*; **~kniony** verängstigt
wylicz|ać ⟨**~yć**⟩ aufzählen; errechnen
wylosow(yw)ać auslosen
wylot *m s.* **odlot**; (*Straßen-*) Mündung *f*; ***na*** **~** *fig.* bis ins Kleinste, gründlich
wyludniony entvölkert
wyła|dow(yw)ać aus-, entladen; *Mar.* löschen; **~dunek** *m* Ab-, Ausladen *n*; *Mar.* Löschung *f*; **~dunkowy** Ablade-, Entladungs-; **~m(ywać)** (her)ausbrechen; *Tür* einschlagen; **~niać się** auftauchen; **~wiać** (ein)fangen; herausfischen; **~zić** herauskriechen, -kommen;

hinaufklettern
wyłącz|ać ⟨**~yć**⟩ ausschalten; *Motor* abstellen; *fig.* ausschließen; **~nik** *m* (Aus-) Schalter; **~ny** ausschließlich; Allein-
wyłom *m* Bresche *f*
wyło|nić się *pf. s.* **wyłaniać się**; **~wić** *pf. s.* **wyławiać**; **~żyć** *pf. s.* **wykładać**
wyłu|dzać ⟨**~dzić**⟩ (**od** *G*) abgaunern (*D*); **~szczać** ⟨**~szczyć**⟩ darlegen, auseinander setzen
wyma|c(yw)ać ertasten; **~czać** (aus)wässern
wymaga|ć verlangen; erfordern; **~jący** anspruchsvoll; streng; (*G*) -bedürftig, -pflichtig; **~nie** *n* Forderung *f*; *pl. a.* Ansprüche *m/pl.*
wymarły ausgestorben
wymarsz *m* Abmarsch
wymar|zać ⟨**~znąć**⟩ ausfrieren
wymarzony erträumt, ideal, Wunsch-
wyma|wiać aussprechen; *Stelle* kündigen; **~z(yw)ać** tilgen; ausradieren
wymeldowa|ć *pf.* abmelden (**się** sich); **~nie** *n* Abmeldung *f*
wymian|a *f* Austausch *m*; (*Geld-*)Umtausch *m*; (*Wort-*) Wechsel *m*; ***punkt*** *m* **~*y waluty*** Wechselstube *f*
wymiar *m* Abmessung *f*; Ausmaß *n*, Größe *f*; **~ *sprawiedliwości*** Rechtsprechung *f*; ***podstawa*** *f* **~*u*** Bemessungsgrundlage
wymiatać ausfegen
wymie|ni(a)ć aus-, umtauschen; (um)wechseln; aufzählen, anführen; **~nny** auswechselbar; (Aus-)Tausch-; **~rać** aussterben; **~rny** messbar; **~rzać** ⟨**~rzyć**⟩ (aus-, ver)messen; *Strafmaß*, *Wert* festsetzen; **~sić** *pf.* durchkneten; **~szać** *pf.* (durch)mischen
wymię *n* Euter
wymi|g(iw)ać się (**od** *G*) sich drücken (vor); **~jać** ⟨**~nąć**⟩ *s.* **mijać** (*v/t*)
wymiot|ować ⟨**z-**⟩ sich übergeben; **~y** *m/pl.* Erbrechen *n*
wymknąć się *pf.* entwischen
wymo|czyć *pf. s.* **wymaczać**; **~gi** *f/pl.* Anforderungen; **~wa** *f* Aussprache; **~wny** redegewandt; beredt
wymó|c *pf.* (**na** *L*) abnötigen (*D*); erpressen (von); **~wić** *pf. s.* **wymawiać**; **~wienie** *n* Kündigung *f*; **~wka** *f* Ausrede
wymrzeć *pf. s.* **wymierać**
wymu|szać ⟨**~sić**⟩ erzwingen; *s.* **wymóc**; **~szenie** *n* Erpressung *f*; **~szony** gezwungen, gekünstelt
wymy|ć *pf. s.* **wymywać**; **~sł** *m* Erfindung *f*; **~ślać**[1] (*D*) beschimpfen (*A*); **~ślać**[2] ⟨**~ślić**⟩ erfinden; sich ausdenken; **~ślny** sinnreich; raffiniert; **~wać** (aus)waschen

wynagr|adzać ⟨**~odzić**⟩ belohnen, entgelten; **~odzenie** *n* Belohnung *f*; Entgelt, Vergütung *f*; Gehalt *n*, Bezüge *m/pl.*

wynaj|ąć *pf. s.* **wynajmować**; **~dywać** ausfindig machen; erfinden; **~em** *m*, **~ęcie** *n* Vermietung *f*; ***do ~ęcia*** zu vermieten; **~mować** vermieten; (***od*** *G*) mieten (von)

wynalaz|ca *m* Erfinder; **~ek** *m* Erfindung *f*

wynieść *pf. s.* **wynosić**

wynik *m* Ergebnis *n*; **~ać** ⟨**~nąć**⟩ (**z** *G*) sich ergeben, hervorgehen (aus); ***z tego ~a*** daraus folgt

wyniosły (**-śle**) hochmütig; arrogant

wyniszcz|ać ⟨**~yć**⟩ ausrotten; ruinieren (***się*** sich); **~ony** *Pers.* abgezehrt

wyno|sić hinaustragen; betragen, ausmachen; **~tow(yw)ać** (sich) notieren

wynurz|ać ⟨**~yć**⟩ **się** auftauchen (*a. fig.*)

wyobra|źnia *f* Einbildungskraft; **~żać** ⟨**~zić**⟩ vorstellen (**sobie** sich); darstellen; **~żenie** *n* Vorstellung *f*

wy|odrębni(a)ć absondern; **~olbrzymi(a)ć** *fig.* aufbauschen, übertreiben; **~paczać** ⟨**~paczyć**⟩ entstellen, verzerren

wypad *m* Abstecher; Ausfall, Vorstoß; **~ać** herausfallen; **~ek** *m* Ereignis *n*; Fall; (***drogowy*** Verkehrs-, ***przy pracy*** Arbeits-)Unfall; ***na wszelki ~ek*** für alle Fälle

wypal|ać ⟨**~ić**⟩ ausbrennen; verfeuern

wypa|row(yw)ać verdampfen; **~rzać** ⟨**~rzyć**⟩ ausbrühen

wypa|s *m* Weideplatz; **~sać**[1] ⟨**~ść**⟩ (ab)weiden lassen; mästen (***się*** sich); **~ść**[2] *pf. s.* **wypadać**; **~troszyć** *pf.* ausweiden; **~trywać** (*A*) Ausschau halten (nach); **~trzyć** *pf.* erspähen; aussersehen

wy|pchnąć *pf. s.* **wypychać**; **~pełni(a)ć** ausfüllen; erfüllen; **~pędzać** ⟨**~pędzić**⟩ hinausjagen; rausschmeißen; **~pić** *pf. s.* **wypijać**; **~piekać** ⟨**~piec**⟩ (aus)backen; **~pierać** hinausdrängen, verdrängen; ***~pierać się*** (*G*) leugnen (*A*); **~pijać** austrinken

wypis *m* Auszug; **~(yw)ać** ausschreiben

wy|platany geflochten; **~plątać** *pf.* entwirren; **~pleni(a)ć** ausmerzen; **~plu(wa)ć** ausspucken

wypła|cać ⟨**~cić**⟩ auszahlen; **~calny** zahlungsfähig; **~ta** *f* (Aus-)Zahlung

wypłuk(iw)ać (aus)spülen

wypły|wać ⟨**~nąć**⟩ (her)ausfließen, ausströmen; *Schiff:* auslaufen

wypo|cić *pf.* ausschwitzen;

~cząć *s.* **wypoczywać**
wypoczy|nek *m* Erholung *f*; Rast *f*; **~nkowy** Erholungs-; **~wać** ausruhen; sich erholen
wypo|gadzać ⟨**~godzić**⟩ **się** sich aufheitern; **~minać** ⟨**~mnieć**⟩ vorhalten, vorwerfen; **~mpow(yw)ać** auspumpen
wyposaż|ać ⟨**~yć**⟩ (*w A*) ausstatten (mit); **~enie** *n* Ausstattung *f*, Ausrüstung *f*
wypow|iadać ⟨**~iedzieć**⟩ aussprechen; (*się* sich) äußern; *Stelle* kündigen; *Krieg* erklären; **~iedzenie** *n* Aussprechen; Kündigung *f*; **~iedź** *f* Äußerung, Aussage
wypożycz|ać ⟨**~yć**⟩ ausleihen; **~alnia** *f* Verleih *m*; ***~alnia książek*** Leihbücherei
wypracow|anie *n* Ausarbeitung *f*; Aufsatz *m*; **~(yw)ać** ausarbeiten
wypra|ć *pf. s.* **prać**; **~szać** erbitten; (***z pokoju*** aus dem Zimmer) weisen; ***~szać sobie*** sich verbitten; **~wa** *f* Expedition, (*Forschungs-*)Reise; (*Braut-*)Aussteuer; **~wi(a)ć** (aus)senden, schicken; *Fest* ausrichten; *Unfug* treiben, anstellen; *Leder* gerben; **~wka** *f* Säuglingsausstattung
wypręż|ać ⟨**~yć**⟩ spannen, (*się* sich) straffen
wypro|sić *pf. s.* **wypraszać**; **~stow(yw)ać** *s.* **prostować**; (*się* sich) aufrichten
wyprowadz|ać ⟨**~ić**⟩ hinausführen; **~ać** ⟨**~ić**⟩ ***się*** aus-, fortziehen
wypró|bowany bewährt; **~żni(a)ć** (aus-, ent)leeren
wyprzeda|(wa)ć ausverkaufen; **~ż** *f* Ausverkauf *m*
wyprzedz|ać ⟨**~ić**⟩ (*A*) überholen; zuvorkommen (*D*)
wypu|kły (**-le, -ło**) gewölbt, konvex; **~szczać** ⟨**~ścić**⟩ (her)auslassen; freilassen; in Umlauf bringen; *s. a.* **puszczać**
wypy|chać vollstopfen; ausstopfen; hinausdrängen; **~t(yw)ać** ausfragen
wyra|biać erzeugen, herstellen; **~chowany** berechnend; **~dzać się** entarten; **~stać** (heraus)wachsen; (***na*** *A*) heranwachsen (zu); **~z** *m* Ausdruck; (***obcy*** Fremd-) Wort *n*; **~zić** *pf. s.* **wyrażać**; **~zisty** (**-ście**) ausdrucksstark; **~źny** deutlich; **~żać** ausdrücken; ***~żać się*** *a.* sich äußern; **~żenie** *n* Ausdruck *m*
wyrąb(yw)ać *Loch* aushauen; *Wald* abholzen
wyręcz|ać ⟨**~yć**⟩ (*A*) aushelfen (*D*), einspringen (für)
wyrob|ić *pf. s.* **wyrabiać**; **~ienie** *n* Reife *f*, Erfahrenheit *f*
wyrocznia *f* Orakel *n*
wyro|dny missraten; **~dzić się** *pf. s.* **wyradzać się**
wyrok *m Jur.* Urteil *n*; (***ska-***

zujący Schuld-, ***uniewinniający*** Frei-)Spruch; **~ować** ⟨**za-**⟩ ein Urteil fällen; *s.* **decydować**
wyros|nąć *pf. s.* **wyrastać**; **~t** *m*: ***na ~t*** zum Hineinwachsen, eine Nummer größer; **~tek** *m* Halbwüchsige(r); *Anat.* (*Wurm-*)Fortsatz
wyrośnięty ausgewachsen
wyrozum|iały (**-le**) einsichtig, verständnisvoll; **~ienie** *n* Verständnis
wyróść *pf. s.* **wyrastać**
wyrób *m* Erzeugung *f*; Erzeugnis *n*
wyrówn|anie *n* Ausgleich *m*; (*Lohn-*)Restzahlung *f*; **~awczy** Ausgleichs-; **~(yw)ać** glätten, ebnen; ausgleichen; *Schuld* begleichen
wyróżni|(a)ć auszeichnen; **~enie** *n* Auszeichnung *f*
wyruszać ⟨**~yć**⟩ aufbrechen, (los)ziehen
wyr|wa *f* Loch *n*, Lücke; **~(y-)wać** (her)ausreißen; (***się*** sich) losreißen
wyrządz|ać ⟨**~ić**⟩ anrichten; zufügen, antun
wyrzec *pf.* aussprechen; *s.* **wyrzekać**
wyrzeczenie *n* Entsagung *f*; **~ *się*** (*G*) Verzicht (auf *A*)
wyrze|kać ⟨**~c**⟩ **się** (*G*) entsagen (*D*)
wyrznąć *pf. s.* **wyrzynać**; P hauen
wyrzu|cać ⟨**~cić**⟩ hinauswerfen, F rausschmeißen; **~t** *m* *fig.* Vorwurf; **~ty** *pl. Med.* Ausschlag *m*; ***~ty sumienia*** Gewissensbisse *m/pl.*; **~tnia** *f* Abschussrampe
wyrzynać (her)ausschneiden; **~ *się*** *Zahn* durchbrechen
wysa|dzać ⟨**~dzić**⟩ absetzen, aussteigen lassen; auspflanzen; sprengen
wyschnąć *pf. s.* **wysychać**
wysi|ać *pf. s.* **wysiewać**; **~adać** ⟨**~ąść**⟩ aussteigen; **~edlać** ⟨**~edlić**⟩ aussiedeln; **~edleniec** *m* Aussiedler; **~ewać** aussäen
wysi|lać ⟨**~lić**⟩ anstrengen (***się*** sich); **~łek** *m* Anstrengung *f*, Kraftaufwand
wysk|akiwać ⟨**~oczyć**⟩ herausspringen; **~rob(yw)ać** auskratzen, ausschaben
wysł|ać *pf. s.* **wysyłać, wyściełać**; **~anie** *n* Absendung *f*; **~annik** *m* (**~anniczka** *f*) Abgesandte(r); **~awiać** ⟨**~owić**⟩ **się** sich ausdrücken
wysłu|ch(iw)ać (sich) anhören; **~ga** *f*: ***~ga lat*** Dienstzeit; **~żony** altgedient
wy|smarować *pf.* (*I*) schmieren, bestreichen (mit); **~smukły** (**-le**) schlank; **~soce** hoch-, sehr; **~soki** (**-ko**) hoch
wysoko|gatunkowy hochwertig; **~górski** Hochgebirgs-; **~prężny** *Tech.* Hochdruck-; **~procentowy** hochprozentig; **~ściomierz** *m*

Höhenmesser; **~ściowiec** *m* Hochhaus *n*; **~ść** *f* Höhe; **~wartościowy** hochwertig

wysp|a *f* Insel; **~ać się** *pf.* (sich) ausschlafen; **~iarz** *m* Insulaner

wy|specjalizowany spezialisiert; **~sportowany** durchtrainiert; **~sprzedany** ausverkauft; **~ssać** *pf. s.* **wysysać**

wysta|jący vorspringend; **~rczać** ⟨**~rczyć**⟩ ausreichen; **~wa** *f* Ausstellung; Schaufenster *n*; **~wać** vorspringen, herausragen; **~wca** *m* Aussteller; **~wi(a)ć** herausstellen; ausstellen; errichten; *Thea.* aufführen; **~wienie** *n Thea.* Aufführung *f*; **~wny** prachtvoll; **~wowy** Ausstellungs-

wystąpi|ć *pf. s.* **występować**; **~enie** *n* Austritt *m*; Auftritt *m*; Rede *f*

występ *m Thea.* Auftritt; *Arch.* Vorsprung; **~ *gościnny*** Gastspiel *n*; **~ek** *m* Vergehen *n*; Verfehlung *f*; **~ny** verbrecherisch; **~ować** *v/i* auftreten; (**z** *I*) hervortreten (mit); (**z** *G*) austreten (aus)

wy|straszony erschrocken; **~strojony** herausgeputzt; **~strzał** *m* Schuss

wystrze|gać się (*G*) sich in Acht nehmen (vor *D*); **~lić** *pf.* (**z** *G*) abfeuern (*A*); *s.* **strzelać**

wy|strzępiony ausgefranst; **~studzać** *s.* **studzić**; **~stygać** *s.* **stygnąć**; **~sunąć** *pf. s.* **wysuwać**; **~suszyć** *pf. s.* **suszyć**

wysuwać vorschieben; (her)ausziehen; (her)ausstrecken; **~ *się*** heraus-, hervorkommen; sich vorwagen

wysy|chać *v/i* (aus)trocknen; **~łać** (ab-, ent)senden, schicken; **~łka** *f* Versand *m*; Sendung; **~pać** *pf. s.* **wysypywać**; **~piać się** lange schlafen; **~pka** *f* (Haut-)Ausschlag *m*; **~pywać** ausschütten; (*I*) bestreuen (mit); **~sać** aussaugen; absaugen

wyszarp|(yw)ać ⟨**~nąć**⟩ herauszerren, ausreißen

wyszczególni|(a)ć einzeln aufführen; **~enie** *f* (genaue) Aufzählung, Spezifikation

wy|szkolony geschult; **~szperać** *pf.* ausfindig machen

wyszuk|any *s.* **wytworny**; **~(iw)ać** (her)aussuchen; (heraus)finden

wyszy|ć *pf. s.* **haftować**; **~dzać** verspotten; **~nk** *m* Ausschank; **~wać** *s.* **haftować**

wyście|lić *pf.*, **~łać** (aus-)polstern; **~łany** gepolstert, Polster-

wyścig *m* Wettlauf, (***kolarski*** Rad-)Rennen *n*; **~ *zbrojeń*** Wettrüsten *n*; **~i** *pl.* ***konne*** Pferderennen *n*; **~owy** Renn-

wy|śledzić *pf.* aufspüren;

~śliznąć się *pf.* entschlüpfen; *aus der Hand* rutschen; **~śmienity** (**-cie**) ausgezeichnet, vorzüglich; **~śmi(ew)ać** auslachen; **~świadczać** ⟨**~świadczyć**⟩ *Dienst* erweisen; **~świechtany** abgewetzt, speckig; **~świetlać** ⟨**~świetlić**⟩ *Sache* aufklären; *Film, Dias* zeigen
wyświęc|ać ⟨**~ić**⟩ weihen; **~enie** *n* Priesterweihe *f*
wyta|czać hinausrollen (**się** *v/i*); *Prozess* anstrengen; *Tech.* ausdrehen, -drechseln; **~piać** (aus)schmelzen; **~rgować** *pf.* ab-, herunterhandeln; **~rty** *Anzug*: abgetragen; *Teppich*: abgetreten
wytchnieni|e *n* Ruhe *f*, Rast *f*; **bez ~a** unermüdlich
wytę|pi(a)ć *s.* **tępić**; **~żać**, ⟨**~żyć**⟩ *Augen* anstrengen; *Kräfte* aufbieten; **~żony** angestrengt
wytknąć *pf. s.* **wytykać**
wytł|aczać ⟨**~oczyć**⟩ *Wein* keltern; *Saft, Öl* pressen; *s. a.* **tłoczyć**
wytłuc *pf. Geschirr* zerschlagen; *Scheibe* einschlagen
wytłumacz|enie *n* Erklärung *f*; **~yć** *pf.* erklären
wyto|czyć *pf. s.* **wytaczać**; **~pić** *pf. s.* **wytapiać**
wytraw|a *f* Beize; **~i(a)ć** einätzen; beizen; **~ny** *Wein*: trocken; *fig.* erfahren
wytrąc|ać ⟨**~ić**⟩ *aus der Hand* schlagen; *aus dem Gleichgewicht* bringen; *aus dem Schlaf* reißen
wytrwa|ć *pf.* ausharren; **~łość** *f* Beharrlichkeit, Ausdauer; **~ły** (**-le**) ausdauernd; standhaft
wytrych *m* Dietrich
wytrys|kać ⟨**~nąć**⟩ *s.* **tryskać**
wytrząs|ać ⟨**~nąć**⟩ (her)ausschütteln; ausschütten
wytrzeć *pf. s.* **wycierać**
wytrzep(yw)ać ausklopfen
wytrzym|ać *pf. s.* **wytrzymywać**; **~ałość** *f* Widerstandsfähigkeit; *Tech. a.* Festigkeit; **~ały** widerstandsfähig; *s.* **wytrwały**; **~ywać** aushalten; *Probe* bestehen
wytw|arzać ⟨**~orzyć**⟩ erzeugen; *Ware a.* herstellen; **~orny** fein, vornehm; **~ór** *m* Erzeugnis *n*; *s.* **twór**; **~órca** *m* Erzeuger, Hersteller; **~órczość** *f* Erzeugung; **~órczy** Herstellungs-; **~órnia** *f* Betrieb *m*, Fabrik
wyty|czać ⟨**~czyć**⟩ *Strecke* markieren; *fig.* bestimmen; **~czna** *f* Richtlinie; **~kać** herausstrecken; *fig.* vorhalten, vorwerfen
wyucz|ać ⟨**~yć**⟩ (***k-o*** *G*) lehren (j-n *A*); beibringen (j-m *A*); ***~yć się*** (*G*) erlernen (*A*); **~ony** ausgelernt; angelernt
wyuzdany zügellos; ausschweifend
wywabi|acz *m* (***plam***) Fleckentferner; **~(a)ć** herauslocken; *Fleck* entfernen

wywal|ać ⟨**~ić**⟩ rausschmeißen; auskippen; *Tür* einschlagen; **~czać** ⟨**~czyć**⟩ erkämpfen, erringen
wywar *m* Abkochung *f*; (**z** ***kości*** Knochen-)Brühe *f*
wywa|żać ⟨**~żyć**⟩ aufbrechen; abwiegen; *Tech.* auswuchten
wyw|ąch(iw)ać ⟨**~ęszyć**⟩ wittern; F *fig.* herausbekommen
wywiad *m* Interview *n*; Nachrichten-, Geheimdienst; **~owca** *m* Geheimdienstler; Ermittler; **~owczy** Aufklärungs-; Ermittlungs-; Geheimdienst-; **~ówka** *f* Elternversammlung
wywiąz(yw)ać się sich entwickeln; (**z** *G*) sich entledigen (*G*), erfüllen (*A*)
wywichnąć *pf.* verrenken
wywie|rać *Druck* ausüben; *Eindruck* hervorrufen; **~szać** ⟨**~sić**⟩ aushängen; **~szka** *f* (*Laden-*)Schild *n*; **~ść** *pf. s.* **wywodzić**; **~trzać** ⟨**~trzyć**⟩ lüften; **~trznik** *m* Lüfter; **~wieźć** *pf. s.* **wywozić**
wywijać ⟨**wywinąć**⟩ (nach außen) umbiegen, umkrempeln; *impf. a.* schwingen (*v/t*); **~ się** sich herauswinden
wywłaszcz|ać ⟨**~yć**⟩ enteignen
wywodzić herleiten (***się*** sich); **~ się** (**z** *G*) abstammen (von)
wywoł|ać *pf. s.* **wywoływać**; **~anie** *n Fot.* Entwicklung *f*; **~ywacz** *m Fot.* Entwickler; **~ywać** (her)ausrufen; hervorrufen; *Fot.* entwickeln
wyw|ozić *v/t* wegfahren, -schaffen; *Güter* ausführen; **~ozowy** Ausfuhr-; **~óz** *m* Ausfuhr *f*; **~ózka** *f* Abfuhr
wywr|acać (się) *s.* **przewracać (się)**; **~otka** *f* Kippwagen *m*, Kipper *m*; **~otny** kippbar, Kipp-; **~otowiec** *m* Umstürzler; **~otowy** umstürzlerisch; **~ócić** *pf. s.* **wywracać**
wywyższ|ać ⟨**~yć**⟩ erheben
wy|zby(wa)ć się sich entledigen; **~zdrowieć** *pf.* genesen
wyzna|ć *pf. s.* **wyznawać**; **~czać** ⟨**~czyć**⟩ bestimmen; festsetzen, festlegen; **~nie** *n* Bekenntnis (*a. Rel.*); Geständnis; **~wać** (sich) bekennen; gestehen; **~wca** *m* Bekenner
wyzw|ać *pf. s.* **wyzywać**; **~alacz** *m Fot.* Auslöser; **~alać** befreien; **~anie** *n* Herausforderung *f*; **~isko** *n* Schimpfwort; **~olenie** *n* Befreiung *f*; **~oleńczy** Befreiungs-; **~olony** befreit
wyzysk *m* Ausbeutung *f*; **~(iw)ać** ausbeuten; **~iwacz** *m* Ausbeuter
wyzywa|ć herausfordern; beschimpfen; **~jący (-co)** herausfordernd
wyż *m* (*Wetter*) Hoch *n*; **~ąć**

pf. s. **wyżymać**; **~ej** *Adv.* höher; weiter oben
wy|żerać ausfressen; **~żłabiać** ⟨**~żłobić**⟩ aushöhlen; **~żłobienie** *n* Rille *f*; Rinne *f*; **~żowy** (*Wetter*) Hochdruck-; **~żreć** *pf. s.* **wyżerać**; **~ższość** *f* Überlegenheit; **~ższy** höher; Ober-
wyży|ć *pf.* überleben; **~maczka** *f* Wringmaschine; **~mać** *Wäsche* (aus)wringen; **~na** *f* Hochebene; **~nny** Hochland-; **~wi(a)ć** ernähren (*się* sich); **~wienie** *n* Ernährung *f*; Verpflegung *f*
wzajemn|ie *Adv.* (sich) gegenseitig, einander; **~y** gegenseitig
wzbi|erać *Fluss:* anschwellen; **~(ja)ć się** sich emporschwingen, aufsteigen
wzbogac|ać ⟨**~ić**⟩ bereichern (*się* sich)
wzbr|aniać ⟨**~onić**⟩ verbieten; ***~aniać się*** sich weigern; **~oniony** verboten
wzbu|dzać ⟨**~dzić**⟩ erwecken; *Neid usw.* erregen; **~rzać** ⟨**~rzyć**⟩ erregen; **~rzenie** *n* Erregung *f*; **~rzony** erregt
wzdłuż *Adv.* längs; *Prp.* (*G*) längs (*G*), entlang (*A*)
wzd|rygnąć się *pf.* erschauern; **~ychać** seufzen; **~ymać się** sich blähen; sich bauschen
wzejść *pf. s.* **wschodzić**
wzgar|da *f* Verachtung; **~dliwy (-wie)** verächtlich; **~dzać** ⟨**~dzić**⟩ (*I*) verschmähen (*A*)
wzgl|ąd *m* Rücksicht *f*; ***pod każdym ~ędem*** in jeder Hinsicht; **~ędnie** *Adv.* verhältnismäßig; beziehungsweise; **~ędny** relativ
wzgó|rek *m* Hügel; **~rze** *n* Anhöhe *f*
wziąć *pf. s.* **brać**
wziernik *m Tech.* Schauloch *n*; *Med.* (*Augen-*)Spiegel
wziewać inhalieren
wzię|cie *n* Nehmen; Entnahme *f*; ***~cie do niewoli*** Gefangennahme *f*; **~tość** *f* Beliebtheit; **~y** *fig.* beliebt, populär
wzlot *m Flgw.* Aufstieg
wzma|cniacz *m* Verstärker; **~cniać** (ver)stärken; kräftigen; **~gać** verstärken, steigern (*się* sich)
wzmianka *f* Erwähnung, Notiz
wzm|ocnić *pf. s.* **wzmacniać**; **~ożony** verstärkt; **~óc** *pf. s.* **wzmagać**
wznak: ***na ~*** auf dem Rücken, rücklings
wzn|awiać wieder aufnehmen; *Thea.* wieder aufführen; **~iesienie** *n* Anhöhe *f*; Errichtung *f*; **~ieść** *pf. s.* **wznosić**; **~iosły (-śle)** erhaben; **~osić** (empor)heben; errichten; *Toast* ausbringen; ***~osić się*** (empor)steigen; **~owić** *pf. s.* **wznawiać**;

~owienie *n* Wiederaufnahme *f*; Neuauflage *f*; Wiederaufführung *f*
wzorcowy Modell-, Standard-
wzorow|ać się (*na L*) sich zum Vorbild nehmen (*A*); **~y** Muster-; (**-wo**) musterhaft
wzór *m* Muster *n*; Vorlage *f*; Vorbild *n*; *Math., Chem.* Formel *f*
wzrastać (an)wachsen, (an-)steigen
wzrok *m* Sehkraft *f*; Blick
wzros|nąć *pf. s.* **wzrastać**; **~t** *m* Wuchs, Körpergröße *f*; Wachstum *n*; Anstieg; Steigerung *f*
wzróść *pf. s.* **wzrastać**
wzrusz|ać *fig.* bewegen, rühren; **~ający** (**-co**) rührend, ergreifend; **~enie** *n* Rührung *f*, Ergriffenheit *f*; **~yć** *pf. s.* **wzruszać**
wzwyż hinauf, empor; *s.* **skok**
wzywać rufen; vorladen; (**do** *G*) auffordern (zu)
wżenić się F *pf.* einheiraten

Z

z, ze *Prp.* **1.** (*G*) aus, von (*D*) (*woraus, woher?*); **~ żelaza** aus Eisen; **~ Berlina** aus Berlin; **~ krzesła** vom Stuhl; **ze ściany** von der Wand; aus, vor (*D*) (*warum?*) **~ radości** vor Freude; **2.** (*I*) mit (*D*); **~ przyjemnością** mit Vergnügen; **~ tobą** mit dir; (*G*) nach (*D*); **~ nazwiska** dem Namen nach; **3.** wegen; **~ urzędu** von Amts wegen; **4.** *Adv.* (*Maß- und Zeitangaben*) etwa; **~ godzinę** etwa e-e Stunde
za *Prp.* **1.** (*A, I*) hinter (*A, D*); **2.** (*A*) für; in (*D*); an (*D*); **3.** (*I*) nach; an (*D*), um (*A*); gegen; mit; **4.** (G) während (*G*), zu (*D*); **~ nami** hinter uns; **przemawiać ~ kimś** für j-n sprechen; **~ rok** in e-m Jahr; **trzymać ~ rękę** an der Hand halten; **jeden ~ drugim** einer nach dem anderen; **~ stołem** am (*od.* hinter dem) Tisch; **~ rogiem** um die Ecke; **~ opłatą** gegen Gebühr; **~ pomocą** mit Hilfe; **~ panowania** während der Herrschaft; **~ moich czasów** zu meiner Zeit; **5.** (*A*) als; **przebrać się ~ ...** sich verkleiden als ...; **służyć ~ ...** als ... dienen; **6.** *Adv.* (+ *Adj./Adv.*) (all-)zu; **~ młody** zu jung; **~ mało** zu wenig
za|aferowany (sehr) beschäftigt; **~awansowany** fortgeschritten; **~barwienie** *n* Färbung *f*

zabaw|a *f* (***taneczna*** Tanz-) Vergnügen *n*, (***ludowa*** Volks-)Fest *n*; **~i(a)ć** unterhalten, amüsieren (***się*** sich); **~ka** *f* Spielzeug *n*; **~ny** amüsant; drollig; **~owy** Vergnügungs-, Fest-

zabezpiecz|ać ⟨**~yć**⟩ sichern; sicherstellen; **~enie** *n* Sicherung *f*; Sicherstellung *f*; **~ony** gesichert

zabi|cie *n* Tötung *f*; **~ć** *pf. s.* **zabijać**

zabieg *m* Maßnahme *f*; *Med.* Eingriff; **~ać** (***o*** *A*) sich bemühen (um)

zabierać weg-, mitnehmen; *Wort* ergreifen; **~ *się*** (***do*** *G*) beginnen (mit), anpacken

zabi|jać töten, F umbringen (***się*** sich); schlachten; **~jaka** *m* Raufbold; **~ty** getötet; *Su. m* Gefallene(r), Tote(r)

zabliźni(a)ć się vernarben

zabłą|dzić *pf.*, **~kać się** *pf.* sich verirren; **~kany** verirrt

zabobonny abergläubisch

zabor|ca *m* Eindringling, Aggressor; **~czy** (**-czo**) räuberisch; *fig.* habgierig

zabój|ca *m* (**~czyni** *f*) Mörder(in), Totschläger(in); **~czy** (**-czo**) tödlich; **~stwo** *n* Tötung *f*; Totschlag *m*

za|bór *m* Annexion *f*; *hist.* annektiertes Gebiet; **~brać** *pf. s.* **zabierać**; **~braniać** ⟨**~bronić**⟩ verbieten, untersagen

zabrudz|ać ⟨**~ić**⟩ beschmutzen

zabudow|a *f Arch.* Bebauung; **~ania** *n/pl.* Gebäude *n/pl.*, Bauten *m/pl.*; **~(yw)ać** bebauen; *Ansicht* verbauen

zaburzenie *n* Störung *f* (*a. Med.*); *pl. a.* Unruhen *f/pl.*

zabyt|ek *m* (Bau-)Denkmal *n*; **~ki** *pl. a.* Sehenswürdigkeiten *f/pl.*; **~kowy** altertümlich; historisch wertvoll

zach|cianka *f* Laune, Gelüst *n*; **~cie(wa)ć się** (*G*) Lust bekommen *od.* haben (auf *A*)

zachę|cać ⟨**~cić**⟩ aufmuntern, anspornen; **~ta** *f* Ermutigung, Ansporn *m*

zachłanny habgierig

zachmurz|ać się *s.* **chmurzyć się**; **~enie** *n* Bewölkung *f*

zachodni westlich, West-

zachodzić *Sonne*: untergehen; *Frage usw.*: sich ergeben, auftauchen; *Wende*: eintreten; *Irrtum*: unterlaufen; (***do*** *G*) einkehren, vorbeikommen (bei); **~ *w ciążę*** schwanger werden

zacho|rować *pf.* krank werden; (***na*** *A*) erkranken (an); **~wanie** *n* Wahrung *f*; Erhaltung *f*; (*a.* ***się***) Benehmen; **~w(yw)ać** bewahren; (ein-)halten; ***~w(yw)ać się*** erhalten bleiben; sich benehmen

zachód[1] *m* West(en); ♀ Westen, Abendland *n*; (***słońca*** Sonnen-)Untergang

zachód[2] *m* Mühe *f*, Umstände *m/pl.*

zachrypnięty heiser
zachwalać anpreisen
zachwy|cać ⟨**~cić**⟩ entzücken; **~cać się** (*I*) entzückt sein (von); **~cający** (**-co**) entzückend; **~t** *m* Entzücken *n*, Begeisterung *f*
zaciąć *pf. s.* **zacinać**; **~gać** ⟨**~gnąć**⟩ *Gardine* zuziehen; *Riemen* festziehen; (**do** *G*) hineinziehen (in *A*); **~gać się** *Himmel*: sich bedecken; *beim Rauchen* inhalieren
zacie|k *m* Wasserfleck; **~kać** ⟨**~c**⟩ einregnen
zaciekawi|(a)ć neugierig machen; **~enie** *n* Neugierde *f*, Interesse
zaciekły (**-le**) verbissen
zaciemni(a)ć verdunkeln
zacier *m* Maische *f*; **~ać** verwischen (**się** sich); **~ać się** *Tech.* sich festfressen
zacie|śni(a)ć enger machen *od. fig.* knüpfen; **~trzewiony** grimmig; verbohrt
zaci|ęcie *n* Einschnitt *m*, Kerbe *f*; F *fig.* Schwung *m*; **~tość** *f* Verbissenheit; **~ty** (**-cie**) verbissen; *Kampf a.*: erbittert
zacinać einschneiden; **~ się** sich schneiden; klemmen
zacis|k *m* Klemme *f*; **~kać** ⟨**~nąć**⟩ *Faust* ballen; *Zähne* zusammenbeißen; *Tech.* einklemmen
zacisz|e *n* stiller Winkel *od.* Ort *m*; Abgeschiedenheit *f*; **~ny** windgeschützt; ruhig; gemütlich
zacny brav, ehrbar
zacofan|ie *n* Rückständigkeit *f*; **~y** rückständig
zaczadzenie *n* Kohlenmonoxydvergiftung *f*
zaczarowany verzaubert
zacząć *pf. s.* **zaczynać**
zaczep *m* (*Anhänge-*)Haken; **~i(a)ć** anhängen; F *j-n* belästigen, anmachen; **~ny** aggressiv; *Mil.* offensiv
zaczerp|ywać ⟨**~nąć**⟩ (*G*) schöpfen (*A*)
zaczes(yw)ać kämmen
zaczyn *m* Sauerteig; Ferment *n*; **~ać** (**się** *v/i*) anfangen, beginnen
zaćmienie *n* (*Sonnen-*)Finsternis *f*
zad *m* Hinterteil *n* (*v. Tier*)
zada|ć *pf. s.* **zadawać**; **~nie** *n* Aufgabe *f*; **~tek** *m* Anzahlung *f*; **~tkować** *pf.* anzahlen; **~wać** *Frage* stellen; *Hausaufgabe, Rätsel* aufgeben; *Hieb* versetzen; *Niederlage, Schmerz* bereiten
za|dawniony *Krankheit*: verschleppt; **~dłużony** verschuldet; **~domowić się** *pf.* heimisch werden
zadośćuczni|ć *pf.* (*D*) befriedigen (*A*), genügen (*D*); **~enie** *n* Genugtuung *f*
zadow|alać befriedigen; **~alać się** (*I*) sich zufriedengeben (mit); **~alający** (**-co**) befriedigend; **~olenie** *n* Zu-

friedenheit *f*; **~olić** *pf. s.* **zadowalać**; **~olony** zufrieden
zadra *f* (*Holz-*)Splitter *m*; **~p(yw)ać** aufkratzen
zadrzeć *pf. s.* **zadzierać**
zaduch *m* schlechte Luft *f*, F Mief
zaduma *f* Nachdenklichkeit; Grübeln *n*; **~ny** gedankenvoll
zadu|sić *pf.* ersticken (**się** *v/i*); **Ƨszki** *f/pl.* Allerseelen *n*; **~szny** Allerseelen-
zady|miony voll(er) Rauch, verqualmt; **~mka** *f* Schneetreiben *n*; **~szany** außer Atem, keuchend; **~szka** *f* Atembeschwerden *pl.*; Kurzatmigkeit
zadzierać *Haut* aufreißen; *Kopf* in die Höhe recken; *Schwanz* aufrichten; *v/i* (**z** *I*) sich verkrachen (mit)
zadziwi|(a)ć in Erstaunen versetzen, verblüffen; **~ający** (**-co**) erstaunlich
zafascynowany fasziniert
zagad|ka *f* Rätsel *n*; **~kowy** (**-wo**) rätselhaft; **~nienie** *n* Frage *f*, Problem; **~ywać** ⟨**~ać, ~nąć**⟩ *j-n* ansprechen
zaga|jać ⟨**~ić**⟩ eröffnen; **~jenie** *n* Eröffnung *f*
zagajnik *m* Gehölz *n*
zagapić się *pf.* F (mit offenen Augen) träumen; *s.* **gapić**
zagarn|iać ⟨**~ąć**⟩ zusammenraffen; an sich reißen
za|gęszczać ⟨**~gęścić**⟩ eindicken
zagi|ąć *pf. s.* **zaginać**; **~ęcie** *n* Kniff *m*, Knick *m*; Falz *m*; **~nać** umbiegen; kniffen; **~nąć** *pf. s.* **przepadać**; **~niony** vermisst, verschollen
zaglądać hereinschauen, F reingucken
zagłada *f* Vernichtung
zagłębi|(a)ć się eindringen; *fig.* sich vertiefen; **~e** *n Geol.* Becken, Gebiet; **~enie** *n* Vertiefung *f*
zagłodzony halb verhungert
zagłusz|ać ⟨**~yć**⟩ übertönen; *Rdf.* stören; *fig.* betäuben
zagmatwany verworren
zagnie|wany erzürnt; **~żdżać** ⟨**~ździć**⟩ **się** sich einnisten
zagoić się *pf.* abheilen
zagorzały (**-le**) fanatisch
zagospodarow(yw)ać (wirtschaftlich) erschließen; **~ *się*** sich einrichten
zagotować *pf.* (auf)kochen; **~ *się*** kochen (*v/i*)
zagra|ć *pf. s.* **grać**; **~gradzać** abzäunen; *Weg* versperren; **~nica** *f* Ausland *n*; **~niczny** ausländisch, Auslands-; *Hdl., Pol.* Außen-
zagrażać (*D*) bedrohen, gefährden (*A*); *s.* **grozić**
zagro|da *f* Gehöft *n*; Pferch *m*; Sperre; **~dzić** *pf. s.* **zagradzać**; **~zić** *pf.* (*I*) drohen (mit); **~żenie** *n* Gefährdung *f*; **~żony** bedroht
zagrz|ać *pf. s.* **zagrzewać**; **~eb(yw)ać** verscharren;

~ewać aufwärmen
zagubiony verloren
zahacz|ać ⟨**~yć**⟩ (*o A*) hängen bleiben (an *D*); ***~yć się*** sich festhaken
za|hamowanie *n* Bremsung *f*; Hemmung *f*; **~hartowany** (ab)gehärtet
zaimek *m* (***dzierżawczy*** Possessiv-, ***osobowy*** Personal-) Pronomen *n*, Fürwort *n*
zainteresowan|ie *n* Interesse; **~y** interessiert
zajadać essen, F futtern; **~łość** *f* Verbissenheit; Erbitterung; **~ły** (**-le**) verbissen; eingefleischt; *s.* **zapamiętały**
zajazd *m* Herberge *f*
zając *m* Hase
zająć *pf. s.* **zajmować**
zająkliwy (**-wie**) stotternd
zaje|żdżać ⟨**~chać**⟩ vorfahren; (***do*** *G*) einkehren (bei)
zaję|cie *n* Besetzung *f*; Beschäftigung *f*; *Jur.* Pfändung *f*; **~ty** beschäftigt; besetzt
zajmować einnehmen; besetzen; *Jur.* pfänden; ***~ się*** (*I*) sich beschäftigen (mit)
zaj|mujący (**-co**) unterhaltend; spannend; **~rzeć** *pf. s.* **zaglądać**; **~ście** *n* Vorfall *m*; Auftritt *m*; ***~ście w ciążę*** Empfängnis *f*; **~ść** *pf. s.* **zachodzić**
zaka|lec *m* Schlief; **~marek** *m* Winkel; **~ńczać** *s.* **kończyć**; **~s(yw)ać** hochkrempeln; **~tarzony** verschnupft
zakaz *m* Verbot *n*; **~any** verboten; **~ić** *pf. s.* **zakażać**; **~(yw)ać** verbieten
zaka|źny *Med.* ansteckend; **~żać** anstecken (***się*** sich); **~żenie** *n* Ansteckung *f*; ***~żenie krwi*** Blutvergiftung *f*
zakąsk|a *f* Horsd'œuvre *n*; ***na ~ę*** als Vorspeise *od.* Appetithappen
zakątek *m fig.* Winkel
zakle|jać ⟨**~ić**⟩ zukleben; verkleben
zaklę|cie *n* Beschwörung *f*; Zauberspruch *m*; **~ty** verzaubert; Zauber-
zaklinać beschwören; verzaubern; ***~ się*** (***na*** *A*) schwören (bei)
zakład *m* Anstalt *f*; Betrieb, Werk *n*; Wette *f*; ***~ pracy*** Arbeitsstätte *f*; **~ać** anlegen; gründen, errichten; *Brille* aufsetzen; *Telefon* legen; *et.* annehmen, voraussetzen; *Protest* einlegen; ***~ać się*** wetten; **~ka** *f* Falte; Lesezeichen *n*; **~nik** *m* (**~niczka** *f*) Geisel *f*; **~owy** Betriebs-, Werks-
zakłamany verlogen
zakłopotan|ie *n* Verlegenheit *f*; **~y** verlegen
zakłóc|ać ⟨**~ić**⟩ stören; **~enie** *n* (***dźwięku*** Ton-, ***spokoju publicznego*** öffentliche Ruhe-)Störung *f*
zakocha|ć się *pf.* sich verlieben; **~ny** verliebt
zakon *m* (*Kloster-*)Orden;

~nica *f* Nonne; **~nik** *m* Mönch; **~ny** Ordens-

zakończ|ać *s.* **kończyć**; **~enie** *n* Beendigung *f*; Abschluss *m*

zako|p(yw)ać ein-, vergraben; **~rkowany** verkorkt; verstopft; **~rzeniony** eingewurzelt; **~twiczyć się** *pf.* vor Anker gehen

zakra|dać ⟨**~ść**⟩ **się** sich einschleichen; **~towany** vergittert

zakre|s *m* Bereich; (*Wirkungs-*)Kreis *m*; **~ślać** ⟨**~ślić**⟩ durchstreichen; *Kreis* beschreiben

zakręcać ⟨**~cić**⟩ zudrehen, zuschrauben; **~t** *m* Krümmung *f*; Kurve *f*; **~tka** *f* Schraubverschluss *m*

zakrwawiony blutig, blutbeschmiert

za|kryć *pf.* *s.* **zakrywać**; **~krystia** *f* Sakristei; **~krywać** verdecken; zudecken; **~krzep** *m* Blutpfropf; **~krzepły** geronnen; **~krztusić się** *pf.* sich verschlucken; **~księgować** *pf.* verbuchen

zakup *m* Einkauf; **~ywać** ⟨**~ić**⟩ (an-, ein)kaufen

zakurzony staubig

zakwaterow|anie *n* Einquartierung *f*; Unterkunft *f*

zalać *pf.* *s.* **zalewać**

zalążek *m* Keim

zalec|ać ⟨**~ić**⟩ empfehlen; **~ać się** (**do** *G*) den Hof machen (*D*); **~enie** *n* Empfehlung *f*

zaledwie kaum; knapp

zaleg|ać (**z** *I*) im Rückstand sein (mit); **~łość** *f* Rückstand *m*; **~ły** rückständig

zale|pi(a)ć zukleben; **~si(a)ć** aufforsten; **~ta** *f* Vorzug *m*

zalew *m* Überschwemmung *f*; Haff *n*; **~a** *f* (*Salz-*)Lake; Marinade; **~ać** übergießen; überfluten; **~isko** *n* Marsch(land *n*) *f*

zależ|eć (**od** *G*) abhängen (von); **~nie** *Adv.* (**od** *G*) je nachdem (wie, ob); **~ność** *f* Abhängigkeit *f*; **~ny** abhängig

zalicz|ać anrechnen; (**do** *G*) zählen, rechnen (zu); **~enie** *n* Anrechnung *f*; ***za ~eniem*** per Nachnahme; **~ka** *f* Vorschuss *m*; **~yć** *pf.* *s.* **zaliczać**

zalotny kokett

zaludni|(a)ć bevölkern (***się*** sich); **~enie** *n* Bevölkerung *f*

załad|ow(yw)ać verladen; **~unek** *m* Verladung *f*

załam|anie *n* Knick *m*, Bruch *m*; Zusammenbruch *m*; **~(yw)ać się** zusammenbrechen; *Eis*: einbrechen; *Licht*: sich brechen

załatwi|(a)ć erledigen; **~enie** *n* Erledigung *f*

załącz|ać ⟨**~yć**⟩ beifügen; **~enie** *n*: ***w ~eniu*** beiliegend; **~nik** *m* Anlage *f*

zało|ga *f* Besatzung, Mannschaft; Belegschaft; **~m** *m*

Knick; **~żenie** *n* Gründung *f*; Grundsatz *m*; Annahme *f*; **~życiel(ka** *f*) *m* Gründer(in); **~żyć** *pf. s.* **zakładać**
zamach *m* Anschlag, Attentat *n*; **~ *stanu*** Staatsstreich; **~owiec** *m* Attentäter; **~owy** *Tech.* Schwung-
zama|czać einweichen; **~low(yw)ać** übermalen
zamar|zać ⟨**~znąć**⟩ gefrieren; zufrieren; erfrieren; **~znięty** (zu)gefroren; erfroren
zama|skowany getarnt; **~szysty** (**-ście**) schwungvoll; **~wiać** bestellen; anmelden
zamącać *s.* **mącić**
zamążpójście *n* Heirat *f* (*v. Frauen*)
zamek *m* Schloss *n*; Burg *f*; **~ *błyskawiczny*** Reißverschluss
zameldowa|ć *pf.* anmelden (***się*** sich); **~nie** *n* (An-)Meldung *f*
zamęcz|ać ⟨**~yć**⟩ plagen, quälen (***się*** sich)
zamęt *m* Wirrwarr, Durcheinander *n*
zamężna *Frau*: verheiratet
zamglony neblig, dunstig; *Blick* verschleiert
zamian: ***w ~ za*** (*A*) an Stelle (*G*); im Austausch (für); **~a** *f* (Um-)Tausch *m*
zamia|r *m* Absicht *f*; **~st** (*G*) (an)statt (*G*); **~tać** (aus)kehren, ausfegen
zamieć *f* Schneesturm *m*
zamiejscow|y auswärtig; ***rozmowa*** *f* **~a** Ferngespräch *n*
zamien|i(a)ć um-, vertauschen; (aus)wechseln; **~ny** Tausch-; Ersatz-
zamie|rać (er)sterben; erstarren; **~rzać** beabsichtigen, vorhaben; **~rzchły** uralt, längst vergangen; **~rzenie** *n* Vorhaben; **~rzyć** *pf. s.* **zamierzać**; **~szanie** *n s.* **zamęt**; **~szany** *fig.* verwickelt (*in et.*); **~szczać** *s.* **umieszczać**; *Anzeige* aufgeben; drucken
zamieszk|ać *pf.* sich niederlassen, Wohnung beziehen; **~ały** (***w*** *L*) wohnhaft (in *D*); bewohnt; **~anie** *n s.* **miejsce**; **~i** *f/pl.* Unruhen; **~iwać** (be)wohnen
zamieścić *pf. s.* **zamieszczać**
zamiłowan|ie *n* (***do*** *G*) Vorliebe *f* (für); Neigung *f* (zu); **~y** passioniert
zamkn|ąć *pf. s.* **zamykać**; **~ięcie** *n* Schließung *f*; Sperrung *f*; **~ięty** geschlossen
zamkowy Burg-, Schloss-
zamo|czyć *pf. s.* **zamaczać**; **~rdować** *pf.* ermorden; **~rski** überseeisch; **~żny** wohlhabend
zamówi|ć *pf. s.* **zamawiać**; **~enie** *n* Bestellung *f*
zamra|czać benebeln; trüben; **~żać** einfrieren (*a. fig.*),

gefrieren lassen; **~żarka** *f* Gefrierschrank *m*, -truhe
zamro|czenie *n* Bewusstseinstrübung *f*; Rausch *m*; **~czony** benommen; berauscht; **~czyć** *pf. s.* **zamraczać**; **~zić** *pf. s.* **zamrażać**
zamrzeć *pf. s.* **zamierać**
zamsz *m* Wildleder *n*
za|murow(yw)ać zumauern; **~mykać** schließen (***się*** sich *od. v/i*); zumachen; einsperren; sperren; **~mysł** *m* Vorhaben *n*
zamyśl|ać ⟨**~ić**⟩ vorhaben, planen; ***~ić się*** in Gedanken versinken; **~ony** gedankenvoll
zanadto zu sehr; zu viel
zanie|chać *pf.* (*G*) fallen lassen, aufgeben (*A*); **~czyszczać** ⟨**~czyścić**⟩ verunreinigen; **~db(yw)ać** vernachlässigen; **~mówić** *pf.* die Sprache verlieren; **~pokojenie** *n* Beunruhigung *f*, Besorgnis *f*; **~ść** *pf. s.* **zanosić**
zanik *m* Schwund; Minderung *f*; **~ać** ⟨**~nąć**⟩ schwinden, schrumpfen; vergehen
zanim bevor, ehe
za|niżony *Preis*: (zu) stark herabgesetzt; **~nosić** (hin-)bringen, (hin)tragen; ***~nosi się na*** (*A*) es sieht nach … aus; **~nurzać** ⟨**~nurzyć**⟩ ein-, untertauchen (***się*** *v/i*); **~nurzenie** *n* Tiefgang *m*
zaoczn|ie *Adv. Jur.* in Abwesenheit; **~y**: ***studia*** *n/pl.* **~e** Fernstudium *n*
zaokrąglony rund; *Summe*: ab- *od.* aufgerundet
zaopat|rywać ⟨**~rzyć**⟩ versorgen; **~rzenie** *n* Versorgung *f*; Beschaffung *f*
zaostrz|ać ⟨**~yć**⟩ schärfen; (an)spitzen; *fig.* verschärfen, zuspitzen (***się*** sich)
zaoszczędz|ać ⟨**~ić**⟩ (ein-) sparen; ersparen (***sobie*** sich)
zapach *m* Geruch, Duft
zapa|dać fallen, sinken; ***~dać się*** ein-, versinken; **~dły** eingesunken; eingefallen; *Ort*: abgelegen; **~kow(yw)ać** einpacken; **~lać** anzünden; *Motor* anlassen; ***~lać się*** sich entzünden; *Licht*: angehen; *fig.* (***do*** *G*) Feuer und Flamme sein (für); **~lczywy** (**-wie**) unbeherrscht; **~lenie** *n* Entzündung *f*; **~lić** *pf. s.* **zapalać**; **~lniczka** *f* Feuerzeug *n*; **~lnik** *m* Zünder; **~lny** entzündbar; *Med.* Entzündungs-; **~lony** passioniert
zapał *m* Eifer, Begeisterung *f*; **~ka** *f* Zündholz *n*
zapamięta|ć *pf.* sich merken, (im Gedächtnis) behalten; **~ły** (**-le**) fanatisch, (wie) besessen
zaparcie *n Med.* Verstopfung *f*; **z ~m** mit Hingabe
zaparz|ać ⟨**~yć**⟩ aufbrühen; *Kaffee, Tee a.* kochen

zapas *m* Vorrat; Reserve *f*; **~y** *pl.* *a.* Ringen *n*; *Sp.* Ringkampf *m*; **~owy** Ersatz-, Reserve-
zapaś|ć¹ *f* *Med.* Kollaps *m*; **~ć²** *pf.* *s.* **zapadać**; **~nik** *m* Ring(kämpf)er
zapatrywa|ć się (**na** *A*) betrachten (*A*); **~nie** *n* Auffassung *f*, Ansicht *f*
za|pchać *pf.* *s.* **zapychać**; **~pełni(a)ć** (auf)füllen (*się* sich); ausfüllen; **~pewne** sicher(lich); **~pewni(a)ć** garantieren (*k-o o L*) versichern (j-n *G*)
zapę|d *m* Schwung, Ungestüm; **~dzać** ⟨**~dzić**⟩ hineintreiben
zapiąć *pf.* *s.* **zapinać**
zapie|kać ⟨**~c**⟩ überbacken; **~kanka** *f* *Kochk.* Auflauf *m*
zapinać zuknöpfen; *~ pas bezpieczeństwa* den Sicherheitsgurt anlegen
zapis *m* Aufzeichnung *f*; Einschreibung *f*; **~ać** *pf.* *s.* **zapisywać**; **~ek** *m* Notiz *f*; **~ywać** notieren; eintragen, einschreiben (*się* sich); aufzeichnen (*a.* *Bild*, *Ton*); *Vermögen* vermachen; *Arznei* verordnen
zapla|nowany (ein)geplant; **~tać** flechten
zaplą|t(yw)ać verwickeln; verwirren (*się* sich)
zaple|cze *n* Hinterland, Basis *f*; **~ść** *pf.* *s.* **zaplatać**
za|plombowany verplombt; *Zahn*: plombiert; **~płakany** verweint; **~płata** *f* (Be-)Zahlung *f*; Lohn *m*
zapł|adniać ⟨**~odnić**⟩ befruchten; **~odnienie** *n* Befruchtung *f*
zapłon *m* (Ent-)Zündung *f*; **~owy** *Kfz.* Zünd-
zapobie|gać ⟨**~c**⟩ (*D*) vorbeugen; verhüten (*A*); **~gawczy** (**-czo**) vorbeugend, präventiv; **~gliwy** (**-wie**) vorsorglich
zapo|czątkow(yw)ać einleiten, F starten; **~minać** ⟨**~mnieć**⟩ vergessen; verlernen; **~moga** *f* Unterstützung, Beihilfe; **~ra** *f* Sperre; Staudamm *m*; *fig.* Hindernis *n*
zapotrzebowa|ć *pf.* anfordern; **~nie** *n* Bedarf *m*; Nachfrage *f*; Anforderung *f*
zapowi|adać ⟨**~edzieć**⟩ ankündigen; ansagen; **~edź** *f* Aufgebot *n*; *dać na ~dzi* das Aufgebot bestellen
zapozna(wa)ć (**z** *I*) bekannt machen (mit); *~ się* kennen lernen (*A*, sich)
zapożycz|ać ⟨**~yć**⟩ entlehnen; *~yć się* Schulden machen
zapra|cow(yw)ać erarbeiten; *s.* **zarabiać**; **~szać** einladen; **~wa** *f* Mörtel *m*; *Kochk.* Zutat; (*Konditions-*) Training *n*; **~wi(a)ć** (*I*) *Kochk.* anmachen (mit)
zapro|sić *pf.* *s.* **zapraszać**;

~szenie *n* Einladung *f*
zaprowadz|ać ⟨**~ić**⟩ (hin-) führen; einführen; *Ordnung* schaffen
zaprząg *m* Gespann *n*
zaprze|czać ⟨**~yć**⟩ verneinen; **~czenie** *n* Verneinung *f*; **~sta(wa)ć** (*G*) aufhören (mit), einstellen (*A*)
zaprzęg *m s.* **zaprząg**; **~ać** ⟨**~nąć**⟩ *Pferd* anspannen
zaprzy|jaźniony befreundet; **~sięgać** ⟨**~siąć**⟩ vereidigen; **~siężony** vereidigt
zapu|sty *m/pl.* Fastnacht *f*; **~szczać** ⟨**~ścić**⟩ hineinstecken; herunterlassen; vernachlässigen; *Bart* wachsen lassen; *Motor* anlassen
zapy|chać (ver)stopfen; **~lony** staubig; **~tanie** *n* Anfrage *f*; **~t(yw)ać** *s.* **pytać**
zarabiać verdienen
zarad|czy abhelfend, vorbeugend; **~ny** findig, wendig
zaradz|ać ⟨**~ić**⟩ (*D*) Rat schaffen, helfen (bei)
zarastać zuwachsen
zaraz sofort, gleich
zara|za *f* Seuche; **~zek** *m* Krankheitserreger; **~źliwy (-wie)** ansteckend; **~żać** ⟨**~zić**⟩ anstecken, infizieren (***się*** sich); **~żony** (*I*) infiziert (mit); verseucht
zardzewiały verrostet
zaręcz|ać ⟨**~yć**⟩ *s.* **ręczyć**; versichern; **~yć *się*** sich verloben; **~ynowy** Verlobungs-; **~yny** *f/pl.* Verlobung *f*
zarob|ek *m* Verdienst, (Arbeits-)Lohn; **~ić** *pf. s.* **zarabiać**; **~kować** erwerbstätig sein, arbeiten; **~kowy** Erwerbs-
zarodek *m* Keim
zaro|snąć *pf. s.* **zarastać**; **~st** *m* Bartwuchs; **~śla** *n/pl.* Gestrüpp *n*, Dickicht *n*
zarozumiały (-le) eingebildet, überheblich
zarówno sowohl, ebenso wie
zarumieniony *s.* **rumiany**
zarys *m* Umriss; Abriss; **~ow(yw)ać się** Kratzer bekommen; sich abzeichnen
zarząd *m* Verwaltung *f*; Geschäftsleitung *f*; Vorstand; **~ca** *m* Verwalter
zarządz|ać ⟨**~ić**⟩ anordnen; (*nur impf.*) (*I*) verwalten (*A*); **~enie** *n* Anordnung *f*
zarzewie *n* Glut *f*; *fig.* Fackel *f*
zarzu|cać ⟨**~cić**⟩ *v/i* schleudern; *v/t j-m et.* vorwerfen; **~t** *m* Vorwurf; Einwand; ***bez ~tu*** tadellos
zasad|a *f* Grundsatz *m*; *Chem.* Base; *s.a.* **reguła**; **~niczy (-czo)** grundsätzlich; **~owy** alkalisch
zasadz|ać ⟨**~ić**⟩ (be)pflanzen; **~ka** *f* Hinterhalt *m*
zasapać się *pf.* außer Atem kommen
zasądz|ać ⟨**~ić**⟩ aburteilen (**na** *A*); verurteilen (zu)
zasch|ły vertrocknet; verdorrt; **~nąć** *pf. s.* **zasychać**

zasępiony düster
zasi|ać *pf. s.* **zasiewać**; **~adać** ⟨**~ąść**⟩ sich setzen; sitzen; **~edlać** ⟨**~edlić**⟩ besiedeln; **~ewać** (be)säen
zasięg *m* Reichweite *f*; Bereich; **~ać** ⟨**~nąć**⟩ (*rady* Rat) einholen
zasi|lacz *m*: **~lacz sieciowy** Netzteil *n*; **~lać** ⟨**~lić**⟩ *Tech.* beschicken, zuführen; **~lek** *m* Beihilfe *f*; **~lek chorobowy** Krankengeld *n*; **~lek dla bezrobotnych** Arbeitslosengeld *n*
zaska|kiwać überraschen; **~kujący** (**-co**) überraschend; **~rżać** ⟨**~rżyć**⟩ (**do sądu** vor Gericht) verklagen; *Urteil* anfechten
zaskocz|enie *n* Überraschung *f*; **~ony** überrascht, verblüfft; **~yć** *pf. s.* **zaskakiwać**
zaskroniec *m* Ringelnatter *f*
zasł|aniać ⟨**~onić**⟩ *Gesicht* verhüllen; *Fenster* verhängen; abschirmen, schützen; **~ona** *f* Vorhang *m*; Abdeckung; *Sp.* Deckung
zasłu|ga *f* Verdienst *n*; **~giwać** ⟨**~żyć**⟩ (**na** *A*) verdienen (*A*); **~żony** (**-enie**) verdient
zasmucony *s.* **smutny**
zasnąć *pf. s.* **zasypiać**
zasob|nik *m* Behälter; Silo; Speicher; **~ny** gut ausgestattet, wohlversorgt; **~y** *m/pl.* Ressourcen *f/pl.*
zasób *m* Vorrat; **~ słów** Wortschatz
zaspa *f* (Schnee-)Wehe
zaspa|ć *pf.* verschlafen; **~ny** *Adj.* verschlafen
zaspok|ajać ⟨**~oić**⟩ befriedigen; *Durst* stillen
zasta|ć *pf. s.* **zastawać**; **~nawiać** ⟨**~nowić**⟩ **się** (**nad** *I*) überlegen (*A*), nachdenken (über *A*); **~rzały** alt, verschleppt
zastaw *m* Pfand *n*; **dać w ~** verpfänden; **~a** *f* (*Tafel-*)Service *n*; **~ać** antreffen; ertappen; **~i(a)ć** verstellen; *Sache* verpfänden
zastąpić *pf. s.* **zastępować**
zastęp *m* Schar *f*; **~ca** *m* (**~czyni** *f*) Stellvertreter(in); **~czo** vertretungsweise; **~czy** Ersatz-; Behelfs-; **~ować** ersetzen; *Pers. a.* vertreten; **~stwo** *n* Vertretung *f*
zastosow|anie *n* An-, Verwendung *f*; **~(yw)ać** an-, verwenden, einsetzen
zastój *m* Stagnation *f*
zastrasz|ać ⟨**~yć**⟩ einschüchtern; **~ający** (**-co**) erschreckend
zastrzał *m* *Tech.* Strebe *f*; *Med.* Umlauf
zastrze|gać ⟨**~c**⟩ (**sobie** sich) vorbehalten; **~gać** ⟨**~c**⟩ **się** sich verwahren; **~lić** *pf.* erschießen; **~żenie** *n* Vorbehalt *m*; **~żony** vorbehalten
zastrzyk *m* Injektion *f*, F Spritze *f*; **~iwać** ⟨**~nąć**⟩

(ein)spritzen
zasu|w(k)a *f* Riegel *m*; Schieber *m*; **~wać** ⟨**~nąć**⟩ zuschieben; *Gardine* zuziehen
zasy|chać ein-, vertrocknen; verdorren; **~piać** einschlafen; **~pka** *f* (Körper-)Puder *m*; **~p(yw)ać** zuschütten
zaszczepi(a)ć *s.* **szczepić**
zaszcz|ycać ⟨**~ycić**⟩ beehren; **~yt** *m* Ehre *f*; **~ytny** ehrenvoll
za|szeregow(yw)ać einstufen; **~szy(wa)ć** zunähen; einnähen
zaślepi(a)ć (ver)blenden
zaślubi(a)ć (*A*) sich vermählen (mit)
zaśnie|działy mit Grünspan überzogen; *fig.* rückständig; **~żony** schneebedeckt, verschneit
zaświadcz|ać ⟨**~yć**⟩ bescheinigen; bezeugen; **~enie** *n* Bescheinigung *f*
zaświaty *m/pl.* Jenseits *n*
zataczać *Kreis* beschreiben, ziehen; **~ się** taumeln, torkeln
zata|jać ⟨**~ić**⟩ verheimlichen; **~mow(yw)ać** *s.* **tamować**; **~piać** versenken; überschwemmen
za|targ *m* Konflikt, Streit; **~tarty** verwischt; **~tem** demnach, folglich; **~tkać** *pf. s.* **zatykać**; **~tknąć** *pf. s.* **wtykać**; **~tłoczony** (gedrängt) voll
zato|czyć *pf. s.* **zataczać**; **~ka** *f* Bucht, Meerbusen *m*; **~nięcie** *n* (*Schiffs-*)Untergang *m*; **~pić** *pf. s.* **zatapiać**; **~r** *m* (*Verkehrs-*)Stau
zatru|cie *n* Vergiftung *f*; **~ć** *pf. s.* **zatruwać**; **~dni(a)ć** beschäftigen; **~dnienie** *n* Beschäftigung *f*; **~dniony** (**w** *L*) beschäftigt (in *D*, bei)
zatru|ty vergiftet; **~wać** vergiften
zatrzas|k *m* Schnappschloss *n*; Druckknopf; **~kiwać** ⟨**~nąć**⟩ zuschlagen; einschnappen lassen
zatrzeć *pf. s.* **zacierać**
zatrzym|anie *n Jur.* Festnahme *f*; **~(yw)ać** anhalten (**się** *v/i*), aufhalten (**się** sich)
zatwardzenie *n* (Stuhl-)Verstopfung *f*
zatwierdz|ać ⟨**~ić**⟩ *j-n*, *Plan* bestätigen; **~enie** *n* Bestätigung *f*
zaty|czka *f* Stöpsel *m*, Spund *m*; **~kać** zu-, verstopfen (**się** sich); *s.* **wtykać**
zaufa|ć *pf.* vertrauen; **~nie** *n* Vertrauen; **~ny** vertraut
zaułek *m* Gässchen *n*, Gasse *f*
zauważ|ać ⟨**~yć**⟩ bemerken
zawa|da *f* Hindernis *n*; **~dzać** im Wege sein, (be)hindern; ⟨**~dzić**⟩ (**o** *A*) anstoßen (an *A*); anfahren (*A*); **~lać** ⟨**~lić**⟩ zuschütten, zudecken; einstürzen (**się** *v/i*); **~ł** *m* Einsturz; (**serca** Herz-)Infarkt

zawar|cie *n* (*Vertrags-*)Abschluss *m*; (*Ehe-*)Schließung *f*; **~tość** *f* Inhalt *m*; Gehalt *m*
za|wczasu beizeiten, rechtzeitig; **~wdzięczać** verdanken; **~wezwać** *pf. s.* **wzywać**; **~wiać** *pf. s.* **zawiewać**
zawiad|amiać ⟨**~omić**⟩ benachrichtigen; **~omienie** *n* Benachrichtigung *f*
zawiadowca *m*: **~ *stacji*** Stationsvorsteher
zawias *m*, **~a** *f* (*Tür-*)Angel *f*; Scharnier *n*
zawie|dziony enttäuscht; **~ja** *f* Schneesturm *m*; **~rać** enthalten; *Vertrag*, *Ehe* schließen; **~rucha** *f s.* **zawieja**; (***wojenna*** Kriegs-)Wirren *pl.*; **~ruszyć się** F *pf.* abhanden kommen; **~sić** *pf. s.* **zawieszać**; **~sisty** dick(flüssig); sämig; **~szać** (auf)hängen; *fig.* aussetzen; suspendieren; ***~szać się*** *Computer:* abstürzen; **~szenie** *n* Aufhängung *f*; Aussetzung *f*; Suspendierung; *Mil.* (***broni***) Waffenruhe *f*; **~ść** *pf. s.* **zawodzić**; **~wać** *Wege* zuwehen; **~źć** *pf. s.* **zawozić**
zawi|jać einwickeln; (***do*** *G*) *Hafen* anlaufen; **~ły** (**-le**) verworren; kompliziert, F kniff(e)lig; **~nąć** *pf. s.* **zawijać**; **~niątko** *n* Bündel; **~nić** *pf. v/t* verschulden (*A*); *v/i* sich schuldig machen; **~sać** ⟨**~snąć**⟩ *v/i* hängen; schweben; **~stny** neidisch; **~ść** *f* Neid *m*; **~tać** *pf.* kommen
zawod|nik *m* (**~niczka** *f*) *Sp.* Wettkämpfer(in), Wettkampfteilnehmer(in); **~ny** unzuverlässig; trügerisch; **~owiec** *m Sp.* Berufssportler, F Profi; **~owy** Berufs-; (**-wo**) beruflich; *Adv. a.* berufsmäßig; **~y** *m/pl.* Wettkampf *m*; Rennen *n*
zawo|dzić *v/i* versagen; enttäuschen; **~zić** *v/t* hinfahren, bringen
zawód[1] *m* Beruf, Fach *n*
zawód[2] *m* Enttäuschung *f*
zawór *m* Ventil *n*
zawr|acać ⟨**~ócić**⟩ umkehren, kehrtmachen; **~otny** Schwindel erregend; **~ót** *m*: ***~ót głowy*** *Med.* Schwindel
zawrzeć *pf. s.* **zawierać**
zawstydzony beschämt
zawsze immer; ***na ~*** für immer
zawzięty (**-cie**) hartnäckig; *s.* **zacięty**
zazdro|sny (**-śnie**) neidisch; eifersüchtig; **~ścić** *pf.* (***k-u*** *G*) neiden (j-m *A*), beneiden (j-n um); **~ść** *f* Neid *m*; Eifersucht
zazębi(a)ć się ineinander greifen
zaziębi|(a)ć (***się*** sich) erkälten; **~enie** *n* Erkältung *f*
zazna|czać ⟨**~czyć**⟩ markieren; be-, vermerken; hervorheben; **~jamiać** ⟨**~jomić**⟩ bekannt machen (***się*** sich)
zazwyczaj *Adv.* gewöhnlich

zażalenie *n* Beschwerde *f*
zażart|ość *f* Verbissenheit; **~y** (**-cie**) verbissen, heftig
za|żenowany verlegen; **~żyłość** *f* Vertrautheit; **~ży(wa)ć** *Arznei usw.* (ein-) nehmen; *fig.* (*G*) genießen (*A*)
ząb *m* (***mądrości*** Weisheits-, ***trzonowy*** Backen-)Zahn; **~kować** *Kind*: zahnen; **~kowany** gezahnt
zbaczać (**z** *G*) abbiegen (von)
zbaw|ca *m* Retter; *a.* = **~iciel(ka** *f*) *m* Erlöser(in); **~ienie** *n* Rettung *f*; Erlösung *f*; **~ienny** heilsam; rettend
zbędny entbehrlich; *s.* **zbyteczny**
zbić *pf. s.* **zbijać**; *j-n* zusammenschlagen
zbie|c *pf. s.* **zbiegać**; **~g¹** *m* Flüchtige(r), Ausbrecher; **~g²** *m* Zusammentreffen *n von Umständen*; (*Straßen-*) Kreuzung *f*, Einmündung *f*; **~gać** hinab-, herunterlaufen; entlaufen, ausbrechen; ***~gać się*** zusammenlaufen; *Stoff*: einlaufen; **~gowisko** *n* (*Menschen-*)Auflauf *m*; **~racz** *m* Sammler; **~rać** sammeln (***się*** sich)
zbi|eżny übereinstimmend; **~jać** abschlagen; zusammennageln; ***~jać z nóg*** niederschlagen; ***~jać z tropu*** irremachen
zbior|nik *m* Behälter, Tank; **~nikowiec** *m* Tanker; **~owisko** *n* Ansammlung *f*; **~owy** Sammel-; (**-wo**) kollektiv; *s.* **umowa**
zbiór *m* Sammlung *f*; Ernte *f*, Lese *f*; **~ka** *f* (*Geld-*)Sammlung; *Mil.* Appell *m*
zbliż|ać näher bringen; ***~ać się*** sich nähern, nahen; ähneln; **~enie** *n* Annäherung *f*; Nah-, Großaufnahme *f*; **~ony** (***do*** *G*) ähnlich (*D*)
zbłądzić *pf.* sich verirren
zbocz|e *n* Abhang *m*; **~enie** *n* Abweichung *f*; Perversität *f*; **~yć** *pf. s.* **zbaczać**
zbolały schmerzend; *fig.* schmerzerfüllt
zboże *n* Getreide, Korn
zbój, **~ca**, **~nik** *m* Räuber
zbrodni|a *f* Verbrechen *n*; **~arka** *f* Verbrecherin; **~arz** *m* Verbrecher; **~czy** (**-czo**) verbrecherisch
zbroić *s.* **uzbrajać**; *pf. s.* **broić**
zbroj|a *f* (*Ritter-*)Rüstung; **~enie** *n* (Auf-)Rüstung *f*; *s.* **wyścig**; **~ny** bewaffnet
zburzenie *n* Zerstörung *f*
zbutwiały verrottet
zbyt¹ *Adv.* (all)zu, über-
zbyt² *m Hdl.* Absatz; ***cena*** *f* ***~u*** Abgabepreis *m*; **~eczny** überflüssig; **~ek** *m* Aufwand, Luxus; **~ki** *pl.* Unfug *m*; **~kowny** luxuriös; **~ni** (**-nio**) übertrieben
zdać *pf. s.* **zdawać**; *Prüfung* bestehen
zdaln|y *Tech.* Fern-; ***~ie kiero-***

wany ferngesteuert
zdanie *n Gr.* Satz *m*; Meinung *f*; ***moim ~m*** meiner Meinung nach
zdarty abgerissen; abgetreten
zdarz|ać ⟨**~yć**⟩ **się** sich ereignen; vorkommen; *j-m* zustoßen; **~enie** *n* Ereignis; Begebenheit *f*
zda|tny (**do** *G*) tauglich, geeignet (für, zu), -fähig; **~wać** übergeben; *Prüfung, Bericht* ablegen; ***~wać się*** sich verlassen; *s.* **przy-, wydawać się**
zdąż|ać *s.* **na-, podążać**; (**do** *G*) *Ziel* verfolgen; streben (nach); **~yć** *pf.* (**z** *I*) (rechtzeitig) fertig werden (mit); Zeit haben (für, zu); (***na*** *A*) rechtzeitig kommen (zu); *Zug* erreichen; ***nie ~yć*** *a.* verpassen
zdechnąć *pf. s.* **zdychać**
zdecydowan|ie[1] *n* Entschlossenheit *f*; **~ie**[2] *Adv.* = **~y** entschlossen; entschieden
zdejmować abnehmen; herunternehmen; *Kleid* ausziehen
zdenerwowany aufgeregt, nervös
zderz|ać ⟨**~yć**⟩ **się** zusammenstoßen, -prallen; **~ak** *m Esb.* Puffer; *Kfz.* Stoßstange *f*; **~enie** *n* Zusammenstoß *m*
zdj|ąć *pf. s.* **zdejmować**; **~ęcie** *n Fot.* Aufnahme *f*, Bild
zdob|ić ⟨**o-**⟩ schmücken; verzieren; **~nictwo** *n* dekorative Kunst *f*
zdoby|cz *f* Beute; Errungenschaft; **~(wa)ć** erobern; erringen; *Kenntnisse* erwerben; *Tor* erzielen; **~wca** *m* Eroberer; (*Medaillen-*)Gewinner
zdoln|ość *f* Fähigkeit; Begabung; **~y** begabt; fähig
zdra|da *f* (**stanu** Hoch-)Verrat *m*; ***~da małżeńska*** Ehebruch *m*; **~dzać** ⟨**~dzić**⟩ verraten; *Partner* betrügen; **~dziecki** (**-cko**) verräterisch, tückisch; **~jca** *m* (**~jczyni** *f*) Verräter(in)
zdrętwiały *fig.* erstarrt; *Bein*: taub, eingeschlafen
zdrojo|wy Heil(quellen)-; ***dom*** *m* ***~wy*** Kurhaus *n*
zdrowie *n* Gesundheit *f*; ***jak ~?*** wie geht's?; ***na ~!*** zum Wohl!, prosit!
zdrow|otny gesundheitlich, Gesundheits-; **~y** (**-wo**) gesund; bekömmlich, zuträglich
zdrój *m* Quelle *f*
zdrów *s.* **zdrowy**
zdumi|enie *n* Erstaunen; **~e(wa)ć** verblüffen; ***~e(wa)ć się*** staunen, verblüfft sein; **~ewający** (**-co**) erstaunlich; **~ony** verblüfft
zdun *m* Ofensetzer
zdwojony (ver)doppelt
zdy|chać krepieren, verrecken; **~scyplinowany** dis-

zipliniert; **~skwalifikowany** disqualifiziert; **~szany** außer Atem
zdziczały verwildert
zdzi|erać ab-, herunterreißen; **~waczały** wunderlich; **~wiony** verwundert
ze *s.* **z**
zebra *f* Zebra *n*
zebra|ć *pf. s.* **zbierać**; **~nie** *n* Versammlung *f*
zecer *m Typ.* Setzer
ze|chcieć *pf.* wollen; **~drzeć** *pf. s.* **zdzierać**
zejść *pf. s.* **schodzić**
zegar *m* (*Wand-*)Uhr *f*; **~ek** *m* (***naręczny*** Armband-) Uhr *f*; **~mistrz** *m* Uhrmacher
zel|ować ⟨**pod-**⟩ besohlen; **~ówka** *f* Schuhsohle
zemdl|enie *m* Ohnmacht *f*; **~ony** ohnmächtig
zemknąć *pf. s.* **zmykać**
zemsta *f* Rache
zepsu|cie *n* Beschädigung *f*; ***ulegający ~ciu*** verderblich; **~ty** entzwei, kaputt; verdorben; *s.* **psuć**
zer|o *n* Null *f*; ***powyżej / poniżej ~a*** über / unter Null
zerwać *pf. s.* **zrywać**
zesk|akiwać ⟨**~oczyć**⟩ ab-, herunterspringen
zeskrob(yw)ać abschaben
zesła|ć *pf. s.* **zsyłać**; **~nie** *n* Verbannung *f*; **~niec** *m* (**~nka** *f*) Verbannte(r)
zesp|alać ⟨**~olić**⟩ verbinden, vereinigen (***się*** sich); **~awać** *pf.* zusammenschweißen; **~ołowy** (**-wo**) gemeinsam; Team-; **~ół** *m* Gruppe *f*, Team *n*; (*Bau-*)Komplex; *Thea., Mus.* Ensemble *n*
zesta|rzeć się *pf.* alt werden; **~w** *m* Satz, Garnitur *f*; **~wi(a)ć** *fig.* zusammen- *od.* gegenüberstellen; **~wienie** *n* Zusammen- *od.* Gegenüberstellung *f*; Aufstellung *f*
zestrzelić *pf.* abschießen
zeszł|oroczny vorjährig; **~y** vergangen, vorig
zeszpecony entstellt
zeszyt *m* (*Schreib-*)Heft *n*
ześliz|giwać ⟨**~nąć**⟩ **się** abrutschen, abgleiten
ze|tknąć się *pf. s.* **stykać się**; **~tknięcie** *n* (**się**) Berührung *f*; **~trzeć** *pf. s.* **ścierać**
zewnątrz außerhalb; ***z ~*** von (dr)außen (her); ***na ~*** nach (dr)außen
zew|nętrzny äußerlich; **~sząd** von überallher
zez *m*: ***mieć ~a*** schielen
zezna|(wa)ć aussagen; **~nie** *n* (*Zeugen-*)Aussage *f*
zezować schielen
zezw|alać ⟨**~olić**⟩ *s.* **pozwalać**
zęb|aty gezahnt, Zahn-; **~y** *pl. v.* **ząb**
zga|dywać ⟨**~dnąć**⟩ (*pf.* er-) raten; **~dzać się** (überein-) stimmen; (***na** A*) einverstanden sein (mit); (***z** I*) zustimmen (*D*); ***nie ~dzać się*** *a.* abweichen (von); **~ga** *f* Sod-

brennen *n*; **~nić** *pf.* tadeln; **~rniać** ⟨**~rnąć**⟩ zusammenscharren, -rechen; **~sić** *pf.* (aus)löschen; **~snąć** *pf.* erlöschen
zgę|szczać ⟨**~ścić**⟩ eindicken
zgiełk *m* Lärm
zgi|ęty verbogen; krumm; **~nać** ⟨**~ąć**⟩ biegen; (***się*** sich) beugen
zgł|adzać ⟨**~adzić**⟩ töten; ausrotten; **~aszać** ⟨**~osić**⟩ (an)melden (***się*** sich); **~odniały** ausgehungert; **~oska** *f* Silbe; **~oszenie** *n* Anmeldung *f*; Anzeige *f*
zgnębiony niedergeschlagen
zgni|atać ⟨**~eść**⟩ (zer)quetschen; **~lizna** *f* Fäulnis; **~ły** verfault
zgo|da *f* Eintracht; Einverständnis *n*; Einigung; **~dność** *f* Übereinstimmung; Einmütigkeit; **~dny** (**-nie**) einträchtig; (***z*** *D*) entsprechend (*D*); ***~dnie z prawdą*** wahrheitsgemäß; **~dzić się** *pf. s.* **zgadzać się**; **~lić** *pf.* abrasieren; **~ła** *Adv.* gänzlich; ganz und gar
zgon *m* Ableben *n*, Tod
zgorszenie *n* (öffentliches) Ärgernis; ***ze ~m*** mit Entrüstung *f*; ***wywołać ~*** Anstoß *m* erregen
zgo|rszony empört, schockiert; **~rzel** *f Med.* Gangrän *n*; **~rzkniały** bitter; ranzig; *fig.* verbittert
zgrabny graziös; gewandt
zgraja *f* Bande; Meute
zgromadz|ać ⟨**~ić**⟩ *s.* **gromadzić**; **~enie** *n* Versammlung *f*
zgrubi|ały *Hände*: rau; *Stimme*: tief; **~enie** *n* Verdickung *f*
zgroza *f* Grausen *n*
zgry|zota *f* Kummer *m*; **~źć** *pf.* zerbeißen; zerfressen; **~źliwy** (**-wie**) gehässig; griesgrämig, brummig
zgrzać się *pf.* sich erhitzen
zgrzebło *n* Striegel *m*
zgrzybiały altersschwach
zgrzyt *m* Knirschen *n*; Quietschen *n*; **~ać** ⟨**~nąć**⟩ knirschen; quietschen
zgub|a *f* Verderben *n*; Verlust *m*, verlorener Gegenstand *m*; **~iony** verloren; **~ny** verhängnisvoll
zgwałcenie *n* Vergewaltigung *f*
ziar|enko *n s.* **ziarnko**; **~nisty** körnig; **~nko** *n* Körnchen; **~no** *n* Korn; (*Kaffee-*)Bohne *f*
ziele *n* Kraut; **~nić** ⟨**za-**⟩ **się** (er)grünen; **~niec** *m* Grünanlage *f*; **~nieć** grün schimmern; **~nina** *f* Grünzeug *n*; **~ń** *f* Grün *n*
zielon|awy (**-wo**) grünlich; **~y** (**-no**) grün; **?e *Świątki*** *pl.* Pfingsten *pl.*
zielsko *n* Unkraut
ziem|ia *f* Erde; Boden *m*; **~niaczany** Kartoffel-; **~niak**

m Kartoffel *f*; **~ny** Erd-; **~ski** irdisch; ***kula*** *f* ***~ska*** Erdkugel
ziew|ać ⟨**~nąć**⟩ gähnen
zięba *f* (Buch-)Fink *m*
zięć *m* Schwiegersohn
zim|a *f* Winter *m*; **~no** *n* Kälte *f*; *Adv.* kalt; **~nokrwisty** kaltblütig; **~ny** (***jak lód*** eis-) kalt; **~ować** ⟨**prze-**⟩ überwintern; **~owy** winterlich, Winter-
zioł|a *n/pl.* (***lecznicze*** Heil-) Kräuter; **~owy** Kräuter-
ziom|ek *m* Landsmann; **~kostwo** *n* Landsmannschaft *f*
ziółka *n/pl.* Kräutertee *m*
zjad|ać (auf)essen; **~liwy** (**-wie**) gehässig, boshaft
zjawi|(a)ć się erscheinen; **~sko** *n* Erscheinung *f*
zjazd *m* (***partii*** Partei-)Kongress; Abfahrt *f*; *Sp.* Abfahrtslauf
zjechać *pf. s.* **zjeżdżać**
zjedn|ać *pf. s.* **zjednywać**; **~oczenie** *n* Vereinigung *f*; **~oczyć** *pf.* vereinigen; **~ywać** (**sobie**) gewinnen (für sich)
zjeść *pf. s.* **zjadać**
zjeżdżać hinab-, hinunterfahren; **~ *się*** zusammenkommen
zlać *pf. s.* **zlewać**
zlec|ać ⟨**~ić**⟩ (***k-u*** *A*) beauftragen (j-n mit); **~enie** *n* Auftrag *m*; **~eniodawca** *m* Auftraggeber
zlew *m* Ausguss; **~ać** abgießen; **~ozmywak** *m* Spülbecken *n*
zleźć *pf. s.* **złazić**
zlęknąć się *pf.* erschrecken
zlot *m* (***młodzieżowy*** Jugend-)Treffen *n*
zła *s.* **zły**
złagodzenie *n* Milderung *f*
złama|ć *pf. v/t.* (zer)brechen; **~nie** *n* Bruch *m*; **~ny** gebrochen
złazić herunterklettern, (her)absteigen
złącz|enie *n* Zusammenschluss *m*; **~yć** *pf. s.* **łączyć**
zł|e *n* das Böse; *s.* **zły**; **~o** *n* Übel
złoci|ć ⟨**po-**⟩ vergolden; **~sty** (**-ście**) goldig, goldglänzend
złoczyńca *m* Verbrecher
złodziej *m* (**~ka** *f*) Dieb(in); **~ski** Diebes-
złom *m* Schrott
złoś|cić ⟨**roz-**⟩ ärgern (***się*** sich); **~ć** *f* Ärger *m*; Zorn *m*; **~liwy** (**-wie**) boshaft
złot|nik *m* Goldschmied; **~o** *n* Gold; **~ówka** *f* 1-Zloty-Stück *n*; **~y¹** (**-to**) golden; **~y²** *m* Zloty
złowić *pf.* (ein)fangen
złowrogi (**-go**) unheimlich; drohend
złoż|e *n* (*Öl-*)Vorkommen, (*Erz-*)Lager; **~ony** zusammengesetzt; **~yć** *pf. s.* **składać**
złu|dny trügerisch; **~dzenie** *n* Trugbild, Täuschung *f*
zły böse; schlecht, übel

zmagać się ringen, kämpfen
zmar|ły verstorben; *Su. m* Verstorbene(r); **~niały** verkümmert; **~nować** *pf.* verderben; vergeuden
zmarszcz|ka *f* Falte; Runzel; **~ony** faltig; runzlig
zmartwi|enie *n* Sorge *f*, Kummer *m*; **~ony** besorgt; sorgenvoll
zmartwychwstanie *n* Auferstehung *f*
zmarznięcie *n* Erfrierung *f*
zmęcz|enie *n* Ermüdung *f*; Müdigkeit *f*; **~ony** müde, ermüdet; **~yć (się)** *pf.* ermüden
zmia|na *f* (Ver-)Änderung, Wandel *m*; Wechsel *m*; Ablösung; Schicht(wechsel *m*); **~tać** ab-, wegfegen; **~żdżenie** *n Med.* Quetschung *f*; **~żdżyć** *pf.* zermalmen
zmien|i(a)ć (ver)ändern (**się** sich); **~ny** veränderlich; *El.* Wechsel-
zmierzać (**do** *G*) abzielen (auf *A*), anstreben (*A*)
zmierzch *m* (Abend-)Dämmerung *f*; **~ać**: **~a się** es wird dunkel
zmie|szany vermischt; *fig.* verlegen; **~szczać** *s.* **mieścić**; **~ść** *pf. s.* **zmiatać**
zmiękcz|ać ⟨**~yć**⟩ weich machen
zmiłować się *pf.* (**nad** *I*) sich erbarmen (*G*)
zmiotka *f* Handfeger *m*
zmniejsz|ać ⟨**~yć**⟩ verkleinern; vermindern (**się** sich); **~enie** *n* Verkleinerung *f*; (Ver-)Minderung *f*
zmokły nass, durchnässt
zmora *f* Albtraum *m*
zmordowany F *fig.* kaputt
zmowa *f* Komplott *n*
zmrok *m s.* **zmierzch, mrok**
zmurszały morsch
zmu|szać ⟨**~sić**⟩ zwingen
zmy|ć *pf. s.* **zmywać**; **~kać** sich aus ᵛdem Staube machen; **~lić** *pf.* irreführen
zmysł *m Bio.* Sinn; **~owy** sinnlich, Sinnes-
zmyśl|ać ⟨**~ić**⟩ erfinden, F spinnen; **~ny** gescheit; **~ony** (frei) erfunden
zmywa|ć abwaschen; **~lny** abwaschbar
znacz|ek *m* Zeichen *n*; (**pocztowy**) Briefmarke *f*; **~enie** *n* Bedeutung *f*; Geltung *f*; **~ny** bedeutend; **~yć** bedeuten; ⟨**o-**⟩ kennzeichnen
znać kennen (**się** sich); **dać ~** benachrichtigen; **~ się** (**na** *L*) sich verstehen (auf *D*)
znajdować finden; **~ się** sich befinden
znajom|ość *f* Kenntnis; Bekanntschaft; **~y¹** bekannt; **~y²** *m* (**~a** *f*) Bekannte(r)
znak *m* Zeichen *n*; (*Fabrik*) Marke *f*
znakomity berühmt; (**-cie**) vortrefflich, ausgezeichnet
znal|azca *m* Finder; **~eziony**: ***biuro*** *n* ***rzeczy ~ezionych***

Fundbüro; **~eźć** *s.* **znajdować**; **~eźne** *n* Finderlohn *m*
zna|mienny bezeichnend; **~ny** bekannt; **~wca** *m* Kenner
znę|cać się (***nad*** *I*) quälen, misshandeln (*A*); **~kany** geplagt, gequält
znicz *m*: ***~ olimpijski*** Olympisches Feuer *n*
zniechęc|ać ⟨**~ić**⟩ **się** (**do** *G*) die Lust verlieren (an *D*); **~ony** entmutigt; (**do** *G*) überdrüssig (*G*)
zniecierpliwi|enie *n* Ungeduld *f*; **~ony** ungeduldig
znieczul|ać ⟨**~ić**⟩ *Med.* (örtlich) betäuben; **~enie** *n* *Med.* Betäubung *f*
zniedołężniały *Pers.* altersschwach
zniekształc|ać ⟨**~ić**⟩ entstellen; verzerren; **~ony** entstellt; verzerrt
zniemczony germanisiert
znienacka *Adv.* plötzlich
znienawidzony verhasst
znie|sienie *n* *fig.* Abschaffung *f*, Aufhebung *f*; **~sławienie** *n* üble Nachrede *f*, Verleumdung *f*; **~ść** *pf.* *s.* **znosić**
zniewa|ga *f* Beleidigung; **~żać** ⟨**~żyć**⟩ beleidigen; verunglimpfen
znik|ać ⟨**~nąć**⟩ verschwinden; **~ąd** von nirgendwoher; **~nięcie** *n* Verschwinden; **~omy** (**-mo**) winzig; geringfügig
zniszcz|enie *n* Zerstörung *f*; Vernichtung *f*; **~ony** zerstört; abgenutzt; zerschlissen
zniweczyć *pf.* zunichte machen
zniż|ać ⟨**~yć**⟩ senken, herabsetzen; **~ka** *f* (*Preis-*)Ermäßigung; **~kowy** ermäßigt, verbilligt; fallend
zno|sić hinuntertragen; *Haus* abtragen; *Gesetz* abschaffen; *Leid* ertragen; *Ei* legen; **~śny** erträglich
znowu, znów wieder(um)
znudzeni|e *n*: ***aż do ~a*** bis zum Überdruss
znużony müde, erschöpft
zobaczyć *pf.* sehen; ***~ się*** *pf.* (**z** *I*) (wieder)sehen (*A*)
zobo|jętnieć *pf.* gleichgültig werden; **~wiązanie** *n* Verpflichtung *f*; Verbindlichkeit *f*; **~wiąz(yw)ać** verpflichten (***się*** sich)
zohydz|ać ⟨**~ić**⟩ verekeln
zoo *n* Zoo *m*
zorganizowany organisiert
zorza *f*: ***~ poranna, wieczorna*** Morgen-, Abendrot *n*; ***~ polarna*** Polarlicht *n*
zosta|(wa)ć bleiben; (*I*) … werden; **~wi(a)ć** (zurück-) lassen
zrani|ć *pf.* verwunden; ***~ć się*** sich verletzen; **~enie** *n* Verwundung *f*; Verletzung *f*
zrastać się zusammenwachsen
zrazy *m/pl.* (gefüllte) Fleisch-

schnitten *f/pl.*; ~ ***mielone*** Hacksteaks *n/pl.*
zra|żać ⟨**~zić**⟩ brüskieren
zrealizować *pf.* realisieren
zresztą übrigens
zrezygnować *pf.* (**z** *G*) verzichten (auf *A*)
zręczn|ość *f* Geschicklichkeit; **~y** geschickt
zrośnięty zusammengewachsen
zrozpaczony verzweifelt
zrosnąć się *pf. s.* **zrastać się**
zrozumi|ały (**-le**) verständlich; **~enie** *n* Verständnis
zróść się *pf. s.* **zrastać się**
zrówn|oważony ausgeglichen; **~(yw)ać** *s.* **równać**
zrujnowany zerstört; ruiniert
zryć *pf.* durchwühlen
zrywać abreißen; (ab)pflücken; *fig.* abbrechen; ~ ***się*** reißen (*v/i*); aufspringen, auffahren
zrządzenie *n* Fügung *f*
zrze|czenie *n* (**się**) Verzicht *m*; **~kać** ⟨**~c**⟩ **się** (*G*) verzichten (***auf*** *A*)
zrzuc|ać ⟨**~ić**⟩ abwerfen; hinunterwerfen
zsiad|ać ⟨**zsiąść**⟩ *vom Rad* absteigen; **~ły**: ***~łe mleko*** *n* Dickmilch *f*
zsu|wać ⟨**~nąć**⟩ **się** (ab)rutschen; sich zusammenschieben
zsyłać senden; verbannen
zsyp(yw)ać (hinein)schütten
zszy|wacz *m* (*Büro-*)Hefter; **~(wa)ć** zusammennähen; **~wka** *f* Heftklammer
zubożały verarmt
zuch *m* Mordskerl; **~walec** *m* Frechling; Draufgänger; **~walstwo** *n*, **~wałość** *f* Verwegenheit *f*, Dreistigkeit *f*; **~wały** (**-le**) verwegen; dreist
zupa *f* Suppe
zupełn|ie *Adv.*, **~y** völlig, ganz
zuży|cie *n* Verbrauch *m*; Abnutzung *f*; **~tkować** *pf.* verwerten; **~ty** verbraucht; abgenutzt; **~(wa)ć** verbrauchen; abnutzen
zwać (***się*** sich) nennen
zwal|ać ⟨**~ić**⟩ auskippen; umstürzen; ***~ić się*** herabfallen; stürzen (*v/i*); **~czać** bekämpfen; **~czyć** niederkämpfen; **~niać** verlangsamen; entlassen; freilassen; (**od** *G*) befreien (von); *Wohnung* räumen
zwał *m* Halde *f*, Kippe *f*
zwarcie *n El.* Kurzschluss *m*
zwariowany verrückt
zwarty (**-cie, -to**) dicht; *fig.* geschlossen
zważ|ać (***na*** *A*) achtgeben; berücksichtigen (*A*); ***nie ~ać*** nicht beachten; **~yć** *pf.* (ab)wiegen
zwąchać *pf.* wittern
zwątpienie *n* Zweifel *m*
zwęglony verkohlt
zwę|żać ⟨**~zić**⟩ enger machen
zwiać *pf. s.* **zwiewać**
zwiad *m* Spähtrupp; **~owca** *m* Kundschafter

zwiast|ować (an)kündigen; **2owanie** *n Rel.* Verkündigung *f*; **~un** *m* (Vor-)Bote
związ|ek *m* Verband; Bund; Verbindung *f*; ***~ek zawodowy*** Gewerkschaft *f*; *s.* **radziecki**; **~kowy** Verbands-; Bundes-; Gewerkschafts-; **~(yw)ać** (zusammen)binden
zwichn|ąć *pf.* verrenken; **~ięcie** *n* Verrenkung *f*
zwiedz|ać ⟨**~ić**⟩ besichtigen, besuchen; **~anie** *n*, **~enie** *n* Besichtigung *f*
zwierciadło *n* Spiegel *m*
zwierz *m* Tier *n*; Wild *n*
zwierz|ać ⟨**~yć**⟩ **się** sich anvertrauen
zwierzchn|i Ober-; **~ik** *m* (**~iczka** *f*) Vorgesetzte(r)
zwierz|ę *n* Tier; **~ęcy** **(-co)** tierisch; **~yna** *f* Wild *n*
zwie|szać ⟨**~sić**⟩ (hinunter-)hängen lassen; **~trzały** verwittert; schal; **~wać** wegblasen; F abhauen
zwięd|ły, ~nięty welk
zwiększ|ać ⟨**~yć**⟩ vergrößern; erhöhen, steigern
zwięzły **(-źle)** bündig, knapp
zwijać auf-, zusammenrollen; *fig.* aufgeben
zwil|żać ⟨**~żyć**⟩ anfeuchten
zwin|ąć *pf. s.* **zwijać**; **~ny** flink
zwiotczały schlaff, welk
zwis|ać ⟨**~nąć**⟩ herabhängen
zwle|kać ⟨**~c**⟩ zögern; ***nie ~kając*** unverzüglich
zwłaszcza insbesondere
zwłoka *f* Verzögerung; Aufschub *m*
zwłoki *pl.* Leichnam *m*
zwodzić täuschen
zwolenni|k *m* (**~czka** *f*) Anhänger(in)
zwolni|ć *pf. s.* **zwalniać**; **~enie** *n* Verlangsamung *f*; Nachlassen; Entlassung *f*; Befreiung *f*; Räumung *f*; ***~enie lekarskie*** Krankheitsattest
zwoł(yw)ać zusammenrufen; einberufen
zwój *m* (*Draht*-)Rolle *f*
zwracać zurückgeben; zurückzahlen; **~ się** (***do*** *G*) sich wenden (an *A*)
zwrot *m* Rückgabe *f*; Rückzahlung *f*; Wendung *f*; **~ka** *f* Strophe; **~nica** *f Esb.* Weiche; **~nik** *m* Wendekreis; **~ny** wendig; Rück-; Wende-
zwrócić *pf. s.* **zwracać**
zwycię|ski **(-ko)** siegreich; **~stwo** *n* Sieg *m*; **~zca** *m* (**~żczyni** *f*) Sieger(in); **~żać** ⟨**~żyć**⟩ siegen; besiegen
zwyczaj *m* Sitte *f*, Brauch; **~ny** einfach, gewöhnlich
zwyk|le *Adv.*, **~ły** gewöhnlich
zwyrodniały entartet
zwyżka *f* Erhöhung; Anstieg *m*
zysk *m* Gewinn; **~(iw)ać** (***na*** *L*) gewinnen (an *D*); **~owny** Gewinn bringend
zza (*G*) hinter (*D*) hervor
zziajany außer Atem

zziębnięty durchfroren
zżółknąć *pf.* gelb werden
zży(wa)ć się (**z** *I*) sich gewöhnen (an *A*)

Ź

źdźbło *n* Halm *m*
źle *Adv.* schlecht; schlimm
źreb|ak *m*, **~ię** *n* Fohlen *n*, Füllen *n*
źrenica *f* Pupille
źród|lany Quell-; **~ło** *n* Quelle *f* (*a. fig.*); **~łowy** Quellen-

Ż

żaba *f* Frosch *m*
żad|en (**~na, ~ne**) kein(e)
żag|iel *m* Segel *n*; **~lowiec** *m* Segelschiff *n*; **~lowy** Segel-; **~lówka** *f* Segelboot *n*
żakiet *m* Jacke *f*
żal *m* Leid *n*, Schmerz; **~ *mi*** es tut mir Leid; **~ *mi go*** er tut mir Leid; **~ić** ⟨**po-**⟩ **się** (**na** *A*) sich beklagen (über *A*)
żało|ba *f* Trauer; **~bny** Trauer-; **~sny** (**-śnie**) kläglich; wehmütig; **~wać** ⟨**po-**⟩ bedauern; bemitleiden; (*G*) bereuen (*A*); nicht gönnen (*j-m A*)
żar *m* Glut *f*
żarcie *n* Fressen, Fraß *m*
żarliwy (**-wie**) inbrünstig; leidenschaftlich
żarło|cznie *Adv.* gierig; **~czny** gefräßig; **~k** *m* Vielfraß
żarówka *f* Glühbirne
żart *m* Scherz; **~obliwy** (**-wie**) scherzhaft; **~ować** ⟨**po-, za-**⟩ scherzen; Spaß treiben; **~owniś** *m* Spaßvogel
żarzyć się glühen (*v/i*)
żąć mähen
żąd|ać ⟨**za-**⟩ (*G*) fordern, verlangen (*A*); **~anie** *n* Forderung *f*
żądło *n* (*Bienen-*)Stachel *m*
żądny (*G*) -begierig
żądza *f* Begierde; (*Rach-*)Sucht
że dass; ***dlatego,* ~** … weil
żeberka *n/pl. Kochk.* Rippchen
żebra|ć *v/i* betteln; **~k** *m* (**~czka** *f*) Bettler(in); **~nie** *n* Betteln
żebro *n* Rippe *f*
żeby dass; damit; um zu
żegl|arski Seemanns-; *Sp.* Segel-; **~arstwo** *n* Seemannskunst *f*; Segelsport *m*; **~arz** *m* (**~arka** *f*) *Sp.* Segler(in); **~ować** segeln; **~owny** schiffbar; **~uga** *f* Schifffahrt
żegnać ⟨**po-**⟩ verabschieden (***się*** sich); ⟨**prze-**⟩ (***się*** sich)

bekreuzigen
żelatyna *f* Gelatine
żelaz|ko *n* Bügeleisen; **~ny** eisern, Eisen-; **~o** *n* Eisen
żel|bet *m* Stahlbeton; **~iwo** *n* Gusseisen
żenić ⟨**o-**⟩ *Mann* verheiraten; **~ się** heiraten
żenujący (**-co**) peinlich
żeński weiblich, Frauen-
żer *m* Futter *n*, Nahrung *f*
żerdź *f* Stange; Holm *m*
żłobek *m* (*Kinder-*)Krippe *f*
żłób *m* Futtertrog, Krippe *f*
żmija *f* Otter, Viper
żmudny mühselig
żniw|a *n/pl.* (*Getreide-*)Ernte *f*; **~iarka** *f* Getreidemäher *m*
żołąd|ek *m* Magen; **~kowy** Magen-
żołądź *f* Eichel
żoł|d *m* Sold; **~nierz** *m* Soldat
żon|a *f* (Ehe-)Frau; **~aty** *Mann*: verheiratet
żół|ć *f* Galle; **~ciowy** Gallen-; **~knąć** ⟨**po-**⟩ gelb werden; **~taczka** *f* Gelbsucht; **~tawy** (**-wo**) gelblich; **~tko** *n* Eigelb; **~ty** (**-to**) gelb
żółw *m* Schildkröte *f*
żrący (**-co**) ätzend
żreć ⟨**po-, ze-**⟩ fressen
żubr *m* Wisent
żuć ⟨**prze-**⟩ (durch)kauen
żuk *m* Käfer
żur(ek) *m* saure Mehlsuppe *f*
żuraw *m* Kranich; (*Bau-*) Kran
żużel *m* Schlacke *f*
żwawy (**-wo**) munter, lebhaft
żwir *m* Kies; Schotter; **~ownia** *f* Kiesgrube
życi|e *n* Leben; **~orys** *m* Lebenslauf; **~owy** Lebens-
życz|enie *n* Wunsch *m*; (*mst pl.*) Glückwunsch *m*; **~liwość** *f* Wohlwollen *n*; **~liwy** (**-wie**) wohlwollend; **~yć** (*G*) wünschen (*A*)
żyć leben
Żyd *m* Jude; **2owski** (**po -ku**) jüdisch; **~ówka** *f* Jüdin
żyją|cy lebend; **~tko** *n* Lebewesen
ży|lak *m* Krampfader *f*; **~lasty** sehnig
żyletka *f* Rasierklinge
żył|a *f* Vene; Ader; **~ka** *f* Aderchen *n*; Angelschnur; *fig.* Ader
żyrafa *f* Giraffe
żyt|ni Roggen-; **~niówka** *f* (*Schnaps*) Korn *m*; **~o** *n* Roggen *m*
żyw|cem *Adv.* lebend; **~ica** *f* Harz *n*; **~iciel(ka** *f*) Ernährer(in); **~ić** ⟨**wy-**⟩ ernähren; **~ioł** *m* Element *n*; **~iołowy** (**-wo**) heftig; spontan; **~nościowy** Lebensmittel-; **~ność** *f* Nahrung
żywo *Adv. s.* **żywy**; **~t** *m* Dasein *n*; **~tność** *f* Lebenskraft; **~tny** lebenskräftig; lebenswichtig
żywy lebend(ig); lebhaft
żyzny fruchtbar

A

Aachen *n* Akwizgran
Aal *m* węgorz
ab *Prp.* od; **~ *und zu*** od czasu do czasu; **~ *heute*** od dziś
abänder|n zmieni(a)ć; **≈ung** *f* zmiana
Abart *f* odmiana
Abbau *m Bgb.* wybieranie; *fig.* redukcja; **≈en** *Bgb.* urabiać; *fig.* ⟨z⟩redukować
ab|beißen odgryzać ⟨-yźć⟩; **~berufen** odwoł(yw)ać; **~bestellen** cofać ⟨cofnąć⟩ zamówienie; **~biegen** *v/i* skręcać ⟨-cić⟩
abbild|en przedstawi(a)ć; **≈ung** *f* rycina, ilustracja
abblend|en *Kfz.* przygaszać ⟨-gasić⟩ światła; *Fot.* przysłaniać ⟨-łonić⟩; **≈licht** *n* światła *n/pl.* mijania
abbrechen odłam(yw)ać
ab|brennen *v/i* spłonąć *pf.*; **~bringen (*von*)** odwodzić ⟨-wieść⟩ (od *G*); **~bröckeln** wykruszać ⟨-szyć⟩ się
Abbruch *m* rozbiórka; *fig.* zerwanie; **~ *tun*** ⟨za⟩szkodzić
ab|bürsten ⟨wy⟩szczotkować; **~decken** odkry(wa)ć; *s.* **zudecken**; **~dichten** uszczelni(a)ć
Abdruck *m* odcisk; *Typ.* odbitka; **≈en** przedrukow(yw)ać
abdrücken odciskać ⟨-snąć⟩
Abend *m* wieczór; ***guten ~!*** dobry wieczór!; ***am ~*** wieczorem; ***gegen ~*** pod wieczór; ***zu ~ essen*** *s.* **essen**; **~dämmerung** *f* zmrok; **≈lich** wieczorny
abends wieczorem; ***von morgens bis ~*** od rana do wieczora
Abend|schule *f* szkoła wieczorowa; **~vorstellung** *f* przedstawienie wieczorne; seans wieczorny
Abenteuer *n* przygoda
aber ale, lecz, zaś
Aber|glaube *m* zabobon; **≈gläubisch** zabobonny
abermals znów, ponownie
abfahr|en *v/i* odjeżdżać ⟨-jechać⟩; **≈t** *f* odjazd; *Autobahn* zjazd
Abfahrts|lauf *m Sp.* bieg zjazdowy; **~zeit** *f* czas odjazdu
Abfall *m* spadek; (*Reste*) odpadki *m/pl.*; **~eimer** *m* kubeł na śmieci; **≈en** odpadać ⟨-paść⟩

abfällig ujemny
ab|fangen *Brief* przejmować ⟨-jąć⟩; **~färben** *v/i* puszczać ⟨puścić⟩ farbę
abfertig|en odprawi(a)ć; obsługiwać ⟨-użyć⟩; **2ung** *f* odprawa
abfeuern *v/t* wystrzelić *pf.* (z *G*); odpalać ⟨-lić⟩
abfind|en: ***sich ~en*** **(*mit*)** ⟨po⟩godzić się (z *I*); **2ung** *f* rekompensata; odprawa
ab|fliegen *v/i* od-, wy-latywać ⟨-lecieć⟩; **~fließen** spływać ⟨-ynąć⟩; **2flugzeit** *f* czas odlotu; **2fluss** *m* odpływ; (*Öffnung*) ściek; **~fressen** objadać ⟨-jeść⟩; **2fuhr** *f* wywóz
abführ|en *v/t.* odprowadzać ⟨-dzić⟩; **2mittel** *n* środek na przeczyszczenie
abfüllen rozlewać; (*in Flaschen*) butelkować
Abgabe *f* (*Steuer*) opłata
Abgang *m* odejście; *s.* **Abfahrt**; **~szeugnis** *n* świadectwo ukończenia
abgas|arm *Kfz.* wydzielający zredukowaną ilość spalin; **2e** *n/pl. Kfz.* spaliny *f/pl.*
abgeben odda(wa)ć; ***sich ~*** **(*mit*)** zajmować ⟨-jąć⟩ się (*I*)
abge|brannt spalony; F *fig.* bez grosza; **~droschen** *fig.* oklepany; **~härtet** zahartowany
abgehen odchodzić ⟨odejść⟩; *Zug*: odjeżdżać ⟨-jechać⟩
abge|legen odległy, ustronny; **~macht** uzgodniony; **~macht!** zgoda!; **~nutzt** zużyty; **2ordnete(r)** poseł (posłanka); **~rissen** *s.* **schäbig**; **2sandte(r)** wysłannik (-niezka); **~schieden** samotny; **~schlossen** skończony; *Wohnung*: z osobnym wejściem; **~schnitten** odcięty
abgesehen: **~ *von*** pomijając (*A*)
abge|spannt wyczerpany; **~standen** *Bier*: zwietrzały; **~storben** obumarły; **~tragen** znoszony; **~wöhnen** (*j-m A*; ***sich***) odzwyczajać ⟨-czaić⟩ (k-o od *G*; się)
ab|gießen odl(ew)ać; **~grenzen** odgraniczać ⟨-czyć⟩; **2grund** *m* przepaść *f*, otchłań *f*; **2guss** *m* odlew; **~hacken** odrąb(yw)ać; **~halten** **(*von*)** powstrzym(yw)ać (od *G*); *Sitzung* odby(wa)ć
abhand|en: ***~en kommen*** zawieruszać ⟨-szyć⟩ się; **2lung** *f* rozprawa
Abhang *m* zbocze, stok
abhäng|en *v/i* **(*von*)** zależeć (od *G*); *v/t* odczepi(a)ć; **~ig** zależny; **2igkeit** *f* zależność *f*
ab|härten ⟨za⟩hartować (**sich** się); **~hauen** odrąb(yw)ać; *v/i* F zwi(ew)ać; **~heben** *v/t* zdejmować ⟨zdjąć⟩; *Geld* podejmować ⟨podjąć⟩; ***sich ~heben*** **(*von*)** odbijać się (od *G*); **~heilen** zagoić się *pf.*; **~hel-**

fen zapobiegać ⟨-biec⟩, zaradzać ⟨-dzić⟩; **~hetzen** zmęczyć *pf.* (**sich** się)

Abhilfe *f*: **~ schaffen** *s.* **abhelfen**

abholen (*A*) iść ⟨pójść⟩, ⟨po⟩jechać (po *A*); **~ lassen** pos(y)łać (po *A*)

ab|holzen *Wald* wycinać ⟨-ciąć⟩; **~horchen** *Med.* osłuch(iw)ać; **~hören** *Tonband* przesłuch(iw)ać; *Schüler* przepyt(yw)ać

Abitur *n* matura

ab|kaufen odkupywać ⟨-kupić⟩; **~klopfen** odbi(ja)ć; *Med.* opuk(iw)ać; **~knöpfen** odpinać ⟨-piąć⟩; **~kochen** przegotow(yw)ać

abkommen *vom Weg* (*a. fig.*) zbaczać ⟨zboczyć⟩

Abkommen *n* układ

ab|koppeln odczepi(a)ć; **~kratzen** zdrap(yw)ać; **~kühlen** ochładzać ⟨-łodzić⟩; *v/i* ⟨o⟩stygnąć; **~kürzen** skracać ⟨-rócić⟩; **2kürzung** *f* skrót; **~laden** wyładow(yw)ać; **~lassen** *v/t* spuszczać ⟨spuścić⟩; *vom Preis*: opuszczać ⟨opuścić⟩ (z *G*); *v/i* (**von**) zaniechać *pf.* (*G*)

Ablauf *m* upływ; **2en** *Zeit*: upływać ⟨-ynąć⟩; *Pass*, *Visum*: ⟨s⟩tracić ważność; *Wasser*: spływać ⟨-ynąć⟩

ab|lecken obliz(yw)ać; **~legen** *Prüfung* zda(wa)ć; *Mantel* zdejmować ⟨zdjąć⟩; **~lehnen** odrzucać ⟨-cić⟩; **~leiten** odprowadzać ⟨-dzić⟩; wywodzić ⟨-wieść⟩ (**sich** się); **~lenken** odwracać ⟨-rócić⟩ (uwagę); **~lesen** odczyt(yw)ać; **2lichtung** *f* kserokopia

ablieferln odstawi(a)ć; **2ung** *f* odstawienie; dostawa

ablös|en *Tapete* odłączać ⟨-czyć⟩ (**sich** się); *Wache* ⟨z⟩luzować (*A*); **2ung** *f* zmiana; *Pers.* zmiennik

abmach|en F usuwać ⟨-unąć⟩, zdejmować ⟨zdjąć⟩; **2ung** *f* ugoda, umowa

abmager|n ⟨s⟩schudnąć; **2ungskur** *f* kuracja odtłuszczająca

Abmarsch *m* wymarsz

abmeld|en wymeldow(yw)ać (**sich** się); **2ung** *f* wymeldowanie

abmess|en odmierzać ⟨-mierzyć⟩; **2ungen** *f/pl.* wymiary *m/pl.*

abmühen: **sich ~** ⟨na⟩męczyć się

abnagen ogryzać ⟨-yźć⟩

Abnahme *f* zdjęcie; ubywanie; (*Schwächung*) osłabienie; *s.* **Kauf**

abnehme|n *v/t* zdejmować ⟨zdjąć⟩; *Sache*, *Eid* odbierać ⟨odebrać⟩; *Mühe usw.* wyręczać ⟨-czyć⟩; *v/i* *Mond*: uby(wa)ć (*G*); *s.* **nachlassen**; **2r** *m* odbiorca *m*, nabywca *m*

Ab|neigung *f* niechęć *f*; **2nutzen** zuży(wa)ć; **~nutzung** *f*

zużycie (się)
Abonn|ement *n* abonament; prenumerata; **≈ieren** ⟨za-⟩ prenumerować
abordn|en ⟨wy⟩delegować; **≈ung** *f* delegacja
ab|packen paczkować; **~pflücken** obrywać ⟨oberwać⟩; **~prallen** odbi(ja)ć się; **~raten** odradzać ⟨-dzić⟩; **~räumen** sprzątać ⟨-tnąć⟩ (***Tisch*** ze stołu); **~rechnen** odliczać ⟨-czyć⟩; *v/i* (***mit***) rozliczać ⟨-czyć⟩ się (z *I*); **~reiben** wycierać ⟨wytrzeć⟩
Abreise *f* odjazd; **≈n** odjeżdżać ⟨-jechać⟩
ab|reißen *v/t* odrywać ⟨oderwać⟩; zrywać ⟨zerwać⟩; *Haus* ⟨z⟩burzyć; **~richten** *Tier* ⟨wy⟩tresować; **~riegeln** *Straße* zamykać ⟨-mknąć⟩ (kordonem); **≈riss** *m* zburzenie; *fig.* szkic; **~rücken** odsuwać ⟨-unąć⟩; *v/i* wymaszerow(yw)ać; *fig.* (***von***) odstępować ⟨-tąpić⟩ (od *G*); **~runden** zaokrąglać ⟨-lić⟩; **≈rüstung** *f* rozbrojenie; **~rutschen** zsuwać ⟨zsunąć⟩ się, ześlizgiwać ⟨-znąć⟩ się; **~sacken** zapadać ⟨-paść⟩ się
Absag|e *f* odmowa; **≈en** odmawiać ⟨-mówić⟩
absägen odpiłow(yw)ać
Absatz *m* obcas; (*Text≈*) ustęp; *Hdl.* zbyt
ab|schaffen *Mängel* usuwać ⟨usunąć⟩; *s.* **aufheben**; **~schalten** wyłączać ⟨-czyć⟩; **~schätzen** oceni(a)ć; **~schätzig** pogardliwy (-wie)
Abscheu *m* odraza, wstręt; **≈lich** wstrętny, ohydny
ab|schicken wys(y)łać; **~schieben** odsuwać ⟨-unąć⟩; *Pers.* wydalać ⟨-lić⟩
Abschied *m* pożegnanie; **~ *nehmen*** (***von***) pożegnać się *pf.* (z *I*)
abschießen *s.* **abfeuern**; *Flugzeug* zestrzelić *pf.*
Abschlag *m Sp.* wykop; *Hdl.* rata; zaliczka; **≈en** odbi(ja)ć; *Angriff* odpierać ⟨odeprzeć⟩; *Bitte* odmawiać ⟨-mówić⟩
abschlägig odmowny
Abschlepp|dienst *m* służba holownicza; **≈en** odholow(yw)ać; **~seil** *n* lin(k)a holownicza *f*
abschließen zamykać ⟨zamknąć⟩; *Vertrag* zawierać ⟨-wrzeć⟩
Abschluss *m* zamknięcie; zawarcie; **~prüfung** *f* egzamin końcowy
ab|schneiden odcinać ⟨odciąć⟩; **≈schnitt** *m* odcinek; (*Zeit≈*) okres; **~schrauben** *Verschluss* odkręcać ⟨-cić⟩; **~schrecken** odstraszać ⟨-szyć⟩; **~schreiben** odpis(yw)ać; **≈schrift** *f* odpis; **≈schürfung** *f* otarcie; **~schüssig** stromy (-mo), spadzisty ⟨-to⟩; **~schütteln** o-, s-trząsać ⟨-trząsnąć⟩;

~schwächen osłabi(a)ć; *s.* **mildern**; **~sehen** (***von***) ⟨z⟩rezygnować (z *G*); **~seifen** namydlać ⟨-lić⟩; **~seihen** odcedzać ⟨-dzić⟩
abseits *Adv.* na uboczu, z boku; **≗** *n Sp.* spalony
absende|n *s.* **abschicken**; **≗r** *m* nadawca *m*
absetzen *s.* **abnehmen**; *Last* składać ⟨złożyć⟩, postawić *pf.*; *Fahrgast* wysadzać ⟨-dzić⟩; *Beamten* usuwać ⟨-unąć⟩
Absicht *f* zamiar; **≗lich** umyślny
ab|sitzen *Strafe* odsiadywać ⟨-iedzieć⟩; **~solvieren** *Schule* ⟨u⟩kończyć; **~sondern** od-, wy-dzielać ⟨-lić⟩ (***sich*** się); **~spalten** odłup(yw)ać; **~sperren** zamykać ⟨zamknąć⟩; **≗sperrung** *f* zamknięcie; bariera; kordon
abspielen odgrywać ⟨odegrać⟩; *Platte* przegr(yw)ać; ***sich*** **~** rozgrywać ⟨-zegrać⟩ się
Ab|sprache *f* ugoda; **≗springen** zeskakiwać ⟨-skoczyć⟩; **≗spülen** opłuk(iw)ać
abstamm|en (***von***) pochodzić (z, od *G*); **≗ung** *f* pochodzenie
Ab|stand *m* odstęp; **≗stauben** odkurzać ⟨-rzyć⟩; **~stecher** *m* wypad, wycieczka; **≗steigen** zsiadać ⟨zsiąść⟩; *im Hotel*: zatrzym(yw)ać się; **≗stellen** odstawi(a)ć; *Tech.* wyłączać ⟨-czyć⟩; **≗stempeln** ostemplow(yw)ać
Abstieg *m* zejście; *Sp.* spadek
abstimm|en *v/i* ⟨prze-⟩ głosować; *v/t fig.* uzgadniać ⟨-godnić⟩; **≗ung** *f* głosowanie
ab|stoßen odpychać ⟨odepchnąć⟩ (*a. fig.*); *v/i* odbi(ja)ć; **~stoßend** odpychający (-co); **~stottern** *F* spłacać ⟨-cić⟩ ratami; **~streifen** ściągać ⟨-gnąć⟩; **~streiten** *v/t* wypierać ⟨-przeć⟩ się (*G*); **≗strich** *m Med.* rozmaz; **~stumpfen** *v/i* ⟨z⟩obojętnieć; **≗sturz** *m Flgw.* rozbicie się; **~stürzen** runąć *pf.* w dół; *Flgw.* rozbić się *pf.*; *Computer*: zawieszać ⟨-sić⟩ się; **~suchen** przeszuk(iw)ać
Abszess *m* ropień *m*, wrzód
Abt *m* opat
abtauen *v/t* odmrażać ⟨-rozić⟩; *v/i* ⟨roz⟩tajać
Abtei *f* opactwo
Abteil *n* przedział; **~ung** *f* (wy)dział; oddział
ab|tragen *Erde, Kleid* znosić ⟨znieść⟩; *Haus* ⟨z⟩burzyć; **≗treibung** *f* przerwanie ciąży; **~trennen** oddzielać ⟨-lić⟩; odpru(wa)ć; **~treten** (***an*** *A*) odstępować ⟨-stąpić⟩ (*D*); **~trocknen** osuszać ⟨-szyć⟩; *s.* **abwischen**; **~tropfen** kapać; **~urteilen** *s.* **verurteilen**; **~wägen** rozważać ⟨-żyć⟩; **~wandern** wywędrować *pf.*; odpływać

⟨-ynąć⟩; **~warten** odczek(iw)ać
abwärts na dół; w dół
abwaschen zmy(wa)ć
Abwässer *n/pf.* ścieki *m/pl.*
abwechs|eln zmieni(a)ć się; **~elnd** na przemian; **≈lung** *f* urozmaicenie
Abwehr *f* obrona; **≈en** odpierać ⟨odeprzeć⟩
abwei|chen (***von***) odbiegać ⟨-biec⟩ (od *G*); **~chend** odmienny; **~sen** odrzucać ⟨-cić⟩; **~send** nieprzychylny; nieprzystępny
ab|wenden odwracać ⟨-rócić⟩ (**sich** się); **~werfen** zrzucać ⟨-cić⟩; *Gewinn* przynosić ⟨-nieść⟩; **≈wertung** *f* dewaluacja
abwesen|d nieobecny; **≈heit** *f* nieobecność *f*
ab|wiegen odważać ⟨-żyć⟩; **~wischen** obcierać ⟨obetrzeć⟩; **~zahlen** spłacać ⟨-cić⟩; **≈zahlung** *f* spłata; **~zählen** odliczać ⟨-czyć⟩
Abzeich|en *n* odznaka; **≈nen**: ***sich ~nen*** ⟨za⟩rysować się
ab|ziehen *v/t* ściągać ⟨-gnąć⟩; *Messer* obciągać ⟨-gnąć⟩; *Math.* odejmować ⟨odjąć⟩; (*vom Lohn*) potrącać ⟨-cić⟩; *v/i* odchodzić ⟨odejść⟩; **≈zug** *m* wymarsz; potrącenie; *Fot., Typ.* odbitka; (*an Waffen*) spust; **~züglich** po potrąceniu
Abzweig *m* odgałęzienie; **≈en** *v/i* odgałęzi(a)ć się
Achse *f* oś *f*
Achsel *f* ramię; **~höhle** *f* pacha
acht osiem; **~ *Uhr*** ósma godzina; ***in ~ Tagen*** za tydzień
Acht[1] *f* ósemka
Acht[2] *f*: ***~ geben*** uważać; **≈en** *v/t* poważać
acht|e(r) ósmy; **≈er** *m* ósemka; **~fach** ośmiokrotny
achtjährig ośmioletni
achtsam uważny
Achtung *f* poważanie, szacunek; **~!** uwaga!
acht|zehn osiemnaście; **~zehnte(r)** osiemnasty; **~zig** osiemdziesiąt; **~zigste(r)** osiemdziesiąty
ächzen stękać
Acker *m* rola; **~bau** *m* rolnictwo
addieren doda(wa)ć
Adel *m* szlachta
Ader *f* żyła
Adler *m* orzeł
adoptieren ⟨za⟩adoptować
Adresse *f* adres
Adressbuch *n* książka adresowa; notatnik
adressieren ⟨za⟩adresować
Adria *f* Adriatyk
Affe *m* małpa
afrikanisch afrykański
After *m Anat.* odbyt
Agent *m* agent; **~ur** *f* agencja
Aggression *f* agresja
ägyptisch egipski
ähn|eln (*D*) być podobnym (do *G*); **~lich** podobny; **≈lichkeit** *f* podobieństwo

ahn|en przeczu(wa)ć; **&ung** *f* przeczucie
Ahorn *m* klon
Aids *n* AIDS, aids
Airbag *m* poduszka powietrzna
Ähre *f* kłos
Akademi|e *f* akademia; **~ker** *m* absolwent szkoły wyższej; osoba z wyższym wykształceniem; **&sch** akademicki
Akkord|arbeit *f* praca na akord; **~lohn** *m* stawka akordowa
Akku F *m* akumulator
Akkusativ *m* biernik
Akne *f Med.* trądzik
Akt *m* akt; **~e** *f* dokument; **~entasche** *f* aktówka
Akti|e *f* akcja; **~engesellschaft** *f* spółka akcyjna
Aktion *f* akcja
aktiv aktywny, czynny
aktuell aktualny
akut *Med.* ostry
Alarm *m* alarm; **~anlage** *f* system alarmowy; *Kfz.* autoalarm
albern bzdurny
Alge *f* glon
alkohol|frei bezalkoholowy; **~isch** alkoholowy
all wszelki; (*ganz*) cały; ***~es Gute!*** wszystkiego dobrego!; **~e** wszystkie, wszyscy
Allee *f* aleja
allein sam(a); ***~ erziehend*** samotnie wychowująca (-y) dziecko; ***~ stehend*** samotny; **~ig** jedyny
allerdings wprawdzie
allergisch alergiczny; *Pers.* uczulony
Aller|heiligen *n* Wszystkich Świętych *pl.*; **~seelen** *n* Zaduszki *pl.*
allgemein powszechny; **&bildung** *f* wykształcenie ogólne; **&heit** *f* ogół
allgegenwärtig wszechobecny
alliiert sprzymierzony
all|jährlich coroczny; **~mächtig** wszechmocny; **~mählich** stopniowy(-wo); **~seitig** wszechstronny; **~täglich** codzienny, powszedni
allzu zbyt, zanadto; ***~ viel*** zbyt wiele
Alm *f* pastwisko (alpejskie)
Alpen *pl.* Alpy *pl.*
Alpen-, alpin alpejski
als *Kj.* kiedy, gdy; (*wie*) jako; (*nach Komparativ*) niż (*A*), od (*G*), aniżeli; (*nach Negation*) tylko, jak; ***~ ob*** jak gdyby; **~bald** wkrótce
also więc, zatem
alt stary; ***wie ~ bist du?*** ile masz lat?; ***~ werden*** ⟨ze⟩starzeć się
Altar *m* ołtarz
altbacken czerstwy
Altenheim *n* dom starców
Alter *n* starość *f*; (*Lebens&*) wiek
älter starszy
Alters|grenze *f* granica wieku; **~versorgung** *f* zaopatrzenie na starość

altertümlich starożytny
alt|modisch staromodny; **≈stadt** *f* stare miasto; **≈weibersommer** *m* babie lato
am *s.* **an**; **~ *besten*** najlepiej
Amateur *m* amator
Amboss *m* kowadło
ambulant: ***~e Hilfe*** *f* pomoc ambulatoryjna
Ambulanzwagen *n* ambulans
Ameise *f* mrówka; **~nhaufen** *m* mrowisko
Amerikan|er(in *f*) *m* Amerykanin (-nka); **≈isch** amerykański
Ampel *f* (*Verkehr*) sygnalizator (świetlny)
amputieren amputować (*a. pf.*)
Amsel *f* kos
Amt *n* urząd; **≈lich** urzędowy (-wo)
Amts|arzt *m* lekarz urzędowy; **~gericht** *n* sąd powiatowy; **~siegel** *n* pieczęć *f* urzędowa; **~zeichen** *n* sygnał centrali
amüsieren bawić, zabawi(a)ć (***sich*** się)
an *Prp.* (*D*, *A*) przy (*L*); nad (*A*, *I*); na (*A*, *L*); u (*G*); do (*G*); ***~ der Weichsel*** nad Wisłą; ***~ die Küste*** na wybrzeże; ***~ Herrn X*** do pana X; ***am 1. Mai*** pierwszego maja; ***~ Sonntag*** w niedzielę
analog (*entsprechend*) odpowiadający; *EDV* analogowy
Anbau *m Agr.* uprawa; *Arch.* przybudówka; **≈en** uprawi(a)ć; dobudow(yw)ać
anbei w załączeniu
an|behalten (*A*) nie zdejmować (*G*); **~beißen** *Fische*: brać; **~beten** ubóstwiać
Anbetracht: ***in ~*** (*G*) z uwagi (na *A*)
an|bieten *v/t* ⟨za⟩ofiarować; *Speisen* ⟨po⟩częstować (*I*); **~binden** przywiąz(yw)ać; **≈blick** *m* widok; **~brechen** nadłam(yw)ać; napoczynać ⟨-cząć⟩; *v/i Tag, Nacht*: nasta(wa)ć; **~brennen** *Essen*: przypalać ⟨-lić⟩ się; **≈bruch** *m*: ***bei ≈bruch*** z nastaniem; **≈dacht** *f* nabożeństwo; **~dauernd** ciągły (-le)
Andenken *n* pamięć *f*; pamiątka; ***zum ~*** na pamiątkę
andere inny; ***ein ~s Mal*** innym razem; ***unter ~m*** między innymi
andererseits z drugiej strony
ändern zmieni(a)ć (***sich*** się)
andernfalls w przeciwnym razie
anders inaczej; ***jemand ~*** ktoś inny
anderswo gdzie indziej
anderthalb półtora
Änderung *f* zmiana; (*Kleid*) przeróbka
andeut|en napomykać ⟨-mknąć⟩; **≈ung** *f* napomknienie; aluzja
Andrang *m* napływ; ścisk
androhen (***j-m*** *A*) ⟨za⟩grozić (k-u *I*)

aneignen: ***sich ~*** przywłaszczać ⟨-czyć⟩ sobie
aneinander: ***~ vorbeifahren*** wymijać ⟨-inąć⟩ się; **~fügen** ⟨z⟩łączyć z sobą; **~grenzen** graniczyć ze sobą
anerkenn|en uzna(wa)ć (***als*** za); **~end** *Adv.* z uznaniem; **~enswert** godny uznania
anfahr|en *v/t* zwozić ⟨zwieźć⟩; (*rammen*) najeżdżać ⟨-jechać⟩ (na *A*); *v/i* ruszać ⟨-szyć⟩ z miejsca; **2t** *f* dojazd
Anfall *m Med.* napad; **2en** (*A*) napadać ⟨-paść⟩ (na *A*)
Anfang *m* początek; ***am ~*** na początku; **2en** zaczynać ⟨-cząć⟩ (się)
An|fänger *m* początkujący; **~fangszeit** *f* godzina rozpoczęcia; **2fassen** dotykać ⟨-tknąć⟩; **2fechten** ⟨za-⟩ kwestionować; *Urteil* zaskarżać ⟨-żyć⟩; **2fertigen** sporządzać ⟨-dzić⟩; *Anzug* ⟨u⟩szyć; **2feuchten** zwilżać ⟨-żyć⟩; **2feuern** *fig.* zagrz(ew)ać (do *G*); **2fliegen** *Flughafen* ⟨wy⟩lądować (na *L*); **~flug** *m Flgw.* podejście do lądowania; *s.* **Hauch**; **2fordern** (*A*) ⟨za⟩żądać (*G*); zapotrzebować *pf.* (*G*)
Anfrage *f* zapytanie; **2n** ⟨za-⟩ pytać (się)
anfreunden: ***sich ~*** (***mit***) ⟨za⟩przyjaźnić się (z *I*)
an|frieren (***an*** *D*) przymarzać ⟨-znąć⟩ (do *G*); **~fügen** dołączać ⟨-czyć⟩
anführ|en (*erwähnen*) przytaczać ⟨-toczyć⟩; (*leiten*) dowodzić (*I*); **2er** *m* dowódca *m*; **2ungszeichen** *n* cudzysłów
Angabe *f* podanie; **~n** *pl.* dane *pf.*
angeb|en *v/t* poda(wa)ć; ⟨za⟩deklarować; *v/i* F przechwalać się; **~lich** rzekomy (-mo)
ange|boren wrodzony; **2bot** *n* oferta; *Hdl.* podaż *f*; **~bracht** wskazany; **~fault** nadpsuty; **~hen** *s.* **betreffen**
angehör|en (*D*) należeć (do *G*); **2ige(r)** krewny (-na); członek (-nkini)
Angeklagte(r) oskarżony (-na)
Angel *f* wędka; (*Tür2*) zawiasa
Angelegenheit *f* sprawa
Angel|haken m haczyk; **~leine** *f* żyłka; **2n** wędkować, ⟨z⟩łowić na wędkę; **~rute** *f* wędzisko; **~schein** *m* karta wędkarska
ange|messen stosowny; **~nehm** przyjemny; **~sehen** poważany, ceniony
Angestellte(r) pracownik (-ica)
angetrunken podpity
angewöhnen (***j-m*** *A*) przyzwyczajać ⟨-czaić⟩ (k-o do *G*; ***sich*** się)
angezogen ubrany
angleichen (*D*) zrówn(yw)ać (z *I*); upodobni(a)ć (do *G*; ***sich*** się)

Angler *m* wędkarz
angreife|n ⟨za⟩atakować; **2r** *m* napastnik
angrenzen (*an A*) graniczyć (z *I*); **~d** przyległy, ościenny
Angriff *m* atak, natarcie; *fig.* *a.* napaść *f*
Angst *f* strach; (*Sorge*) obawa
ängstlich lękliwy (-wie)
angurten: ***sich ~*** zapinać ⟨-piąć⟩ (sobie) pasy bezpieczeństwa
anhaben F *v/t* mieć na sobie
anhalt|en zatrzym(yw)ać (*v/i* się); **~end** ciągły (-le), bezustanny; **2er** F *m* autostopowicz; ***per* 2er** autostopem
Anhang *m* dodatek
anhäng|en (*an A*) przyczepi(a)ć (do *G*); **2er** *m* zwolennik; *Kfz.* przyczep(k)a; **2erin** *f* zwolenniczka; **~lich** przywiązany
an|häufen ⟨na⟩gromadzić; **~heben** unosić ⟨unieść⟩; **~heften** (*an A*) przypinać ⟨-piąć⟩ (do *G*)
Anhöhe *f* wzgórze
anhören ⟨wy⟩słuchać
Ankauf *m* kupno; zakup; **2en** zakupywać ⟨-pić⟩
Anker *m* kotwica; **2n** kotwiczyć
Anklage *f* oskarżenie; **~bank** *f* ława oskarżonych; **2n** (*G*) oskarżać ⟨-żyć⟩ (o *A*)
Ankläger *m* oskarżyciel
Anklang *m*: **~ *finden*** znaleźć oddźwięk
an|kleben przyklejać ⟨-eić⟩; **~klopfen** ⟨za-⟩pukać; **~knüpfen** *fig.* (*an A*) nawiąz(yw)ać (do *G*); **~kommen** przyby(wa)ć; przyjeżdżać ⟨-jechać⟩; *fig.* mieć powodzenie; **~kreuzen** zaznaczać ⟨-czyć⟩ krzyżykiem
ankündig|en zapowiadać ⟨-iedzieć⟩ (***sich*** się); **2ung** *f* zapowiedź *f*
An|kunft *f* przybycie; nadejście; przyjazd; *Flgw.* przylot; **2lächeln** (*A*) uśmiechać ⟨-chnąć⟩ się (do *G*); **~lage** *f* *Tech.* urządzenie; instalacja; *s.* **Beilage, Park, Neigung**; **~lass** *m* powód; okazja
anlass|en *Motor* uruchamiać ⟨-chomić⟩; **2er** *m* rozrusznik
anlässlich z okazji (*G*)
Anlauf *m* rozbieg; rozruch; **2en** *Hafen* zawijać ⟨-inąć⟩ (do *G*)
an|legen *Garten, Verband* zakładać ⟨założyć⟩; *Geld* ⟨u⟩lokować; (***an** A*) przykładać ⟨przyłożyć⟩ (do *G*); *Schiff.* przybi(ja)ć do brzegu; **~lehnen** opierać ⟨oprzeć⟩ (***sich*** się); *Tür* przymykać ⟨-mknąć⟩
Anleihe *f* pożyczka
anleimen *s.* **ankleben**
anleit|en (**zu**) wdrażać ⟨-rożyć⟩ (do *G*); **2ung** *f* wdrażanie; instrukcja
anlernen przyuczać ⟨-czyć⟩
anlieg|en *Kleid*: przylegać; **2en** *n* prośba, sprawa

an|locken przynęcać ⟨-cić⟩; **~machen** *Feuer* rozniecać ⟨-cić⟩; *Salat* przyrządzać ⟨dzić⟩; *Licht* włączać ⟨-czyć⟩
anmaß|en: ***sich* ~*en*** *Recht* przywłaszczać ⟨-czyć⟩ sobie; **~end** arogancki (-ko)
Anmeld|eformular *n* formularz meldunkowy; **2en** zgłaszać ⟨-łosić⟩ (***sich*** się); **~ung** *f* zgłoszenie; zameldowanie (się)
Anmerkung *f* uwaga
Anmut *f* wdzięk, urok; **2ig** wdzięczny, uroczy (-czo)
an|nageln przybi(ja)ć; **~nähen** przyszy(wa)ć
annäher|nd w przybliżeniu, prawie; **2ung** *f* zbliżenie (się)
Annahme *f* przyjęcie; *fig.* przypuszczenie
annehm|bar (możliwy) do przyjęcia; **~en** przyjmować ⟨-jąć⟩; *fig.* przypuszczać ⟨-puścić⟩; **2lichkeit** *f* przyjemność *f*
Annonce *f* ogłoszenie
Anorak *m* skafander
annullieren unieważni(a)ć; anulować
anordn|en zarządzać ⟨-rządzić⟩; **2ung** *f* zarządzenie
an|packen chwytać ⟨chwycić⟩; **~passen** dopasow(yw)ać; dostosow(yw)ać (***sich*** się); **2passung** *f* dopasowanie; dostosowanie (się)
anpreisen zachwalać ⟨-lić⟩
Anprob|e *f* przymiarka; **2ieren** przymierzać ⟨-rzyć⟩
an|rechnen policzyć *pf.*; (***auf*** *A*) zaliczać ⟨-czyć⟩ (na poczet *G*); **2recht** *n* (***auf*** *A*) prawo (do *G*)
Anrede *f* forma zwracania się; **2n** *v/t* zwracać ⟨-rócić⟩ się (do *G*)
anreg|en ⟨za⟩inicjować; *Appetit* pobudzać ⟨-dzić⟩; **~end** pobudzający (-co); **2ung** *f* impuls; propozycja
Anreise *f* przyjazd; podróż *f* w tę stronę
Anreiz *m* bodziec
Anrichte *f* kredens; **2n** *Schaden* wyrządzać ⟨-dzić⟩; *Essen* poda(wa)ć (do stołu)
Anruf *m* zawołanie; F telefon; **~beantworter** *m* automatyczna sekretarka; **2en** (*A*) ⟨za⟩wołać (na *A*); zadzwonić *pf.* (do *G*)
anrühren dotykać ⟨-tknąć⟩; *Teig*, *Farbe* rozrabiać ⟨-robić⟩
Ansage *f* zapowiedź *f*; **2n** zapowiadać ⟨-wiedzieć⟩; **~r(in** *f*) *m Rdf.* spiker(ka)
ansammeln ⟨na⟩zbierać; ⟨na⟩gromadzić (***sich*** się)
ansässig osiadły, zamieszkały
anschaff|en sprawi(a)ć (***sich*** sobie); **2ung** *f* nabycie; (*Sache*) nabytek
anschau|en oglądać ⟨obejrzeć⟩; **~lich** jasny, plastyczny; **2ung** *f* pogląd
Anschein *m* pozór; **2end**

Adv. widocznie
anschieben popychać ⟨popchnąć⟩
Anschlag *m* uderzenie; (*Mord*≈) zamach; (*Plakat*) afisza; ogłoszenie; ≈**en** *s.* **annageln**; *v/i Kur usw.* ⟨po-⟩ skutkować; **~säule** *f* słup ogłoszeniowy
anschließen przyłączać ⟨-czyć⟩ (***sich*** się); *Gas, Wasser* podłączać ⟨-czyć⟩; **~d** *Adv.* następnie, potem
Anschluss *m* przyłączenie; *Esb., Fmw.* połączenie
anschmiegen: ***sich ~*** (***an*** *A*) ⟨przy⟩tulić się (do *G*)
anschnallen przypinać ⟨-iąć⟩; ***sich ~*** założyć pas bezpieczeństwa
an|schneiden nacinać ⟨naciąć⟩; *Brot* napoczynać ⟨-cząć⟩; *Frage* poruszyć *pf.*; **~schrauben** przyśrubow(yw)ać; **~schreiben** (*j-n*) napisać *pf* (do *G*)
Anschrift *f* adres
an|schweißen przyspawać *pf.*; **~schwellen** *Fluss*: wzbierać ⟨wezbrać⟩; *Med.* ⟨s⟩puchnąć
anseh|en (*A*) ⟨po⟩patrzeć, spojrzeć *pf.* (na *A*); (***als, für***) uważać, mieć (za *A*); **~nlich** pokaźny
an|seilen przywiąz(yw)ać liną; **~sengen** przypalać ⟨-lić⟩; **~setzen** przystawi(a)ć; *Termin* wyznaczać ⟨-czyć⟩; *v/i* (***zu***) szykować się (do *G*)
Ansicht *f* widok; *fig.* pogląd, zdanie; **~skarte** *f* widokówka
an|siedeln osiedlać ⟨-lić⟩ (***sich*** się); **~spannen** *Kräfte* wytężać ⟨-żyć⟩; *Pferd* zaprzęgać ⟨-prząc⟩; ≈**spannung** *f* naprężenie; napięcie
Anspiel *n Sp.* zagrywka; ≈**en** (***auf*** *A*) ⟨z⟩robić aluzję (do *G*); **~ung** *f* aluzja
anspitzen ⟨za⟩ostrzyć
Ansporn *m* zachęta, bodziec; ≈**en** zachęcać ⟨-cić⟩
Ansprache *f* przemowa
an|sprechen *s.* **anreden**; **~springen** *Motor*: zapalać ⟨-lić⟩
Anspruch *m* roszczenie; (*Recht*) prawo; ***in ~ nehmen*** (*A*) ⟨s⟩korzystać (z *G*); ≈**svoll** wymagający
An|stalt *f* zakład; **~stand** *m* przyzwoitość *f*; ≈**ständig** przyzwoity (-cie); ≈**standslos** bez (żadnych) trudności; ≈**starren** (*A*) wpatrywać się (w *A*)
anstatt (*G*) zamiast (*G*)
ansteck|en przypinać ⟨przypiąć⟩; *Med.* zarażać ⟨-zić⟩; *s.* **anzünden**; **~end** zaraźliwy (-wie); ≈**ung** *f* zarażenie
an|stehen (***nach***) stać w ogonku (po *A*); **~steigen** wznosić ⟨wznieść⟩ się; *s.* **steigen**
anstell|en *Pers.* przyjmować ⟨-jąć⟩ do pracy; ***sich ~en***

stawać ⟨stanąć⟩ w kolejce; **Չung** *f* posada
Anstieg *m* wznoszenie się; (*Preis*Չ) wzrost
anstift|en (***zu***) namawiać ⟨-mówić⟩ (do *G*); **Չung** *f* poduszczenie; namowa
Anstoß *m* podnieta; *Sp.* pierwsze zagranie piłki; ~ ***nehmen*** (***an*** *D*) ⟨z⟩gorszyć się (*I*); **Չen** *v/i* uderzać ⟨-rzyć⟩ (o *A*); (*angrenzen*) przylegać (do *G*); (***auf*** *A*) ⟨wy⟩pić zdrowie (*G*)
an|stößig gorszący (-co); **~streben** (*A*) dążyć (do *G*); **~streichen** ⟨po⟩malować
anstreng|en wytężać ⟨-żyć⟩ (***sich*** się); **Չung** *f* wysiłek
An|strich *m* pomalowanie; powłoka; **~sturm** *m s.* **Andrang**
Anteil *m* udział; **~nahme** *f* współczucie; ubolewanie
Antenne *f* antena
Anti|babypille F *f* pigułka antykoncepcyjna; **~biotikum** *n* antybiotyk; **~blockiersystem** *n* system antypoślizgowy
anti|k antyczny; **Չquar** *m* antykwariusz; **Չquität** *f* antyk
Antrag *m* wniosek, podanie; **~steller(in** *f*) *m* wnioskodawca *m* (-czyni *f*), petent(ka)
an|treffen zasta(wa)ć; **~treiben** (***zu***) popędzać ⟨-dzić⟩ (do *G*); *Tech.* napędzać; **~treten** *Dienst* obejmować ⟨objąć⟩; *Mil.* stawać ⟨stanąć⟩ w szeregu; **Չtrieb** *m* pobudka; *Tech.* napęd
antrocknen *v/i* przysychać ⟨-schnąć⟩
antun *s.* **zufügen**
Antwort *f* odpowiedź *f*; **Չen** odpowiadać ⟨-wiedzieć⟩
anvertrauen powierzać ⟨-rzyć⟩; ***sich*** ~ zwierzać ⟨-rzyć⟩ się
anwachsen przyrastać ⟨-rosnąć, -róść⟩; *s.* **zunehmen, steigen**
Anwalt *m* adwokat
Anwärter *m* kandydat
anweis|en polecać ⟨-cić⟩; *Platz* wyznaczać ⟨-czyć⟩; *Geld* przekaz(yw)ać; **Չung** *f* polecenie, nakaz
anwend|en uży(wa)ć, ⟨za-⟩stosować; **Չung** *f* użycie, zastosowanie
anwesen|d obecny; **Չheit** *f* obecność *f*
Anzahl *f* ilość *f*; **Չen** zadatkować *pf.*; **~ung** *f* zadatek
Anzeichen oznaka; objaw
Anzeige *f* ogłoszenie; *Jur.* zgłoszenie; **Չn** ogłaszać ⟨-łosić⟩; *Diebstahl* zgłaszać ⟨-łosić⟩; **~tafel** *f* tablica informacyjna
anzieh|en *Schraube* przyciągać ⟨-gnąć⟩; *Kleid* wkładać ⟨włożyć⟩; *v/i* zwyżkować; **~end** pociągający (-co); **Չungskraft** *f* siła przyciągania; *fig.* atrakcyjność *f*
An|zug *m* ubranie; **Չzüglich**

uszczypliwy (-wie); **²zünden** zapalać ⟨-lić⟩; *Haus* podpalać ⟨-lić⟩; **²zweifeln** *(A)* powątpiewać (o *L*)
Apfel *m* jabłko; **~baum** *m* jabłoń *f*; **~kuchen** *m* jabłecznik; **~saft** *m* sok jabłeczny; **~sine** *f* pomarańcza
Apotheke *f* apteka; **~r(in** *f*) *m* aptekarz (-rka)
Apparat *m* aparat
Appetit *m* apetyt; ***guten ~!*** smacznego!; **²lich** apetyczny
Applaus *m* oklaski *m/pl.*
Aprikose *f* morela
April *m* kwiecień *m*; **~scherz** *m* prima aprilis
Äquator *m* równik
Äquivalent *n* ekwiwalent
Arbeit *f* praca, robota; **²en** pracować; **~er** *m* robotnik; *in Zssgn* robotniczy; **~erin** *f* robotnica
Arbeit|geber *m* pracodawca *m*; **~nehmer** *m* pracobiorca *m*
Arbeits|amt *n* urząd pracy (*od.* zatrudnienia); **~erlaubnis** *f* zezwolenie na podjęcie pracy; **²fähig** zdolny do pracy; **~gericht** *n* sąd pracy; **~kraft** *f* siła robocza
arbeitslos, ²e(r) bezrobotny; **²enhilfe** *f* zapomoga dla bezrobotnych; **²enunterstützung** *f* zasiłek dla bezrobotnych; **²enversicherung** *f* ubezpieczenie na wypadek bezrobocia; **²igkeit** *f* bezrobocie
Arbeits|platz *m* miejsce pracy; **~tag** *m* dzień *m* roboczy; **²unfähig** niezdolny do pracy; **~unfall** *m* wypadek przy pracy; **~vermittlung** *f* pośrednictwo pracy; **~vertrag** *m* umowa o pracę; **~zeit** *f* czas pracy
Architektur *f* architektura
Ärger *m* złość *f*; ***~ haben*** mieć nieprzyjemności; **²lich** przykry (-ro); **²n** ⟨roz⟩gniewać (***sich*** się); **~nis** *n* przykrość *f*
argwöhnisch podejrzliwy (-wie)
arm biedny, ubogi (-go)
Arm *m* ramię, ręka
Armaturenbrett *n* tablica przyrządów
Arm|band *n* bransolet(k)a; **~banduhr** *f* zegarek naręczny; **~binde** *f* opaska; **~bruch** *m* złamanie ręki
Armee *f* armia
Ärmel *m* rękaw; **²los** bez rękawów
ärmlich ubogi (-go)
armselig nędzny
Armsessel *m* fotel
Armut *f* bieda, ubóstwo
Art *f* rodzaj; (*Weise*) sposób
Arterie *f* tętnica
artig grzeczny
Artikel *m* artykuł; *Gr.* rodzajnik
Artischocke *f* karczoch
Artist *m* (**~in** *f*) artysta *m* (-tka *f*) cyrkowy (-wa)
Arznei *f* lekarstwo; **~mittel** *n* środek leczniczy

Arzt *m* lekarz; **~praxis** *f* gabinet lekarski
Ärzt|in *f* lekarka; **2lich** lekarski
Asche *f* popiół; **~nbahn** *f* bieżnia żużlowa; **~nbecher** *m* popielniczka; **~rmittwoch** *m* Środa Popielcowa
Asien *n* Azja
asozial aspołeczny
Ast *m* gałąź *f*, konar
Asyl *n* azyl; **~ant(in** *f*) *m* azylant(ka); **~recht** *n* prawo azylu
Atelier *n* pracownia
Atem *m* oddech; ***außer ~ kommen*** zdyszeć się *pf.*; **2los** zdyszany, bez tchu; **~not** *f* duszność *f*; **~zug** *m* oddech, tchnienie
Äther *m* eter
Athletik *f* atletyka
Atlas *m* *Geogr.* atlas
atmen oddychać
Atom *n* atom; **~kraftwerk** *n* elektrownia atomowa
Atten|tat *n* zamach; **~täter** *m* zamachowiec
Attest *n* świadectwo
ätzend żrący (-co)
Aubergine *f* oberżyna
auch także, też, również
auf *Prp.* (*D*, *A*) na (*L*, *A*); ***~ Polnisch*** po polsku; ***~ der Reise*** w podróży; ***~ einmal*** nagle; ***~ diese Weise*** w ten sposób; ***~ dein Wohl*** (za) twoje zdrowie; ***bis ~*** (aż) do; **~atmen** odetchnąć *pf.*
Aufbau *m* (od)budowa; **2en** budować; odbudow(yw)ać
auf|bewahren przechow(yw)ać; **~binden** rozwiąz(yw)ać; **~blasen** nadmuch(iw)ać; **~bleiben** czuwać; **~blenden** *Kfz.* włączyć *pf.* światła drogowe; **~blühen** rozkwitać ⟨-tnąć⟩; **~brechen** *v/t* wy- łam(yw)ać; *v/i* wyruszać ⟨-szyć⟩; **~bügeln** odprasow(yw)ać; **~decken** odkry(wa)ć; **~drängen** narzucać ⟨-cić⟩ (***sich*** się); **~drehen** odkręcać ⟨-cić⟩; **~dringlich** natrętny
Aufdruck *m* nadruk
aufeinander jeden po (za) drugim; ***~ folgen*** następować ⟨-stąpić⟩ po sobie; ***~ prallen*** zderzać ⟨-rzyć⟩ się
Aufenthalt *m* pobyt, bytność *f*; *Esb.* postój
Aufenthalts|erlaubnis *f* zezwolenie na pobyt; **~ort** *m* miejsce pobytu
auf|erlegen (*j-m A*) nakładać ⟨nałożyć⟩ (na k-o *A*); **2erstehung** *f* zmartwychwstanie; **~essen** zjeść *pf*
Auffahrt *f* (*Autobahn*) wjazd; podjazd
auffallen *v/i* rzucać ⟨-cić⟩ się w oczy; **~d, auffällig** rzucający się w oczy, frapujący (-co)
auffangen ⟨z⟩łapać
auffass|en pojmować ⟨-jąć⟩; **2ung** *f* zapatrywanie; **2ungsgabe** *f* pojętność *f*
auf|finden odnajdywać ⟨-na-

leźć〉; **~fischen** wyławiać 〈-łowić〉
aufforder|n wzywać 〈wezwać〉; **2ung** *f* wezwanie
aufführ|en *Drama* wystawi(a)ć; ***sich ~en*** sprawować się; **2ung** *f Thea.* przedstawienie
Auf|gabe *f* zadanie; (*Post*) nadanie; rezygnacja; zwinięcie; **~gang** *m* klatka schodowa; *Astr.* wschód
aufge|ben (*A*) (*verzichten*) zaniechać *pf.* (*G*); 〈z〉rezygnować (z *G*); *Rätsel* zada(wa)ć; *Brief, Gepäck* nada(wa)ć; **~blasen** nadęty; *fig.* napuszony; **2bot** *n* (*Ehe2*) zapowiedzi *flpl.*; **~hen** *Astr., Agr.* wschodzić 〈wzejść〉; *Tür*: otwierać 〈-worzyć〉 się; *Vorhang*: podnosić 〈-nieść〉 się; **~klärt** uświadomiony; **~legt** (***zu***) usposobiony (do *G*); **~regt** podniecony; **~weckt** rozgarnięty, bystry
auf|gießen *Tee* zaparzać 〈-rzyć〉; **2guss** *m* napar
aufhalten zatrzym(yw)ać; ***sich ~*** przebywać
auf|hängen wieszać 〈powiesić〉 (***sich*** się); **~heben** podnosić 〈-nieść〉; *Jur.* uchylać 〈-lić〉, 〈s〉kasować; *s.* **aufbewahren**
aufheiter|n rozweselać 〈-selić〉; ***sich ~n*** rozjaśni(a)ć się; **2ung** *f* (*Wetter*) przejaśnienie
auf|hetzen podżegać, podburzać 〈-rzyć〉; **~holen** nadganiać 〈-gonić〉; **~hören** przesta(wa)ć; **~kaufen** skupować 〈-pić〉; **~klären** wyjaśni(a)ć; uświadamiać 〈-domić〉; **~kleben** nalepi(a)ć; **2kleber** *m* nalepka; **~knöpfen** rozpinać 〈-piąć〉; **~kochen** zagotować *pf.*; **~kommen** (***für***) pokry(wa)ć (*A*); **~laden** 〈na〉ładować
Auflage *f Typ.* nakład; (*Ausgabe*) wydanie
Auflauf *m* zbiegowisko; *Kochk.* zapiekanka
auf|leben odży(wa)ć; **~legen** nakładać 〈nałożyć〉; *Platte* nastawi(a)ć; *Hörer* odkładać 〈odłożyć〉; **~lehnen**: ***sich ~lehnen*** 〈z〉buntować się; **~lesen** 〈po〉zbierać; **~leuchten** 〈za〉błysnąć
auflös|en rozwiąz(yw)ać; *Chem.* rozpuszczać 〈-puścić〉; *Geschäft* 〈z〉likwidować; **2ung** *f* rozwiązanie; rozpuszczenie; likwidacja
aufmach|en otwierać 〈-worzyć〉; **2ung** *f* wygląd zewnętrzny; opakowanie
aufmerksam uważny; ***~ machen*** zwrócić uwagę; **2keit** *f* uwaga
Aufnahme *f* przyjęcie; (*Beginn*) podjęcie; *Fot.* zdjęcie; **~prüfung** *f* egzamin wstępny
auf|nehmen *Arbeit usw.* podejmować 〈podjąć〉; *Gast* przyjmować 〈-jąć〉; *Tonband* nagr(yw)ać; 〈s〉fotografo-

wać; **~passen** uważać; pilnować; **~prallen** (***auf*** *A*) naskoczyć *pf.* (na *A*), uderzać ⟨-rzyć⟩ (o *A*); **℞preis** *m* narzut; **~pumpen** napompow(yw)ać; **~räumen** ⟨po-⟩ sprzątać

aufrecht prosty (-to); **~erhalten** podtrzym(yw)ać

aufreg|en ⟨z⟩denerwować (***sich*** się); **~end** emocjonujący (-co); **℞ung** *f* zdenerwowanie, irytacja

auf|reiben ścierać ⟨zetrzeć⟩; **~reißen** *Tür* (gwałtownie) otwierać ⟨otworzyć⟩; *Verpackung* rozrywać ⟨rozerwać⟩; *Straße* rozkop(yw)ać

aufricht|en wyprosto(wy)wać (***sich*** się); **~ig** szczery (-rze)

auf|rollen rozwijać ⟨-winąć⟩; **~rücken** posuwać ⟨-unąć⟩ się do przodu; awansować (*a. pf.*)

Aufruf *m* odezwa; **℞en** wywoł(yw)ać; (***zu***) wzywać ⟨wezwać⟩ (do *G*)

Auf|ruhr *m* bunt; **℞runden** zaokrąglać ⟨-lić⟩; **℞rüsten** zbroić (*v/i* się); **℞sagen** ⟨wy⟩recytować; **℞sässig** krnąbrny; **~satz** *m* (*Schul℞*) wypracowanie; *Tech.* nasadka; **℞saugen** wchłaniać ⟨-łonąć⟩; **℞scheuern** *Haut* ocierać ⟨otrzeć⟩; **℞schieben** *Tür* rozsuwać ⟨-unąć⟩; *fig.* odraczać ⟨-roczyć⟩

Aufschlag *m* uderzenie; *Hdl.* narzut; *Sp.* serwis; **℞en** *Buch, Augen* otwierać ⟨-worzyć⟩; *Lager* rozbi(ja)ć; *Sp.* serwować

auf|schließen otwierać ⟨-worzyć⟩; **~schlitzen** rozpru(wa)ć

Aufschluss *m* wyjaśnienie; **℞reich** pouczający (-co)

aufschneid|en rozcinać ⟨-ciąć⟩; F blagować; **℞er** F *m* blagier

Auf|schnitt *m* (pokrojone) wędliny *f/pl.*; **℞schrauben** odkręcać *od.* nakręcać ⟨-cić⟩; **℞schreiben** zapis(yw)ać; **~schrift** *f* napis; **~schub** *m* odroczenie; **~schwung** *m* *fig.* wzlot; *Hdl.* ożywienie

Aufsehe|n *n* sensacja; **~r(in** *f*) *m* dozorca *m* (-czyni *f*)

Aufsicht *f* nadzór; **~sbehörde** *f* władza nadzorcza; **~spflicht** *f* obowiązek nadzoru

auf|spannen rozpinać ⟨rozpiąć⟩; **~springen** zrywać ⟨zerwać⟩ się; wskakiwać ⟨wskoczyć⟩; *Haut:* ⟨po⟩pękać; **℞stand** *m* powstanie

aufständisch powstańczy; **℞e(r)** *m* powstaniec (-nka)

auf|stehen wsta(wa)ć; **~steigen** *s.* **(be)steigen**; *fig.* awansować; **~stellen** ustawi(a)ć; wystawi(a)ć; *Kandidaten* wysuwać ⟨-sunąć⟩; *Zelt* rozbi(ja)ć; *Rekord* ustanawiać ⟨-nowić⟩

Aufstieg *m* wzlot; *Berg-Sp.*

wspinaczka; *fig.* awans
auf|stoßen *v/i* odbi(ja)ć się; **~suchen** (*A*) uda(wa)ć się (do *G*); **℘takt** *m* wstęp (*a. fig.*); **~tanken** *v/i s.* **tanken**; **~tauchen** wynurzać ⟨-rzyć⟩ się; *fig.* zjawi(a)ć się; **~tauen** *v/t* rozmrażać ⟨-rozić⟩; *v/i* odtajać *pf.*; **~teilen** rozdzielać ⟨-lić⟩
Auftrag *m* zlecenie; *im* **~e** z polecenia; **℘en** *Farbe* nakładać ⟨nałożyć⟩; *Essen* poda(wa)ć; **~geber** *m* zleceniodawca *m*
auf|trennen rozpru(wa)ć; **~treten** *v/i fig.* występować ⟨-tąpić⟩; **℘tritt** *m* scena; *Thea.* występ; **~wachen** ⟨o-, prze⟩budzić się; **~wachsen** wyrastać ⟨-rosnąć, -róść⟩; **℘wand** *m* nakład; (*Ausgaben*) wydatek; (*Prunk*) zbytek; **℘wärts** w górę, do góry; **~waschen** zmy(wa)ć; **~wecken** ⟨o-, z⟩budzić; **~weichen** *v/t* rozmiękczać ⟨-czyć⟩; **~wenden** *Mühe* zada(wa)ć sobie; *Zeit, Geld* ⟨s⟩tracić; **~werfen** *Frage* poruszać ⟨-szyć⟩; **℘wertung** *f* rewaloryzacja; **~wickeln** nawijać ⟨-inąć⟩; **~wiegeln** podburzać ⟨-rzyć⟩; **~wischen** wycierać ⟨wytrzeć⟩; **~zählen** wyliczać ⟨-czyć⟩; **~zeichnen** ⟨na⟩rysować; zapis(yw)ać; **℘zeichnung** *f* zapis; **~ziehen** *Uhr* nakręcać ⟨-cić⟩; *Kind* wychow(yw)ać; *Tier* ⟨wy⟩hodować; **℘zucht** *f* wychów; **℘zug** *m* winda, wyciąg; *Thea.* odsłona; **~zwingen** narzucać ⟨-cić⟩ (*sich* się)
Aug|apfel *m* gałka oczna; **~e** *n* oko, *pl.* oczy
Augen|arzt *m* okulista *m*; **~blick** *m* chwila; **℘blicklich** natychmiastowy (-wo); chwilowy (-wo); **~braue** *f* brew *f*; **~höhle** *f* oczodół; **~lid** *n* powieka; **~zeuge** *m* świadek naoczny
August *m* sierpień *m*; **~-** sierpniowy; *im* **~** w sierpniu
Auktion *f* licytacja
aus *Prp.* (*D*) z, ze (*G*)
Aus *n Sp.* aut
aus|arbeiten wypracow(yw)ać; **~arten** (*in A*) przekształcać ⟨-cić⟩ się (w *A*); **~atmen** wydychać; **~bauen** rozbudow(yw)ać; **~bessern** naprawi(a)ć; **℘besserung** *f* naprawa
Ausbeu|te *f* zysk; plon; *Bgb.* urobek; **℘ten** wyzysk(iw)ać
ausbild|en ⟨wy⟩kształcić, ⟨wy⟩szkolić; **℘ung** *f* wykształcenie; (*Berufs℘*) szkolenie
aus|bleiben nie przychodzić ⟨przyjść⟩; **℘blick** *m* widok; **~brechen** *v/t* wyłam(yw)ać; *v/i Krieg*: wybuchać ⟨-chnąć⟩; *Häftling*: zbiec *pf.*
ausbreiten rozpościerać ⟨-postrzeć⟩, rozkładać ⟨rozłożyć⟩; *sich* **~** rozprzestrze-

ni(a)ć się
aus|brennen wypalać ⟨-lić⟩ (*v/i* się); **≈bruch** *m* wybuch; *fig.* wyłamanie się, ucieczka; **~brüten** wysiadywać ⟨-siedzieć⟩; **~bürsten** ⟨wy⟩czyścić szczotką
Ausdauer *f* wytrwałość *f*; **≈nd** wytrwały (-le)
ausdehn|en rozciągać ⟨-gnąć⟩ (***sich*** się); **≈ung** *f* rozciągłość *f*
ausdenken wymyślać ⟨-lić⟩
Ausdruck *m* wyraz
ausdrück|en *Zitrone* wyciskać ⟨-snąć⟩; *Zigarette* ⟨z⟩gasić; *fig.* wyrażać ⟨-razić⟩ (***sich*** się); **~lich** wyraźny
Ausdrucksweise *f* sposób wyrażania się
Ausdünstung *f* wyziew
auseinander: ~ ***brechen*** rozłam(yw)ać; ~ ***bringen*** rozłączać ⟨-czyć⟩; ~ ***fallen*** rozpadać ⟨-paść⟩ się; ~ ***gehen*** rozchodzić ⟨-zejść⟩ się; ~ ***halten*** odróżni(a)ć; ~ ***nehmen*** rozbierać ⟨rozebrać⟩; ~ ***setzen*** *fig.* ⟨wy⟩tłumaczyć
Auseinandersetzung *f* (*Streit*) spór
Ausfahrt *f* wyjazd; (*Autobahn*) zjazd
Ausfall *m* (*Panne*) awaria; (*Arbeits≈*) przestój; *s.* **Einbuße**; *Sp.*, *Mil.* wypad; *fig.* napaść *f*; **≈en** wypadać ⟨-paść⟩; *Vortrag*: nie odbyć się; **≈end** napastliwy (-wie); **~straße** *f* ulica wylotowa
aus|fegen wymiatać ⟨wymieść⟩; **~findig**: ***~findig machen*** wyszuk(iw)ać; **~fliegen** *v/i* wylatywać ⟨-lecieć⟩; **~fließen** wyciekać ⟨-knąć, -ciec⟩; wypływać ⟨-ynąć⟩; **≈flucht** *f* wykręt; **≈flug** *m* wycieczka; **≈fluss** *m* *Med.* wydzielina; **~fragen** wypyt(yw)ać
Aus|fuhr *f* wywóz; **≈führen** *Auftrag* wykon(yw)ać; eksportować; **~fuhrgenehmigung** *f* zezwolenie na wywóz
ausführ|lich szczegółowy (-wo); **≈ung** *f* wykonanie; **≈ungsbestimmung** *f* przepis wykonawczy
Ausfuhr|verbot *n* zakaz wywozu; **~zoll** *m* cło wywozowe
aus|füllen wypełni(a)ć; **≈gabe** *f* wydawanie; *Typ.* wydanie; (*Geld≈*) wydatek; **≈gang** *m* wyjście; *fig.* zakończenie; **≈gangspunkt** *m* punkt wyjściowy; **~geben** wyda(wa)ć
ausgebucht wyprzedany
ausgedehnt rozległy
ausgehen wychodzić ⟨wyjść⟩; (*alle sein*) zabraknąć *pf.* (*G*)
ausge|lassen rozbrykany, wesoły (-ło); **~nommen** (*A*) z wyjątkiem (*G*); **~schlossen** wykluczony; **~zeichnet** wyborny, doskonały; *Adv.* doskonale
aus|giebig F obfity (-icie);

gruntowny; **~gießen** wy-l(ew)ać
Ausgleich *m* wyrównanie; **2en** wyrówn(yw)ać
Aus|grabungen *f/pl.* wykopaliska *n/pl.*; **~guss** *m* zlew; **2halten** wytrzym(yw)ać; **2händigen** wręczać ⟨-czyć⟩; **~hang** *m* ogłoszenie, afisz; **2hängen** *v/t* wywieszać ⟨-esić⟩; *v/i* być wywieszonym; **2harren** wytrwać *pf.*; **2heilen** *Wunde*: zagoić się *pf.*; **2helfen** pomagać ⟨-móc⟩; **~hilfe** *f Pers.* siła pomocnicza; pracownik dorywczy; **2höhlen** wydrążać ⟨-żyć⟩; **2horchen** wypyt(yw)ać; **2kehren** wymiatać ⟨-mieść⟩; **2kennen**: ***sich 2kennen*** orientować się; **2klopfen** wytrzep(yw)ać; **2knipsen** *Licht* ⟨z⟩gasić; **2kochen** wygotow(yw)ać; **2kratzen** wydrap(yw)ać; wyskrob(yw)ać; **2kundschaften** ⟨wy⟩szpiegować
Auskunft *f* informacja; *Fmw.* biuro numerów
aus|kuppeln *v/i* wyłączać ⟨-czyć⟩ sprzęgło; **~lachen** wyśmi(ew)ać; **~laden** wyładow(yw)ać
Auslage *f Hdl.* wystawa; *nur pl.* **~n** wydatki *m/pl.*
Ausland *n* zagranica; ***im ~*** za granicą
Ausländer *m* cudzoziemiec, obcokrajowiec; **~in** *f* cudzoziemka
ausländisch zagraniczny, cudzoziemski
Auslands|gespräch *n* rozmowa zagraniczna; **~reise** *f* podróż *f* za granicę
Auslass *m* spust; wylot
auslass|en wypuszczać ⟨-puścić⟩; *Wort* opuszczać ⟨-puścić⟩; *Butter* rozpuszczać ⟨-puścić⟩; **2ung** *f* opuszczenie; pominięcie
aus|laufen wyciekać ⟨wyciec⟩; *Mar.* wypływać ⟨-ynąć⟩; **2läufer** *m* odnoga; (*Wetter*) klin; **~legen** wykładać ⟨wyłożyć⟩; *Geld* zapłacić *pf.* (za *A*); **~leihen** wypożyczać ⟨-czyć⟩; **~lernen** ⟨u⟩kończyć naukę, wyuczyć się *pf.* (zawodu)
Auslese *f* wybór, selekcja; **2n** przeb(ie)rać; *Buch* przeczytać *pf.* (do końca)
aus|liefern dostarczać ⟨-starczyć⟩, wys(y)łać; **~losen** wylosow(yw)ać; **~lüften** ⟨wy-⟩wietrzyć; **2löser** *m Fot.* wyzwalacz; **~machen** *Zeit usw.* umówić *pf.*; *s.* **ausschalten**; **2maß** *n* rozmiar; *pl. a.* wymiary *m/pl.*; **~messen** wymierzać ⟨-rzyć⟩
Ausnahme *f* wyjątek; ***mit ~*** z wyjątkiem; **~zustand** *m* stan wyjątkowy
ausnahms|los bez wyjątku; **~weise** wyjątkowo
aus|nutzen wykorzyst(yw)ać; **~packen** rozpakow(yw)ać; **~pfeifen** wygwiz-

d(yw)ać; **~plündern** splądrować *pf.*; **~polstern** wyściełać ⟨wysłać⟩; **~pressen** wyciskać ⟨-snąć⟩; **~probieren** wypróbow(yw)ać
Auspuff *m Kfz.* wydech; **~gase** *n/pl.* spaliny *f/pl.*; **~rohr** *n* rura wydechowa
aus|radieren wycierać ⟨wytrzeć⟩ (gumką); **~rasieren** wygalać ⟨-golić⟩; **~rauben** obrabow(yw)ać; **~räumen** wyprzątać ⟨-tnąć⟩; *(leeren)* opróżni(a)ć; **~rechnen** wyliczać ⟨-czyć⟩
Ausrede *f* wymówka; **Ձn** *v/i* skończyć *pf.* mówić; *v/t* *(j-m et.)* wyperswadować *pf.*
ausreichen wystarczać ⟨-czyć⟩; **~d** wystarczający (-co), dostateczny
Ausreise *f* wyjazd; **Ձn** wyjeżdżać ⟨wyjechać⟩; **~erlaubnis** *f* zezwolenie na wyjazd; **~visum** *n* wiza wyjazdowa
aus|reißen *v/t* wyr(y)wać; *v/i* F umykać ⟨umknąć⟩; **~renken** zwichnąć *pf.*; **~richten** *Grüße* przekaz(yw)ać; **~rotten** ⟨wy⟩tępić
Ausruf *m* okrzyk; **Ձen** *v/i* (wy)krzyknąć *pf.*; **~ezeichen** *n* wykrzyknik
ausruhen odpoczywać ⟨-począć⟩
ausrüst|en wyposażać ⟨-sażyć⟩; **Ձung** *f* wyposażenie; *konkret a.* sprzęt
aus|rutschen pośliz(g)nąć się *pf.*; **Ձsaat** *f* wysiew, zasiew; **Ձsage** *f* oświadczenie; *Jur.* zeznanie; **~sagen** zezna(wa)ć; **~saugen** wys(y-)sać; **~schalten** wyłączać ⟨-czyć⟩
Ausschank *m* wyszynk
ausschauen wyglądać
ausscheid|en *v/t* wydzielać ⟨-lić⟩; *v/i* odpadać (*a. Sp.*); *s.* **kündigen, austreten**; **Ձung** *f Med.* wydzielina; *Sp.* eliminacja
aus|scheren *v/i* skręcać ⟨-cić⟩ na bok; **~schiffen** wysadzać ⟨-dzić⟩ na ląd; **~schimpfen** ⟨z⟩besztać; **~schlafen** wyspać się *pf.*
Ausschlag *m Med.* wysypka; **Ձen** *Zahn* wybi(ja)ć; *fig.* odrzucać ⟨-cić⟩; *Pferd:* kopać ⟨kopnąć⟩; **Ձgebend** decydujący (-co)
ausschließ|en wykluczać ⟨-czyć⟩; **~lich** wyłączny
Ausschluss *m* wykluczenie; ***unter ~ der Öffentlichkeit*** przy drzwiach zamkniętych
aus|schneiden wycinać ⟨-ciąć⟩; **Ձschnitt** *m* wycinek; dekolt; **~schöpfen** wyczerp(yw)ać; **~schreiben** wypis(yw)ać; **Ձschreitung** *f* eksces, wybryk; **Ձschuss** *m* komitet, komisja; *Tech., Hdl.* (wy)brak; **~schütten** wysyp(yw)ać; *Wasser* wyl(ew)ać; **~sehen** wyglądać; **Ձsehen** *n* wygląd
außen *Adv.* zewnątrz; **Ձhandel** *m* handel zagraniczny;

≈minister *m* minister spraw zagranicznych; **≈politik** *f* polityka zagraniczna; **≈seite** *f* strona zewnętrzna; **≈stelle** *f* ekspozytura
außer *Prp.* (*D*) poza (*I*); oprócz (*G*); **~ Dienst** emerytowany, były; **~ dass, ~ wenn** chyba że; **~dem** oprócz tego; **~dienstlich** pozasłużbowy (-wo)
äußer|e zewnętrzny; **≈e(s)** *n* wygląd zewnętrzny; powierzchowność *f*
außer|ehelich pozamałżeński, nieślubny; **~gewöhnlich** niezwykły (-le); **~halb** (*G*) na zewnątrz, poza obrębem (*G*); **von ~halb** z zewnątrz
äußer|lich zewnętrzny; **~n** wypowiadać ⟨-powiedzieć⟩ (**sich** się)
außerordentlich nadzwyczajny
äußerst skrajny; ostateczny; *Adv.* nadzwyczaj
außerstande: **~ sein** nie być w stanie
Äußerung *f* wypowiedź *f*
aussetzen *Fahrgast* wysadzać ⟨-dzić⟩; *Belohnung* wyznaczać ⟨-czyć⟩; *Jur.* zawieszać ⟨-esić⟩; **sich ~** (*D*) narażać ⟨-razić⟩ się (na *A*); *v/i Motor*: pracować z przerwami
Aussicht *f* widok; **≈slos** beznadziejny; **~splattform** *f* taras widokowy
aussied|eln wysiedlać ⟨-lić⟩; **≈ler** *m* wysiedleniec; **≈lerin** *f* wysiedlona; **≈lung** *f* wysiedlenie
aus|spannen wyprzęgać ⟨-rząc⟩; *v/i fig.* odpocząć *pf.*; **≈sperrung** *f* lokaut; **~spielen** *fig.* wygr(yw)ać; *Karte* zagr(yw)ać; **≈sprache** *f* wymowa; wymiana zdań; **~sprechen** wymawiać ⟨wymówić⟩; (*äußern*) wypowiadać ⟨-wiedzieć⟩; **≈spruch** *m* wypowiedź *f*; sentencja; **~spucken** wyplu(wa)ć; **~spülen** wypłuk(iw)ać
Ausstand *m* strajk
ausstatt|en (**mit**) wyposażać ⟨-żyć⟩ (w *A*); **≈ung** *f* wyposażenie
aus|stechen wykłu(wa)ć; **~stehen** znosić ⟨znieść⟩
aussteigen wysiadać ⟨wysiąść⟩; **~ lassen** wysadzać ⟨-dzić⟩
ausstell|en wystawi(a)ć; **≈er** *m* wystawca *m*; **≈ung** *f* wystawa; **≈ungsdatum** *n* data wystawienia; **≈ungshalle** *f* pawilon wystawowy
aus|sterben wymierać ⟨wymrzeć⟩; **≈steuer** *f* posag; **≈stieg** *m* wyłaz, wyjście; **~stopfen** wyp(y)chać; **~stoßen** wybi(ja)ć; *fig.* wyrzucać ⟨-cić⟩; *Schrei* wyd(aw)ać
ausstrahl|en promieniować (*I*); *Rdf.* nad(aw)ać; **≈ung** *f* emisja
aus|strecken wyciągać ⟨-gnąć⟩ (**sich** się); **~strei-**

chen wykreślać ⟨-lić⟩; **~streuen** rozsyp(yw)ać; **~strömen** *v/i* wyciekać ⟨-ciec⟩; *Gas*: ulatniać się; **~suchen** wyszuk(iw)ać

Austausch *m* wymiana; **2bar** wymienny; **2en (*gegen*)** wymieni(a)ć (na *A*)

austeilen rozdzielać ⟨-lić⟩; *Befehle* wyda(wa)ć

Auster *f* ostryga

aus|tragen roznosić ⟨roznieść⟩; *Spiel* rozgrywać ⟨-zegrać⟩; **~treiben** wypędzać ⟨-dzić⟩; **~treten** *Feuer* zadept(yw)ać; *Weg* wydept(yw)ać; *v/i* występować ⟨-stąpić⟩; **~trinken** wypi(ja)ć; **2tritt** *m* wystąpienie; **~trocknen** *v/t* wysuszać ⟨wysuszyć⟩; *v/i* wysychać ⟨-schnąć⟩; **~üben** *Beruf* wykonywać; *Druck* wywierać ⟨-wrzeć⟩

Ausverkauf *m* wyprzedaż *f*; **2en** wyprzeda(wa)ć

Aus|wahl *f* wybór; *Sp.* reprezentacja; **2wählen** wyb(ie-)rać

Auswander|er *m* emigrant, wychodźca *m*; **2n** ⟨wy-⟩ emigrować; **~ung** *f* emigracja

auswärt|ig zamiejscowy; **2iges *Amt*** *n* ministerstwo spraw zagranicznych; **~s** zewnątrz

aus|waschen wymy(wa)ć; *Wäsche* wyprać *pf.*; **~wechseln** wymieni(a)ć; **2weg** *m* *fig.* wyjście; **~weichen** (*D*) wymijać ⟨wyminąć⟩ (*A*); ustępować ⟨ustąpić⟩ z drogi (*D*); **~weichend** wymijający (-co)

Ausweis *m* dowód, legitymacja; **2en** wydalać ⟨-lić⟩; ***sich* 2en** ⟨wy⟩legitymować się; **~ung** *f* wydalenie

aus|weiten rozszerzać ⟨-szerzyć⟩; **~wendig** na pamięć; **~wickeln** rozwijać ⟨-inąć⟩

auswirk|en: ***sich* ~en** ⟨po-⟩działać, odbi(ja)ć się; **2ung** *f* skutek, następstwo

aus|wringen wyżymać ⟨wyżąć⟩; **2wuchs** *m* narośl *f*; *fig. pl.* wypaczenia *n/pl.*; **2wurf** *m* *Med.* plwocina

auszahl|en wypłacać ⟨-cić⟩; **2ung** *f* wypłata

auszeichn|en odznaczać ⟨-czyć⟩ (***sich*** się); **2ung** *f* odznaczenie; wyróżnienie

auszieh|bar rozsuwalny; wysuwany; **~en** wyciągać ⟨-gnąć⟩; *Tisch* rozsuwać ⟨-unąć⟩; *Kleid, Schuh* zdejmować ⟨zdjąć⟩; *v/i* (**aus**) wyprowadzać ⟨-dzić⟩ się (z *G*)

Auszug *m* wyprowadzka; (*Konto2*) wyciąg

Auto *n* auto, samochód; **~bahn** *f* autostrada; **~bus** *m* autobus; **~diebstahl** *m* kradzież *f* samochodu; **~fähre** *f* prom samochodowy; **~karte** *f* mapa samochodowa *od.* turystyczna; **2matisch** automatyczny; **2nom** autonomiczny; **~re-**

paraturwerkstatt *f* warsztat samochodowy
Autorität *f* autorytet
Auto|kindersitz *m* fotelik (dziecięcy) samochodowy; **~tour** *f* wycieczka samochodem; **~unfall** *m* wypadek samochodowy; **~vermietung** *f* punkt wynajmu samochodów; **~waschanlage** *f* myjnia (samochodowa); **~zubehör** *n* akcesoria *n/pl.* samochodowe
Axt *f* siekiera

B

Baby *n* niemowlę, F bobas
Bach *m* potok, strumień *m*
Backe *f* policzek; F (*Po*≈) pośladek
backen ⟨u⟩piec
Backen|bart *m* bokobrody *pl.*; **~knochen** *m* kość *f* policzkowa; **~zahn** *m* ząb trzonowy
Bäcker *m* piekarz
Bäckerei *f* piekarnia
Back|obst *n* suszone owoce *m/pl.*; **~ofen** *m* piekarnik; **~pulver** *n* proszek do pieczenia; **~stein** *m* cegła; **~waren** *f/pl.* pieczywo
Bad *n* kąpiel *f*; (*Raum*) łazienka; *s.* **Badeort**
Bade|anstalt *f* łaźnia; zakład kąpielowy; **~anzug** *m* kostium kąpielowy; **~hose** *m* kąpielówki *f/pl.*; **~kappe** *f* czepek kąpielowy; **~mantel** *m* płaszcz kąpielowy; **~meister** *m* kąpielowy *m*; ≈**n** ⟨wy⟩kąpać (*v/i sie*); **~ort** *m* kąpielisko; **~strand** *m* plaża; **~wanne** *f* wanna; **~zimmer** *n* łazienka
Bagger *m* koparka
Bahn *f* tor; *Sp.* bieżnia; *Esb.* kolej *f*; *Astr.* orbita; **~damm** *m* nasyp kolejowy; ≈**en** ⟨u⟩torować; **~hof** *m* dworzec, stacja; **~hofsrestaurant** *n* restauracja dworcowa; **~steig** *m* peron; **~übergang** *m* przejazd kolejowy; **~wärter** *m* dróżnik kolejowy
Baiser *n* beza
Bajonett *n* bagnet
Balance *f* równowaga
bald wkrótce; ***so ~ wie möglich*** możliwie jak najwcześniej; **~ig** rychły
Baldriantropfen *m/pl.* krople *f/pl.* walerianowe
Balg *m* skóra; *Tech.*, *Fot.* miech
Balken *m* belka
Ball *m* piłka; (*Tanz*) bal; ≈**en** *Faust* zaciskać ⟨-snąć⟩; **~en** *m* bela
Ballett *n* balet; **~tänzerin** *f* baletnica
Banane *f* banan
Band[1] *m* tom

Band² *n* wstęga, taśma; *Rdf.* pasmo
Bande *f* banda, szajka; *Sp.* banda
Bandit *m* bandyta *m*
Band|maß *n* taśma miernicza; **~säge** *f* piła taśmowa; **~scheibe** *f Anat.* chrząstka międzykręgowa; **~wurm** *m* tasiemiec
Bank *f* ławka; *Hdl.* bank; **~automat** *m* bankomat; **~konto** *n* konto bankowe; **~leitzahl** *f* kod bankowy; **~note** *f* banknot; **~wesen** *n* bankowość *f*
Banner *n* sztandar
bar: ***in*** **~** gotówką; ***gegen*** **~** za gotówkę
Bar *f* bar
Bär *m* niedźwiedź *m*
Baracke *f* barak
barbarisch barbarzyński
barfuß bosy (-so)
Bargeld *n* gotówka; **2los** bezgotówkowy
barmherzig miłosierny
barock barokowy
Barometer *n* barometr
Barren *m* sztaba; *Sp.* poręcze *m/pl.*
barsch szorstki (-ko)
Barsch *m Zo.* okoń *m*
Bart *m* broda
bärtig brodaty
Barzahlung *f* zapłata gotówką
Base *f Chem.* zasada
Basis *f* baza
Basketball *m* koszykówka
Baskenmütze *f* beret
Bass *m* bas
Bast *m* łyko
bast|eln ⟨z⟩majsterkować; **2ler** *m* majsterkowicz
Batterie *f* bateria; akumulator
Bau *m* budowa; (*konkret*) budynek, budowla; (*Tier2*) nora; **~arbeiter** *m* robotnik budowlany
Bauch *m* brzuch; **~fellentzündung** *f* zapalenie otrzewnej; **~schmerzen** *m/pl.* bóle *m/pl.* brzucha; **~speck** *m* boczek
Baude *f* schronisko górskie
Baudenkmal *n* zabytek architektoniczny
bauen ⟨wy⟩budować
Bauer¹ *m* chłop, wieśniak; (*Schach*) pion(ek)
Bauer² *n* klatka
Bäuer|in *f* chłopka, wieśniaczka; **2lich** chłopski (po -ku)
Bauernhof *m* zagroda
bau|fällig grożący zawaleniem; **2gerüst** *n* rusztowanie; **2herr** *m* inwestor; **2ingenieur** *m* inżynier budowlany; **2kunst** *f* architektura
Baum *m* drzewo
Baumeister *m* budowniczy *m*
Baumwolle *f* bawełna
Bau|schlosser *m* ślusarz budowlany; **~stelle** *f* budowa; plac budowy; **~stoff** *m* materiał budowlany; **~wesen** *n* budownictwo

Bayer *m* Bawarczyk; **⁀isch** bawarski (po -ku)
beabsichtigen zamierzać
beacht|en (*A*) zważać (na *A*); **~enswert** godny uwagi; **~lich** poważny, znaczny; **⁀ung** *f* uwaga; przestrzeganie (*G*)
Beamt|e(r) *m* urzędnik; **~in** *f* urzędniczka
bean|spruchen (*A*) wymagać, domagać się (*G*); **~standen** ⟨za⟩kwestionować; reklamować; **⁀standung** *f* reklamacja; **~tragen** (*A*) składać ⟨złożyć⟩ wniosek (o *A*); **~tworten** (*A*) odpowiadać ⟨-wiedzieć⟩ (na *A*)
bearbeit|en obrabiać ⟨-robić⟩; opraco(wy)wać; **⁀ung** *f* opracowanie; *Tech.* obróbka
Beatmung *f*: ***künstliche ~*** sztuczne oddychanie
beaufsichtig|en nadzorować; **⁀ung** *f* nadzór
beauftrag|en (*A*) zlecać ⟨-cić⟩ (*D*); **⁀te(r)** pełnomocnik (-niczka)
bebauen *Agr.* uprawi(a)ć; *Arch.* zabudow(yw)ać
beben trząść się, drżeć
Becher *m* kubek
Becken *n* miednica (*a. Anat.*); (*WC*) muszla; (*Schwimm⁀*) basen
bedächtig rozważny
bedanken: ***sich ~*** (***bei***) podziękować *pf.* (*D*)
Bedarf *m* potrzeba; *Hdl.* zapotrzebowanie, popyt; ***nach ~*** w miarę potrzeby
bedauer|lich przykry (-ro); **~licherweise** niestety; **~n** (*A*) żałować (*G*); ***ich ~e*** przykro mi; **⁀n** *n* ubolewanie, żal
bedeck|en przykry(wa)ć; **~t** *Himmel*: pochmurny
bedenk|en rozważać ⟨-żyć⟩; **⁀en** *n* wątpliwość *f*; zastrzeżenie; **~lich** niepewny, wątpliwy (-wie); *Lage*: krytyczny; **⁀zeit** *f* czas do namysłu
bedeut|en oznaczać, znaczyć; **~end** znaczny; *Pers.* wybitny; *Adv.* znacznie; **⁀ung** *f* znaczenie; **~ungslos** bez znaczenia
bedien|en obsługiwać ⟨-łużyć⟩; ***sich ~en*** (*G*) posługiwać ⟨-łużyć⟩ się (*I*); **⁀ung** *f* obsługa; **⁀ungsanweisung** *f* instrukcja obsługi
beding|t warunkowy (-wo); **⁀ung** *f* warunek; **~ungslos** bezwarunkowy (-wo)
bedräng|en (*A*) nalegać (na *A*); **⁀nis** *f* opresja
bedroh|en (*A*) zagrażać, grozić (*D*); **⁀ung** *f* zagrożenie
bedrücken gnębić, trapić
Bedürfnis *n* potrzeba; **~anstalt** *f* ubikacja publiczna
bedürftig potrzebujący; biedny
Beefsteak *n* befsztyk
beeidigt zaprzysiężony

beeilen: ***sich*** **~** ⟨po⟩spieszyć (się)

beein|flussen (*A*) wpływać ⟨-ynąć⟩ (na *A*); **~trächtigen** naruszać ⟨-szyć⟩; *Ruf* podrywać ⟨-derwać⟩

be|enden ⟨za⟩kończyć; **~erben** (*A*) ⟨o⟩dziedziczyć (po *L*)

beerdig|en ⟨po⟩chować; **~ung** *f* pogrzeb

Beere *f* jagoda

Beet *n* grządka

Befähigung *f* kwalifikacje *f/pl.*; uzdolnienie

befahren *v/t* kursować (na *L*); ***viel*** **~** ruchliwy

befallen ogarniać ⟨-nąć⟩; *Agr.* porażać ⟨-razić⟩

Befangenheit *f* zakłopotanie; *Jur.* stronniczość *f*

befassen: ***sich*** **~** (***mit***) zajmować ⟨-jąć⟩ się (*I*)

Befehl *m* rozkaz; **~en** rozkaz(yw)ać

Befehlshaber *m* dowódca *m*

befestig|en umacniać ⟨umocnić⟩; (***an*** *D*) przymocow(yw)ać (do *G*); **~ung** *f* przymocowanie; *Mil.* fortyfikacja

befinden: ***sich*** **~** znajdować się

Befinden *n* stan zdrowia; samopoczucie

be|folgen (*A*) ⟨u⟩słuchać (*G*); ⟨za⟩stosować się (do *G*); **~fördern** transportować; *Post* przes(y)łać; (***zu***) awansować *pf.* (na *A*); **~beförderung** *f* transport; przesłanie; awans; **~fragen** *Zeugen* ⟨z⟩badać; *Arzt usw.* ⟨po⟩radzić się (*G*)

befrei|en uwalniać, zwalniać ⟨u-, zwolnić⟩; **~ung** *f* zwolnienie; *Pol.* wyzwolenie

befreunden: ***sich*** **~** (***mit***) zaprzyjaźni(a)ć się (z *I*)

befriedig|en zadowalać ⟨zadowolić⟩; **~end** zadowalający (-co)

befristet terminowy

Befugnis *f* uprawnienie

Befund *m* wynik badania; orzeczenie; *Med.* ***ohne*** **~** bez zmian

befürcht|en (*A*) obawać się (*G*); **~ung** *f* obawa

befürworten popierać ⟨poprzeć⟩

begab|t uzdolniony; **~ung** *f* uzdolnienie

begeben: ***sich*** **~** (***nach***) uda(-wa)ć się (do *G*); **~heit** *f* zdarzenie

begegn|en (*D*) spot(y)kać (*A*); **~ung** *f* spotkanie

begehen *Fest* obchodzić; *Verbrechen* popełni(a)ć

begehr|enswert pożądany; **~lich** pożądliwy (-wie)

begeister|n: ***sich*** **~n** (***für***) zapalać ⟨-lić⟩ się (do *G*); **~ung** *f* zapał; zachwyt

begierig żądny (*G*)

begießen po-, obl(ew)ać

Beginn *m* początek; **~en** zaczynać ⟨-cząć⟩ (*v/i* się)

beglaubig|en uwierzytel-

ni(a)ć; **⁓ung** *f* uwierzytelnienie
begleichen wyrówn(yw)ać
begleit|en (*A*) towarzyszyć (*D*); **(*nach, zu*)** odprowadzać ‹-dzić› (do *G*); **⁓er(in *f*)** *m* towarzysz(ka); **⁓schreiben** *n* pismo przewodnie; **⁓ung** *f* towarzystwo; *Mus.* akompaniament
beglückwünschen (*j-n zu*) ‹po›gratulować (k-u *G*)
begnadig|en ułaskawi(a)ć; **⁓ung** *f* ułaskawienie
begnügen: ***sich ⁓* (*mit*)** zadawalać ‹-dowolić› się (*I*)
be|graben ‹po›chować; **⁓gräbnis** *n* pogrzeb
begreif|en pojmować ‹pojąć›; **⁓lich** zrozumiały (-le)
begrenz|en ograniczać ‹-niczyć›; **⁓t** ograniczony; **⁓ung** *f* ograniczenie
Begriff *n* pojęcie; ***im ⁓ sein*** zamierzać (właśnie)
begründ|en uzasadni(a)ć; **⁓ung** *f* uzasadnienie
begrüß|en ‹po›witać; **⁓ung** *f* powitanie; ***zur ⁓ung*** na powitanie; **⁓*ungs-*** powitalny
begünstig|en (*A*) sprzyjać (*D*); **⁓ung** *f* popieranie; *Jur.* poplecznictwo
be|gutachten (*A*) wyda(wa)ć opinię (o *L*); **⁓gütert** majętny; **⁓haart** owłosiony; **⁓haglich** przyjemny, przytulny; **⁓halten** zatrzym(yw)ać; **⁓hälter** *m* zbiornik; pojemnik
behand|eln (*A*) obchodzić ‹obejść› się (z *I*); *Med.* leczyć; **⁓lung** *f* obchodzenie się; *Med.* leczenie; **⁓lungszimmer** *n* pokój zabiegowy
beharr|en (*auf D*) obstawać (przy *L*); **⁓lich** wytrwały (-le)
behaupt|en twierdzić; ***sich ⁓en*** utrzym(yw)ać się; **⁓ung** *f* twierdzenie
beheben *Schaden* usuwać ‹usunąć›
Behelf *m* prowizorka; środek pomocniczy; **⁓en**: ***sich ⁓en*** ‹po›radzić sobie; **⁓smäßig** pomocniczy
beherbergen *v/t* przenocować
beherrsch|en *Sprache* władać (*I*); ***sich ⁓en*** opanow(yw)ać się; **⁓ung** *f* władanie; opanowanie
behilflich: ***⁓ sein*** być pomocnym
behinder|n *v/t* utrudniać (*A*); **(*j-n bei*)** przeszkadzać (k-u w *L*); **⁓t** *Pers.* upośledzony; **⁓ung** *f* utrudnianie; upośledzenie
Behörd|e *f* urząd; **⁓lich** urzędowy (-wo)
behüten ‹u›strzec
bei *Prp.* (*D*) przy, w (*L*); u (*G*); pod (*I*); ***⁓ Tisch*** przy stole; ***⁓ Nacht*** w nocy; ***⁓ uns*** u nas; **⁓behalten** zachow(yw)ać; **⁓bringen (*j-m A*)** nauczyć *pf.* (k-o *G*)
Beicht|e *f* spowiedź *f*; **⁓en**

⟨wy⟩spowiadać się; **~stuhl** *m* konfesjonał
beide oba, obie, oboje
beider|seitig obustronny; **~seits** *Prp.* (*G*) z obu stron, po obu stronach (*G*); *Adv.* obustronnie
Bei|fahrer *m* pomocnik kierowcy; (*Fahrgast*) pasażer; **~fall** *m* oklaski *pl.*; **⁀fügen** załączać ⟨-czyć⟩; **~gabe** *f* dodatek
beige beżowy (-wo)
Bei|geschmack *m* posmak; **~hilfe** *f* zapomoga; *Jur.* pomocnictwo
Beil *n* topór
Bei|lage *f* załącznik; *Kochk.* dodatek; (*Zeitung*) dodatek; (*Werbung*) wkładka; **⁀läufig** nawiasowy (-wo); **⁀legen** *s.* **beifügen**; *Streit* zakończyć *pf.*; **~leid** *n* współczucie; **~leids-** kondolencyjny; **⁀liegend** załączony
beimischen domieszać *pf.*
Bein *n* noga
beinahe prawie; o mało co nie
Beinbruch *m* złamanie nogi
Beipackzettel *m* ulotka informacyjna
bei|sammen razem; **⁀sammensein** *n* spotkanie towarzyskie
beiseite na bok; **~ *lassen*** nie brać pod uwagę
Bei|setzung *f* pogrzeb; **~sitzer(in *f*)** *m* *Jur.* ławnik (-iczka); (*Mitglied*) członek (-nkini) (komisji)
Beispiel *n* przykład; ***zum* ~** na przykład; **⁀haft** wzorowy (-wo); **⁀los** bezprzykładny
beißen ⟨u⟩gryźć; kąsać ⟨ukąsić⟩; **~d** żrący; (*a. fig.*) gryzący; piekący
Bei|stand *m* pomoc *f*; **⁀stehen** pomagać ⟨pomóc⟩; **~trag** *m* składka; *fig.* przyczynek; **⁀tragen** (***zu***) przyczyni(a)ć się (do *G*); **⁀treten** (*D*) przystępować ⟨-stąpić⟩ (do *G*); **~wagen** *m* przyczepka (motocyklowa)
beizeiten zawczasu
bejah|en przytakiwać ⟨-taknąć⟩; **~end** twierdzący (-co)
bejahrt leciwy
bekämpfen zwalczać
bekannt znany; **~ *geben*** poda(wa)ć do wiadomości; **~ *machen*** ogłaszać ⟨-łosić⟩; **~ *machen*** (***mit***) zapozna(wa)ć (z *I*); **⁀e(r)** znajomy *m* (-ma *f*); **~lich** jak wiadomo; **⁀machung** *f* ogłoszenie; **⁀schaft** *f* znajomość *f*; *s.* **Bekannte(r)**
bekenn|en *Rel.* wyzna(wa)ć; ***sich schuldig* ~*en*** przyzna(wa)ć się do winy; **⁀tnis** *n* wyznanie
beklag|en (*A*) ubolewać (nad *I*); **⁀te(r)** *Jur.* pozwany *m* (-na *f*)
bekleid|en ub(ie)rać; *Amt* piastować; **⁀ung** *f* odzież *f*
beklemmend przygniatający (-co)

bekommen otrzym(yw)ać, dosta(wa)ć; ***gut ~*** ⟨po-⟩ służyć
be|kömmlich zdrowy; *Essen*: lekko strawny; **~köstigen** stołować; **~kräftigen** potwierdzać ⟨-dzić⟩; **~kreuzigen** ⟨prze⟩żegnać (***sich*** się); **~kunden** okaz(yw)ać; **~laden** ⟨za⟩ładować
Belag *m* powłoka, nalot
Belagerung *f* oblężenie
belanglos nieważny, błahy
belast|en obciążać ⟨-żyć⟩; **2ung** *f* obciążenie; **2ungszeuge** *m* świadek oskarżenia
belästig|en *v/t* dokuczać (*D*); zaczepi(a)ć (*A*); **2ung** *f* dokuczanie; nagabywanie
belaufen: ***sich ~*** (***auf*** *A*) wynosić ⟨-nieść⟩ (*A*)
beleb|en ożywi(a)ć; **~t** ożywiony; *Straße*: ruchliwy
Beleg *m* dowód; **2en** *Platz* zajmować, ⟨zająć⟩; *Kursus* zapis(yw)ać się (na *A*); (*beweisen*) popierać ⟨-przeć⟩ (*I*); **~schaft** *f* załoga; **2t**: ***2tes Brötchen*** kanapka
belehren pouczać ⟨-czyć⟩
beleibt otyły
beleidig|en obrażać ⟨obrazić⟩; **~end** obraźliwy (-wie); **2ung** *f* obraza
beleucht|en oświetlać ⟨-lić⟩; **2ung** *f* oświetlenie
belicht|en naświetlać ⟨-lić⟩; **2ung** *f* naświetlenie; **2ungsmesser** *m* światłomierz
belieb|ig dowolny; ***jeder ~ige*** którykolwiek, kto bądź; **~t** lubiany, popularny; **2theit** *f* popularność *f*
beliefern zaopatrywać ⟨-patrzyć⟩
bellen szczekać
belohn|en wynagradzać ⟨-grodzić⟩; **2ung** *f* nagroda; wynagrodzenie
Be|lüftung *f* wentylacja; **2lügen** okłam(yw)ać; **~lustigung** *f* uciecha, zabawa; **2malen** ⟨po⟩malować; **2mängeln** ⟨za⟩usterkować
bemerk|bar dostrzegalny; ***sich ~bar machen*** zwracać ⟨zwrócić⟩ na siebie uwagę; **~en** zauważać ⟨-żyć⟩; **~enswert** godny uwagi; **2ung** *f* uwaga; zapisek
bemüh|en trudzić; ***sich ~en*** starać się; **2ung** *f* staranie, trud
benachbart sąsiedni
benachrichtig|en zawiadamiać ⟨-domić⟩; **2ung** *f* zawiadomienie
benachteilig|en ⟨s⟩krzywdzić; **2ung** *f* krzywda, dyskryminacja
benehmen: ***sich ~*** zachow(yw)ać się
Benehmen *n* zachowanie (się)
beneiden (***j-n um*** *A*) ⟨po-⟩ zazdrościć (k-u *G*); **~swert** godny pozazdroszczenia
Benennung *f* nazwa(nie)
Bengel F *m* pętak; łobuz

be|nommen zamroczony; **~nötigen** (*A*) potrzebować (*G*)
benutz|en (*A*) uży(wa)ć (*G*); **~ung** *f* korzystanie, używanie; **~ungsgebühr** *f* opłata za korzystanie
Benzin *n* benzyna; **~tank** *m* zbiornik benzyny
beobacht|en obserwować; **~ung** *f* obserwacja
bequem wygodny; ***es sich ~ machen*** rozgościć się *pf.*; **~lichkeit** *f* wygoda
berat|en (*j-n*) doradzać ⟨-dzić⟩ (*D*); ***sich ~en*** naradzać ⟨-dzić⟩ się; **~er** *m* doradca *m*; **~ung** *f* narada; (*Rat*) porada; **~ungsstelle** *f* poradnia
beraub|en obrabow(yw)ać; **~ung** *f* obrabowanie
berauscht upojony
berech|enbar obliczalny; **~nen** obliczać ⟨-czyć⟩; **~nung** *f* obliczenie; *fig.* wyrachowanie
berechtig|en (***zu***) uprawni(a)ć (do *G*); **~ung** *f* uprawnienie, prawo
Bereich *m* zakres; obręb; zasięg; **~ern** wzbogacać ⟨-cić⟩ (***sich*** się)
Bereifung ogumienie
bereisen objeżdżać ⟨objechać⟩
bereit gotowy; **~en** sporządzać ⟨-dzić⟩; *Kummer* sprawi(a)ć
Bereitschaft *f* gotowość *f*; **~sarzt** *m* lekarz dyżurny (pogotowia ratunkowego); **~sdienst** *m* dyżur
bereitwillig chętny
bereuen (*A*) żałować (*G*)
Berg *m* góra; **~ab** w dół; **~an** pod górę; **~auf** w górę; **~bau** *m* górnictwo; **~ig** górzysty; **~mann** *m* górnik; **~spitze** *f* szczyt górski; **~steiger** *m* taternik, alpinista *m*; **~ung** *f* uratowanie, ocalenie; **~werk** *n* kopalnia
Bericht *m* sprawozdanie; **~en** donosić ⟨-nieść⟩; ⟨z⟩referować; **~erstatter** *m* sprawozdawca *m*; **~igen** ⟨s⟩prostować; **~igung** *f* sprostowanie
Berliner *m* berlińczyk; *Adj.* berliński; **~in** *f* berlinka
Bernstein *m* bursztyn; *in Zssgn* bursztynowy
bersten pękać ⟨pęknąć⟩
be|rüchtigt osławiony; **~rücksichtigen** uwzględni(a)ć
Beruf *m* zawód; **~en** powoł(yw)ać (***sich*** się); **~lich** zawodowy (-wo)
Berufs|beratung *f* poradnictwo zawodowe; **~(fach-)schule** *f* szkoła zawodowa; **~krankheit** *f* choroba zawodowa; **~tätig** zatrudniony; ***~tätig sein*** pracować zawodowo
Berufung *f* powołanie; *Jur.* odwołanie; ***~ einlegen*** założyć apelację
beruhig|en uspokajać ⟨-po-

koić⟩ (*sich* się); **≈ung** *f* uspokojenie; **≈ungsmittel** *n* środek uspokajający
berühmt sławny, słynny
berühr|en dotykać ⟨-tknąć⟩ (*sich* się); **≈ung** *f* dotknięcie; styczność *f*
besänftigen uśmierzać ⟨-mierzyć⟩
Besatz *m* lamówka, obszywka; **~ung** *f* załoga; *Mil.* okupacja
beschädig|en uszkadzać ⟨-kodzić⟩; **≈ung** *f* uszkodzenie
beschaffen (*A*) wystarać się *pf.* (o *A*)
beschäftig|en zatrudni(a)ć; **sich ~en** (**mit**) zajmować ⟨-jąć⟩ się (*I*); **≈ung** *f* zatrudnienie; zajęcie
beschämt zawstydzony
Bescheid *m* (*amtlich*) decyzja, orzeczenie; **~ geben** ⟨po⟩informować; **~ wissen** orientować się
bescheiden skromny
bescheinig|en po-, zaświadczać ⟨-czyć⟩; **≈ung** *f* po-, zaświadczenie
be|schießen ostrzel(iw)ać; **~schimpfen** obrzucać ⟨-cić⟩ wyzwiskami; ⟨z⟩wymyślać
Beschlag *m* okucie; **mit ~ belegen** zajmować ⟨-jąć⟩; **≈en** *Pferd* podku(wa)ć; **~nahme** *f* konfiskata; **≈nahmen** ⟨s⟩konfiskować
beschleunig|en przyśpieszać ⟨-szyć⟩; **≈ung** *f* przyśpieszenie
be|schließen postanawiać ⟨-nowić⟩; **≈schluss** *m* postanowienie; uchwała; **~schmutzen** ⟨po⟩brudzić (*sich* się); **~schneiden** podcinać ⟨-iąć⟩; (*a. fig.*) okrawać ⟨-roić⟩; **~schönigen** upiększać ⟨-szyć⟩
beschränk|en ograniczać ⟨-czyć⟩ (*sich* się); **~t** ograniczony
beschreib|en opis(yw)ać; **≈ung** *f* opis
beschuldig|en (*G*) obwini(a)ć (w *L*); **≈ung** *f* obwinienie, posądzenie
beschütz|en chronić; **≈er** *m* opiekun; protektor
Beschwer|de *f* zażalenie; *Med.* dolegliwość *f*; **≈en** obciążać ⟨-żyć⟩; **sich ≈en** (**über** *A*) uskarżać się (na *A*); **≈lich** uciążliwy (-wie)
be|schwichtigen uspokajać ⟨-koić⟩; **~schwindeln** oszuk(iw)ać; **~schwingt** pełen werwy; *Mus.* skoczny; **~schwipst** podpity; **~schwören** zaprzysięgać ⟨-siąc⟩; (*anflehen*) błagać; **~seitigen** usuwać ⟨-unąć⟩
Besen *m* miotła
besessen opętany
besetz|en obsadzać ⟨-dzić⟩; **~t** zajęty; **≈ung** *f* obsadzenie; okupacja; *Thea.* obsada
besichtig|en zwiedzać ⟨-dzić⟩; **≈ung** *f* zwiedzenie

besie|deln osiedlać ⟨-lić⟩; **~gen** pokon(yw)ać
besingen opiewać
besinn|en: ***sich ~en* (*auf A*)** przypominać ⟨-pomnieć⟩ sobie (*A*); **2ung** *f* przytomność *f*; **~ungslos** nieprzytomny
Besitz *m* posiadanie; **2en** posiadać; **~er** *m* posiadacz
besoffen P pijany
besohlen ⟨pod⟩zelować
Besoldung *f* uposażenie; *Mil.* żołd
besonder|- specjalny, szczególny; **2heit** *f* osobliwość *f*; szczególność *f*; **~s** szczególnie, zwłaszcza
besonnen rozważny
besorg|en (*A*) wystarać się *pf.* (o *A*); *s.* **erledigen**; **2nis** *f* niepokój; **2ung** *f* załatwienie; ***2ungen machen*** załatwi(a)ć sprawunki
besprech|en omawiać ⟨omówić⟩; **2ung** *f* narada
bespritzen opryskiw(iw)ać
besser lepszy; *Adv.* lepiej; **~n**: ***sich ~n*** poprawi(a)ć się; **2ung** *f* poprawa, polepszenie; ***gute 2ung!*** (życzę) szybkiego powrotu do zdrowia!
best|- najlepszy; ***der erste 2e*** pierwszy lepszy; ***am ~en*** najlepiej
Be|stand *m* stan, zapas; **2ständig** trwały, stały; **~standteil** *m* składnik
bestätig|en potwierdzać ⟨-dzić⟩; **2ung** *f* potwierdzenie
Bestattungsinstitut *n* zakład pogrzebowy
bestech|en przekupywać ⟨-pić⟩; **~lich** przekupny; **2ung** *f* przekupstwo; **2ungsgeld** *n* łapówka
Besteck *n* sztućce *m/pl.*
bestehen *v/i* istnieć; *v/t Prüfung* zdać *pf.*; *Probe* przejść *pf.*; **~ *auf*** obstawać (przy *L*); **~ *aus*** składać się (z *G*)
be|stehlen okradać ⟨-raść⟩; **~steigen** (*A*) wspinać ⟨wspiąć⟩ się (na *A*)
bestell|en zamawiać ⟨-mówić⟩; *Feld* uprawi(a)ć; *Gruß* przekaz(yw)ać; **2er** *m* zamawiający; **2ung** *f* zamówienie; *Agr.* uprawa
besten|falls w najlepszym razie; **~s** (jak) najlepiej
besteuern opodatkow(yw)ać
Bestie *f fig.* potwór
bestimm|en oznaczać ⟨-naczyć⟩; określać ⟨-lić⟩; **~end** decydujący; **~t** pewny, określony; *Ton*: stanowczy (-czo); *Adv.* napewno; **2ung** *f* przeznaczenie; **2ungsort** *m* miejsce przeznaczenia
bestraf|en ⟨u⟩karać; **2ung** *f* ukaranie
Bestrahlung *f* naświetlanie
Bestreben *n* dążność *f*
be|streiten *v/t* zaprzeczać ⟨-czyć⟩ (*D*); *Kosten* pokry(wa)ć; **~streuen** posyp(y-

w)ać; **~stürzt** skonsternowany
Besuch *m* odwiedziny *pl.*; *s.* **Besichtigung**; **2en** odwiedzać ‹-dzić›; *Schule* uczęszczać (do *G*); **~er** *m* gość *m*; zwiedzający *m*; **~szeit** *f* czas odwiedzin *od.* widzenia
betagt leciwy
betätig|en uruchamiać ‹uruchomić›; *Taste* naciskać ‹-snąć›; **2ung** *f* działalność *f*
betäuben ogłuszać ‹-szyć›; *Med.* znieczulać ‹-lić›
Bete *f*: ***Rote*~** bura(cz)ki *m/pl.* ćwikłowe
beteilig|en: ***sich* ~en** (**an** *D*) brać udział (w *L*); **2ung** *f* udział
beten ‹po›modlić się
Beton *m* beton
beton|en ‹za›akcentować; **2ung** *f* akcent; *fig.* nacisk
Betracht *m*: ***in* ~ *ziehen*** brać pod uwagę; **2en** *v/t* oglądać ‹obejrzeć› (*A*); (**als**) uważać (za *A*) (***sich*** się)
beträchtlich znaczny
Betrag *m* kwota, suma; **2en** *v/t* wynosić ‹-nieść›; **~en** *n* sprawowanie, zachowanie (się)
betreff|en (*A*) dotyczyć (*G*); **~end** (*A*) dotyczący (*G*); **~s** w sprawie, odnośnie do (*G*)
be|treiben (*I*) uprawiać (*A*), trudnić się (*A*); **~treten** (*A*) wchodzić ‹wejść› (do *G*); **~treuen** (*A*) opiekować się (*I*); **2treuung** *f* opieka
Betrieb *m* zakład; ruch, eksploatacja; ***außer*~** nieczynny
Betriebs|leiter *m* kierownik zakładu; **~rat** *m* rada zakładowa; **~unfall** *m* wypadek przy pracy
betrinken: ***sich* ~** upi(ja)ć się
betrüb|en zasmucać ‹-cić› (***sich*** się); **~t** zmartwiony
Betrug *m* oszustwo
betrüg|en oszuk(iw)ać; **2er(in** *f*) *m* oszust(ka); **~erisch** oszukańczy (-czo)
betrunken pijany
Bett *n* łóżko; (*Bettzeug*) pościel *f*; **~ *machen*** ‹po›słać łóżko; **~decke** *f* kołdra
betteln żebrać
bett|lägerig obłożnie chory; **2laken** *n* prześcieradło
Bettler(in *f*) *m* żebrak (-aczka)
Bett|ruhe *f* leżenie w łóżku; **~wäsche** *f* bielizna pościelowa
Beule *f* guz
be|unruhigen ‹za›niepokoić (***sich*** się); **~urlauben** udzielać ‹-lić› urlopu, zwalniać ‹zwolnić›
beurteil|en oceni(a)ć; **2ung** *f* ocena; opinia
Beute *f* łup, zdobycz *f*
Beutel *m* torba
bevölker|t zaludniony; **2ung** *f* ludność *f*
bevollmächtig|en upoważni(a)ć; **2te(r)** pełnomocnik (-iczka)
bevor nim, zanim; **~stehen**

zanosić się (na *A*); (*j-m*) oczekiwać (*G*); **~stehend** zbliżający się, nadchodzący; **~zugen** (*A*) da(wa)ć pierwszeństwo (*D*), faworyzować
bewach|en pilnować, strzec; **2er** *m* strażnik; **2ung** *f* ochrona, strzeżenie
bewaffn|en uzbrajać ⟨-roić⟩; **~et** uzbrojony, zbrojny; **2ung** *f* uzbrojenie
bewahren zachow(yw)ać
bewähr|t wypróbowany; **2ung** *f*: *Jur.* ***mit* 2*ung*** z zawieszeniem
be|wältigen pokon(yw)ać; **~wandert** (***in*** *D*) biegły (w *L*); **~wässern** nawadniać ⟨-wodnić⟩
beweg|en poruszać ⟨-szyć⟩ (***sich*** się); *fig.* wzruszać ⟨-szyć⟩; (***zu***) skłaniać ⟨-łonić⟩ (do *G*); **2grund** *m* pobudka; **~lich** ruchomy (-mo); ruchliwy (-wie); **2ung** *f* ruch; **~ungslos** nieruchomy (-mo)
Beweis *m* dowód; **2en** (*A*) dowodzić ⟨-wieść⟩ (*G*)
bewerb|en: ***sich ~en*** (***um***) ubiegać się (o *A*); **2er(in** *f*) *m* kandydat(ka); **2ung** *f* ubieganie się; (*Gesuch*) podanie o przyjęcie (do pracy *usw.*)
be|werten oceni(a)ć; *Sp.* punktować; **~willigen** przyzna(wa)ć; **~wirken** sprawi(a)ć; **~wirten** ⟨po⟩częstować, podejmować
bewohn|bar nadający się do zamieszkania; **~en** zamiesz-k(iw)ać; **2er(in)** *m* mieszkaniec (-anka)
bewölk|en: ***sich ~en*** zachmurzać ⟨-rzyć⟩ się; **2ung** *f* zachmurzenie
bewunder|n podziwiać; **2ung** *f* podziw
bewusst świadomy (-mie); **~los** nieprzytomny; **2sein** *n* przytomność *f*
bezahl|en ⟨za⟩płacić; **2ung** *f* zapłata
bezaubernd czarujący (-co)
bezeichn|en oznaczać ⟨-naczyć⟩; **~end** znamienny; **2ung** *f* oznaczenie; nazwa
be|zeugen poświadczać ⟨-czyć⟩; **~zichtigen** (*G*) obwini(a)ć (w *L*)
bezieh|en *Bett* pokry(wa)ć; *Wohnung* wprowadzać ⟨-wadzić⟩ się (do *G*); *Rente* pobierać; *Waren* otrzym(yw)ać, sprowadzać ⟨-dzić⟩; *Zeitung* ⟨za⟩prenumerować; ***sich ~en*** (***auf*** *A*) odnosić ⟨-nieść⟩ się (do *G*); **2ung** *f* stosunek; **~ungsweise** względnie
Bezirk *m* okręg, obwód; (*Stadt2*) dzielnica
Bezug *m* (*Möbel2*) pokrycie, obicie; *Hdl.* zakup; prenumerata; ***mit ~*** (***auf*** *A*) powołując się (na *A*)
Bezüg|e *m/pl.* pobory *m/pl.*; **2lich** odnośnie
be|zwecken mieć na celu;

~zweifeln *v/t* powątpiewać (o *L*); **~zwingen** pokonać(yw)ać
Bibel *f* biblia
Bibliothek *f* biblioteka
bieg|en ⟨z⟩giąć; **~sam** giętki (-ko); **2ung** *f* skręt, zakręt
Biene *f* pszczoła; **~nstock** *m* ul
Bier *n* piwo; **~stube** *f* piwiarnia
Biest F *n* bestia
bieten *Preis* ⟨za⟩oferować; ***sich*** **~** nadarzać ⟨-rzyć⟩ się; *Anblick*: przedstawi(a)ć się
Bilanz *f* bilans
Bild *n* obraz(ek); **~band** *m* album; **2en** ⟨u⟩tworzyć (***sich*** się); (*sein*) stanowić; ***sich*** **2en** kształcić się; **~erbuch** *n* książka z obrazkami; **~hauer** *m* rzeźbiarz; **2lich** obrazowy (-wo); **~schirm** *m* ekran (telewizora); **2ung** *f* tworzenie (się); (*Aus*2) (wy)kształcenie
billig tani; *Adv.* tanio; *fig.* słuszny; **~en** ⟨za⟩aprobować, pochwalać; **2ung** *f* aprobata
Bimsstein *m* pumeks
Binde *f* opaska; *Med.* bandaż; **~haut** *f* spojówka; **~mittel** *n* spoiwo
bind|en ⟨z⟩wiązać; *fig.* obowiązywać; *Buch* oprawi(a)ć; **~end** wiążący; **2er** *m* krawat; **2faden** *m* sznurek; **2ung** *f* *Tech.*, *Sp.* wiązanie; *fig.* więź *f*
binnen (*D*) w (prze)ciągu (*G*); **2handel** *m* handel wewnętrzny; **2schifffahrt** *f* żegluga śródlądowa
Birke *f* brzoza; (*Holz*) brzezina
Birn|baum *m* grusza; **~e** *f* gruszka; *El.* żarówka
bis *Prp.* (*A*) do (*G*); **~ *an*, ~ *in*, ~ *zu*** aż do; *Kj.* aż, dopóki nie
Bisamratte *f* piżmak
Bischof *m* biskup
bisher dotąd; **~ig** dotychczasowy
Biss *m* ukąszenie
bisschen: ***ein*** **~** nieco, trochę
Bissen *m* kęs, kąsek; **2ig** kąśliwy; *fig.* zgryźliwy (-wie)
Bistum *n* biskupstwo
bisweilen niekiedy
Bitt|e *f* prośba; **2e** proszę; **2en** (***um***) ⟨po⟩prosić (o *A*)
bitter gorzki (-ko); **2keit** *f* gorycz *f*
Bittschrift *f* petycja
Blähung *f* wzdęcie
blamieren ⟨s⟩kompromitować (***sich*** się)
blank lśniący (-co); *fig.* goły
Blas|e *f* pęcherz; (*Haut*2) bąbel; **2en** dmuchać ⟨-chnąć⟩; *Wind*: dąć, wiać
blass blady (-do); **~ *werden*** ⟨z⟩blednąć
Blatt *n* liść *m*; (*Papier*) arkusz; *s.* **Seite, Zeitung**
blätter|n (***in*** *D*) przeglądać, wertować (*A*); **2teig** *m* ciasto francuskie
blau niebieski (-ko), błękit-

ny; **≗beere** *f* czarna jagoda, czernica
Blech *n* blacha; **~dose** *f* blaszanka
Blei¹ *n* ołów
Blei² *m Zo.* leszcz
bleiben zosta(wa)ć; **~ *lassen*** (*A*) zaniechać *pf.* (*G*); **~d** trwały
bleifrei *Benzin*: bezołowiowy
bleich blady (-do)
Bleistift *m* ołówek; **~spitzer** *m* temperówka
Blend|e *f Fot.* przysłona; **≗en** oślepi(a)ć; **≗end** F *fig.* świetny
Blick *m* spojrzenie; **≗en** patrzeć ⟨spojrzeć⟩; ***sich* ≗*en lassen*** pokaz(yw)ać się; **~feld** *n* pole widzenia
blind ślepy; *Adv.* ślepo
Blinddarm *m* wyrostek robaczkowy; F ślepa kiszka; **~entzündung** F *f* zapalenie wyrostka (robaczkowego)
Blind|e(r) ślepy (-pa), niewidomy (-ma); **~heit** *f* ślepota; **≗lings** na oślep
blink|en *v/i.* błyskać ⟨-snąć⟩; migać ⟨-gnąć⟩; **≗er** *m Kfz.* migacz
blinzeln mrugać ⟨-gnąć⟩
Blitz *m* błyskawica, piorun; *Fot.* błysk; **~ableiter** *m* piorunochron; **≗artig** błyskawiczny; **≗en** błyskać ⟨-snąć⟩ się; **~leuchte** *f* lampa błyskowa
Block *m* blok
blockieren ⟨za⟩blokować
blöd|(e) głupkowaty (-to); **≗sinn** *m* nonsens, bzdury *f/pl.*; **~sinnig** idiotyczny
blond blond, płowy
bloß goły; *Füße*: bosy; *Adv.* tylko, jedynie
Blöße *f* nagość *f*; *fig.* słaba strona
bloßstellen ⟨s⟩kompromitować
Blue Jeans *pl.* dżinsy *pl.*
blühen kwitnąć
Blume *f* kwiat
Blumen|geschäft *n* kwiaciarnia; **~kohl** *m* kalafior; **~strauß** *m* bukiet; **~topf** *m* doniczka
Bluse *f* bluz(k)a
Blut *n* krew *f*; **~ *stillend*** tamujący krew; **~druck** *m* ciśnienie krwi
Blüte *f* kwiat; kwiecie
blut|en krwawić; **≗erguss** *m* krwawy wylew, krwiak; **≗gefäß** *n* naczynie krwionośne; **≗gruppe** *f* grupa krwi; **~ig** krwawy (-wo); **≗probe** *f* próba krwi; **≗spender** *m* krwiodawca *m*; **≗ung** *f* krwawienie; **≗vergiftung** *f* zakażenie krwi; **≗wurst** *f* kaszanka
Bö *f* poryw wiatru, szkwał
Bock *m* kozioł (*a. fig*); **~wurst** *f* serdelek
Boden *m* ziemia; *Agr. a* gleba, grunt; (*Gefäß*≗) dno; *s.* **Dach-, Fußboden**; **≗los** bezdenny; **~schätze** *m/pl.* bogactwa *n/pl.* naturalne

Bogen *m* łuk; *Mus.* smyczek; (*Papier*) arkusz; **~gang** *m* arkada; **~schütze** *m* łucznik
Bohle *f* bal, dyl
böhmisch czeski (po -ku)
Bohne *f* fasola
Bohnen|kaffee *m* kawa naturalna; **~suppe** *f* zupa fasolowa
bohnern ⟨wy⟩froterować
bohr|en ⟨wy⟩wiercić; ⟨wy-⟩świdrować; **℞er** *m* wiertło; świder; **℞maschine** *f* wiertarka; **℞ung** *f* wiercenie; otwór wiercony
Boje *f* pława, boja
Bomb|e *f* bomba; **~er** *m* bombowiec
Bonbon *m* cukierek
Boot *n* łódź *f*, łódka
Bord *m Mar.* burta; ***an ~*** na pokładzie
Bordell *n* dom publiczny
borgen pożyczać ⟨-czyć⟩
Borke *f* kora; strup
Börse *f Hdl.* giełda
Borsten *f/pl.* szczecina
Borte *f* obszywka
bösartig złośliwy (-wie)
Böschung *f* skarpa
böse zły; *Adv.* źle; ***~ sein*** (*D*) gniewać się (na *A*)
Bosheit *f* złośliwość *f*
böswillig złośliwy (-wie)
botanisch botaniczny
Bote *m* goniec, posłaniec; (*Büro℞*) woźny
Botschaft *f* wiadomość *f*; *Pol.* ambasada; **~er** *m* ambasador
Bottich *m* kadź *f*, dzieża
Bouillon *f* bulion
Bowle *f* kruszon
box|en boksować się; **℞er** *m* pięściarz; (*Hund*) bokser; **℞kampf** *m* mecz bokserski
brach: ***~ liegen*** leżeć odłogiem
Branche *f* gałąź *f*, branża
Brand *m* pożar; *Med.* gangrena; ***in ~ stecken*** podpalać ⟨-lić⟩; **~blase** *f* bąbel od oparzenia; **~salbe** *f* maść *f* na oparzenia; **~stätte** *f* pogorzelisko; **~stiftung** *f* podpalenie; **~ung** *f* kipiel *f* morska; **~wunde** *f* oparzelina, oparzenie
Branntwein *m* wódka
brasilianisch brazylijski
brat|en ⟨u⟩smażyć; ⟨u⟩piec; **℞en** *m* pieczeń *f*; **℞hähnchen** *n* kurczę pieczone; **℞pfanne** *f* patelnia
Bratsche *f* altówka
Brauch *m* obyczaj; **℞bar** (***für, zu***) zdatny, nadający się (do *G*); **℞en** (*A*) potrzebować (*G*)
Braue *f* brew
Brauerei *f* browar
braun brunatny, brązowy, (-wo); ***~ gebrannt*** opalony na brązowo
bräunen ⟨przy-, za⟩rumienić; ***sich ~*** (*in der Sonne*) opalać ⟨-lić⟩ się
Braunkohle *f* węgiel brunatny
brausen *v/i* szumieć, huczeć

Braut *f* narzeczona; **~führer** *m* drużba *m*
Bräutigam *m* narzeczony
brav dzielny; *Kind*: grzeczny
Brech|eisen *n* łom; **2en** ⟨po-, prze-, z⟩łamać (*v/i* się); *v/i Med.* ⟨z⟩wymiotować; ***sich 2en*** *Licht*: załam(yw)ać się; **~mittel** *n* środek na wymioty
Bregen *m Kochk.* móżdżek
Brei *m* papka, kaszka
breit szeroki (-ko); **2e** *f* szerokość *f*; **~schultrig** barczysty
Brems|backe *f* szczęka hamulcowa; **~belag** *m* okładzina hamulca; **~e** *f* hamulec; **2en** ⟨za⟩hamować; **~flüssigkeit** *f* płyn hamulcowy
brenn|bar palny; **~en** palić (*v/i* się); *Sonne*: prażyć; *Wunde*: piec; **2er** *m* palnik; **2erei** *f* gorzelnia
Brenn|holz *n* drzewo na opał; **~nessel** *f* pokrzywa; **~spiritus** *m* denaturat; **~stoff** *m* paliwo; **~weite** *f* ogniskowa
Breslau *n* Wrocław
Brett *n* deska
Brezel *f* ob(w)arzanek
Brief *m* list; **~kasten** *m* skrzynka pocztowa; **2lich** listowny; **~marke** *f* znaczek pocztowy; **~papier** *n* papier listowy; **~tasche** *f* portfel; **~träger** *m* listonosz; **~umschlag** *m* koperta; **~wechsel** *m* korespondencja
Brikett *n* brykiet
Brillant *m* brylant
Brille *f* okulary *pl.*
bringen (*her~*) przy- (*fort~*) odnosić ⟨-nieść⟩; (*fahrend*) przy-, odwozić ⟨-wieźć⟩; ***in Ordnung*** ~ ⟨u⟩porządkować
Brocken *m* kawał, odłamek
bröckeln kruszyć
brodeln wrzeć, kipieć
Brombeere *f* jeżyna
Bronchitis *f* zapalenie oskrzeli
Brosche *f* broszka
Broschüre *f* broszura
Brot *n* chleb
Brötchen *n* buł(ecz)ka
Brot|scheibe *f*, **~schnitte** *f* kromka chleba
Bruch *m* złamanie; *fig. a.* rozłam; (*Leisten2*) przepuklina; *Math.* ułamek
brüchig łamliwy, kruchy
Bruchstück *n* odłamek; *fig.* fragment, urywek
Brücke *f* most; *Mar.*, *Sp.*, *Tech.* mostek; (*Teppich*) dywanik
Bruder *m* brat
brüderlich braterski (po -ku); **2keit** *f* braterskość *f*
Brüh|e *f Kochk.* rosół, bulion; **~würfel** *m* kostka bulionowa
brüllen ryczeć ⟨ryknąć⟩
brumm|en mruczeć ⟨mruknąć⟩; **~ig** zrzędny, gderliwy (-wie)
brünett ciemnowłosy; **2e** *f* brunetka
Brunnen *m* studnia; woda mineralna; **~kur** *f* kuracja

zdrojowa
brüsk szorstki (-ko)
Brust *f* pierś *f*; **~fell** *n* opłucna; **~korb** *m* klatka piersiowa
Brüstung *f* balustrada
Brustwarze *f* sutek
Brut *f* wyląg
brüten wylęgać; *fig.* (**über** *D*) głowić się (nad *I*)
Bruthenne *f* kwoka
Bruttogewicht *n* waga brutto
Bub *m* chłopak; **~e** *m* (*Karte*) walet
Buch *n* książka; księga; **~binder** *m* introligator; **~drucker** *m* drukarz
Buche *f* buk
buchen ⟨za⟩księgować; *Platz* zamawiać ⟨-mówić⟩, ⟨za⟩rezerwować
Bücher|ei *f* biblioteka; **~schrank** *m* biblioteka, szafa na książki
Buch|führung *f* księgowość *f*; **~halter(in** *f*) *m* księgowy (-wa); **~händler** *m* księgarz; **~handlung** *f* księgarnia
Büchse *f* puszka; (*Waffe*) fuzja, strzelba
Büchsen|fleisch *n* mięso konserwowe; **~milch** *f* mleko kondensowane; **~öffner** *m* otwieracz (do puszek)
Buch|stabe *m* litera; **2stabieren** sylabizować; **2stäblich** dosłowny
Bucht *Geogr.* zatoka
Buchung *f* (za)księgowanie; (*Hotel usw.*) rezerwacja
Buchweizen *m* gryka, tatarka
Buckel *m* garb
bücken: ***sich*** **~** schylać ⟨-lić⟩ się
bucklig garbaty (-to)
Bückling *m* *Kochk.* pikling
buddeln F kopać; *Kind:* grzebać się
Budget *n* budżet
Büfett *n*: ***kaltes*** **~** stół szwedzki
Büffel *m* bawół; **2n** F wkuwać, kuć
Bug *m* *Mar.* dziób, przód
Bügel *m* kabłąk, pałąk; **~eisen** *n* żelazko; **~falte** *f* kant (u spodni); **2n** ⟨wy⟩prasować
Bühne *f* scena; **~nbild** *n* sceneria, dekoracje *f/pl.*; **~nstück** *n* sztuka sceniczna
Bulette *f* kotlet mielony
bulgarisch bułgarski (po -ku)
Bulle *m* byk, buhaj
Bummel *m* spacer; **2n** spacerować
Bund[1] *n* wiązka; pę(cze)k
Bund[2] *m* związek; (kon)federacja
Bündel *n* wiązka; tłumo(cze)k
Bundes|genosse *m* sojusznik; **~regierung** *f* rząd federalny; **~republik** *f* republika federalna; **~staat** *m* państwo związkowe, federacja
Bündnis *n* przymierze, sojusz
Bunker *m* *Mil.* schron

bunt (różno)barwny; *fig.* mieszany; **&stift** *m* kredka, ołówek kolorowy
Bürde *f* brzemię
Burg *f* zamek, gród
Bürg|e *m* poręczyciel; **&en** **(für)** poręczać ⟨-czyć⟩, ręczyć (za *A*)
Bürger *m* **(-in** *f*) obywatel(ka); **~krieg** *m* wojna domowa; **&lich** mieszczański; *Jur.* cywilny; **~meister** *m* burmistrz; **~steig** *m* chodnik
Bürgschaft *f* poręczenie, gwarancja
Büro *n* biuro; **~haus** *n* biurowiec; **~klammer** *f* spinacz
Bursche *m* chłopak
Bürste *f* szczotka; **&n** ⟨wy-⟩ szczotkować
Bus *m* autobus; **~bahnhof** *m* dworzec autobusowy
Busch *m* krzak, krzew
Büschel *m* pęk; (*Haar&*) kosmyk
Busen *m* pierś *f*; biust
Bushaltestelle *f* przystanek autobusowy
Bussard *m* myszołów
Buß|e *f* *Rel.* pokuta; *Jur.* = **~geld** *n* grzywna
büßen ⟨od⟩pokutować
Büste *f* popiersie; **~nhalter** *m* biustonosz
Büttenpapier *n* papier czerpany
Butter *f* masło; **~brot** *n* kromka chleba z masłem; **~milch** *f* maślanka; **~pilz** *m* maślak

C

Café *n* kawiarnia
Camping *n* kempingowanie; **~platz** *m* kemping
Cello *n* wiolonczela
Champagner *m* szampan
Champignon *m* pieczarka
chaotisch chaotyczny
Charakter *m* charakter; **&istisch** charakterystyczny
Charterflug *m* lot czarterowy
Chassis *n* *Kfz.* podwozie
Chaussee *f* szosa
Chef *m* szef; **~arzt** *m* lekarz naczelny
Chemie *f* chemia; **~faser** *f* włókno sztuczne
Chemi|kalien *f/pl.* chemikalia *pl.*; **&sch** chemiczny
Chiffre *f* szyfr; kod
Chin|a *n* Chiny *pl.*; **~ese** *m* (**~esin** *f*) Chińczyk (Chinka); **&esisch** chiński (po -ku)
Chirurg *m* chirurg
Chor *m* chór
Christ *m* chrześcijanin; **~baum** *m* choinka; **~entum** *n* chrześcijaństwo; **&lich** chrześcijański (po -ku); **~messe** *f* pasterka
Christus *m* Chrystus
Chroni|k *f* kronika; **&sch**

Med. przewlekły (-le)
clever bystry; sprytny
Clown *m* klown, błazen
Cognac *m* koniak
Computer *m* komputer
Container *m* kontener, pojemnik
Couch *f* tapczan
Creme *f* krem

D

da *Adv.* (*hier*) tu; (*dort*) tam; ***es ist kein(e) ... ~, ... ist nicht ~*** nie ma ... (*G*); ***von ~ an*** *od.* ***ab*** odtąd, stąd; ***~ ist es*** oto jest; *Kj.* (*weil*) ponieważ; gdyż; skoro; ***~ sein*** egzystować; być obecnym
dabei obok; przy tym; ***~ sein*** (***bei***) uczestniczyć (w *L*); być obecnym (przy *L*)
dableiben pozosta(wa)ć
Dach *n* dach; **~decker** *m* dekarz; **~geschoss** *n* poddasze; **~pappe** *f* papa dachowa; **~rinne** *f* rynna; **~ziegel** *m* dachówka
dadurch przez to; w taki sposób
dafür za to; ***ich bin ~*** jestem za tym; ***er kann nichts ~*** on nie jest temu winien
dagegen *Adv.* przeciw temu; *Kj.* natomiast, zaś
daheim w domu
daher *Adv.* stamtąd; *Kj.* przeto; dlatego; toteż
dahin tam; do tego; **~ab** tędy na (*od.* w) dół; **~auf** tędy na (*od.* w) górę; **~aus, ~ein** tędy; **~ten** tam z tyłu, w tyle; **~ter** za tym
damals wtedy, wówczas
Dame *f* dama, pani; (*Spiel*) warcaby *pl.*; (*Schach*) hetman; **~n-** *in Zssgn* damski; **~nbinde** *f* opaska higieniczna
Damhirsch *m* daniel
damit *Adv.* tym, tym samym; *Kj.* aby, ażeby
Damm *m* tama; *Esb.* nasyp
dämmer|n: ***es ~t*** (*abends*) zmierzcha się; (*morgens*) świta; **2ung** *f* zmierzch, zmrok; świt, brzask
Dampf *m* para; **~bad** *n* łaźnia parowa; **~druck** *m* ciśnienie pary; **2en** parować
dämpfen *Stimme* ściszać ⟨-szyć⟩; *Kochk.* ⟨u⟩dusić
Dampf|er *m* parowiec; **~heizung** *f* ogrzewanie parowe; **~maschine** *f* maszyna parowa
danach potem, następnie
Däne *m* Duńczyk
daneben obok; (o)prócz tego
Dän|emark *n* Dania; **~in** *f* Dunka; **2isch** duński (po -ku)
dank (*D*, *G*) dzięki (*D*)
Dank *m* podziękowanie;

herzlichen ~! serdeczne dzięki!; **&bar** wdzięczny; **&en** (***für***) ⟨po⟩dziękować (za *A*); ***~e schön!*** bardzo dziękuję!
dann wtedy, potem; później
dar|an przy tym, na tym; **~auf** potem, następnie; na tym, na to; **~aus** z tego; stąd; **&bietung** *f* przedstawienie; **~in** w tym; co do tego; **~legen** wyłuszczać ⟨-czyć⟩
Darlehen *n* pożyczka
Darm *m* jelito, F kiszka
darstell|en przedstawi(a)ć (***sich*** się); **&er(in** *f*) *m* wykonawca *m* (-czyni *f*)
dar|über o tym; ***~über hinaus*** ponadto; **~um** o to; *Kj.* dlatego; **~unter** pod tym, pod to; poniżej; pomiędzy
das to; (*relativ*) które; *s.* **es**
dass że; (*den Zweck, die Absicht bestimmend*) aby, żeby; ***es sei denn, ~ ...*** chyba że ...
Datei *f EDV* plik
Dat|en *n/pl.* dane *pl.*; **~enbank** *f* bank danych; **~enverarbeitung** *s.* **EDV**; **&ieren** datować; **~iv** *m Gr.* celownik
Dattel *f* daktyl
Datum *n* data
Dauer *f* trwanie; (*begrenzt*) czas(okres); ***auf die ~*** na dłuższy czas; **~auftrag** *m* zlecenie stałe; **&haft** trwały (-le); **&n** ⟨po⟩trwać; **&nd** ciągły (-le); **~welle** *f* trwała (ondulacja); **~wurst** *f* sucha kiełbasa
Daumen *m* kciuk
Daunendecke *f* kołdra puchowa
davon z tego; **~laufen** uciekać ⟨uciec⟩
davor przed tym
dazu do tego, na to; przy tym, (po)nadto; **~gehören** należeć do (*G*); **~tun** (***zu***) doda(wa)ć (do *G*)
dazwischen między tym; wśród tego; **~kommen** stawać ⟨stanąć⟩ na przeszkodzie; **~reden** przer(y)wać; wtrącać ⟨-cić⟩ się (do *G*)
Debatte *f* dyskusja
Deck *n Mar.* pokład
Deck|e *f* przy-, nakrycie; (*Schnee&, Eis&*) pokrywa; *Arch.* sufit; *s.* **Bett-, Tischdecke**; **~el** *m* przy-, pokrywka; **&en** *Kosten, Dach* pokry(wa)ć; *Tisch* nakry(wa)ć
Deckung *f* pokrycie; osłona
defekt uszkodzony
deftig F porządny, tęgi (-go)
Degen *m* szpada
dehn|en rozciągać ⟨-gnąć⟩ (***sich*** się); **&ung** *f* rozciąganie (się)
Deich *m* grobla, tama
Deichsel *f* dyszel
dein twój *m*, twoja *f*, twoje *n u. pl.*; ***die &en*** twoi; **~erseits** z twojej strony; **~etwegen** z powodu ciebie
deklarieren ⟨za⟩deklarować

Deklination *f Gr.* odmiana
dekorieren ⟨u⟩dekorować
Delegation *f* delegacja
delikat delikatny; **ꝰesse** *f* smakołyk, specjał; przysmak
Delikt *n* przewinienie
dem|entsprechend stosownie do tego, zgodnie z tym; **~gemäß** odpowiednio do tego; **~nach** zatem, przeto; **~nächst** wkrótce
Demokra|tie *f* demokracja; **ꝰtisch** demokratyczny
demonstrieren demonstrować
demütig pokorny; **~en** upokarzać ⟨-korzyć⟩
demzufolge wskutek tego
denk|en (*an A*) ⟨po⟩myśleć (o *L*); ***sich ~en*** wyobrażać ⟨-razić⟩ sobie; **ꝰmal** *n* pomnik; **~würdig** pamiętny
denn bo, (al)bowiem
dennoch jednak(że), przecież
Denunziant *m* donosiciel
deponieren ⟨z⟩deponować
Deport|ation *f* deportacja, zesłanie; **ꝰieren** deportować
Depot *n* skład(nica)
der ten; (*relativ*) który; *s.* **er**; **~art** *s.* **dermaßen**
derb jędrny; *Essen*: prosty
der|einst kiedyś; **~gleichen** (temu) podobny; **~jenige** ten; **~maßen** do tego stopnia; **~selbe** ten sam; **~zeitig** obecny; ówczesny
Deserteur *m* dezerter
des|gleichen podobnie, tak samo; **~halb** dlatego
Desin|fektionsmittel *n* środek dezynfekcyjny; **ꝰfizieren** ⟨z⟩dezynfekować, odkażać ⟨-kazić⟩
dessen tego; (*relativ*) którego
Dessert *n* deser
des|to tym; ***~to mehr*** tym więcej, tym bardziej; **~wegen** dlatego
detailliert szczegółowy (-wo)
deut|en objaśni(a)ć, ⟨wy-⟩tłumaczyć; (*zeigen*) wskaz(yw)ać; **~lich** wyraźny
deutsch niemiecki; ***auf*** **ꝰ** po niemiecku; **ꝰ** *n* (język) niemiecki; **ꝰe** *f* Niemka; **ꝰe(r)** *m* Niemiec; **ꝰkenntnisse** *f/pl.* znajomość *f* (języka) niemieckiego; **ꝰkurs** *m* kurs nauki (języka) niemieckiego; **ꝰland** *n* Niemcy *pl.*
Devisen *pl.* dewizy *pl.*; **~schieber** F *m* waluciarz; **~vorschriften** *f/pl.* przepisy *m/pl.* dewizowe
Dezember *m* grudzień *m*; ***im ~*** w grudniu; **~-** *in Zssgn* grudniowy
Dezernat *n* (wy)dział
dezimal dziesiętny
Dia F *n* slajd
Diabet|es *m* cukrzyca; **~iker** *m* diabetyk
Dia|gnose *f* diagnoza; **~gonale** *f* przekątna; **~gramm** *n* wykres
Dialekt *m* narzecze, gwara
Diät *f* dieta; **~en** *pl.* diety *pl.*;

~kost *f* dania *n/pl.* dietetyczne
dich ciebie, cię
dicht gęsty (-to); *Verschluss*: szczelny; ~ ***bei*** tuż przy (*L*) *od.* obok (*G*); **2e** *f* gęstość *f*; **~en** układać ⟨ułożyć⟩ wiersz(e); **2er(in** *f*) *m* poet(k)a; **2ung** *f* poezja; *Tech.* uszczelka
dick gruby (-bo); (*geschwollen*) spuchnięty; *Suppe*: gęsty; ***~e Milch*** zsiadłe mleko; **2e** *f* grubość *f*; gęstość *f*; **2icht** *n* zarośla *pl.*; **~köpfig** uparty
die ona; *pl.* one, oni, (*relativ*) która; *pl.* które, którzy; *s.* **sie**
Dieb *m* (**~in** *f*) złodziej(ka); **~stahl** *m* kradzież *f*
Diele *f* dyl; (*Raum*) sień *f*, korytarz
dien|en (***zu***; ***als***) służyć (do *G*; jako); **~lich** przydatny; **2st** *m* służba; (*Hilfe*) przy-, u-sługa; ***2st haben*** *a.* mieć dyżur
Dienstag *m* wtorek; ***am*** ~ we wtorek
dienst|bereit dyżurny; **2bezüge** *pl.* pobory *pl.*; **~lich** służbowy (-wo); **2mädchen** *n* pomoc *f* domowa, służąca; **2reise** *f* podróż *f* służbowa; **2stelle** *f* urząd; **2stunden** *f/pl.* godziny *f/pl.* urzędowe; **2vorschrift** *f* przepis służbowy; **2weg** *m* droga służbowa
dies to; **~bezüglich** odnoszący się (*od. Adv.* odnośnie) do tego; **~er**, **~e**, **~es** ten, ta, to; ***~e*** *pl.* te, ci
Diesel *m* silnik Diesla, diesel
dieselbe ta sama
Dieselöl *n* olej napędowy
dies|jährig tegoroczny; **~mal** tym razem; **~seits** z tej strony
Dietrich *m* wytrych
Differenz *f* różnica
digital cyfrowy; **2uhr** *f* zegarek cyfrowy
Diktat *n* dyktando
Diktatur *f* dyktatura
Diktiergerät *n* dyktafon
Dill *m* koper(ek)
Ding *n* rzecz *f*; ***vor allen ~en*** przede wszystkim
Diphtherie *f* dyfteryt
diplom|atisch dyplomatyczny; **2ingenieur** *m* inżynier dyplomowany
dir tobie, ci; ***von*** ~ od ciebie; ***mit*** ~ z tobą; ***zu*** ~ do ciebie
direk|t bezpośredni (-nio); **2tion** *f* dyrekcja; **2tor** *m* dyrektor
Dirigent *m* dyrygent
Disk|ette *f* *EDV* dyskietka; **~othek** *f* dyskoteka
diskret dyskretny
Diskriminierung *f* dyskryminacja
Diskussion *f* dyskusja
Diskuswerfen *n* rzut dyskiem
Dissertation *f* rozprawa
Distanz *f* dystans
Distel *f* oset
Disziplin *f* dyscyplina

divers różny, rozmaity
dividieren ⟨po⟩dzielić
doch jednak; przecież
Docht *m* knot
Dogge *f* dog
dogmatisch dogmatyczny
Dolch *m* sztylet
dolmetsch|en ⟨prze⟩tłumaczyć (ustnie); **⁓er(in** *f*) *m* tłumacz(ka) konferencyjny (-na)
Dom *m* katedra
Donau *f* Dunaj
Donner *m* grzmot; **⁓n** ⟨za-⟩ grzmieć
Donnerstag *m* czwartek; ***am ~*** w czwartek
Doppel *n* odpis, duplikat; *Sp.* debel; **~bett** *n* łóżko małżeńskie; **~gänger** *m* sobowtór; **~punkt** *m* dwukropek; **⁓seitig** dwustronny; **⁓t** podwójny; **⁓*t so viel*** dwa razy tyle; **~zentner** *m* kwintal; **~zimmer** *n* pokój dwuosobowy
Dorf *n* wieś *f*, wioska
Dorn *m* cierń *m*, kolec
Dorsch *m* dorsz
dort tam; **~her** stamtąd; **~hin** tam; **~ig** tamtejszy
Dose *f* puszka; **~nöffner** *m* otwieracz (do puszek)
Dosis *f* dawka
Dotter *m* żółtko
Drache *m* smok; **~n** *m* latawiec; *Sp.* lotnia
Draht *m* drut; **~seilbahn** *f* kolejka linowa
Drama *f* dramat
dran F: ***ich bin ~*** moja kolejka
Drang *m Med.* parcie
drängen napierać; (*zur Eile*) przynaglać ⟨-lić⟩; ***sich ~*** pchać się
drastisch drastyczny
Draufgänger *m* śmiałek; przedsiębiorczy człowiek
draußen na dworze; ***nach ~*** na dwór; ***von ~*** z zewnątrz
drechseln ⟨wy⟩toczyć
Dreck *m* brud; (*Schlamm*) błoto; **⁓ig** brudny (-no); zabłocony
Dreh|bank *f* tokarka; **⁓bar** obrotowy; **~buch** *n* scenariusz; **⁓en** obracać ⟨obrócić⟩ (***sich*** się); *Film* nakręcać ⟨-cić⟩; **~er** *m* tokarz; **~ung** *f* obrót; **~zahlmesser** *m* obrotomierz
drei trzy, trzej, troje; **⁓** *f* trójka; **⁓eck** *n* trójkąt; **~eckig** trójkątny; **~einhalb** trzy i pół; **~fach** potrójny; **⁓faltigkeit** *f* Trójca; **~jährig** trzyletni; **~mal** trzy razy; **~malig** trzykrotny; **~monatig** trzymiesięczny; **⁓rad** *n* rower(ek) trójkołowy; **⁓sprung** *m Sp.* trójskok
dreißig trzydzieści; **~-** *in Zssgn* trzydziesto-; **~ste(r)** trzydziesty
dreist zuchwały (-le)
drei|stöckig trzypiętrowy; **~zehnte(r)** trzynasty
Dresden *n* Drezno
Dresch|e F *f* lanie; **⁓en** ⟨wy-⟩ młócić; **~maschine** *f* młocarnia

dressieren ⟨wy⟩tresować
Drillinge *pl.* trojaczki *m/pl.*
drin *s.* **darin**
dring|en przenikać ⟨-knąć⟩; (***aus*** *D*) wydoby(wa)ć się (z *G*); *fig.* nalegać; **~end** pilny, naglący; *Bitte*: usilny
drinnen wewnątrz
dritt|e(r) trzeci; **2el** *n* trzecia część; **~ens** po trzecie
Droge *f* narkotyk; ***~n nehmen*** zaży(wa)ć narkotyki; **~rie** *f* drogeria
droh|en grozić, zagrażać; **2ung** *f* groźba, pogróżka
dröhnen huczeć; dudnić
drollig pocieszny, zabawny
Drossel *f* drozd; *El.* dławik; **2n** ograniczać ⟨-czyć⟩
drüben tam, po tamtej stronie; ***von ~*** stamtąd
Druck *m* nacisk, ucisk; (*Luft2*, *Blut2*) ciśnienie; *Typ.* druk; **2en** ⟨wy⟩drukować
drücken *v/t* naciskać ⟨-snąć⟩; (***an*** *A*) przyciskać ⟨-snąć⟩ (do *G*); *v/i Schuh*: cisnąć, uciskać; ***sich ~*** (***vor*** *D*) uchylać ⟨-lić⟩ się (od *G*)
Druck|er *m* drukarz; *EDV* drukarka; **~erei** *f* drukarnia; **~knopf** *m* zatrzask; *El.* przycisk, guzik; **~luft** *f* powietrze sprężone; **~sache** *f* druk
Drüse *f* gruczoł
du ty
Dübel *m* kołek
ducken: ***sich ~*** schylić się *pf.*
Duell *n* pojedynek
Duft *m* zapach, woń *f*; **2en** (***nach***) pachnieć (*I*); **2end** wonny, pachnący
duld|en znosić ⟨znieść⟩; **~sam** cierpliwy, wyrozumiały
dumm głupi (-pio); **2heit** *f* głupota; głupstwo; **2kopf** *m* głupiec
dumpf *Laut*: głuchy (-cho); *Schmerz*: tępy
Düne *f* wydma
Dung *m* gnój, obornik
düng|en gnoić, nawozić; **2er** *m* nawóz
dunkel ciemny (-no); ***es wird ~*** robi się ciemno; **~blau** ciemnoniebieski; **2heit** *f* ciemność *f*; ***in der 2heit*** w ciemnościach, po ciemku; **2kammer** *f* ciemnia
dünn cienki (-ko); = **~flüssig** rzadki (-ko)
Dunst *m* opar; mgiełka
dünsten ⟨u⟩dusić
dunstig mglisty (-to)
durch *Prp.* (*A*) przez (*A*); *Adv.* ***~ und ~*** na wskroś; **~arbeiten** przerabiać ⟨-robić⟩
durchaus zupełnie, całkiem; ***~ nicht*** bynajmniej, wcale nie
durch|beißen przegryzać ⟨-gryźć⟩; **~blättern** ⟨przewertować; **~bohren** przewiercać ⟨-cić⟩; **~brechen** przełam(yw)ać (*v/i* się); *Loch* przebi(ja)ć; **~brennen** przepalać ⟨-lić⟩ (*v/i* się); **2bruch** *m* przełom; **~denken** rozważać ⟨-żyć⟩;

~dringend przejmujący (-co); **~drücken** przeciskać ⟨-snąć⟩
durcheinander *Adv.* bezładnie; **~ *bringen*** F robić bałagan; *(j-n)* ⟨z⟩dezorientować; *Begriffe* poplątać *pf.*; **♀** F *n* bałagan;
durch|fahren *(A)* przejeżdżać ⟨-jechać⟩ (przez *A*); **♀fahrt** *f* przejazd; **♀fall** *m* biegunka, rozwolnienie; *fig.* klapa; **~fallen** *fig.* F przepaść *pf.*; **~fließen** *(A)* przepływać ⟨-płynąć⟩ (przez *A*); **~führen** przeprowadzać ⟨-dzić⟩; **♀führung** *f* przeprowadzenie; wykonanie
Durchgang *m* przejście; **~sverkehr** *m* ruch tranzytowy
durchgehen *v/i* przechodzić ⟨przejść⟩; *Pferde*: ponosić ⟨-nieść⟩; **~*d geöffnet*** otwarty bez przerwy
durch|greifend radykalny; **~halten** wytrzym(yw)ać; **~kommen** przedosta(wa)ć się; *Prüfling*: zdać *pf.* egzamin; **~kreuzen** ⟨po⟩krzyżować; **~lassen** przepuszczać ⟨-uścić⟩; **~laufen** przebiegać ⟨-biec⟩; *Wasser*: przeciekać ⟨-ciec⟩; **~leuchten** *Med.* prześwietlać ⟨-lić⟩; **~löchern** ⟨prze-⟩ dziurawić; **~machen** *v/i fig.* przeży(wa)ć; **♀messer** *m* średnica; **~nässt** przemokły; **~queren** przecinać ⟨-ciąć⟩
Durchreise *f*: ***auf der ~*** przejazdem
durch|reißen przer(y)wać (***sich*** się); **~rosten** przerdzewieć *pf.*; **♀sage** *f* komunikat, informacja; **~sägen** przepiłow(yw)ać; **~schauen** *v/t* przejrzeć *pf.*; **~scheuern** przecierać ⟨przetrzeć⟩ (***sich*** się); **~schimmern** przeświecać; **~schlafen** przesypiać ⟨-spać⟩
Durch|schlag *m* *(Kopie)* odbitka, przebitka; **♀schlüpfen** prześliznąć się *pf.*; **♀schneiden** przecinać ⟨-ciąć⟩
Durchschnitt *m fig.* przeciętna; ***im ~*** przeciętnie, średnio; **♀lich** przeciętny, średni (-nio)
durch|schwimmen *(A)* przepływać ⟨-płynąć⟩ (przez *A*); **~sehen** przeglądać ⟨przejrzeć⟩; **~seihen** przecedzać ⟨-dzić⟩; **~setzen** przeforsować *pf.*; **~sichtig** przezroczysty (-ście); *fig.* przejrzysty (-ście); **~sickern** przesiąkać ⟨-knąć⟩; **~sieben** przesi(ew)ać; **~sprechen** omawiać ⟨omówić⟩; **~stechen** przekłu(wa)ć; **~stehen** *fig.* przetrzym(yw)ać; wytrwać *pf.*; **~stoßen** przebi(ja)ć; przeszy(wa)ć; **~streichen** przekreślać ⟨-lić⟩; **~suchen** przeszuk(iw)ać; **♀suchung** *f* przeszukanie; *Jur.* rewizja; **~trieben** przebiegły (-le);

~wachsen *Kochk.* przerośnięty; **~wählen** (***nach***) ⟨po⟩łączyć się bezpośrednio (z *I*); **~wühlen** przekop(yw)ać; *fig.* przeszperać *pf.*; **~zählen** przeliczać ⟨-czyć⟩; **~ziehen** przeciągać ⟨-gnąć⟩; **2zug** *m* (*Luft2*) przeciąg
dürfen móc, śmieć; ***darf ich?*** czy mogę?; czy można?; ***man darf nicht*** nie wolno
dürftig marny, nędzny
dürr suchy; *Pers.* chudy (-do); **2e** *f* susza, posucha
Durst *m* pragnienie; ***~ haben*** mieć pragnienie; **2ig** spragniony
Dusch|e *f* prysznic, natrysk; **2en** brać ⟨wziąć⟩ prysznic
Düse *f* dysza; **~nflugzeug** *n* odrzutowiec
düster mroczny (-no); *fig. a.* ponury (-ro)
Dutzend *n* tuzin
duzen być na ty (z *I*)
D-Zug *m* pociąg pośpieszny

E

Ebbe *f* odpływ
eben płaski; równy; *Adv.* właśnie (***erst*** przed chwilą); **2e** *f* równina; *Math.* płaszczyzna; **~falls** również
ebenso tak samo; ***~ sehr*** (***wie***) w tym samym stopniu (co); ***~ viel*** tyleż; ***~ wenig*** równie mało
Eber *m* knur
Eberesche *f* jarzębina
ebnen wyrówn(yw)ać
Echo *n* echo
echt prawdziwy (-wie)
Eck|ball *m Sp.* rzut rożny; **~e** *f* róg, kąt; *Sp.* korner; ***um die ~e*** za rogiem; **~haus** *n* dom narożny; **2ig** kanciasty (-to); **~zahn** *m* kieł
edel szlachetny; **2stein** *m* kamień *m* szlachetny; **2weiß** *n* szarotka
EDV *f* (***elektronische Datenverarbeitung***) elektroniczne przetwarzanie danych
Efeu *m* bluszcz
effektvoll efektowny
egal *s.* **gleich**; ***ganz ~*** wszystko jedno
Egge *f* brona
egoistisch egoistyczny
ehe nim, zanim
Ehe *f* małżeństwo; **~bruch** *m* zdrada małżeńska; **~frau** *f* żona; **~leute** *pl.* małżonkowie *m/pl.*; **2lich** małżeński; *Kind*: ślubny
ehe|malig były; **~mals** niegdyś
Ehe|mann *m* mąż; **~paar** *n* para małżeńska
eher wcześniej; raczej (***als*** niż)
Ehe|ring *m* obrączka; **~schei-**

dung *f* rozwód; **~schließung** *f* zawarcie małżeństwa
Ehre *f* honor; zaszczyt
ehren czcić, szanować; **~amtlich** honorowy (-wo); **⁀mal** *n* pomnik; **⁀mitglied** *n* członek honorowy; **~voll** zaszczytny, chlubny; **⁀wort** *n* słowo honoru
Ehr|furcht *f* głęboki szacunek; **~geiz** *m* ambicja; **⁀lich** uczciwy (-wie); **~lichkeit** *f* uczciwość *f*; **~ung** *f* uczczenie; zaszczyt; **⁀würdig** czcigodny, wielebny
Ei *n* jajko
Eibe *f* cis
Eich|e *f* dąb; **~el** *f* żołądź *f*; **~hörnchen** *n* wiewiórka
Eid *m* przysięga
Eidechse *f* jaszczurka
eidesstattlich: ***~e Erklärung*** zapewnienie w miejsce przysięgi
Eier|becher *m* kieliszek do jaj; **~kuchen** *m* naleśnik; **~stock** *m* jajnik
Eifer *m* gorliwość *f*, zapał; **~sucht** *f* zazdrość *f*; **⁀süchtig** zazdrosny
eifrig gorliwy (-wie)
Eigelb *n* żółtko
eigen własny; właściwy; **~artig** swoisty (-ście); osobliwy (-wie); **⁀bedarf** *m* potrzeba własna; **~händig** własnoręczny; **⁀heim** *n* własny dom jednorodzinny; **~mächtig** samowolny
eigens specjalnie
Eigenschaft *f* właściwość *f*, cecha; **~swort** *n* *Gr.* przymiotnik
eigen|sinnig uparty (-cie); **~ständig** samodzielny
eigentlich *Adv.* właściwie
Eigen|tum *n* własność *f*; **~tümer(in** *f*) *m* właściciel(ka); **⁀tümlich** osobliwy (-wie)
eignen: ***sich ~ (zu)*** nada(wa)ć się (do *G*)
Eil|bote *m*: ***durch ~boten!*** ekspres!; **~brief** *m* list ekspresowy; **~e** *f* pośpiech; **⁀en** pospieszać ⟨-szyć⟩; ... ***eilt*** ... nagli; **⁀ig** spieszny, pilny; **~zug** *m* pociąg przyspieszony
Eimer *m* wiadro, kubeł
ein, ~e(r), ~e, ~(e)s jeden, jedna, jedno; **~ander** wzajemnie, nawzajem
einarbeiten (***in*** *A*) zapozn(aw)ać (z *I*; ***sich*** się)
ein|äschern spopielać ⟨-lić⟩; *Leiche* spalać ⟨-lić⟩; **~atmen** wdychać; **⁀bahnstraße** *f* ulica jednokierunkowa; **⁀band** *m* oprawa; **⁀bau** *m* wbudowanie; **~bauen** wbudow(yw)ać; zainstalować *pf.*; **~behalten** zatrzym(yw)ać; **~berufen** zwoł(yw)ać; *Mil.* powoł(yw)ać; **~beziehen** włączać ⟨-czyć⟩; **~biegen** (***in*** *e-e Straße*) skręcać ⟨-cić⟩ (w *A*)
einbild|en: ***sich ~en*** wyobrażać ⟨-razić⟩ sobie; **⁀ung** *f* urojenie; (*Dünkel*) zaro-

zumiałość *f*
Einblick *m* wgląd
einbrech|en (**in** *A*) włam(y-w)ać się (do *G*); *Nacht*: zapadać ⟨-paść⟩; **≈er** *m* włamywacz
ein|bringen *Ernte* zwozić ⟨zwieźć⟩; *Klage* wnosić ⟨wnieść⟩; **≈bruch** *m* włamanie (się)
Ein|bürgerung *f* nadanie obywatelstwa, naturalizacja; **~buße** *f* strata, uszczerbek; **≈büßen** ⟨s⟩tracić; **≈dämmen** *fig.* ukrócać ⟨-cić⟩; **≈deutig** jednoznaczny; **≈drehen** wkręcać ⟨-cić⟩; **≈dringen** (**in** *A*) przenikać ⟨-knąć⟩ (do *G*); **~druck** *m fig.* wrażenie; **≈drucksvoll** imponujący (-co)
eineinhalb półtora
Einer *m* jedynka (*a. Sp.*); *Math.* jednostka; **≈lei** jednakowy; **≈seits** z jednej strony
einfach prosty (-to); *Fahrkarte*: zwykły; *s.* **einzeln, schlicht**; **≈heit** *f* prostota
Ein|fahrt *f* wjazd; **~fall** *m fig.* pomysł; *Mil.* najazd; **≈fallen** *Licht*: wpadać ⟨wpaść⟩; *Feind*: wtargnąć *pf.*; *fig.* (*j-m*) przyjść *pf.* na myśl; **≈fältig** naiwny; *s.* **dumm**
Ein|familienhaus *n* dom(ek) jednorodzinny; **≈farbig** jednobarwny; **≈fetten** natłuszczać ⟨-tłuścić⟩; **≈finden**: ***sich ≈finden*** (***bei***) zjawi(a)ć się (u *G*)
Einfluss *m* wpływ; **≈reich** wpływowy
ein|förmig jednostajny; **~frieren** *v/i* zamarzać ⟨-znąć⟩; *v/t* zamrażać ⟨-rozić⟩; **~fügen** wstawi(a)ć, wkładać ⟨włożyć⟩; **≈fuhr** *f* przywóz; **~führen** wprowadzać ⟨-dzić⟩; *Ware* przywozić ⟨przywieźć⟩; *Ordnung*: zaprowadzać ⟨-dzić⟩; **≈führung** *f* wprowadzenie; **≈fuhrverbot** *n* zakaz wwozu
Eingang *m* wejście
ein|gebildet urojony; zarozumiały (-le); **~gefroren** zamrożony
eingehen *Vertrag* zawierać ⟨-wrzeć⟩; *Brief* nadchodzić ⟨-dejść⟩; *Geld* wpływać ⟨-ynąć⟩; *Tier*: zdechnąć *pf.*; *Pflanze* obumrzeć *pf.*; (***auf*** *et.*) przysta(wa)ć; **~d** szczegółowy (-wo)
einge|legt marynowany; **≈machte(s)** kompot (*od.* mięso) w wekach; **~schrieben** *Brief*: polecony; **≈ständnis** *n* przyznanie się (do *G*); wyznanie; **~stehen** (*A*) przyzna(wa)ć się (do *G*)
Eingeweide *n* wnętrzności *f/pl.*
ein|geweiht wtajemniczony; **~gießen** nal(ew)ać; **~gravieren** ⟨wy⟩grawerować; **~greifen** ingerować, ⟨za⟩interweniować; **≈griff** *m Med.* zabieg; **~halten** *v/t* (*erfüllen*) dotrzym(yw)ać (*G*); *v/i*

(***mit***) przer(y)wać (*A*); **~hängen** zawieszać ‹-esić› (*v/i* słuchawkę); **~heimisch** rodzimy, krajowy
Einheit *f* jedność *f*; (*Maß*~, *Mil.*) jednostka; ~**lich** jednolity (-licie)
ein|holen doganiać ‹-gonić›; *Genehmigung* ‹po›starać się (o *A*); *Rat* zasięgać ‹-gnąć› (*G*); *s.* **einkaufen**; **~hüllen** *s.* **einwickeln**
einig zgodny; **~*e*** *pl.* kilka, kilku; **~en** ‹z›jednoczyć; ***sich ~en*** dochodzić ‹dojść› do porozumienia; **~ermaßen** poniekąd, do pewnego stopnia; **~es** nieco, trochę; ~**keit** *f* jedność *f*; zgodność *f*; ~**ung** *f* zjednoczenie; zgoda
ein|jährig (jedno)roczny; **~kassieren** ‹za›inkasować
Einkauf *m* zakup; (*konkret*) sprawunek; ~**en** zakupywać ‹-pić›; ~***en gehen*** iść ‹pójść› po zakupy
Einkaufs|bummel *m* spacer połączony z robieniem zakupów; **~tasche** *f* torba na zakupy; **~wagen** *m* wózek (na zakupy); **~zentrum** *n* centrum *n* handlowe
ein|kehren (***bei***) wstępować ‹wstąpić›; zajeżdżać ‹-jechać› (do *G*); **~kellern** składać ‹złożyć› do piwnicy; **~klagen** *Schuld* dochodzić sądownie (zwrotu)
Einklang *m*: ***in ~ bringen*** uzgadniać ‹-godnić›
ein|kleben wklejać ‹wkleić›; **~klemmen** *Finger* przycisnąć *pf.* (***sich*** sobie)
Einkommen *n* dochód; **~steuer** *f* podatek dochodowy
Einkünfte *pl.* dochody *m/pl.*
einkuppeln *v/i* włączać ‹-czyć› sprzęgło
einlad|en zapraszać ‹-prosić›; ~**ung** *f* zaproszenie
Ein|lage *f* wkładka; (*Spar*~) wkład; ~**lagern** ‹z›magazynować; **~lass** *m* wstęp; ~**lassen** wpuszczać ‹wpuścić›; **~lasskarte** *f* bilet wstępu; **~laufen** *Schiff* wpływać ‹-ynąć› (do portu); *s.* **einfahren**
einleben: ***sich ~*** ‹z›aklimatyzować się
Einlege|arbeit *f* intarsja; ~**n** wkładać ‹włożyć›; *Gang* włączyć *pf.*; *Kochk.* ‹za›marynować; **~sohle** *f* wkładka
ein|leiten zapoczątkować *pf.*; *Jur.* wdrażać ‹-rożyć›; ~**leitung** *f* wstęp; **~leuchtend** przekonywujący (-co)
einliefer|n dostawi(a)ć; ~**ung** *f* dostawienie; ~**ungsschein** *m* potwierdzenie dla wpłacającego
einloggen: ***sich ~*** *EDV* zalogować się
ein|lösen *Wechsel* wykupywać ‹-pić›; *Scheck* ‹z›realizować; *Wort* dotrzym(y-w)ać; **~machen** *Obst usw.* ‹za›wekować

einmal (jeden) raz; ***auf ~*** naraz; ***nicht ~*** nawet nie; **~ig** jednorazowy

ein|mischen: ***sich ~mischen*** (***in*** *A*) ⟨w⟩mieszać się (do *G*); **~monatig** (jedno)miesięczny; **~mütig** jednomyślny; **2nahme** *f* wpływy utarg; *pl. a.* dochód; **~nehmen** *Geld* ⟨za⟩inkasować; *Arznei* zaży(wa)ć; *Platz* zajmować ⟨-jąć⟩; **~nehmend** ujmujący (-co); **2öde** *f* pustkowie; **~ordnen** (***nach***) ⟨u⟩porządkować (według *G*); **~packen** ⟨za⟩pakować; **~pflanzen** zasadzać ⟨-dzić⟩; **~planen** zaplanować *pf.*

einprägen: ***sich ~*** wpajać ⟨wpoić⟩ sobie; utrwalać ⟨-lić⟩ się (w pamięci)

ein|quartieren zakwaterować *pf.*; **~rahmen** oprawi(a)ć w ramy; **~räumen** układać ⟨ułożyć⟩; *Möbel* ⟨po⟩ustawiać; *s.* **zugestehen**; **~reden** wmawiać ⟨wmówić⟩ (***sich*** się); **~reiben** nacierać ⟨natrzeć⟩; **~reichen** składać ⟨złożyć⟩; **~reihen** zaliczać ⟨-czyć⟩; **~reihig** jednorzędowy

Einreise *f* wjazd; **2n** przyby(wa)ć; **~visum** *n* wiza wjazdowa

einrichten urządzać ⟨-dzić⟩; (***sich*** się); **2richter** *m Tech.* nastawiacz; **2richtung** *f* urządzenie; umeblowanie; **~rücken** wkraczać ⟨-roczyć⟩

eins jedno; (*beim Zählen*) jeden, raz; **2** *f* jedynka

einsalzen ⟨na-, za⟩solić

einsam samotny; **2keit** *f* samotność *f*

Ein|satz *m* wstawka; (*Spiel*) stawka; **2schalten** włączać ⟨-czyć⟩ (***sich*** się); **2schätzen** oceni(a)ć; **2schenken** (*A*) nal(ew)ać (*G*); **2schieben** wsuwać ⟨-unąć⟩; **2schlafen** zasypiać ⟨-snąć⟩; **2schläfern** usypiać ⟨uśpić⟩; **2schlagen** *Nagel* wbi(ja)ć; *Tür* wybi(ja)ć; *s.* **einpacken, einwickeln**; *v/i Blitz*: uderzać ⟨-rzyć⟩

einschleichen: ***sich ~*** wkradać ⟨wkraść⟩ się

einschließ|en zamykać ⟨zamknąć⟩; *Mil.* okrążyć *pf.*; **~lich** (*G*) łącznie (z *I*); *Adv.* włącznie

ein|schmelzen przetapiać ⟨-topić⟩; **~schmuggeln** przemycać ⟨-cić⟩; **~schneiden** nacinać ⟨naciąć⟩; **2schnitt** *m* nacięcie; wcięcie; **~schränken** ograniczać ⟨-czyć⟩ (***sich*** się); **~schrauben** wkręcać ⟨-cić⟩

Einschreibe|brief *m* list polecony; **~gebühr** *f* wpisowe; (*Post*) opłata za polecenie; **2n** zapis(yw)ać (***sich*** się); ***~n!*** polecony!

ein|schreiten wkraczać ⟨-roczyć⟩; **~schüchtern** zastraszać ⟨-szyć⟩; onieśmielać ⟨-lić⟩; **~sehen** (*A*) zaglądać

⟨zajrzeć⟩ (do *G*); *s.* **verstehen**; **~seifen** namydlać ⟨-lić⟩; **~seitig** jednostronny; **~senden** przes(y)łać, nadsyłać ⟨nadesłać⟩; **~setzen** wstawi(a)ć (*a.* ***sich*** się; ***für*** za *I*), wsadzać ⟨-dzić⟩; *Anzeige* umieszczać ⟨-eścić⟩
Einsicht *f* wgląd; **⁀ig**, **⁀svoll** wyrozumiały (-le)
Einsiedler *m* pustelnik
ein|silbig jednosylabowy; *fig.* małomówny; **~spannen** *Pferde* wprzęgać ⟨-gnąć, wprząc⟩; **~sperren** zamykać ⟨-mknąć⟩; **~spritzen** wstrzykiwać ⟨-knąć⟩
Einspruch *m* sprzeciw; **~ *erheben*** zakładać ⟨założyć⟩ sprzeciw
einspurig *Straße*: jednopasmowy
einst niegdyś, kiedyś
ein|stecken wtykać ⟨wetknąć⟩; *fig.* znosić ⟨znieść⟩; **~steigen** wsiadać ⟨wsiąść⟩; **~stellen** nastawi(a)ć; *Leute* przyjmować ⟨-jąć⟩; *Zahlungen* zawieszać ⟨-sić⟩; *Arbeit* wstrzym(yw)ać; *Verfahren* umarzać ⟨umorzyć⟩; ***sich ~stellen*** stawi(a)ć się; **⁀stellung** *f* przyjęcie do pracy; wstrzymanie; (*Meinung*) stosunek
ein|stimmig *Wahl*: jednogłośny (-śnie); **~stöckig** jednopiętrowy; **~stufen** ⟨za-⟩ szeregować; **⁀sturz** *m* zawalenie się; **~stürzen** ⟨za⟩walić się; runąć *pf*
einstweil|en tymczasem; **~ig** tymczasowy (-wo)
ein|tauchen *v/t* zanurzać ⟨-rzyć⟩ (*v/i* się); **~tauschen** (***gegen***) zamieni(a)ć (na *A*); **~teilen** (***in*** *A*) ⟨po⟩dzielić (na *A*); **⁀teilung** *f* podział; *s.* **Skala**; **~tönig** monotonny; **⁀topf** *n* potrawa jednogarnkowa; **⁀tracht** *f* zgoda; **~tragen** ⟨za⟩rejestrować; **⁀tragung** *f* zapis; **~treffen** przyby(wa)ć; **~treten** następować ⟨-stąpić⟩; (***in*** *A*) wchodzić ⟨wejść⟩; *fig.* wstępować ⟨-tąpić⟩ (do *G*); (***für***) wstawi(a)ć się (za *I*); **⁀tritt** *m* wejście, wstęp; wstąpienie
Eintritts|geld *n* opłata za wstęp; **~karte** *f* bilet wstępu
ein|trocknen *v/i* wysychać ⟨-schnąć⟩; **⁀vernehmen** *n* porozumienie; **~verstanden sein** (***mit***) zgadzać ⟨zgodzić⟩ się (z *I*, na *A*); **⁀verständnis** *n* zgoda; **⁀wand** *m* zarzut
Einwander|er *m* imigrant; **⁀n** (***in*** *A*) imigrować (do *G*); **~ung** *f* imigracja
ein|wandfrei bez zarzutu; **⁀wegspritze** *f Med.* strzykawka jednorazowa; **⁀wegverpackung** *f* opakowanie bezzwrotne; **~weichen** ⟨na⟩moczyć; **~weihen** poświęcać ⟨-cić⟩; *Bauwerk* uroczyście otwierać ⟨-worzyć⟩; F obl(ew)ać; **~werfen** wrzu-

cać ⟨-cić⟩; **~wickeln** o-, zawijać ⟨-winąć⟩; **~willigen** zgadzać ⟨zgodzić⟩ się; **~wirken** oddział(yw)ać

Einwohner *m* mieszkaniec; **~in** *f* mieszkanka; **~meldeamt** *n* urząd meldunkowy

Ein|wurf *m Sp.* wrzut ; (*Öffnung*) otwór; **~zahl** *f Gr.* liczba pojedyncza; **2zahlen** wpłacać ⟨-cić⟩; **~zahlung** *f* wpłata; **2zäunen** ogradzać ⟨-rodzić⟩

Einzel *n Sp.* gra pojedyncza; **~gänger** *m* samotnik; **~haft** *f* areszt odosobniony; **~handelspreis** *m* cena detaliczna; **~heit** *f* szczegół; **2n** pojedynczy (-czo); ***im ~nen*** szczegółowo; **~zimmer** *n* pokój jednoosobowy; (*Krankenhaus*) separatka

einziehen *v/t* wciągać ⟨-gnąć⟩; *Erkundigungen* zasięgać ⟨-gnąć⟩; *Jur.* ⟨s⟩konfiskować; *v/i* (**in** *A*) wprowadzać ⟨-dzić⟩ się (do *G*)

einzig jedyny; ***kein 2er*** żaden; ***kein ~es Mal*** ani razu; **~artig** jedyny w swoim rodzaju

Ein|zimmerwohnung *f* mieszkanie jednopokojowe; **~zug** *m* wprowadzenie się; **~zugsermächtigung** *f* polecenie zapłaty

Eis *n* lód; (*Speise2*) lody *pl.*; **~bahn** *f* ślizgawka; **~bär** *m* niedźwiedź *m* polarny; **~bein** *n* golonka; **~brecher** *m Mar.* lodołamacz; **~diele** *f* lodziarnia

Eisen *n* żelazo; **~bahn** *f* kolej *f*; **~bahner** *m* kolejarz; **~bahnverkehr** *m* komunikacja kolejowa; **~beton** *m* żelbet; **~hütte** *f* huta żelaza

eisern żelazny

Eis|hockey *n* hokej na lodzie; **2ig** lodowaty (-to); **~kunstlauf** *m* łyżwiarstwo figurowe, jazda figurowa na lodzie; **~lauf** *m* łyżwiarstwo; **~scholle** *f* kra; **~verkäufer** *m* lodziarz; **~würfel** *m* kostka lodu

eitel próżny

Eiter *m* ropa; **2n** ropieć

Eiweiß *n* białko

Ekel *m* wstręt, obrzydzenie; **2haft** obrzydliwy (-wie), wstrętny

Elan *m* zapał, werwa

elastisch elastyczny

Elbe *f* Łaba; ***an der ~*** nad Łabą

Elch *m* łoś *m*

Elefant *m* słoń *m*

elegant elegancki (-ko)

elektri|sch elektryczny; **2zität** *f* elektryczność *f*; **2zitätswerk** *n* elektrownia

Elektro|herd *m* kuchnia elektryczna; **~motor** *m* silnik elektryczny; **~technik** *f* elektrotechnika

Element *n* element; *Chem.* pierwiastek

elend nędzny

Elend *n* nędza, bieda

elf jedenaście; **ꝰ** *f* jedenastka
Elfenbein *n* kość *f* słoniowa
elf|jährig jedenastoletni; **ꝰmeter** *m* rzut karny; **~te(r)** jedenasty
Ellbogen *m* łokieć *m*
Elster *f* sroka
Eltern *pl.* rodzice *m/pl.*
E-Mail *f* poczta elektroniczna, e-mail *m*
Empfang *m* przyjęcie; *Rdf.* odbiór; **ꝰen** przyjmować ⟨-jąć⟩; odbierać ⟨odebrać⟩
Empfäng|er *m* odbiorca *m*; *Rdf.* odbiornik; **ꝰnisverhütend** antykoncepcyjny
empfehl|en polecać ⟨-cić⟩ (***sich*** się); **ꝰung** *f* polecenie
empfind|en odczu(wa)ć; **~lich** wrażliwy; **ꝰlichkeit** *f* wrażliwość *f*; *Tech.*, *Fot.* czułość *f*; **ꝰung** *f* uczucie; wrażenie
empor w górę, do góry
empör|en: ***sich ~en*** oburzać ⟨-rzyć⟩ się; ⟨z⟩buntować się; **~end** oburzający (-co)
empor|kommen dorabiać ⟨-robić⟩ się (*G*); **~ragen** wznosić się
Empörung *f* oburzenie
emsig pilny, skrzętny
End|e *n* koniec; zakończenie; ***am ~e*** na końcu; ***zu ~e sein*** = **ꝰen** *v/i* ⟨s-, za⟩kończyć się; **~ergebnis** *n* wynik końcowy; **ꝰgültig** ostateczny; **ꝰlich** *Adv.* nareszcie, wreszcie; **ꝰlos** nieskończony, bez końca; **~spurt** *m Sp.* finisz;
~station *f* stacja końcowa; **~ung** *f Gr.* końcówka
Energ|ie *f* energia; **ꝰisch** energiczny
eng ciasny (-no); *s.* **schmal**; *fig.* bliski (-ko); **ꝰe** *f* ciasnota
Engel *m* anioł
Engländer *m* Anglik; **~in** *f* Angielka
englisch angielski (po -ku)
Engpass *m fig.* wąskie gardło
Enkel *m* wnuk; **~in** *f* wnuczka
enorm ogromny
Ensemble *n* zespół (artystyczny)
entartet zwyrodniały
entbehr|en *v/t* nie mieć (*G*); **~lich** zbędny
Entbindung *f Med.* poród
entblößt obnażony
entdeck|en odkry(wa)ć; **ꝰung** *f* odkrycie
Ente *f* kaczka (*a. fig.*)
enteign|en wywłaszczać ⟨-czyć⟩; **ꝰung** *f* wywłaszczenie
Entenbraten *m* kaczka pieczona
ent|erben wydziedziczać ⟨-czyć⟩; **~fallen** wypadać ⟨-paść⟩ z pamięci; (***auf*** *A*) przypadać ⟨-paść⟩ (na *A*); **~falten** rozwijać ⟨-winąć⟩ (***sich*** się)
entfern|en usuwać ⟨usunąć⟩; ***sich ~en*** oddalać ⟨-lić⟩ się; **ꝰung** *f* usunięcie; odległość *f*; **ꝰungsmesser** *m* dalmierz
ent|fetten odtłuszczać ⟨tłuś-

cić⟩; **~fliehen** uciekać ⟨uciec⟩
entführ|en uprowadzać ⟨-wadzić⟩, por(y)wać; **≗ung** *f* uprowadzenie, porwanie
entgegen *Adv. u. Prp.* (*D*) naprzeciw, ku (*D*); (*Gegensatz*) wbrew (*D*); **~gesetzt** przeciwny; **~kommend** *fig.* uprzejmy; **~nehmen** odbierać ⟨odebrać⟩; przyjmować ⟨-jąć⟩; **~treten** (*D*) występować ⟨-tąpić⟩ (przeciw *D*); **~wirken** przeciwdziałać
ent|gegnen odpowiadać ⟨-wiedzieć⟩; **~gehen** (*I*) uniknąć (*G*) *pf.*; **≗gelt** *n* wynagrodzenie; **~giften** odkażać ⟨-kazić⟩; **~gleisen** wykoleić się *pf.*
enthalt|en zawierać (w sobie); ***sich* ~*en*** (*G*) (po-) wstrzym(yw)ać się (od *G*); **~sam** wstrzemięźliwy (-wie)
ent|hüllen odsłaniać ⟨-łonić⟩; *fig.* odkry(wa)ć; **~kommen** (*D*) uchodzić ⟨ujść⟩ (z *G*); **~korken** odkorkow(yw)ać; **~kräftet** osłabiony; **~laden** wyładow(yw)ać (*a. El.*); *Waffe* rozładow(yw)ać
entlang wzdłuż
ent|larven ⟨z⟩demaskować; **~lassen** zwalniać ⟨zwolnić⟩; **≗lassung** *f* zwolnienie; **~lasten** odciążać ⟨-żyć⟩; **~leeren** wypróżni(a)ć; **~legen** odległy, ustronny; **~lohnen** wynagradzać ⟨-rodzić⟩; **~mutigen** zniechęcać ⟨-cić⟩; **~nehmen** pob(ie)rać; **~reißen** wyr(y)wać; **~richten** uiszczać ⟨uiścić⟩; **~rosten** odrdzewi(a)ć; **~rüsten** oburzać ⟨-rzyć⟩ (***sich*** się); **~rüstet** oburzony; **~sagen** (*D*) wyrzekać ⟨-rzec⟩ się (*G*)
entschädig|en (***für***) ⟨z⟩rekompensować (*A*); **≗ung** *f* rekompensata, odszkodowanie
Entscheid *m* decyzja; **≗en** rozstrzygać ⟨-gnąć⟩; ***sich* ≗*en*** (***für***) ⟨z⟩decydować się (na *A*); **~ung** *f* rozstrzygnięcie; **≗end** decydujący (-co)
entschieden stanowczy (-czo)
entschließen: ***sich* ~** zdecydować się *pf.*
ent|schlossen zdecydowany; **~schlüpfen** wymykać ⟨-mknąć⟩ się; **≗schluss** *m* decyzja
entschuldig|en usprawiedliwi(a)ć (***sich*** się); ***sich* ~*en*** (***bei***) przepraszać ⟨-rosić⟩ (*A*); ***~en Sie!*** proszę wybaczyć!; **≗ung** *f* usprawiedliwienie (się); wybaczenie
Entsetz|en *n* przerażenie; **≗lich** okropny
entsinnen: ***sich* ~** (*G*) przypominać ⟨-mnieć⟩ sobie (*A*)
entspann|en: ***sich* ~*en*** odprężać ⟨-żyć⟩ się; relaksować; **≗ung** *f* odprężenie; relaks
entsprechen odpowiadać; **~d** odpowiedni (-nio), stosowny

ent|springen *Fluss*: wypływać; **~stehen** powsta(wa)ć; **~stellen** zniekształcać ⟨-cić⟩; (*hässlich machen*) szpecić
enttäusch|en rozczarow(yw)ać (***sich*** się); **≈ung** *f* rozczarowanie, zawód
ent|waffnen rozbrajać ⟨rozbroić⟩; **~wässern** odwadniać ⟨-wodnić⟩
entweder: **~ ... *oder*** albo ... albo
ent|weichen *Dampf*: uchodzić ⟨ujść⟩; *Gas*: ulatniać ⟨ulotnić⟩ się; **~wenden** ⟨u⟩kraść; **~werfen** ⟨na-⟩ szkicować; *Plan* układać ⟨ułożyć⟩; **~werten** ⟨z⟩deprecjonować; *Geld* ⟨z⟩dewaluować (***sich*** się); ⟨s⟩kasować; **≈werter** *m* kasownik
entwick|eln rozwijać ⟨-inąć⟩ (***sich*** się); *Fot.* wywoł(yw)ać; **≈lung** *f* rozwój; *Fot.* wywoływanie; **≈lungsland** *n* kraj rozwijający się
ent|wirren rozpląt(yw)ać; rozwikłać *pf.*; **~wischen** umykać ⟨umknąć⟩; **≈wurf** *m* szkic, zarys; projekt; **~wurzeln** *Baum* wywracać ⟨-rócić⟩; **~ziehen** (***j-m*** *A*) odbierać ⟨odebrać⟩ (k-u *A*); pozbawi(a)ć (k-o *G*); **≈ziehungskur** *f* leczenie odwykowe; **~ziffern** odcyfrow(yw)ać
entzücken zachwycać ⟨-cić⟩; **~d** zachwycający (-co)
entzünd|en zapalać ⟨-lić⟩ (***sich*** się); **≈ung** *f Med.* zapalenie
entzwei zepsuty, złamany; **~gehen** ⟨ze⟩psuć się; *Glas*: stłuc się *pf.*
Enzian *m* goryczka
Enzyklopädie *f* encyklopedia
Epidemie *f* epidemia
Epoche *f* epoka
Equipe *f* drużyna
er on
Er|barmen *n* litość *f*; **≈bärmlich** nędzny; **≈barmungslos** bezlitosny
erbauen ⟨wy-, z⟩budować
Erbe[1] *m* spadkobierca *m*
Erbe[2] *n* spadek, dziedzictwo; **≈n** ⟨o⟩dziedziczyć, otrzym(yw)ać w spadku
Erbin *f* spadkobierczyni
erbitten *v/t* ⟨po⟩prosić (o *A*)
erbitter|t *Kampf*: zacięty (-cie); **≈ung** *f* rozdrażnienie
erblich dziedziczny
er|blicken spostrzec *pf.*, ujrzeć *pf.*; **~blinden** oślepnąć *pf.*
erbrechen (***sich***) ⟨z⟩wymiotować; **≈** *n* wymioty *pl.*
Erbschaft *f* spadek
Erbse *f* groch; **~nsuppe** *f* grochówka
Erd|beben *n* trzęsienie ziemi; **~beere** *f* truskawka; **~e** *f* ziemia; *Astr.* Ziemia; **~gas** *n* gaz ziemny; **~geschoss** *n* parter; **~kugel** *f* kula ziemska; **~kunde** *f* geografia;

~nuss *f* orzech ziemny; **~öl** *n* ropa naftowa
er|drosseln udusić *pf.*; **~drücken** przygnieść *pf.*
Erd|rutsch *m* obsunięcie się ziemi; **~teil** *m* część *f* świata
ereignen: ***sich*** **~** zdarzać ⟨-rzyć⟩ się
Ereignis *n* zdarzenie
erfahr|en[1] (*A*) dowiadywać ⟨-wiedzieć⟩ się (o *L*); **~en**[2] *Adj.* doświadczony; **2ung** *f* doświadczenie
erfassen (*begreifen*) pojmować ⟨-jąć⟩; ⟨za⟩rejestrować
erfind|en wynajdywać ⟨-naleźć⟩; **2er** *m* wynalazca *m*; **2ung** *f* wynalazek; wymysł
Erfolg *m* sukces, powodzenie; **2en** następować ⟨-stąpić⟩; **2los** bezowocny; *Adv.* daremnie; **2reich** owocny, skuteczny
erforder|lich wymagany; **~n** wymagać
erforschen ⟨wy-, z⟩badać
erfreu|en ucieszyć *pf.* (***sich*** się); **~lich** pocieszający (-co)
erfrier|en z(a)marznąć *pf.*; ***sich*** *et.* **~en** odmrozić (*A*); **2ung** *f* odmrożenie
erfrisch|en orzeźwi(a)ć; **~end** orzeźwiający (-co); **2ung** *f* orzeźwienie; (*Getränk*) napój chłodzący; **2ungsraum** *m* bufet
erfüllen spełni(a)ć (***sich*** się)
ergänz|en uzupełni(a)ć (***sich*** się); **2ung** *f* uzupełnienie; *Typ.* suplement
ergeb|en wykaz(yw)ać; ***sich*** **~en** *Mil.* podda(wa)ć się; (***aus***) wynikać ⟨-knąć⟩ (z *G*); **2nis** *n* wynik; **~nislos** bezskuteczny
ergiebig wydajny; obfity
ergießen: ***sich*** **~** ⟨po⟩lać się, lunąć *pf.*
ergreifen chwytać ⟨-ycić⟩; *Dieb* schwytać *pf.*; *Beruf* wybrać *pf.*; *Angst usw.*: ogarniać ⟨-nąć⟩; **~d** wzruszający (-co)
ergriffen *fig.* wzruszony
ergründen zgłębi(a)ć
erhaben wypukły (-ło); *fig.* wzniosły (-le)
erhalten otrzym(yw)ać; ***gut*** **~** w dobrym stanie
erhältlich (***in, bei***) do nabycia (w *L*, u *G*)
erheb|en podnosić ⟨-nieść⟩ (***sich*** się); *Zoll* pob(ie)rać; *Klage* wnosić ⟨wnieść⟩; **~lich** znaczny
er|heitern rozweselać ⟨-lić⟩; **~hellen** rozjaśni(a)ć; *fig.* wyświetlić *pf.*; **~hitzen** rozgrz(ew)ać (***sich*** się); **~höhen** podwyższać ⟨podwyższyć⟩; **2höhung** *f* podwyższenie, podwyżka
erhol|en: ***sich*** **~en** wypoczywać ⟨-cząć⟩; *Kranke*: odzysk(iw)ać siły; **2ung** *f* wypoczynek; **2ungsurlaub** *m* urlop wypoczynkowy
erinner|n (***j-n an*** *A*) przypominać ⟨-mnieć⟩ (k-u *A*); ***sich*** **~en** (***an*** *A*) przypominać ⟨-mnieć⟩ sobie (*A*);

≈ung *f* wspomnienie; (*Andenken*) pamięć *f*
erkalten ostygnąć *pf.*; *fig.* oziębnąć *pf.*
erkält|en: ***sich ~en*** przeziębi(a)ć się; **≈ung** *f* przeziębienie
erkämpfen wywalczyć *pf.*
erkenn|en pozna(wa)ć; (***als*** *A*) uzna(wa)ć (za *A*); **~tlich**: ***sich ~tlich zeigen*** odwdzięczać (-czyć) się; **≈ung** *f* poznanie; **≈ungszeichen** *n* znak rozpoznawczy
Erker *m* wykusz
erklär|en objaśni(a)ć; (*äußern*) oświadczać ⟨-czyć⟩; *Krieg* wypowiadać ⟨-wiedzieć⟩; **≈ung** *f* objaśnienie; oświadczenie
erkranken zachorować *pf.*
erkundig|en: ***sich ~en*** (***nach***) ⟨za⟩pytać (o *A*); dowiadywać się (o *A*); **≈ung** *f* dopytywanie się
erlangen osiągać ⟨-gnąć⟩
Er|lass *m* rozporządzenie; **≈lassen** *Verfügung* wyda(wa)ć; *Strafe* umorzyć *pf.*
erlaub|en pozwalać ⟨-wolić⟩; **≈nis** *f* zezwolenie
erläutern *s.* **erklären**
Erle *f* olcha
erleb|en przeży(wa)ć; (*mit~*) dożyć *pf.* (*G*); **≈nis** *n* przeżycie; (*Abenteuer*) przygoda
erledig|en załatwi(a)ć; **≈ung** *f* załatwienie
erleichter|n ułatwi(a)ć; **≈ung** *f* ulga
er|leiden ponosić ⟨-nieść⟩; dozna(wa)ć (*G*); **~lernen** (*A*) ⟨wy⟩uczyć się (*G*); **~leuchtet** oświetlony; **~logen** zmyślony
Erlös *m* utarg
erlöschen ⟨z⟩gasnąć
erlös|en wybawi(a)ć; **≈er** *m* *Rel.* Zbawca *m*
er|mächtigen upoważni(a)ć; **~mahnen** napominać ⟨-pomnieć⟩; **≈mahnung** *f* napomnienie
ermäßig|en obniżać ⟨-żyć⟩; **≈ung** *f* zniżka
Er|messen *n* uznanie; **≈mitteln** ustalać ⟨-lić⟩; **~mittlung** *f* ustalenie; *Jur.* dochodzenie; **≈möglichen** umożliwi(a)ć; **≈morden** zamordować *pf.*; **≈müden** zmęczyć (się) *pf.*; **≈muntern** zachęcać ⟨-cić⟩; **≈mutigen** (*A*) doda(wa)ć otuchy (*D*)
ernähr|en odżywiać (***sich*** się); **≈ung** *f* odżywianie (się); (wy)żywienie
ernenn|en (***zu***) ⟨za⟩mianować (*I*); **≈ung** *f* nominacja
erneu|ern odnawiać ⟨-nowić⟩; **~t** ponowny; znowu
erniedrigen poniżać ⟨-żyć⟩
ernst poważny
Ernst *m* powaga; **≈haft** *Adv.* poważnie
Ernte *f* żniwa *n/pl.*; (*Lese*) zbiór; (*Ertrag*) zbiory *m/pl.*; **~dankfest** *n* dożynki *pl.*; **≈n** zbierać ⟨zebrać⟩, sprzątać ⟨-tnąć⟩; **~zeit** *f* okres żniw

erobern zdoby(wa)ć
eröffn|en otwierać ⟨otworzyć⟩; *Gespräch* zagajać ⟨-gaić⟩; **2ung** *f* otwarcie; zagajenie
erörtern rozpatrywać
erotisch erotyczny
erpress|en szantażować; **2er** *m* szantażysta *m*; **2ung** *f* szantaż, wymuszenie
er|proben wypróbow(yw)ać; **~raten** odgadywać ⟨-dnąć⟩
erreg|en podniecać ⟨-cić⟩; *fig.* wzbudzać ⟨-dzić⟩; **2er** *m* *Med.* zarazek; **~t** podniecony; **2ung** *f* podniecenie
erreich|en osiągać ⟨-gnąć⟩; **2ung** *f* osiągnięcie
er|richten *s.* **erbauen**; zakładać ⟨założyć⟩; *Denkmal* wystawi(a)ć; **~ringen** *Sieg* odnosić ⟨-nieść⟩; **~röten** ⟨za-⟩ rumienić się; **2rungenschaft** *f* zdobycz *f*, osiągnięcie
Ersatz *m* namiastka; *Pers.* zastępca *m*; (*das Ersetzen*) zamiana; **~teil** *n od. m* część *f* zapasowa
er|schaffen stworzyć *pf.*; **~schallen** zabrzmieć *pf.*
erschein|en zjawi(a)ć się; *Buch*, *Zeitung*: wychodzić ⟨wyjść⟩; **2ung** *f* pojawienie się; *fig.* zjawisko
er|schießen zastrzelić *pf.* (***sich*** się); *Jur.* rozstrzel(iw)ać; **~schlagen** zabi(ja)ć; **~schöpfen** wyczerp(yw)ać (***sich*** się); **2schöpfung** *f* wyczerpanie; **~schrecken** przestraszyć *pf.*; **~schüttern** wstrząsać ⟨-snąć⟩; **2schütterung** *f* wstrząs; **~schweren** utrudni(a)ć; **~setzen** (***durch***) zastępować ⟨-stąpić⟩ (*I*); *Schaden* wynagradzać ⟨-rodzić⟩; **~sparen** zaoszczędzić *pf.*; **2sparnis** *f* oszczędność *f*
erst *Adv.* wpierw, naprzód; dopiero; *s.* **erste**
er|starken ⟨o⟩krzepnąć; **~starren** zdrętwieć *pf.*; **~statten** zwracać ⟨zwrócić⟩; *Anzeige* składać ⟨złożyć⟩
Erstaufführung *f* premiera
erstaun|en *v/t* zadziwi(a)ć; *v/i* ⟨z⟩dziwić się; **2en** *n* zdziwienie, zdumienie; **~lich** zadziwiający (-co); **~t** zdumiony
erste pierwszy; ***zum ~n Mal*** po raz pierwszy; ***in ~r Linie*** przede wszystkim; ***~ Hilfe*** pierwsza pomoc *f*
erstehen *v/t* naby(wa)ć
erstens po pierwsze
erstick|en *v/t* ⟨s⟩tłumić; *v/i* ⟨u⟩dusić się; **2ung** *f* uduszenie; stłumienie
erst|klassig pierwszorzędny; **~mals** po raz pierwszy
erstrecken: ***sich ~*** rozciągać ⟨-gnąć⟩ się
er|suchen (***um*** *A*) ⟨po⟩prosić (o *A*); **2suchen** *n* prośba; **~teilen** (*A*) udzielać ⟨-lić⟩ (*G*); *Befehl* wyda(wać)
Ertrag *m* *Agr.* plon, wydajność *f*; (*Gewinn*) dochód; **2en** znosić ⟨znieść⟩

erträglich znośny
er|trinken utonąć *pf.*; **~wachen** ⟨o-, prze⟩budzić się (*a. fig.*); **~wachsen** *Adj., Su.* dorosły
erwäg|en rozważać ⟨-żyć⟩; **Ձung** *f*: ***in Ձung ziehen*** brać ⟨wziąć⟩ pod uwagę
er|wähnen (*A*) wspominać ⟨-mnieć⟩ (o *L*); **~wärmen** ogrz(ew)ać
erwart|en oczekiwać; **Ձung** *f* oczekiwanie
er|wecken *fig.* wzbudzać ⟨-dzić⟩; **~weichen** zmiękczać ⟨-czyć⟩; **~weisen** *v/t* wykaz(yw)ać (*A*); *Dienst* wyświadczać ⟨-czyć⟩; ***sich ~weisen*** okaz(yw)ać się; **~weitern** rozszerzać ⟨-rzyć⟩
Erwerb *m* nabycie; **Ձen** naby(wa)ć; **Ձsfähig** zdolny do zarobkowania; **Ձslos** bezrobotny
er|widern odpowiadać ⟨-powiedzieć⟩; **~wischen** F złapać *pf.*; **~wünscht** pożądany
Erz *n* ruda, kruszec
erzähl|en opowiadać ⟨-wiedzieć⟩; **Ձung** *f* opowiadanie
Erzbischof *m* arcybiskup
erzeug|en wytwarzać ⟨-wo-rzyć⟩; **Ձer** *m* wytwórca *m*; **Ձnis** *n* wytwór, wyrób; **Ձung** *f* wytwarzanie
erzieh|en wychow(yw)ać; **Ձer(in** *f*) *m* wychowawca *m* (-czyni); **Ձung** *f* wychowanie; **Ձungsurlaub** *m* urlop wychowawczy
er|zielen osiągać ⟨-gnąć⟩; **~zwingen** wymuszać ⟨-musić⟩
es ono, to; ***~ gibt*** jest; ***~ gibt nicht*** nie ma; ***~ lebe …*** niech żyje …
Esche *f* jesion
Esel *m* osioł
essbar jadalny
essen ⟨z⟩jeść (***zu Abend*** kolację; ***zu Mittag*** obiad)
Essen *n* jedzenie
Essig *m* ocet; **~gurke** *f* ogórek konserwowy
Ess|geschirr *n* naczynia *n/pl.* stołowe; **~löffel** *m* łyżka stołowa; **~zimmer** *n* jadalnia
Etage *f* piętro
Etat *m* budżet
Etikett *n* nalepka, etykietka
Etui *n* futerał
etwa mniej więcej, około; **~ig** ewentualny; **~s** coś; (*ein wenig*) nieco, cokolwiek
euch (*D*) wam; (*A*) was; ***mit ~*** z wami
euer wasz, wasza, wasze
Eule *f* sowa
Euro *m* euro
Europä|er(in *f*) Europejczyk (-jka); **Ձisch** europejski
Euter *n* wymię
evangelisch ewangelicki
ewig wieczny; **Ձkeit** *f* wieczność *f*
Exemplar *n* egzemplarz
Exil *n* wygnanie; emigracja
Exist|enz *f* istnienie, egzystencja; **Ձieren** istnieć, egzystować

Ex|pertise *f* ekspertyza; **⁀plodieren** wybuchać ⟨-chnąć⟩; **~plosion** *f* wybuch

Export *m* eksport; **⁀ieren** ⟨wy⟩eksportować

extrem skrajny

F

Fabel *f* bajka, baśń *f*; **⁀haft** bajeczny

Fabrik *f* fabryka; **~at** *n* wyrób (fabryczny); **~marke** *f* znak fabryczny

Fach *n* półka, przegródka; (*Beruf*) fach, specjalność *f*; (*Schul⁀*) przedmiot; **~arzt** *m* lekarz specjalista

Fächer *m* wachlarz

Fach|gebiet *n* dziedzina; **~geschäft** *n* sklep specjalistyczny; **~hochschule** *f* wyższa szkoła zawodowa; **~mann** *m* fachowiec; **~schule** *m* technikum *n*

Fackel *f* pochodnia

fade mdły (-ło); *fig.* nudny

Faden *m* nić *f*, nitka

fähig (***zu***) zdolny (do *G*); **⁀keit** *f* zdolność *f*

fahl blady (-do)

fahnd|en (***nach***) ścigać (*A*); **⁀ung** *f* ściganie

Fahne *f* chorągiew *f*; sztandar

Fahrausweis *m* bilet

Fahr|bahn *f* jezdnia; **⁀bar** ruchomy

Fähre *f* prom

fahr|en *v/i* jeździć, ⟨po⟩jechać; *v/t* wozić, ⟨za⟩wieźć; *Auto* prowadzić; **⁀er** *m* kierowca *m*; **⁀erflucht** *f* ucieczka kierowcy z miejsca wypadku; **⁀erlaubnis** *f* prawo jazdy; **⁀gast** *m* pasażer; **⁀karte** *f* bilet (jazdy)

fahrlässig niedbały (-le), nieuważny

Fahr|lehrer *m* instruktor jazdy; **~plan** *m* rozkład jazdy; **~preis** *m* opłata za przejazd; **~rad** *n* rower; **~schule** *f* szkoła jazdy samochodowej; „nauka jazdy„; **~stuhl** *m* winda; **~t** *f* jazda; (*Reise*) podróż *f*; **~verbot** *n* zakaz prowadzenia pojazdów; **~zeit** *f* czas jazdy; **~zeug** *n* pojazd; **~zeugschein** *m* dowód rejestracyjny

Fakultät *f* wydział

Falke *m* sokół

Fall *m* upadek; *Gr., fig.* przypadek; ***für alle Fälle*** na wszelki wypadek; ***auf keinen ~*** w żadnym wypadku; **~e** *f* pułapka; **⁀en** padać ⟨(u)paść⟩; (*sinken*) spadać ⟨spaść⟩

fäll|en *Baum* ścinać ⟨ściąć⟩; *Urteil* wyda(wa)ć; **~ig** płatny

falls w razie gdyby; jeśli

Fallschirm *m* spadochron

falsch fałszywy (-wie); (*nach-*

gemacht) podrobiony; (*irrig*) błędny
fälsch|en podrabiać ⟨podrobić⟩; **2er** *m* fałszerz
Falschheit *f* fałsz, obłuda
fälsch|lich mylny, błędny; **2ung** *f* fałszerstwo; falsyfikat
Falt|boot *n* składak; **~e** *f* fałda, zakładka; *s.* **Runzel**; **2en** składać ⟨złożyć⟩; ⟨s-⟩ fałdować
Falter *m* motyl
Familie *f* rodzina
Familien|angehörige(r) członek rodziny; **~name** *m* nazwisko; **~stand** *m* stan cywilny; **~zusammenführung** *f* akcja łączenia rodzin
Fang *m* połów; **2en** ⟨z⟩łapać, ⟨z⟩łowić
Fantasie *f* fantazja
Farb|band *n* taśma maszynowa; **~e** *f* barwa, kolor; (*Mal2*) farba; **2echt** trwały w kolorze
färben ⟨po-, u⟩farbować
Farb|fernsehen *n* telewizja kolorowa; **~film** *m* film kolorowy; **2ig** barwny, kolorowy (-wo); **2los** bezbarwny; **~stoff** *m* barwnik; **~ton** *m* odcień *m*
Farn *m* paproć *f*
Fasan *m* bażant
Fasching *m* zapusty *m/pl.*
Faschismus *m* faszyzm
Faser *f* włókno; **2ig** włóknisty; *Fleisch*: żylasty
Fass *n* beczka; **~bier** *n* piwo beczkowe
fassen chwytać ⟨-ycić⟩; (*enthalten*) ⟨po⟩mieścić; ***sich kurz ~*** streszczać ⟨-eścić⟩ się
Fassung *f Tech.* opraw(k)a; (*Text2*) wersja; ***aus der ~ bringen*** wyprowadzić *pf.* z równowagi; **2slos** zdumiony
fast niemal, prawie
fast|en pościć; **2en** *n* post; **2nacht** *f* ostatki *m/pl.*
faul zgniły (-ło, -le); *Pers.* leniwy (-wie); *s.* **verdorben**; **~en** gnić; butwieć; **~enzen** próżnować, lenić się; **2enzer** *m* leń *m*, leniuch; **2heit** *f* lenistwo
Fäulnis *f* zgnilizna
Faust *f* pięść *f*, kułak; **~regel** *f* reguła empiryczna; **~schlag** *m* cios pięścią
Februar *m* luty *m*; ***im ~*** w lutym
Fecht|er *m* szermierz; **~sport** *m* szermierka
Feder *f* pióro; (*Schreib2*) stalówka; *Tech.* sprężyna; resor; **~ball** *m Sp.* kometka; **~bett** *n* pierzyna; **~ung** *f Kfz* zawieszenie
Fee *f* czarodziejka
fegen zamiatać ⟨-mieść⟩
Fehl|bestand *m* brak, niedobór; **~betrag** *m* deficyt; manko; **2en** brakować ⟨zabraknąć⟩; *Pers.* być nieobecnym; ***was 2t Ihnen?*** (*Arzt*) co panu (pani) dolega?; **~er** *m* błąd; *s.* **Mangel**; **2erfrei** bezbłędny; **2erhaft** wad-

liwy (-wie); błędny
Fehl|geburt *f* poronienie; **~schlag** *m* fiasko, F klapa; **~zündung** *f* przerwa w zapłonie
Feier *f* uroczystość *f*; **~abend** *m* F faj(e)rant, koniec pracy; **2lich** uroczysty (-ście); **2n** święcić, (uroczyście) obchodzić; **~tag** *m* święto
Feige *f* figa
feig|e tchórzliwy (-wie); **2heit** *f* tchórzostwo; **2ling** *m* tchórz
Feil|e *f* pilnik; **2en** piłować
feilschen targować się
fein drobny; delikatny; F *Pers.* fajny; *s.* **vornehm, dünn**
Feind *m* wróg; **2lich** wrogi (-go)
Fein|heit *f* miałkość *f*; delikatność *f*; **~kost** *f* delikatesy *m/pl.*; **~schmecker** *m* smakosz
Feld *n* pole; *Sp. a.* boisko; **~arbeit** *f* roboty *pl.* rolne; **~stecher** *m* lornetka; **~weg** *m* droga polna
Felge *f* obręcz *f*, felga
Fell *n* (*Pelz*) futro
Fels|en *m* skała; **2ig** skalisty (-to); **~wand** *f* ściana skalna
Fenchel *m* koper włoski
Fenster *n* okno; **~brett** *n* parapet; **~platz** *m* miejsce przy oknie; **~scheibe** *f* szyba
Ferien *pl.* wakacje *pl.*; wczasy *pl.*; **~heim** *n* dom wczasowy; **~gast** *m* wczasowicz, urlopowicz; **~ort** *m* miejscowość *f* wczasowa; **~zentrum** *n* ośrodek wczasowo-turystyczny
Ferkel *n* prosię
fern daleki (-ko); **2amt** *n* centrala międzymiastowa; **2bedienung** *f* pilot; **2e** *f* dal *f*; ***aus der 2e*** z daleka; **~er** *Adv.* dalej; *Kj.* poza tym; **2fahrer** *m* kierowca *m* tira; **2gespräch** *n* rozmowa międzymiastowa; **2glas** *n* lornetka; **2licht** *n* swiatła *n/pl.* drogowe; **2schreiber** *m* dalekopis
Fernseh|en *n* telewizja; **~er** *m* telewizor; *Pers.* = **~zuschauer** *m* telewidz
Fernsprech|amt *n* centrala telefoniczna; **~automat** *m* automat telefoniczny; **~er** *m* telefon
Fern|studium *n* studium *n* zaoczne; **~verkehr** *m* ruch dalekobieżny
Ferse *f* pięta
fertig gotowy; **~ *machen*** przygotow(yw)ać (***sich*** się); **2gericht** *n* danie gotowe; **2keit** *f* biegłość *f*, wprawa; **2ung** *f* produkcja
fesch szykowny
Fessel *f Anat.* kostka (u nogi); (*Kette*) kajdany *f/pl.*; **2n** skrępować *pf.*; ⟨za⟩fascynować
fest mocny (-no); twardy (-do); *s.* **haltbar**
Fest *n* uroczystość *f*, święto;

~platte *f EDV* twardy dysk
fest|binden przywiąz(yw)ać; **~halten** mocno trzymać (*sich* się); **≗igkeit** *f Tech.* wytrzymałość *f*; **≗land** *n* ląd (stały)
festlich świąteczny
fest|machen *v/t* przymocow(yw)ać; **≗nahme** *f* aresztowanie; **~nehmen** ⟨za⟩aresztować; **~setzen** ustanawiać ⟨-nowić⟩; *Termin* wyznaczać ⟨-czyć⟩
Festspiele *n/pl.* festiwal
feststell|en stwierdzać ⟨-dzić⟩; **≗ung** *f* ustalenie
Festtag *m* dzień *m* świąteczny
Festung *f* twierdza, forteca
fett tłusty (-to); **≗** *n* tłuszcz *m*; **~arm** niskotłuszczowy; **≗fleck** *m* tłusta plama; **~ig** zatłuszczony
Fetzen *m* strzęp; szmata
feucht wilgotny; **≗igkeit** *f* wilgoć *f*
Feuer *n* ogień *m*; (*Brand*) pożar; **≗fest** ogniotrwały; **≗gefährlich** łatwopalny; **~löscher** *m* gaśnica; **~melder** *m* sygnalizator pożarowy; **≗n** *s.* **heizen, schießen**; **~stelle** *f* palenisko; ognisko; **~wehr** *f* straż *f* pożarna; **~werk** *n* ognie *m/pl.* sztuczne; **~zeug** *n* zapalniczka
Fibel *f* elementarz
Fichte *f* świerk
Fieber *n* gorączka; **≗haft** gorączkowy (-wo); **~messer** *m* termometr; **~mittel** *n* środek przeciwgorączkowy
fiebrig gorączkowy
Figur *f* figura; postać *f*
Filet *n* polędwica
Filiale *f* filia
Film *m* film; *Fot.* błona; **≗en** ⟨s⟩filmować; **~kamera** *f* kamera filmowa; **~projektor** *m* projektor filmowy; **~vorführung** *f* pokaz filmu
Filter *m od. n* filtr; **~kaffee** *m* kawa filtrowana; **~zigarette** *f* papieros z filtrem
Filz *m* filc, pilśń *f*; **~schreiber** *m* flamaster
Finanz|amt *n* urząd skarbowy; **≗ieren** ⟨s⟩finansować; **~minister** *m* minister finansów
find|en znajdować ⟨znaleźć⟩, odszukać *pf.*; **≗er(in** *f*) *m* znalazca *m* (-czyni *f*); **≗erlohn** *m* znaleźne
Finger *m* palec; **~hut** *m* naparstek; **~nagel** *m* paznokieć *m*
Fink *m* zięba
finnisch fiński (po -ku)
finster ciemny (-no); *fig.* ponury (-ro); **≗nis** *f* ciemność *f*; *Astr.* zaćmienie
Firm|en- firmowy; **~ung** *f Rel.* bierzmowanie
Firnis *m* pokost
Fisch *m* ryba; **≗en** łowić ryby; **~er** *m* rybak; **~erei** *f* rybołówstwo; **~gericht** *n* danie rybne; **~gräte** *f* ość *f*; **~reiher** *m* czapla

fix stały; F zwinny; **2er(in** *f*) F *m* narkoman(ka)
flach płaski (-ko); *Wasser*: płytki (-ko)
Fläche *f* płaszczyzna; (*Ober2*) powierzchnia
Flachland *n* równina
Flachs *m* len
flackern ⟨za⟩migotać
Flagge *f* flaga; *Mar.* bandera
Flamme *f* płomień *m*
Flanke *f* bok
Flasche *f* butelka, flaszka
Flaschen|bier *n* piwo butelkowe; **~öffner** *m* otwieracz do butelek; **~zug** *m* wielokrążek
flattern fruwać
flau słaby (-bo)
Flaum *m* puch, puszek
Flecht|e *f* porost; *Med.* liszaj; **2en** ⟨s⟩pleść; *Kranz* ⟨u⟩wić
Fleck *m* plam(k)a; (*Schuh2*) flek; *s.* **Stelle**; **~enwasser** *n* płyn do wywabiania plam; **2ig** poplamiony; plamisty (-to)
Fledermaus *f* nietoperz
Flegel *m* *fig.* cham; **2haft** chamski (po -ku)
flehen błagać
Fleisch *n* mięso; (*Frucht2*) miąższ; **~brühe** *f* bulion; **~er** *m* rzeźnik; **~erei** *f* sklep rzeźniczy; **~gericht** *n* danie mięsne; **~konserve** *f* konserwa mięsna; **~vergiftung** *f* zatrucie mięsem
flexibel giętki (-ko)
Fleiß *m* pilność *f*; **2ig** pilny
Flick|en *m* łatka; **2en** ⟨za-⟩łatać
Flieder *m* bez
Fliege *f* mucha
flieg|en latać, ⟨po⟩lecieć; *Vogel a.*: fruwać; **2enfänger** *m* muchołapka; **2enpilz** *m* muchomor; **2er** *m* lotnik
fliehen uciekać ⟨uciec⟩
Fliese *f* płyt(k)a podłogowa
Fließ|band *n* taśma montażowa; **2en** płynąć; **2end** *Wasser*: bieżący; *Stil*: płynny
flimmern migotać
flink zwinny
Flinte *f* fuzja, strzelba
flirten flirtować
Flitterwochen *f/pl.* miodowy miesiąc
Flocke *f* płatek; kłaczek
Floh *m* pchła; **~markt** *m* bazar z tandetą
florieren kwitnąć, prosperować
Floß *n* tratwa; **~fahrt** *f* spływ tratwą
Flosse *f* płetwa
Flöte *f* flet
flott *Musik*: skoczny; *Pers.* elegancki (-ko)
Flotte *f* flota
Fluch *m* przekleństwo; **2en** ⟨za⟩kląć; (*D*) przeklinać ⟨-kląć⟩ (*A*)
Flucht *f* ucieczka
flücht|en uciekać ⟨uciec⟩; **~ig** *fig.* pobieżny; *Chem.* lotny; **2ling** *m* zbieg; uciekinier, (*a. Pol.*) uchodźca *m*; **2lings-**

lager *n* obóz dla uchodźców
Flug *m* lot; **~blatt** *n* ulotka
Flügel *m* skrzydło; *Mus.* fortepian
Flug|gast *m* pasażer samolotu; **~hafen** *m* port lotniczy; **~karte** *f* bilet lotniczy; **~linie** *f* linia lotnicza; **~plan** *m* rozkład lotów; **~platz** *m* lotnisko; **~verkehr** *m* komunikacja lotnicza; **~zeug** *n* samolot
Flunder *f* flądra
Flur *m* sień *f*, korytarz
Fluss *m* rzeka; **ˆabwärts** z prądem; **ˆaufwärts** pod prąd; **~bett** *n* koryto (*od.* łożysko) rzeki
flüssig płynny; **ˆkeit** *f* płyn, ciecz *f*
flüstern szeptać ⟨-pnąć⟩
Flut *f* przypływ; *fig.* potok
Fohlen *n* źrebię
Föhn *m* wiatr halny; (*Haartrockner*) suszarka do włosów
Folge *f* następstwo; ciąg; **ˆn** (*D*) iść ⟨pójść⟩ (za *I*); (*das nächste sein*) następować ⟨-tąpić⟩ (po *L*); ***daraus folgt*** z tego wynika; **ˆnd** następujący; **ˆrichtig** konsekwentny; **ˆrn** (***aus***) ⟨wy-⟩ wnioskować (z *G*)
Folie *f* folia
Folter *f* tortury *f/pl.*
fordern (*A*) ⟨za⟩żądać, wymagać (*G*)
fördern protegować, popierać; *s.* **begünstigen**
Forderung *f* żądanie, wymaganie
Forelle *f* pstrąg
Form *f* forma, kształt; **~alität** *f* formalność *f*; **~el** *f* formuł(k)a; *Math.* wzór; **~ular** *n* formularz
forsch|en badać; (***nach***) poszukiwać (*G*); **ˆer** *m* badacz; **ˆung** *f* badanie
Forst *m* las
Förster *m* leśniczy *m*
fort precz; (*weiter*) dalej; **~bestehen** istnieć dalej; **~bilden** dokształcać ⟨-cić⟩ (***sich*** się); **~bringen** *s.* **fortschaffen**; **~fahren** *v/i* odjeżdżać ⟨-jechać⟩; *fig.* (***mit***) kontynuować (*A*); **~gehen** *s.* **weggehen**; **~geschritten** zaawansowany; **~laufend** bieżący (-co); **ˆpflanzung** *f* rozmnażanie się; **~schaffen** usuwać ⟨usunąć⟩, wynosić ⟨-nieść⟩, wywozić ⟨-wieźć⟩; **~schreiten** postępować ⟨-stąpić⟩ naprzód; **ˆschritt** *m* postęp; **~schrittlich** postępowy (-wo); **~setzen** kontynuować; **ˆsetzung** *f* ciąg dalszy; kontynuacja; **~während** ustawiczny; **~ziehen** *v/i* wyjechać *pf.*, opuścić *pf.*
Foto F *n* zdjęcie; **~apparat** *m* aparat fotograficzny; **ˆgrafieren** ⟨s⟩fotografować; **~kopie** *f* kserokopia
Fracht *f* ładunek; (*Preis*) koszt przewozu, fracht; **~brief** *m*

list przewozowy; **~gut** *n* ładunek
Frag|e *f* pytanie; (*Problem*) kwestia; **~ebogen** *m* ankieta, kwestionariusz; **2en** pytać (się), zapyt(yw)ać; **~ezeichen** *n* znak zapytania; **2lich** dany; **2würdig** wątpliwy (-wie)
frankieren ⟨o⟩frankować
Franken *m*: ***Schweizer ~*** frank szwajcarski
Franse *f* frędzla
Franz|ose *m* Francuz; **~ösin** *f* Francuzka; **2ösisch** francuski (po -ku)
Fräsmaschine *f* frezarka
Frau *f* kobieta; (*Anrede*) pani
Frauen|arzt *m* ginekolog, lekarz chorób kobiecych; **~klinik** *f* klinika ginekologiczna (*od.* ginelogiczno-położnicza)
Fräulein *n* panna
frech bezczelny; **2heit** *f* bezczelność *f*
frei wolny; *Gelände*: otwarty; ***unter ~em Himmel*** pod gołym niebem; **2bad** *n* otwarta pływalnia; **2berufler** *m* ktoś wykonujący wolny zawód; F wolny strzelec; **~bleibend** bez zobowiązania; **~geben** *v/i* (*j-m*) zwalniać ⟨zwolnić⟩, F da(wa)ć wolne; **~gebig** hojny; **2gepäck** *n* bagaż wolny od opłaty; **~haben** F mieć wolne; **2hafen** *m* port wolnocłowy; **2heit** *f* wolność *f*, swoboda; **2heitsstrafe** *f* kara pozbawienia wolności; **2karte** *f* bilet bezpłatny; **~lassen** wypuszczać ⟨-puścić⟩ na wolność
Freilicht|bühne *f* teatr letni; **~museum** *n* skansen
frei|machen *s.* **frankieren**; ***sich ~machen*** zwolnić się *pf.*; **~mütig** szczery (-rze); **~sprechen** *Jur.* uniewinni(a)ć; **2spruch** *m* wyrok uniewinniający; **2stoß** *m* *Sp.* rzut wolny
Freitag *m* piątek
freiwillig dobrowolny; **2e(r)** ochotnik (-iczka)
Frei|zeit *f* czas wolny (od pracy, zajęć), F wolne; **~zügigkeit** *f* wolność *f* wyboru miejsca zamieszkania
fremd obcy (-co); (*anderen gehörig*) cudzy; **2e** *f* obczyzna; **2e(r)** obcy (-ca); cudzoziemiec (-mka)
Fremden|führer *m* przewodnik; **~verkehr** *m* ruch turystyczny
Fremd|sprache *f* język obcy; **2sprachig** w języku obcym; **~wort** *n* wyraz obcy
Frequenz *f* częstotliwość *f*
fressen ⟨po-, ze⟩żreć
Freu|de *f* radość *f*; **2dig** radosny; **2en**: ***sich 2en*** (**über** *A*) ⟨u⟩cieszyć się (z *G*); ***es 2t mich*** cieszę się, cieszy mnie
Freund *m* przyjaciel; **~in** *f* przyjaciółka; **2lich** uprzejmy

(-mie); przyjazny; **~schaft** *f* przyjaźń *f*; **²schaftlich** przyjacielski (po -ku)
Frieden *m* pokój
Friedens|bewegung *f* ruch pokojowy; **~vertrag** *m* traktat pokojowy
Fried|hof *m* cmentarz; **~hofs-** cmentarny; **²lich** spokojny
frieren ⟨z⟩marznąć; ***mich friert*** zimno mi
Frikadelle *f* kotlet mielony
Frikassee *n* potrawka
frisch świeży (-żo); *Wäsche*: czysty; **²e** *f* świeżość *f*; **²haltepackung** *f* opakowanie próżniowe
Fris|eur *m* fryzjer; **~eurin** *f* fryzjerka; **²ieren** ⟨u⟩czesać
Frist *f* termin; **²gerecht** terminowy (-wo); **²los**: ***²lose Entlassung*** zwolnienie bez wypowiedzenia
Frisur *f* fryzura, uczesanie
froh: ***ich bin ~*** cieszę się
fröhlich wesoły (-ło); **²keit** *f* wesołość *f*
fromm pobożny
Fronleichnam *m* Boże Ciało
Front *f* front; **~antrieb** *m* napęd przedni
Frosch *m* żaba
Frost *m* mróz
fröstel|n: ***mich ~t*** zimno mi
frost|frei bezmroźny; **²schutzmittel** *n* płyn przeciw zamarzaniu
Frottiertuch *n* ręcznik frotté
Frucht *f* owoc; **²bar** płodny; *Boden*: żyzny; **~eis** *n* lody *m/pl.* owocowe; **²los** bezowocny; **~saft** *m* sok owocowy
früh wczesny (-śnie); ***morgen ~*** jutro rano; **~er** wcześniejszy; były; *Adv.* wcześniej; *(einst)* dawniej
Frühling *m* wiosna; ***im ~*** na wiosnę, wiosną; **~s-** wiosenny
Früh|messe *f* msza poranna; **²morgens** wcześnie rano
Frühstück *n* śniadanie; ***zum ~*** na śniadanie; **²en** ⟨z⟩jeść śniadanie
Frühzug *m* ranny pociąg
Fuchs *m* lis
Fuge *f* szczelina; *Mus.* fuga
fügen: ***sich ~*** *s.* **gehorchen, nachgeben**
fühl|bar wyczuwalny; **~en** dotykać ⟨-tknąć⟩, ⟨po⟩macać; *Puls* ⟨z⟩badać; *(innerlich)* odczu(wa)ć; **²er** *m Zo.* czułek
führ|en ⟨po⟩prowadzić; *Betrieb, Auto* kierować (*I*); *Titel, Waren* mieć, posiadać; ***bei sich ~en*** mieć przy sobie; **²er** *m* wódz; *(Reise²)* przewodnik; **²erschein** *m* prawo jazdy; **²ung** *f* kierownictwo; oprowadzanie (zwiedzających); *s.* **Benehmen**; **²ungszeugnis** *n* świadectwo niekaralności
Füll|e *f* obfitość *f*; **²en** napełni(a)ć; **~feder(halter** *m*) *f* wieczne pióro; **~ung** *f* napełnianie; *Kochk.* nadzienie,

farsz; *Med.* plomba
Fund *m* znalezienie
Fundament *n* fundament
Fund|büro *n* biuro rzeczy znalezionych; **~sache** *f* przedmiot znaleziony
fünf pięć; **꞉** *f* piątka; **~eckig** pięciokątny; **~hundert(ste)** pięćset(ny); **꞉jahrplan** *m* pięciolatka; **~jährig** pięcioletni; **꞉kampf** *m* pięciobój; **~te(r)** piąty; **꞉tel** *n* piąta część *f*; **~zehnte(r)** piętnasty; **~zigste(r)** pięćdziesiąty
Funk *m*: ***per~*** przez radio; **~e** *m* iskra; **꞉eln** ⟨za⟩błyszczeć; **~er** *m* radiotelegrafista *m*; **~gerät** *n* radiostacja
Funktion|är *m* działacz; **꞉ieren** działać
für *Prp.* (*A*) dla (*G*); na (*A*); za (*A*); ***~ mich*** dla mnie; ***~ zwei Personen*** na dwie osoby, dla dwóch osób; ***~ zwei Euro*** za dwie euro
Furche *f* bruzda
Furcht *f* lęk, obawa; **꞉bar** straszny, okropny
fürchten: ***sich ~*** (***vor*** *D*) bać się, obawiać się (*G*)
furcht|los nieustraszony; **~sam** bojaźliwy (-wie)
Für|sorge *f* piecza, opieka; **~sprache** *f* wstawienie się
Fürst *m* książę *m*; **~entum** *n* księstwo; **~in** *f* księżna
Furt *f* bród
Furunkel *m* czyrak
Fürwort *n Gr.* zaimek
Fusion *f* fuzja
Fuß *m* stopa; noga; **~ball** *m* piłka nożna; **~baller** F *m* piłkarz; **~boden** *m* podłoga; **~bremse** *f* hamulec nożny; **꞉en** *fig.* opierać się; **~gänger** *m* pieszy; **~gängerüberweg** *m* przejście dla pieszych; **~gängerzone** *f* strefa ruchu pieszego; **~note** *f* przypis(ek); **~sohle** *f* podeszwa; **~tritt** *m* kopniak; **~wanderung** *f* wycieczka pieszo; **~weg** *m* ścieżka
Futter[1] *n* pokarm; *Agr. a.* pasza
Futter[2] *n* (*Stoff*) podszewka
Futteral *n* futerał
füttern ⟨na⟩karmić; *Kleid* podszy(wa)ć
Futur *n* czas przyszły

G

Gabe *f* dar; *s.* **Dosis**
Gabel *f* widelec; (*Heu꞉*) widły *pl.*; **꞉n**: ***sich꞉n*** rozwidlać się; **~ung** *f* rozwidlenie
gackern gdakać
gaffen gapić się
Gage *f* gaża
gähnen ziewać
Galerie *f* galeria
Galgen *m* szubienica
Gall|e *f* żółć *f*; **~enblase** *f* woreczek żółciowy; **~ensteine**

pl. kamienie *m/pl.* żółciowe
Galopp *m* cwał, galop
Gämse *f* kozica
Gammler F *m* łazęga *m*
Gang *m* chód; *Arch.* przejście; korytarz; *Kfz.* bieg; *Kochk.* danie; ***in ~ setzen*** uruchamiać ⟨uruchomić⟩; **~schaltung** *f* zmiana biegów
Ganove *m s.* **Dieb, Gauner**
Gans *f* gęś *f*
Gänse|braten *m* gęś pieczona; **~haut** *f* gęsia skórka; **~klein** *n* podróbki *f/pl.* gęsie
ganz cały; (*völlig*) zupełny; *Adv.* całkowicie, zupełnie; ***das ≈e*** wszystko, wszystkie; ***~ gut*** dość dobry *od.* dobrze; ***~ und gar nicht*** wcale nie; **≈heit** *f* całość *f*; **~jährig** całoroczny
gar *Kochk.* gotowy, ugotowany; ***~ nichts*** (absolutnie) nic
Garage *f* garaż
Garantie *f* gwarancja; **≈ren** ⟨za⟩gwarantować
Garbe *f* snop(ek)
Garderobe *f* garderoba; (*Raum*) szatnia
Gardine *f* firanka
gären fermentować
Garn *n* nić *f*; przędza
garnieren *Kochk.* garnirować
garstig brzydki (-ko)
Garten *m* ogród; **~bau** *m* ogrodnictwo
Gärtner *m* ogrodnik; **~ei** *f* zakład ogrodniczy
Gas *n* gaz; **~flasche** *f* butla do gazu; **~heizung** *f* ogrzewanie gazowe; **~leitung** *f* przewód gazowy; **~pedal** *n* akcelerator, pedał gazu
Gasse *f* uliczka
Gast *m* gość *m*; ***zu ~ sein*** być w gościnie; **~freundschaft** *f* gościnność *f*; **~geber(in** *f*) *m* pan(i) domu; **~haus** *n* gospoda; **~land** *n* kraj imigracji; **~spiel** *n* występ gościnny; **~stätte** jadłodajnia; restauracja; **~wirt** *m* gospodarz, restaurator
Gas|werk *n* gazownia; **~zähler** *n* licznik gazowy
Gatt|e *m* małżonek; **~in** *f* małżonka; **~ung** *f* rodzaj
Gaul *m* szkapa
Gaumen *m* podniebienie
Gauner *m* oszust, F kanciarz; **~ei** *f* oszustwo, F kant
Gebäck *n* pieczywo
Gebärde *f* ruch, gest
gebär|en ⟨u⟩rodzić; **≈mutter** *f* macica
Gebäude *n* budynek, gmach
geben da(wa)ć; *Rat, Unterricht* udzielać ⟨-lić⟩ (*G*); *Karten* rozda(wa)ć; *s.* **reichen**; ***es gibt*** jest, *pl.* są; ***es gibt nicht*** nie ma
Gebet *n* modlitwa; **~buch** *n* modlitewnik
Gebiet *n* obszar; *fig.* dziedzina
Gebilde *n* (wy)twór
gebildet wykształcony
Gebirg|e *n* góry *f/pl.*; **≈ig** górzysty (-to); **~s-** górski

Gebiss *n* uzębienie; proteza zębowa; (*am Zaum*) wędzidło

geboren urodzony; **~e ...** z domu ...

geborgen bezpieczny

Gebot *n* nakaz; *Rel.* przykazanie; *Hdl.* oferta

gebraten pieczony, smażony

Gebrauch *m* użycie, użytek; **2en** (*A*) uży(wa)ć (*G*)

gebräuchlich używany, zwykły

Gebrauchs|anweisung *f* sposób użycia; **~artikel** *m* przedmiot powszechnego użytku

Gebrauchtwagen *m* samochód używany

Gebrech|en *n* ułomność *f*, kalectwo; **2lich** niedołężny; ułomny

gebrochen złamany; **~ *Deutsch sprechen*** mówić łamaną niemczyzną

Gebrüder *pl.* bracia *m/pl.*

Gebrüll *n* ryk

Gebühr *f* opłata; **2end** należny; **2enfrei** wolny od opłat

Ge|burt *f* narodziny *pl.*; *Med.* poród; ***von ~ an*** od urodzenia; **2bürtig** rodem z (*G*); rodowity

Geburts|datum *n* data urodzenia; **~ort** *m* miejsce urodzenia; **~tag** *m* urodziny *pl.*; **~urkunde** *f* akt urodzenia, metryka

Gebüsch *n* zarośla *n/pl.*

Gedächtnis *n* pamięć *f*

gedämpft (s)tłumiony

Gedanke *m* myśl *f*; **2nlos** nierozważny; **2nvoll** zamyślony

Gedeck *n* nakrycie; menu *n*

gedeihen rozwijać się; rosnąć; *fig.* kwitnąć

gedenk|en (*G*) wspominać ⟨-mnieć⟩ (*A*); *s.* **vorhaben**; **2en** *n*: ***zum 2en*** dla uczczenia pamięci; **2münze** *f* medal pamiątkowy; **2tafel** *f* tablica pamiątkowa

Gedicht *n* wiersz

gediegen solidny

Gedräng|e *n* tłok, ścisk; **2t** stłoczony

Geduld *f* cierpliwość *f*; **2en**: ***sich 2en*** zaczekać; **2ig** cierpliwy (-wie)

geehrt szanowny

geeignet właściwy, odpowiedni

Gefahr *f* niebezpieczeństwo; ***auf eigene ~*** na własne ryzyko; ***außer ~ sein*** nie być zagrożonym

gefähr|den narażać ⟨-razić⟩ (na niebezpieczeństwo); **~lich** niebezpieczny

Gefährt|e *m* towarzysz; **~in** *f* towarzyszka

Gefälle *n* spadek, pochyłość *f*

gefallen ⟨s⟩podobać się; ***sich nicht ~ lassen*** nie pozwalać ⟨-wolić⟩ na (*A*)

Gefallen *n*: ***~ finden*** (***an*** *D*) upodobać *pf.* sobie (*A*)

Gefallene(r) *m* poległy

gefällig usłużny, uczynny; **2keit** *f* przysługa

Gefangen|e(r) więzień *m*; *Mil.* jeniec; więźniarka *f*; **~enlager** *n* obóz jeńców; **𝔖nehmen** brać ⟨wziąć⟩ do niewoli; **~schaft** *f* niewola
Gefängnis *n* więzienie; **~strafe** *f* kara więzienia
Gefäß *n* naczynie (*a. Anat.*)
gefasst opanowany; przygotowany (***auf alles*** na wszystko)
Gefecht *n* potyczka, starcie
Gefieder *n* upierzenie
Geflecht *n* plecionka
gefleckt cętkowany
Geflügel *n* drób; **~zucht** *f* hodowla drobiu
Gefolge *n* świta, orszak
gefragt *Ware*: poszukiwany
gefräßig żarłoczny
Gefreite(r) *m* starszy szeregowiec
gefrier|en *v/i* zamarzać ⟨-znąć⟩; **𝔖fach** *m* zamrażalnik; **𝔖fleisch** *n* mięso mrożone; **𝔖punkt** *m* punkt zamarzania; **𝔖schrank** *m*, **𝔖truhe** *f* zamrażarka
gefügig posłuszny, uległy
Gefühl *n* czucie; uczucie; **𝔖los** bez czucia; *fig.* nieczuły; **𝔖voll** uczuciowy (-wo)
gefüllt napełniony; *Kochk.* nadzi(ew)any
gegen *Prp.* (*A*) przeciw(ko), wbrew (*D*); (*wohin?*) ku (*D*); **~** *j-n* wobec (*G*); **~** ***Husten*** na kaszel; **~** ***Mittag*** około południa; **~** ***Quittung*** za pokwitowaniem
Gegend *f* okolica
gegen|einander jeden przeciw drugiemu; wobec siebie (nawzajem); **𝔖gewicht** *n* przeciwwaga; **𝔖gift** *n* odtrutka; **𝔖leistung** *f* odpłata, odwdzięczenie się; **𝔖mittel** *n* (***gegen***) środek (przeciw *D*); **𝔖satz** *m* przeciwieństwo; **𝔖seite** *f* strona przeciwna; **~seitig** wzajemny; **𝔖stand** *m* przedmiot; **𝔖teil** *n* przeciwieństwo; ***im 𝔖teil*** przeciwnie; **~über** (*D*) naprzeciw(ko) (*G*); **~überliegend** przeciwległy; **~überstellen** (*D*) ⟨s⟩konfrontować (z *I*); **𝔖wart** *f* teraźniejszość *f*; obecność *f*; *Gr.* czas teraźniejszy; *s.* **Beisein**; **~wärtig** teraźniejszy, obecny; *Adv.* teraz; **𝔖wert** *m* równowartość *f*; **𝔖wind** *m* wiatr przeciwny
Gegner *m* przeciwnik; **~in** *f* przeciwniczka
Gehackte(s) *n* mięso siekane
Gehalt[1] *n* pensja, uposażenie, pobory *m/pl.*
Gehalt[2] *m* zawartość *f*
gehärtet (za)hartowany
gehässig złośliwy (-wie)
Gehäuse *n* *Tech.* korpus; (*Uhr𝔖*) koperta; *Zo.* skorupa
gehbehindert o zmniejszonej zdolności chodzenia
geheim tajny; *Adv.* potajemnie; **~** ***halten*** zachow(yw)ać w tajemnicy; **𝔖nis** *n* tajemnica; **~nisvoll** tajemniczy

(-czo); **≈polizei** *f* tajna policja
gehen (*~ können, zur Schule usw.*) chodzić; (*mit Zielangabe*) iść ⟨pójść⟩; *Zug*: odchodzić ⟨odejść⟩; *Weg*: prowadzić; ***wie geht es Ihnen?*** jak się panu (*od.* pani) powodzi?; ***es geht um …*** chodzi o …; ***es geht nicht*** (to) niemożliwe
Gehilf|e *m* pomocnik; **~in** *f* pomocnica
Gehirn *n* mózg; **~erschütterung** *f* wstrząs mózgu
Gehöft *n* zagroda
Gehör *n* słuch
gehorchen (*D*) ⟨u⟩słuchać (*G*)
gehör|en (*D*, ***zu***) należeć (do *G*); ***dazu ~t …*** to wymaga (*G*)
gehorsam posłuszny; **≈** *m* posłuszeństwo
Gehsteig *m* chodnik
Geig|e *f* skrzypce *pl.*; **~er** *m* skrzypek; **~erin** *f* skrzypaczka
Geisel *f* zakładnik (-niczka)
Geist *m* duch
Geistes|gegenwart *f* przytomność *f* umysłu; **≈krank** umysłowo chory
geist|ig duchowy (-wo); umysłowy (-wo); **≈liche(r)** *m* duchowny, ksiądz; **≈lichkeit** *f* duchowieństwo; **~reich** dowcipny
Geiz *m* skąpstwo; **~hals** *m* skąpiec; **≈ig** skąpy (-po)
gekocht gotowany
gekränkt urażony
Gel *n* żel
Gelächter *n* śmiech
geladen naładowany (*a. El.*); *Waffe*: nabity
Gelage *n* uczta, biesiada, pijatyka
Gelände *n* teren; **~lauf** *m* bieg na przełaj; **~r** *n* poręcz *f*; **~wagen** *m* wóz terenowy
gelangen (***nach, in*** *A*) dosta(wa)ć się (do *G*)
gelassen spokojny; **≈heit** *f* spokój, opanowanie
Gelatine *f* żelatyna
geläufig: ***mir ist … ~*** znam …
gelaunt: ***gut*** (***schlecht***) **~** w dobrym (złym) humorze
gelb żółty(-to); **~ *werden*** ⟨z⟩żółknąć; **≈sucht** *f* żółtaczka
Geld *n* pieniądz(e *pl.*); **~buße** *f* grzywna; **~schein** *m* banknot; **~schrank** *m* sejf; **~strafe** *f* kara grzywny; **~stück** *n* moneta; **~wechsel** *m* wymiana pieniędzy
Gelee *n od. m* galaret(k)a
gelegen położony; dogodny; **≈heit** *f* sposobność *f*, (*a. Kauf*) okazja; **≈heitsarbeit** *f* praca dorywcza; **~tlich** *Adv.* przy okazji
gelehr|ig pojętny; **≈te(r)** *m* uczony
Geleit *n* orszak; eskorta; **≈en** odprowadzać ⟨-dzić⟩; eskortować
Gelenk *n* staw, przegub (*a.*

Tech.); 2**ig** giętki (-ko), gibki (-ko)
gelernt *Arbeiter*: wykwalifikowany
Geliebte *f* kochanka; **~(r)** *m* kochanek
ge|liehen wypożyczony; **~lingen** uda(wa)ć się; **~loben** ślubować
gelt|en *v/t* mieć wartość; *v/i* być ważnym; *Gesetz*: obowiązywać; **~end** *Recht*: obowiązujący; 2**ung** *f* moc *f* prawna; ważność *f*
Gelübde *n* ślub(owanie)
gelungen udany
Gelüst *n* chęć *f*, chętka
Gemahl(in *f*) *m* małżonek (-nka)
Gemälde *n* obraz; **~galerie** *f* galeria obrazów
gemäß (*D*) stosownie do (*G*); według (*G*); zgodnie z (*I*); **~igt** umiarkowany
gemein podły (-le); *s.* **gewöhnlich**
Gemeinde *f* gmina; **~rat** *m* rada gminna
Gemein|heit *f* podłość *f*; 2**sam** wspólny; **~schaft** *f* wspólnota
gemietet wynajęty
Gemisch *n* mieszanina, mieszanka
Gemurmel *n* pomruk
Gemüse *n* jarzyna, warzywo; **~garten** *m* ogród warzywny; **~suppe** *f* zupa jarzynowa
Gemüt *n* umysł; 2**lich** przytulny, przyjemny; 2**skrank** chory psychicznie
genau dokładny (*a. Pers.*), ścisły (-le); 2**igkeit** *f* dokładność *f*; punktualność *f*; **~so** tak samo
genehmig|en zezwalać ⟨-wolić⟩; zatwierdzać ⟨-dzić⟩; 2**ung** *f* zezwolenie; zatwierdzenie
geneigt pochyły (-ło), pochylony; (**zu**) skłonny (do *G*)
General *m* generał; **~direktor** *m* dyrektor naczelny; **~streik** *m* strajk powszechny; **~überholung** *f* remont kapitalny
Generation *f* pokolenie
genes|en wyzdrowieć *pf.*; 2**ung** *f* wyzdrowienie
Genick *n* kark
Genie *n* geniusz
genieren: ***sich ~*** krępować się
genieß|bar jadalny; **~en** *v/t* spoży(wa)ć; *fig.* cieszyć się (*I*); rozkoszować się (*I*); *Recht* korzystać (z *G*)
Genitiv *m Gr.* dopełniacz
Genoss|e *m* towarzysz; **~enschaft** *f* spółdzielnia; **~in** *f* towarzyszka
genug dosyć, dość
genüg|en wystarczać; ***es ~t*** (wy)starczy; **~end** dostateczny, wystarczający (-co)
Genugtuung *f* zadośćuczynienie, satysfakcja
Genuss *m* spożywanie, spożycie; korzystanie; przyjemność *f*, rozkosz; **~mittel**

n używka
Geo|graphie *f* geografia; **~metrie** *f* geometria
geordnet uporządkowany
Gepäck *n* bagaż; **~aufbewahrung** *f* przechowalnia bagażu; **~ausgabe** *f* wydawanie bagażu; **~netz** *n* siatka na bagaż; **~schein** *m* kwit bagażowy; **~träger** *m* bagażnik; *Pers.* bagażowy *m*
gerade prosty (-to); *Zahl*: parzysty; *Adv.* (*soeben*) właśnie, akurat; **~aus** prosto; **~heraus** otwarcie, bez ogródek; **~zu** wprost
geradlinig prostolinijny
Gerät *n* przyrząd, aparat; (*kollektiv*) sprzęt
geraten *v/i* uda(wa)ć się; (*in A*) dost(aw)ać się, trafi(a)ć (do *G*)
Geräteturnen *n* gimnastyka przyrządowa
ge|räuchert wędzony; **~räumig** przestronny
Geräusch *n* szum; (*leise*) szmer; **2los** *s.* **leise**; **2voll** hałaśliwy (-wie)
gerb|en ⟨wy⟩garbować; **2erei** *f* garbarnia
gerecht sprawiedliwy (-wie); **2igkeit** *f* sprawiedliwość *f*
Gerede *n* gadanie
gereizt rozdrażniony
Gericht[1] *n* *Kochk.* potrawa, danie
Gericht[2] *n* *Jur.* sąd; **2lich** sądowy; *Adv.* sądownie
Gerichts|urteil *n* wyrok sądowy; **~verfahren** *n* postępowanie sądowe; **~verhandlung** *f* rozprawa sądowa; **~vollzieher** *m* komornik
gering drobny, niewielki; **~fügig** nieznaczny; **~schätzig** lekceważący (-co)
gerinnen ⟨s⟩krzepnąć; *Milch*: zsiadać ⟨zsiąść⟩ się
Gerippe *n* szkielet
gern(e) *Adv.* chętnie; **~ haben** lubić
Gerste *f* jęczmień *m*; **~nkorn** *n Med.* jęczmień *m*
Gerte *f* rózga, witka
Geruch *m* (*Sinn*) węch; (*Duft*) zapach, woń *f*; **2los** bezwonny
Gerücht *n* pogłoska
Ge|rümpel *n* graty *m/pl.*, rupiecie *m/pl.*; **~rüst** *n* rusztowanie
gesamt cał(kowit)y; wszystek; **2betrag** *m* łączna kwota, ogólna suma; **~deutsch** ogólnoniemiecki; **2heit** *f* całość *f*
Gesandt|e(r) *m* poseł; **~schaft** *f* poselstwo
Gesang *m* śpiew; **~buch** *n* śpiewnik
Gesäß *n* pośladki *m/pl.*
Geschäft *n* interes, sprawa; (*Laden*) sklep; **2ig** zajęty; **2lich** handlowy; *s.* **dienstlich**; *Adv.* w interesie
Geschäfts|führer *m* kierownik (przedsiębiorstwa); **~inhaber** *m* właściciel sklepu *od.* firmy; **~mann** *m* czło-

wiek interesu, handlowiec; **~ordnung** *f* regulamin obrad *od.* pracy; **~reise** *f* podróż *f* służbowa; **~schluss** *m* zamknięcie sklepu *od.* biura

geschehen dziać się; ***was ist ~?*** co się stało?

gescheit mądry (-rze), rozumny

Geschenk *n* prezent; ***als ~*** w podarunku

Geschicht|e *f* historia; (*Erzählung*) opowieść *f*; **2lich** historyczny

Geschick|lichkeit *f* zręczność *f*; **2t** zręczny

geschieden rozwiedziony

Geschirr *n* naczynie; (*Küchen2*) statki *m/pl.*; (*Pferde2*) uprząż *f*; **~spülmaschine** *f* zmywarka do naczyń

Geschlecht *n* płeć *f*; *Gr.* rodzaj; **2lich** płciowy (-wo)

Geschlechts|krankheit *f* choroba weneryczna; **~verkehr** *m* stosunek płciowy

geschlossen zamknięty

Geschmack *m* smak; *fig.* gust; **2los** bez smaku; *fig.* niegustowny; **2voll** gustowny; *Adv.* ze smakiem

ge|schmeidig elastyczny; **2schöpf** *n* stworzenie; **2schoss** *n* *Arch.* piętro; *Mil.* pocisk; **2schrei** *n* krzyk; **2schütz** *n* działo; **2schwätz** *n* gadanina

Geschwindigkeit *f* prędkość *f*, szybkość *f*; **~sbegrenzung** *f* ograniczenie prędkości

Ge|schwister *pl.* rodzeństwo, bracia i siostry; **2schwollen** spuchnięty, obrzmiały; **~schwulst** *f* nowotwór, guz; **~schwür** *n* wrzód

Gesell|e *m* czeladnik; **2en**: ***sich 2en*** (***zu***) przyłączać ⟨-czyć⟩ się (do *G*); **~enbrief** *m* świadectwo czeladnicze; **~enprüfung** *f* egzamin czeladniczy; **2ig** towarzyski (-ko); **~schaft** *f* towarzystwo; *Hdl.* spółka; *Pol.* społeczeństwo; **2schaftlich** społeczny

Gesellschafts|ordnung *f* ustrój społeczny; **~spiel** *n* gra towarzyska

Gesetz *n* prawo; *Jur., Pol.* ustawa; **~blatt** *n* dziennik ustaw; **~buch** *n* kodeks; **~gebung** *f* ustawodawstwo; **2lich** ustawowy (-wo), prawny; **2los** bezprawny; **2widrig** sprzeczny z ustawą

Gesicht *n* twarz *f*; mina

Gesichts|ausdruck *m* wyraz twarzy; **~punkt** *m* punkt widzenia

Gesindel *n* hołota, motłoch

Gesinnung *f* przekonania *n/pl.*, zapatrywania *n/pl.*; **2slos** bez przekonań

gespannt *Adj.* napięty, naprężony; *Adv.* z napięciem; ***ich bin ~, ob …*** ciekawy (-wa) jestem, czy …

Gespenst *n* widmo, upiór

Gespött *n*: ***sich zum ~ ma-***

chen ‹z›robić z siebie pośmiewisko
Gespräch *n* rozmowa; **⁀ig** rozmowny; **~spartner** *m* (współ)rozmówca *m*
Gestalt *f* kształt; (*a. Pers.*) postać *f*; **⁀en** ‹u›kształtować; nada(wa)ć kształt (*D*)
Ge|ständnis *n* przyznanie (się); **~stank** *m* smród; **⁀statten** (*A*) pozwalać ‹-wolić› (na *A*); **⁀stehen** (*A*) przyzna(wa)ć się (do *G*); **~stein** *n* skała; **~stell** *n* podstawa; rama
gestern wczoraj
gestreift w paski
gestrig wczorajszy
Ge|stüt *n* stadnina; **~such** *n* podanie; **⁀sucht** poszukiwany
gesund zdrowy (-wo); **~ *werden*** wyzdrowieć *pf.*; **⁀heit** *f* zdrowie; **~heitlich** zdrowotny
Gesundheits|amt *n* urząd zdrowia; **⁀schädlich** szkodliwy dla zdrowia; **~wesen** *n* służba zdrowia; **~zustand** *m* stan zdrowia
Getränk *n* napój
Getreide *n* zboże
getrennt rozdzielny; odrębny
Getriebe *n* przekładnia
Gewächs *n* roślina; **~haus** *n* cieplarnia
Gewähr *f* rękojmia; **⁀en** *Asyl, Rabatt* przyzna(wa)ć (*A*), udzielać ‹-lić› (*G*); *Wunsch* spełni(a)ć; **⁀leisten** ‹za-› gwarantować
Gewalt *f* władza; ***höhere* ~** siła wyższa; ***mit* ~** przemocą; **⁀ig** potężny; **⁀tätig** brutalny
Gewand *n* szata
gewandt zręczny, zwinny
Gewässer *n/pl.* wody *f/pl.*
Gewebe *n* tkanina; *Bio.* tkanka
Gewehr *n* karabin
Geweih *n* rogi *m/pl.*; poroże
Gewerbe *n* przemysł; rzemiosło; **~treibende(r)** *s.* **Handwerker**
Gewerkschaft *f* związek zawodowy; **⁀lich** związkowy
Gewicht *n* ciężar; *Hdl., fig.* waga; (*zum Wiegen*) odważnik; **~heben** *n Sp.* podnoszenie ciężarów
Gewinde *n* gwint
Gewinn *m* zysk; (*Spiel⁀*) wygrana; **⁀en** uzysk(iw)ać; *Bgb.* ‹wy›dobywać; (*im Spiel*) wygr(yw)ać; **~er(in *f*)** *m* wygrywający (-ca); *s.* **Sieger**
gewiss pewny; *Adv.* pewnie
Gewissen *n* sumienie; **⁀haft** sumienny
Gewis|sensbisse *m/pl.* wyrzuty *m/pl.* sumienia; **⁀sermaßen** poniekąd
Gewissheit *f* pewność *f*
Gewitter *n* burza
ge|wöhnen (***an*** *A*) przyzwyczajać ‹-czaić› (do *G*; ***sich*** się); **⁀wohnheit** *f* przyzwyczajenie; (*üble*) nałóg; **~wöhnlich** pospolity, zwy-

czajny; *Adv.* zazwyczaj; **~wohnt** zwykły (-le); **2wölbe** *n* sklepienie; **2wühl** *n* tłok, ścisk
Gewürz *n* korzenie *m/pl.*, przyprawa (korzenna); **~gurke** *f* ogorek konserwowy
geziert sztuczny
gezwungenermaßen z konieczności
Gicht *f* artretyzm
Giebel *m* szczyt dachu
gierig chciwy (-wie)
gieß|en lać, nal(ew)ać, wl(ew)ać; *Blume* podl(ew)ać; *Tech.* odl(ew)ać; ***es gießt*** leje; **2kanne** *f* polewaczka
Gift *n* trucizna; (*Toxin*) jad (*a. fig.*); **2ig** trujący (-co), (*a. fig.*) jadowity (-cie)
Gipfel *m* szczyt (*a. fig.*), wierzchołek
Gips *m* gips; **~-** gipsowy
Giraffe *f* żyrafa
Girokonto *n* rachunek oszczędnościowo-rozliczeniowy
girren gruchać
Gischt *f* piana
Gitter *n* krata
Glanz *m* połysk; blask
glänzen błyszczeć, lśnić; **~d** błyszczący (-co); *fig.* świetny
Glas *n* szkło; (*Trink2*) szklanka; (*Wein2, Schnaps2*) kieliszek; **~-** szklany; **~er** *m* szklarz; **~scheibe** *f* szyba; **~tür** *f* drzwi *pl.* oszklone
glatt gładki (-ko); *Straße*: śliski (-ko); **2eis** *n* gołoledź *f*
glätten ⟨wy⟩gładzić
Glatze *f* łysina
Glaub|e *m* wiara; **2n** (***an*** *A*) wierzyć (w *A*); sądzić; **~ensbekenntnis** *n* wyznanie
gläubig wierzący; **2er(in** *f*) *m* *Hdl.* wierzyciel(ka)
glaubwürdig wiarygodny
gleich równy, jednakowy; *s.* **genauso**; **~ *lautend*** równobrzmiący; ***ganz*** **~** obojętnie; *Adv.* (*sofort*) zaraz; **2berechtigung** *f* równouprawnienie; **~en** równać się; być podobnym; **~falls** również; **2gewicht** *n* równowaga; **~gültig** obojętny; **2heit** *f* równość *f*; **~mäßig** równomierny; **~stellen** (*D*) zrówn(yw)ać (z *I*); **2strom** *m* prąd stały; **2ung** *f* *Math.* równanie; **~wertig** równoważny; **~zeitig** równoczesny
Gleis *n* *Esb.* tor
gleit|en ślizgać się; (*in der Luft*) szybować; **2flug** *m* lot ślizgowy
Gletscher *m* lodowiec
Glied *n* *Anat.* członek, kończyna; *Tech.* ogniwo, człon; **2ern** ⟨roz⟩dzielić (***sich*** się); **~maßen** *pl.* kończyny *f/pl.*
glimmen żarzyć się
glitzern błyszczeć, lśnić
Glocke *f* dzwon; (*Glas2*) klosz; **~nspiel** *n* kuranty *m/pl.*; **~nturm** *m* dzwonnica
Glück *n* szczęście; ***viel ~!*** pomyślności!; **2lich** szczęśliwy

(-wie); **≈licherweise** na szczęście
Glücksspiel *n* gra hazardowa
Glückwunsch *m* powinszowanie; ***herzlichen ~!*** serdecznie winszuję!
Glüh|birne *f* żarówka; **≈en** *v/i* żarzyć się; **≈end** rozżarzony; **~wein** *m* wino grzane
Glut *f* żar
Gnade *f* łaska; **~ngesuch** *n* prośba o ułaskawienie
gnädig łaskawy (-wie)
Gold *n* złoto; **≈en** złoty; **~schmied** *m* złotnik
Golf¹ *m* zatoka
Golf² *n Sp.* golf; **~platz** *m* pole golfowe
Gondel *f* gondola
gönn|en (***j-m*** *A*) nie zazdrościć (k-u *G*); **≈er** *m* protektor; mecenas
gotisch gotycki
Gott *m* bóg; *Rel.* Bóg; ***~ sei Dank!*** dzięki Bogu!
Gottesdienst *m* nabożeństwo
Gött|in *f* bogini; **≈lich** boski, Boży
gottlos bezbożny
Grab *n* grób; **≈en** kopać; **~en** *m* rów; (*Schloss≈*) fosa; *Mil.* okop; **~hügel** *m* mogiła; **~mal** *n* nagrobek, grobowiec
Grad *m* stopień *m*
Graf *m* hrabia *m*
Grafiker *m* grafik
Gräf|in *f* hrabina; **≈lich** hrabiowski
Gramm *n* gram
Grammati|k *f* gramatyka; **≈sch** gramatyczny
Granate *f* granat
Gras *n* trawa; **≈en** paść się; **~hüpfer** *m* konik polny
grässlich potworny
Grat *m* (*Berg≈*) grań *f*
Gräte *f* ość *f*
gratis darmo
gratulieren (***zu***) ⟨po⟩gratulować (*G*)
Gräuel *m* okrucieństwo; **~tat** *f* zbrodnia
grau szary (-ro); *Haar*: siwy; ***~ werden*** ⟨po⟩szarzeć; ⟨po-⟩siwieć
Grauen *n* zgroza; **≈haft**, **≈voll** okropny, koszmarny
Graupen *pl. Kochk.* krupy *f/pl.*; (*Perl≈*) kasza perłowa
grau|sam okrutny; **≈samkeit** *f* okrucieństwo
greif|bar namacalny, dotykalny; **~en** chwytać ⟨chwycić⟩
Greis *m* starzec; **~in** *f* staruszka
grell *Licht, Farbe*: jaskrawy (-wo); (*blendend*) rażący (-co); *s.* **schrill**
Grenz|bahnhof *m* stacja graniczna; **~e** *f* granica; **≈en** (***an*** *A*) graniczyć (z *I*); **≈enlos** bezgraniczny; **~gebiet** *n* pogranicze; **~schutz** *m* straż *f* (*od.* policja) graniczna; **~übergang** *m* przejście graniczne
Griebe *f* skwarek
Griech|e *m* Grek; **~enland** *n* Grecja; **~in** *f* Greczynka;

²isch grecki (po -ku)
Grieß *m* grysik; **~brei** *m* manna (kaszka)
Griff *m* chwyt; (*Heft*) rękojeść *f*, uchwyt; trzonek; (*Tür²*) klamka
Grill *m* grill, ruszt, rożen
Grille *f* świerszcz
Grimasse *f* grymas
grinsen szczerzyć zęby
Grippe *f* grypa
grob gruby (-bo); *fig.* grubiański (-ko); **²heit** *f* grubiaństwo
Groll *m* uraza; **²en** (*D*) mieć urazę (do *G*)
Groschen *m* grosz
groß wielki, duży; *s.* **hoch**; **~artig** wspaniały (-le)
Größe *f* wielkość *f*; rozmiar
Groß|eltern *pl.* dziadkowie *m/pl.*; **~handel** *m* handel hurtowy; **²jährig** pełnoletni; **~macht** *f* mocarstwo; **~mut** *m* wspaniałomyślność *f*; **~mutter** *f* babka; **~stadt** *f* wielkie miasto; **²städtisch** wielkomiejski (po -ku)
größtenteils przeważnie
Groß|vater *m* dziadek; **²zügig** wspaniałomyślny
Grotte *f* grota, jaskinia
Grube *f* dół, jama; *Bgb.* kopalnia
grübeln rozmyślać
Gruft *f* grobowiec; krypta
grün zielony (-no); *s.* **unreif**; **~ *werden*** zazielenić się *pf.*; **²** *n* zieleń *f*; zieloność *f*; ***im ²en*** na łonie natury
Grund *m* (*Gewässer*) dno; (*Boden*) grunt; (*Ursache*) przyczyna; ***auf ~*** na podstawie; **~besitz** *m* posiadłość *f* ziemska; **~buch** *n* księga wieczysta
gründen zakładać ⟨założyć⟩
Grund|gehalt *n* wynagrodzenie zasadnicze; **~lage** *f* podstawa
gründlich gruntowny
Grund|lohn *m* płaca podstawowa; **~riss** *m* rzut poziomy; zarys; **~satz** *m* zasada; **²sätzlich** zasadniczy (-czo); **~schule** *f* szkoła podstawowa; **~steuer** *f* podatek gruntowy; **~stück** *n* działka, parcela
Gründung *f* założenie
grünen ⟨za⟩zielenić się
grunzen chrząkać
Gruppe *f* grupa
Gruselfilm *m* film grozy
Gruß *m* pozdrowienie; ***Grüße an ...*** pozdrowienia, ukłony dla ...
grüßen *v/t* pozdrawiać ⟨-drowić⟩ (*A*), kłaniać ⟨ukłonić⟩ się (*D*)
Grütz|e *f* kasza; **~wurst** *f* kaszanka
gucken spoglądać ⟨spojrzeć⟩
Gulasch *m* gulasz
gültig ważny, obowiązujący; **²keit** *f* ważność *f*
Gummi *n* guma; **~band** *n* gumka; **~stiefel** *m* kalosz, F gumiak

Gunst *f*: ***zu meinen ~en*** na moją korzyść
günstig przychylny, pomyślny, korzystny
Gurgel *f* gardło; **≈n** płukać gardło
Gurke *f* ogórek; **~nsalat** *m* mizeria
Gurt *m* pas
Gürtel *m* pasek
Guss *m* odlew; (*Regen*) ulewa; **~eisen** *n* żeliwo
gut dobry (-rze); *s.* **Tag**
Gut *n* majątek; *s.* **Habe**; *Hdl.* towar
Gutacht|en *n* orzeczenie, ekspertyza; **~er** *m* rzeczoznawca *m*
Güte *f* dobroć *f*; *Hdl.* jakość *f*
Güter|bahnhof *m* dworzec towarowy; **~zug** *m* pociąg towarowy
gütig łaskawy (-wie)
Gut|haben *n* saldo dodatnie; (*Schuld*) należność *f*; **≈mütig** dobroduszny; **~schein** *m* bon; **~schrift** *f Hdl.* zapis na dobro; **≈willig** dobrowolny
Gymnasium *n* gimnazjum *n*, liceum *n*
Gymnastik *f* gimnastyka

H

Haar *n* włos; (*kollektiv*) włosy *pl.*; (*Tier≈*) sierść *f*, włosie; **~ausfall** *m* wypadanie włosów; **≈ig** włochaty, kosmaty; **~schneiden** *n* strzyżenie (włosów); **~schnitt** *m* fryzura; **~spray** *m* lakier do włosów; **≈sträubend** niewiarogodny; straszny; **~waschmittel** *n* szampon; **~wasser** *n* płyn do włosów
Hab|e *f* mienie; ***~ und Gut*** cały dobytek; **≈en** mieć; ***ich ~e*** mam; ***zu ≈en*** do nabycia; **~gier** *f* chciwość *f*; **≈gierig** chciwy (-wie)
Habicht *m* jastrząb
Hack|braten *m* rzymska pieczeń *f*, klops; **~e¹** *f* graca, motyka; **~e²** *f*, **~en** *m* pięta; **≈en** ⟨po⟩rąbać; **~fleisch** *n* (mięso) mielone, siekane
Häcksel *m* sieczka
Hafen *m* port; **~arbeiter** *m* doker
Hafer *m* owies; **~flocken** *f/pl.* płatki *m/pl.* owsiane
Haff *n* zalew
Haft *f* areszt; **~anstalt** *f* więzienie; **~befehl** *m* nakaz aresztowania; **≈en** (***an*** *D*) przylegać (do *G*); (***für***) odpowiadać, ręczyć (za *A*)
Häftling *m* więzień *m*, więźniarka *f*
Haftpflicht *f* odpowiedzialność *f* cywilna; **~versicherung** *f* ubezpieczenie od odpowiedzialności cywilnej

Hagebutte *f* owoc dzikiej róży
Hagel *m* grad; **2n**: ***es* 2*t*** pada grad
hager szczupły (-ło)
Hahn *m* kogut; *Tech.* kurek
Hai *m* rekin
häkel|n szydełkować; **2nadel** *f* szydełko
Haken *m* hak; **~kreuz** *n* swastyka
halb pół; *Adv.* wpół, na pół; **~ieren** ⟨po⟩dzielić na pół; **2insel** *f* półwysep; **2jahr** *n* półrocze; **2kreis** *m* półkole; **2kugel** *f* półkula; **2schuh** *m* półbucik; **2zeit** *f* połowa gry
Halde *f* hałda
Hälfte *f* połowa; ***zur* ~** do połowy; ***in zwei* ~*n*** na pół
Halle *f* hala
hallen rozlegać się
Hallenbad *n* kryta pływalnia
Halm *m* źdźbło
Hals *m* szyja; gardło; **~ausschnitt** *m* wycięcie; **~band** *n* naszyjnik; (*Hunde*2) obroża; **~-Nasen-Ohren-Arzt** *m* laryngolog; **~schmerzen** *m/pl.* ból gardła; **~tuch** *n* apaszka
Halt *m* oparcie; *s.* **Stütze**; **2bar** trwały; **2en** trzymać (***sich*** się); *Vertrag, Wort* dotrzym(yw)ać; *Kurs, Ordnung* utrzym(yw)ać; *Rede* wygłaszać ⟨-łosić⟩; **(*für*)** uważać (za *A*); *v/i* (*stoppen*) zatrzym(yw)ać się
Halte|stelle *f* przystanek; *S-Bahn, U-Bahn* stacja; **~verbot** *n* zakaz zatrzymywania się; zakaz postoju
Haltung *f* postawa
Hammel *m* baran; **~braten** *m* pieczeń *f* barania; **~fleisch** *n* baranina
Hammer *m* młot(ek); **~werfen** *n Sp.* rzut młotem
Hamster *m* chomik
Hand *f* ręka; ***flache* ~** dłoń *f*; **~arbeit** *f* praca ręczna; (*Nadelarbeit*) robótka; **~ball** *m* piłka ręczna; **~bremse** *f* hamulec ręczny; **~buch** *n* podręcznik
Händedruck *m* uścisk dłoni
Handel *m* handel; **~s-** *in Zssgn mst* handlowy; **2n** postępować ⟨-stąpić⟩; **(*mit*)** handlować (*I*); ***es* 2*t sich um*** chodzi o
Handels|beziehungen *f/pl.* stosunki *m/pl.* handlowe; **~gesellschaft** *f* spółka handlowa; **~schule** *f* szkoła handlowa; **~vertrag** *m* umowa handlowa
Hand|fläche *f* dłoń *f*; **2gearbeitet** ręcznej roboty; **~gelenk** *n* przegub ręki; **~gepäck** *n* bagaż ręczny; **~koffer** *m* walizka; **~kuss** *m* ucałowanie ręki
Händler(in *f*) *m* handlarz (-rka)
handlich poręczny
Handlung *f* czyn, postępek; (*Roman*2) akcja; *Hdl.* sklep
Hand|pflege *f* manicure *n*;

~schellen *f/pl.* kajdanki *m/pl.*; **~schrift** *f* charakter pisma; (*Schriftstück*) rękopis; **~schuh** *m* rękawiczka; **~tasche** *f* torebka; **~tuch** *n* ręcznik; **~voll** *f* garść *f*; **~werk** *n* rzemiosło; **~werker** *m* rzemieślnik
Handy *n* telefon komórkowy, P komórka
Hanf *m* konopie *pl.*
Hang *m* stok; *fig.* skłonność *f*, pociąg (do *G*)
Hänge|brücke *f* most wiszący; **~matte** *f* hamak; **ⓢn** wieszać ⟨powiesić⟩; *v/i* wisieć
hantieren (**an** *D*) majstrować (przy *L*)
Happen *m* kęs, kąsek
Harke *f* grabie *pl.*; **ⓢn** grabić
harmlos nieszkodliwy
harmonisch harmonijny
Harn *m* mocz; **~blase** *f* pęcherz moczowy; **~röhre** *f* cewka moczowa
hart twardy (-do); *s.* **schwer, streng**
Härte *f* twardość *f*
Hart|geld *n* bilon; **ⓢnäckig** uporczywy (-wie)
Harz *m* żywica
Haschisch *n* haszysz
Hase *m* zając
Haselnuss *f* orzech laskowy
Hasenbraten *m* pieczeń *f* zajęcza
Hass *m* nienawiść *f*
hassen nienawidzić
hässlich brzydki (-ko); **ⓢkeit** *f* brzydota
Hast *f* pospiech; **ⓢig** szybki; *Adv.* pospiesznie
hätscheln pieścić
Haube *f* czepek; *Tech.* kołpak; *Kfz.* maska
Hauch *m* tchnienie, dech; **ⓢen** *v/i* chuchać ⟨-chnąć⟩; *v/t* ⟨wy⟩szeptać
haue|n *Holz* ⟨po⟩rąbać; (*schlagen*) bić, uderzać ⟨-rzyć⟩; **ⓢr** *m* (*Zahn*) kieł
Haufen *m* kupa
häufen ⟨na⟩gromadzić (***sich*** się)
haufenweise co niemiara
häufig częsty; *Adv.* często; **ⓢkeit** *f* często(tliwo)ść *f*
Haupt *n* głowa; **~altar** ołtarz główny; **~bahnhof** *m* dworzec główny; **~eingang** *m* wejście główne; **~gewinn** *m* główna wygrana
Häuptling *m* kacyk; wódz
Haupt|mann *m* kapitan; **~rolle** *f* główna rola; **~sache** *f* główna rzecz; **ⓢsächlich** *Adj.* główny; *Adv.* głównie; **~schule** *f* szkoła główna; **~stadt** *f* stolica
Haus *n* dom; ***nach ~e*** do domu; ***zu ~e*** w domu; **~arzt** *m* lekarz domowy; **~besitzer** *m* właściciel domu; **~frau** *f* pani domu, gospodyni; **~halt** *m* gospodarstwo domowe; (*Etat*) budżet; **ⓢhalten** (***mit***) gospodarować oszczędnie (*I*); **~haltshilfe** *f* pomoc *f* domowa; **~herr** *m* pan domu, gospodarz

Hausierer *m* domokrążca *m*
häuslich domowy (po -wemu); *Pers.* domatorski
Haus|meister *m* dozorca *m*; **~nummer** *f* numer domu; **~rat** *m* sprzęty *m/pl.* domowe; **~schlüssel** *m* klucz od domu (*od.* bramy); **~schuhe** *m/pl.* pantofle *m/pl.* domowe; **~suchung** *f* rewizja domowa; **~tier** *n* zwierzę domowe; **~tür** *f* drzwi *pl.* wejściowe; **~wirt** *m* właściciel domu
Haut *f* skóra; **~arzt** *m* dermatolog; **~ausschlag** *m Med.* wysypka
Häutchen *n* skórka; błonka
Haut|farbe *f* kolor skóry; **~krankheit** *f* choroba skórna
Hebamme *f* położna
Heb|el *m* dźwignia; **⁀en** podnosić ⟨-nieść⟩ (***sich*** się)
Hecht *m* szczupak
Heck *n Mar.* rufa; *Flgw.* ogon; *Kfz.* tył pojazdu
Hecke *f* żywopłot
Heckscheibe *f* tylna szyba
Heer *n* armia, wojsko
Hefe *f* drożdże *pl.*
Heft *n* zeszyt; *s.* **Griff**; **⁀en** (***an*** *A*) przypinać ⟨-iąć⟩ (do *G*); **~er** *m* skoroszyt
heftig gwałtowny
Heft|naht *f* fastryga; **~pflaster** *n* przylepiec
Hehler *m* paser; **~ei** *f* paserstwo
Heide[1] *m* poganin
Heide[2] *f* wrzosowisko; **~kraut** *n* wrzos
Heidelbeere *f* borówka
heikel drażliwy; delikatny
heil cały (-ło); zdrowy (-wo)
Heil *n* szczęście, dobro
Heiland *m* Zbawiciel
Heil|anstalt *f* lecznica; sanatorium *n*; **~bad** *n* uzdrowisko; **⁀bar** uleczalny; **⁀en** (***von***) wyleczyć *pf.* (z *G*); *v/i* ⟨za⟩goić się
heilig święty; **⁀abend** *m* Wigilia Bożego Narodzenia; **⁀e(r)** święty (-ta *f*); **⁀tum** *n* świętość *f*; (*Tempel*) świątynia
Heil|mittel *n* środek leczniczy; **~quelle** *f* zdrój leczniczy; **⁀sam** zbawienny; **~ung** *f* wyleczenie; zagojenie (się)
heim *Adv.* do domu
Heim *n* dom; ognisko domowe; **~arbeit** *f* praca chałupnicza; **~arbeiter** *m* chałupnik
Heimat *f* ojczyzna, kraj rodzinny; **~kunde** *f* krajoznawstwo; **⁀lich** ojczysty, rodzinny; **~vertriebene(r)** wypędzony (-a)
heim|gehen iść ⟨pójść⟩ do domu; **~isch**: ***sich ~isch fühlen*** czuć się jak w domu; **⁀kehr** *f* powrót do domu
heimlich (po)tajemny; *Adv.* skrycie
Heim|reise *f* podróż *f* do domu; **⁀suchen** nawiedzać ⟨-dzić⟩; **⁀tückisch** podstępny; **~weh** *n* tęsknota za do-

mem (*od.* krajem)
Heirat *f* małżeństwo; *e-s Mannes a.*: ożenek; *e-r Frau a.*: zamążpójście; **2en** (*A*) *Mann*: ⟨o⟩żenić się (z *I*); *Frau*: wychodzić ⟨wyjść⟩ za mąż (za *A*)
Heirats|antrag *m* oświadczyny *pl.*; **~schwindler** *m* oszust matrymonialny; **~urkunde** *f* akt ślubu
heiser ochrypły (-le); **2keit** *f* chrypka
heiß gorący (-co)
heißen *v/i* nazywać się; ***das heißt*** to znaczy
heiter *Wetter*: pogodny; *Mensch*: wesoły (-ło); **2keit** *f* wesołość *f*
heiz|en ogrz(ew)ać, opalać; (***mit***) palić (*I*); **2er** *m* palacz; **2körper** *m* kaloryfer, grzejnik; **2öl** *n* olej opałowy; **2ung** *f* ogrzewanie
Held *m* bohater
helden|haft bohaterski (-ko, po -ku); **2mut** *m*, **2tat** *f* bohaterstwo
helf|en pomagać ⟨-móc⟩; **2er(in** *f*) *m* pomocnik (-nica)
hell jasny (-no); *Zimmer a.*: widny; **~blau** jasnobłękitny; **2igkeit** *f* jasność *f*; **2seher** *m* jasnowidz
Helm *m* hełm; kask
Hemd *n* koszula
hemm|en ⟨za⟩hamować; **2ung** *f* hamowanie; **~ungslos** niepohamowany
Hengst *m* ogier
Henkel *m* ucho, uszko
Henker *m* kat
Henne *f* kura
her *Adv.* (*örtlich*) tu; ***von oben ~*** z góry; ***von außen ~*** z zewnątrz; ***von weit ~*** z daleka; *s.* **hin**
herab na dół, w dół; **~lassen** spuszczać ⟨-uścić⟩ (na dół; ***sich*** się); **~setzen** obniżać ⟨-żyć⟩; (*j-n*) poniżać ⟨-żyć⟩; **~steigen** zstępować ⟨zstąpić⟩
heran *Adv.* tu (bliżej); **~gehen** (***an*** *A*) przystępować ⟨-stąpić⟩ (do *G*); **~kommen** przybliżać ⟨-żyć⟩ się; **~machen**: ***sich ~machen*** (***an*** *A*) nadskakiwać (*D*); **~treten** (***an*** *A*) przystępować ⟨-stąpić⟩ (do *G*); **~wachsen** dorastać ⟨doróść⟩; **~ziehen** *v/t* przyciągać ⟨-gnąć⟩; *Buch usw.*: korzystać (z *G*)
herauf w górę, na (*od.* pod) górę; **~kommen** wchodzić ⟨wejść⟩ (na górę); **~setzen** podwyższać ⟨-szyć⟩
heraus na zewnątrz; ***von innen ~*** z wewnątrz; **~bekommen** wydost(aw)ać; *Fleck* wywabi(a)ć; **~brechen** wyłam(yw)ać; **~fallen** wypadać ⟨-paść⟩; **~finden** *v/t* doszuk(iw)ać się (*G*); *v/i* znaleźć *pf.* wyjście; **~fordern** ⟨s⟩prowokować; **~geben** wyda(wa)ć (*a. Restgeld*); **~kommen** wychodzić ⟨wyjść⟩; **~lassen** wypuszczać ⟨-puś-

cić⟩; **~nehmen** wyjmować ⟨wyjąć⟩; **~ragen** wznosić się; sterczeć
herausreden: ***sich ~*** **(*mit*)** wymawiać ⟨-mówić⟩ się (*I*)
herausstellen wystawi(a)ć; ***sich ~*** okaz(yw)ać się
herausziehen wyciągać ⟨-gnąć⟩
herb cierpki (-ko); *Wein*: wytrawny
herbei tu; **~eilen** przybiegać ⟨-biec⟩; **~holen** sprowadzać ⟨-dzić⟩; **~rufen** przywoł(yw)ać; **~schaffen** *s.* **holen, besorgen**
Herberge *f* zajazd; schronisko
Herbst *m* jesień *f*; ***im ~*** jesienią; **2lich** jesienny
Herd *m* piec; *Med., fig.* ognisko
Herde *f* stado
herein do wnętrza; do środka; **2*!*** proszę (wejść)!; **~bringen** wnosić ⟨wnieść⟩ (do środka); **~fallen** wpadać ⟨wpaść⟩; (***auf*** *A*) F *fig.* dać się nabrać (na *A*); **~kommen** wchodzić ⟨wejść⟩; **~lassen** wpuszczać ⟨wpuścić⟩
Herfahrt *f* podróż w tę stronę
Hering *m* śledź *m*; **~ssalat** *m* sałatka śledziowa
her|kommen przychodzić ⟨przyjść⟩ tu; ***komm her!*** chodź tu!; **2kunft** *f* pochodzenie
Hermelin *m* gronostaj
hernach potem; następnie
Heroin *n* heroina
Herr *m* pan
Herren|anzug *m* garnitur męski; **2los** bezpański; **~schneider** *m* krawiec męski; **~zimmer** *n* gabinet
Herrgott *m* Pan Bóg
herrichten ⟨przy⟩szykować
Herr|in *f* pani; **2isch** butny; **2lich** wspaniały (-le), świetny
Herrsch|aft *f* panowanie, władza; *pl.* (*Anrede*) państwo; **2en** panować; **~er(in** *f*) *m* władca *m* (-czyni)
herstell|en wytwarzać ⟨wytworzyć⟩; **2ung** *f* wytwarzanie, produkcja
herüber tu, w tę stronę
herum naokoło, dokoła; **~drehen** obracać ⟨-rócić⟩ (***sich*** się); **~führen** oprowadzać ⟨-dzić⟩, wodzić; **~treiben** F: ***sich ~treiben*** wałęsać się
herunter na dół; w dół; **~bringen** znosić ⟨znieść⟩; **~kommen** schodzić ⟨zejść⟩ na dół; *fig.* podupadać; **~lassen** spuszczać ⟨-uścić⟩; **~nehmen** zdejmować ⟨zdjąć⟩; **~reißen** zdzierać ⟨zedrzeć⟩
hervor z, spod, zza, spoza (*G*); do przodu; **~brechen** wybuchać ⟨-chnąć⟩; **~bringen** wyda(wa)ć (na świat); **~gehen** (***aus***) wynikać ⟨-knąć⟩; wypływać ⟨-płynąć⟩ (z *G*); **~heben** uwydatni(a)ć; **~ragend** znakomity (-cie); *Pers.* wy-

bitny; **~rufen** wywoł(yw)ać (*a. fig.*)

Herz *n* serce; (*Karten*) kier *m*; **~anfall** *m* atak serca; **≈haft** *Essen*: pożywny; *Geschmack*: pikantny; **~infarkt** *m* zawał serca; **~klopfen** *n* bicie serca; **≈krank** chory na serce; **≈lich** serdeczny; **≈los** bez serca, nieczuły

Herzog *m* książę *m*; **~in** *f* księżna; **~tum** *n* księstwo

Herzschlag *m Anat.* bicie serca; *Med.* udar serca

Hetze *f* (***gegen***) nagonka (na *A*); **≈n** ⟨*v/t a.* po⟩szczuć; F *s.* **rennen**; **~r** *m* podżegacz

Heu *n* siano

Heuch|elei *f* obłuda; **≈eln** uda(wa)ć; **~ler(in** *f*) *m* obłudnik (-ica); **≈lerisch** obłudny

Heu|ernte *f* sianokosy *m/pl.*; **~gabel** *f* widły *pl.* do siana

heulen *Wind*: wyć; *Sirene*: ryczeć; F beczeć

heurig tegoroczny

Heu|schnupfen *m* katar sienny; **~schober** *m* stóg siana; **~schrecke** *f* szarańcza

heut|e dzisiaj, dziś; ***~e Morgen*** dziś rano; ***von ~e*** = **~ig** dzisiejszy; **~zutage** obecnie

Hexe *f* wiedźma; **~nschuss** *m Med.* postrzał

Hieb *m* cios, uderzenie

hier tutaj, tu; ***hier!*** jestem!; ***~ bleiben*** pozosta(wa)ć tu; ***von ~*** stąd; ***von ~ an*** odtąd; **~auf** po tym, następnie; **~aus** z tego; **~bei** przy tym; **~durch** przez to; **~für** za to; na to; **~hin** tu, w tę stronę; **~mit** niniejszym; przez to; **~nach** po tym, następnie; **~über** o tym; **~unter** pod tym; **~von** z tego; **~zulande** w tym kraju

hiesig tutejszy; miejscowy

Hilf|e *f* pomoc *f*; (***zu***) ***~e!*** na pomoc!, ratunku!; ***mit ~e*** (***von***, *G*) przy pomocy (*G*); **≈los** bezradny

Hilfs|aktion *f* akcja pomocy; **~arbeiter** *m* robotnik niewykwalifikowany; **≈bedürftig** potrzebujący pomocy; **~mittel** *n* środek pomocniczy

Himbeer|e *f* malina; **~geist** *m* malinówka

Himmel *m* niebo; **≈blau** błękitny; **~fahrt** *f* (***Christi***) Wniebowstąpienie

Himmels|körper *m* ciało niebieskie; **~richtung** *f* strona świata

himmlisch niebiański (-ko)

hin tam, w tamtą stronę; ***~ und wieder*** niekiedy; ***~ und her*** *od.* ***zurück*** tam i z powrotem

hinab na dół, w dół; ***bis ~ zu*** aż do (*G*); **~steigen** schodzić ⟨zejść⟩

hinauf na górę, w górę, pod górę; ***bis ~ zu*** aż do (*G*); **~gehen** wchodzić ⟨wejść⟩

(*od.* iść) na górę; **~ziehen** wciągać ⟨-gnąć⟩ (na górę)
hinaus na zewnątrz; ***über ...* ~** poza (*A*); **~gehen** wychodzić ⟨wyjść⟩; **~lehnen** (***sich***) wychylać ⟨-lić⟩ się; **~schieben** wysuwać ⟨-sunąć⟩; **~tragen** wynosić ⟨-nieść⟩; **~werfen** wyrzucać ⟨-cić⟩
Hinblick *m*: ***im ~*** (***auf*** *A*) ze względu (na *A*)
hinbringen zanosić ⟨-nieść⟩; *Zeit* spędzać ⟨-dzić⟩
hinder|lich: ***~lich sein*** zawadzać; **~n** (***j-n an*** *D*) przeszkadzać ⟨-szkodzić⟩ (k-u w *L*); **ℒnis** *n* przeszkoda; **ℒnislauf** *m Sp.* bieg z przeszkodami
hindurch (po)przez
hinein w, do (wnętrza, środka); **~gehen** wchodzić ⟨wejść⟩; **~stecken** wtykać ⟨wetknąć⟩; **~tun** wkładać ⟨włożyć⟩; **~ziehen** wciągać ⟨-gnąć⟩
hin|fahren zawozić ⟨-wieźć⟩; *v/i* ⟨po⟩jechać; **ℒfahrt** *f*: ***auf der ℒfahrt*** po drodze tam; **~fallen** upaść *pf.*; **~führen** ⟨*v/t* za⟩prowadzić do (*G*); **~gehen** iść ⟨pójść⟩ tam (*od.* do *G*)
hinken utykać, kuleć
hin|legen kłaść ⟨położyć⟩ (***sich*** się); **~nehmen** (*A*) *fig.* ⟨po⟩godzić się (z *I*); **~reichend** wystarczający (-co); **~reißend** zachwycający (-co); **ℒrichtung** *f* stracenie; **~setzen** *s.* **setzen**
Hinsicht *f* wzgląd; ***in dieser ~*** pod tym względem; **ℒlich** (*G*) (pod) względem (*G*)
hinten w tyle; ***von ~*** z tyłu; ***nach ~*** do tyłu
hinter (*D*, *A*) za (*I*, *A*); **ℒbein** *n* tylna noga; **ℒbliebene(n)** *pl.* rodzina zmarłego (-łej *f*); **~einander** jeden za drugim; **ℒgrund** *m* tło; **ℒhaus** *n* oficyna; **~her** za, po (*I*); (*zeitlich*) potem; **ℒkopf** *m* potylica; **~lassen** pozostawi(a)ć (w spadku); **~legen** ⟨z⟩deponować; **~listig** podstępny
Hintern P *m* tyłek
Hinter|rad *n* tylne koło; **~seite** *f* tylna strona
hinüber na tamtą stronę; **~fahren** przejeżdżać ⟨-jechać⟩ na tamtą stronę; **~reichen** *v/t* poda(wa)ć
Hin- und Rückfahrt *f* podróż *f* (*od.* jazda) tam i z powrotem
hinunter na dół, w dół; *s.* **herunter**; **~schlucken** przełykać ⟨-łknąć⟩
Hinweg *m* droga w tamtą stronę
Hinweis *m* wskazówka; **ℒen** wskaz(yw)ać; **~zeichen** *n Kfz.* znak informacyjny
hinziehen: ***sich ~*** ciągnąć się; przeciągać ⟨-gnąć⟩ się
hinzu do tego; nadto; **~fügen** doda(wa)ć; (***zu***) dołączać ⟨-czyć⟩ (do *G*); **~kommen**, **~treten** podchodzić ⟨po-

dejść⟩ (bliżej); **~zählen** (**zu**) doliczać ⟨-czyć⟩ (do *G*); **~ziehen** *v/t* zasięgać ⟨-gnąć⟩ rady (*G*)
Hirn *n* mózg
Hirsch *m* jeleń *m*
Hirse *f* proso
Hirt *m* pastuch, pasterz (*a. fig.*); **~enbrief** *m* list pasterski
hissen *Flagge* podnosić ⟨podnieść⟩
Hit F *m* przebój, hit
Hitz|e *f* gorąco; (*Sommer*2) upał; **2ig** gorący (-co); **~schlag** *m* udar cieplny
Hobel *m* strug, hebel
hoch wysoki (-ko); **~achten** poważać; **~achtungsvoll** z głębokim poważaniem; **2amt** *n Rel.* suma; **2betrieb** *m* wielki ruch; gorący okres; **~betagt** sędziwy; **2deutsch** *n* niemiecki język literacki; **2druck** *m* wysokie ciśnienie; **2ebene** *f* płaskowyż; **2gebirge** *n* góry *f/pl.* wysokie; *in Zssgn* wysokogórski; **~hackig** na wysokim obcasie; **2haus** *n* wysokościowiec; **~klappen** podnosić ⟨-nieść⟩; **~mütig** pyszny, butny; **2saison** *f* pełnia sezonu; **2schule** *f* wyższa szkoła, uczelnia; **2see** *f* pełne morze; **2sommer** *m* środek lata; **2spannung** *f El.* wysokie napięcie; **2sprung** *m Sp.* skok wzwyż
höchst najwyższy; maksymalny; *Adv.* najwyżej; *s.* **äußerst**
Hochstapler(in *f*) *m* hochsztapler(ka), oszust(ka)
Höchst|betrag *m* najwyższa kwota; **~geschwindigkeit** *f* prędkość *f* maksymalna; **~preis** *m* najwyższa cena; **2wahrscheinlich** *Adv.* najprawdopodobniej
Hoch|verrat *m* zdrada stanu; **~wasser** *n* powódź *f*; **2wertig** wysokowartościowy; **~zeit** *f* wesele
Hochzeits|kleid *n* suknia ślubna; **~reise** *f* podróż *f* poślubna
hock|en (**über** *D*) ślęczeć (nad *I*); **2er** *m* stołek, taboret
Höcker *m* garb
Hockey *n* hokej
Hode *f*, **~n** *m* jądro
Hof *m* podwórze, dziedziniec; (*Bauern*2) zagroda
hoff|en mieć nadzieję; (**auf** *A*) spodziewać się (*G*); **2nung** *f* nadzieja; **~nungslos** beznadziejny
höflich grzeczny, uprzejmy; **2keit** *f* grzeczność *f*, uprzejmość *f*
Höhe *f* wysokość *f*; (*Hügel*) wzniesienie
Hoheitsgebiet *n* obszar państwa
Höhen|klima *n* klimat górski; **~sonne** *f* kwarcówka
Höhepunkt *m* punkt szczytowy
höher wyższy; *Adv.* wyżej

hohl pusty (-to); *Ton*: głuchy (-cho); *Wangen*: zapadły
Höhle *f* jaskinia, pieczara; (*Tier*ℒ) jama, nora
Hohl|maß *n* miara pojemności; **~raum** *m* próżnia
Hohn *m* szyderstwo
höhnisch szyderczy (-czo)
holen (*A*) iść ⟨pojść⟩ (po *A*); *s.* **bringen**; **~ *lassen*** (*A*) posłać (po *A*)
holländisch holenderski (po -ku)
Höl|le *f* piekło; ℒ**lisch** piekielny
holp(e)rig *Weg*: wyboisty
Holunder *m* czarny bez
Holz *n* drzewo
hölzern drewniany
Holz|fäller *m* drwal; ℒ**frei** bezdrzewny; **~kohle** *f* węgiel drzewny; **~schnitt** *m* drzeworyt; **~schuh** *m* chodak; **~späne** *m/pl.* wióry *m/pl.*; **~splitter** *m* drzazga
Honig *m* miód
Hopfen *m* chmiel
hörbar słyszalny
horchen nasłuchiwać
hör|en słuchać; ⟨u⟩słyszeć; ℒ**er** *m* słuchacz; *Tel.* słuchawka
Horizont *m* horyzont
Hörnchen *n* rogalik
Horn *n* róg
Hornhaut *f Anat.* rogówka; (*Schwiele*) modzel
Hornisse *f* szerszeń *m*
Hör|saal *m* sala wykładowa; **~spiel** *n* słuchowisko
horten ⟨na⟩gromadzić
Hose *f*, **~n** *pl.* spodnie *pl.*
Hosen|bein *n* nogawka; **~schlitz** *m* rozporek; **~träger** *m* szelki *f/pl.*
Hospital *n* szpital
Hotel *n* hotel; **~nachweis** *m* biuro zakwaterowań; **~zimmer** *n* pokój hotelowy
Hubraum *m Kfz.* objętość *f* skokowa
hübsch ładny
Hubschrauber *m* helikopter
Huf *m* kopyto; **~eisen** *n* podkowa
Hüfte *f* biodro
Hügel *m* pagórek, wzgórze; ℒ**ig** pagórkowaty (-to)
Huhn *n* kura
Hühnchen *n* kurczę
Hühner|auge *n* nagniotek, odcisk; **~brühe** *f* rosół z kury; **~stall** *m* kurnik
Hülle *f* powłoka; osłona
Hülse *f* łuska; łupina; (*Schote*) strączek; **~nfrüchte** *pl.* rośliny strączkowe *pl.*
human ludzki (po -ku)
Hummel *f* trzmiel
Hummer *m* homar
Humor *m* humor
humpeln *s.* **hinken**
Hund *m* pies
Hundeleine *f* smycz *f*
hundert sto; **~fach** stokrotny; **~jährig** stuletni; **~ste(r)** setny
Hündin *f* suka
Hüne *m* olbrzym
Hunger *m* głód; ℒ**n** głodować; **~streik** *m* głodówka

hungrig głodny
Hupe *f* klakson; **⁀n** trąbić, da(wa)ć sygnał
hüpfen podskakiwać
Hürde *f* ogrodzenie; **~nlauf** *m* bieg przez płotki
Hure *f* V kurwa
hurtig żwawy (-wo)
husten ⟨za⟩kaszlać
Husten *m* kaszel; **~mittel** *n* środek od kaszlu
Hut[1] *m* kapelusz
Hut[2] *f*: ***auf der ~ sein*** mieć się na baczności
hüt|en pilnować; ***sich ~en*** strzec się; **⁀er** *m* stróż
Hütte *f* chata, chałupa; *Tech.* huta
hygienisch higieniczny
hysterisch histeryczny

I

ich ja
ideal idealny
Idee *f* idea; myśl *f*
Identität *f* tożsamość *f*
Idiot *m* idiota *m*; **~in** *f* idiotka
Igel *m* jeż
ihm (je)mu; ***mit ~*** z nim
ihn (je)go; **~en** im; ***mit ~en*** z nimi; **⁀en** *pl.* państwu, wam
ihr wy; (*D von* ***sie***) jej; (*possessiv*) jej; *pl.* ich; **⁀** pana, pani, wasz
illegal nielegalny
Illustrierte *f* tygodnik ilustrowany
Iltis *m* tchórz
Imbiss *m* przekąska; **~stube** *f* bufet
Imitation *f* imitacja
Imker *m* pszczelarz
immer zawsze; ***~ besser*** coraz lepiej; ***~ wieder*** wciąż na nowo; ***für ~*** na zawsze; **~fort** ciągle; **~hin** bądź co bądź; **~zu** nieustannie
immun (***gegen***) odporny (na *A*)
impf|en ⟨za⟩szczepić; **⁀schein** *m* świadectwo szczepienia; **⁀ung** *f* szczepienie
Import *m* import; **⁀ieren** importować
imstande sein być w stanie
in (*D*, *A*) w (*L*); do (*G*), na (*A*)
inbegriffen łącznie z (*I*)
Inbetriebnahme *f* uruchomienie
inbrünstig żarliwy (-wie)
indem podczas gdy
Index *m* wskaźnik
indirekt pośredni (-nio)
indisch indyjski
Individuum *n* jednostka
Industrie *f* przemysł; **~zweig** *m* gałąź *f* przemysłu
Infanterie *f* piechota
Infektion *f* zakażenie; **~skrankheit** *f* choroba zakaźna
infolge (*G*) wskutek (*G*); **~dessen** wskutek tego

Information *f* informacja
Ingenieur *m* inżynier
Inhaber(in *f*) *m* właściciel(ka)
inhaftieren ⟨za⟩aresztować
Inhalt *m* treść *f*; zawartość *f*; objętość *f*; **~sverzeichnis** *n* spis rzeczy
Injektion *f* zastrzyk
inklusive włącznie
Inkrafttreten *n* wejście w życie
Inland *n*: ***im ~*** w kraju; **~s-** krajowy
inmitten (*G*) pośród (*G*)
innen wewnątrz; ***nach ~*** do wewnątrz; ***von ~*** od wewnątrz; **2minister** *m* minister spraw wewnętrznych; **2raum** *m* wnętrze; **2seite** *f* strona wewnętrzna; **2stadt** *f* śródmieście
inner|e wewnętrzny; **2e(s)** *n* wnętrze; **~halb** (*G*) wewnątrz (*G*); (*zeitlich*) w ciągu (*G*)
innig serdeczny
Innung *f* cech
inoffiziell nieoficjalny
Insasse *m s.* **Fahrgast, Gefangene(r)**
insbesondere w szczególności; zwłaszcza
Inschrift *f* napis
Insekt *n* owad; **~envertilgungsmittel** *n* środek owadobójczy
Insel *f* wyspa
Inserat *n* ogłoszenie
insgeheim potajemnie
insofern (*falls*) o ile
Installateur *m* instalator
instand: ***~ halten*** utrzym(y-w)ać w dobrym stanie; ***~ setzen*** naprawi(a)ć
inständig usilny
Institut *n* instytut
Instruktion *f* instrukcja
Instrument *n* instrument
intelligent inteligentny
intensiv intensywny; **2station** *f* oddział intensywnej terapii
interes|sant interesujący (-co), ciekawy (-wie); **2se** *n*; interes; zainteresowanie; **~sieren** ⟨za⟩interesować (***sich*** się)
international międzynarodowy
Interview *n* wywiad
Inventur *f* inwentaryzacja; remanent
inzwischen tymczasem
irdisch ziemski
irgend|ein jakikolwiek, jakiś; **~jemand** ktokolwiek, ktoś; **~wann** kiedykolwiek; **~was** cokolwiek, coś; **~welcher** którykolwiek; **~wie** jakoś; **~wo** gdzieś; gdziekolwiek; **~wohin** dokądkolwiek
ironisch ironiczny
irr|e, 2e(r) *m* obłąkany; **~eführen** wprowadzać ⟨-dzić⟩ w błąd; **~en**: ***sich ~en*** ⟨po-⟩mylić się; **2enanstalt** *f* dom wariatów; **2sinn** *m* obłąkanie; *fig.* szaleństwo; **2tum** *m* omyłka; **~tümlich** błędny, mylny; *Adv.* przez pomyłkę

Islam *m* islam; **≈isch** islamski
Isolierband *n* taśma izolacyjna
Italien *n* Włochy *pl.*; **~er** *m* Włoch; **~erin** *f* Włoszka; **≈isch** włoski (po -ku)

J

ja tak
Jack|e *f* kurtka; żakiet; **~ett** *n* marynarka
Jagd *f* polowanie; **~gewehr** *n* strzelba (myśliwska); **~hund** *m* pies myśliwski; **~revier** *n* teren łowiecki
jagen polować; gonić
Jäger *m* myśliwy
Jahr *n* rok; **~e** *pl.* lata
Jahres|anfang *m* początek roku; **~tag** *m* rocznica; **~zeit** *f* pora roku
Jahr|gang *m* rocznik; **~hundert** *n* wiek, stulecie
jährlich (co)roczny
jähzornig porywczy
jämmerlich żałosny
jammern lamentować
Januar *m* styczeń *m*; ***im ~*** w styczniu; **~-** styczniowy
japanisch japoński (po -ku)
jäten pleć, plewić
Jauche *f* gnojówka
jawohl tak jest, owszem
je kiedykolwiek; ***~ zwei*** co dwa; ***~ … desto*** im … tym; ***~ nach*** zależnie od
jede (**~r, ~s**) każda, każdy, każde; ***~s Mal*** za każdym razem; **~nfalls** w każdym razie; **~rzeit** o każdej porze
jedoch jednak(że)
jeglich wszelki, każdy
jeher: ***von ~*** od dawna
je|mals kiedyś; **~mand** ktoś
jene (**~r, ~s**) tamta, tamten, tamto; *pl.* tamci, tamte; owa, ów, owe, *pl.* owi, owe
jenseits (*G*) z tamtej strony, po tamtej stronie (*G*)
jetz|ig teraźniejszy; **~t** teraz, obecnie; ***bis ~t*** dotychczas
jeweils każdorazowo
Joch *n* jarzmo
Jodtinktur *f* jodyna
joggen uprawiać jogging
Joghurt *m od. n* jogurt
Johannisbeere *f* porzeczka
johlen wrzeszczeć
Journal *n* dziennik; żurnal; **~ist(in** *f*) *m* dziennikarz (-rka)
jubeln głośno radować się; wiwatować
Jubilar(in *f*) *m* jubilat(ka)
Jubiläum *n* jubileusz
juck|en swędzić; **≈reiz** *m* swędzenie
Jude *m* Żyd
Jüd|in *f* Żydówka; **≈isch** żydowski (po -ku)
Jugend *f* młodość *f*; *Pers.* młodzież *f*; **~amt** *n* urząd opieki nad nieletnimi; **≈frei** dozwolony dla młodzieży;

~herberge *f* schronisko młodzieżowe; **²lich** młodzieńczy (-czo)
jugoslawisch jugosłowiański
Juli *m* lipiec; **im ~** w lipcu; **~-** lipcowy
jung młody; **²e** *m* chłopiec, chłopak
jünger młodszy; *Adv.* młodziej
jungfräulich dziewiczy (-czo); **²geselle** *m* kawaler
Jüng|ling *m* młodzieniec; **²st** najmłodszy; *Adv.* niedawno
Juni *m* czerwiec; **im ~** w czerwcu; **~-** czerwcowy
Jurist(in *f*) *m* prawnik (-iczka)
Justiz *f* sądownictwo; **~ministerium** *n* ministerstwo sprawiedliwości
Juwel|en *f/pl.* biżuteria; **~ier** *m* jubiler

K

Kabelfernsehen *n* telewizja kablowa
Kabeljau dorsz
Kabine *f* kabina; kajuta
Kachel *f* kafel
Käfer *m* chrząszcz
Kaffee *m* kawa; **~haus** *n* kawiarnia; **~maschine** *f* maszynka do kawy; **~tasse** *f* filiżanka do kawy
Käfig *m* klatka
kahl goły (-ło); *Pers.* łysy
Kahn *m* łódka; (*Last²*) barka
Kai *m* nabrzeże
Kaiser *m* (**~in** *f*) cesarz(owa); **~reich** *n* cesarstwo; **~schnitt** *m Med.* cesarskie cięcie
Kajüte *f* kajuta
Kaktee *f* kaktus
Kalb *n* cielę, cielak; **~fleisch** *n* cielęcina
Kalbsbraten *m* pieczeń *f* cielęca
Kaldaunen *f/pl.* flaki *m/pl.*
Kalender *m* kalendarz
Kalk *m* wapno; **~stein** *m* wapień *m*
kalt zimny; **es ist ~** zimno; **~ werden** ⟨o⟩stygnąć; *Wetter:* oziębi(a)ć się; **~blütig** zimnokrwisty
Kälte *f* zimno; *fig.* oziębłość *f*
Kaltschale *f* chłodnik (owocowy)
Kalzium *n* wapń *m*
Kamel *n* wielbłąd
Kamerad *m* (**~in** *f*) towarzysz-(ka), kolega (koleżanka); **~schaft** *f* koleżeństwo; **²schaftlich** koleżeński (po -ku)
Kamille *f* rumianek
Kamin *m* kominek
Kamm *m* grzebień *m*; (*Berg²*) grzbiet (górski)
kämmen ⟨u⟩czesać (**sich** się)
Kammer *f* (*Speise²*) spiżarka; *Hdl.*, *Pol.* izba; **~musik** *f* mu-

zyka kameralna
Kampf *m* walka, bój
kämpf|en (***um, für***) walczyć (o *A*); **⁲er** *m* bojownik
kampf|lustig wojowniczy (-czo); **⁲platz** plac boju; **⁲richter** *m Sp.* sędzia *m*
kampieren obozować
Kanadi|er(in *f*) *m* Kanadyjczyk (-jka); **⁲sch** kanadyjski
Kanal *m* kanał; *Anat.* przewód
Kanarienvogel *m* kanarek
Kandidat *m* kandydat
kandiert: ***~e Früchte*** owoce *m/pl.* kandyzowane
Kaninchen *n* królik
Kanister *m* kanister
Kanne *f* bańka; (*Kaffee⁲*) dzbanek
Kannibale *m* ludożerca *m*
Kanone *f* armata
Kant|e *f* krawędź *f*, kant; **⁲ig** kanciasty (-to)
Kantine *f* stołówka
Kanu *n* kajak
Kanz|el *f* ambona; **~lei** *f* kancelaria; **~ler** *m* kanclerz
Kap *n* przylądek
Kapell|e *f* kaplica; *Mus.* orkiestra; **~meister** *m* kapelmistrz
Kapital *n* kapitał; **⁲istisch** kapitalistyczny
Kapitän *m* kapitan
Kapitel *n* rozdział
kapitulieren ⟨s⟩kapitulować
Kaplan *m* wikary *m*; kapelan
Kappe *f* czapka; *s.* **Deckel**
Kapsel *f Med.* kapsułka
kaputt F zepsuty; *Glas*: rozbity; *Hose*: podarty; *Pers.* skonany; **~gehen** F ⟨po⟩psuć się; ⟨s⟩tłuc się; **~machen** F ⟨po⟩psuć; ⟨s⟩tłuc; podrzeć *pf.*; *s.* **zerbrechen**
Kapuze *f* kaptur, kapuza
Karaffe *f* karafka
Karambolage *f* F *fig.* kraksa
Kardinal *m* kardynał
Karfreitag *m* Wielki Piątek
kariert kratkowany, w kratkę
Karneval *m* karnawał
Karosserie *f* nadwozie
Karotte *f* marchew(ka) *f*
Karpaten *pl.* Karpaty *pl.*; **~-** karpacki
Karpfen *m* karp
Karre *f* taczka
Karte *f* karta; ***~n spielen*** ⟨za⟩grać w karty; **~nspiel** talia kart; *s.* **Fahr-, Landkarte** *usw.*
Kartei *f* kartoteka
Kartoffel *f* ziemniak; *pl. oft* F kartofle *m/pl.*; **~püree** *n* purée ziemniaczane; **~suppe** *f* zupa ziemniaczana, F kartoflanka
Karton *m* karton
Karussell *n* karuzela
Karwoche *f* Wielki Tydzień *m*
Käse *m* ser; **~kuchen** *m* sernik
Kaserne *f* koszary *pl.*
Kaskoversicherung *f* (auto) casco
Kasse *f* kasa
Kassen|arzt *m* lekarz ubez-

pieczalni; **~zettel** *m* paragon
Kasserolle *f* rondel
Kassette *f* kaset(k)a; **~nrecorder** *m* magnetofon kasetowy
kassier|en ⟨za⟩inkasować; **2er(in** *f*) *m* kasjer(ka)
Kastanie *f* kasztan
Kasten *m* skrzynia, pudło
Katarr(h) *m* nieżyt, katar
Kater *m* kocur, kot; F *fig.* kac
Kathedrale *f* katedra
Katho|lik(in *f*) *m* katolik (-liczka); **2lisch** katolicki (po -ku)
Katze *f* kot(ka)
kauen żuć, przeżuwać
Kauf *m* kupno; **2en** kupować ⟨-pić⟩
Käufer(in *f*) *m* kupujący (-ca); (*Kunde*) klient
Kauf|haus *n* dom towarowy; **~kraft** *f* siła nabywcza; **~mann** *m* kupiec; **~vertrag** *m* umowa kupna-sprzedaży
Kaugummi *m* guma do żucia
kaum prawie (zupełnie) nie; chyba nie; **~ *zu glauben*** trudno uwierzyć; **~ *zwei Meter*** zaledwie dwa metry
Kaution *f* kaucja; ***gegen* ~** za kaucją
Kaviar *m* kawior
keck zuchwały (-le)
Kegel *m Math.* stożek; (*Spiel*) kręgiel; **~bahn** *f* kręgielnia; **2förmig** stożkowaty (-to); **2n** ⟨za⟩grać w kręgle
Kehl|e *f* gardło; **~kopf** *m* krtań *f*
kehr|en zamiatać ⟨-mieść⟩; **2icht** *m s.* **Müll**; **2seite** *f* odwrotna strona
Keil *m* klin; **~er** *m* odyniec; **~riemen** *m* pas klinowy
Keim *m* zarodek; **2frei** jałowy, aseptyczny; **2en** kiełkować
kein żaden, żadna, żadne; ***das ist* ~ ...** to nie jest ...; ***ich habe* ~(*e*)** nie mam (*G*); **~erlei** *s.* **kein**; **~esfalls** w żadnym razie; **~eswegs** bynajmniej; **~mal** ani razu
Keks *m* herbatnik
Kelch *m* kielich
Kelle *f* kielnia; *Kochk.* chochla
Keller *m* piwnica; **~geschoss** *n* suterena
Kellner(in *f*) *m* kelner(ka)
Kelter *f* prasa do winogron; **2n** tłoczyć (wino)
kenn|en znać (***sich*** się, siebie); **~*en lernen*** pozna(wa)ć (***sich*** się); **2er(in** *f*) *m* znawca *m* (-czyni *f*); **2tnis** *f* wiadomość *f*; *pl. a.* znajomość *f*; **2zeichen** *n* cecha, oznaka; *Kfz.* znak rejestracyjny; **~zeichnen** cechować
kentern wywracać ⟨-wrócić⟩ się (do gory dnem)
Kerbe *f* karb, nacięcie
Keramik *f* ceramika
Kerl *m* facet; chłop(ak)
Kern *m* jądro; (*Obst2*) ziarnko, pestka; **~energie** *f* energia jądrowa; **2gesund** zdrowy jak rydz; **~kraftwerk** *n* elektrownia atomowa;

~punkt *m* sedno rzeczy (*od.* sprawy)
Kerze *f* świeca
Kessel *m* kocioł
Kett|e *f* łańcuch; (*Uhr*♀ *usw.*) łańcuszek; **~englied** *n* ogniwo (łańcucha); **~enraucher** *m* nałogowy palacz
keuch|en dyszeć, sapać; ♀**husten** *m* koklusz, krztusiec
Keule *f* maczuga; *Kochk.* udziec
keusch cnotliwy (-wie)
kichern chichotać
Kiefer[1] *m Anat.* szczęka
Kiefer[2] *f* sosna; **~n-** sosnowy
Kiemen *f/pl.* skrzele *n/pl.*
Kies *m* żwir; **~el** *m* krzemień *m*; **~grube** *f* żwirownia
Kilo(gramm) *n* kilo(gram *m*) *n*
Kilometerzähler *m* licznik kilometrów
Kind *n* dziecko; *pl.* dzieci
Kinder|arzt *m* pediatra *m*; **~ermäßigung** *f* zniżka dla dzieci; **~garten** *m* przedszkole; **~geld** *n* dodatek na dzieci; **~krankheit** *f* choroba dziecięca; **~lähmung** *f* choroba Heinego-Medina; ♀**los** bezdzietny; **~nahrung** *f* przetwory *m/pl.* dla dzieci; **~sitz** *s.* **Autokindersitz**; **~wagen** *m* wózek dziecięcy
Kind|heit *f* dzieciństwo; ♀**isch**, ♀**lich** dziecinny
Kinn *n* podbródek
Kino *n* kino
Kirch|e *f* kościół; **~hof** *m* cmentarz; ♀**lich** kościelny; **~turm** *m* wieża kościelna
Kirmes *f* kiermasz
Kirsch|e *f* czereśnia; (*Weichsel*) wiśnia; **~likör** *m* likier wiśniowy
Kissen *n* poduszka
Kiste *f* skrzynia; F *fig.* pudło
kitschig kiczowaty (-to)
Kitt *m* kit; ♀**en** ⟨za⟩kitować
kitz|eln ⟨po⟩łaskotać, ⟨po-⟩łechtać; **~lig** łaskotliwy
Klage *f* skarga; *Jur.* powództwo; ♀**n** ⟨za⟩skarżyć; (***über*** *A*) żalić się, skarżyć się (na *A*)
Kläg|er *m* powód; ♀**lich** żałosny; (*dürftig*) marny
Klammer *f* klamra; *Gr.*, *Math.* nawias; (*Heft*♀) spinacz; (*Wäsche*♀) klamerka; ♀**n**: ***sich*** ♀**n** (***an*** *A*) czepiać ⟨uczepić⟩ się (*G*)
Klang *m* dźwięk
Klapp|bett *m* łóżko składane; **~e** *f* klapa, przykrywka; **~er** *f* grzechotka; ♀**ern** grzechotać; (*Storch*) klekotać; **~fahrrad** *n* rower składak
klar przejrzysty (-ście); (*rein*) czysty (-to); *Himmel*: jasny; F ***alles ~!*** jasne!
Klär|anlage *f* oczyszczalnia ścieków; ♀**en** ⟨s⟩klarować; *fig.* wyjaśni(a)ć (***sich*** się)
Klar|heit *f* jasność *f*; ♀**stellen** wyjaśni(a)ć
Klasse *f* klasa
Klassen|arbeit *f* klasówka;

~lehrer(in *f*) *m* wychowawca *m* (-czyni *f*) (klasy); **~zimmer** *n* klasa
klassisch klasyczny
Klatsch *m fig.* plotki *f/pl.*; **2en** klaskać; *fig.* plotkować
Klau|e *f s.* **Kralle**; (*Huf2*) racica; **2en** F buchnąć *pf.*
Klausel *f* klauzula
Klavier *n* fortepian; **~ spielen** grać na fortepianie
Kleb|eband *n* folia samoprzylepna; **2en** *v/t* kleić; przylepi(a)ć (*v/i* się); **~er** *m* klej; **2rig** lepki (-ko)
Klecks *m* plama, kleks
Klee *m* koniczyna
Kleid *n* suknia, sukienka; **2en** ub(ie)rać (***sich*** się); (*j-n gut*) być do twarzy (*D*)
Kleider|bügel *m* wieszak; **~schrank** *m* szafa na ubranie
kleid|sam twarzowy (-wo); **2ung** *f* odzież *f*
klein mały; **2bild-** *Fot.* małoobrazkowy; **2garten** *m* ogródek działkowy; **2geld** *n* drobne *pl.*; **2igkeit** *f* drobnostka; **2kind** *n* małe dziecko; **~lich** małostkowy (-wo); **2stadt** *f* miasteczko
Kleister *m* klajster
Klemme *f* zacisk; F ***in der ~ sitzen*** być w kłopocie; **2en** *v/i* zacinać ⟨-ciąć⟩ się
Klempner *m* blacharz; hydraulik
kletter|n wspinać ⟨wspiąć⟩ się; **2tour** *f* wspinaczka
Klima *n* klimat; **~anlage** *f* klimatyzacja
Klinge *f* ostrze
Klingel *f* dzwonek; **2n** ⟨za-⟩ dzwonić
klingen dźwięczeć, brzmieć
Klinik *f* klinika
Klinke *f* klamka
Klippe *f* skała (podwodna)
klirren ⟨za⟩brzęczeć
klopfen stukać, pukać; *Herz*: bić; ⟨po⟩klepać (***auf die Schulter*** po ramieniu)
Klops *m* zraz(ik) siekany
Klo *n* klozet
Kloß *m* knedel; pyza
Kloster *n* klasztor; **~-** klasztorny
Klotz *m* kloc, kłoda
Klub *m* klub
Kluft *f* przepaść *f*
klug mądry (-rze); **2heit** *f* mądrość *f*
Klumpen *m* bryła
knabbern chrupać
Knabe *m* chłopczyk
knacken *v/t Nuss* rozgryzać ⟨-yźć⟩; *v/i* trzeszczeć
Knall *m* huk, trzask; **2en** trzaskać ⟨-snąć⟩
knapp ciasny (-no); *Kleid*: obcisły (-śle); *Adv.* ledwo; prawie; *s.* **dürftig, kaum**
knarren *Tür*: skrzypieć
Knast F *m* kryminał
knattern terkotać
Knäuel *n* kłąb, kłębek
Knauf *m* gałka
knausern (***mit***) skąpić (*G*)
Knecht *m* parobek

kneif|en szczypać ⟨uszczypnąć⟩; **≈zange** *f* obcęgi *pl.*
Kneipe *f* knajpa
kneten gnieść; *Teig* miesić
Knick *m* załom, zgięcie
Knie *n* kolano; **~gelenk** *n* staw kolanowy; **≈n** klęczeć; ***sich ≈n*** klękać ⟨-knąć⟩; **~scheibe** *f* *Anat.* rzepka; **~strümpfe** *m/pl.* podkolanówki *f/pl.*
Kniff *m* *fig.* chwyt
knipsen F *Fahrkarte* ⟨prze-⟩ dziurkować; *Fot.* pstrykać ⟨-knąć⟩
Knirps F *m* malec, pędrak
knirschen *Sand*: chrzęścić; *mit den Zähnen*: zgrzytać
knistern szeleścić
knittern ⟨z⟩miąć (*v/i* się)
Knoblauch *m* czosnek
Knöchel *m* kostka
Knoch|en *m* kość *f*; **~enbruch** *m* złamanie kości; **≈ig** kościsty
Knödel *m* knedel
Knolle *f* bulwa
Knopf *m* guzik; **~loch** *n* dziurka od guzika
Knorpel *m* chrząstka
Knospe *f* pą(cze)k
Knoten *m* węzeł, supeł; *Med.* guz; **~punkt** *m* węzeł komunikacyjny
knüll|en ⟨z⟩miąć; **≈er** F *m* przebój
Knüppel *m* kij, pałka
knurren warczeć; *Magen*: burczeć
knusp(e)rig chrupiący
Koch *m* kucharz; **~buch** *n* książka kucharska; **≈en** ⟨u⟩gotować (*v/i* się); **~er** *m* kuchenka, maszynka
Köchin *f* kucharka
Koch|rezept *n* przepis kucharski; **~topf** *m* garnek
Köder *m* przynęta
koffeinfrei bezkofeinowy
Koffer *m* waliz(k)a; **~raum** *m* bagażnik
Kohl *m* kapusta
Kohle *f* węgiel
Kohlen|dioxyd *n* dwutlenek węgla; **~grube** *f* kopalnia węgla; **~säure** *f* kwas węglowy; **~stoff** *m* węgiel; **~wasserstoff** *m* węglowodór
Kohl|rabi *m* kalarepa; **~roulade** *f* gołąbek; **~rübe** *f* brukiew *f*
Kokerei *f* koksownia
kokett zalotny
Kokosnuss *f* orzech kokosowy
Koks *m* koks
Kolben *m* kolba; *Tech.* tłok
Kolik *f* kolka
Kolleg *n* wykład; **~e** *m* kolega *m*; **~in** koleżanka
Kollekt|ion *f* kolekcja; **≈iv** kolektywny
kölnisch Wasser *n* woda kolońska
Kolon|ie *f* kolonia; **~ne** *f* kolumna
kombinieren ⟨s⟩kombinować
komfortabel komfortowy (-wo)

Komi|ker *m* komik; **ꝸsch** komiczny
Komma *f* przecinek
Kommando *n* dowództwo; (*Befehl*) komenda
kommen nad-, przy-chodzić ⟨nadejść, przyjść⟩; *fig. a.* zbliżać się; (*fahrend*) nad-, przy-jeżdżać ⟨-jechać⟩; (***in*** *A*) wchodzić ⟨wejść⟩ (do *G*)
kommerziell handlowy
Kommissar *m* komisarz
Kommission *f* komisja
Kommun|ion *f* komunia; **ꝸistisch** komunistyczny
Komödie *f* komedia
Kompagnon *m* wspólnik
Kompass *m* kompas
komplett kompletny
Kompliz|e *m* (**~in** *f*) wspólnik (-iczka); **ꝸiert** skomplikowany
Komplott *n* spisek, zmowa
Komponist *m* kompozytor
Kompresse *f* kompres
Kondensmilch *f* mleko kondensowane
Kondition *f Sp.* kondycja
Konditor *m* cukiernik; **~ei** *f* cukiernia
Kondom *n od. m* kondom
Kon|fektion *f* konfekcja; **~ferenz** *f* konferencja; **~fession** *f* wyznanie; **ꝸfiszieren** ⟨s⟩konfiskować; **~fitüre** *f* konfitury *f/pl.*; **~flikt** *m* konflikt; **ꝸfus** zmieszany; **~gress** *m* zjazd
König *m* król; **~in** *f* królowa; **~reich** *n* królestwo
Konkurrenz *f* konkurencja
können móc; umieć; ***ich kann*** (***nicht***) (nie) mogę; ***man kann*** można; ***es kann sein*** może być; ***er kann Deutsch*** on zna niemiecki
Konserve *f* konserwa
Konsonant *m* spółgłoska
Konsulat *n* konsulat
Konsum *m* spożycie; **~ent** *m* konsument *m*
Kontakt *m* kontakt; **~linse** *f* szkło kontaktowe, soczewka kontaktowa
Konto *n* konto, rachunek; **~auszug** *m* wyciąg z konta; **~inhaber** *m* właściciel rachunku
Kontroll|e *f* kontrola; **ꝸieren** ⟨s⟩kontrolować
Konzentr|ationslager *n* obóz koncentracyjny; **ꝸieren** ⟨s⟩koncentrować
Konzert *n* koncert; **~saal** *n* sala koncertowa
Konzession *f* koncesja
Kopf *m* głowa; (*Nagel*ꝸ) główka; **~bedeckung** *f* nakrycie głowy; **~ende** *n* wezgłowie; **~hörer** *m* słuchawka; **~kissen** *n* poduszka; **~salat** *m* sałata głowiasta; **~schmerz** *m* ból głowy; **~tuch** *n* chustka na głowę
Kopie *f* kopia; **ꝸren** ⟨s⟩kopiować; **~rgerät** *n* kopiarka
koppeln sprzęgać ⟨sprząc⟩
Koralle *f* koral
Korb *m* kosz(yk); **~ball** *m* koszykówka; **~waren** *f/pl.* wy-

roby *m/pl.* koszykarskie
Kork *m*, **~en** *m* korek; **~enzieher** *m* korkociąg
Korn[1] *m* żytniówka, czysta
Korn[2] *n* ziarn(k)o; (*Getreide*) zboże; **~blume** *f* bławatek
körnig ziarnisty (-ście)
Körper *m* ciało; **2behindert** niepełnosprawny; **~größe** *f* wzrost; **2lich** cielesny (-śnie), fizyczny; **~pflege** *f* higiena osobista; **~teil** *m* część *f* ciała
korrekt poprawny
Korrespondenz *f* korespondencja
Korridor *m* korytarz
korrigieren ⟨s⟩korygować
Korruption *f* korupcja
Kosmetik *f* kosmetyka; **~-** kosmetyczny
kosmisch kosmiczny
Kost *f* pożywienie, wikt
kost|bar kosztowny; **~en** *v/t* ⟨s⟩kosztować; *v/i* kosztować; ***was ~et ...?*** ile kosztuje ...?; **2en** *pl.* koszt(y *pl.*); **~enfrei**, **~enlos** bezpłatny; **~enpflichtig** płatny
köstlich wyborny
kostspielig kosztowny
Kostüm *n* kostium
Kot *m* błoto; (*Exkremente*) kał; **~flügel** *m* błotnik
Kotelett *n* kotlet
Krach *m* trzask, hałas, łoskot; ***~ machen*** hałasować; *s.* **Streit**; **2en** trzeszczeć; huknąć *pf.*; *s.* **knallen**
Kraft *f* siła, moc *f*; ***in ~ treten*** wejść w życie; **~brühe** *f* rosół; **~fahrer** *m* kierowca *m*
kräftig silny, mocny
Kraft|stoff *m* paliwo (silnikowe); **~wagen** *m* samochód; **~werk** *n* elektrownia
Kragen *m* kołnierz(yk)
Krähe *f* wrona; **2n** ⟨za⟩piać
Krakauer *Adj.* krakowski
Kralle *f* szpon, pazur
Kram *m* manatki *m/pl.*, kram
Krampf *m* kurcz, spazm; **~ader** *f* żylak; **2haft** kurczowy (-wo)
Kran *m* żuraw; suwnica
Kranich *m* żuraw
krank chory; ***~ sein*** chorować; ***~ werden*** zachorować *pf.*; **2e(r)** chory, chora
kränken dotykać ⟨-tknąć⟩
Kranken|geld *n* zasiłek chorobowy; **~haus** *n* szpital; **~kasse** *f* ubezpieczalnia społeczna; **~pfleger(in** *f*) *m* pielęgniarz (-rka); **~schein** *m* skierowanie do lekarza; **~schwester** *f* pielęgniarka, F siostra; **~versicherung** *f* ubezpieczenie zdrowotne; **~wagen** *m* karetka pogotowia, ambulans, F sanitarka
krank|haft chorobliwy (-wie); **2heit** *f* choroba
Kranz *m* wieniec, wianek
Krapfen *m* pączek
krass jaskrawy (-wo)
kratz|en ⟨po⟩drapać; **2wunde** *f* zadraśnięcie
kraus kędzierzawy (-wo)
Kraut *n* ziele; *s.* **Kohl**

Kräutertee *m* herbata ziołowa
Krawall *m* awantura, burda
Krawatte *f* krawat
Krebs *m Zo.* rak ; *Med.* rak, nowotwór złośliwy
Kredit *m* kredyt; **~karte** *f* karta kredytowa
Kreide *f* kreda
Kreis *m* koło; *fig.* grono; (*Gebiet*) powiat
kreischen piszczeć ⟨pisnąć⟩
Kreis|el *m* bąk; **&en** krążyć; **&förmig** kolisty (-ście); **~lauf** *m* (*Blut&*) krążenie; **~laufkollaps** *m* zapaść *f*; **~laufstörung** *f* zaburzenie krążenia; **~stadt** *f* miasto powiatowe; **~verkehr** *m* ruch okrężny
krepieren *Tier:* zdychać ⟨zdechnąć⟩
Kreuz *n* krzyż; (*Karte*) trefl; **&en** ⟨s⟩krzyżować (***sich*** się); **~fahrt** *f* turystyczna podróż *f* morska; **~ritterburg** *f* zamek krzyżacki; **~ung** *f* (*Straßen&*) skrzyżowanie; **~worträtsel** *n* krzyżówka
kriech|en pełzać, czołgać się; **&tier** *n* gad, płaz
Krieg *m* wojna; **&en** F dosta(wa)ć; **&erisch** wojowniczy (-czo)
Kriegs|beschädigte(r) inwalida *m* wojenny; **~folgen** *f/pl.* skutki *m/pl.* wojny; **~gefangen(r)** jeniec; **~schiff** *n* okręt wojenny; **~verbrecher** *m* zbrodniarz wojenny
Krimi *m*, kryminał; **~nalität** *f* przestępczość *f*; **~nalpolizei** *f* policja kryminalna
kriminell przestępczy, kryminalny
Krippe *f* żłób; (*Kinder&*) żłobek
Krise *f* kryzys
Kristall *n*, **~(glas** *n*) *m* kryształ
kriti|sch krytyczny; **~sieren** ⟨s⟩krytykować
Krone *f* korona; *Med.* koronka
krönen ⟨u⟩koronować
Kronleuchter *m* żyrandol
Krönung *f* koronacja
Kröte *f* ropucha
Krücke *f*: ***an ~n gehen*** chodzić o kulach
Krug *m* dzban(ek)
Krümel *m* okruszyna
krumm krzywy (-wo); **~ *werden*** ⟨s-, wy⟩krzywić się
krümmen ⟨s-, za⟩krzywić; ***sich ~*** (***vor***) wić się (z *G*)
Krüppel *m* kaleka *m u. f*
Kruste *f* skorupa; (*Brot&*) skórka
kubanisch kubański
Kübel *m* kubeł
Kub|ikmeter *m* metr sześcienny; **~us** *m* sześcian
Küche *f* kuchnia
Kuchen *m* ciast(k)o
Küchen|chef *m* kuchmistrz; **~hilfe** *f* pomoc *f* kuchenna; **~schrank** *m* szafa kuchenna
Kuckuck *m* kukułka

Kufe *f* płoza
Kugel *f* kula; **≈förmig** kulisty; **~lager** *n* łożysko kulkowe; **~schreiber** *m* długopis; **~stoßen** *n* pchnięcie kulą
Kuh *f* krowa
kühl chłodny (-no); **≈e** *f* chłód; **~en** ⟨o⟩chłodzić; **≈er** *m* chłodnica; **≈schrank** *m* lodówka, chłodziarka; **≈ung** *f* chłodzenie; **≈wasser** *n Kfz.* woda do chłodnicy
kühn śmiały (-ło)
Kuhstall *m* obora
Küken *n* pisklę
Kultur *f* kultura; **~-** kulturalny
Kultusministerium *n* ministerstwo oświaty
Kümmel *m* kmin(ek)
Kummer *m* zmartwienie
kümmern: ***sich ~*** (**um**) troszczyć się (o *A*)
Kunde *m* klient; *s.* **Gast**
Kunden|beratung *f* informacyjna obsługa klientów; **~dienst** *m* serwis
Kundgebung *f* wiec, manifestacja
kündig|en wypowiadać ⟨-powiedzieć⟩; **≈ung** *f* wypowiedzenie, wymówienie; **≈ungsschutz** *m* ochrona stosunku pracy; (*v. Mietern*) ochrona lokatorów
Kund|in *f* klientka; **~schaft** *f* klientela
künftig przyszły; *a.* = **~hin** na przyszłość
Kunst *f* sztuka; **~ausstellung** *f* wystawa dzieł sztuki; **~dünger** *m* nawóz sztuczny; **~faser** *f* włókno syntetyczne; **~gewerbe** *n* rzemiosło artystyczne; **~handel** *m* handel dziełami sztuki; **~leder** *m* imitacja skóry
Künst|ler(in *f*) *m* artyst(k)a; **≈lerisch** artystyczny; **≈lich** sztuczny
Kunst|sammlung *f* zbiór dzieł sztuki; **~stoff** *m* tworzywo sztuczne; **~werk** *n* dzieło sztuki
Kupfer *n* miedź *f*; **~-** miedziany; **~stich** *m* miedzioryt
Kuppel *f* kopuła
Kupplung *f Kfz.* sprzęgło
Kur *f* kuracja; ***e-e ~ machen*** przechodzić kurację
Kurbel *f* korba; **~welle** *f* wał korbowy
Kürbis *m* dynia
Kur|gast *m* kuracjusz(ka); **~ort** *m* uzdrowisko; **~pfuscher** *m* znachor
Kurs *m* kurs; **~buch** *n* rozkład jazdy
Kürschner *m* kuśnierz
Kursus *m* kurs
Kurs|wagen *m* wagon bezpośredni; **~wert** *m* wartość *f* kursowa
Kurtaxe *f* opłata uzdrowiskowa
Kurve *f* zakręt; *Math.* krzywa; **≈nreich** z licznymi zakrętami
kurz krótki (-ko); ***vor ~em*** niedawno; ***seit ~em*** od niedawna; **~ *nach*** zaraz po;

2arbeit *f* zatrudnienie w niepełnym wymiarze godzin
Kürze *f* krótkość *f*; *fig.* zwięzłość *f*; ***in ~*** wkrótce; **2n** skracać ⟨skrócić⟩
Kurz|film *m* film krótkometrażowy; **2fristig** krótkoterminowy
kürzlich niedawno
Kurz|schluss *m* zwarcie, krótkie spięcie; **~sichtige(r)** krótkowidz; **~wellen** *f/pl.* krótkie fale *f/pl.*
Kusine *f* kuzynka
Kuss *m* pocałunek
küssen ⟨po⟩całować (***sich*** się)
Küste *f* wybrzeże
Küster *m* kościelny
Kutsche *f* powóz, kareta; **~r** *m* woźnica *m*
Kutte *f* habit
Kutteln *f/pl.* flaki *m/pl.*

L

Labor *n* laboratorium *n*
Lache *f* kałuża
lächeln uśmiechać ⟨-chnąć⟩ się; **2** *n* uśmiech
lachen (***über*** *A*) śmiać się (z *G*); **2** *n* śmiech
lächerlich śmieszny; ***~ machen*** ośmieszać ⟨-szyć⟩ (***sich*** się)
Lachs *m* łosoś *m*; **~schinken** *m* polędwica (wędzona)
Lack *m* lakier; **2ieren** ⟨po⟩lakierować
laden ładować; *Waffe* nabi(ja)ć; *s.* **auf-, einladen**
Laden *m* sklep; **~dieb** *m* złodziej sklepowy; **~preis** *m* cena sprzedażna; **~tisch** *m* lada
Ladung *f* ładunek
Lage *f* położenie stan; (*Schicht*) warstwa; ***in der ~ sein*** być w stanie
Lager *n* obóz; *Hdl.* skład, magazyn; *Tech.* łożysko, panewka; **2n** *v/t* ⟨z⟩magazynować; *v/i* obozować
lahm kulawy
lähm|en ⟨s⟩paraliżować; **2ung** *f* porażenie, paraliż
Laib *m* bochenek
Laich *m* ikra
Laie *m* laik
Laken *n* prześcieradło
Lakritze *f* lukrecja
lallen bełkotać
Lamm *n* jagnię, baranek; **~braten** *m* pieczeń *f* jagnięca
Lampe *f* lampa
Lampen|fieber *n* trema; **~schirm** *m* abażur
Land *n* kraj; (*Fest2*) ląd; *s.* **Acker, Boden**; **2en** ⟨wy-⟩lądować; **~enge** *f* przesmyk
Länder|kampf *m* *Sp.* zawody *m/pl.* międzypaństwowe; **~spiel** *n* mecz międzypaństwowy

Landesverrat *m* zdrada kraju
Land|gericht *n* sąd okręgowy; **~karte** *f* mapa; **~kreis** *m* powiat (wiejski)
ländlich wiejski, sielski
Landschaft *f* okolica; krajobraz, pejzaż
Landsmann *m* ziomek; **~schaft** *f* ziomkostwo
Land|straße *f* szosa; droga lokalna; **~streicher** *m* włóczęga *m*; **~ung** *f* lądowanie
Landwirt *m* rolnik; **~schaft** *f* rolnictwo; (*Besitz*) gospodarstwo rolne; **2schaftlich** rolniczy, rolny
lang długi (-go); ***zwei Meter ~*** długi na dwa metry; ***drei Tage ~*** przez trzy dni; **~e** (*zeitlich*) długi (-go); ***wie ~e?*** jak długo?; ***seit ~em*** od dawna
Läng|e długość *f*; **~engrad** *m* południk; **2er** dłuższy; *Adv.* dłużej
Langeweile *f* nuda, nudy *pl.*
lang|fristig długoterminowy; **~jährig** długoletni
länglich podłużny
langsam powolny
längs wzdłuż
Langspielplatte *f* płyta długogrająca
längst *Adv.* dawno; **~e(r)** najdłuższy; ***am ~en*** (*zeitlich*) najdłużej
Langstrecken- długodystansowy
langweil|en nudzić (***sich*** się); **~ig** nudny
Lang|welle *f* fala długa; **2wierig** przewlekły (-le)
Lappen *m* szmata, , ścierka
Laptop *m* laptop
Lärche *f* modrzew
Lärm *m* hałas, zgiełk; **2en** hałasować
Laserdrucker *m* drukarka laserowa
lassen zostawi(a)ć, pozostawi(a)ć; ⟨na⟩kazać; (*erlauben*) pozwalać ⟨-wolić⟩, da(wa)ć; ***lass das!*** przestań!
lässig niedbały (-le)
Last *f* ciężar; brzemię; **2en** ciążyć; **~er** *n* nałóg
lästern (***über*** *A*) obmawiać (*A*)
lästig uciążliwy (-wie); *s.* **unangenehm, zudringlich**
Last|kahn *m* barka; **~(kraft-) wagen** *m* samochód ciężarowy, F ciężarówka
Latein *n* łacina; **2isch** łaciński
Laterne *f* latarnia
Latte *f* łata, żerdź *f*
lau letni; *fig.* objętny
Laub *n* liście *m/pl.*; **~baum** *m* drzewo liściaste
Laube *f* altan(k)a
lauern czatować
Lauf *m* bieg; (*Ver2*) ciąg, tok; (*Gewehr2*) lufa; ***im ~e*** w ciągu; **~bahn** *f* kariera; *Sp.* bieżnia; **2en** biegać, ⟨po⟩biec, ⟨po⟩biegnąć; *Motor*: pracować; *Gefäß*: przeciekać, ciec; ***2en lassen*** puszczać ⟨puścić⟩; **2end** bieżący; *Nummer*: porządkowy
Läufer *m* chodnik; *Sp.* bie-

gacz; (*Schach*) goniec
Lauf|masche *f* oczko; **~zeit** *f* *Sp.*, *Tech.* czas biegu; okres ważności; **~zettel** *m* karta obiegowa
Lauge *f* ług
Laune *f* humor; kaprys; **≈nhaft** kapryśny
Laus *f* wesz *f*
lauschen słuchać; (*heimlich*) podsłuch(iw)ać
laut¹ głośny, donośny
laut² *Prp.* (*G*) według (*G*), zgodnie z (*I*)
Laut *m* dźwięk; *Gr.* głoska
Laute *f* lutnia
lauten brzmieć
läuten ⟨za⟩dzwonić
lauter (*rein*) czysty; (*nichts als*) sam(a, -e, -i)
Laut|sprecher *m* głośnik; **~stärke** *f* głośność *f*
Lawine *f* lawina
Lazarett *n* szpital wojskowy
Leasing *n* leasing
leb|en żyć; **~e wohl!** żegnaj!; **≈en** *n* życie; **~endig** żywy; *Adv.* żywcem
Lebens|alter *n* wiek; **~erfahrung** *f* doświadczenie życiowe; **~gefahr** *f* niebezpieczeństwo życia; **~haltungskosten** *pl.* koszty *m/pl.* utrzymania; **≈länglich** dożywotni; **~lauf** *m* życiorys; **~mittel** *n/pl.* artykuły *m/pl.* żywnościowe; **~mittelgeschäft** *n* sklep spożywczy; **~standard** *m* stopa życiowa; **~unterhalt** *m* utrzymanie; **~versicherung** *f* ubezpieczenie na życie
Leber *f* wątroba; *Kochk.* wątróbka; **~wurst** *f* wątrobianka
Lebewesen *n* istota żyjąca
lebhaft żywy (-wo); ożywiony; *Kind*: ruchliwy (-wie)
Lebkuchen *m* piernik
leblos bez życia
Leck *n* przeciek; **≈en** *v/t* lizać; *v/i* przeciekać
lecker smaczny; **≈bissen** *m* smakołyk
Leder *n* skóra; **≈n** skórzany; **~waren** *f/pl.* wyroby *m/pl.* skórzane
ledig *Mann*: nieżonaty; *Frau*: niezamężna
leer pusty, próżny; **≈e** *f* pustka; **~en** opróżni(a)ć (**sich** się); **≈lauf** *m* wolny bieg; **≈ung** *f* opróżnianie
legal legalny
legen kłaść ⟨położyć⟩ (**sich** się); *Eier* znosić ⟨znieść⟩
Legierung *f* stop
Lehm *m* glina; **≈ig** gliniasty
Lehne *f* poręcz *f*, oparcie; **≈n** opierać ⟨oprzeć⟩ (**sich** się)
Lehr|buch *n* podręcznik; **~e** *f* nauka; *fig.* nauczka; **≈en** *v/t* uczyć (*G*); (**an** *D*) wykładać (na *L*); **~er(in** *f*) *m* nauczyciel(ka); **~fach** *n* przedmiot nauczania; **~gang** *m* kurs; **~ling** *m* uczeń *m* (-nnica *f*); **~plan** *m* program nauczania; **~stelle** *f* miejsce dla uczącego się zawodu; **~zeit**

f okres nauki

Leib *m* ciało; *s.* **Bauch**

Leibes|übungen *f/pl.* ćwiczenia *n/pl.* gimnastyczne; **~visitation** *f* rewizja osobista

leib|lich cielesny; *Bruder*: rodzony; **2schmerzen** *m/pl.* bóle *m/pl.* brzucha

Leiche *f* trup, zwłoki *pl.*

Leichen|halle *f* kostnica; **~wagen** *m* karawan; **~zug** *m* orszak pogrzebowy

leicht lekki (-ko); (*mühelos*) łatwy (-wo); **2athletik** *f* lekkoatletyka; **~er** lżej(szy); łatwiej(szy); **~fertig** lekkomyślny; **~gläubig** łatwowierny; **2igkeit** *f* lekkość *f*; łatwość *f*; **~sinnig** lekkomyślny

Leid ból, cierpienie; ***es tut mir ~*** przykro mi; ***er tut mir ~*** żal mi go; *j-m* ***~ antun*** wyrządzić krzywdę (*D*); **2en** (***an*** *D*) cierpieć (na *A*) **~en** *n* cierpienie; choroba; **2end** cierpiący

Leidenschaft *f* namiętność *f*; **2lich** namiętny

leid|er niestety; **~lich** znośny

Leierkasten *m* katarynka

Leih|bücherei *f* wypożyczalnia książek; **2en** (wy)pożyczać ⟨-czyć⟩; *s.* **mieten**; **~gebühr** *f* opłata za wypożyczenie; **~haus** *n* lombard; **~wagen** *m* wynajęty samochód; **2weise** pod warunkiem zwrotu

Leim *m* klej; **2en** ⟨s⟩kleić

Lein *m* len; **2en** lniany

Lein|e *f* linka; sznur; (*Hunde*2) smycz *f*; **~en** *n* płótno; len; **~samen** *m* siemię lniane; **~wand** *f* (*Film*2) ekran

Leipzig *n* Lipsk

leise cichy (-cho); *Schlaf*: lekki (-ko)

Leiste *f* listwa; *Anat.* pachwina

leisten dokon(yw)ać; *Eid* składać ⟨złożyć⟩; *Hilfe* udzielać ⟨-lić⟩; ***sich*** *et.* **~** pozwalać ⟨-wolić⟩ sobie (na *A*)

Leistenbruch *m Med.* przepuklina pachwinowa

Leistung *f* osiągnięcie; *s.* **Tat**; (*Geld*2, *Sach*2) świadczenie; (*Schule*) wyniki *m/pl.*; *Tech.* wydajność *f*; (*Motor*2) moc *f*

leistungs|fähig sprawny; wydajny; **2sport** *m* sport wyczynowy

Leit|artikel *m* artykuł wstępny; **2en** *v/t* prowadzić (*A*), kierować (*I*); **~er**[1] *m El.* przewodnik; *Pers.* kierownik; **~er**[2] *f* drabina; **~faden** *m* podręcznik, przewodnik; **~ung** *f* kierownictwo; *El.* przewód; *Tel.* linia; **~ungswasser** *n* woda z wodociągu, woda wodociągowa

Lektion *f* lekcja

Lektüre *f* lektura

Lendenbraten *m* pieczeń *f* z polędwicy

lenk|en *v/t* ⟨s⟩kierować; *Fahrzeug* kierować (*I*), prowadzić (*A*); **2rad** *n*, **2stange** *f* kierownica

Lenz *m* wiosna
Lerche *f* skowronek
lernen (*A*) ⟨na⟩uczyć się (*G*)
les|bar czytelny; **~en** ⟨prze-⟩ czytać; **≗en** *n* czytanie; **≗er(in** *f*) *m* czytelnik (-iczka); **≗ezeichen** *n* zakładka
Letter *f Typ.* czcionka
Lett|land *n* Łotwa; **≗isch** łotewski (po -ku)
letzt|- ostatni; **~e *Woche*** w ubiegłym tygodniu; ***bis zum* ≗en** do ostatka; **~ens** ostatnio
Leucht|e *f* lampa; **≗en** świecić; **~er** *m* świecznik; **~reklame** *f* reklama świetlna; **~stoffröhre** *f* jarzeniówka; **~turm** *m* latarnia morska
leugnen *v/t* zaprzeczać ⟨-czyć⟩ (*D*); wypierać ⟨wyprzeć⟩ się (*G*)
Leute *pl.* ludzie *pl.*
Leutnant *m* podporucznik
Lexikon *n* leksykon
liberal liberalny
Libelle *f* ważka
licht jasny (-no); *Wald, Haar*: rzadki
Licht *n* światło; *s.* **Kerze**; **~bild** *n* zdjęcie; **≗empfindlich** światłoczuły; **≗en** *Anker* podnosić ⟨-nieść⟩; *Wald* przerzedzać ⟨-dzić⟩; **~hupe** *f* sygnał świetlny; **~maschine** *f Kfz.* prądnica; **~stärke** *f* światłość *f*; **~ung** *f* polana
Lid *n* powieka; **~schatten** *m* cień *m* do powiek
lieb miły (-le); (*geliebt*) kochany; **~ *gewinnen*** polubić *pf.*; **≗e** *f* miłość *f*; **~en** kochać; ***ich* ~*e dich*** kocham cię
liebenswürdig uprzejmy (-mie); **≗keit** *f* uprzejmość *f*
lieber raczej, chętniej; ***ich trinke*** *usw.* **~ …** wolę …
Liebes|brief *m* list miłosny; **~paar** *n* para zakochanych
lieb|evoll czuły (-le); **≗haber** *m* kochanek; (*Fan*) miłośnik, amator; **≗haberin** *f* miłośniczka, amatorka; **~kosen** pieścić; **~lich** wdzięczny; *Geschmack*: łagodny; **≗ling** *m* ulubieniec; *Anrede*: kochanie; **≗lings-** ulubiony; **≗reiz** *m* urok, powab
Lied *n* pieśń *f*, pios(e)nka
liederlich niedbały (-le)
Liefer|ant *m* dostawca *m*; **≗bar**: ***≗bar sein*** być na składzie; **≗n** dostarczać ⟨-czyć⟩; **~schein** *m* ceduła, specyfikacja; **~ung** *f* dostawa
Liege *f* leżanka
liegen leżeć; znajdować się; ***~ lassen*** zostawi(a)ć
Liege|stuhl *m* leżak; **~wagen** *m Esb.* kuszetka
Lift *m* dźwig; winda
Likör *m* likier
lila lila, liliowy
Lilie *f* lilia
Linde *f* lipa; **~*n*-** lipowy
linder|n ⟨z⟩łagodzić, uśmierzać ⟨-rzyć⟩; **≗ung** *f* uśmierzenie; ulga
Lineal *n* linijka, liniał
Linie *f* linia

Linien|flug *m* lot rejsowy; **~richter** *m* sędzia *m* liniowy; **~verkehr** *m* regularny ruch na trasie
link|e(r) lewy; **2e** *f* lewica; **~s** po lewej (stronie); ***von ~s*** z lewej (strony); ***nach ~s*** na (*od.* w) lewo; **2shänder** *m* mańkut
Linse *f* soczewica; *Fot.* soczewka
Lippe *f* warga; **~nstift** *m* pomadka do ust
lispeln seplenić
List *f* chytrość *f*; (*konkret*) podstęp
Liste *f* lista, spis
listig chytry (-rze)
Litau|er(in *f*) *m* Litwin(ka); **2isch** litewski (po -ku)
Liter *m od. n* litr; **~-** litrowy
litera|risch, 2tur- literacki
Litfaßsäule *f* słup ogłoszeniowy
Lob *n* pochwała; **2en** ⟨po-⟩ chwalić; **2enswert** chwalebny
Loch *n* dziura; (*Erd2*) jama, dół; **2en** dziurkować; **~er** *m* dziurkacz
löcherig dziurawy
Locke *f* lok, kędzior
locken zwabi(a)ć
Lockenwickel *m* lokówka
locker luźny (-no); *Sand*: sypki; *Boden*: pulchny; *Zahn*: chwiejący się; **~n** rozluźni(a)ć (***sich*** się); *Boden* spulchni(a)ć
lockig kędzierzawy
lodern płonąć, pałać
Löffel *m* łyżka
Loge *f* loża
logisch logiczny
Lohn *m* płaca, (*a. fig.*) wynagrodzenie; **2en, *sich 2en*** opłacać się; ***das 2t sich nicht*** to się nie opłaca; **2end** popłatny, zyskowny; **~erhöhung** *f* podwyżka płac(y); **~steuer** *f* podatek od wynagrodzenia
lokal miejscowy
Lokal *n* lokal
Lokführer *m* maszynista *m*
Lorbeer *m* wawrzyn, laur; **~blatt** *n* liść *m* bobkowy
los *s.* **lose, frei, ab**; ***~!*** jazda!; ***was ist ~?*** co się dzieje (*od.* stało)?
Los *n* los
losbinden odwiąz(yw)ać
lösch|en¹ ⟨z⟩gasić; *Tonband usw.* ⟨s⟩kasować; **~en²** *Mar.* wyładow(yw)ać; **2gerät** *n* sprzęt gaśniczy; **2kalk** *m* wapno gaszone
lose luźny (-no); *Ware*: luzem
Lösegeld *n* okup
losen losować
lösen *Knoten, Ehe, Vertrag usw.* rozwiąz(yw)ać; *Fahrkarte* kupować ⟨kupić⟩; *s.* **auflösen**
los|fahren, ~gehen ruszać (z miejsca), wyruszać ⟨-szyć⟩ (w drogę); ***es geht los*** zaczyna się; **~lassen** wypuszczać ⟨-uścić⟩; **~lösen**: ***sich ~lösen*** odłączać ⟨-czyć⟩

się; **~reißen** odrywać ⟨oderwać⟩ (***sich*** się)
Losung *f* hasło
Lösung *f* rozwiązanie; *Chem.* roztwór
Lot *n* (*Metall*) lut; (*Senk*♀) pion
löt|en lutować; **♀kolben** *m* lutownica
lotrecht pionowy (-wo)
Lotse *m Mar.* pilot
Lotterie *f* loteria
Lotto *n* totolotek; **~schein** *m* kupon totolotkowy
Löw|e *m* lew; **~in** *f* lwica
Luchs *m* ryś *m*
Lücke *f* luka; **♀nhaft** niepełny; **♀nlos** kompletny
Luft *f* powietrze; **♀dicht** hermetyczny; **~druck** *m* ciśnienie powietrza
lüft|en wietrzyć; **♀er** *m* wentylator
Luft|fahrt *f* lotnictwo; **~filter** *m* filtr powietrza; **♀ig** przewiewny; *Kleid:* powiewny; **~kurort** *m* stacja klimatyczna; **~matratze** *f* materac nadmuchiwany; **~post** *f* poczta lotnicza; **~röhre** *f* *Anat.* tchawica
Lüftung *f* wentylacja
Luft|verkehr *m* komunikacja lotnicza; **~verschmutzung** *f* skażenie atmosfery; **~waffe** *f* lotnictwo (wojskowe); **~zug** *m* przeciąg
Lüg|e *f* kłamstwo; **♀en** ⟨s⟩kłamać; **~ner(in** *f*) *m* kłamca *m* (-czyni)
Luke *f* właz; *Mar.* luk
lümmelhaft chamski (po -ku)
Lump *m* łajdak, łotr
Lumpen *m* gałgan, szmata
Lunge *f* płuco, płuca *pl.*; **~nentzündung** *f* zapalenie płuc; **~nkrebs** *m* rak płuc
Lupe *f* lupa
Lust *f* ochota, chęć *f*; rozkosz *f*; ***~ haben*** (***auf*** *A*) mieć chętkę (na *A*); ***ich habe keine ~*** nie mam ochoty
lustig wesoły (-ło); ***sich ~ machen*** (***über*** *A*) drwić (z *G*)
Lustspiel *n* komedia
lutsch|en ssać; **♀er** *m* lizak
luxuriös luksusowy (-wo)
Lymph|drüse *f* gruczoł limfatyczny; **~e** *f* chłonka

M

mach|en ⟨z⟩robić; *s.* **tun, verursachen**; *Licht* zapalać ⟨-lić⟩; *Reise* odby(wa)ć; ***wie viel ~t es?*** ile to wynosi?; ***das ~t nichts!*** nie szkodzi!
Macht *f* siła, moc *f*; władza; (*Staat*) mocarstwo; **~bereich** *m* zakres władzy
mächtig potężny
machtlos bezsilny
Mädchen *n* dziewczynka; (*erwachsen*) dziewczyna; **♀haft** dziewczęcy (-co)
Made *f* czerw, F robak

Magen *m* żołądek; **~geschwür** *n* wrzód żołądka; **~schmerzen** *m/pl.* bóle *m/pl.* żołądka; **~tropfen** *m/pl.* krople *f/pl.* żołądkowe
mager chudy (-do); **²milch** *f* mleko odtłuszczone
Magnet *m* magnes; **²isch** magnetyczny
Mahagoni *n* mahoń *m*
Mäh|drescher *m* kombajn zbożowy; **²en** ⟨s⟩kosić
mahlen ⟨ze⟩mleć
Mahlzeit *f* posiłek; **~!** smacznego!
Mähmaschine *f* kosiarka
Mähne *f* grzywa
mahn|en monitować; (**an** *A*) przypominać ⟨-mnieć⟩ (*A*); **²ung** *f* upomnienie, monit
Mai *m* maj; **~-** majowy; **~glöckchen** *n* konwalia; **~käfer** *m* chrabąszcz
Mais *m* kukurydza
majestätisch majestatyczny
Majoran *m* majeranek
Makel *m* skaza; **²los** nieskazitelny
Make-up *n* makijaż
Makkaroni *pl.* makaron
Makler *m* makler; **~gebühr** *f* prowizja maklerska
mal raz; ***drei ~ zwei*** trzy razy dwa
Mal¹ *n* raz; ***das erste ~*** po raz pierwszy
Mal² *n* znamię, znak
mal|en ⟨na⟩malować; **²er** *m* malarz; **²erei** *f* malarstwo; (*konkret*) malowidło; **²erin** *f* malarka; **~erisch** malowniczy (-czo)
Malz|bier *n* piwo słodowe; **~kaffee** *m* kawa zbożowa
Mama *f* mam(usi)a
man: ***~ sagt*** mówi się; ***~ muss*** należy, trzeba; ***wie macht ~ das?*** jak się to robi?
Manage|r *m* menadżer, menedżer; **~ment** *n* zarządzanie
manch niejeden, niektóry; **~erlei** rozmaity; **~mal** nieraz, czasem
Mandarine *f* mandarynka
Mandel *f* migdał; **~entzündung** *f* zapalenie migdałków
Mangel¹ *f* magiel
Mangel² *m* brak, niedostatek; ***aus ~*** (**an** *D*) z braku (*G*); **²haft** wadliwy (-wie); (*Zensur*) niedostateczny; **²n** *Wäsche* ⟨z⟩maglować; ***es ²t an*** brakuje (*G*)
Maniküre *f* manikiur
Mann *m* mężczyzna *m*; (*Ehe²*) mąż
Männchen *n Zo.* samiec
Männer- *in Zssgn* męski
mannigfaltig rozmaity
männlich męski (po -ku)
Mannschaft *f* załoga; *Sp.* drużyna; **~ssieg** *m* zwycięstwo drużynowe
Manöv|er *n* manewr; **²rieren** manewrować
Manschette *f* mankiet; **~nknopf** *m* spinka do mankietów
Mantel *m* płaszcz

manuell ręczny
Manuskript *n* rękopis
Mappe *f* te(cz)ka
Märchen *n* bajka; **2haft** bajeczny
Marder *m* kuna
Margarine *f* margaryna
Marien|- *Rel.* mariański; **~käfer** *m* biedronka
Marine *f* marynarka
mariniert marynowany
Marionette *f* marionetka
Mark¹ *n Bot.* rdzeń *m*; (*Knochen2*) szpik
Mark² *f hist.* (*Geld*) marka
Mark|e *f* marka; numerek; (*Spiel2*) żeton; **2ieren** ⟨o-⟩ znakować
Markt *m* targ; rynek; **~halle** *f* hala targowa; **~platz** *m* rynek; **~stand** *m* stragan
Marmelade *f* marmolada
Marmor *m* marmur
Marsch *m* marsz; **2ieren** maszerować
Märtyrer *m* męczennik
März *m* marzec: ***im ~*** w marcu; **~-** marcowy
Marzipan *n* marcepan
Masche *f* oczko
Maschine *f* maszyna; ***~ schreiben*** pisać na maszynie
Maschinen|bauingenieur *m* inżynier mechanik; **~gewehr** *n* karabin maszynowy; **~raum** *m* maszynownia
Masern *pl. Med.* odra
Mask|e *f* maska; **~enball** *m* bal maskowy; **2ieren** ⟨za-⟩ maskować
Maß *n* miara; ***~ halten*** zachow(yw)ać umiar
Massage *f* masaż
Masse *f* masa
Maßeinheit *f* jednostka miary
Massen|artikel *m* artykuł produkcji masowej; **~grab** *n* mogiła masowa (*od.* zbiorowa), masowy grób; **2haft** masami; **~medien** *n/pl.* środki *m/pl.* masowego przekazu; **~organisation** *f* organizacja masowa
Masseur(in *f*) *m* masażysta *m* (-tka *f*)
maßgebend miarodajny
massieren masować
mäßig umiarkowany; mierny; **~en** miarkować (***sich*** się)
massiv masywny
maß|los bez umiaru; **2nahme** *f* środek, krok; **2stab** *m* skala; **~voll** umiarkowany, pełen umiaru
Mast *m* maszt
Mastdarm *m* odbytnica
mästen ⟨u⟩tuczyć
Materi|al *n* materiał; **~e** *f* materia; **2ell** materialny
Mathematik *f* matematyka
Matjeshering *m* maties
Matratze *f* materac
Matrose *m* marynarz
Matsch *m* błoto; (*Schnee2*) roztopy *m/pl.*
matt matowy (-wo); *fig.* słaby (-bo)
Matte *f* mata

Mauer *f* mur; **ᘔn** ⟨wy⟩murować
Maul *n* pysk; P gęba; **~korb** *m* kaganiec; **~tier** *n* muł; **~wurf** *m* kret; **~wurfshügel** *m* kretowisko
Maurer *m* murarz
Maus *f* mysz; **~efalle** *f* pułapka na myszy
Mayonnaise *f* majonez
Mechan|iker *m* mechanik; **ᘔisch** mechaniczny
meckern beczeć; F *fig.* (***über*** *A*) psioczyć (na *A*)
Medaille *f* medal
Medi|kament *n* lek; **~zin** *f* medycyna; lek; **ᘔzinisch** medyczny; *Hilfe*: lekarski
Meer *n* morze; **~busen** *m* zatoka (morska); **~enge** *f* cieśnina (morska); **~esspiegel** *m* poziom morza; **~rettich** *m* chrzan; **~schweinchen** *n* świnka morska
Mehl *n* mąka; **~speise** *f* (*süß*) legumina
mehr więcej; (***um so*** tym) bardziej; ***nicht ~*** już nie; ***immer ~*** coraz bardziej; **~deutig** wieloznaczny
mehr|en mnożyć (***sich*** się); **~ere** kilka, kilku; **~fach** kilkakrotny; **ᘔheit** *f* większość *f*; **~mals** kilkakrotnie; **ᘔwertsteuer** *f* podatek od wartości dodanej; **ᘔzahl** *f* większość *f*; *Gr.* liczba mnoga; **ᘔzweck-** uniwersalny
meiden (*A*) unikać (*G*)
Meile *f* mila
mein mój *m*, moja *f*, moje *n*; *pl.* moi, moje; *reflexiv* swój *m*, swoja *f*, swoje *n*; *pl.* swoi, swoje
Meineid *m* krzywoprzysięstwo
mein|en uważać, sądzić; **ᘔung** *f* zdanie; opinia; **ᘔungsverschiedenheit** *f* różnica zdań
Meise *f* sikor(k)a
Meißel *m* przecinak; dłuto
meist, *am ~en* najwięcej; ***die ~en*** większość *f*; **~ens, ~enteils** przeważnie, najczęściej
Meister *m* mistrz (*a. Sp. u. fig.*), majster; **ᘔhaft** mistrzowski (po -ku); **~schaft** *f* mistrzostwo; **~werk** *n* arcydzieło
Meld|eamt *n* urząd meldunkowy; **ᘔen** ⟨za⟩meldować (***sich*** się); (*A*) zgłaszać ⟨-łosić⟩ (*A*; ***sich bei*** się do *G*, w *L*); **~epflicht** *f* obowiązek meldowania (się); **~ung** *f* doniesienie; meldunek
melken ⟨wy⟩doić
Melodie *f* melodia
Melone *f* melon
Menge *f* ilość *f*; (*viel*) mnóstwo; (*Leute*) tłum; **ᘔn** mieszać (***sich*** się)
Mensch *m* człowiek; ***~en pl.*** ludzie *pl.*
Menschen|fresser *m* ludożerca *m*; **ᘔleer** bezludny; **~rechte** *n/pl.* prawa człowieka; **~würde** *f* godność *f* ludzka
Mensch|heit *f* ludzkość *f*;

2lich ludzki (po -ku); **~lichkeit** *f* ludzkość *f*
Menstruation *f* menstruacja
Menü *n* menu *n*
Merk|blatt *n* wskazówki *f/pl.*; **2en** spostrzegać ⟨-rzec⟩; ***sich* 2en** zapamiętać *pf.*; **2lich** widoczny; **~mal** *n* znak; cecha; **2würdig** osobliwy (-wie), dziwny
Mess|band *n* taśma miernicza; **2bar** wymierny
Messbuch *n* mszał
Messe *f Rel.* msza; *Hdl.* targi *m/pl.*
messen ⟨z⟩mierzyć
Messer¹ *m* miernik, licznik
Messer² *n* nóż
Messestand *m* stoisko (na targach)
Messing *n* mosiądz; **~-** mosiężny
Messung *f* pomiar, mierzenie
Messwein *m* wino mszalne
Metall *n* metal; **~-** metalowy; **~arbeiter** *m* metalowiec; **~geld** *n* bilon
meteorologisch meteorologiczny
Meter *n* metr
Methode *f* metoda
Mettwurst *f* metka
Metzger *m* rzeźnik
Meute *f* sfora
Meute|rei *f* bunt; **~rer** *m* buntownik; **2rn** ⟨z⟩buntować się
mich mnie; (*reflexiv*) siebie, się; ***über* ~** o mnie
Mieder *n* stanik, gorset
Miene *f* mina
mies F lichy (-cho); podły (-le)
Miet|e *f* najem; (*Wohnungs*2) komorne, czynsz; **2en** wynajmować ⟨-jąć⟩; **~er(in** *f*) *m* najemca *m* (-czyni); (*Wohnung*2) lokator(ka); **~preis** *m* opłata za wynajęcie; **~vertrag** *m* umowa najmu; **~wohnung** *f* wynajęte mieszkanie; **~zins** *m s.* **Miete**
Migräne *f* migrena
Mikrofon *n* mikrofon
Milch *f* mleko; **~bar** *f* lodziarnia; **~erzeugnisse** *n/pl.* nabiał; **~kaffee** *m* kawa z mlekiem; **~reis** *m* ryż na mleku; **~zahn** *m* ząb mleczny
mild łagodny; **~ern** ⟨z⟩łagodzić *m*
Militär *n* wojsko; **2isch** wojskowy (po -wemu); **~mission** *f* misja wojskowa
Miliz *f* milicja; **~ionär** *m* milicjant
Milz *f* śledziona
minder mniejszy; *Adv.* mniej; **2heit** *f* mniejszość *f*; **~jährig** małoletni; **~n** zmniejszać ⟨-szyć⟩; **~wertig** pośledni
mindest najmniejszy; minimalny; **~ens** przynajmniej, co najmniej; **2lohn** m najniższa płaca
Mine *f Mil.* mina; *Bgb.* kopalnia; (*Schreib*2) wkład
Mineral *n* minerał; **~wasser** *n* woda mineralna
Minister|ium *n* ministerstwo; **~präsident** *m* premier; **~rat**

m rada ministrów
minus minus
Minute *f* minuta
Minze *f* mięta
mir mnie; (*reflexiv*) sobie; ***von* ~** ode mnie; o mnie; ***mit* ~** ze mną
Misch|ehe *f* małżeństwo mieszane; **2en** ⟨z⟩mieszać; *Karten* ⟨prze⟩tasować; *s.* **einmischen**; **~ling** *m* mieszaniec; **~ung** *f* mieszanka
miserabel lichy, nędzny
miss|achten lekceważyć; **2bildung** *f* zniekształcenie; **~billigen** (*A*) nie pochwalać (*G*)
Missbrauch *m* nadużycie; **2en** (*A*) naduży(wa)ć (*G*)
Miss|erfolg *m* niepowodzenie; **~ernte** *f* nieurodzaj; **2fallen** nie podobać się; **~fallen** *n* niezadowolenie; **2glücken** nie uda(wa)ć się; **2gönnen** (***j-m*** *A*) zazdrościć (k-u *G*); **2handeln** (*A*) znęcać się (nad *I*); **~handlung** *f* znęcanie się; (*Prügel*) pobicie
Mission *f* misja
miss|lingen nie uda(wa)ć się; **~mutig** markotny; **~trauen** nie ufać, nie dowierzać; **2trauen** *n* nieufność *f*; **~trauisch** nieufny, podejrzliwy (-wie); **2verständnis** *n* nieporozumienie; **~verstehen** źle zrozumieć
Mist *m* gnój, nawóz; **~haufen** *m* gnojowisko
Mistel *f* jemioła
mit *Prp.* (*D*) z (*I*); *oft nur I:* **~ *der Hand*** ręką; **~ *Gewalt*** przemocą
Mit|angeklagte(r) *m* współoskarżony; **~arbeit** *f* współpraca; **~arbeiter** *m* współpracownik; **~bewohner** *m* współlokator; **2bringen** przynosić ⟨-nieść⟩ (*im Fahrzeug:* przywozić ⟨przywieźć⟩) ze sobą; **~bürger** *m* współobywatel; **~eigentümer** *m* współwłaściciel; **2einander** razem, wspólnie; z(e) sobą; **2fahren** (***mit***) ⟨po⟩jechać razem (z *I*); **~gefühl** *n* współczucie; **~glied** *m* członek; *in Zssgn* członkowski; **~leid** *n* litość *f*; **2machen** (*A*) brać udział (w *L*); **2nehmen** zab(ie)rać (ze sobą); **~reisende(r)** towarzysz(ka) podróży; **~spieler(in** *f*) *m* partner(ka)
Mittag *m* południe; ***zu* ~ *essen*** jeść obiad; ***am* ~** w południe; **~essen** *n* obiad
Mittags|pause *f* przerwa obiadowa; **~zeit** *f* pora obiadowa
Mitte *f* środek; **~ *Mai*** w połowie maja; ***in der* ~** pośrodku
mitteil|en zakomunikować *pf.*; (***j-m*** *A*) zawiadamiać ⟨-domić⟩ (k-o o *L*); **2ung** *f* zawiadomienie
Mittel *n* środek; *Math.* średnia; **~alter** *n* średniowiecze;

≈bar pośredni (-nio); **≈groß** średniej wielkości; *Pers.* średniego wzrostu; **≈mäßig** mierny, średni; **~meer** *n* Morze Śródziemne; **~punkt** *m* centrum *n*; **≈s** (*G*) za pomocą (*G*); **~streifen** *m* pas rozdzielczy; **~welle** *f* fala średnia
mitten: **~ *in*** (*D*) pośrodku (*G*); (*A*) w sam środek (*G*); **~ *durch*** (*A*) przez sam środek (*G*); **~drin** F w samym środku; **~durch** F na wskroś
Mitternacht *f* północ *f*; ***um ~*** o północy
mittler|e środkowy; *fig.* średni; **~weile** tymczasem
Mittwoch *m* środa
mitwirk|en współdziałać; **≈ung** *f* współudział
mix|en *Getränk* miksować; **≈er** *m* mikser
Möbel *n* mebel; *pl.* meble; **~geschäft** *n* sklep meblowy; **~wagen** *m* meblowóz
mobil ruchomy; **≈machung** *f* mobilizacja
möbliert umeblowany
Mode *f* moda
Modell *n* model, wzór; *Pers.* modelka
Modenschau *f* pokaz mody
modern nowoczesny; *a.* = **modisch** modny
mogeln F szachrować
mögen (*gern tun, haben*) lubić; *s.* **wollen**
möglich możliwy (-wie); **≈keit** *f* możliwość *f*
mohammedanisch mahometański
Mohn *m* mak
Mohrrübe *f* marchew *f*
Mole *f* molo
Molke *f* serwatka; **~rei** *f* mleczarnia
Moment *n* chwila, moment
Monat *m* miesiąc; **≈lich** miesięczny
Monats|gehalt *n* pensja miesięczna; **~karte** *f* bilet miesięczny; **~rate** *f* miesięczna rata
Mönch *m* mnich
Mond *m* księżyc; **~schein** *m* blask księżyca
Montag *m* poniedziałek
Mont|age *f* montaż; **~eur** *m* monter; **≈ieren** ⟨z⟩montować
Moor *n* bagno; **~bad** *n* kąpiel *f* borowinowa
Moos *n* mech
Moral *f* moralność *f*; **≈isch** moralny
Morast *m* błoto, bagno
Mord *m* morderstwo
Mörder(in *f*) *m* morderca *m* (-czyni)
morgen jutro; **~ *früh*** jutro rano
Morgen *m* (po)ranek; (*Ackermaß*) morga; ***am ~*** rankiem, z rana; ***guten ~!*** dzień dobry!; **~dämmerung** *f* świt; **~rock** *m* podomka
morgig jutrzejszy
morsch spróchniały
Mörser *m* moździerz

Mörtel *m* zaprawa
Moskau *n* Moskwa
Moslem *m* muzułmanin; **~isch** muzułmański
Most *m* moszcz
Mostrich *m* musztarda
Motor *m* silnik, motor; **~boot** *n* motorówka; **~panne** *f* awaria silnika; **~rad** *n* motocykl; **~radfahrer** *m* motocyklista *m*; **~roller** *m* skuter; **~schiff** *n* motorowiec
Motte *f* mól
Möwe *f* mewa
Mücke *f* komar; **~nstich** *m* ukąszenie komara
müd|e zmęczony; ***~e werden*** zmęczyć się *pf.*; **~igkeit** *f* zmęczenie
muffig stęchły (-le)
Mühe *f* trud; **~los** *Adv.* bez trudu
Mühle *f* młyn
mühsam uciążliwy (-wie); mozolny, żmudny
Mulde *f* niecka
Müll *n* śmieci *m/pl.*; **~abfuhr** *f* wywóz śmieci
Mullbinde *f* bandaż z gazy
Mülleimer *m* kubeł na śmieci
Müller *n* młynarz
Müll|haufen *m* śmietnik; **~kippe** *f* śmietnisko; **~tonne** *f* pojemnik na śmieci
multipli|zieren (***mit***) ⟨po-⟩ mnożyć (przez); **~kation** *f* mnożenie
München *n* Monachium *n*
Mund *m* usta *n/pl.*; **~art** *f* narzecze
münden *Fluss:* wpadać
Mundhöhle *f* jama ustna
münd|ig pełnoletni; **~lich** ustny
Mündung *f* (*Fluss~*) ujście
Munition *f* amunicja
munter żywy (-wo); *s.* **wach**
Münz|e *f* moneta; **~fernsprecher** *m* automat telefoniczny
mürbe kruchy; ***~ werden*** ⟨s⟩kruszeć
murren sarkać
mürrisch ponury (-ro); *Ton:* mrukliwy (-wie)
Mus *n* mus, piure
Muschel *f* muszla; *Zo.* małż
Museum *n* muzeum *n*
Musik *f* muzyka; **~er** *m* muzyk; **~stück** *n* utwór muzyczny
Muskatnuss *f* gałka muszkatołowa
Muskel *m* mięsień *m*; **~krampf** *m* kurcz mięśni
muskulös muskularny
Muße *f* wolny czas
müssen musieć; ***ich muss*** muszę
Muster *n* wzór; *Hdl.* próbka; (*Stick~ usw.*) deseń *m*; **~gültig** wzorowy (-wo); **~n** (*j-n, et.*) mierzyć wzrokiem, lustrować
Mut *m* odwaga, męstwo; **~ig** mężny, odważny; **~los** przygnębiony; **~maßlich** domniemany
Mutter *f* matka; *Tech.* nakrętka

mütterlich macierzyński (po -ku); (*der Mutter*) matczyny; **~erseits** ze strony matki
Mutter|mal *n* znamię; **~schaft** *f* macierzyństwo; **~sprache** *f* język ojczysty; **~schutzfrist** *f* urlop macierzyński
Mütze *f* czapka
mysteriös tajemniczy (-czo)

N

Nabel *m* pępek
nach *Prp.* (*D*) do (*G*); po (*L*); za (*I*); według (*G*) do Berlina; *~ **dem Essen*** po jedzeniu; *~ **und** ~* stopniowo; *~ **wie vor*** nadal
nachahm|en naśladować; **2ung** *f* naśladowanie
Nachbar *m* (**~in** *f*) sąsiad(ka); **~schaft** *f* sąsiedztwo; *Pers.* sąsiedzi *pl.*
nach|bestellen zamawiać ⟨-mówić⟩ dodatkowo; **2bildung** *f* imitacja
nachdem *Kj.* skoro, gdy; ***je*** *~* zależnie od tego czy
nach|denken zastanawiać ⟨-nowić⟩ się; **~denklich** zamyślony; **2druck** *m* nacisk; **~drücklich** dobitny; **~eifern** (*D*) starać się dorównać (*D*); **~einander** jeden po drugim, po kolei; **2folger(in** *f*) *m* następca *m* (-czyni); **~forschen** badać, sprawdzać ⟨-dzić⟩; **2forschungen** *f/pl.* dociekania *n/pl.*; wypytywanie; **2frage** *f Hdl.* popyt; **~fühlen** odczu(wa)ć; **~füllen** dol(ew)ać; **~geben** *v/i* ulegać ⟨ulec⟩, ustępować ⟨-tąpić⟩; **~gehen** *Uhr*: spóźniać się; **~gemacht** podrobiony; **2geschmack** *m* posmak; **~giebig** uległy (-le), ustępliwy (-wie); **~haltig** (długo)trwały (-le)
nachher potem, później
Nach|hilfeunterricht *m* korepetycje *f/pl.*; **2holen** nadrabiać ⟨-robić⟩; **2kommen** przychodzić ⟨przyjść⟩ później; *fig.* (*D*) spełni(a)ć (*A*); **~kommenschaft** *f* potomstwo; **~kriegszeit** *f* okres powojenny
Nach|lass *m Hdl.* opust; (*Erbe*) spuścizna; **2lassen** *v/i* słabnąć; *Schmerz*: ustępować; (*in s-n Leistungen*) opuszczać ⟨-uścić⟩ się (w *L*); **2lässig** niedbały (-le), niestaranny; **2laufen** (*D*) biegać (*od.* F latać) za (*I*); **2machen** podrabiać ⟨-robić⟩
Nachmittag *m* popołudnie; **2s** po południu
Nach|nahme *f*: ***gegen ~nahme*** za pobraniem; **~name** *m* nazwisko; **2prüfen** sprawdzać ⟨-dzić⟩; **2rechnen** prze-

liczać ⟨-czyć⟩; **~richt** *f* wiadomość *f*

Nachrichten *f/pl. Rdf.* wiadomości *f/pl.*, dziennik; **~agentur** *f* agencja prasowa; **~dienst** *m* wywiad; **~wesen** *n* łączność *f*

Nachruf *m* nekrolog

nach|schlagen (*im Buch*) sprawdzać ⟨-dzić⟩, ⟨po⟩szukać; **²schlüssel** *m* wytrych; **~sehen** (*D*) ⟨po⟩patrzeć za (*I*); *fig.* wybaczać ⟨-czyć⟩; *s.* **nachschlagen**; **~senden** przes(y)łać (pod nowym adresem); **²sicht** *f* pobłażliwość *f*; **~sichtig** pobłażliwy (-wie); **²speise** *f* deser; **~sprechen** (*D*) powtarzać ⟨-tórzyć⟩ za (*I*)

nächst najbliższy; (*folgend*) następny, przyszły; *Adv.* ***am ~en*** najbliżej; *Prp.* (*D*) tuż obok (*G*); tuż po (*L*)

nachstellen *Uhr* cofać ⟨cofnąć⟩

nachsuchen (***um***) ⟨po⟩prosić (o *A*)

Nacht *f* noc; ***gute ~!*** dobranoc! ***bei ~*** nocą, w nocy; **~dienst** *m* dyżur nocny

Nachteil *m* krzywda, niekorzyść *f*; **²ig** ujemny

Nacht|falter *m* ćma; **~frost** *m* przymrozek nocny; **~hemd** *n* koszula nocna

Nachtigall *f* słowik

Nachtisch *m* deser

Nachtlokal *n* lokal nocny

Nach|trag *m* dopisek; uzupełnienie; **²träglich** dodatkowy (-wo)

Nacht|ruhe *f* nocny spoczynek; **²s** w nocy, nocą; **~schicht** *f* nocna zmiana; **~tisch** *m* nocny stolik; **~topf** *m* nocnik; **~wächter** *m* stróż nocny

Nach|weis *m* stwierdzenie; dowód; **²weisen** *v/t* wykaz(yw)ać; stwierdzać ⟨-dzić⟩; **~wuchs** *m* narybek; **²zahlen** dopłacać ⟨-cić⟩; **~zahlung** *f* dopłata; **²zählen** przeliczać ⟨-czyć⟩

Nacken *m* kark

nackt nagi (-go), goły (-ło)

Nadel *f* igła; **~baum** *m* drzewo iglaste; **~stich** *m* ukłucie igłą; ścieg

Nagel *m* gwóźdź *m*; *Anat.* paznokieć *m*; **~feile** *f* pilni(cze)k do paznokci; **~lack** *m* lakier do paznokci; **²n** przybi(ja)ć gwoździami

nage|n (***an*** *D*) obgryzać ⟨obgryźć⟩ (*A*); **²tier** *n* gryzoń *m*

nah bliski; **~e** *Prp.* (*D*) blisko (*G*)

Nähe *f* bliskość *f*; ***in der ~*** w pobliżu; ***aus der ~*** z bliska

nähen ⟨u⟩szyć

näher bliższy; *Adv.* bliżej; **²es** (bliższe) szczegóły *m/pl.*; **~n:** ***sich ~n*** zbliżać ⟨-żyć⟩ się

Näh|garn *n* nici *f/pl.* do szycia; **~maschine** *f* maszyna do szycia; **~nadel** *f* igła do szycia

nahr|haft pożywny; **²ung** *f*

pokarm,pożywienie; **2ungsmittel** *n* środek spożywczy
Naht *f* szew; **2los** bez szwu
Nahverkehr *m* komunikacja miejscowa
Nähzeug *n* przybory *m/pl.* do szycia
Name *m* (*Vor2*) imię; (*Nach2*) nazwisko; (*Benennung*) nazwa; **~nstag** *m* imieniny *pl.*; **2ntlich** imienny; *Adv.* zwłaszcza
namhaft znany, wybitny
nämlich *Adv.* mianowicie
Napf *m* miska; **~kuchen** *m* babka
Narbe *f* blizna
Narkose *f* narkoza
Narr *m* błazen
närrisch błazeński (-ko)
nasch|en łasować; **~haft** łakomy
Nase *f* nos; **~nbluten** *n* krwawienie z nosa; **~nloch** *n* nozdrze
Nashorn *n* nosorożec
nass mokry (-ro); **~ machen** ⟨z⟩moczyć
Nässe *f* wilgoć *f*
Nation *f* naród
national narodowy; **2hymne** *f* hymn narodowy; **2ität** *f* narodowość *f*; **2mannschaft** *f* reprezentacja narodowa; **2park** *m* park narodowy
Natr|ium *n* sód; **~on** *n* soda oczyszczona
Natter *f* żmija
Natur *f* przyroda; natura; **~denkmal** *n* zabytek przyrody; **~katastrophe** *f* klęska żywiołowa; **~kunde** *f* przyrodoznawstwo
natürlich naturalny; *Adv. a.* oczywiście
Naturschutz *m* ochrona przyrody; **~gebiet** *n* rezerwat przyrody
Naturseide *f* jedwab naturalny
Nebel *m* mgła
neben (*D*, *A*) obok (*G*), przy (*L*); **~an** tuż obok; **~bei** ubocznie; **2beschäftigung** *f* zajęcie uboczne; **2buhler** *m* rywal; **~einander** obok siebie; **2fluss** *m* dopływ; **2kosten** *pl.* koszty *m/pl.* uboczne; **2sache** *f* rzecz *f* uboczna; **2straße** *f* ulica boczna; **2verdienst** *m* zarobek uboczny
neblig mglisty (-to)
necken (*A*, ***sich***) przekomarzać się (z *I*)
Neffe *m* bratanek; (*Sohn der Schwester*) siostrzeniec
negativ negatywny
Negativ *n Fot.* negatyw
nehmen brać ⟨wziąć⟩; *Arznei* zaży(wa)ć; ***zu sich ~*** spoży(wa)ć; ***Platz ~*** siadać ⟨usiąść⟩
Nehrung *f* mierzeja
Neid *m* zazdrość *f*, zawiść *f*; **2isch** zazdrosny, zawistny
neig|en schylać ⟨-lić⟩ (***sich*** się); **2ung** *f* pochyłość *f*; *fig.* skłonność *f*
nein nie

Neiße *f* (*Fluss*) Nysa
Nelke *f* goździk
nenn|en naz(y)wać (***sich*** się); **2er** *m Math.* mianownik; **2wert** *m* wartość *f* nominalna
Nerv *m* nerw
Nerven|arzt *m* neurolog; **~heilanstalt** *f* zakład dla nerwowo chorych
nervös nerwowy (-wo)
Nervosität *f* nerwowość *f*
Nerz *m* norka
Nessel *f* pokrzywa
Nest *n* gniazd(k)o
nett miły (-ło)
netto netto
Netz *n* sieć *f* (*a. fig.*); (*Einkaufs2*) siatka; **~haut** *f Anat.* siatkówka
neu nowy; ***von ~em*** od nowa; **2bau** *m* nowy budynek; **~erdings** ostatnio; **2erung** *f* innowacja
Neu|gier *f* ciekawość *f*; **2gierig** ciekawy; **~heit** *f* nowość *f*; **~igkeit** *f* nowina
Neujahr *n* Nowy Rok; ***prosit ~!*** dosiego roku!
neu|lich niedawno; **2ling** *m* nowicjusz; **~modisch** nowomodny; **2mond** *m* nów
neun dziewięć; **2** *f* dziewiątka; **~hundert(ste)** dziewięćset(ny); **~mal** dziewięć razy; **~te(r)** dziewiąty; **~zehnte(r)** dziewiętnasty; **~zigste(r)** dziewięćdziesiąty
Neuralgie *f* nerwoból, newralgia
neutral neutralny
nicht nie; ***~ mehr*** już nie; ***~ viel*** niewiele
Nichte *f* bratanica; (*Tochter der Schwester*) siostrzenica
nichtig błahy; *Jur.* nieważny, niebyły
Nichtraucher *m* niepalący; **~abteil** *n Esb.* (przedział) dla niepalących
nichts nic; ***das macht ~*** nic nie szkodzi
Nichtschwimmer *m* nie umiejący pływać
nichts|destoweniger niemniej; **2tuer** *m* próżniak, nierób
Nickel *n* nikiel
nicken kiwać ⟨kiwnąć⟩
nie nigdy
nieder niski; *Adv.* na dół; **~brennen** spalić *pf.* (*v/i* się); **~drücken** naciskać ⟨-snąć⟩; *fig.* przygnębi(a)ć; **2gang** *m fig.* upadek; **~geschlagen** przygnębiony; **~knien** klękać ⟨uklęknąć⟩; **~lage** *f* porażka, klęska
niederlas|sen: ***sich ~sen*** osiedlać ⟨-lić⟩ się; **2sung** *f Hdl.* filia
nieder|legen kłaść ⟨położyć⟩ (***sich*** się); *Kranz* składać ⟨złożyć⟩; *Arbeit* przer(y-)wać; **2schläge** *m/pl.* opady *m/pl.*; **~schlagen** zwalać ⟨-lić⟩ z nóg (uderzeniem); *Jur.* umarzać ⟨umorzyć⟩; **~trächtig** podły (-le), nikczemny; **~treten** *Rasen*

zdeptać *pf.*
niedlich śliczny
niedrig niski (-ko); *Zahl*: mały
nie|mals nigdy; **~mand** nikt
Niere *f* nerka
Nieren *f/pl. Kochk.* cynaderki *f/pl.*; **~kolik** *f* kolka nerkowa
niesel|n mżyć; **²regen** *m* mżawka
niesen kichać ⟨kichnąć⟩
Niet *m* nit; **~e** *f* pusty los
nikotinarm z małą zawartością nikotyny
nirgend(s) nigdzie
Nische *f* wnęka, nisza
nisten gnieździć się
Niveau *n* poziom
noch jeszcze; ***immer* ~** wciąż jeszcze; ***weder* ... ~** ani ... ani; **~mals** jeszcze raz
Nomade *m* koczownik
Nonne *f* zakonnica
Norden *m* północ *f* ; *im* ~ na północy
nördlich północny; (**von**) na północ (od *G*)
Nord|see *f* Morze Północne; **~wind** *m* wiatr północny
nörgeln zrzędzić
Norm *f* norma; reguła; **²al** normalny
Not *f* nędza, bieda; **~ *leidend*** cierpiący biedę
Notar *m* notariusz
Not|ausgang *m* wyjście awaryjne; **~bremse** *f* hamulec bezpieczeństwa; **²dürftig** prowizoryczny
Note *f Mus.* nuta; (*Schule*) stopień *m*
Notfall *m* doraźna potrzeba; **²s** w razie potrzeby
notier|en ⟨za⟩notować; **²ung** *f* notowanie (kursu)
nötig potrzebny; ***es ist* ~** (po-) trzeba; **~en** zmuszać ⟨zmusić⟩; **²ung** *f Jur.* wymuszenie
Notiz *f* notatka; **~buch** *n* notes
Not|landung *f* lądowanie przymusowe; **~lüge** *f* kłamstwo z konieczności
Notruf *m Tel.* wywołanie alarmowe; **~telefon** *n* telefon awaryjny (przy drodze)
Not|wehr *f* obrona konieczna; **²wendig** konieczny; **~zucht** *f* zgwałcenie
November *m* listopad; ***im* ~** w listopadzie; **~-** listopadowy
nüchtern czczy; (*nicht betrunken*) trzeźwy (-wo); *Adv. a.* = ***auf* ~*en Magen*** na czczo
Nudel|n *f/pl.*.; makaron, kluski *f/pl*; **~suppe** *f* rosół z makaronem (*od.* kluskami)
Null *f* zero; ***unter* ~** poniżej zera; ***eins zu* ²** jeden do zera
Nummer *f* numer; **~nschild** *n Kfz.* tablica rejestracyjna
nummerier|en ⟨po⟩numerować; **²ung** *f* numeracja
nun teraz; więc; ***von* ~ *an*** odtąd; ***was* ~?** co dalej?
nur tylko
Nuss *f*, **~baum** *m* orzech; **~-** orzechowy; **~knacker** *m* dziadek do orzechów
Nüstern *f/pl.* nozdrza *n/pl.*
nutzen, nützen *v/t* wykorzy-

st(yw)ać; użytkować; *v/i* (***zu***) przyda(wa)ć się (na *A*)
Nutzen *m* korzyść *f*, pożytek
nützlich pożyteczny
nutz|los bezużyteczny; **≈nießer** *m* użytkownik

O

ob czy; ***als ~*** jak gdyby
obdachlos bezdomny
oben na górze, w górze, u góry; ***nach ~*** do góry, pod górę; ***von ~*** z góry; **~auf** na wierzchu
Ober *m* kelner; ***Herr ~!*** kelner!, panie starszy!; **~arm** *m* ramię; **~bekleidung** *f* odzież *f* wierzchnia
obere(r) górny; wierzchni; *fig.* wyższy, starszy
Ober|fläche *f* powierzchnia; **≈flächlich** powierzchowny; **~förster** *m* nadleśniczy; **≈halb** (*G*) powyżej (*G*); **~haupt** *n* głowa; **~hemd** *n* koszula (wierzchnia); **~körper** *m* górna część *f* ciała; **~schenkel** *m* udo; **~schwester** *f* siostra przełożona
oberste(r) górny; *fig.* najwyższy, naczelny
obgleich *s.* **obwohl**
Obhut *m* opieka
objektiv obiektywny
Objektiv *n* obiektyw
obligatorisch obowiązkowy
Obrigkeit *f* władze *f/pl.*
Obst *n* owoce *m/pl.*; **~garten** *m* sad; **~saft** *m* sok owocowy
obszön sprośny
obwohl chociaż
Ochse *m* wół; *fig.* dureń *m*
öde pusty (-to), odludny
oder albo, lub
Odra *f* (*Fluss*) Odra
Ofen *m* piec; **~heizung** *f* ogrzewanie piecowe
offen otwarty (-rcie); ***~ lassen*** pozostawi(a)ć otwartym; **~bar** widoczny; *Adv.* widocznie; **≈heit** *f* otwartość *f*; **~herzig** prostoduszny; **~sichtlich** jawny, oczywisty
offensiv ofensywny
öffentlich publiczny, jawny; społeczny; **≈keit** *f* publiczność *f*; jawność *f*
offerieren ⟨za⟩oferować
offiziell oficjalny
Offizier *m* oficer; **~-** oficerski
öffn|en otwierać ⟨-worzyć⟩; **≈ung** *f* otwarcie; (*konkret*) otwór
oft często
öfter częściej; **~s**, **oftmals** często, nieraz
ohne (*A*) bez (*G*)
Ohn|macht *f* omdlenie; *fig.* bezsilność *f*; **≈mächtig** omdlały, *fig.* bezsilny; ***≈mächtig werden*** zemdleć *pf.*
Ohr *n* ucho, *pl.* uszy
Öhr *n* uszko
Ohren|schmalz *m* woskowi-

na; **~schmerzen** *m/pl.* ból uszu (*od.* ucha)
Ohr|feige *f* policzek; **~ring** *m* kolczyk
Oktober *m* październik; **~-** październikowy
Öl *n* olej, oliwa; **2en** ⟨na⟩oliwić; **~farbe** *f* farba olejna; **~gemälde** *n* obraz olejny; **~heizung** *f* opalanie ropą
Olive *f* oliwka; **~nöl** *n* oliwa, olej oliwkowy
Öl|sardinen *f/pl.* sardynki *f/pl.* w oliwie; **~stand** *m* poziom oleju; **~wechsel** *m* wymiana oleju
olympisch olimpijski; **2e *Spiele*** *n/pl.* igrzyska *n/pl.* olimpijskie.
Oma F *f* babcia
Omnibus *m* autobus; **~bahnhof** *m* dworzec autobusowy
Onkel *m* (*Bruder der Mutter*) wuj; (*Bruder des Vaters*) stryj
Opa F *m* dziadek
Oper *f* opera; **~n-** operowy
Operation *f* operacja
Operette *f* operetka
operieren ⟨z⟩operować
Opfer *n* ofiara; **2n** ofiarować *pf.*; *s.* **widmen**
oppositionell opozycyjny
Optiker *m* optyk
orange pomarańczowy (-wo); **2** *f* pomarańcza
Orchester *n* orkiestra
Orchidee *f* storczyk
Orden *m* order; *Rel.* zakon; **2tlich** porządny; *Professor:* zwyczajny
ordinär ordynarny
ordn|en ⟨u⟩porządkować; **2er** *m* porządkowy; (*Brief2*) segregator; **2ung** *f* porządek; **2ungswidrigkeit** *f* wykroczenie
Organ *n* narząd; *fig.* organ; **2isieren** ⟨z⟩organizować
Orgel *f* organy *m/pl.*
Orient *m* Wschód, Orient; **2alisch** wschodni, orientalny
orientieren: ***sich ~*** ⟨z⟩orientować się
original oryginalny
Orkan *m* huragan
Ort *m s.* **Platz, Ortschaft**
Orthographie *f* ortografia, pisownia
örtlich miejscowy
Ortschaft *f* miejscowość *f*
Ortsgespräch *n* rozmowa miejscowa
Öse *f* uszko
Osten *m* wschód; *in Zssgn* wschodni; ***von ~*** ze wschodu
Ostern *n* Wielkanoc *f*; *in Zssgn* wielkanocny
Österreich|er(in *f*) Austriak (-aczka); **2isch** austriacki
östlich wschodni; (***von***) na wschód (od *G*)
Ostsee *f* Bałtyk
Otter *m* (*Schlange*) żmija; (*Fisch2*) wydra
Oxyd *n* tlenek
Ozean *m* ocean

P

paar: ***ein*** ~ parę, kilka
Paar *n* para; **≈weise** parami
Pacht *f* dzierżawa; **≈en** ⟨wy-⟩ dzierżawić
Pächter(in *f*) *m* dzierżawca *m* (-czyni)
Pachtvertrag *m* umowa dzierżawna
Päckchen *n* pacz(usz)ka
pack|en ⟨s⟩pakować; (***an*** *D*) chwytać ⟨-ycić⟩ (za *A*); **≈papier** *n* papier pakowy; **≈ung** *f* paczka; *Med.* okład
Paddelboot *n* kajak
Page *m* boy (hotelowy)
Paket *n* paczka; pakiet; **~annahme** *f* nadawanie paczek; **~karte** *f* adres pomocniczy
Pakt *m* układ, pakt
Palast *m* pałac
Palme *f* palma
Pampelmuse *f* grejpfrut
Panik *f* panika
Panne *f* awaria; **~nhilfe** *f* pogotowie techniczne, autopomoc
Panzer *m* pancerz (*a. Zo.*), zbroja; *Mil.* czołg
Papa *m* tata
Papagei *f* papuga
Papier *n* papier; **~e** *pl. a.* dokumenty *m/pl.*; **~korb** *m* kosz(yk) na papier
Papp|becher *m* kubek papierowy; **~e** *f* tektura
Pappel *f* topola
Paprika *m* papryka
Papst *m* papież
Parade *f Mil.* defilada
Paradies *n* raj
parallel równoległy (-le)
Parasit *m* pasożyt
Parfüm *n* perfumy *pl.*
Park *m* park; **≈en** parkować
Parkett *n* parkiet; *Thea.* parter
Park|licht *n Kfz.* światło postojowe; **~platz** *m* parking; **~schein** *m* bilet parkingowy; **~scheinautomat** *m* parkomat; **~uhr** *f* parkometr; **~verbot** *n* zakaz parkowania
Parlament *n* parlament; (*in Polen*) sejm
Parole *f* hasło
Partei *f Pol.* partia, stronnictwo; *Jur.* strona; **≈isch** stronniczy (-czo); **≈los** bezpartyjny; **~mitglied** *n* członek partii; **~tag** *m* zjazd partii
Parterre *n* parter
Partner(in *f*) *m* partner(ka)
Party *f* prywatka, party *f*
Parzelle *f* działka, parcela
Pass *m* przełęcz *f*; (*Reise≈*) paszport
Passagier *m* pasażer
Passage *f* pasaż
Passant *m* przechodzień *m*
Passbild *n* zdjęcie paszportowe
passen: ~ (***zu***) pasować (do

G); ***das passt mir*** to mi odpowiada; **~d** odpowiedni, stosowny
passier|en *v/t* przechodzić ⟨przejść⟩; *Grenze* przekraczać ⟨-roczyć⟩; *v/i* zdarzać ⟨-rzyć⟩ się; ***was ist ~t?*** co się stało?; **⁲schein** *m* przepustka
passiv bierny
Passkontrolle *f* kontrola paszportowa
Pastete *f* pasztet
Pat|e *m* (ojciec) chrzestny; **~enkind** *n* chrześniak (-aczka)
Patient(in *f*) pacjent(ka)
Patin *f* (matka) chrzestna
patriotisch patriotyczny
Patrone *f Mil.* nabój
patzig F opryskliwy (-wie)
Pauke *f* bęben
pauschal ryczałtowy; **⁲e** *f n* ryczałt
Pause *f* przerwa; kopia
PC *m* (***Personalcomputer***) P pecet, komputer osobisty
Pech *n* smoła; F *fig.* pech; **~vogel** F *m* pechowiec
Pedal *n* pedał
Pegel *m* wodowskaz
peinlich przykry (-ro)
Peitsche *f* bat, bicz
Pellkartoffeln *f/pl.* ziemniaki *m/pl.* w mundurkach
Pelz *m* futro; (Schaf⁲) kożuch; **~mantel** *m* futro; **~mütze** *f* czapka futrzana
Pendel *n* wahadło; **⁲n** wahać się; *fig.* jeździć tam i z powrotem; **~verkehr** *m* komunikacja wahadłowa
Pension *f* (*Unterkunft*) pensjonat; (*Ruhegeld*) emerytura; **~är** *m* emeryt; **⁲ieren** przenosić ⟨-nieść⟩ na emeryturę; **~iert** emerytowany
perfekt doskonały (-le)
Pergament *n* pergamin
Period|e *f* okres; **⁲isch** periodyczny
Perl|e *f* perła; **⁲en** perlić się; **~mutt** *n* masa perłowa
Persianer *m* karakuły *m/pl.*
Person *f* osoba; **~al** *n* personel; **~alabteilung** *f* dział kadr; **~alausweis** *m* dowód osobisty; **~enwagen** *m* samochód osobowy; **~enzug** *m* pociąg osobowy
persönlich osobisty (-ście); **⁲keit** *f* osobistość *f*
Perücke *f* peruka
pessimistisch pesymistyczny
Pest *f* dżuma; (*Tier⁲*) (po-)mór
Petersilie *f* pietruszka
Petroleum *n* nafta
Pfad *m* ścieżka; **~finder(in** *f*) *m* harcerz (-rka)
Pfahl *m* pal
Pfand *n* zastaw; **~brief** *m* list zastawny
pfänd|en zajmować ⟨-jąć⟩; **⁲ung** *f* zajęcie
Pfann|e *f* patelnia; **~kuchen** *m* naleśnik; (*Krapfen*) pączek
Pfarr|e *f* parafia; **~er** *m* proboszcz

Pfau *m* paw
Pfeffer *m* pieprz; **~kuchen** *m* piernik; **~minze** *f* mięta
Pfeife *f* gwizdek; (*Tabak*2) fajka; 2**n** ⟨za⟩gwizdać, gwizdnąć *pf.*
Pfeil *m* strzała; (*Richtungs*2) strzałka; **~er** *m* słup, filar
Pfennig *m* fenig
Pferd *n* koń *m*; **~estall** *m* stajnia; **~estärke** *f* koń mechaniczny
Pfiff *m* gwizd, świst
Pfifferling *m* kurka
Pfingst|en *n* Zielone Świątki *m/pl.*; **~rose** *f* peonia
Pfirsich *m* brzoskwinia
Pflanz|e *f* roślina; 2**en** ⟨po-, za⟩sadzić
Pflaster *n* bruk; *Med.* plaster; 2**n** ⟨wy⟩brukować
Pflaume *f* śliwka; (*Baum*) śliwa; **~nmus** *n* powidła *n/pl.* śliwkowe
Pflege *f* pielęgnacja; (*Fürsorge*) opieka; 2**n** pielęgnować; opiekować się (*I*); **~r(in** *f*) *m* pielęgniarz (-arka)
Pflicht *f* obowiązek; **~-** = 2**bewusst** obowiązkowy
Pflock *m* kołek, palik
pflücken zrywać ⟨zerwać⟩; *Beeren* zbierać ⟨zebrać⟩
Pflug *n* pług
pflügen ⟨z⟩orać
Pforte *f* furt(k)a, brama
Pförtner *m* portier, dozorca *m*
Pfosten *m* słup(ek)
Pfote *f* łapa
pfropf|en *Agr.* szczepić; 2**en** *m* korek, zatyczka
pfui! fe!
Pfund *n* funt
pfusch|en ⟨s⟩partaczyć; 2**er** *m* partacz
Pfütze *f* kałuża, bajoro
Phase *f* okres; faza
Photo *usw. s.* **Foto**
Phrase *f* fraza; *fig.* frazes
Phys|ik *f* fizyka; 2**isch** fizyczny
Picke|l *m* pryszcz; 2**n** dziobać ⟨-bnąć⟩
piep(s)en kwilić, piskać
pikant pikantny
Pilger *m* pielgrzym; **~fahrt** *f* pielgrzymka
Pille *f* pigułka
Pilot *m* pilot
Pils *n* pilzner, piwo pilzneńskie
Pilz *m* grzyb; **~krankheit** *f* grzybica (skóry); **~suppe** *f* zupa grzybowa; **~vergiftung** *f* zatrucie grzybami
pinkeln F sikać
Pinsel *m* pędzel
Pinzette *f* pęseta
Piste *f* *Sp.* trasa
Plage *f* plaga; 2**n** męczyć; ***sich*** 2**n** (***mit***) mozolić się (nad *I*)
Plakat *n* plakat; afisz
Plan *m* plan
Plane *f* plandeka; *Kfz.* opończa
planen ⟨za⟩planować
Planet *m* planeta
planieren wyrówn(yw)ać

plan|los bezplanowy (-wo); **~mäßig** planowy (-wo); **≈wirtschaft** *f* gospodarka planowa
plappern paplać
Plastik¹ *n* F plastyk
Plastik² *f* plastyka; rzeźba
plastisch plastyczny
Platin *n* platyna; **~-** platynowy
plätschern pluskać się; *Bach*: szemrać
platt płaski; spłaszczony
plattdeutsch dolnoniemiecki
Platte *f* płyta; *Kochk.* półmisek
plätten ⟨wy⟩prasować
Plattenspieler *m* gramofon, adapter
Platt|form *f* pomost, platforma; **~fuß** *m* płaskostopie; F *fig. Kfz.* guma
Platz *m* miejsce; plac; *Sp.* boisko
platzen pękać ⟨-knąć⟩
Platz|karte *f* miejscówka; **~regen** *m* ulewa
Plauder|ei *f* pogawędka; **≈n** gawędzić
Pleite F *f* plajta
Plinse *f* racuch, racuszek
Plomb|e *f* plomba; **≈ieren** ⟨za⟩plombować
Plötze *f* płoć *f*, płotka
plötzlich nagły (-le)
plump niezgrabny
Plunder *m* rupiecie *pl.*
plünder|n ⟨s⟩plądrować; **≈ung** *f* grabież *f*, łupiestwo
Plüsch *m* plusz
Pöbel *m* motłoch
pochen pukać, kołatać
Pocken *pl.* ospa
poetisch poetyczny
Pokal *m* puchar; **~spiel** *n Sp.* mecz o puchar
Pökel|fleisch *n* peklowina *f*; **≈n** ⟨za⟩peklować
Pol *m* biegun; **≈ar** polarny
Pole *m* Polak; **~n** *n* Polska
Police *f* polisa
Polin *f* Polka
polieren ⟨wy⟩polerować
Poli|tik *f* polityka; **≈tisch** polityczny
Politur *f* politura
Polizei *f* policja; **~streife** *f* patrol policyjny
Polizist *m* policjant
polnisch polski; **≈** ***sprechen*** mówić po polsku
Polster *n* poduszka; **~möbel** *n/pl.* meble *m/pl.* wyściełane; **≈n** wyściełać ⟨wysłać⟩
Polter|abend *m* (przedweselny) wieczór kawalerski; **≈n** gruchotać, łomotać
Pommern *n* Pomorze
Pommes frites *pl.* frytki *f/pl.*
Pony *m* grzywka
populär popularny
Por|e *f* por; **≈ös** porowaty (-to)
pornographisch pornograficzny
Porree *m* por(y *pl.*)
Portal *n* brama, portal
Portemonnaie *n* portmonetka
Portier *m* portier

Portion *f* porcja
Porto *n* porto
Porträt *n* portret
port|ugiesisch portugalski (po -ku); **2wein** *m* porto
Porzellan *n* porcelana; **~-** porcelanowy
Posaune *f* puzon
Pose *f* poza
Positi|on *f* pozycja; (*Beruf*) stanowisko; **2v** pozytywny
Post *f* poczta; **~amt** *n* urząd pocztowy; **~anweisung** *f* przekaz pocztowy
Posten *m* posada; *Mil.* posterunek; (*Rechnungs2*) pozycja
Post|fach *n* skrytka pocztowa; **~karte** *f* pocztówka; **2lagernd** poste restante; **~leitzahl** *f* kod pocztowy; **~scheckkonto** *n* pocztowe konto czekowe; **~sparkasse** *f* pocztowa kasa oszczędności; **~stempel** *m* stempel pocztowy; **2wendend** odwrotną pocztą, niezwłocznie
Potenz *f Med.* potencja; **2ieren** ⟨s⟩potęgować
Pracht *f* przepych
prächtig okazały (-le)
Prädikat *n Gr.* orzeczenie
prägen *Münze* bić
prahle|n (***mit***) chełpić się (*I*); **~risch** chełpliwy (-wie)
Prakti|k *f* praktyka; **~kum** *n* staż; **2sch** praktyczny; **2zieren** praktykować
prall wypchany; jędrny; *Sonne*: gorący
prallen (***gegen***) wpadać ⟨wpaść⟩ (na *A*)
Prä|mie *f* premia; **~position** *f Gr.* przyimek; **~servativ** *n* prezerwatywa; **~sident** *m* prezydent
Praxis *f* praktyka
predig|en wygłosić kazanie; **2er** *m* kaznodzieja *m*; **2t** *f* kazanie
Preis *m* cena; **~ausschreiben** *n* konkurs z nagrodami
Preiselbeere *f* brusznica
Preis|erhöhung *f* zwyżka cen; **~liste** *f* cennik; **~nachlass** *m* rabat; **~richter** *m* juror; **~senkung** *f* obniżka cen; **~träger** *m* laureat; **2wert** niedrogi (-go)
Premiere *f* premiera
Presse *f* prasa (*a. Tech.*); **~konferenz** *f* konferencja prasowa; **2n** *Tech.* ⟨wy-⟩ tłoczyć; *s.* **drücken**
Pressluft *f* sprężone powietrze; **~-** pneumatyczny
Preuß|e *m* Prusak; **~en** *n* Prusy *pl.*; **2isch** pruski
Priester *m* kapłan; **2lich** kapłański
prima świetny, fajny
Primel *f* pierwiosnek
primitiv prymitywny
Prinz *m* książę *m*; **~essin** *f* księżniczka
Prinzip *n* zasada; **2iell** zasadniczy (-czo)
Priorität *f* pierwszeństwo
Prise *f* (*Salz*) szczypta
Prisma *n* pryzmat

privat prywatny
pro *s.* **für, je**; **~ *Person*** od osoby; **~ *Stück*** za sztukę
Probe *f* próba; *Hdl.* próbka; **℞weise** na próbę; **~zeit** *f* okres próbny
probieren (*A*) ⟨s⟩próbować (*G*)
problematisch problematyczny
Produkt *n* produkt; *Math.* iloczyn; **~ion** *f* produkcja; **℞iv** wydajny; **~ivität** *f* wydajność *f*
produzieren ⟨wy⟩produkować
Professor *m* profesor
Profit *m* zysk
Programm *n* program
prominent wybitny
Propeller *m* śmigło
Prophe|t *m* prorok; **℞zeien** przepowiadać ⟨-wiedzieć⟩
prosaisch prozaiczny
pro|sit!, **~st!** na zdrowie!
Prostituierte *f* prostytutka
protestieren ⟨za⟩protestować
Prothese *f* proteza
Protokoll *n* protokół
Provinz *f* prowincja
Provi|sion *f* prowizja; **℞sorisch** prowizoryczny
provozieren ⟨s⟩prowokować
Prozent *n* procent; **~** procentowy
Prozess *m* proces
Prozession *f* procesja
prüf|en ⟨z⟩badać, sprawdzać ⟨-dzić⟩; *Pers.* ⟨prze⟩egzaminować; **℞ung** *f* egzamin
Prügelei *f* bójka; **℞n** bić, tłuc (***sich*** się)
Prunk *m* przepych
prusten prychać, parskać
psych|isch psychiczny; **~ologisch** psychologiczny
Publikum *n* publiczność *f*
Pudding *m* budyń *m*
Puder *m* puder; *Med.* zasypka; **~dose** *f* puderniczka; **℞n** pudrować (***sich*** się)
Puffer *m* zderzak
Pullover *m* pulower(ek)
Puls *m* tętno; **~ader** *f* tętnica; **~schlag** *m* tętno
Pult *m* pulpit
Pulver *n* proszek; (*Schieß℞*) proch (palny)
Pumpe *f* pompa; **℞n** pompować; F *fig.* pożyczać ⟨-czyć⟩
Punkt *m* punkt; *Gr.* kropka
pünktlich punktualny
Punsch *m* poncz
Pupille *f* źrenica
Puppe *f* lalka; *Zo.* poczwarka
pur czysty
Püree *n* piure *n*, purée *n*
Purzelbaum *m* koziołek
pusten F dmuchać
Pute *f* indyczka; **~nbraten** *m* indyk pieczony; **~r** *m* indyk
Putsch *m* pucz
Putz *m* *Arch.* tynk; **~frau** *f* sprzątaczka; **℞en** ⟨wy⟩czyścić; **~lappen** *m* ścierka; **~macherin** *f* modystka
Puzzle(spiel) *n* puzzel *m*
Pyjama *m od. n* pi(d)żama

Q

Quadrat *n* kwadrat; **~-**, **⁓isch** kwadratowy (-wo)
quaken skrzeczeć
Qual *f* męka
quälen męczyć (***sich*** się)
Qualität *f* jakość *f*
Qualle *f* meduza
Qualm *m* (gęsty) dym; **⁓en** dymić; *Kerze*: kopcić
Quarantäne *f* kwarantanna
Quark *m* twaróg; **~kuchen** *m* sernik
Quartal *n* kwartał
Quartier *n* kwatera
Quatsch F *m* bzdura
Quecksilber *n* rtęć *f*
Quelle *f* źródło, zdrój; **⁓n** *v/i* ⟨na⟩pęcznieć
quer *Adv.* w (*od.* na) poprzek; wszerz; **~feldein** na przełaj; **⁓schnitt** *m* przekrój poprzeczny; **⁓straße** *f* przecznica
quetsch|en ⟨z⟩gnieść; *Finger* przygnieść *pf.*; **⁓ung** *f Med.* zgniecenie, zmiażdżenie
quietschen piszczeć; *Tür*: skrzypieć
Quirl *m* mątewka
Quitte *f* pigwa
quitt|ieren ⟨po⟩kwitować; **⁓ung** *f* pokwitowanie, kwit
Quiz *n* kwiz, teleturniej
Quote *f* stopa; limit

R

Rabatt *m* rabat
Rabe *m* kruk
rabiat rozjuszony; brutalny
Rache *f* zemsta
Rachen *m* gardło; (*Tier⁓*) paszcza
rächen ⟨po⟩mścić; ***sich*** **~** (***an*** *D*) ⟨ze⟩mścić się (na *L*)
Rachitis *f* krzywica
Rad *n* koło; (*Fahr⁓*) rower; **~ *fahren*** jechać (*od.* jeździć) na rowerze; **~fahrer(in** *f*) *m* rowerzysta *m* (-tka)
radier|en wycierać ⟨-trzeć⟩; **⁓gummi** *n* gum(k)a do wycierania; **⁓ung** *f* akwaforta
Radieschen *n* rzodkiewka
radikal radykalny
Radio *n* radio; ***im*** **~** przez radio; **⁓aktiv** promieniotwórczy
Radius *m* promień *m*
Rad|kappe *f* kołpak koła; **~rennen** *n* wyścig kolarski; **~sport** *m* kolarstwo; **~sportler** *m* kolarz; **~tour** *f* wycieczka na rowerze; **~weg** *m* ścieżka rowerowa
raffiniert *fig.* wyrafinowany
ragen sterczeć

Ragout *n* potrawka
Rahm *m* śmietana
Rahmen *m* rama
Rakete *f* rakieta
rammen (*A*) zderzać ⟨-rzyć⟩ się (z *I*)
Rampe *f* rampa
Ramsch *m* tandeta
Rand *m* brzeg, krawędź *f*, skraj; margines
randalieren awanturować się
Randstreifen *m* pobocze (drogi)
Rang *m* ranga, stopień *m*; *Thea.* balkon; **2ieren** *v/i* manewrować; **~liste** *f Sp.* klasyfikacja indywidualna
Ranke *f* wąs; **2n** (*sich*) piąć się, wić się
Ranzen *m* tornister
ranzig zjełczały
Rappe *m* kary (koń)
Raps *m* rzepak
rar rzadki; **2ität** *f* rzadkość *f*, F rarytas
rasch szybki (-ko)
rascheln szeleścić
rasen szaleć; (*eilen*) pędzić, gnać
Rasen *m* murawa; trawnik
rasend szalony (-lenie)
Rasier|apparat *m* maszynka do golenia; **2en** ⟨o⟩golić (*sich* się); **~klinge** *f* żyletka; **~messer** *n* brzytwa; **~wasser** *n* płyn po goleniu
Raspel *f* tarka; **2n** *Kochk.* ⟨na⟩szatkować
Rasse *f* rasa
rasseln *s.* **klirren, rattern**
rassig rasowy (-wo)
Rast *f* odpoczynek; postój; **2en** odpoczywać ⟨-cząć⟩; **~haus** *n*, **~stätte** *f* gospoda przy autostradzie
Rat *m* rada; (*Person*) radca *m*
Rate *f* rata
raten ⟨po⟩radzić; *Rätsel* zgadywać
Raten|kauf *m* kupno na raty; **~zahlungen** *f/pl.* spłaty *f/pl.* (ratalne)
Rat|geber *m* (*Berater*) doradca *m*; (*Buch*) poradnik; **~haus** *n* ratusz
ration|alisieren ⟨z⟩racjonalizować; **~ieren** ⟨z⟩racjonować
rat|los bezradny; **~sam** wskazany
Rätsel *n* zagadka; **2haft** zagadkowy (-wo)
Ratte *f* szczur
rattern *Wagen*: ⟨za⟩turkotać; *Motor*: ⟨za⟩warczeć
rau szorstki (-ko); **2reif** *m* szadź *f*, szron
Raub *m* grabież *f*, rabunek; **2en** ⟨z⟩rabować; (*kidnappen*) por(y)wać
Räuber *m* rabuś *m*, zbój(ca) *m*
Raub|mord *m* morderstwo rabunkowe; **~tier** *n* zwierzę drapieżne; **~überfall** *m* napad rabunkowy
Rauch *m* dym; **2en** *v/t* palić; *v/i* dymić (się); **~en** *n* palenie; **~er** *m* palacz; **~erabteil**

n Esb. (przedział) dla palących
Räucher|kammer *f* wędzarnia; **2n** ⟨u⟩wędzić; **~waren** *fpl.* wędliny *fpl.*
rauch|ig zadymiony; **2vergiftung** *f* zatrucie czadem, zaczadzenie; **2verbot** *n* zakaz palenia
Rauf|bold *m* awanturnik; **2en** (***sich***) siłować się
Raum *m* przestrzeń *f*; (*Zimmer*) pomieszczenie; *s.* **Platz**
räumen usuwać ⟨usunąć⟩; *Wohnung* opróżni(a)ć
Raum|fahrt *f* kosmonautyka; **~fähre** *f* prom kosmiczny; **~inhalt** *m* pojemność *f*; **~pflegerin** *f* sprzątaczka
räumlich przestrzenny
Räumung *f* usuwanie; opróżnienie
Raupe *f* gąsienica; **~nschlepper** *m* ciągnik gąsienicowy
Rausch *m* zamroczenie; *fig.* upojenie; **2en** ⟨za⟩szumieć; *Laub*: ⟨za⟩szeleścić; **~gift** *n* narkotyk; ***~gift nehmen*** narkotyzować się
räuspern: ***sich ~*** odchrząknąć *pf.*
Raute *f* romb; *Bot.* ruta
Reagenzglas *n* probówka
reagieren ⟨za⟩reagować
real realny; **2schule** *f* szkoła realna
Reali|sierung *f* realizacja; **~tät** *f* realność *f*
rebellieren buntować się
Rebhuhn *n* kuropatwa
Rechen *m* grabie *pl.*
Rechen|fehler *m* błąd rachunkowy; **~maschine** *f* maszyna do liczenia
Rechenschaft *f*: ***~ ablegen*** (***über*** *A*) zda(wa)ć rachunek (z *G*)
rechn|en rachować; (auf *A*) liczyć (na *A*); (***zu***) zaliczać ⟨-czyć⟩ (do *G*); **2ung** *f* rachunek
recht (*passend*) właściwy (-wie); (*richtig*) słuszny; *Winkel*: prosty; *s.* **rechte(r)**
Recht *n* prawo; ***mit ~*** słusznie; ***~ haben*** mieć rację
Rechte *f* prawica; **2(r)** prawy
Recht|eck *n* prostokąt; **2eckig** prostokątny; **2fertigen** usprawiedliwi(a)ć (***sich*** się); **2lich** prawny; **2los** bezprawny; **2mäßig** prawowity (-cie)
rechts po prawej stronie; *a.* = ***nach ~*** na prawo; ***von ~*** z prawej strony; **2anwalt** *m* adwokat
recht|schaffen zacny; **2schreibung** *f* pisownia
rechts|kräftig prawomocny; **2mittel** *n* środek prawny; **~seitig** prawostronny; **2streit** *m* spór prawny; **~widrig** bezprawny
recht|winklig prostokątny; **~zeitig** w porę, na czas
Reck *n* drążek
Redakt|eur(in *f*) *m* redaktor(ka); **~ion** *f* redakcja
Rede *f* mowa, przemówienie;

2n (*über A*, *von*) mówić, F gadać (o *L*)
redlich uczciwy (-wie)
Red|ner(in *f*) *m* mówca *m* (-czyni); **2selig** wielomówny
reduzieren ⟨z⟩redukować
Reede *f* reda
reel *s.* **redlich, real**
Reformhaus *n* sklep ze zdrową żywnością
Regal *n* półka, regał
rege żywy (-wo)
Regel *f* reguła, prawidło; **2mäßig** regularny; **2n** ⟨u-⟩ regulować; **2recht** F istny; *Adv.* wprost; **~ung** *f* uregulowanie; regulacja
regen: ***sich ~*** ruszać ⟨poruszyć⟩ się
Regen *m* deszcz; **~bogen** *m* tęcza; **~mantel** *m* płaszcz nieprzemakalny; **~schirm** *m* parasol(ka); **~wetter** *n* słota; **~wurm** *m* dżdżownica
Regie *f Thea.* reżyseria
regier|en (*A*) rządzić (*I*); *Herrscher*: panować; **2ung** *f* rządy *m/pl.*; (*konkret*) rząd
Regiment *n* pułk
Regisseur(in *f*) *m* reżyser(ka)
Register *n* rejestr; skorowidz
Regler *m* regulator
regne|n: ***es ~t*** pada deszcz; **~risch** dżdżysty, deszczowy
regulieren ⟨wy⟩regulować
regungslos nieruchomy (-mo); *Adv. a.* bez ruchu
Reh *n* sarna; **~braten** *m* pieczeń *f* z sarny
Reib|eisen *n* tarka; **2en** ⟨po-⟩ trzeć; *v/i* trzeć, ocierać; **~ung** *f* tarcie; **2ungslos** *Adv.* gładko
reich bogaty (-to)
Reich *n* królestwo; *hist.* ***Deutsches ~*** Rzesza Niemiecka
reich|en *v/t* poda(wa)ć; (***bis***) sięgać (do *G*); **~haltig** bogaty (-to); **~lich** obfity (-cie); *Adv.* dość; **2tum** *n* bogactwo; **2weite** *f* zasięg
reif dojrzały (-le); **2e** *f* dojrzałość *f*; **~en** dojrze(wa)ć
Reifen *m* obręcz *f*; *Kfz.* opona, F guma; **~panne** *f* przebicie opony
Reife|prüfung *f* egzamin dojrzałości, matura; **~zeugnis** *n* świadectwo dojrzałości
Reihe *f* rząd, szereg; ***der ~ nach*** po kolei, kolejno; **~nfolge** *f* kolejność *f*; **~nhaus** *n* dom szeregowy
Reiher *m* czapla
Reim *m* rym; **2en** rymować (***sich*** się)
rein czysty (-to); **2heit** *f* czystość *f*; **~igen** oczyszczać ⟨-yścić⟩; **2igung** *f* czyszczenie; (*Betrieb*) pralnia chemiczna
Reis *m Kochk.* ryż
Reise *f* podróż *f*; ***gute ~!*** szczęśliwej podróży!; **~büro** *n* biuro podróży; **~führer** *m* przewodnik turystyczny; **~leiter** *m* pilot (wycieczki); **2n** podróżować; (***nach***)

⟨po⟩jechać (do *G*); **~nde** *pl.* podróżni *m/pl.*; *s.* **Fahrgast**; **~omnibus** *m* autokar; **~pass** *m* paszport; **~scheck** *m* traveller's check; **~tasche** *f* torba podróżna; **~ziel** *n* cel podróży
reiß|en *v/t* ⟨po⟩rwać; *v/i* ur(y)wać się; **~end** *Wasser*: rwący; *Tier*: drapieżny; **2verschluss** *m* zamek błyskawiczny; **2zwecke** *f* pluskiewka
reit|en jeździć (*od.* jechać) konno; **2er** *m* jeździec; **2pferd** *n* wierzchowiec; **2sport** *m* jeździectwo
Reiz *m* bodziec; *fig.* urok, wdzięk; **2bar** drażliwy; **2en** *v/t* drażnić; (*verlocken*) ⟨z-⟩ nęcić; **2end** uroczy (-czo)
Reizker *m* rydz
Reklam|ation *f* reklamacja; **~e** *f* reklama; **2ieren** ⟨za-⟩ reklamować
Rekord *m* rekord; **~-** rekordowy
relativ względny
Relief *n* płaskorzeźba
Religi|on *f* religia; **2ös** religijny
Renn|bahn *f* tor wyścigowy; **2en** biegać, ⟨po⟩biec, F ⟨po⟩lecieć; **~en** *n* bieg, wyścig; **~strecke** *f* trasa wyścigu
renovieren odnawiać ⟨-nowić⟩
Rente *f* renta
Renten|alter *n* wiek emerytalny; **~antrag** *m* wniosek o rentę; **~versicherung** *f* ubezpieczenie emerytalne
Rentier *n* ren
Rentner(in *f*) *m* rencista *m* (-tka)
Reparatur *f* naprawa; (*größere*) remont; **~werkstatt** *f* warsztat naprawczy
reparieren naprawi(a)ć, ⟨wy⟩remontować
Reportage *f* reportaż
Republik republika; *Polen*: Rzeczpospolita
Reserve *f* rezerwa; **~rad** *n* koło zapasowe
reservieren ⟨za⟩rezerwować
Rest *m* reszta; (*Über2*) ostatek; **~e** *pl.* resztki *f/pl.*
Restaurant *n* restauracja
restlos doszczętny
Resultat *n* wynik
retten ⟨u⟩ratować (***sich*** się), ocalać ⟨-lić⟩
Rettich *m* rzodkiew *f*
Rettung *f* ratunek, ocalenie
Rettungs|boot *n* łódź *f* ratunkowa; **~ring** *m* koło ratunkowe; **~wagen** *m* karetka pogotowia (ratunkowego)
Reue *f* skrucha
revanchieren: ***sich ~*** ⟨z⟩rewanżować się
Re|volte *f* bunt, rewolta; **~volution** *f* rewolucja; **~vue** *f* rewia; **~zept** *n Kochk.* przepis; *Med., fig.* recepta
Rhein *m* Ren; **~wein** *m* (wino) reńskie
richten (***auf, an*** *A*) ⟨s⟩kiero-

wać (na *A*, do *G*); *Bitte usw.* (**an** *A*) zwracać ⟨zwrócić⟩ się (do *G* z *I*); **sich ~** (**nach**) ⟨za⟩stosować się (do *G*)
Richter *m* sędzia *m*
richtig właściwy (-wie), słuszny; **2keit** *f* słuszność *f*; **2stellung** *f* sprostowanie
Richt|linie *f* wytyczna; **~ung** *f* kierunek
riechen *v/t* ⟨po⟩wąchać; *v/i* (**nach**) pachnieć, pachnąć (*I*)
Riegel *m* (*Verschluss*) rygiel; zasuw(k)a; (*Schoko2*) baton(ik)
Riemen *m* rzemień *m*; (*Boots2*) wiosło
Riese *m* olbrzym
rieseln sypać się; *s.* **rinnen**
riesig olbrzymi
Riff *n* rafa
Rille *f* bruzda, rowek
Rind *n* bydlę; *pl. a.* bydło rogate
Rinde *f* kora; (*Brot2*) skórka
Rind|erbraten *n* pieczeń *f* wołowa; **~fleisch** *n* wołowina
Ring *m* pierścień *m*; (*Finger2 a.*) pierścionek; (*Trau2*) obrączka; *Sp.* ring
ring|en mocować się, (**mit**) zmagać się (z *I*); **2en** *n Sp.* zapasy *m/pl.*; **2er** *m Sp.* zapaśnik
rings (**um** *A*) do(o)koła, wokół (*G*)
Ringstraße *f* obwodnica
ringsum(her) naokoło
Rinn|e *f* rynna, korytko; **2en** ciec, sączyć się; **~stein** *m* rynsztok
Ripp|chen *n/pl. Kochk.* żeberka *n/pl.*; **~e** *f* żebro; **~enfellentzündung** *f* zapalenie opłucnej
risk|ant ryzykowny; **~ieren** ⟨za⟩ryzykować
Riss *m* rozdarcie, rysa
rissig popękany
Ritt *m* przejażdżka konno
Ritter *m* rycerz; **2lich** rycerski (-ko)
Ritze *f* szpara; **2n** ⟨po⟩rysować; *Haut* (za)drasnąć *pf.*
Rizinusöl *n* olej rycynowy
robust krzepki, wytrzymały
röcheln charczeć
Rock *m* (*Frauen2*) spódnica
Rodel|bahn *f* tor saneczkowy; **2n** saneczkować
roden ⟨wy⟩karczować
Rogen *m* ikra
Roggen *m* żyto; **~-** żytni
roh surowy; *fig.* brutalny; **2kostsalat** *m* surówka; **2öl** *n* ropa naftowa
Rohr *n Bot.* trzcina; rura; **~bruch** *m* pęknięcie rury
Röhre *f* rur(k)a; (*Back2*) piekarnik
Rohrleitung *f* rurociąg
Rohstoff *m* surowiec
Roll|e *f* rolka; wałeczek, krążek; (*Papier2*) rulon; *Thea.* rola; **2en** ⟨po⟩toczyć (*v/i* się); **~schinken** *m* baleron; **~schuh** *m* wrotka; **~treppe** *f* schody *pl.* ruchome

Roman *m* powieść *f*; **≈tisch** romantyczny
römisch rzymski; **~-katholisch** rzymsko-katolicki
röntgen prześwietlać ⟨-lić⟩; **≈aufnahme** *f* rentgenogram; **≈untersuchung** *f* badanie rentgenologiczne
rosa różowy (-wo)
Rose *f* róża
Rosen|kohl *m* brukselka; **~kranz** *m Rel.* różaniec
rosig różowy (-wo)
Rosine *f* rodzynek
Rost[1] *m* rdza
Rost[2] *m* ruszt; **~braten** *m* pieczeń *f* z rusztu
rosten rdzewieć
rösten *Brot* opiekać ⟨-ec⟩; *s.* **braten**
rostig zardzewiały
rot czerwony (-no); *Haare*: rudy; **~** ***werden*** zaczerwienić się *pf.*; **≈*es Kreuz*** Czerwony Krzyż; **≈** *n* (*Signal*) czerwone światło
Röte *f* (*Gesichts≈*) rumieniec; **≈n**: ***sich*** **≈*n*** ⟨po⟩czerwienieć
rot|haarig rudowłosy; **≈kohl** *m* kapusta czerwona
rötlich czerwonawy (-wo)
Rotstift *m* czerwony ołówek
Roulade *f* rulada
Route *f* trasa
Rowdy *m* chuligan
Rübe *f* rzepa; (*Zucker≈*) burak cukrowy; ***Rote*** **~** burak ćwikłowy
Ruck *m* szarpnięcie
Rück|blick *m* rzut oka wstecz; **≈en** przesuwać, posuwać ⟨-unąć⟩ (*v/i* się); **~en** *m* grzbiet, plecy *pl.*; **~enlehne** *f* oparcie; **~fahrkarte** *f* bilet powrotny; **~fahrt** *f* powrót, jazda powrotna; **~fall** *m* recydywa; *Med.* nawrót choroby; **~gabe** *f* zwrot; **~gang** *m* spadek, zmniejszenie się; **≈gängig machen** anulować *pf.*; **~grat** *n* kręgosłup; **~kehr** *f* powrót; **~licht** *n* światło tylne; **~reise** *f* podróż *f* powrotna
Rucksack *m* plecak
Rück|schlag *n* odbicie; *fig.* zmiana na gorsze; **~schritt** *m* krok wstecz, regresja; **~seite** *f* odwrotna strona; **~sicht** *f* wzgląd; ***mit ~sicht auf*** (*A*) ze względu na (*A*); **≈sichtslos** bezwzględny
Rück|spiegel *m* lusterko wsteczne; **~spiel** *n* rewanż; **~stand** *m* zaległość *f*; **≈ständig** *fig.* zacofany; **~ständigkeit** *f* zacofanie; **~tritt** *m* ustąpienie, dymisja; **≈wärts** wstecz; **~wärtsgang** *m* bieg wsteczny; **~weg** *m* droga powrotna; **≈wirkend** (***vom***) z ważnością wstecz od (*G*); **~zahlung** *f* spłata; zwrot; **~zug** *m* odwrót
Rudel *n* stado
Ruder *n* wiosło; (*Steuer*) ster; **~boot** *n* łódź *f* wiosłowa; **~er** *m* wioślarz; **≈n** wiosłować
Ruf *m* (za)wołanie; *fig.* opi-

nia, reputacja; **2en** ⟨za-⟩ wołać; **~name** *m* imię; **~nummer** *f* numer telefonu
Rüge *f* nagana
Ruhe *f* spokój; (*Erholung*) spoczynek; **2los** niespokojny; **2n** spoczywać, odpoczywać ⟨-cząć⟩; **~stand** *m* emerytura
ruhig spokojny
Ruhm *m* sława, chwała
rühmen sławić, chwalić
Ruhr *f Med.* czerwonka
Rühr|ei *n* jajecznica; **2en** ruszać ⟨ruszyć⟩ (***sich*** się); (*um~*) ⟨za⟩mieszać; *fig.* wzruszać ⟨-szyć⟩; **2end** wzruszający (-co); **2ig** obrotny; **~ung** *f* wzruszenie
Ruin *m* ruina; **~e** *f* ruiny *f/pl.*; **2ieren** ⟨z⟩rujnować
Rum *m* rum
Rumän|e *m* (**~in** *f*) Rumun(ka); **2isch** rumuński (po -ku)
Rummel F *m* rejwach; **~platz** *m* wesołe miasteczko
Rumpelkammer *f* rupieciarnia
Rumpf *m* tułów
rümpfen: ***die Nase ~*** kręcić nosem
rund okrągły (-ło); **2e** *f* kolejka; kółko; *Sp.* okrążenie; runda; **2fahrt** *f* wycieczka (autokarem)
Rundfunk *m* radiofonia, F radio; **~sendung** *f* audycja radiowa; **~sprecher(in** *f*) *m* spiker(ka)
Rund|gang *m* obchód; (***durch***) wycieczka pieszo po (*L*); **2herum** dokoła; **2lich** zaokrąglony; korpulentny; **~schreiben** *n* okólnik; **~ung** *f* zaokrąglenie
Runzel *f* zmarszczka; **2n** ⟨z⟩marszczyć
Rüpel *m* cham, gbur
rupfen ⟨o⟩skubać
Ruß *m* sadza
Russe *m* Rosjanin
Rüssel *m* ryj(ek); (*Elefanten2*) trąba
Russ|land *n* Rosja; **~in** *f* Rosjanka; **2isch** rosyjski (po -ku)
rüst|en (***für, zu***) szykować się, przygotowywać się (do *G*); **~ig** rześki (-ko); **2ung** *f* (*Ritter2*) zbroja; **2ungs-** *Mil.* zbrojeniowy
rütteln trząść, potrząsać
Rute *f* rózga
Rutsch|bahn *f* zjeżdżalnia; (*Eis2*) ślizgawka; **2en** ślizgać się; *Erde*: obsuwać ⟨-unąć⟩ się

S

Saal *m* sala
Saat *f* (za)siew; **~gut** *n* materiał siewny
Säbel *m* szabla
Sach|bearbeiter *m* referent; **~bezüge** *m/pl.* uposażenie w naturze; **~e** *f* rzecz *f*; *fig.* sprawa; **~kenntnis** *f* znajomość *f* rzeczy; **Ƨlich** rzeczowy (-wo)
sächlich *Gr.* nijaki
Sach|register *n* skorowidz; **~schaden** *m* szkoda materialna; **~verhalt** *m* stan rzeczy; **~verständiger** *m* rzeczoznawca *m*, biegły
sächsisch saski
Sack *m* worek; **~gasse** *f* ślepa uliczka
säen ⟨za⟩siać
Safe *m* sejf
Saft *m* sok; **Ƨig** soczysty (-ście)
Sage *f* podanie, baśń *f*
Säge *f* piła; **~mehl** *n* trociny *f/pl.*
sagen mówić ⟨powiedzieć⟩
säge|n piłować; **Ƨwerk** *n* tartak
Sahne *f* śmietan(k)a
Saison *f* sezon; **~arbeiter** *m* robotnik sezonowy
Saite *f* struna; **~ninstrument** *n* instrument strunowy
Sakko *m* marynarka
Salat *m* sałat(k)a; **~schüssel** *f* salaterka
Salbe *f* maść *f*
Salbei *m* szałwia
salopp niedbały (-le)
Salpeter *m* saletra
Salz *n* sól *f*; **Ƨen** ⟨po⟩solić; **~gurke** *f* ogórek kiszony; **Ƨig** słony (-no); **~säure** *f* kwas solny; **~streuer** *m* solniczka
Same(n) *m* nasienie
sammel|n zbierać ⟨zebrać⟩
Samml|er *m* zbieracz; **~ung** *f* zbieranie; zbiór, kolekcja
Samstag *m* sobota
Samt *m* aksamit
sämtliche wszystkie, wszyscy
Sand *m* piasek
Sandale *f* sandał
Sand|bank *f* mielizna; **Ƨig** piaszczysty (-to); **~stein** *m* piaskowiec
sanft łagodny
Sänger(in *f*) *m* śpiewak (-aczka)
sanitä|r sanitarny; **Ƨter** *m* sanitariusz
Sardine *f* sardynka
Sarg *m* trumna
Satan *m* szatan
Satellit *m* satelita *m*
Satir|e *f* satyra; **Ƨisch** satyryczny
satt syty; *Adv.* do syta; **~ *werden*** nasycać ⟨-cić⟩ się; *fig.* ***es ~ haben*** mieć dość (*G*)

Sattel *m* siodło; **2n** ⟨o⟩siodłać
sättigen ⟨na⟩sycić; **~d** sycący
Satz *m* komplet, zestaw; *Gr.* zdanie; (*Steuer2*) stawka; *Sp.* set; **~ung** *f* statut
Sau *f* maciora
sauber czysty (-to); **2keit** *f* czystość *f*
säubern ⟨wy⟩czyścić
sauer kwaśny (-no); *Kochk. a.* kiszony; *Milch*: zsiadły; **~ werden** ⟨s⟩kwaśnieć; **2ampfer** *m* szczaw; **2kirsche** *f* wiśnia; **2kraut** *n* kiszona kapusta; **2stoff** *m* tlen
Säufer *m* pijak
saug|en ssać; **2er** *m* smoczek
Säug|etier *n* ssak; **~ling** *m* niemowlę, osesek; **~lingspflege** *f* pielęgnowanie niemowlęcia
Säule *f* kolumna; (*Rauch2*) słup
Saum *m* (ob)rąbek
säumen *v/t* obrębi(a)ć; *Straße* otaczać, oblegać
Säure *f* kwas
sausen szumieć, huczeć; F ⟨po⟩pędzić
Schabe|fleisch *n* mięso wołowe mielone; **2n** skrobać
schäbig nędzny; *Kleidung*: wytarty
Schach *n* szachy *m/pl.*; **~brett** *n* szachownica; **~spieler** *m* szachista *m*
Schacht *m Bgb., Tech.* szyb
Schachtel *f* pudło, pudełko
schade (*um*) szkoda (*G*)
Schädel *m* czaszka
schaden ⟨za⟩szkodzić; **2** *m* szkoda; **2ersatz** *m* odszkodowanie, wyrównanie strat; **2freude** *f* złośliwe zadowolenie
schadhaft uszkodzony
schäd|igen (*A*) ⟨za⟩szkodzić (*D*); **~lich** szkodliwy (-wie); **2ling** *m* szkodnik
Schaf *n* owca; **~bock** *m* baran
Schäfer *m* owczarz; **~hund** *m* owczarek
schaffen *v/t* ⟨z⟩robić, wykon(yw)ać (*A*); dokon(yw)ać (*G*); ***es nicht ~*** nie dać rady (*D*)
Schaffner(in *f*) *m* konduktor(ka)
Schaft *m* trzonek; (*Stiefel2*) cholewa
Schaf|wolle *f* wełna owcza; **~zucht** *f* hodowla owiec
schal zwietrzały (-le)
Schal *m* szal(ik)
Schale¹ *f* miska, salaterka
Schale² *f* skorupka, łupina; (*Obst2*) skórka
schälen ob(ie)rać; ⟨o⟩strugać
schalkhaft filuterny
Schall *m* dźwięk; **~dämpfer** *m* tłumik (dźwięku); **~platte** *f* płyta gramofonowa
Schalt|brett *n* tablica rozdzielcza; **2en** *El.* łączyć; przełączać; *Kfz.* włączać ⟨-czyć⟩ bieg; **~er** *m El.* w(y)łącznik; (*Bank2*) okienko; **~hebel** *m Kfz.* dźwignia zmiany biegów; **~jahr** *n*

rok przestępny
Scham *f* wstyd
schämen: ***sich ~*** (*G*, ***wegen***) wstydzić się (*G*, z powodu *G*)
scham|haft wstydliwy (-wie); **~los** bezwstydny
Schande *f* hańba
schänd|en ⟨z⟩bezcześcić; **~lich** haniebny
Schanze *f Sp.* skocznia
Schar *f* gromada; oddział, zastęp; **2en** (***sich***) ⟨z-⟩gromadzić (się)
scharf ostry (-ro) (*a. fig.*)
Schärfe *f* ostrość *f*; **2n** ⟨na-, wy⟩ostrzyć
Scharf|richter *m* kat; **2sinnig** bystry
Scharlach *m Med.* płonica, F szkarlatyna
Scharnier *n* zawiasa
scharren szurać
Schatt|en *m* cień *m*; **2ig** cienisty (-ście)
Schatz *m* skarb; F kochanie
schätzen oceni(a)ć; (*achten*) cenić
Schatz|kammer *f* skarbiec; **~meister** *m* skarbnik
Schätzung (o)szacowanie
Schau *f* rewia, pokaz; wystawa; przegląd
Schauder *m* dreszcz; **2haft** okropny
schauen ⟨po⟩patrzeć, spoglądać ⟨spojrzeć⟩
Schauer *m s.* **Schauder**; *mst pl.* (*Regen usw.*) przelotne opady *m/pl.* (*G*)
Schaufel *f* łopata, szufla; **2n** szuflować
Schaufenster *n* okno wystawowe
Schaukel *f* huśtawka; **2n** huśtać, kołysać (się); **~stuhl** *m* bujak
Schaum *m* piana; *Kochk.* pianka
schäumen pienić się; *Wein:* musować
Schaum|gummi *m* guma piankowa; **2ig** spieniony; **~wein** *m* wino musujące
Schau|platz *m* widownia; **~spiel** *n* sztuka, widowisko; **~spieler(in** *f*) *m* aktor(ka)
Scheck *m* czek
scheckig pstrokaty (-to)
Scheckkarte *f* karta czekowa
Scheibe *f* plaster(ek); (*Brot2*) kromka; (*Glas2*) szyba; tarcza; **~nwischer** *m* wycieraczka
Scheid|e *f* pochwa (*a. Anat.*); **2en** *v/t* oddzielać ⟨-lić⟩; *Ehe* rozwodzić ⟨-wieść⟩; ***sich 2 lassen*** rozwieść się; **~ung** *f Jur.* rozwód
Schein[1] *m* zaświadczenie; świadectwo; (*Geld2*) banknot
Schein[2] *m* blask, światło; *fig.* ***zum ~*** dla pozoru; **2bar** pozorny; *Adv.* na pozór; **2en** świecić; *fig.* wyda(wa)ć się; **2heilig** obłudny; **~werfer** *m* reflektor
Scheitel *m* (*Haar2*) przedział
scheitern rozbi(ja)ć się

Schelle *f* dzwonek; **⁀n** ⟨za-⟩ dzwonić
Schelm *m* filut, szelma *m/f*
schelten ganić, strofować
Schema *n* schemat; **⁀tisch** schematyczny
Schemel *m* stołek, taboret
Schenke *f* karczma
Schenkel *m Anat.* udo
schenken podarować *pf.*
Scherbe *f* skorupa
Schere *f* nożyce *fpl.*; *Zo.* kleszcze *m/pl.*; **⁀n** ⟨o⟩strzyc; **~nschnitt** *m* wycinanka; **~reien** F *fpl.* kłopoty *m/pl.*
Scherz *m* żart; **⁀en** (**über**) ⟨za⟩żartować (z *G*); **⁀haft** żartobliwy (-wie)
scheu bojaźliwy (-wie); *Tier:* płochliwy; **~chen** ⟨wy⟩płoszyć; **~en** (**vor** *D*) *v/i* ⟨s⟩płoszyć się (*G*); *v/t* unikać (*G*), stronić (od *G*); ***sich ~en*** nie śmieć
scheuer|n ocierać ⟨otrzeć⟩; *Boden* ⟨wy⟩szorować; **⁀tuch** *n* ścierka do szorowania
Scheune *f* stodoła
Scheu|sal *n* potwór, szkarada; **⁀ßlich** szkaradny, potworny
Schicht *f* warstwa; (*Arbeits⁀*) zmiana; **⁀en** układać ⟨ułożyć⟩ warstwami
schick szykowny
schicken pos(y)łać
Schicksal *n* los
schiebe|n posuwać; pchać; **⁀r** *m* zasuwa; *Pers.* paskarz; **⁀tür** *f* drzwi *pl.* zasuwane
Schieds|gericht *n* sąd rozjemczy; **~richter** *m Sp.* sędzia *m*
schief kosy (-so); krzywy (-wo); ***~ gehen*** F nie udać się *pf.*
Schiefer *m* łupek
schielen zezować
Schien|bein *n* piszczel *f od. m*; **~e** *f Esb.* szyna; *Med.* łubek
schieß|en strzelać ⟨-lić⟩; **⁀erei** *f* strzelanina; **⁀sport** *m* strzelectwo; **⁀stand** *m* strzelnica; **⁀scheibe** *f* tarcza strzelnicza
Schiff *n* statek, okręt
schiff|bar żeglowny; **⁀er** *m Mar.* szyper
Schifffahrt *f* żegluga
schikanieren szykanować
Schild[1] *m* tarcza
Schild[2] *n* szyld, wywieszka
Schilddrüse *f* tarczyca
schildern opis(yw)ać
Schildkröte *f* żółw
Schilf *n*, **~rohr** *n* trzcina
schillern mienić się
Schimm|el *m Bot.* pleśń *f*; (*Pferd*) siwek; **⁀(e)lig** spleśniały; **⁀eln** pleśnieć
Schimmer *m* słaby blask; **⁀n** połyskiwać; (*durch~*) przeświecać
schimpf|en *v/i* wygadywać, kląć; (**auf** *j-n*) wymyślać (*D*); (**auf** *et.*) pomstować (na *A*); **⁀wort** *n* wyzwisko
Schindel *f* gont
schinden męczyć (***sich*** się)

Schinken *m* szynka
Schippe łopata
Schirm *m* parasol, (*Damen*~) parasolka; (*Bild*♀) ekran; (*Mützen*♀) daszek
Schlacht *f* bitwa; ♀**en** zarzynać ⟨zarznąć⟩
Schlächter *m* rzeźnik
Schlachthof *m* rzeźnia
Schlacke *f* żużel
Schlaf *m* sen; ~**anzug** *m* pi(d)żama
Schläfe *f* skroń *f*
schlafen spać; ♀ *n* spanie, sen; ~**d** śpiący (-co)
schlaff obwisły (-ło), luźny
Schlaf|losigkeit *f* bezsenność *f*; ~**mittel** *n* środek nasenny; ~**raum** *m* sypialnia
schläfrig senny
Schlaf|rock *m* podomka; ~**sack** *m* śpiwór; ~**wagen** *m* wagon sypialny; ~**zimmer** *n* sypialnia
Schlag *m* uderzenie; (*Hieb*) raz, cios; ~**ader** *f* tętnica; ~**anfall** *m* apopleksja; ~**baum** *m* szlaban; ♀**en** *v/t* ⟨po⟩bić (*a. Rekord usw.*); uderzać ⟨-rzyć⟩ (*a.* ***sich an*** *D* się o *A*); *Baum* zrąbać *pf.*; *v/i Uhr, Herz*: bić; ~**er** *m* przebój, szlagier
Schläger *m* (*Tennis*♀) rakieta; (*Golf*♀) kij
Schlägerei *f* bójka
schlag|fertig cięty (-cie); ♀**loch** *n* wybój; ♀**sahne** *f* bita śmietana; ♀**wort** *n* hasło; slogan; ♀**zeug** *n Mus.* perkusja

Schlamm *m* szlam, muł; ♀**ig** mulisty (-to)
schlampig niechlujny
Schlange *f* wąż, żmija; (*Warte*♀) kolejka; ~ ***stehen*** stać w ogonku (*od.* kolejce)
schlängeln: ***sich*** ~ wić się
schlank smukły
schlapp osłabiony
Schlappe *f* fiasko, F klapa
schlau chytry (-rze)
Schlauch *m* (*Garten*♀) wąż; *Kfz.* dętka; ~**boot** *n* ponton; ♀**los** bezdętkowy
Schlaufe *f* pętla
schlecht zły, F kiepski; *Adv.* źle, F kiepsko; ***mir wird*** ~ robi mi się niedobrze; ~**er** gorszy; *Adv.* gorzej
Schlei *m* lin
schleichen skradać się; F (*langsam gehen*) wlec się
Schleier *m* welon; ♀**haft** zagadkowy (-wo)
Schleif|e *f* kokarda; pętla; ♀**en** *Messer* ⟨na⟩ostrzyć; *Glas usw.* ⟨o⟩szlifować; *s.* **schleppen**; ~**stein** *m* osełka
Schleim *m* śluz; *Kochk.* kleik; ~**haut** *f* błona śluzowa; ♀**ig** śluzowaty (-to)
schlendern spacerować
Schlepp|e *f* tren; ♀**en** ciągnąć, wlec; *Auto, Schiff* holować; ~**er** *m* ciągnik; *Mar.* holownik; ~**tau** *n* lina holownicza
Schlesi|en *n* Śląsk; ~**er(in** *f*) *m* Ślązak (-zaczka); ♀**sch** śląski (po -ku)

Schleuder *f* proca; (*Wäsche*2) wirówka; **2n** ciskać ⟨-snąć⟩; *v/i Auto*; ***ins ~n geraten*** wpaść w poślizg
schleunigst czym prędzej
Schleuse *f* śluza
schlicht skromny; **~en** *Streit* ⟨za⟩łagodzić
schließ|en zamykać ⟨-mknąć⟩; *Ehe, Vertrag* zawierać ⟨-wrzeć⟩; *fig.* (***aus***) ⟨wy-⟩ wnioskować (z *G*); *v/i* (***mit***) ⟨za⟩kończyć (*I*); **2fach** *n* skrytka pocztowa; **~lich** *Adv.* wreszcie, w końcu; **2ung** *f* zamknięcie
Schliff *m fig.* ogłada
schlimm zły; *Adv.* źle; *s.* **schlecht(er), ernst**
Schling|e *f* pętla; (*Falle*) sidła *n/pl.*; *Med.* temblak; **~pflanze** *f* pnącz
Schlips *m* krawat
Schlitten *m* sanie *pl.*, sanki *pl.*; **~fahrt** *f* sanna
Schlittschuh *m* łyżwa; ***~ laufen*** *n* łyżwiarstwo; **~läufer(in** *f*) *m* łyżwiarz (-rka)
Schlitz *m* (*Hosen*2) rozporek; (*Münz*2) szczelina
Schloss *n* zamek (*a. Arch.*)
Schlosser *m* ślusarz; **~ei** *f* ślusarnia
Schlucht *f* wąwóz, jar
schluchzen łkać, szlochać
Schluck *m* łyk; **~auf** *m* czkawka; **2en** połykać ⟨połknąć⟩
Schlummer *m* drzemka; **2n** drzemać
Schlund *m* gardziel *f*; *fig.* otchłań *f*
schlüpf|en *Küken*: wyklu(wa)ć się; (*anziehen*: ***in*** *A*) wkładać ⟨włożyć⟩ (*A*); **2er** *m* majtki *pl.* (damskie); **~rig** śliski (-ko)
Schlupfwinkel *m* kryjówka
schlürfen siorbać
Schluss *m* koniec, zakończenie; (*Folgerung*) wniosek; ***bis zum ~*** do końca; ***zum ~*** na zakończenie; **~-** *mst* końcowy
Schlüssel *m* klucz; **~bein** *n* obojczyk; **~bund** *m* pęk kluczy; **~loch** *n* dziurka od klucza
Schluss|leuchte *f* światło tylne; **~verkauf** *m* wyprzedaż *f*
Schmach *f* hańba
schmächtig szczupły (-le)
schmachvoll haniebny
schmackhaft smaczny
schmal wąski (-ko)
schmälern *Anteil* uszczuplać ⟨-lić⟩; *Rechte* ograniczać ⟨-czyć⟩
Schmalz *n* smalec
Schmarotzer *m* pasożyt
schmatzen mlaskać
Schmaus *m* uczta
schmecken smakować
Schmeichel|ei *f* pochlebstwo; **2haft** pochlebny; **2n** pochlebi(a)ć
schmeißen *v/t* ciskać ⟨-snąć⟩; F *Runde* stawiać ⟨postawić⟩
Schmelz *m* polewa, szkliwo;

≈en *v/i* ⟨roz⟩topić się, ⟨s⟩topnieć; *v/t* roztapiać ⟨-topić⟩; **~käse** *m* ser topiony

Schmerz *m* ból; **≈en** boleć; ***es ≈t mich*** boli mnie; **≈haft, ≈lich** bolesny; **≈los** bezbolesny; **≈stillend** przeciwbólowy (-wo)

Schmetterling *m* motyl

schmettern *v/t* trzaskać ⟨-snąć⟩; *Sp.* ścinać ⟨ściąć⟩; *Mus.* ciąć

Schmied *m* kowal; **~e** *f* kuźnia; **≈en** ⟨wy⟩kuć

schmieg|en: ***sich ~en*** (***an*** *A*) przytulać ⟨-lić⟩ się (do *G*); **~sam** elastyczny; *Körper*: gibki

Schmier|e *f* smar; *Thea.* szmira; **≈en** ⟨po⟩smarować; **~erei** *f* bazgranina; **~fett** *n* smar stały; **~geld** *n* łapówka

Schminke *f* szminka; **≈n** ⟨u⟩szminkować (***sich*** się)

Schmirgelpapier *n* papier ścierny

schmollen dąsać się

Schmor|braten *m* pieczeń *f* duszona; **≈en** *v/t* *Kochk.* ⟨u⟩dusić

Schmuck *m* ozdoba; (*Juwelen*) biżuteria

schmücken (***mit***) (przy)ozdabiać (*I*); ***sich ~*** stroić się

Schmugg|el *m* przemyt; **≈eln** przemycać ⟨-cić⟩; **~ler(in** *f*) *m* przemytnik, szmugler(ka)

schmunzeln uśmiechać ⟨-chnąć⟩ się

schmusen F pieścić się

Schmutz *m* brud; *fig.* brudy *pl.*; **≈ig** brudny (-no)

Schnabel *m* dziób

Schnake *f* komar

Schnalle *f* sprzączka

schnalzen cmokać ⟨-knąć⟩

schnapp|en (***nach*** *D*) chapać ⟨-pnąć⟩ (*A*); *Luft* zaczerpnąć *pf.* (*G*); *Schloss*: zatrzasnąć się *pf.*; **≈schuss** *m* migawka

Schnaps *m* wódka

schnarchen chrapać

schnarren grzechotać

schnattern *Ente*: kwakać; *Gans*: gęgać

schnauben parskać ⟨-knąć⟩; *Nase* wysiąkać *pf.*

schnaufen sapać

Schnauze *f* pysk, morda

schnäuzen: ***sich die Nase ~*** wycierać ⟨wytrzeć⟩ (sobie) nos

Schnecke *f* ślimak

Schnee *m* śnieg; **~ball** *m* śnieżka; **~decke** *f* pokrywa śnieżna; **~ketten** *f/pl.* łańcuchy *m/pl.* przeciwślizgowe; **~matsch** *m* topniejący śnieg; **~räumung** *f* odśnieżanie; **~sturm** *m* zamieć *f*; **≈weiß** śnieżnobiały (-ło)

Schneide *f* ostrze; **≈n** ⟨po-⟩krajać, ⟨po⟩ciąć; *Haare* ⟨o⟩strzyc

Schneider *m* krawiec; **~in** *f* krawcowa; **~werkstatt** *f* zakład krawiecki

Schneidezahn *m* siekacz

schneidig dziarski (-ko)

schnei|en: ***es ~t*** pada śnieg
Schneise *f* przesieka
schnell szybki (-ko), prędki (-ko); **2bahn** *f* szybka kolej *f* miejska; **~er** szybszy, prędszy; *Adv.* szybciej, prędzej; **2hefter** *m* skoroszyt; **2igkeit** *f* szybkość *f*; **2imbiss** *m* bar szybkiej obsługi; **2zug** *m* pociąg pośpieszny
Schnipsel *m* skrawek
Schnitt *m* cięcie; (*Kleider2*) krój; **~e** *f* kromka; **~lauch** *m* szczypiorek; **~wunde** *f* rana cięta
Schnitz|el *n Kochk.* sznycel; **2en** rzeźbić; **~erei** *f* rzeźba
schnüffeln węszyć
Schnuller F *m* smoczek
Schnupfen *m* katar
schnuppern F (***an*** *D*) ⟨po-⟩ wąchać (*A*)
Schnur *f* sznurek
schnüren związać *pf.* sznurkiem; *Schuh* ⟨za⟩sznurować
Schnurr|bart *m* wąs, wąsik; **2en** *Katze*: mruczeć
Schnürsenkel *m* sznurowadło
Schober *m* sterta, stóg
Schock *m* szok; **2ieren** ⟨za-⟩ szokować
Schokolade *f* czekolada; **~n-** czekoladowy
Scholle¹ *f* bryła; (*Eis2*) kra
Scholle² *f* (*Fisch*) płastuga
schon już; **~ *wieder*** znowu
schön piękny, ładny; **~!** ładnie!
schon|en oszczędzać (***sich*** się); **~end** delikatny, ostrożny
Schönheit *f* piękność *f*; **~ssalon** *m* salon kosmetyczny
Schon|kost *f* dieta; **~ung** *f* oszczędzanie (się); (*Wald*) zagajnik; **~zeit** *f* czas ochronny
Schopf *m* czub; czupryna
schöpf|en czerpać ⟨zaczerpnąć⟩; nab(ie)rać (*G*); **2er** *m* twórca *m*; *Rel.* Stwórca *m*; **~erisch** twórczy (-czo)
Schorf *m* strup
Schornstein *m* komin; **~feger** *m* kominiarz
Schoß *m* łono; (*Rock2*) poła; ***auf dem ~*** na kolanach
Schote *f* strą(cze)k
Schotter *m* tłuczeń *m*; żwir
schott|isch szkocki; **2land** *n* Szkocja
schraffieren kreskować
schräg skośny, ukośny
Schramme *f* blizna
Schrank *m* szafa; **~e** *f* bariera; *Esb.* szlaban
Schraub|e *f* śruba; (*Holz2*) wkręt; *Flgw.* śmigło; **2en** *s.* **ab-, an-, einschrauben**; **~enmutter** *f* nakrętka; **~enzieher** *m* wkrętak, śrubokręt; **~stock** *m* imadło
Schreck *m* strach, lęk; **2en** *v/t* ⟨prze⟩straszyć; **2lich** straszny
Schrei *m* krzyk
schreib|en ⟨na⟩pisać; **2en** *n* pisanie; (*Brief*) pismo; **2maschine** *f* maszyna do pisa-

nia; **2tisch** *m* biurko; **2waren** *f/pl.* artykuły *m/pl.* papiernicze
schreien krzyczeć
Schreiner *m* stolarz
schreiten kroczyć
Schrift *f* pismo; (*Werk*) dzieło; **2lich** pisemny; **~steller** *m* pisarz; **~stück** *n* pismo; **~wechsel** *m* korespondencja
schrill przeraźliwy (-wie)
Schritt *m* krok; **2weise** stopniowy; krok za krokiem
schroff stromy (-mo); *fig.* szorstki (-ko)
Schrot *n* śrut
Schrott *m* złom; **~platz** *m* F złomowisko
schrubben ⟨wy⟩szorować
Schrulle *f* kaprys
schrumpfen ⟨s⟩kurczyć się
Schub|fach *n* szuflada; **~karren** *m* taczka
schüchtern nieśmiały (-ło)
Schuft *m* szubrawiec
Schuh *m* but, bucik, pantofel; **~anzieher** *m* łyżka do butów; **~creme** *f* pasta do butów; **~geschäft** *n* sklep obuwniczy; **~macher** *m* szewc; **~werk** *n* obuwie
Schul|bank *f* ław(k)a szkolna; **~buch** *n* podręcznik szkolny
schuld: **~** ***sein*** (***an*** *D*) zawinić *pf.* (*A*)
Schuld *f* wina; (*Geld2*) dług; **~** ***haben*** (***an*** *D*) zawinić *pf.* (*A*); **2en** być dłużnym; **2ig** winny; **2los** niewinny; **~ner** *m* dłużnik; **~schein** *m* skrypt dłużny
Schul|e *f* szkoła; **2en** ⟨wy-⟩ szkolić
Schüler *m* uczeń *m*; **~ausweis** *m* legitymacja szkolna; **~in** *f* uczennica
Schul|ferien *pl.* wakacje *pl.*; **2frei** wolny od zajęć; **~leiter** *m* kierownik szkoły
Schulter *f* ramię; bark; **~blatt** *n* łopatka; **~gelenk** *n* staw barkowy
Schul|ung *f* szkolenie; **~wesen** *n* szkolnictwo
Schund *m* tandeta
Schuppe *f* łuska; *Med.* łupież *f*
Schuppen *m* remiza; szopa
schür|en *Glut* rozgarniać ⟨-rnąć⟩; *fig.* wzniecać; **2haken** *m* pogrzebacz
Schurke *m* łotr, drań *m*
Schürze *f* fartuch
Schuss *m* (wy)strzał
Schüssel *f* mis(k)a; salaterka
Schuss|waffe *f* broń *f* palna; **~wunde** *f* rana postrzałowa
Schuster *m* szewc
Schutt *m* gruz
Schüttel|frost *m* dreszcze *m/pl.*; **2n** potrząsać ⟨-snąć⟩ (*I*); ***die Hand*** **2n** uściskać rękę
schütten ⟨na⟩sypać; *s.* **gießen**
Schutz *m* ochrona, opieka; **~blech** *n* błotnik; **~brille** *f* okulary *pl.* ochronne

Schütz|e *m* strzelec; **♀en** *v/t* (***vor*** *D*, ***gegen*** *A*) ⟨o⟩chronić (od *G*, przed *I*); strzec (*G*)
Schutz|heilige(r) patron (-ka); **~helm** *m* kask; **~impfung** *f* szczepienie ochronne; **~marke** *f* znak fabryczny
schwach słaby; *fig.* F marny
Schwäche *f* słabość *f*; **♀n** osłabi(a)ć
schwachsinnig niedorozwinięty umysłowo
Schwächung *f* osłabienie
Schwager *m* szwagier
Schwägerin *f* szwagierka
Schwalbe *f* jaskółka
Schwamm *m* gąbka
Schwan *m* łabędź *m*
schwanger brzemienna, ciężarna; **♀schaft** *f* ciąża; **♀schaftsabbruch** *m* aborcja
schwank|en chwiać się; *fig.* wahać się; **♀ung** *f* wahanie (się)
Schwanz *m* ogon
schwänzen: ***die Schule ~*** wagarować
Schwarm *m* (*Vögel*) stado; (*Bienen*) rój
schwärmen roić się; *fig.* (***von***) marzyć (o *L*)
Schwarte *f* (gruba) skóra
schwarz czarny (-no); **~ *werden*** ⟨po⟩czernieć; **♀arbeit** *f* robota na czarno; **♀brot** *n* chleb razowy; **♀fahrer** *m* pasażer na gapę; **~-weiß** czarno-biały
schwatzen pleść, paplać
Schwätzer(in *f*) *m* gaduła *m/f*
Schwebe *f*: ***in der ~*** w zawieszeniu; **♀n** unosić się, bujać
Schwed|e *m* (**~in** *f*) Szwed (-ka); **~en** *n* Szwecja; **♀isch** szwedzki (po -ku)
Schwefel *m* siarka; **~säure** *f* kwas siarkowy
schweig|en milczeć; **♀en** *n* milczenie; **~end** milczący (-co); **~sam** małomówny
Schwein *n* świnia; **~ebraten** *m* pieczeń *f* wieprzowa; **~efleisch** *n* wieprzowina; **~erei** *f* świństwo
Schweiß *m* pot
schweißen *Tech.* spawać
Schweiz *f* Szwajcaria
Schweizer *m* (**~in** *f*) Schwajcar(ka); **~** *Adj.* szwajcarski
schwelen tlić się
schwelgen (***in*** *D*) rozkoszować się (*I*)
Schwell|e *f* próg; *Esb.* podkład; **♀en** *v/i* nabrzmie(wa)ć; ⟨s⟩puchnąć; **~ung** *f* *Med.* obrzęk
schwenken *v/t* machać, wywijać (*I*); obracać ⟨obrócić⟩; *v/i* skręcać ⟨-cić⟩
schwer ciężki (-ko); *fig.* trudny (-no); **~ *verdaulich*** ciężkostrawny; **~ *verständlich*** trudny do zrozumienia; **♀beschädigte(r)** inwalida *m*; **♀e** *f* ciężar; trudność *f*; **~fällig** ociężały (-le); **~hörig** przygłuchy; **♀industrie** *f* przemysł ciężki; **~krank** ciężko chory; **♀punkt** *m* środek

(*fig.* punkt) ciężkości
Schwert *n* miecz; **~lilie** *f* kosaciec, irys
schwerwiegend ważki, doniosły
Schwester *f* siostra
Schwieger|eltern *pl.* teściowie *m/pl.*; **~mutter** *f* teściowa; **~sohn** *m* zięć *m*; **~tochter** *f* synowa; **~vater** *m* teść *m*
Schwiele *f* modzel
schwierig trudny (-no); **⁲keit** *f* trudność *f*
Schwimm|bad *n* pływalnia; **~becken** *n* basen pływacki; **~en** *n* pływanie; **⁲en** pływać, ⟨po⟩płynąć; **⁲end** pływający; *Adv.* wpław; **~er(in** *f*) *m* pływak (-aczka); **~weste** *f* kamizelka ratunkowa
Schwindel *m* zawrót głowy; *fig.* oszukaństwo; **⁲n** F kręcić, bujać
Schwind|ler *m* krętacz, kanciarz; **⁲lig**: ***mir wird ⁲lig*** kręci mi się w głowie; **~sucht** *f* suchoty *pl.*
schwing|en *s.* **schwenken**; *v/i* wahać się; *El., Rdf.* drgać; **⁲ung** *f* drganie
Schwips F *m*: ***e-n ~ haben*** mieć w czubie
schwirren *Fliegen*: unosić się
schwitzen pocić się
schwören przysięgać ⟨-siąc⟩
schwul, **⁲e(r)** *m* homoseksualista *m*, gej
schwül duszny (-no), parny (-no)
Schwung *m* rozpęd; *fig.* werwa; **~kraft** *f* siła rozpędowa; **⁲voll** zamaszysty (-ście); *fig. Adv.* z werwą
Schwur *m* przysięga
sechs sześć; **⁲** *f* szóstka; **~fach** sześciokrotny; **~jährig** sześcioletni; **⁲tagerennen** *n Sp.* sześciodniówka; **~te(r)** szósty
sechzehnte(r) szesnasty
sechzigste(r) sześćdziesiąty
See[1] *m* jezioro
See[2] *f* morze; ***an der ~*** nad morzem; **~bad** *n* (*Ort*) kąpielisko; **~gang** *m* falowanie; **~hund** *m* foka; **⁲krank** cierpiący na morską chorobę
Seel|e *f* dusza; **⁲isch** duchowy (-wo)
See|mann *m* marynarz; **~reise** *f* podróż *f* morska; **~stern** rozgwiazda
Segel *n* żagiel; **~boot** *n* żaglówka; **~flugzeug** *n* szybowiec; **⁲n** płynąć pod żaglem, żeglować; **~schiff** *n* żaglowiec; **~sport** *m* żeglarstwo
Segen *m* błogosławieństwo
Segler(in *f*) *m* żeglarz (-rka)
segnen ⟨po⟩błogosławić
sehen widzieć, zobaczyć *pf.* (***sich*** się); ***sich ~ lassen*** pokaz(yw)ać się; **⁲swürdigkeit** *f* osobliwość *f*, zabytek
Sehne *f Anat.* ścięgno; (*Bogen⁲, Math.*) cięciwa
sehnen: ***sich ~*** (***nach***) tęsknić (za *I*)

Sehn|enzerrung *f* rozciągnięcie ścięgna; **≈ig** żylasty; *Kochk.* łykowaty
Sehnsucht *f* tęsknota
sehr bardzo; ***zu ~*** zanadto, zbyt; ***~ gern*** bardzo chętnie
Sehvermögen *n* wzrok
seicht płytki (-ko)
Seide *f* jedwab; **~n-** jedwabny
Seife *f* mydło; **~nblase** bańka mydlana
seihen przecedzać ⟨-dzić⟩
Seil *n* lina; **~bahn** *f* kolej *f* linowa
sein¹ być; ***ich bin*** jestem; ***du bist*** jesteś; ***er, sie, es ist*** jest; ***sie sind*** (oni) są; ***es wird ~*** będzie; ***lass das ~*** zostaw to
sein² *Pron.* (*possessiv*) jego; (*reflexiv*) swój, swoja, swoje
seinerseits z jego strony
seinetwegen z powodu niego, przez niego
seit *Prp.* (*D*) od (*G*); **~dem** odtąd; *Kj.* odkąd
Seite *f* strona; bok; (*Buch≈*) stronica; ***von der ~*** z boku; ***zur ~*** na bok; na stronę
Seiten|eingang *m* wejście boczne; **~straße** *f* ulica boczna; **≈s** (*G*) ze strony (*G*)
seither od tego czasu
seitlich boczny; *Adv.* z boku
Sekretär(in *f*) *m* sekretarz (-tarka)
Sekt *m* wino musujące, szampan
sekund|är *s.* **zweitrangig**; **≈e** *f* sekunda
selbst sam; *Adv.* nawet
Selbst|auslöser *m* samowyzwalacz; **~bedienung** *f* samoobsługa; *in Zssgn* samoobsługowy; **~beherrschung** *f* panowanie nad sobą; **≈bewusst** pewny siebie; **~gespräch** *n* monolog; **~hilfe** *f* samopomoc *f*; **~kosten** *pl.* koszty *m/pl.* własne; **≈los** bezinteresowny; **~mord** *m* samobójstwo; **~ständig** samodzielny; **≈ständigkeit** *f* samodzielność *f*; **≈süchtig** samolubny; **≈tätig** samoczynny; **≈verständlich** oczywisty (-ście); **~vertrauen** *n* ufność *f* w siebie; **~verwaltung** *f* samorząd
selig *Rel.* błogosławiony
Sellerie *f od. m* seler
selt|en rzadki (-ko); **≈enheit** *f* rzadkość *f*; **~sam** dziwny
Semikolon *n* średnik
Semmel *f* buł(ecz)ka
send|en pos(y)łać; *Rdf.* nada(wa)ć; **≈er** *m Rdf.* nadajnik; rozgłośnia; **≈ung** *f* przesyłka; *Rdf.* audycja
Senf *m* musztarda
sengen osmalać ⟨-lić⟩
senk|en spuszczać ⟨spuścić⟩; *Stimme, Preis* obniżać ⟨-żyć⟩; **~recht** prostopadły (-le), pionowy (-wo)
Sensation *f* sensacja
Sense *f* kosa
separat oddzielny
September *m* wrzesień *m*; **~-** wrześniowy; ***im ~*** we wrześniu

Serbi|en *n* Serbia; **2sch** serbski (po -ku)
Serie *f* seria; *TV* serial; **~n-** seryjny
Serv|ice *n u. m* serwis; **2ieren** poda(wa)ć do stołu; **~iererin** *f* kelnerka; **~iette** *f* serwetka
Sessel *m* fotel; **~lift** *m* wyciąg krzesełkowy
Setz|ei *n* jajko sadzone; **2en** sadzać ⟨posadzić⟩; *s.* **pflanzen**; ***sich*** **2en** siadać ⟨usiąść⟩; **~er** *m Typ.* składacz
Seuche *f* zaraza
seufz|en wzdychać ⟨westchnąć⟩; **2er** *m* westchnienie
Sex *m* seks; **2uell** seksualny
sich *Pron.* (*A*) siebie, się; (*D*) sobie
Sichel *f* sierp
sicher *Adj.* bezpieczny; pewny; *Adv.* pewnie, na pewno; **2heit** *f* bezpieczeństwo; pewność *f*
Sicherheits|gurt *m* pas bezpieczeństwa; **2halber** dla pewności; **~nadel** *f* agrafka
sicher|lich zapewne; **~n** zabezpieczać ⟨-czyć⟩ (***sich*** się); **~stellen** zabezpieczać ⟨-czyć⟩; **2erung** *f El.* bezpiecznik
Sicht *f* widoczność *f*; **2bar** widoczny; **~vermerk** *m* wiza; **~weite** *f* widoczność *f*
sickern sączyć się
sie *Pron.* ona, (*A*) ją; *pl.* oni, one, (*A*) ich, je
Sie *Pron.* pan, pani; *pl.* państwo
Sieb *n* sit(k)o; **2en**[1] przesi(ew)ać
sieben[2] siedem; **2** *f* siódemka; **~jährig** siedmioletni; **~te(r)** siódmy
sieb|zehnte(r) siedemnasty; **~zigste(r)** siedemdziesiąty
sieden *v/i* wrzeć; **~d** (***heiß***) wrzący
Siedlung *f* osada; osiedle
Sieg *m* zwycięstwo
Siegel *n* pieczęć *f*
sieg|en (***über*** *A*) zwyciężać ⟨-żyć⟩ (*A*); **2er(in** *f*) *m* zwycięzca *m* (-ężczyni); **~reich** zwycięski (-ko)
Signal *n* sygnał
Silbe *f* sylaba, zgłoska
Silber *n* srebro; **2n** srebrny
Silizium *n* krzem
simpel prosty (-to)
simulieren symulować
singen śpiewać
sinken opadać ⟨opaść⟩; *fig.* spadać ⟨spaść⟩; *Schiff:* ⟨za-⟩ tonąć
Sinn *m* zmysł; sens; **~bild** *n* symbol; **2gemäß** oddający sens; **2lich** zmysłowy (-wo); **2los** bezsensowny; **2voll** sensowny
Sippe *f* rodzina, ród
Sirup *m* syrop
Sitt|e *f* zwyczaj, obyczaj; **2lich** moralny; **~lichkeitsverbrechen** *n* przestępstwo seksualne
Situation *f* sytuacja

Sitz *m* siedzenie; (*Wohn*2) siedziba; 2**en** siedzieć; ~**platz** *m* miejsce siedzące; ~**ung** *f* posiedzenie
Skala *f* podziałka, skala
Skelett *n* szkielet
Ski *m* narta; ~ ***laufen*** jeździć na nartach; ~**anzug** *m* ubranie narciarskie; ~**bindung** *f* wiązanie nart; ~**lauf** *m* bieg narciarski; ~**läufer(in** *f*) *m* narciarz (-rka)
Skizz|e *f* szkic; 2**ieren** ⟨na-⟩ szkicować
Sklav|e *m* niewolnik; ~**in** *f* niewolnica
Skulptur *f* rzeźba
Slaw|en *m/pl.* słowianie *m/pl.*; 2**isch** słowiański
slow|akisch słowacki (po -ku); ~**enisch** słoweński (po -ku)
so tak; (*also*) więc; ~ ***bald*** skoro tylko; ~ ***ein*** taki; ~ ***genannt*** tak zwany; ~ ***viel*** tyle
Socke *f* skarpetka
Sockel *m* cokół
Sod|awasser *n* woda sodowa; ~**brennen** *n* zgaga
so|eben dopiero co; ~**fern** o ile; ~**fort** natychmiast; ~**gar** nawet
Software *f* oprogramowanie
Sohle *f* podeszwa
Sohn *m* syn
solange dopóki
solch taki
Sold *m* żołd; ~**at** *m* żołnierz
solidari|sch solidarny; 2**tät** *f* solidarność *f*
solide solidny
Soll *n Hdl.* debet
sollen: ***ich soll*** *Mann*: (po)winienem, *Frau*: (po)winnam; ***du sollst*** (po)winieneś (*f* winnaś); ***er soll in … sein*** ma być w …, podobno jest w …
Sommer *m* lato; ***im*** ~ latem, w lecie; ~**ferien** *pl.* wakacje letnie; 2**lich** letni; ~**sprossen** *f/pl.* piegi *f/pl.*; ~**zeit** *f* czas letni
Sonder|angebot *n* oferta specjalna; ~**ausgabe** *f* wydanie nadzwyczajne; 2**bar** dziwny; ~**ling** *m* dziwak
sondern *Kj.* lecz
Sonnabend *m* sobota; ~- sobotni
Sonne *f* słońce; 2**n**: ***sich*** 2***n*** wygrzewać się na słońcu; opalać się
Sonnen|aufgang *m* wschód słońca; ~**brand** *m* oparzenie słoneczne; ~**blume** *f* słonecznik; ~**finsternis** *f* zaćmienie słońca; ~**untergang** *m* zachód słońca; 2**verbrannt** opalony
sonnig słoneczny
Sonntag *m* niedziela; ~**s**- niedzielny
sonst inaczej: ***was ~?*** co jeszcze?; ~ ***jemand?*** jeszcze ktoś?; ***wie*** ~ jak zwykle; ~ ***nichts*** nic więcej
Sorg|e *f* troska; 2**en** (***für*** *A*) troszczyć się (o *A*); ***sich*** 2***en*** niepokoić się; 2**fältig**

staranny; **2los** beztroski(-ko)
Sort|e *f* gatunek; **2ieren** ⟨po-⟩ sortować
Soße *f* sos
so|viel *Kj.* o ile; **~wie** oraz; *Kj.* jak tylko; **~wieso** tak czy owak; i tak
sowjet|isch *hist.* radziecki; **2union** *f hist.* Związek Radziecki
sowohl: **~ ... *als auch*** nie tylko ... lecz także
sozial społeczny, socjalny; **2amt** *n* wydział opieki społecznej; **2ismus** *m* socjalizm; **2versicherung** *f* ubezpieczenie społeczne
sozusagen że tak powiem
Spalt *m* szczelina, szpara; **~e** *f* kolumna; *Typ.* łam; **2en** rozszczepi(a)ć (***sich*** się); **~ung** *f fig.* rozłam
Span *m* wiór; (*Holz2 a.*) drzazga
Spange *f* klamra, sprzączka
Span|ier(in *f*) *m* Hiszpan(ka); **2isch** hiszpański (po -ku)
Spann *m* podbicie (stopy)
Spann|e *f* rozpiętość *f*; **2en** napinać ⟨-piąć⟩; naciągać ⟨-gnąć⟩; **2end** *fig.* zajmujący (-co), ciekawy (-wie); **~ung** *f* naprężenie; *El., fig.* napięcie
Spar|buch *n* książeczka oszczędnościowa; **~büchse** *f* skarbonka; **2en** oszczędzać ⟨-dzić⟩
Spargel *m* szparagi *pl.*
Sparkasse *f* kasa oszczędności
spärlich skąpy (-po); *Haare:* rzadki
sparsam oszczędny
Spaß *m* żart; **... *macht mir* ~** lubię ...; **2en** żartować
spät późny (-no); ***wie ~ ist es?*** która godzina?
Spaten *m* łopata
spät|er późniejszy; *Adv.* później; **~estens** najpóźniej
Spatz *m* wróbel
spazieren przechadzać się, spacerować; **~ *gehen*** iść ⟨pójść⟩ na spacer
Spaziergang *m* przechadzka, spacer
Specht *m* dzięcioł
Speck *m* słonina, sadło
Spedition *f* firma spedycyjna
Speer *m* oszczep; **~werfen** *n*, **~wurf** *m* rzut oszczepem
Speiche *f* szprycha
Speichel *m* ślina
Speicher *m* spich(le)rz; skład
Speise *f* jedzenie, potrawa; **~kammer** *f* spiżarnia; **~karte** *f* jadłospis; **2n** *v/i s.* **essen**; **~röhre** *f* przełyk; **~saal** *m* sala jadalna; **~wagen** *m* wagon restauracyjny
Spend|e *f* datek, dar; **2en** (***für***) ofiarow(yw)ać (na *A*); **2ieren** F ⟨za⟩fundować
Sperling *m* wróbel
Sperr|e *f* przegroda; blokada; **2en** zagradzać ⟨-grodzić⟩, zamykać ⟨-mknąć⟩; *s.* **ausschalten**; **~gebiet** *n* teren zastrzeżony; **~holz** *n* sklejka; **2ig** masywny; **~stunde**

f godzina policyjna

Spesen *pl.* koszty *m/pl.*; (*Reise*2) diety *f/pl.*

Spezial|fach *n* specjalność *f*; **~ist(in** *f*) *m* specjalista *m* (-tka)

speziell specjalny

Spiegel *m* lustro; **~bild** *n* odbicie lustrzane; **~ei** *n* jajko sadzone; **2n** odzwierciedlać ⟨-lić⟩ (***sich*** się); **~reflexkamera** *f* lustrzanka

Spiel *n* gra; (*Kinder*2) zabawa; *Sp.* mecz; **2en** (*A*) ⟨za-⟩ grać (w *A*); (***mit*** *et.*) ⟨po⟩bawić się (*I*); **2end** *Adv. fig.* bez trudu; **~er** *m* gracz; **~feld** *n Sp.* boisko; **~film** *m* film fabularny; **~karte** *f* karta do gry; **~platz** *m* plac zabaw; **~raum** *m fig.* swoboda działania; **~zeug** *n* zabawka

Spieß *m* (*Brat*2) rożen

Spinat *m* szpinak

Spinn|e *f* pająk; **2en** prząść; F bujać; **~engewebe** *n* pajęczyna; **~rad** *n* kołowrotek

Spion *m* (**~in** *f*) szpieg; **~age** *f* szpiegostwo

Spirituosen *pl.* spirytualia *pl.*

spitz spiczasty (-to); **2e** *f* ostrze; (*Schuh*2) czubek; (*Gewebe*) koronka; (*Berg*2) szczyt; **2en-** koronkowy; *fig.* szczytowy; czołowy; **~en** ⟨za⟩ostrzyć; *Bleistift* ⟨za-⟩ temperować

Spitzname *m* przezwisko

Splitter *m* odłamek; (*Holz*2) drzazga; **2n** *Glas:* prysnąć się *pf.*

Sporn *m* ostroga

Sport *m* sport; **~ler** *m* sportowiec; **~lerin** *f* sportsmenka; **2lich** sportowy; **~platz** *m* boisko sportowe; **~verein** *m* związek sportowy

Spott *m* kpiny *f/pl.*, drwiny *f/pl.*; **2billig** śmiesznie tani; **2en** kpić, drwić

spöttisch drwiący (-co)

Sprach|e *f* mowa; język; **~führer** *m* rozmówki *f/pl.*; **~kenntnisse** *f/pl.* znajomość *f* języka; **2lich** językowy; **2los** *fig.* (***vor***) oniemiały (z *G*)

sprech|en mówić; rozmawiać *s.* **sagen, reden**; **2er(in** *f*) *m* mówca *m*; (*e-r Organisation*) rzecznik (-iczka); **2stunde** *f* godziny *f/pl.* przyjęć

spreng|en wysadzać ⟨-dzić⟩ (***in die Luft*** w powietrze); *Rasen* pol(ew)ać; **2stoff** *m* materiał wybuchowy

Spreu *f* plewy *f/pl.*

Sprichwort *n* przysłowie

Spring|brunnen *m* fontanna; **2en** skakać ⟨skoczyć⟩; **~er(in** *f*) *m* skoczek

Sprit *m* spirytus; F paliwo

Spritz|e *f* sikawka; *Med.* strzykawka; F zastrzyk; **2en** pryskać ⟨-snąć⟩, bryzgać ⟨-znąć⟩; *Med.* wstrzykiwać ⟨-knąć⟩

spröde kruchy

Sprosse *f* szczebel

Sprotte *f* szprot(ka)

Spruch *m* sentencja; *Jur.* orzeczenie
sprudeln kipieć; musować
sprüh|en pryskać ⟨-snąć⟩; mżyć; **2regen** *m* mżawka
Sprung *m* skok; (*Riss*) rysa; pęknięcie; **~brett** *n* odskocznia; **~schanze** *f* skocznia (narciarska)
spucken pluć ⟨plunąć⟩
spuk|en: ***es ~t hier*** tu straszy
Spülbecken *n* zlewozmywak
Spule *f* szpulka; cewka
spülen płukać; *Geschirr* zmy(wa)ć
Spur *f* ślad
spüren *v/t* wyczu(wa)ć
spurlos bez śladu
Staat *m* państwo; (*Prunk*) przepych; **2enlos** bezpaństwowy; **2lich** państwowy
Staats|angehörigkeit *f* obywatelstwo; **~anwalt** *m* prokurator; **~gewalt** *f* władza państwowa; **~mann** *m* mąż stanu; **~sicherheitsdienst** *m* służba bezpieczeństwa publicznego
Stab *m* pręt; drążek; *Sp.* tyczka; *Mil.* sztab; **~hochsprung** *m* skok o tyczce
Stachel *m* kolec; (*Biene*) żądło; **~beere** *f* agrest; **~draht** *m* drut kolczasty
Stadion *n* stadion
Stadt *f* miasto; **~bahn** *f* kolej *f* miejska; **~bezirk** dzielnica
städtisch miejski
Stadt|plan *m* plan miasta; **~rundfahrt** *f* zwiedzanie miasta autokarem; **~teil** *m* dzielnica
Stahl *m* stal *f*; **~beton** *m* żelbet; **~werk** *n* stalownia
Stall *m* chlew; obora
Stamm *m* (*Baum2*) pień *m*; **~baum** *m* rodowód; **2en** (**von**) pochodzić (od, z *G*); **~gast** *m* stały gość *m*
stampfen *v/i* (***mit***) tupać ⟨-pnąć⟩ (*I*); *v/t* ubi(ja)ć
Stand *m* stan; pozycja; (*Markt2*) stoisko; **~bild** *n* posąg
Ständer *m* stojak
Standesamt *n* urząd stanu cywilnego
stand|haft wytrwały (-le); **~halten** wytrzym(yw)ać
ständig stały (-le)
Stand|licht *n Kfz.* światło postojowe; **~punkt** *m* stanowisko
Stange *f* drąg, żerdź *f*; pręt
Stängel *m* łodyga
stanzen wytłaczać ⟨-łoczyć⟩
Stapel *m* stos; **~lauf** *m Mar.* wodowanie; **2n** układać, ⟨ułożyć⟩ w stos
Star[1] *m Zo.* szpak
Star[2] *m Med.* zaćma, katarakta
Star[3] *m Thea.* gwiazda
stark silny, mocny (-no)
Stärk|e *f* siła, moc *f*; **2en** wzmacniać ⟨wzmocnić⟩; *Wäsche* ⟨na⟩krochmalić
starr sztywny (-no); **~en** wlepi(a)ć wzrok; **~köpfig** uparty; **2krampf** *m Med.* tężec

Start *m* start; **~bahn** *f Flgw.* pas startowy; **2en** *v/i* ⟨wy-⟩ startować; *v/t Motor* zapuszczać ⟨-uścić⟩; **~er** *m Kfz.* rozrusznik
Station *f* stacja; *Med.* oddział
Stations|arzt *m* ordynator; **~hilfe** *f* salowa; **~vorsteher** *m* zawiadowca *m* stacji
Statist *m* statysta *m*; **~ik** *f* statystyka; **~in** *f* statystka
statt zamiast; **~finden** odby(wa)ć się; **~lich** postawny, okazały
Statue *f* statua, posąg
Stau *m* (*Verkehr*) korek; ***im ~ stehen*** stać w korku
Staub *m* pył, kurz; **~sauger** *m* odkurzacz
Stau|damm *m* zapora (wodna); **2en** *Wasser* spiętrzać ⟨-rzyć⟩; ***sich*** **2en** gromadzić się
staunen (***über*** *A*) ⟨z⟩dziwić się (*D*); **2** *n* zdumienie
stech|en ⟨u⟩kłuć; *Karte* przebi(ja)ć; *v/i* kłuć; *Sonne*: palić
Steck|brief *m* list gończy; **~dose** *f* gniazdo wty(cz)kowe
stecken *v/t* wtykać ⟨wetknąć⟩; *v/i* tkwić; ***~ bleiben*** utknąć *pf.*; ugrzęznąć
Stecker *m El.* wtyczka; **~ling** *m Agr.* sadzonka; **~nadel** *f* szpilka
Steg *m* kładka
stehen stać; (*passen*) być do twarzy; ***~ bleiben*** zatrzym(yw)ać się, stanąć *pf.*; ***~ lassen*** pozostawi(a)ć
stehlen ⟨u⟩kraść
Stehplatz *m* miejsce stojące
steif sztywny (-no)
Steig|bügel *m* strzemię; **2en** *Wert*: wzrastać ⟨wzrosnąć⟩; *Temperatur*: podnosić ⟨podnieść⟩ się; **2ern** zwiększać ⟨-szyć⟩; **~ung** *f* wzniesienie
steil stromy (-mo)
Stein *m* kamień *m*; (*Obst*2) pestka; **~bruch** *m* kamieniołom; **2ig** kamienisty; **~kohle** *f* węgiel kamienny; **~pilz** *m* prawdziwek
Stell|e *f* miejsce; (*Arbeits*2) posada; **2en** stawiać ⟨postawić⟩; *Frage* zada(wa)ć; *Antrag* wnosić ⟨wnieść⟩; **~enangebot** *n* ogłoszenie o wolnej posadzie; **2enweise** miejscami; **~ung** *f* stanowisko; **~vertreter(in** *f*) *m* zastępca *m* (-pczyni)
Stemm|eisen *n* dłuto; **2en** ⟨wy⟩dłutować; *Sp.* wyciskać ⟨-snąć⟩; ***sich*** **2en** ***gegen*** podeprzeć ramieniem (*A*)
Stempel *m* pieczątka, stempel; **~marke** *f* znaczek skarbowy; **2n** ⟨przy⟩pieczętować
stenographieren stenografować
Steppdecke *f* kołdra pikowana
sterbe|n umierać ⟨umrzeć⟩; **2urkunde** *f* akt zgonu
sterblich śmiertelny; **2keit** *f* śmiertelność *f*

Stereoanlage *f* zestaw stereofoniczny
steril sterylny, jałowy
Stern *m* gwiazda; **~bild** *n* gwiazdozbiór; **~warte** *f* obserwatorium astronomiczne
stet|ig *Adj.* stały (-le), ustawiczny; **~s** *Adv.* stale, zawsze
Steuer¹ *n* ster; ***am ~*** za kierownicą
Steuer² *f* podatek; **~erklärung** *f* deklaracja podatkowa; **℈frei** nie podlegający opodatkowaniu; **~karte** *f* karta podatkowa; **~zahler** *m* podatnik
Steuer|mann *m* sternik; **℈n** *s.* **lenken**; **~ung** *f* sterowanie; *Tech. a.* rozrząd
Stich *m* ukłucie; (*Mücken℈*) ukąszenie; (*Naht*) ścieg; (*Kunst*) sztych; (*Karten℈*) lewa; ***im ~ lassen*** porzucać ⟨-cić⟩; **~tag** *m* termin prekluzyjny; **~wort** *n* hasło
stick|en ⟨wy⟩haftować; **℈erei** *f* haft
stick|ig duszny (-no); **℈stoff** *m* azot
Stiefel *m* but
Stief|kind *n* pasierb(ica *f*) *m*; **~mutter** *f* macocha; **~mütterchen** *n* bratek; **~vater** *m* ojczym
Stiel *m* trzonek; *Bot.* łodyga
Stier *m* buhaj, byk
Stift¹ *m* kołek, F sztyft
Stift² *n* klasztor; **℈en** ⟨u⟩fundować; zakładać ⟨założyć⟩; (***für***) ofiarow(yw)ać (na *A*); **~er** *m* założyciel; fundator; **~ung** *f* założenie; fundacja
Stil *m* styl
still cichy (-cho); ***~ werden*** ⟨u⟩cichnąć; **℈e** *f* cisza
stillen *Kind* ⟨na⟩karmić piersią; *Durst* ⟨u⟩gasić; *Blut* ⟨za⟩tamować
Stillstand *m* bezruch; zastój
Stimm|bruch *m* mutacja; **~e** *f* głos; **℈en** *v/i* (***für***) głosować (za *I*); ***das ℈t*** (***nicht***) to się (nie) zgadza; *v/t* ⟨na⟩stroić; **~recht** *n* prawo głosowania; **~ung** *f fig.* nastrój
stinken cuchnąć, śmierdzieć
Stirn *f* czoło
stochern dłubać
Stock¹ *m* kij; laska
Stock² *m* piętro
stock|en usta(wa)ć; utykać ⟨utknąć⟩; **℈ung** *f* przerwa, zatamowanie; **℈werk** *n s.* **Stock**²
Stoff *m* materiał
stöhnen stękać ⟨-knąć⟩
Stolle *f*, **~n**¹ *m* placek z bakaliami
Stollen² *m Bgb.* sztolnia
stolpern potykać ⟨potknąć⟩ się
stolz dumny; **℈** *m* duma
stopfen *v/t* zap(y)chać; (***in*** *A*) wtykać ⟨wetknąć⟩ (do *G*); *Strumpf* ⟨za⟩cerować
Stoppelfeld *n* ściernisko
stopp|en zatrzym(yw)ać (*v/i* się); stopować (*a. Sp.*); **℈uhr** *f* stoper

Stöpsel *m* czopek, zatyczka; *El.* wtyczka
Stör *m* jesiotr
Storch *m* bocian
stör|en (*j-n* ***bei***) przeszkadzać ⟨-szkodzić⟩ (k-u w czym); *Ruhe* zakłócać ⟨-cić⟩; **2ung** *f* zakłócenie (*a. Rdf*)
Stoß *m* uderzenie, pchnięcie; *s.* **Stapel**; **~dämpfer** *m* amortyzator; **2en** *v/t* popychać ⟨-pchnąć⟩; *mit dem Fuß*: kopać ⟨-pnąć⟩; *v/i* (***auf*** *A*) natykać ⟨-tknąć⟩ się (na *A*); *s.* **angrenzen**; ***sich* 2en** (***an*** *D*) uderzać ⟨-rzyć⟩ się (o *A*); **~stange** *f* zderzak
stottern *v/i* jąkać się
straf|bar karalny; **2e** *f* kara; **~en** (***für***) ⟨u⟩karać (za *A*)
straff napięty, wyprężony
Straf|gesetzbuch *n* kodeks karny; **2los** bezkarny; **~porto** *n* dopłata; **~raum** *m Sp.* pole karne; **~recht** *n* prawo karne; **~stoß** *m Sp.* rzut karny; **~verfahren** *n* postępowanie karne; **~zettel** *m* mandat karny
Strahl *m* promień *m*; (*Wasser2 usw.*) strumień *m*; **2en** promieniować; *Sonne*: świecić; **~ung** *f* promieniowanie
Strähne *f* kosmyk; (*Garn*) pasmo
stramm *s.* **straff**
Strampelhöschen *n* śpioszki *m/pl.*
Strand *m* brzeg (morski); plaża; **~korb** *m* kosz plażowy
Strang *m* powróz
Strapaz|e *f* trud; mordęga; **2ieren** męczyć, ⟨z⟩mordować
Straße *f* ulica; (*Land2*) szosa
Straßen|bahn *f* tramwaj; **~beleuchtung** *f* oświetlenie ulic; **~kreuzung** *f* skrzyżowanie ulic (*od.* dróg); **~verkehr** *m* ruch uliczny (*od.* drogowy); **~verkehrsordnung** *f* kodeks drogowy
sträuben ⟨na⟩stroszyć (***sich*** się); *fig.* (***gegen***) opierać się (*D*)
Strauch *m* krzak, krzew
Strauß[1] *m* bukiet
Strauß[2] *m Zo.* struś *m*
streb|en (***nach***) dążyć (do *G*); **2er** *m* karierowicz; **~sam** gorliwy
Strecke *f* odcinek; *Esb.* trasa; *Sp. a.* dystans; **2n** wyciągać ⟨-gnąć⟩ (***sich*** się)
Streich *m fig.* figiel, psota; **2eln** ⟨po⟩głaskać; **2en** *v/t* ⟨po⟩malować; (*tilgen*) skreślać ⟨-lić⟩; **~holz** *n* zapałka; **~orchester** *n* orkiestra smyczkowa
Streif|e *f* patrol; **2en** *v/t* (lekko) dotykać ⟨-tknąć⟩ (*G*); **~en** *m* pas(ek), prążek
Streik *m* strajk; **2en** strajkować
Streit *m* spór (*a. Jur.*); sprzeczka; **2en** spierać się; **2ig** spor-

ny; **~kräfte** *f/pl.* siły *f/pl.* zbrojne; **ᘎsüchtig** kłótliwy (-wie)
streng surowy (-wo), srogi (-go); **ᘎe** *f* surowość *f*, srogość *f*
streuen rozsi(ew)ać; (*A*) posyp(yw)ać (*I*)
Streuselkuchen *m* placek z kruszonką
Strich *m* kreska
Strick *m* powróz; **ᘎen** ⟨z⟩robić na drutach, dziać; **~jacke** *f* sweter; **~waren** *f/pl.* wyroby *m/pl.* dziane
strikt ścisły (-le)
Strippe F *f* sznur(ek)
Stroh *n* słoma; **~halm** *m* słomka; **~hut** *m* kapelusz słomkowy; **~sack** *m* siennik
Strolch *m* włóczęga *m*
Strom *m* strumień *m*; *El.* prąd; *s.* **Fluss**
ström|en płynąć; lać się (strumieniem); **ᘎung** *f* prąd, nurt
Strom|verbrauch *m* zużycie prądu; **~zähler** *m* licznik prądu
Strophe *f* zwrotka
Strudel *m* wir; *Kochk.* strudel, strucla
Strumpf *m* pończocha; **~hose** *f* rajstopy *f/pl.*
struppig nastroszony
Stube *f* izba, pokój
Stuck *m Arch.* stiuk
Stück *n* kawałek; sztuka (*a. Thea.*); *Mus.* utwór; **~preis** *m* cena od sztuki; **ᘎweise** kawałkami; na sztuki
Student *m* student; **~enheim** *n* dom studencki, akademik; **~in** *f* studentka
Studie *f* studium *n*; **ᘎren** (**an** *D*) studiować (na *L*)
Stufe *f* stopień *m*; szczebel; **ᘎnweise** *Adv.* stopniowo
Stuhl *m* krzesło; **~gang** *m* stolec
stumm niemy (-mo)
Stummel *m* (*Zigarren*ᘎ) niedopałek; (*Kerzen*ᘎ) ogarek
Stümper *m* partacz
stumpf tępy (-po); *Winkel*: rozwarty
Stumpf *m* pień *m*, pniak
Stunde *f* godzina; lekcja; **~nlohn** *m* płaca godzinowa; **~nplan** rozkład zajęć
stündlich cogodzinny
stur F uparty (-cie); **ᘎheit** *f* upór
Sturm *m* burza; *Mil.* szturm; *Sp.* napad
stürm|en *v/t* szturmować, zdobywać; *Sp.* atakować; **~isch** burzliwy (-wie)
Sturz *m* spadek; *Pol.* upadek
stürzen *v/t* obalać ⟨-lić⟩; *v/i* spadać ⟨spaść⟩; runąć *pf.*; ***sich* ~** (***auf*** *A*) rzucać ⟨-cić⟩ się (na *A*)
Sturzhelm *m* hełm ochronny
Stute *f* klacz *f*, kobyła
Stütze *f* podpora
stutzen[1] *v/t* przycinać ⟨-ciąć⟩
stutzen[2] *v/i* zawahać się *pf.*
stütz|en podpierać ⟨podeprzeć⟩; ***sich* ~en** opierać

⟨oprzeć⟩ się; **℞punkt** *m Mil.* baza
Such|e *f* poszukiwanie; **℞en** (*A*) szukać (*G*); **~er** *m Fot.* wizjer
Sucht *f* nałóg, uzależnienie; (narko)mania
Süd|- *in Zssgn* południowy; **~en** *m* południe; **℞lich** południowy; (***von***) na południe (od *G*)
Sühne *f* pokuta, kara
Sülze *f* galareta
Summe *f* suma
summen brzęczeć
Sumpf *m* bagno; **℞ig** bagnisty
Sünd|e *f* grzech; **~er(in** *f*) *m* grzesznik (-ica); **℞igen** ⟨z⟩grzeszyć
Suppe *f* zupa; **~nfleisch** *n* mięso na rosół; **~ngrün** *n* włoszczyzna
surren furczeć; *s.* **summen**
süß słodki (-ko); **℞e** *f* słodycz *f*; **~en** ⟨o⟩słodzić; **℞igkeiten** *f/pl.* słodycze *f/pl.*
symbolisch symboliczny
Sympath|ie *f* sympatia; **℞isch** sympatyczny
systematisch systematyczny
Szene *f* scena (*a. fig.*)

T

Tabak *m* tytoń *m*; **~laden** *m* sklep tytoniowy
Tabelle *f* tabela
Tablett *n* taca; **~e** *f* tabletka
Tadel *m* nagana; **℞los** nienaganny; **℞n** (***wegen***) ⟨z⟩ganić (za *A*)
Tafel *f* tablica; tabliczka; (*Tisch*) stół
Täfelung *f* boazeria
Tafelwein *m* wino stołowe
Tag *m* dzień *m*; (*24 Std.*) doba; ***am ~e*** w dzień; ***bei ~e*** za dnia; ***von ~ zu ~*** z dnia na dzień; ***guten ~!*** dzień dobry!
Tage|buch *n* pamiętnik; **℞lang** całymi dniami
tag|en obradować; ***es ~t*** świta
Tages|ordnung *f* porządek dzienny; **~schau** *f* dziennik TV; **~zeit** *f* pora dnia
täglich codzienny; ***dreimal ~*** trzy razy dziennie
Tagung *f* konferencja
Taille *f* talia, kibić *f*
takt|los nietaktowny; **℞losigkeit** *f* nietakt; **~voll** taktowny
Tal *n* dolina
Talent *n* talent
Talg *m* łój
Talsperre *f* zapora wodna
Tank *m* zbiornik; *Mil.* czołg; **℞en** ⟨za⟩tankować; **~stelle** *f* stacja benzynowa
Tanne *f* jodła
Tante *f* ciotka
Tanz *m* taniec; **℞en** ⟨za-⟩ tańczyć
Tänzer(in *f*) *m* tancerz (-erka)

Tanz|lokal *n* dansing; **~musik** *f* muzyka taneczna
Tapete *f* tapeta
tapfer waleczny, dzielny
Tarif *m* taryfa; **~vertrag** *m* umowa zbiorowa
tarnen ⟨za⟩maskować
Tasche *f* kieszeń *f*; (*Reise*2) torba
Taschen|dieb *m* kieszonkowiec; **~geld** *n* kieszonkowe; **~messer** *n* scyzoryk; **~tuch** *n* chust(ecz)ka do nosa
Tasse *f* filiżanka
Taste *f* klawisz; *El.* przycisk; 2**n** (*nach*) macać (*A*)
Tat *f* czyn, uczynek; **~bestand** *m* stan faktyczny
Täter(in *f*) *m* sprawca *m* (-czyni)
tätig czynny; 2**keit** *f* czynność *f*; działalność *f*
tatkräftig energiczny
Tatort *m* miejsce zbrodni
tätowieren ⟨wy⟩tatuować
Tat|sache *f* fakt; 2**sächlich** faktyczny
Tatze *f* łapa
Tau[1] *n* lina
Tau[2] *m* rosa
taub głuchy
Taube *f* gołąb
Taubheit *f* głuchota
taubstumm głuchoniemy
tauch|en zanurzać ⟨-rzyć⟩ (*v/i* się); *Sp.* nurkować; 2**er** *m* nurek; 2**sieder** *m* grzałka nurkowa
tau|en tajać; ***es ~t*** taje
Tauf|e *f* chrzest; 2**en** ⟨o-⟩ chrzcić; **~schein** *m* metryka chrztu
taug|en (***zu***) nada(wa)ć się (do *G*); ***... ~t nichts ...*** jest do niczego; **~lich** zdatny
taumeln zataczać się
Tausch *m* zamiana, wymiana; 2**en** (***gegen***) wy-, zamieni(a)ć (na *A*); (***mit*** *j-m*) zamienić się (z *I*)
täuschen łudzić; *s.* **betrügen**; ***sich ~*** (***in*** *D*) zawodzić ⟨zawieść⟩ się (na *L*)
tausend tysiąc; 2**er** *m* F (*Note*) tysiączek; **~jährig** tysiącletni; **~ste(r)** tysięczny
Tauwetter *n* odwilż *f*
Taxi *n* taksówka; **~fahrer** *m* taksówkarz
Team *n* zespół; *Sp.* drużyna
Techni|k *f* technika; **~ker** *m* technik; 2**sch** techniczny
Tee *m* herbata; *Med.* ziółka *n/pl.*; **~gebäck** *n* herbatniki *m/pl.*; **~kessel** *m* czajnik; **~löffel** *m* łyżeczka do herbaty
Teer *m* smoła
Teich *m* staw
Teig *m* ciasto
Teil *m* część *f*; 2**en** ⟨po⟩dzielić (***sich*** się); *Meinung* podzielać; **~haber** *m* wspólnik; **~nahme** *f* uczestnictwo, udział; 2**nehmen** (***an*** *D*) brać ⟨wziąć⟩ udział (w *L*); **~nehmer(in** *f*) uczestnik (-iczka); **~ung** *f* podział; 2**weise** częściowy (-wo)
Teint *m* cera

Telefon *n* telefon; **~buch** *n* książka telefoniczna; **~gespräch** *n* rozmowa telefoniczna; **2ieren** (*mit*) ⟨za⟩telefonować (do *G*); **~karte** *f* karta telefoniczna; **~nummer** *f* numer telefonu; **~zelle** *f* budka telefoniczna
telegrafisch telegraficzny
Telegramm *n* telegram
Teller *m* talerz
Tempel *m* świątynia
Tempera|ment *n* temperament; **~tur** *f* temperatura
Tendenz *f* tendencja; **2iös** tendencyjny
Tennis *n* tenis; **~platz** *m* kort tenisowy; **~schläger** *m* rakieta; **~spieler(in** *f*) *m* tenisista *m* (-tka)
Teppich *m* dywan
Termin *m* termin
Terrasse *f* taras
Territorium *n* obszar, terytorium
Test *m* test, próba; **2en** sprawdzać ⟨-dzić⟩
teuer drogi (-go)
Teufel *m* diabeł
Textilien *pl.* tekstylia
Theater *n* teatr; **~stück** *n* sztuka teatralna
Theke *f* bufet
Thema *n* temat
Therapie *f* terapia
Thermometer *n* termometr
Thermosflasche *f* termos
Thron *m* tron
ticken tykać
tief głęboki (-ko); *Stimme*: niski; 2 *n* niż, depresja; **2e** *f* głębokość *f*; **2ebene** *f* nizina; **~er** głębszy; *Adv.* głębiej; (*weiter unten*) niżej; **~gekühlt** (za)mrożony; **2kühltruhe** *f* zamrażarka
Tier *n* zwierzę; **~arzt** *m* weterynarz; **2isch** zwierzęcy (-co)
Tiger *m* tygrys
tilgen ⟨s⟩kasować; *Schuld* umarzać ⟨umorzyć⟩
Tinte *f* atrament
tippen pisać na maszynie; *fig.* typować
Tisch *m* stół; ***am*** **~** przy stole; ***zu*** **~** do stołu; **~decke** *f* serweta; **~ler** *m* stolarz; **~tuch** *n* obrus
Toast *m* toast; *Kochk.* tost, grzanka
toben szaleć; *Kind*: dokazywać
Tochter *f* córka
Tod *m* śmierć *f*, zgon
Todes|anzeige *f* klepsydra; **~strafe** *f* kara śmierci; **~tag** *m* dzień *m* zgonu
tödlich śmiertelny
Toilette *f* toaleta; **~npapier** *n* papier toaletowy
tolerant tolerancyjny
toll F *fig.* szalony (-lenie); (*prima*) szałowy (-wo), fantastyczny; **2wut** *f* wścieklizna
tölpelhaft niezdarny
Tomate *f* pomidor; **~n-** pomidorowy
Ton *m* dźwięk, ton; *s.* **Lehm**; **~abnehmer** *m* adapter;

~band *n* taśma magnetofonowa; **~bandgerät** *n* magnetofon
tönen brzmieć, dźwięczeć
Ton|film *m* film dźwiękowy; **~leiter** *f* skala, gama
Tonne *f* tona; (*Fass*) beczka
Topf *m* garnek
Töpferwaren *f/pl.* wyroby *m/pl.* garncarskie
Tor[1] *m* głupiec
Tor[2] *n* brama; *Sp.* bramka
Torf *m* torf; **~moor** *n* torfowisko
Torheit *f* głupstwo
töricht nierozsądny
torkeln zataczać się
Torte *f* tort
Tor|wart *m* bramkarz; **~weg** *m* brama
tosen huczeć
tot martwy; *Tier:* zdechły
töten zabi(ja)ć (***sich*** się)
Tot|enschein *m* akt zgonu; **~schlag** *m* zabójstwo
Tour *f* wycieczka
Tourist *m* (**~in** *f*) turysta *m* (-tka); **²isch** turystyczny
traben (*im Trab laufen*) ⟨po-⟩biec kłusem
Tracht *f* strój, ubiór
traditionell tradycyjny
Trafo *m* transformator
Trage *f* nosze *pl.*
träge ociężały (-le)
tragen nosić, ⟨po⟩nieść
Träger *m* tragarz; *Arch.* dźwigar
Trag|fähigkeit *f* nośność *f*; **~fläche** *f* *Flgw.* płat nośny, skrzydło
tragisch tragiczny
Tragödie *f* tragedia
Tragweite *f* zasięg; *fig.* doniosłość *f*
Train|er *m* trener; **²ieren** trenować; **~ingsanzug** *m* dres
Traktor *m* ciągnik, traktor
trampeln tupać
trampen trampować
Träne *f* łza; **²n** łzawić
Tränke *f* wodopój; **²n** ⟨na-⟩poić; (*durch~*) nasycać ⟨-cić⟩
Transistor *m* tranzystor
Transit|verkehr *m* ruch tranzytowy; **~visum** *n* wiza tranzytowa
Transport *m* transport, przewóz; **²ieren** ⟨prze⟩transportować
Traube *f* grono; **~nsaft** *m* sok winogronowy; **~nzucker** *m* cukier gronowy
trauen *v/i* (*D*) ufać (*D*); *v/t* da(wa)ć ślub (*D*); ***sich ~*** odważać ⟨-żyć⟩ się; ***sich ~ lassen*** brać ⟨wziąć⟩ ślub
Trauer *f* smutek; (*Zeit, Kleidung*) żałoba; **²n** (***um*** *A*) opłakiwać (*A*); **~zug** *m* kondukt pogrzebowy
Traum *m* sen
träum|en *v/i* (***von***) śnić (o *L*); *v/t* ⟨przy⟩śnić się; **²er(in** *f*) *m* marzyciel(ka)
traurig smutny (-no); **²keit** *f* smutek
Trau|ring *m* obrączka ślubna; **~schein** *m* metryka ślubu; **~ung** *f* ślub

treff|en *v/t* trafi(a)ć; (*begegnen*) spot(y)kać; **℘en** *n* spotkanie; **~end** trafny; **℘er** *m* trafienie; **℘punkt** *m* miejsce spotkania
treib|en *v/t* ⟨po⟩pędzić; *Handwerk, Sport* uprawiać; *v/i* unosić się, płynąć; **℘haus** *n* cieplarnia; **℘stoff** *m* paliwo (silnikowe)
trenn|en od-, rozdzielać ⟨-lić⟩, rozłączać ⟨-czyć⟩; *Naht* rozpru(wa)ć; ***sich ~en*** rozsta(wa)ć się; **℘ung** *f* rozdzielenie; rozłąka; (*Ehe℘*) separacja
Treppe *f* schody *pl.*; **~nhaus** *n* klatka schodowa
Tresor *m* skarbiec, trezor
treten *v/i* stąpać; (***auf*** *A*) następować ⟨-tąpić⟩ (na *A*); (***vor*** *A*) stawać ⟨stawnąć⟩ (przed *I*); *v/t* kopać ⟨-pnąć⟩
treu wierny; **℘e** *f* wierność *f*; **~herzig** szczery (-rze)
Tribüne *f* trybuna
Trichter *m* lejek
Trick *m* trik; (*List*) podstęp; **~aufnahme** *f* zdjęcie trikowe
Trieb *m* popęd; *Bot.* pęd; **~kraft** *f* siła napędowa; *fig.* bodziec; **~werk** *n* zespół napędowy
triefen (***vor, von***) ociekać (*I*)
triftig ważki
Triller *m* trel
trink|bar zdatny do picia; **~en** ⟨*v/t* wy⟩pić; **℘er(in** *f*) *m* pijak (-aczka); **℘geld** *n* napiwek; **℘glas** *n* szklanka; **℘spruch** *m* toast; **℘wasser** *n* woda pitna
Tripper *m* rzeżączka, tryper
Tritt *m* krok; (*Fuß℘*) kopniak; **~brett** *n* stopień *m*
trocken suchy (-cho); **℘heit** *f* suchość *f*; (*Dürre*) susza; **℘milch** *f* mleko w proszku; **℘rasierer** *m* golarka elektryczna
trocknen *v/t* ⟨wy⟩suszyć; *v/i* ⟨wy⟩schnąć
Trödel *m* starzyzna; **~markt** *m* tandeta, ciuchy *m/pl.*
Trog *m* koryto
Trommel *f* bęben; **~fell** *n* *Anat.* bębenek; **℘n** bić w bęben; *fig.* bębnić
Trompete *f* trąb(k)a; **℘n** ⟨za-⟩ trąbić; **~r** *m* trębacz
Tropen *pl.* tropiki *m/pl.*
tropfen kapać; **℘** *m* kropla
tropisch tropikalny
Trost *m* pocieszenie
trösten (***mit; sich***) pocieszać ⟨-szyć⟩ (*I*; się)
trost|los (*öde*) odludny; (*unschön*) ponury (-ro); *s.* **hoffnungslos**; **℘preis** *m* nagroda pocieszenia
Trottel *m* kretyn, dureń *m*
trotz (*G*) (po)mimo (*G*)
Trotz *m* przekora; upór; ***zum ~*** na złość
trotz|dem *Adv.* mimo to; *Kj.* chociaż; **~en** stawi(a)ć czoło; **~ig** przekorny
trübe mętny; *Himmel*: pochmurny

Trubel *m* rwetes, ruch
trüb|en mącić; ***sich*** **~en** ⟨z⟩mętnieć; *Himmel*: ⟨za-⟩ chmurzyć się; **~sinnig** przygnębiony
trügerisch zwodniczy (-czo)
Truhe *f* skrzynia
Trümmer *pl.* gruzy *m/pl.*; **~haufen** *m* rumowisko
Trumpf *m* atut
Trunk *m* napój; **~enheit** *f* upojenie (alkoholowe)
Trunksucht *f* pijaństwo
Trupp *m* gromada; *Mil.* oddział; **~en** *pl.* wojsko
Truthahn *m* indyk
Tschech|e *m* Czech; **~in** *f* Czeszka; **2isch** czeski (po -ku)
tschüss! cześć!, pa!
Tuberkulose *f* gruźlica
Tuch *n* sukno; chust(k)a
tüchtig *s.* **erfahren²**, **fähig**, **ordentlich**
tückisch podstępny
Tugend *f* cnota
Tulpe *f* tulipan
Tumor *m* guz, nowotwór
Tümpel *m* kałuża
Tumult *m* zgiełk, wrzawa
tun ⟨z⟩robić, ⟨u⟩czynić; *Unrecht* wyrządzać ⟨-dzić⟩; **~ *als ob*** uda(wa)ć że …; *s.* **legen, stellen**
Tunke *f* sos; **2n** maczać ⟨umoczyć⟩
Tunnel *m* tunel
Tür *f* drzwi *pl.*
Türk|e *m* Turek; **~in** *f* Turczynka; **2isch** turecki (po -ku)
Türklinke *f* klamka
Turm *m* wieża
turn|en gimnastykować się; **2en** *n* gimnastyka; **2er(in** *f*) *m* gimnastyk (-yczka); **2halle** *f* sala gimnastyczna
Turnier *n* turniej
Tusche *f* tusz (kreślarski)
Tüte *f* torebka (papierowa)
typisch typowy (-wo)

U

U-Bahn *f* metro
übel zły (źle); **~ *nehmen*** brać ⟨wziąć⟩ za złe; ***mir ist* ~** jest mi niedobrze; **2** *n* zło; **2keit** *f* mdłości *f/pl.*, nudności *f/pl.*
üben (***sich in*** *D*) ćwiczyć (się w *L*)
über *Prp.* (*A*, *D*) nad (*A*, *I*); przez (*A*); ponad (*I*); **~all** wszędzie
überanstrengen przemęczać ⟨-czyć⟩ (***sich*** się)
überarbeiten przerabiać ⟨-robić⟩; ***sich* ~** przepracow(yw)ać się
über|aus nader; **2bleibsel** *n* pozostałość *f*; **2blick** *m fig.* orientacja; **~blicken** ogarniać ⟨-nąć⟩ wzrokiem; **~bringen** przynosić ⟨-nieść⟩;

Gruß przekaz(yw)ać; **꠸bringer(in** *f*) *m* oddawca *m* (-czyni); **~brücken** *fig. Zeit* wypełni(a)ć; *Mangel* doraźnie zapobiec (*D*); **~dauern** przetrwać *pf.*
überdies ponadto
überdrüssig: ~ *sein* mieć dość (*G*)
übereilt pochopny
überein|ander jeden na(d) drugim; **~kommen** uzgadniać ⟨-godnić⟩ (między sobą); **~stimmen** (*mit*) zgadzać ⟨zgodzić⟩ się (z *I*); **꠸stimmung** *f* zgoda; zgodność *f*
über|fahren (*j-n*) przejeżdżać ⟨-jechać⟩; **꠸fahrt** *f* przejazd, przeprawa; **꠸fall** *m* napad; **~fallen** (*A*) napadać ⟨-paść⟩ (*A*, na *A*); **~fliegen** (*A*) przelatywać ⟨-lecieć⟩ (nad *I*); **~flügeln** prześcigać ⟨-ścignąć⟩; **꠸fluss** *m* nadmiar, obfitość *f*; **~flüssig** zbyteczny, zbędny; **~fluten** zatapiać ⟨-topić⟩; **~führen** przewozić ⟨przewieźć⟩; (*j-n*) udowadniać ⟨-wodnić⟩ (k-u); **~füllt** przepełniony; **꠸gabe** *f* przekazanie; (*Aushändigung*) wręczenie; **꠸gang** *m* przejście; (*Bahn꠸*) przejazd; **꠸gangs-** przejściowy; **~geben** wręczać ⟨-czyć⟩; ***sich* ~geben** ⟨z⟩wymiotować; **~gehen** (***zu***) przechodzić ⟨przejść⟩ (do *G*); (*j-n,et.*) pomijać ⟨-minąć⟩; **~geordnet** nadrzędny; **꠸gewicht** *n* nadwaga; *fig.* przewaga; **~gießen** (***mit***) obl(ew)ać (*I*)
überhand: ~ ***nehmen*** mnożyć się
überhäufen (***mit***) obsyp(yw)ać (*I*)
überhaupt w ogóle; ~ ***nicht*** wcale nie
über|hitzen przegrz(ew)ać (***sich*** się); **~holen** wyprzedzać ⟨-dzić⟩; *Motor* ⟨wy-⟩ remontować; **꠸holung** *f* remont; **꠸holverbot** *n* zakaz wyprzedzania; **~lassen** pozostawi(a)ć; (*abtreten*) odstępować ⟨odstąpić⟩; **~lasten** przeciążać ⟨-żyć⟩; **~laufen** przel(ew)ać się; *fig.* (***zu***) przechodzić ⟨przejść⟩ (do *G*); **~leben** przeżyć *pf.*; (po)zostać *pf.* przy życiu
überleg|en[1] (*a.* ***sich***) *v/t* rozważać ⟨-żyć⟩ (*A*); **~en**[2] *Adj.* przeważający; **꠸enheit** *f* przewaga
über|listen przechytrzać ⟨-rzyć⟩; **~mäßig** nadmierny; *Adv. a.* zbyt; **~mitteln** przekaz(yw)ać; **~morgen** pojutrze; **~müdet** przemęczony; **~nachten** ⟨prze-⟩ nocować; **꠸nachtung** *f* nocleg; **꠸nahme** *f* przejęcie; (*Amt*) objęcie; **~natürlich** nadprzyrodzony; **~nehmen** obejmować ⟨objąć⟩; przejmować ⟨przejąć⟩; **~prüfen** sprawdzać ⟨-dzić⟩; **~raschen** za-

skakiwać 〈-skoczyć〉; **~raschend** zaskakujący (-co); **≈raschung** *f* niespodzianka; **~reden** (*zu*) namawiać 〈-mówić〉 (do *G*); **~reichen** wręczać 〈-czyć〉; **~schätzen** przeceni(a)ć

überschlagen *Kosten* obliczać 〈-czyć〉 w przybliżeniu; ***sich ~*** przewracać 〈-wrócić〉 się, przekoziołkować *pf.*

überschneiden: ***sich ~*** 〈po-〉 krzyżować się

über|schreiten przekraczać 〈-kroczyć〉; **≈schrift** *f* nagłówek; **≈schuss** *m* nadwyżka; **~schüssig** zbyteczny; **~schütten** (*mit*) obsyp(y-w)ać (*I*); **≈schwemmung** *f* powódź *f*; **~seeisch** zamorski; **~sehen** *s.* **überblicken**; *Fehler usw.* przeoczać 〈-czyć〉

übersetz|en *Text* 〈prze〉tłumaczyć; **≈er(in** *f*) *m* tłumacz(ka); **≈ung** *f* tłumaczenie, przekład; *Tech.* przekładnia

Über|sicht *f* przegląd; **≈sichtlich** przejrzysty (-ście); **≈siedeln** *v/i* przesiedlać 〈-lić〉 się; **~siedler** *m* przesiedleniec; **≈sinnlich** nadzmysłowy; **≈spannt** przesadny; ekscentryczny; **≈springen** przeskakiwać 〈-skoczyć〉; **≈stehen** *v/t* przetrwać *pf.*; **≈steigen** *fig.* przewyższać 〈-szyć〉; **≈stimmen** przegłosow(yw)ać; **~stunden** *f/pl.* godziny *f/pl.* nadliczbowe; **≈stürzt** *s.* **übereilt**; **≈tragen** (*j-m et.*) powierzać 〈-rzyć〉; *Rdf.* transmitować; **~tragung** *f Rdf.* transmisja; **≈treffen** przewyższać 〈-szyć〉; **≈treiben** (*A*) przesadzać 〈-dzić〉 (w *L*); **~treibung** *f* przesada; **≈treten** przekraczać 〈-kroczyć〉; *Gesetz* naruszać 〈-szyć〉; *s.* **überlaufen**; **≈trieben** przesadny; **≈wachen** (*A*) nadzorować (*A*); czuwać (nad *I*); **~wachung** *f* nadzór; **≈wältigen** obezwładni(a)ć; **≈weisen** *Pers.* skierow(yw)ać; *Geld* przekaz(yw)ać; **~weisung** *f* przekaz(anie); skierowanie; **≈wiegend** przeważający; *Adv.* przeważnie; **≈winden** pokon(yw)ać; **≈wintern** 〈prze〉zimować; **≈zählig** nadliczbowy

überzeug|en (*von*) przekon(yw)ać (o *L*; ***sich*** się); **≈ung** *f* przekonanie

über|ziehen wkładać 〈włożyć〉; (*mit*) powlekać 〈-lec〉 (*I*); **≈zug** *m* powłoka; pokrowiec

üblich zwykły

U-Boot *n* łódź *f* podwodna

übrig pozostały; ***~ bleiben*** pozosta(wa)ć; ***~ lassen*** pozostawi(a)ć; **~ens** zresztą

Übung *f* ćwiczenie

Ufer *n* brzeg

Uhr *f* zegar(ek); (*Uhrzeit*) godzina; ***wie viel ~ ist es?*** która godzina?; ***um fünf ~*** o pią-

tej godzinie; **~macher** *m* zegarmistrz; **~zeiger** *m* wskazówka
Uhu *m* puhacz
Ukrain|e *f* Ukraina; **2isch** ukraiński
Ulk *m* figiel, kawał; **2ig** pocieszny
um *Prp.* (*A*) do(o)koła (*G*); za (*I*); (*zeitlich*) o (*G*); *Adv.* (*etwa*) około; **~ so besser** tym lepiej; *Kj.* **~ zu** aby
um|arbeiten przerabiać ⟨-robić⟩; **~armen** uściskać *pf.*, uścisnąć *pf.*; **2armung** *f* uścisk; **~bauen** przebudow(yw)ać; **~benennen** przemianow(yw)ać; **~biegen** zaginać ⟨-giąć⟩; **~bilden** przekształcać ⟨-cić⟩; **~binden** zawiąz(yw)ać; **~bringen** zabi(ja)ć; **~drehen** obracać ⟨-rócić⟩ (**sich** się); **~fallen** przewracać ⟨przewrócić⟩ się
Umfang *m Math.* obwód; *fig.* rozmiar; **2reich** obszerny, rozległy (-le)
um|fassen obejmować ⟨objąć⟩; (*enthalten a.*) zawierać; **~formen** przekształcać ⟨-cić⟩; **2frage** *f* ankieta; **~füllen** przel(ew)ać
Umgang *m* (**mit**) obchodzenie się (z *I*); stosunki *m/pl.*
umgeb|en[1] otaczać ⟨otoczyć⟩; **~en**[2] *Adj.* otoczony; **2ung** *f* otoczenie; (*Gegend*) okolica
umgehen obchodzić ⟨obejść⟩ (*a.* **mit** się z *I*); **~d** bezzwłoczny; *Adv. a.* od ręki
um|gekehrt odwrotny; **~gießen** przel(ew)ać; **2hang** *m* zarzutka
umher wokoło, do(o)koła; **~fliegen** latać; **~irren** błąkać się
umhüll|en owijać ⟨owinąć⟩, okry(wa)ć; **2ung** *f* okrycie; opakowanie
Umkehr *f* powrót; **2en** *v/i* po-, zawracać ⟨-wrócić⟩; **~film** *m* film odwracalny
um|kippen przewracać ⟨-wrócić⟩ (*v/i* się); **~klammern** (*A*) kurczowo trzymać się (*G*); **2kleideraum** *m* przebieralnia; **~kommen** ⟨z⟩ginąć
Umkreis *m* obwód
umladen przeładow(yw)ać
Umlauf *m* obieg; **im ~ sein** być w obiegu
Umlaut *m* przegłos
Umleitung *f* objazd
um|liegend okoliczny; **~packen** przepakow(yw)ać; **~pflanzen** przesadzać ⟨-sadzić⟩; **~rechnen** przeliczać ⟨-czyć⟩; **~ringen** otaczać ⟨otoczyć⟩; **2riss** *m* zarys, kontur; **~rühren** ⟨prze-, za⟩mieszać
Umsatz *m* obrót; **~steuer** *f* podatek obrotowy
um|säumen obrębi(a)ć; **~schalten** *v/t* przełączać ⟨-czyć⟩; **~schauen** *s.* **umsehen**
Umschlag *m* (*Wetter2*) nagła

zmiana; (*Hosen*≈) mankiet; (*Brief*≈) koperta; (*Buch*≈) okładka; *Med.* okład; **≈en** *Ärmel* podwijać ⟨-inąć⟩; *Wetter*: zmieni(a)ć się
um|schlingen (*A*) owijać ⟨-inąć⟩ się (wokół *G*); **~schnallen** przypas(yw)ać; **~schreiben** przepis(yw)ać; *fig.* opis(yw)ać; **~schulen** przekwalifikow(yw)ać; **~schütten** przesyp(yw)ać; **≈schwung** *m fig.* nagła zmiana
umsehen: ***sich ~*** (***nach***) oglądać ⟨obejrzeć⟩ się (za *I*)
um|seitig drugostronny; **~setzen** przesadzać ⟨-sadzić⟩; **≈sicht** *f* rozwaga, oględność *f*; **~sichtig** rozważny, oględny; **~siedeln** przesiedlać ⟨-lić⟩; **≈siedler(in** *f*) *m* przesiedleniec (-lona)
umsonst za darmo; (*vergeblich*) daremnie
Umständ|e *m/pl.* okoliczności *f/pl.*; ***unter diesen ~en*** w tych warunkach; ***ohne ~e*** bez ceregieli; **≈lich** drobiazgowy (-wo)
um|steigen przesiadać ⟨-siąść⟩ się; **~stellen** przestawi(a)ć (*a.* ***sich*** się); **~stoßen** przewracać ⟨-rócić⟩; **~stritten** sporny; **~stürzen** *v/t* obalać ⟨-lić⟩; *v/i* runąć *pf.*
Umtausch *m* wy-, zamiana; **≈en** (***gegen***) wy-, zamieni(a)ć (na *A*)
umwand|eln przekształcać ⟨-cić⟩; **≈lung** *f* przekształcenie
Umweg *m* droga okrężna; ***e-n ~ machen*** nadłożyć *pf.* drogi
Umwelt *f* środowisko (naturalne); **~schutz** *m* ochrona środowiska; **~verschmutzung** *f* zanieczyszczenie środowiska
um|werfen *s.* **umstoßen**; **~wickeln** owijać ⟨-inąć⟩; **~zäunen** ogradzać ⟨ogrodzić⟩; **~ziehen** *v/i* przeprowadzać ⟨-dzić⟩ się; *v/t* przeb(ie)rać (***sich*** się); **~zingeln** otaczać ⟨otoczyć⟩; **≈zug** *m* przeprowadzka; (*Festzug*) pochód, procesja
unab|hängig niezależny; **~kömmlich** niezbędny; **~lässig** nieustanny; **~sichtlich** nieumyślny; **~wendbar** nieuchronny
unachtsam nieuważny; **≈keit** *f* nieuwaga
unan|fechtbar niezbity (-cie); **~gebracht** niestosowny; **~genehm** nieprzyjemny; **~nehmbar** nie do przyjęcia; **~sehnlich** niepozorny; **~ständig** nieprzyzwoity; **~tastbar** nietykalny
un|appetitlich nieapetyczny; **~artig** niegrzeczny
unauf|fällig dyskretny; **~findbar** nie dający się odnaleźć; **~haltsam** niepowstrzymany; **~hörlich** nieustanny;

~merksam nieuważny; **~richtig** nieszczery (-rze)
un|ausbleiblich nieunikniony; **~barmherzig** niemiłosierny
unbe|absichtigt niezamierzony; **~arbeitet** nieopracowany; **~denklich** *Adv.* bez obawy; *s.* **harmlos**; **~deutend** nieznaczny; **~dingt** bezwarunkowy; *Adv.* koniecznie; **~fangen** bezstronny; **~friedigend** niezadowalający (-co); **~fristet** bezterminowy (-wo); **~fugt** nieuprawniony; **~greiflich** niepojęty; **~grenzt** nieograniczony (-czenie); **~gründet** nieuzasadniony; **~haglich** nieprzyjemny; **~holfen** niezgrabny; **~kannt** nieznany; **~kümmert** beztroski (-ko); **~liebt** nie lubiany; **~merkt** nie zauważony; *Adv.* niepostrzeżenie; **~quem** niewygodny; **~rechtigt** nieuprawniony; *Vorwurf usw.*: niesłuszny; **~schränkt** *s.* **unbegrenzt**; **~schreiblich** nieopisany; **~sonnen** nierozważny; **~ständig** niestały, zmienny; **~stechlich** nieprzekupny; **~stimmt** nieokreślony; **~streitbar** niezaprzeczalny; **~teiligt** nie zainteresowany; **~wacht** niestrzeżony; **~weglich** nieruchomy (-mo); **~wohnt** niezamieszkały; **~wusst** nieświadomy; *Adv.* mimo woli; **~zahlbar** *fig.* nieoceniony; **~zahlt** nie zapłacony
un|brauchbar nieprzydatny; **~brennbar** nie(za)palny
und i, a; **~ *zwar*** a mianowicie; F ***na ~?*** no i co?
un|dankbar niewdzięczny; **~denkbar** nie do pomyślenia; **~deutlich** niewyraźny; **~dicht** nieszczelny; **~durchsichtig** nieprzezroczysty
un|eben nierówny (-no); **~echt** nieprawdziwy; **~ehelich** nieślubny; **~eigennützig** bezinteresowny; **~einig** niezgodny; **~empfindlich** niewrażliwy; **~endlich** nieskończony (-czenie)
unent|behrlich niezbędny; **~geltlich** nieodpłatny; **~schieden** nierozstrzygnięty; **~schlossen** niezdecydowany
uner|bittlich nieubłagany; **~fahren** niedoświadczony; **~freulich** niepocieszający (-co); przykry (-ro); **~giebig** niewydajny; **~heblich** nieznaczny; **~hört** niesłychany; **~klärlich** niewytłumaczalny; **~lässlich** nieodzowny; **~laubt** niedozwolony; **~müdlich** niestrudzony (-dzenie); **~reichbar** nieosiągalny; **~sättlich** nienasycony; **~schöpflich** niewyczerpany; **~schrocken** nieustraszony; **~setzlich** niezastąpiony; *Verlust*: niepowetowany; **~träglich** nie-

znośny; **~wartet** nieoczekiwany; **~wünscht** niepożądany
unfähig (*zu*) niezdolny (do *G*)
Unfall *m* (nieszczęśliwy) wypadek; **~station** *f* stacja pogotowia ratunkowego; **~versicherung** *f* ubezpieczenie od nieszczęśliwych wypadków
un|fassbar niepojęty; **~fehlbar** nieomylny; **~förmig** nieforemny; **~frankiert** nie opłacony; **~freundlich** nieprzyjazny; **~fruchtbar** niepłodny
Unfug *m* wybryk
Ungar *m* (**~in** *f*) Węgier(ka); **≈isch** węgierski (po -ku)
Ungarn *n* Węgry *pl.*
unge|bildet niewykształcony; **~bräuchlich** nieużywany; **~duldig** niecierpliwy (-wie); **~eignet** (*für*) nie nadający się (do *G*)
ungefähr przybliżony; *Adv.* około; **~lich** niegroźny; nieszkodliwy
unge|heuer ogromny; *Adv.* potwornie; **≈heuer** *n* potwór; **≈horsam** *m* nieposłuszeństwo; **~legen** *Adv.* nie w porę; nie na rękę; **~mütlich** nieprzytulny; **~nau** niedokładny
ungeniert bezceremonialny
unge|nießbar niejadalny; **~nügend** niedostateczny; **~rade** *Zahl*: nieparzysty; **~recht** niesprawiedliwy (-wie)
ungern niechętnie
unge|schickt niezręczny; **~setzlich** bezprawny; nielegalny; **~stört** niezakłócony; *Adv.* w spokoju; **~sund** niezdrowy (-wo); **~wiss** niepewny; **~wöhnlich** niezwykły (-le); **~zählt** niezliczony
Ungeziefer *n* robactwo
un|gezogen niegrzeczny; **~gezwungen** niewymuszony; **~glaublich** nieprawdopodobny; **~glaubwürdig** niewiarogodny; **~gleichmäßig** nierównomierny
Unglück *n* nieszczęście; **≈lich** nieszczęśliwy (-wie); **≈licherweise** na nieszczęście; **~sfall** *m* nieszczęśliwy wypadek
un|gültig nieważny; **~günstig** niepomyślny; nieprzychylny; **~handlich** nieporęczny
Unheil *n* zło; nieszczęście; **≈bar** nieuleczalny
un|heimlich niesamowity (-cie); **~höflich** nieuprzejmy (-mie)
Uni F *f* uniwerek; **~form** *f* mundur; **~on** *f* unia; **~versität** *f* uniwersytet
un|klar niejasny (-no); **~klug** niemądry (-rze); **≈kosten** *pl.* koszty *m/pl.*; **≈kraut** *n* chwast, zielsko; **~kritisch** bezkrytyczny; **~längst** niedawno; **~leserlich** nieczytel-

ny; **~löslich** nierozpuszczalny
Unlust *f* niechęć *f*
un|mäßig nieumiarkowany; **≗menge** *f* mnóstwo; **~menschlich** nieludzki (-ko); **~merklich** niedostrzegalny; **~mittelbar** bezpośredni (-nio); **~modern** niemodny; **~möglich** niemożliwy (-wie); **~nötig** niepotrzebny
unord|entlich nieporządny; **≗nung** *f* nieporządek
un|parteiisch bezstronny; **~passend** niestosowny; **~pässlich** niedysponowany; **~persönlich** bezosobowy (*a. Gr.*); **~praktisch** niepraktyczny; **~pünktlich** niepunktualny; **~rasiert** nie ogolony
Unrat *m* śmiecie *m/pl.*
Unrecht *n* krzywda, niesprawiedliwość *f*; *j-m* **~** (*an*)*tun* ⟨s⟩krzywdzić (*A*); **≗mäßig** nieprawny
un|regelmäßig nieregularny; **~reif** niedojrzały (-le); **~richtig** nieprawidłowy (-wo)
Unruh|e *f* niepokój; **~en** *pl.* rozruchy *m/pl.*; **≗ig** niespokojny
uns (*D*) nam, (*reflexiv*) sobie; (*A*) nas, (*reflexiv*) siebie, się; ***bei* ~** u nas; ***mit* ~** z nami; ***zu* ~** do nas
un|sauber nieczysty (-to); **~schädlich** nieszkodliwy; **~scharf** nieostry (-ro); **~schätzbar** nieoceniony; **~scheinbar** niepokaźny; **~schlagbar** niepokonany; *Beweis*: niezbity (-cie); **~schlüssig** niezdecydowany
Unschuld *f* niewinność *f*; **≗ig** niewinny
unser nasz *m*, nasza *f*, nasze *n*, *pl.* nasze, nasi; (*reflexiv*) swój, swoja, swoje, swoi
un|sicher niepewny; **~sichtbar** niewidzialny; **≗sinn** *m* nonsens, bzdura; **~sinnig** bezsensowny; **~sittlich** niemoralny; **~sterblich** nieśmiertelny; **~sympathisch** niesympatyczny; **~tätig** bezczynny; **~tauglich** niezdatny; *Pers.* niezdolny; **~teilbar** niepodzielny
unten na dole, u dołu; ***nach* ~** w dół; ***von* ~** od (*od.* z) dołu
unter (*D*, *A*) pod (*I*, *A*); (*zwischen*) wśród (*G*); (*weniger als*) poniżej
Unter|arm *m* przedramię; **≗belichtet** niedoświetlony; **~bewusstsein** *n* podświadomość *f*; **≗brechen** przer(y)wać; **~brechung** *f* przerwa; **≗bringen** umieszczać ⟨umieścić⟩; **≗dessen** tymczasem; **≗drücken** gnębić; *fig.* ⟨s⟩tłumić; **≗e**(**r**) dolny; *Klasse usw.*: niższy; **≗einander** między sobą; **≗entwickelt** niedorozwinięty; *Land*: zacofany; **≗ernährt** niedożywiony; **~führung** *f*

przejazd (*od.* przejście) dołem; **~gang** *m* (*Sonne*) zachód; (*Schiff*) zatonięcie; **~gebene(r)** *m* podwładny; **≈gehen** zachodzić ⟨zajść⟩; *Schiff*: zatonąć *pf.*; **≈graben** podkop(yw)ać

Untergrund *m* podłoże; *fig.* tło; *Pol.* podziemie; **~bahn** *f s.* **U-Bahn**

unterhalb (*G*) poniżej (*G*)

Unterhalt *m* utrzymanie; **≈en** *v/t* utrzym(yw)ać; *Gäste* zabawiać; ***sich*** **≈*en*** rozmawiać; **~spflicht** *f* obowiązek alimentacji; **~ung** *f* rozmowa; (*Zeitvertreib*) rozrywka

Unter|hemd *n* podkoszulek; **~hose** *f* kalesony *pl.*; **≈irdisch** podziemny; **~kiefer** *m* dolna szczęka; **~kunft** *f* kwatera; **~lage** *f* podkładka; (*Beleg*) dokument; **≈lassen** *v/t* zaniechać *pf.* (*G*); zaprzesta(wa)ć (*G*); **≈legen** *v/t* podkładać ⟨podłożyć⟩; **~leib** *m* podbrzusze; **≈liegen** (*D*) *fig.* podlegać (*D*); **~lippe** *f* dolna warga; **~mieter** *m* sublokator; podnajemca *m*

unternehm|en przedsiębrać ⟨-sięwziąć⟩; **≈en** *n* (*Betrieb*) przedsiębiorstwo; **≈er** *m* przedsiębiorca *m*; **≈ung** *f* przedsięwzięcie; **~ungslustig** przedsiębiorczy

Unter|offizier *m* podoficer; **≈ordnen** spodporządkow(yw)ać (***sich*** się); **~redung** *f* rozmowa; **~richt** *m* nauka, lekcje *f/pl.*; **≈richten** (***in*** *D*) udzielać lekcji (*G*); (***von***) zawiadamiać ⟨-domić⟩ (o *L*); **~rock** *m* halka; **≈sagen** zabraniać ⟨-ronić⟩; **≈schätzen** *v/t* niedoceni(a)ć (*G*); **≈scheiden** odróżni(a)ć (***sich*** się); **~schenkel** *m* goleń *f*; **≈schieben** podsuwać ⟨-sunąć⟩; **~schied** *m* różnica; **≈schlagen** *s.* **veruntreuen**; **≈schreiben** podpis(yw)ać; **~schrift** *f* podpis; **≈seeisch** podmorski; **≈spülen** podmy(wa)ć; **≈stellen** podstawi(a)ć; (*j-m et.*) imputować; **≈streichen** podkreślać ⟨-lić⟩; **≈stützen** wspierać ⟨wesprzeć⟩; *fig.* popierać ⟨poprzeć⟩; **~stützung** *f* popieranie, poparcie; (*Geld*) zapomoga

untersuch|en ⟨z⟩badać; *Jur.* ⟨prze⟩prowadzić dochodzenie; **≈ung** *f* badanie; *Jur.* dochodzenie; **≈ungsbefund** *m* wynik badania; **≈ungshaft** *f* areszt śledczy; **≈ungsrichter** *m* sędzia *m* śledczy

Unter|tasse *f* spodek; **≈tauchen** zanurzać ⟨-rzyć⟩ się; **~teil** *m od. n* dolna część *f*; **~wäsche** *f* bielizna; **~wasser-** podwodny; **≈wegs** w drodze; **~welt** *f fig.* świat przestępczy; **≈werfen** podbi(ja)ć; **≈zeichnen** podpis(yw)ać; **≈ziehen** (*D*) podda(wa)ć (***sich*** się)

Untiefe *f* mielizna

un|tragbar nieznośny; **~trennbar** nierozłączny; **~treu** niewierny; **~treue** niewierność *f*; (*Verrat*) wiarołomstwo
unüber|legt nierozważny; **~troffen** niezrównany; **~windlich** nieprzezwyciężony
un|umwunden *Adv.* bez ogródek; **~unterbrochen** nieprzerwany; *Adv. a.* bez przerwy
unver|änderlich niezmienny; nie zmieniony; **~antwortlich** nieodpowiedzialny; **~besserlich** niepoprawny; **~bindlich** nieobowiązujący; **~daulich** niestrawny; **~dient** niezasłużony; **~einbar** (***mit***) sprzeczny (z *I*); **~gänglich** nieprzemijający; wiekopomny; **~gesslich** niezapomniany; **~gleichlich** niezrównany; **~heiratet** *s.* **ledig**; **~käuflich** niesprzedażny; **~meidlich** nieunikniony; **~mutet** nieoczekiwany; **~nünftig** nierozsądny; **~schämt** bezczelny; **~sehrt** cały (-ło); *Sache*: nienaruszony; **~ständlich** niezrozumiały (-le); **~zeihlich** niewybaczalny; **~zollt** nie oclony; **~züglich** niezwłoczny
unvoll|endet nie dokończony; **~kommen** niedoskonały (-le); **~ständig** niepełny, niekompletny
unvor|bereitet nie przygotowany; **~hergesehen** nieprzewidziany; **~sichtig** nieostrożny; **~stellbar** *s.* **undenkbar, unbeschreiblich**
un|wesentlich nieistotny; **~wetter** *n* burza; **~wichtig** nieważny; **~widerruflich** nieodwołalny; **~willkürlich** mimowolny; **~wirksam** bezskuteczny; **~wissend** nieuświadomiony; **~wissenheit** *f* niewiedza
unwohl niedysponowany
unzählig niezliczony
unzer|brechlich nie tłukący się; **~trennlich** nierozłączny
Unzucht *f* nierząd
unzu|frieden niezadowolony; **~friedenheit** *f* niezadowolenie; **~gänglich** niedostępny; **~länglich** niedostateczny; **~lässig** niedopuszczalny; **~verlässig** niepewny
un|zweckmäßig niecelowy, nieodpowiedni; **~zweideutig** niedwuznaczny
üppig bujny; *Essen*: obfity
Ur|ahn *m* pradziad; **~aufführung** *f* prapremiera; **~heber(in** *f*) *m* sprawca *m* (-czyni); autor(ka)
Urin *m* mocz
Urkunde *f* dokument
Urlaub *m* urlop; ***im ~*** na urlopie; podczas urlopu
Urlaubszeit *f* sezon urlopowy
Urne *f* urna
Ursache *f* przyczyna; ***keine ~!*** nie ma za co!

Ur|sprung *m* początek; pochodzenie; **⁀sprünglich** pierwotny; **~teil** *n* sąd; *Jur.* wyrok; **⁀teilen** sądzić; **~wald** *m* puszcza
Utensilien *pl.* przybory *m/pl.*
UV-Strahlung *f* promieniowanie nadfioletowe

V

Vakuum *n* próżnia
Valuta *f* waluta
Vanille *f* wanilia
Vase *f* wazon
Vaseline *f* wazelina
Vater *m* ojciec; **~land** *n* ojczyzna
väterlich ojcowski (po -ku)
Vater|schaft *f* ojcostwo; **~unser** *n* Ojcze nasz
Vati F *m* tatuś *m*
Vegeta|rier *m* jarosz; **⁀risch** jarski (po -ku)
Veilchen *n* fiołek
Vene *f* żyła
Ventil *n* zawór
verab|reden umawiać ⟨umówić⟩ (***sich*** się); **⁀redung** *f* umowa; (*Treffen*) (umówione) spotkanie; **~scheuen** (*A*) nie znosić (*G*); **~schieden** ⟨po⟩żegnać (***sich*** się; ***von*** z *I*); *Gesetz* uchwalać ⟨-lić⟩
ver|achten (*A*) pogardzać, gardzić (*I*); **~ächtlich** pogardliwy (-wie); **⁀achtung** *f* pogarda; **~allgemeinern** uogólni(a)ć; **~altet** przestarzały (-le)
veränder|lich zmienny; **~n** zmieni(a)ć (***sich*** się); **⁀ung** *f* zmiana
Veran|lagung *f* skłonność *f*; (*Steuer*) wymiar; **⁀lassen** ⟨s⟩powodować; **~lassung** *f* polecenie; *s.* **Anlass**; **⁀schaulichen** unaoczni(a)ć
veranstalt|en urządzać ⟨-dzić⟩, ⟨z⟩organizować; **⁀ung** *f* (*konkret*) impreza
verantwort|en (*A*) odpowiadać (za *A*); **~lich** odpowiedzialny; **⁀ung** *f* odpowiedzialność *f*
ver|arbeiten przerabiać ⟨-robić⟩, przetwarzać ⟨-worzyć⟩; **~äußern** zby(wa)ć
Verband *m* związek; *Med.* opatrunek; **~skasten** *m* apteczka podręczna; **~szeug** *n* materiały *m/pl.* opatrunkowe
ver|bannen skaz(yw)ać na wygnanie; **~bergen** ukry(wa)ć (***sich*** się); **~bessern** po-, u-lepszać ⟨-szyć⟩; *Fehler* poprawi(a)ć; **⁀besserung** *f* ulepszenie; **~beugen**: ***sich*** **~** kłaniać ⟨ukłonić⟩ się; **⁀beugung** *f* ukłon; **~biegen** zginać ⟨zgiąć⟩ (***sich*** się); **~bieten** zabraniać ⟨-ronić⟩
verbind|en ⟨po⟩łączyć (***sich***

sich); *Wunde* opatrywać ‹-trzyć›; **~lich** wiążący (-co); *s.* **höflich**; **&ung** *f* połączenie; *Verkehr, Telefon. a.* łączność *f*; *Chem.* związek; *s.* **Bündnis, Beziehung**

ver|bittert rozgoryczony; **~bissen** zaciekły (-le); **~bleiben** pozosta(wa)ć; **~blüfft** zaskoczony, osłupiały; **~blühen** przekwitać ‹-tnąć›; **~bluten** wykrwawi(a)ć się; **~borgen** skryty (-ycie)

Verbot *n* zakaz; **&en** zakazany, wzbroniony

Verbrauch *m* zużycie; spożycie; **&en** zuży(wa)ć; **~er** *m* konsument

Verbrech|en *n* przestępstwo, zbrodnia; **~er(in** *f*) *m* przestępca *m* (-czyni), zbrodniarz (-rka); **&erisch** przestępczy (-czo), zbrodniczy (-czo)

ver|breiten rozpowszechni(a)ć; szerzyć (***sich*** się); **~breitern** poszerzać ‹-rzyć›; **&breitung** *f* rozpowszechnianie; szerzenie (się); **~brennen** ‹s›palić (*v/i* się); **&brennung** *f* spalanie; *Med.* oparzenie (ogniem); **~bringen** *Zeit* spędzać ‹-dzić›; **~brühen** sparzyć *pf.* (***sich*** się, sobie *A*); **&bündete(r)** sojusznik (-iczka); **~bürgen** ‹za›gwarantować; **~büßen** *Strafe* odby(wa)ć; **&dacht** *m* podejrzenie

verdächtig podejrzany; **~en** (*j-n G*) posądzać ‹-dzić› (k-o o *A*)

ver|dammen potępi(a)ć; **~dampfen** wyparow(yw)ać; **~danken** zawdzięczać ‹-czyć›; **~dauen** ‹s›trawić; **&dauung** *f* trawienie

Verdeck *n* dach składany; **&en** zasłaniać ‹-łonić›; *s.* **zudecken**

verderb|en *v/t* ‹po-, ze-› psuć (*v/i* się); **~lich** nietrwały, psujący się

verdien|en zarabiać ‹-robić›; *fig.* (*A*) zasługiwać ‹-użyć› (na *A*); **&st¹** *n* zasługa; **&st²** *m* zarobek; **~t** zasłużony (-żenie)

ver|doppeln podwajać ‹-woić›; **~dorben** zepsuty; **~drängen** wypierać ‹-przeć›; **~drehen** *fig.* przekręcać ‹-cić›; **~dreifachen** potrajać ‹-troić›; **&druss** *m* kłopot, zmartwienie; **~dunkeln** zaciemni(a)ć; **~dünnen** rozcieńczać ‹-czyć›; **~dunsten** *v/i* ulatniać ‹ulotnić› się; **~dursten** ‹z›ginąć z pragnienia; **~edeln** uszlachetni(a)ć

verehr|en czić; uwielbiać; **&er(in** *f*) *m* wielbiciel(ka); **~t** szanowny; **&ung** *f* (wielki) szacunek; uwielbienie

vereidigt zaprzysiężony

Verein *m* związek, stowarzyszenie; **&baren** uzgadniać ‹-godnić›; **~barung** *f* ugoda,

porozumienie; **2fachen** upraszczać ⟨-rościć⟩; **2igen** ⟨z⟩jednoczyć (***sich*** się); **~igung** *f* zjednoczenie; *s.* **Verein**; **2zelt** sporadyczny
ver|eiteln udaremni(a)ć; **~engen** zwężać ⟨-żyć⟩ (***sich*** się); **~erben** zostawi(a)ć w spadku; **~fahren** *v/i* postępować ⟨-tąpić⟩; **2fahren** *n* postępowanie (*a. Jur.*); metoda (*a. Tech.*);
Verfall *m* ruina; upadek; **2en**¹ *v/i Haus*: niszczeć; *Gutschein*: przepadać ⟨-paść⟩; **2en**² *Adj.* zapuszczony, zdewastowany; *Gutschein, Lebensmittel*: przeterminowany; **~sdatum** *n* termin przydatności do użytku (*od.* spożycia)
verfass|en układać ⟨ułożyć⟩; *Testament* sporządzać ⟨-dzić⟩; **2er(in** *f*) *m* autor(ka); **2ung** *f Pol.* konstytucja; *s.* **Zustand**
ver|faulen ⟨z⟩gnić; **~fehlen** (*A*) chybi(a)ć (*G*); *Pers.* minąć się (z *I*) *pf.*; **~feindet** powaśniony; **~filmen** ⟨z-⟩ ekranizować; **~fließen** *Frist*: upływać ⟨-ynąć⟩; **~flossen** ubiegły, miniony; F *Pers.* były; **~fluchen** przeklinać ⟨-kląć⟩
verfolg|en ścigać; *fig.* prześladować; **2er(in** *f*) *m* ścigający (-ca); prześladowca *m* (-czyni); **2ung** *f* pościg, (*a. Jur.*) ściganie; prześladowanie
verfrüht przedwczesny
verfüg|bar będący do dyspozycji; **~en** *v/t* zarządzać ⟨-dzić⟩; *v/i* dysponować (*I*); **2ung** *f* zarządzenie, rozporządzenie; ***zur 2ung haben*** mieć do dyspozycji
verführ|en (*j-n*) uwodzić ⟨uwieść⟩; (***zu***) ⟨s⟩kusić (do *G*); **~erisch** *fig.* kuszący (-co)
vergangen *Adj.* miniony, przeszły; **2heit** *f* przeszłość *f*
Vergaser *m Kfz.* gaźnik
vergeb|en przebaczać ⟨-baczyć⟩; **~ens** na próżno; **~lich** daremny; **2ung** *f* przebaczenie
vergehen (prze)mijać ⟨(prze)minąć⟩; *Schmerz usw.*: przechodzić ⟨-przejść⟩; *Zeit*: upływać ⟨-ynąć⟩; ***sich ~ (gegen)*** wykraczać ⟨-kroczyć⟩ (przeciw); **2** *n* wykroczenie
vergelt|en (***mit***) odpłacać ⟨-cić⟩ (*I*); **2ung** *f* odwet
ver|gessen zapominać ⟨-mnieć⟩ (***sich*** się); **~gesslich** roztargniony; **~geuden** ⟨z⟩marnować (*a. Zeit*); *Geld* roztrwonić *pf.*
vergewaltig|en ⟨z⟩gwałcić; **2ung** *f* zgwałcenie
vergewissern: ***sich ~*** (*G*) upewni(a)ć się (o *L*)
ver|gießen rozl(ew)ać; **~giften** ⟨o⟩truć (***sich*** się); *Luft usw.*: zatru(wa)ć; **2giftung** *f* otrucie; zatrucie
Vergleich *m* porównanie; *Jur.* pojednanie, ugoda; **2en** po-

równ(yw)ać
vergnüg|en: ***sich ~en*** bawić się, zabawi(a)ć się; **2en** *n* przyjemność *f*; rozrywka; (*Tanz*2) zabawa; **~t** wesoły (-ło)
ver|goldet pozłacany; **~graben** *v/t* zakop(yw)ać; **~griffen** *Buch*: wyczerpany; *Ware*: rozprzedany; **~größern** powiększać ⟨-szyć⟩ (***sich*** się); **2größerung** *f* powiększenie (*a. Fot.*); **2günstigung** *f* przywilej; **~güten** wynagradzać ⟨-grodzić⟩; **2gütung** *f* wynagrodzenie
verhaft|en ⟨za⟩aresztować; **2ung** *f* (za)aresztowanie
verhalten: ***sich ~*** zachow(yw)ać się; **2** *n* zachowanie (się)
Verhältnis *n* stosunek; F romans; **2mäßig** stosunkowy (-wo)
verhand|eln (***über*** *A*) pertraktować (o *L*); *Jur.* rozpozn(aw)ać (*A*); **2lung** *f* pertraktacje *f/pl.*; negocjacje *f/pl.*; *Jur.* rozprawa
ver|hängnisvoll fatalny; **~hasst** znienawidzony; **~heerend** katastrofalny; **~heimlichen** zatajać ⟨zataić⟩, ukry(wa)ć
verheirat|en *v/t* (***mit***) *Frau*: wydać *pf.* zamąż (za *A*); ***sich ~en*** wychodzić ⟨wyjść⟩ za mąż; *Mann*: ⟨o⟩żenić (z *I*; ***sich*** się); **~et** *Mann*: żonaty; *Frau*: zamężna
verhindern (*A*) przeszkadzać ⟨-szkodzić⟩ (*D*)
Verhör *n* przesłuchanie; **2en** przesłuch(iw)ać; ***sich 2en*** przesłyszeć się *pf.*
ver|hüllen zasłaniać ⟨zasłonić⟩; **~hungern** umrzeć *pf.* z głodu; **~hüten** (*A*) zapobiegać ⟨-biec⟩ (*D*); **2hütungsmittel** *m Med.* środek antykoncepcyjny
verirren: ***sich ~*** zabłądzić, zabłąkać się *pf.*
ver|jagen przepędzać ⟨-pędzić⟩; **~jähren** *Jur.* ulegać ⟨ulec⟩ przedawnieniu; **2jüngungskur** *f* kuracja odmładzająca
Verkauf *m* sprzedaż *f*; **2en** sprzeda(wa)ć; ***zu 2en*** do sprzedania
Verkäufer(in *f*) *m* sprzedawca *m* (-czyni)
Verkehr *m* ruch; komunikacja; *fig.* stosunki *m/pl.*; **2en** (***mit***) utrzymywać stosunki (z *I*); *Esb. usw.*: kursować
Verkehrs|ampel *f* sygnalizator świetlny; **~dichte** *f* nasilenie ruchu; **~flugzeug** *n* samolot komunikacyjny; **~mittel** *n* środek komunikacyjny; **~polizei** *f* policja drogowa; **~regeln** *f/pl.* przepisy *m/pl.* drogowe; **~unfall** *m* wypadek drogowy; **~zeichen** *n* znak drogowy
verkehrt odwrotny; *fig.* opaczny; *Adv.* na opak
ver|klagen zaskarżać ⟨-żyć⟩;

~kleiden przeb(ie)rać (**sich** się); **~kleinern** po-, z-mniejszać ⟨-szyć⟩ (**sich** się); **~klingen** przebrzmie(wa)ć; **~kommen**[1] *v/i s.* **verfallen**; *Pers.* wykolejać ⟨-leić⟩ się; **~kommen**[2] *Adj. Pers.* wykolejony; **~körpern** uosabiać ⟨uosobić⟩; **~krampft** skurczony (spazmem); *Pers.* skrępowany; **~kümmern** ⟨z⟩marnieć; **~kürzen** skracać ⟨skrócić⟩; **~laden** załadow(yw)ać

Verlag *m* wydawnictwo

verlangen (*A* **von** *D*) ⟨za-⟩żądać (*G* od *G*)

verlänger|n przedłużać ⟨-żyć⟩; **2ung** *f* przedłużenie

verlangsamen zwalniać ⟨zwolnić⟩

verlassen[1] *v/t* opuszczać ⟨opuścić⟩: **sich ~** (**auf** *A*) polegać (na *L*)

verlassen[2] *Adj.* porzucony

Verlauf *m* przebieg, tok; **nach ~ von** po upływie (*G*); **2en** przebiegać; odbywać się; *s.* **führen**

verleben przeży(wa)ć

verleg|en[1] *Sitz, Termin* przenosić ⟨przenieść⟩; *Buch* wyda(wa)ć; **~en**[2] *Adj.* zakłopotany; **2enheit** *f* zakłopotanie

ver|leiden obrzydzać ⟨obrzydzić⟩; **~leihen** *Geld* wypożyczać ⟨-czyć⟩; *Orden* nada(wa)ć; **~leiten** skłaniać ⟨-łonić⟩; **~lernen** (*A*) zapominać ⟨-mnieć⟩ (*G*)

verletz|en ⟨s⟩kaleczyć (**sich** się); ⟨z⟩ranić; *Recht* naruszać ⟨-szyć⟩; **2te(r)** ranny *m* (-na *f*); **2ung** *f* skaleczenie, uszkodzenie; *fig.* naruszenie

verleumd|en oczerni(a)ć, zniesławi(a)ć; **2ung** *f* oszczerstwo, zniesławienie

verlieb|en: **sich ~en** (**in** *A*) zakochać się *pf.* (w *L*); **~t** zakochany

verlieren *v/t* ⟨z⟩gubić; *fig.* ⟨s⟩tracić; *Spiel* przegr(yw)ać

verlob|en: **sich ~en** zaręczać ⟨-czyć⟩ się; **~t** zaręczony; **2te(r)** narzeczony *m* (-na *f*); **2ung** *f* zaręczyny *pl.*

verlock|end nęcący (-co); **2ung** *f* pokusa

verlogen zakłamany; **2heit** *f* zakłamanie

verloren *Adj.* z(a)gubiony; *fig.* stracony; **~ gehen** ⟨z⟩gubić się, przepaść *pf.*

ver|losen rozlosow(yw)ać; **2lust** *m* zguba; *Hdl., fig.* strata, utrata; **~machen** *s.* **vererben**; **2mächtnis** *n* ostatnia wola; **~mehren** rozmnażać ⟨-nożyć⟩ (**sich** się); **~meiden** (*A*) unikać ⟨-knąć⟩ (*G*)

Vermerk *m* adnotacja

vermessen[1] *v/t* wymierzać ⟨-rzyć⟩; **~**[2] *Adj.* zuchwały (-le)

vermiet|en wynajmować ⟨-jąć⟩; **zu ~en** do wynajęcia; **2er(in** *f*) *m* wynajmujący *m* (-ca *f*); **2ung** *f* wynajem

ver|mindern zmniejszać

⟨-szyć⟩ (*sich* się); **~missen** *v/t* stwierdzać ⟨-dzić⟩ brak (*G*); *s.* **verspüren**; **~misst** *Pers.* zaginiony (bez wieści)
vermitt|eln (*bei*; *in D*) pośredniczyć (przy *I*; w *L*); **2ler** *m* pośrednik; **2lung** *f* pośrednictwo; *Fmw.* centrala
vermögen zdołać *pf.*; **2** *n* majątek
vermut|en przypuszczać ⟨-uścić⟩; **~lich** przypuszczalny; *Adv.* zapewne; **2ung** *f* przypuszczenie
ver|nachlässigen zaniedb(yw)ać; **~nehmen** ⟨u⟩słyszeć; *s.* **verhören**; **2nehmung** *f s.* **Verhör**; **~neigen** *s.* **verbeugen**; **~neinen** (*A*) zaprzeczać ⟨-czyć⟩ (*D*); **~nichten** ⟨z⟩niszczyć; **2nichtung** *f* zniszczenie; zagłada; **2nunft** *f* rozsądek; **~nünftig** rozsądny; **~öffentlichen** ⟨o⟩publikować; **~ordnen** zarządzać ⟨-dzić⟩; *Arznei* zapis(yw)ać; **2ordnung** *f* zarządzenie; przepis; **~pachten** wydzierżawi(a)ć; **~packen** ⟨za-, o⟩pakować; **2packung** *f* opakowanie; **~passen** *v/t* F *Chance* przegapi(a)ć; *Zug* spóźni(a)ć się (na *A*); **~pfänden** zastawi(a)ć; **~pflanzen** przesadzać ⟨-dzić⟩; *fig.*, *Med.* przeszczepi(a)ć; **~pflegen** ⟨wy⟩żywić; stołować (*sich* się); **2pflegung** *f* prowiant; wyżywienie; **~pflichten** (*zu*) zobowiąz(yw)ać (do *G*) (*sich* się); **2pflichtung** *f* zobowiązanie; **~prügeln** zbić *pf.*, ⟨s⟩tłuc
Verrat *m* zdrada; **2en** zdradzać ⟨-dzić⟩ (*sich* się)
Verräter *m* (**~in** *f*) zdrajca *m* (-czyni); **2isch** zdradziecki (-ko)
verrechn|en rozliczać ⟨-liczyć⟩; *sich* **~en** przeliczać ⟨-czyć⟩ się; **2ung** *f* rozliczenie; **2ungs-** rozliczeniowy
ver|recken zdechnąć *pf.*; **~reisen** wyjeżdżać ⟨wyjechać⟩; **~renken** zwichnąć *pf.*; **2renkung** *f* zwichnięcie; **~richten** wypełni(a)ć; **~riegeln** zaryglować *pf.*; *Tech.* ⟨za⟩blokować; **~ringern** *s.* **vermindern, senken**; **~rostet** zardzewiały
verrückt F zwariowany; **~** *werden* ⟨z⟩wariować; **2e(r)** wariat(ka)
Verruf *m*: *in* **~** *bringen* ⟨z⟩dyskredytować
Vers *m* wiersz
ver|sagen (*j-m A*) odmawiać ⟨-mówić⟩ (k-u *G*); *v/i* zawodzić ⟨-wieść⟩, nie dopisać *pf.*; **~salzen** przesalać ⟨-solić⟩
versamm|eln ⟨z⟩gromadzić, zbierać ⟨zebrać⟩ (*sich* się); **2lung** *f* zebranie, zgromadzenie
Versand *m* wysyłka; **~haus** *n* dom sprzedaży wysyłkowej

versäum|en *Pflicht* zaniedb(yw)ać; *Schule* opuszczać ⟨opuścić⟩; *s.* **verpassen**; **2nis** *n* zaniedbanie
ver|schaffen (*A*) wystarać się *pf.* (o *A*); **~schämt** zawstydzony; **~schärfen** zaostrzać ⟨-rzyć⟩ (***sich*** się)
verschätzen: ***sich ~*** przerachow(yw)ać się
ver|schenken (po)darować *pf.*; **~schicken** wys(y)łać; **~schieben** przesuwać ⟨-sunąć⟩ (***sich*** się); *Termin* odraczać ⟨-roczyć⟩
verschieden różny; **~artig** rozmaity; **2heit** *f* odmienność *f*
ver|schimmelt spleśniały; **~schlafen** zaspać *pf.*; *Adj.* zaspany; **~schlagen** *Adj.* przebiegły (-le); **~schlechtern** pogarszać ⟨-gorszyć⟩ (***sich*** się); **~schleiern** *fig.* ukry(wa)ć; **~schließen** zamykać ⟨-mknąć⟩; **~schlimmern** *s.* **verschlechtern**; **~schlingen** *fig.* pochłaniać ⟨-chłonąć⟩; **~schlossen** zamknięty; *fig.* skryty; **~schlucken** połykać ⟨-łknąć⟩; **2schluss** *m* zamknięcie; *Fot.* migawka; **~schmähen** (*A*) pogardzać ⟨-dzić⟩ (*I*); **~schmelzen** stapiać ⟨stopić⟩ (*v/i* się); **~schmutzen** zanieczyszczać ⟨-yścić⟩, ⟨po⟩brudzić (*v/i* się); **~schnaufen** wytchnąć *pf.*; **~schnupft** zakatarzony; *fig.* nadąsany; **~schollen** zaginiony; **~schonen** (***j-n mit***) oszczędzać ⟨-dzić⟩ (k-u *G*); **~schönern** upiększać ⟨-szyć⟩
verschreiben *s.* **verordnen**; ***sich ~*** ⟨o⟩mylić się przy pisaniu
verschuld|en *v/t* zawinić *pf.*; **~et** zadłużony
ver|schütten *s.* **vergießen**; **~schweigen** przemilczeć *pf.*
verschwend|en roztrwaniać ⟨-wonić⟩; **~erisch** rozrzutny; **2ung** *f* marnotrawstwo; (***von***) trwonienie (*G*)
ver|schwiegen dyskretny; **~schwinden** znikać ⟨zniknąć⟩
verschwör|en: ***sich ~en*** (***gegen***) sprzysięgać ⟨-siąc⟩ się (przeciw *D*); **2er** *m* spiskowiec; **2ung** *f* spisek, zmowa
versehen (***mit***) zaopatrywać ⟨-trzyć⟩ (w *A*); *Amt* sprawować; ***sich ~*** ⟨o⟩mylić się; **2** *n* (p)omyłka; ***aus* 2** przez przeoczenie; **~tlich** omyłkowy (-wo)
ver|senden wys(y)łać; **~sengen** opalać ⟨-lić⟩; **~senken** pogrążać ⟨-żyć⟩ (*a. fig.* ***sich*** się); *Schiff* zatapiać ⟨-topić⟩; **~setzen** *v/t Schüler* promować; *Schlag* zada(wa)ć; *Beamte* przenosić ⟨-nieść⟩; *s.* **verpfänden**; **~seuchen** zarażać ⟨-razić⟩; (*radioaktiv*) skażać ⟨-azić⟩
versicher|n (***gegen***) ubezpie-

czać ⟨-czyć⟩ (od *G*); (*j-n G*); zapewni(a)ć, zaręczać ⟨-czyć⟩ (k-u *A*); **≈ung** *f* ubezpieczenie; zapewnienie; **≈ungs-** ubezpieczeniowy

ver|sickern wsiąkać ⟨wsiąknąć⟩; **~siegeln** opieczętować *pf.*; **~silbert** posrebrzany; **~sinken** zapadać ⟨-paść⟩ się; ⟨za⟩tonąć

versöhn|en ⟨po⟩godzić (**sich** się); **≈ung** *f* pojednanie

versorg|en (**mit**) zaopatrywać ⟨-trzyć⟩ (w *A*); **≈ung** *f* zaopatrzenie

verspät|en: **sich ~en** opóźni(a)ć się; (*zu spät kommen*) spóźni(a)ć się; **≈ung** *f* opóźnienie

ver|sperren zagradzać ⟨zagrodzić⟩; **~spielen** *v/t* przegr(yw)ać; **~spotten** *v/t* szydzić, kpić (z *G*); **~sprechen** obiec(yw)ać; **≈sprechen** *n* obietnica; **~spüren** odczu(wa)ć

verstaatlich|en upaństwawiać ⟨-wowić⟩; **≈ung** *f* upaństwowienie

Verstand *m* rozum, rozsądek

verständ|igen zawiadamiać ⟨-domić⟩; **sich ~igen** porozumie(wa)ć się; **≈igung** *f* porozumiewanie się; **~lich** zrozumiały (-le); **≈nis** *n* zrozumienie

verstärk|en wzmacniać ⟨-mocnić⟩; **≈er** *m* wzmacniacz

verstaubt zakurzony

verstauchen: **sich den Fuß ~** skręcić *pf.* sobie nogę w stawie

Versteck *n* kryjówka; schowek; **≈en** ukry(wa)ć; ⟨s-⟩ chować (**sich** się)

ver|stehen ⟨z⟩rozumieć; (*können*) umieć; **≈steigerung** *f* licytacja

verstellen przestawi(a)ć: *Weg* zastawi(a)ć; **sich ~** uda(wa)ć

ver|steuern (*A*) ⟨za⟩płacić podatek (za *A*); **~stimmt** rozstrojony; **~stopfen** zat(y)kać; **≈stopfung** *f Med.* zaparcie; **~storben** zmarły; **~stoßen** (**gegen**) naruszać ⟨-szyć⟩ (*A*), wykraczać ⟨-kroczyć⟩ (przeciw); **~streichen** upływać ⟨-ynąć⟩; **~streuen** rozsyp(yw)ać; **~stümmeln** ⟨o⟩kaleczyć; **~stummen** zamilknąć *pf.*

Versuch *m* próba; *Tech.*, *Chem.* doświadczenie; **≈en** (*A*) ⟨s⟩próbować (*G*)

ver|tagen odraczać ⟨odroczyć⟩; **~tauschen** zamieni(a)ć

verteidig|en (*A*) bronić (*G*), obronić *pf.* (*A*); **≈er** *m* obrońca *m*; **≈ung** *f* obrona

ver|teilen rozdzielać ⟨-lić⟩; **≈teilung** *f* rozdział; **~teuern** podrażać ⟨-drożyć⟩; **~tiefen** pogłębi(a)ć (**sich** się); **≈tiefung** *f* pogłębienie; (*konkret*) wgłębienie; **~tilgen** ⟨wy-⟩ tępić

Vertrag *m* umowa; **≈en** znosić

⟨znieść⟩; ***sich* ≈en** żyć w zgodzie; *s.* **versöhnen**; **≈lich** umowny

vertrau|en ufać, dowierzać; **≈en** *n* zaufanie; **≈ensarzt** *m* lekarz zaufania; **~lich** poufny; (*intim*) poufały (-le)

vertreib|en wypędzać, przepędzać ⟨-dzić⟩; *Ware* rozprowadzać; *Zeit* (***sich mit***) spędzać (na *L*); **≈ung** *f* wypędzenie, przepędzenie

vertret|en zastępować ⟨zastąpić⟩; **≈er(in *f*)** *m* zastępca *m* (-czyni); przedstawiciel(ka); **≈ung** *f* zastępstwo; *Pol.*, *Hdl.* przedstawicielstwo

Vertrieb *m* dystrybucja; **~ene(r)** wypędzony (-a), przesiedleniec (przymusowy)

ver|trocknen zasychać ⟨zaschnąć⟩; **~üben** popełni(a)ć; **~unglücken** ulegać ⟨ulec⟩ wypadkowi; (*tödlich*) zginąć *pf.* w wypadku; **~unreinigen** zanieczyszczać ⟨-yścić⟩; **~untreuen** sprzeniewierzać ⟨-rzyć⟩; **~ursachen** ⟨s⟩powodować; **~urteilen** potępi(a)ć; *Jur.* skaz(yw)ać; **≈urteilung** *f* potępienie; *Jur.* skazanie; **~vielfältigen** powielać ⟨-lić⟩

vervoll|kommnen udoskonalać ⟨-lić⟩; **~ständigen** uzupełni(a)ć

verwahr|en przechow(yw)ać; ***sich* ~en (*gegen*)** zastrzegać ⟨-rzec⟩ się (przeciw); **~lost** zaniedbany; **≈ung** *f* przechowanie

verwalt|en (*A*) zarządzać (*I*); **≈er** *m* administrator; **≈ung** *f* administracja; *in Zssgn* administracyjny

verwand|eln przemieni(a)ć (***sich*** się); **≈lung** *f* przemiana

verwandt spokrewniony; **≈e(r)** krewny (-na); **≈schaft** *f* pokrewieństwo; *Pers.* krewni *pl.*

Verwarnung *f* upomnienie

verwechs|eln ⟨po⟩mylić, F ⟨po⟩plątać; **≈lung** *f* pomyłka

ver|weigern (*A*) odmawiać ⟨-mówić⟩ (*G*); **≈weis** *m* nagana; odsyłacz; **~weisen** (***an*** *A*) odsyłać ⟨odesłać⟩, skierować *pf.* (do *G*); (*G*) wydalać ⟨-lić⟩ (z *G*); **~welken** ⟨z⟩więdnąć; **~wenden** (***zu***) uży(wa)ć (do *G*, na *A*); **~werten** ⟨z⟩użytkować; **≈wesung** *f* rozkład, gnicie; **~wickeln** zapląt(yw)ać; **~wildert** zdziczały; **~wirklichen** urzeczywistni(a)ć, ⟨z⟩realizować; **~wirren** ⟨po⟩plątać; (*j-n*) zmieszać *pf.*; **~wirrt** *fig.* zmieszany; **~wischen** zacierać ⟨zatrzeć⟩; zamaz(yw)ać; **~wittert** zwietrzały; **~witwet** owdowiały; **~worren** zawiły (-le)

verwund|en (z)ranić *pf.*; **≈erung** *f* zdziwienie; **~et**,

~ete(r) ranny; **~ung** *f* zranienie; (*Wunde*) rana
ver|wünschen przeklinać ‹-kląć›; **~wüsten** ‹s›pustoszyć; **~zählen**: ***sich ~zählen*** przeliczyć się *pf.*; **~zaubern** *fig.* oczarow(yw)ać; **~zehr** *m* spożycie, konsumpcja; **~zehren** spoży(wa)ć
Verzeichnis *n* spis, wykaz
verzeih|en przebaczać ‹-baczyć›; **~ung** *f* przebaczenie; ***~ung!*** przepraszam!
Verzicht *m* zrzeczenie się, rezygnacja; **~en** (***auf*** *A*) zrzekać ‹-rzec› się (*G*), ‹z›rezygnować (z *G*)
ver|zieren ozdabiać ‹ozdobić›; **~zierung** *f* ozdoba; **~zinsen** oprocentow(yw)ać (***sich*** się); **~zögern** odwlekać ‹-wlec› (***sich*** się); **~zögerung** *f* odwlekanie; zwłoka; **~zollen** oclić *pf.*
Verzug *m* zwłoka; **~szinsen** *m/pl.* odsetki *m/pl.* za zwłokę
verzweif|eln rozpaczać; (***an*** *D*) zwątpić *pf.* (w *A*); **~lung** *f* rozpacz *f*
Verzweigung *f* rozgałęzienie
Video|kassette *f* wideokaseta; **~recorder** *m* magnetowid
Vieh *n* bydło
viel wiele, dużo; ***so ~e*** tyle, tak dużo; **~deutig** wieloznaczny; **~fach** wielokrotny
vielleicht może
viel|mals wielokrotnie; **~mehr** raczej; **~seitig** wielostronny
vier cztery
Vier *f* czwórka; **~eck** *n* czworokąt; **~eckig** czworokątny; **~fach** poczwórny; **~jährig** czteroletni
vierte(r) czwarty
Viertel *n* ćwierć *f*, ćwiartka; (*Stadt~*) dzielnica; **~finale** *n* ćwierćfinał; **~jahr** *n* kwartał; **~stunde** *f* kwadrans
vier|zehnte(r) czternasty; **~zigste(r)** czterdziesty
violett fioletowy (-wo)
Violine *f* skrzypce *pl.*
Visitenkarte *f* wizytówka
Visum *n* wiza
Vitamin *n* witamina
Vogel *m* ptak; **~scheuche** *f* strach na wróble
Vokabel *f* słowo, wyraz
Volk *n* naród; (*Leute*) lud
Völkerrecht *n* prawo międzynarodowe
volks|eigen uspołeczniony; **~fest** *n* zabawa ludowa, festyn; **~kunst** *f* sztuka ludowa; **~lied** *n* pieśń *f* ludowa; **~republik** *f* republika ludowa; **~schule** *f* szkoła powszechna; **~tümlich** ludowy; **~wirtschaft** *f* gospodarka narodowa; **~zählung** *f* spis ludności
voll pełny, pełen (*G*); **~bringen** (*A*) dokon(yw)ać (*G*); **~enden** dokańczać ‹dokończyć›; **~ends** zupełnie; całkiem
Volleyball *m* siatkówka

völlig całkowity (-cie), zupełny

voll|jährig pełnoletni; **~kommen** doskonały (-le); **2macht** *f* pełnomocnictwo; **2milch** *f* mleko pełnotłuste; **2mond** *m* pełnia (księżyca); **2pension** *f* całodzienne utrzymanie; **~ständig** kompletny; **~strecken** *Jur.* wykon(y-w)ać; **~wertig** pełnowartościowy; **~zählig** kompletny

von *Prp.* (*D*) (*~ wo?*; *Ursache*) od, z, ze (*G*); (*~ wem?*) od (*G*); (*über*) o (*L*); (*woraus?*) z, ze (*G*); *~* ***ihm*** od niego z Berlina; *~* ***heute an*** od dziś; *~* ***hier*** stąd

voneinander jeden od drugie

vor *Prp.* (*D*; *wo?*, *wann?*) przed (*I*); (*Grund*) z (*G*); (*A*; *wohin?*) przed (*A*); *~* ***der Tür*** przed drzwiami; *~* ***Angst*** ze strachu; *~* ***allem*** przede wszystkim

Vorabend *m* wi(gi)lia

voran naprzód; **~gehen** (*D*) iść ⟨pójść⟩ przodem (przed *I*); *fig.* poprzedzać ⟨-dzić⟩

Voranmeldung *f*: uprzednie uzgodnienie terminu

voraus: ***im*** **2** z góry; **~sagen** przepowiadać ⟨-iedzieć⟩; **~sehen** przewidywać ⟨-widzieć⟩; **~setzen** zakładać ⟨założyć⟩; **2setzung** *f* założenie; **~sichtlich** przypuszczalny, przewidywany; **2zahlung** *f* wpłata zaliczkowa

Vorbedacht *m*: ***mit~*** z rozmysłem

Vorbehalt *m* zastrzeżenie; **2en**: ***sich*** **2en** zastrzegać ⟨-rzec⟩ sobie

vorbei *Adv.* (***an*** *D*) koło, mimo (*G*); **~fahren** (***an*** *D*) przejeżdżać ⟨-jechać⟩ (obok *G*); **~gehen** przechodzić ⟨przejść⟩; **~lassen** przepuszczać ⟨-uścić⟩

vorbereit|en (***auf*** *A*) przygotow(yw)ać (***sich*** się; do *G*); **2ung** *f* przygotowanie

vor|bestellen ⟨za⟩rezerwować; **~bestraft** (poprzednio) karany

vorbeug|en (*D*) zapobiegać ⟨-ec⟩ (*D*); ***sich*** **~en** wychylać ⟨-lić⟩ się do przodu; **2ung** *f* *Med.* profilaktyka

Vorbild *n* wzór; **2lich** wzorowy

vorder|- przedni; **2grund** *m* pierwszy plan; **2teil** *m od. n* przód, przednia część *f*

Vor|druck *m* blankiet, formularz; **2eilig** zbyt pośpieszny; **2eingenommen** uprzedzony; **~fahr** *m* przodek; **~fahrt** *f* pierwszeństwo przejazdu; **~fall** *m* zajście, incydent; **2fristig** przedterminowy (-wo)

vorführ|en ⟨za⟩prezentować; *Film* wyświetlać ⟨-lić⟩; **2ung** *f* pokaz

Vor|gang *m s.* **Vorfall**; proces; **~gänger** *m* poprzednik; **2gehen** *s.* **handeln**; *Uhr*:

spieszyć się; (*gegen*) występować ‹-tąpić› (przeciw); **~gesetzte(r)** przełożony *m* (-na *f*); **~gestern** przedwczoraj; **~greifen** (*D*) uprzedzać ‹-dzić› (*A*); **~haben** zamierzać ‹-rzyć›; **2haben** *n* zamiar; **2halle** *f* przedsionek
vorhanden: ~ *sein* być; znajdować się
Vor|hang *m* zasłona; *Thea.* kurtyna; **~hängeschloss** *n* kłódka
vorher przedtem; **2sage** *f* przepowiednia; prognoza; **~sagen** przepowiadać ‹-powiedzieć›; **~sehen** przewidywać ‹-idzieć›
vorhin przed chwilą, dopiero co
vorig poprzedni; *Jahr, Woche*: zeszły, ubiegły
Vorkehrung *f*: *~en treffen* ‹po›czynić przygotowania
Vorkenntnisse *f/pl.* elementarne wiadomości *f/pl.*
vorkomm|en *v/i* zdarzać ‹-rzyć› się; (*scheinen*) wyda(wa)ć się; **2nis** *n* zdarzenie
Vorkriegs- przedwojenny
vorlad|en wzywać ‹wezwać›; **2ung** *f* wezwanie
vor|läufig tymczasowy (-wo); *Adv. a.* tymczasem; **~legen** przedkładać ‹-dłożyć›; **2lesung** *f* wykład; **~letzte(r)** przedostatni; **2liebe** *f* (*für*) upodobanie (do *G*); **~liegen** (*D*) znajdować się (u *G*); **~liegend** niniejszy; **~mals** dawniej; **~merken** zanotować *pf.*, zapis(yw)ać
Vormittag *m* przedpołudnie; *am* ~ przed południem
Vormund *m* opiekun(ka)
vorn z przodu, na przodzie; *nach* ~ do przodu; *von* ~ z przodu; od początku
Vorname *f* imię
vornehm wytworny
vornehmen: *sich* ~ zamierzać ‹-rzyć›
vornherein: *von* ~ z góry
Vorort *m* przedmieście; **~zug** *m* pociąg podmiejski
Vor|rang *m* pierwszeństwo; **~rat** *m* zapas; **2rätig** na składzie, w zapasie; **~recht** *n* przywilej; **~richtung** *f* urządzenie; przyrząd; **2rücken** *v/i* posuwać ‹-unąć› się naprzód; **2sätzlich** umyślny
Vorschlag *m* propozycja; **2en** ‹za›proponować
vor|schreiben *v/t* przepis(yw)ać; **2schrift** *f* przepis; **2schuss** *m* zaliczka
vorseh|en (*für*) przeznaczać ‹-czyć› (na *A*); *sich ~en* uważać; **2ung** *f* opatrzność *f*
Vorsicht *f* ostrożność *f*; *~!* ostrożnie!; **2ig** ostrożny
Vorsilbe *f* przedrostek
Vorsitz *m* przewodnictwo; **~ende(r)** przewodniczący *m* (-ca *f*)
Vorsorge *f* zapobiegliwość *f*; **~untersuchung** *f* badanie profilaktyczne

vor|sorglich *Adv.* przezornie; **2speise** *f* przekąska; **2spiel** *n* przygrywka; **2sprung** *m* *Arch.* występ; *Sp.* przewaga; **2stadt** *f* przedmieście; **2stand** *m* zarząd; **2steher** *m* naczelnik

vorstell|en przedstawi(a)ć; ***sich ~en*** wyobrażać ⟨-razić⟩ sobie; **2ung** *f* przedstawienie (*a. Thea.*); wyobrażenie

Vor|stoß *m* wypad; **~strafe** *f* poprzednia kara; **2strecken** wysuwać ⟨-sunąć⟩; *Geld* da(-wa)ć jako zaliczkę; **2täuschen** ⟨u⟩pozorować; symulować; **~teil** *m* korzyść *f*; **2teilhaft** korzystny; **~trag** *m* wykład; **2tragen** *Gedicht* ⟨wy⟩recytować; *Bitte* przedstawi(a)ć; **2trefflich** wyborny; **2treten** występować ⟨-stąpić⟩ naprzód

vorüber *s.* **vorbei**; **~gehend** przejściowy (-wo)

Vor|urteil *n* uprzedzenie; **~verkauf** *m* przedsprzedaż *f*; **~wählnummer** *f* numer kierunkowy; **~wand** *m* pretekst; **2wärts** naprzód; **2weisen** okaz(yw)ać; **2werfen** *fig.* zarzucać ⟨-cić⟩; **2wiegend** *Adv.* przeważnie; **~wort** *n* przedmowa; **~wurf** *m* zarzut; **~zeichen** *n* znak; **2zeigen** pokaz(yw)ać; **2zeitig** przedwczesny; **2ziehen** *fig.* woleć; *Pers.* faworyzować; **~zimmer** *n* przedpokój; **~zug** *m* zaleta; **2züglich** wyśmienity (-icie)

Votivgabe *f* wotum *n*

vulgär wulgarny

Vulkan *m* wulkan

W

Waage *f* waga; **2recht** poziomy (-mo)

wach: **~ *sein*** nie spać; **~ *werden*** ⟨z⟩budzić się; **2e** *f* straż *f*; warta; **~en** czuwać; nie spać

Wacholder *m* jałowiec

Wachs *n* wosk

wachsam czujny

wachsen[1] ⟨na⟩woskować

wachs|en[2] ⟨u⟩rosnąć, ⟨u-⟩róść; *fig.* wzrastać ⟨wzróść⟩; **2tum** *n* rośnięcie, wzrastanie; wzrost

Wächter *m* stróż

Wachtposten *m* posterunek; *Pers.* wartownik

wack|(e)lig chwiejny; **~eln** ⟨za⟩chwiać się

Wade *f* łydka

Waffe *f* broń *f*

Waffel *f* andrut, wafel

Waffenschein *m* pozwolenie na broń

wagen ⟨za⟩ryzykować

Wagen *m* wóz; *Esb.* wagon; **~heber** *m* podnośnik

wag|halsig ryzykowny; **2nis**

n ryzyko
Wahl *f* wybór; *Pol.* wybory *m/pl.*
wähl|en wyb(ie)rać; **2er(in** *f*) *m* wyborca *m* (-czyni); **~erisch** wybredny
wahl|los *Adv.* nie wybierając; **2recht** *n* prawo wyborcze
Wahnsinn *m* obłąkanie; *fig.* szaleństwo; **2ig** obłąkany; szalony
wahr prawdziwy; ***nicht ~?*** nie prawsaż?; **~en** zachow(ywa)ć
während *Prp.* (*G*) podczas, w czasie (*G*); *Kj.* podczas gdy; **~dessen** tymczasem
Wahr|heit *f* prawda; **2nehmen** spostrzegać ‹-rzec›; **2sagen** ‹wy›wróżyć; **2scheinlich** prawdopodobny
Währung *f* waluta
Wahrzeichen *n* symbol
Waise *f* sierota *m od. f*
Wal *m* wieloryb
Wald *m* las; **~erdbeere** *f* poziomka; **2ig** lesisty; **~weg** *m* droga leśna (*od.* przez las)
Wall *m* wał
Wallfahrt *f* pielgrzymka
Walnuss *f* orzech włoski
Walze *f* walec
wälzen ‹po›toczyć (***sich*** się); (***auf*** *A*) zwalać ‹-lić› (na *A*); *Buch* wertować
Walzer *m* walc
Wand *f* ściana; *in Zssgn* ścienny
Wandel *m* zmiana; **2bar** zmienny; **2n** zmieni(a)ć (***sich*** się)
Wander|er *m* wędrowiec; **2n** wędrować; **~ung** *f* wędrówka; wycieczka piesza; **~weg** *m* trasa piesza
Wandlung *f* przemiana
Wand|schrank *m* szafa wbudowana; **~uhr** *f* zegar ścienny
Wange *f* policzek
wanken chwiać się; *fig.* wahać się
wann kiedy; ***seit ~?*** odkąd?
Wanne *f* wanna
Wanze *f* pluskwa
Wappen *n* herb; godło
Ware *f* towar
Waren|haus *n* dom towarowy; **~sortiment** *n* asortyment towarów; **~zeichen** *n* znak towarowy
warm ciepły (-ło)
Wärm|e *f* ciepło; **2en** ogrz(ew)ać (***sich*** się); **2er** cieplej(szy); **~flasche** *f* termofor
Warn|- *mst* ostrzegawczy; **~dreieck** *n* trójkąt odblaskowy; **2en** ostrzegać ‹-rzec›; **~ung** *f* ostrzeżenie, przestroga
warten ‹za›czekać
Wärter *m* dozorca *m*
Warte|saal *m* poczekalnia; **~zeit** *f* czas oczekiwania; **~zimmer** *n* poczekalnia
warum dlaczego
Warze *f* brodawka
was co; ~ ***für ein?*** co za?; ~

kostet ...? ile kosztuje ...?
Wasch|automat *m* pralka automatyczna; **~becken** *n* umywalnia
Wäsche *f* bielizna; (*das Waschen*) pranie
waschen ⟨u⟩myć (***sich*** się); *Wäsche* ⟨wy⟩prać
Wäscherei *f* pralnia
Wasch|maschine *f* pralka; **~pulver** *n* proszek do prania; **~raum** *m* umywalnia
Wasser *n* woda; **~ball** *m Sp.* piłka wodna; **2dicht** wodoszczelny; *Stoff*: nieprzemakalny; **~fall** *m* wodospad; **~glas** *n* szklanka; *Chem.* szkło wodne; **~hahn** *m* kurek wodociągowy; **~kraftwerk** *n* elektrownia wodna; **~kur** *f* kuracja wodna; **~leitung** *f* wodociąg
wässern ⟨wy⟩moczyć
Wasser|pflanze *f* wodorost; **~schi** *m/pl.* narty *f/pl.* wodne; **~spiegel** *m* poziom wody; **~sport** *m* sport wodny; **~stoff** *m* wodór; **~temperatur** *f* temperatura wody; **~versorgung** *f* zaopatrzenie w wodę
waten brodzić
Watte *f* wata
web|en ⟨u⟩tkać; **2er(in** *f*) *m* tkacz(ka); **2stuhl** *m* krosno (tkackie)
Wechsel *m* zmiana; (*Geld2*) wymiana; *Hdl.* weksel; **~geld** *n* drobne (pieniądze) *pl.*, reszta; **~kurs** *m* kurs wymiany; **2n** *v/t* zmieni(a)ć; *Geldschein* rozmieni(a)ć; *Fremdwährung, Blicke, Worte* wymieni(a)ć; **2nd** zmienny; **~getriebe** *n* skrzynka biegów; **~strom** *m* prąd przemienny; **~stube** *f* kantor (*od.* punkt) wymiany (walut)
weck|en ⟨z⟩budzić; **2er** *m* budzik
wedeln *Hund*: merdać (ogonem)
weder: **~ ...** ***noch*** ani ... ani
weg *Adv.* precz; **~ *da!*** z drogi!
Weg *m* droga; trasa
weg|bleiben nie zjawi(a)ć się; **~bringen** odnosić ⟨odnieść⟩
wegen (*G*) z powodu (*G*)
weg|fahren *v/i* odjeżdżać ⟨-jechać⟩; *v/t* odwozić ⟨odwieźć⟩; **~fallen** odpadać ⟨-paść⟩; **~geben** odda(wa)ć; **~gehen** odchodzić ⟨odejść⟩; **~jagen** przepędzać ⟨-pędzić⟩; **~laufen** uciekać ⟨uciec⟩; **~legen** odkładać ⟨odłożyć⟩ (na bok); **~nehmen** odbierać ⟨odebrać⟩; **~räumen** sprzątnąć *pf.*; usuwać ⟨usunąć⟩; **~schicken** odsyłać ⟨odesłać⟩; **~stellen** odstawi(a)ć; **~stoßen** odpychać ⟨odepchnąć⟩
Wegweiser *m* drogowskaz
wegwerf|en wyrzucać ⟨-rzucić⟩; **2windeln** *f/pl.* pampersy
wegziehen *v/t* odciągać

⟨-gnąć⟩; *v/i* wyprowadzić się *pf.*

weh: ~ ***tun*** sprawi(a)ć ból; ***mir tut ...*** ~ boli mnie ...

wehen ⟨po⟩wiać; *Fahne*: powiewać

wehmütig rzewny, smętny

Wehr *n* jaz

Wehr|dienst m służba wojskowa; **2en**: ***sich 2en*** bronić się; **2los** bezbronny; **~pflicht** *f* obowiązek odbycia służby wojskowej

Weib *n* niewiasta; *s.* **Frau**; **~chen** *n Zo.* samica; **2lich** kobiecy (-co); *Gr.* żeński

weich miękki (-ko); ~ ***gekocht*** *Ei*: na miękko

Weich|e *f Esb.* zwrotnica; **2en¹** *v/t* ⟨wy⟩moczyć; **2en²** *v/i* ustępować ⟨ustąpić⟩; **~heit** *f* miękkość *f*

Weid|e *f* pastwisko; *Bot.* wierzba; **2en** paść (*v/i* się)

weigern: ***sich*** ~ wzbraniać się

weihen poświęcać ⟨-cić⟩

Weihnachten *n* Boże Narodzenie; ***fröhliche ~!*** wesołych świąt!

Weihnachts|baum *m* choinka; **~geschenk** *n* prezent na gwiazdkę; **~lied** *n* kolęda; **~messe** *f* pasterka

Weih|rauch *m* kadzidło; **~wasser** *n* woda święcona

weil ponieważ, gdyż

Weil|e *f* chwila; **2en** przeby(wa)ć, bawić

Wein *m* wino; **~berg** *m* winnica; **~brand** *m* winiak

weinen płakać; 2 *n* płacz

Wein|glas *n* kieliszek do wina; **~karte** *f* spis win; **~keller** *m* winiarnia; **~lese** *f* winobranie; **~rebe** *f* winorośl *f*; **~stube** *f* winiarnia; **~traube** *f* winogrono

weise mądry (-rze); **2(r)** *m* mędrzec

Weise *f* sposób; *Mus.* melodia

weisen wskaz(yw)ać

Weisheit *f* mądrość *f*

weiß biały (-ło); ~ ***werden*** ⟨wy⟩bieleć; **2brot** *n* biały chleb; **2kohl** *m* biała kapusta; **2wein** *m* białe wino

weit daleki (-ko); (*ausgedehnt*) szeroki (-ko); *Kleid*: obszerny, luźny; ~ ***verbreitet*** szeroko rozpowszechniony; ***von ~em*** z daleka; **2e** *f* dal *f*; **~en** rozszerzać ⟨-rzyć⟩ (***sich*** się)

weiter dalszy; *Adv.* dalej; ***und so*** ~ i tak dalej; **~fahren** ⟨po⟩jechać dalej; **~leiten** skierow(yw)ać dalej; **~machen** kontynuować

weit|gehend daleko idący; *Adv.* w dużej mierze; **~läufig** obszerny; *Verwandte*: daleki; **2sprung** *m Sp.* skok w dal

Weizen *m* pszenica; **~bier** *n* piwo pszeniczne; **~mehl** *n* mąka pszenna

welch: ***~er, ~e, ~es*** jaki, jaka, jakie, jacy; który, która, które, którzy; ~ ***ein ...*** co za ...

welk zwiędły (-ło); **~en** więdnąć

Welle *f* fala
Wellen|bereich *m Rdf.* zakres fal; **≈förmig** falisty (-ście); **~länge** *f* długość *f* fali; **~sittich** *m* papużka falista
wellig falisty (-ście)
Welt *f* świat; **~all** *n* wszechświat; **~anschauung** *f* światopogląd; **~krieg** *m* wojna światowa; **≈lich** świecki; **~meister** *m* mistrz świata; **~raum** *m* przestrzeń *f* kosmiczna; **~reise** *f* podróż *f* naokoło świata; **~rekord** *m* rekord świata; **~teil** *m* część *f* świata
wem komu; ***mit*** **~** z kim; ***von*** **~** od kogo; ***zu*** **~** do kogo
wen kogo; ***über*** **~** o kim; na kogo
Wende *f fig.* zwrot; **~kreis** *m Geogr.* zwrotnik
Wendeltreppe *f* kręte schody *pl.*
wende|n obracać ‹-rócić› (***sich*** się); ***sich*** **~n** (***an*** *A*) zwracać ‹-rócić› się (do *G*); **≈punkt** *m* punkt zwrotny
wend|ig zwrotny; *fig.* obrotny; **≈ung** *f* obrót; zwrot
wenig mało; **~e** kilka; **~er** mniej; **~stens** przynajmniej
wenn jeżeli, jeśli; (*sobald*) skoro, gdy; **~** ***auch*** chociaż
wer kto; **~** ***auch immer*** ktokolwiek
Werbe|film *m* reklamówka; **≈n** ‹z›werbować; (***um***) zabiegać (o *A*)
Werbung *f* reklama; **~kosten** *pl.* koszty *m/pl.* osiągnięcia wynagrodzenia
werd|en sta(wa)ć się (*I*); *Pers.* zosta(wa)ć (*I*); ***ich*** **~e** będę; *s.* **krank, gesund, weiß** *usw.*
werfen rzucać ‹-cić›
Werft *f* stocznia
Werk *n* dzieło; (*Tat*) czyn; (*Betrieb*) zakład; (*Uhr≈ usw.*) werk; *Tech.* mechanizm; **~statt** *f* warsztat; **~stoff** *m* materiał, tworzywo; **~tag** *m* dzień *m* roboczy; **~zeug** *n* narzędzie
Wermut *m Bot.* piołun; (*Wein*) wermut
wert wart; **~** ***sein*** zasługiwać; ***nichts*** **~** nic nie wart
Wert *m* wartość *f*; *in Zssgn* wartościowy; **≈los** bezwartościowy; **≈voll** cenny
Wesen *n* istota; natura, charakter
wesentlich istotny; *Adv.* (*sehr*) znacznie
weshalb dlaczego, czemu
Wespe *f* osa
wessen czyj, czyja, czyje
Weste *f* kamizelka
West|en *m* zachód; *Pol.* Zachód; **≈lich** zachodni; (***von***) na zachód (od *G*)
Wett|bewerb *m* współzawodnictwo; konkurs; **~e** *f* zakład; **≈eifern** współzawodniczyć; **≈en** (***um*** *A*) zakładać ‹założyć› się (o *A*)
Wetter *n* pogoda; **~bericht** *m* komunikat o stanie pogo-

dy; **~vorhersage** *f* prognoza pogody
Wett|kampf *m* zawody *m/pl.*; mecz; **~kämpfer(in** *f*) *m* zawodnik (-iczka); **~lauf** *m* wyścig (*a. fig.*)
wichtig ważny; **&keit** *f* ważność *f*
wickeln *Haare* zawijać ⟨-winąć⟩; *Kind* przewijać ⟨przewinąć⟩
wider *Prp.* (*A*) przeciw, wbrew (*D*); **~ *Willen*** mimo woli; **&hall** *m* odgłos, oddźwięk; **~legen** obalać ⟨-lić⟩, odpierać ⟨odeprzeć⟩
widerlich wstrętny, ohydny
wider|rechtlich bezprawny; **~rufen** odwoł(yw)ać; **~setzen**: ***sich ~setzen*** sprzeci wi(a)ć się; **~sinnig** niedorzeczny; **~spenstig** krnąbrny; **~spiegeln** odzwierciedlać ⟨-lić⟩ (***sich*** się); **~sprechen** przeczyć; **&spruch** *m* sprzeczność *f*; (*Protest*) sprzeciw; **&stand** *m* opór; *El.* opornik; ***&stands-*** **...**oporu; **~stehen** opierać ⟨oprzeć⟩ się; **&streben** *n* niechęć *f*; **~wärtig** wstrętny; **&wille** *f* odraza
widm|en poświęcać ⟨-cić⟩ (***sich*** się); **&ung** *f* dedykacja
widrig przeciwny, nieprzyjazny; **~enfalls** w przeciwnym razie
wie jak; **~ *alt ist er*** ile on ma lat; **~ *viel*** ile; **~ *viel Uhr?*** która godzina?
wieder znowu, znów; ***~ erkennen*** pozna(wa)ć; ***immer ~*** wciąż na nowo; **&aufbau** *m* odbudowa; **&aufnahme** *f* ponowne podjęcie, wznowienie; **&gabe** *f* zwrot; (*Ton usw.*) odtwarzanie; **~geben** odda(wa)ć; odtwarzać ⟨odtworzyć⟩; **~herstellen** (*A*) przywracać ⟨-wrócić⟩ (do *G*); **~holen** powtarzać ⟨-tórzyć⟩; **~holt** powtórny, ponowny; **&holung** *f* powtórzenie; **~kommen** (po)wracać ⟨(po)wrócić⟩
wiedersehen: ***sich ~*** zobaczyć się *pf.* znowu; **&** *n* ponowne zobaczenie się; ***auf &!*** do widzenia!
Wiege *f* kołyska, kolebka; **&n**[1] kołysać
wiegen[2] *Ware* ⟨z⟩ważyć
wiehern ⟨za⟩rżeć
Wiener *Adj.* wiedeński (po -ku)
Wiese *f* łąka
Wiesel *n* łasica
wild dziki (-ko)
Wild *n* zwierzyna łowna; **~bret** *n* dziczyzna; **~erer** *m* kłusownik; **~heit** *f* dzikość *f*; **~leder** *n* zamsz; **~schwein** *n* dzik
Will|e *m* wola; **~enskraft** *f* siła woli; **&ig** chętny, ochoczy (-czo)
willkommen pożądany, mile widziany; ***herzlich ~!*** serdecznie witam(y)!
Willkür *f* samowola; **&lich**

samowolny
wimmeln (***von***) roić się (od *G*)
wimmern jęczeć, kwilić
Wimpel *m* proporczyk
Wimper *f* rzęsa
Wind *m* wiatr; **~beutel** *m* *Kochk.* ptyś *m*
Windel *f* pielucha
winden wić (***sich*** się)
wind|ig wietrzny (-no); **₰mühle** *f* wiatrak; **₰pocken** *pl.* ospa wietrzna; **₰schutzscheibe** *f* szyba przednia; **₰stille** *f* cisza; **₰stoß** *m* poryw wiatru
Windung *f* zakręt, skręt
Wink *m* znak; wskazówka
Winkel *m* kącik; *Math.* kąt
winken (*D*) kiwać ⟨kiwnąć⟩ (na *A*)
Winter *m* zima; ***im ~*** *a.* zimą; **₰lich** zimowy; **~mantel** *m* płaszcz zimowy; **~sport** *m* sporty *m/pl.* zimowe
Winzer m winogrodnik
winzig malusieńki
Wipfel *m* wierzchołek
wir my; ***~ sind*** jesteśmy; ***~ waren*** byliśmy
Wirbel *m* wir; *Anat.* kręg; **~säule** *f* kręgosłup
wirk|en działać; (*Wirkung zeigen*) ⟨po⟩skutkować; **~lich** rzeczywisty (-ście); **₰lichkeit** *f* rzeczywistość *f*; **~sam** skuteczny; **₰ung** *f* działanie; skutek; **~ungslos** bezskuteczny
wirr bezładny; *Haar:* rozczochrany; **₰warr** *m* zamęt, nieład
Wirsing(kohl) *m* kapusta włoska
Wirt *m* gospodarz; **~in** *f* gospodyni
Wirtschaft *f* gospodarka; (*Gast₰*) gospoda, lokal; **₰en** gospodarzyć; **₰lich**, **~s-** gospodarczy
Wirtshaus *n* karczma
wisch|en *Staub* ścierać ⟨zetrzeć⟩; *Fußboden* wycierać ⟨wytrzeć⟩; **₰lappen** *m* ścierka
Wisent *m* żubr
wissen wiedzieć; **₰** *n* wiedza; ***ohne mein ₰*** bez mojej wiedzy
Wissenschaft *f* nauka; **~ler(in** *f*) *m* naukowiec; **₰lich** naukowy (-wo)
wissentlich świadomy (-mie)
witter|n *v/t* ⟨z⟩węszyć; **₰ung** *f* węch; *s.* **Wetter**
Witwe *f* wdowa; **~r** *m* wdowiec; **~(*r*)** ***werden*** owdowieć *pf.*
Witz *m* dowcip; **₰ig** dowcipny
wo gdzie; ***von ~*** skąd; **~anders** gdzie indziej; **~bei** przyczym
Woche *f* tydzień *m*; ***in zwei ~n*** za dwa tygodnie
Wochen|ende *n* koniec tygodnia, weekend; **~schrift** *f* tygodnik; **~tag** *m* dzień *m* powszedni
wöchentlich tygodniowy (-wo)

Wöchnerin *f* położnica
wo|durch przez co, czym; **~für** za co; na co, do czego; **~her** skąd; **~hin** dokąd
wohl: **~ *bekannt*** dobrze znany; ***sich ~ fühlen*** czuć się dobrze; ***lebe~!*** bądź zdrów!; *Adv.* (*vermutlich*) zapewne, chyba
Wohl *n* dobro, pomyślność *f*; ***zum ~!*** na zdrowie!; **~befinden** *n* dobre samopoczucie; zdrowie; **2behalten** zdrów, cały; **~fahrt** *f* (*Fürsorge*) opieka społeczna; **2habend** zamożny; **2riechend** wonny; **2schmeckend** smaczny; **~stand** *m* dobrobyt; **~tätigkeit** *f* dobroczynność *f*; **~wollen** *n* życzliwość *f*; **2wollend** życzliwy (-wie)
wohn|en mieszkać; **2fläche** *f* powierzchnia mieszkalna; **2geld** *n* dodatek mieszkaniowy; **~haft** zamieszkały; **2haus** *n* dom mieszkalny; **2ort** *m* miejsce zamieszkania; **2raum** *m* pomieszczenie mieszkalne; **2ung** *f* mieszkanie
Wohnungs|amt *n* urząd mieszkaniowy; **~bau** *m* budownictwo mieszkaniowe
Wohn|verhältnisse *n/pl.* warunki *m/pl.* mieszkaniowe; **~wagen** *m* przyczepa turystyczna; **~zimmer** *m* pokój mieszkalny
Wölbung *f* wypukłość *f*
Wolf *m* wilk
Wolke *f* chmura, obłok
Wolken|bruch *m* oberwanie się chmury; **~kratzer** *m* drapacz chmur, wieżowiec
wolkig zachmurzony; pochmurny
Woll|decke *f* koc wełniany; **~e** *f* wełna
wollen[1] *v/t* ⟨za⟩chcieć (*A,G*)
wollen[2] wełniany
Wollstoff *m* materiał wełniany
wo|mit czym; (*relativ*) z czym; **~nach** czym; o co; (*gemäß*) do czego
Wonne *f* rozkosz *f*
wor|an *denken*: o czym; *arbeiten*: nad czym; *erkennen*: po czym; *glauben*: w co; **~auf** na czym; *warten*: na co; **~aus** z czego; **~in** w czym
Wort *n* wyraz, słowo
Wörterbuch *n* słownik
Wortlaut *m* brzmienie
wörtlich *Adv.* dosłownie
Wort|schatz *m* zapas słów; **~spiel** *n* gra słów; **~wechsel** *m* sprzeczka
wor|über *sprechen*: o czym; *lachen*: z czego; **~unter** pod czym; (*wohin?*) pod co
wo|von o czym; od czego; **~vor** czego (***sich fürchten*** bać się); **~zu** do czego, po co
Wucher *m* lichwa; **2n** *Pflanzen*: rozrastać ⟨-rosnąć⟩ się; **~ung** *f* narośl *f*, polip
Wuchs *m* wzrost
Wucht *f* impet, siła; **2ig** potężny, silny

wühl|en *v/i* ryć; (**in** *D*) szperać (w *L*); **Զmaus** *f* nornik
Wulst *m* zgrubienie
wund zraniony; (*weh*) bolesny; **Զe** *f* rana
Wunder *m* cud; **Զbar** cudowny; **Զn**: ***sich* Զn** (**über** *A*) dziwić się (*D*); **Զschön** prześliczny
Wunsch *m* życzenie; **nach ~** według życzenia
wünschen życzyć (***sich*** sobie)
Würd|e *f* godność *f*, dostojeństwo; **Զig** dostojny; (*wert*) godny; **Զigen** *v/t* oceni(a)ć; *s.* **ehren**
Wurf *m* rzut; *Zo.* (po)miot
Würfel *m* kostka; *Math.* sześcian; **Զn** *v/i* ⟨za⟩grać w kości; **~zucker** *m* cukier w kostkach
würgen *v/t* dusić; *v/i* (**an** *D*) dławić się (*I*)
Wurm *m* robak
Wurst *f* kiełbasa
Würstchen *n* kiełbaska; (*heiß*) parówka
Würze *f* przyprawa
Wurzel *f* korzeń *m*; *Math.* pierwiastek
würz|en przyprawi(a)ć; **Զig** korzenny, pikantny
wüst pusty; (*wirr*) bezładny; **Զe** *f* pustynia
Wut *f* złość *f*, wściekłość *f*
wüten wściekać się; szaleć; **~d** wściekły (-le)

X, Y

x-beinig z nogami w iks
x-beliebig byle jaki; byle kto
Xylophon *n* ksylofon
Yen *m* jen
Ypsilon *n* ipsylon
Yuan *n* juan

Z

Zack|e *f*, **~en** *m* ząb(ek); ostrze; **Զig** zębaty (-to)
zaghaft nieśmiały (-ło)
zäh(e) *Fleisch*: łykowaty (-to); *Widerstand*: uporczywy (-wie)
Zahl *f* liczba; (*An*Զ) ilość *f*; **Զbar** płatny; **Զen** (**für**) ⟨za-⟩płacić (za *A*)
zähl|en ⟨po⟩liczyć; **Զer** *m* licznik (*a. Math.*)
Zahl|karte *f* blankiet nadawczy; **Զlos** niezliczony; **Զreich** liczny; **~ung** *f* zapłata
Zählung *f* (ob-, prze)liczenie
Zahlungs|aufforderung *f* wezwanie płatnicze; **~bedingungen** *f/pl.* warunki *m/pl.* płatnoście; **~frist** *f* termin płatności

zahm oswojony
zähmen oswajać ⟨-woić⟩
Zahn *m* ząb; **~arzt** *m* lekarz dentysta *m*; **~bürste** *f* szczoteczka do zębów; **~fleisch** *n* dziąsło; **~pasta** *f* pasta do zębów; **~rad** *n* koło zębate; **~schmerzen** *m/pl.* ból zębów; **~stocher** *m* wykałaczka
Zander *m* sandacz
Zange *f* obcęgi *pl.*; kleszcze *pl.*, szczypce *pl.*
Zank *m* kłótnia; **2en**: ***sich* 2en** kłócić się
Zapf|en *m* czop; (*Eis2*) sopel; *Bot.* szyszka; **~säule** *f* dystrybutor paliwa
zart delikatny; *Fleisch*: kruchy
zärtlich czuły (-le)
Zauber *m* czar, urok; **~er** *m* czarownik; **2haft** *fig.* uroczy (-czo); **~in** *f* czarownica; **2n** czarować
zaudern ociągać się
Zaun *m* płot, parkan
Zebra *n* zebra; **~streifen** F *m* zebry *f/pl.*
Zeche *f* rachunek; *Bgb.* kopalnia
Zecke *f* kleszcz
Zehe *f* palec (u stopy)
zehn dziesięć; **2** *f* dziesiątka; **2-** *in Zssgn* dziesięcio-; **~fach** dziesięciokrotny; **~te(r)** dziesiąty; **2tel** *n*: ***ein* 2tel** jedna dziesiąta
Zeichen *n* znak; (*Merkmal*) cecha; **~block** *n* blok rysunkowy
zeichn|en *v/t* ⟨na⟩rysować; *Tech.* ⟨na⟩kreślić; **2er(in** *f*) *m* rysownik; *Tech.* kreślarz (-rka); **2nung** *f* rysunek
Zeige|finger *m* palec wskazujący; **2n** pokaz(yw)ać (***sich*** się); (***auf*** *A*) wskaz(yw)ać (na *A*); **~r** *m* wskazówka
Zeile *f* wiersz; (*Reihe*) rząd
Zeit *f* czas; (*Tages2*) pora; ***von ~ zu ~*** od czasu do czasu; **2gemäß** aktualny; **2genössisch** współczesny; **2ig** wczesny; **2lich** czasowy; **~punkt** *m* chwila; **~raum** *m* przeciąg czasu, okres; **~schrift** *f* czasopismo
Zeitung *f* gazeta, dziennik
Zeitungs|annonce *f* ogłoszenie w gazecie; **~papier** *n* papier gazetowy
Zeit|unterschied *m* różnica czasowa; **~verlust** *m* strata czasu; **~vertreib** *m* rozrywka; **2weise** *Adv.* czasami
Zell|e *f* komórka; (*Raum*) cela; **~stoff** *m* *Med.* lignina
Zelt *n* namiot; **2en** obozować w namiotach; **~platz** *m* pole namiotowe
Zement *m* cement
Zensur *f* cenzura; (*Note*) stopień *m*
Zentimeter *n* centymetr
Zentner *m* ce(n)tnar
Zentral|e *f* centrala; **~heizung** *f* centralne ogrzewanie
Zentrifuge *f* wirówka
Zentrum *n* centrum *n*

zer|beißen rozgryzać ‹-yźć›; **˷brechen** ‹z›łamać (*v/i się*); **˷brechlich** łamliwy, kruchy; **˷bröckeln** ‹po›kruszyć (się); **˷drücken** zgniatać ‹-ieść›
Zerfall *m* rozkład, rozpad; **ℒen** rozpadać ‹-paść› się
zer|fetzen rozszarp(yw)ać; **˷fließen** rozpływać ‹-ynąć› się; **˷fressen** przeżerać ‹-żreć›; **˷gehen** rozpuszczać ‹-uścić› się; **˷kleinern** rozdrabniać ‹-robnić›; **˷knittern** ‹z›miąć; **˷kratzen** podrapać *pf.*; porysować *pf.*; **˷legen** rozbierać ‹rozebrać› (na części); **˷lumpt** obdarty; **˷malmen** ‹z›miażdżyć; **˷quetschen** zgnieść *pf.*; **˷reiben** rozcierać ‹rozetrzeć›; **˷reißen** ‹po›drzeć, rozdzierać ‹rozedrzeć›
zerren (***an*** *D*) szarpać, targać (za *A*)
zer|rissen rozdarty, podarty; **ℒrung** *f Med.* nadwerężenie; **˷rütten** rozstrajać ‹-roić›; (*ruinieren*) ‹z›rujnować; **˷schlagen** rozbi(ja)ć (*fig.* ***sich*** się); ‹s›tłuc; **˷schmettern** ‹z›druzgotać; **˷schneiden** ‹po›krajać, rozcinać ‹-ciąć›; **˷setzen** rozkładać ‹rozłożyć›; **˷springen** pękać ‹-knąć›
zerstäub|en rozpylać ‹-lić›; **ℒer** *m* rozpylacz
zerstör|en ‹z›niszczyć; **˷t** zniszczony; zburzony; **ℒung** *f* (z)niszczenie
zerstreu|en rozpraszać ‹-roszyć›; **˷t** roztargniony; **ℒung** *f* rozproszenie; *fig.* rozrywka
zer|stückeln ‹po›krajać, ‹po›rąbać (na kawałki); **˷treten** rozdept(yw)ać; **˷trümmern** ‹z›druzgotać; rozbi(ja)ć
Zerwürfnis *n* poróżnienie
Zettel *m* kartka
Zeug *n* (*Sachen*) rzeczy *f/pl.*; (*Nähℒ usw.*) przybory *m/pl.*
Zeug|e *m*, **˷in** *f* świadek; **ℒen¹** (***von***) świadczyć (o *L*); **ℒen²** *Kind* ‹s›płodzić; **˷nis** *n* świadectwo; *Jur.* zeznanie; **˷ung** *f* (s)płodzenie
Ziege *f* koza
Ziegel *f* cegła; (*Dachℒ*) dachówka; **˷ei** *f* cegielnia
ziehen ‹po›ciągnąć (*a. v/i* ***an*** *D* za *A*); *Zahn* wyr(y)wać; *v/i Tee*: naciągać
Zieh|harmonika *f* harmonia ręczna; **˷ung** *f* ciągnienie
Ziel *n* cel; *Sp.* meta; **ℒen** (***auf*** *A*) ‹wy›celować (do *G*); **˷scheibe** *f* tarcza
ziemlich spory, znaczny; *Adv.* dość
zier|en: ***sich ˷en*** certować się; **˷lich** zgrabny; drobny
Ziffer *f* cyfra; **˷blatt** *n* tarcza zegarowa
Zigarette *f* papieros
Zigarre *f* cygaro
Zigeuner(in *f*) *m* Cygan(ka)
Zimmer *n* pokój; **˷mädchen**

n pokojówka; **~mann** *m* cieśla *m*; **~nachweis** *m* biuro zakwaterowania
Zimt *m* cynamon
Zink *n* cynk
Zinke *f* ząb, kolec
Zinn *n* cyna
Zins *m* czynsz; *Hdl.* odsetki *pl.*
Zipfel *m* koniuszek
Zirkel *m* cyrkiel; *fig.* kółko
Zirkus *m* cyrk
zirpen ćwierkać
zischen ⟨za⟩syczeć
zitieren ⟨za⟩cytować
Zitrone *f* cytryna; **~n-** cytrynowy
Zitrusfrüchte *f/pl.* owoce *m/pl.* cytrusowe
zittern drżeć, trząść się
zivil cywilny; ***in*** **≈** po cywilnemu; **~isiert** cywilizowany; **≈ist** *m* cywil; **≈klage** *f* powództwo cywilne
zögern zwlekać
Zögling *m* wychowanek
Zoll[1] *m* (*Maß*) cal
Zoll[2] *m* cło; **~abfertigung** *f* odprawa celna; **~amt** *n* urząd celny; **≈frei** wolny od cła; **~kontrolle** *f* rewizja celna
Zöllner *m* celnik
zollpflichtig podlegający ocleniu
Zollstock *m* calówka
Zone *f* strefa; pas
Zoo *m* zoo *n*; **≈logisch** zoologiczny
Zopf *m* warkocz
Zorn *m* gniew; **≈ig** rozgniewany, gniewny
zu *Prp.* (*D*) (*wohin?*) do (*G*), na (*A*); przez (*A*); (*wo?*) w, na, po (*L*); ***~m Arzt*** do lekarza; ***~ Hause*** w domu; *Adv.* ***~ sehr*** zbyt, za bardzo; ***~ groß*** za duży; ***~ viel*** za dużo; **≈behör** *n* akcesoria *pl.*; **~bereiten** *Speisen* przyrządzać ⟨-dzić⟩; **≈bereitung** *f* przyrządzanie; **~binden** zawiąz(yw)ać; **≈bringer(straße** *f*) *m* droga dojazdowa
Zucht *f* hodowla; (*Disziplin*) karność *f*
zücht|en ⟨wy⟩hodować; **≈er** *m* hodowca *m*
Zuchthaus *n* ciężkie więzienie
zucken drgać ⟨-gnąć⟩; *Achseln* wzruszać ⟨-szyć⟩ (*I*)
Zucker *m* cukier; **~dose** *f* cukierniczka; **~krankheit** *f* cukrzyca; **≈n** ⟨o⟩cukrzyć; **~rübe** *f* burak cukrowy
zudecken przykry(wa)ć
zudem nadto
zu|drehen zakręcać ⟨-cić⟩; **~dringlich** natrętny; **~erst** naprzód, najpierw; **≈fahrt** *f* dojazd; **≈fall** *m* przypadek; **~fällig** przypadkowy (-wo); **≈flucht** *f* schronienie; **≈fluss** *m* dopływ
zufolge: ... **~** według (*G*)
zufrieden (***mit***) zadowolony (z *G*); **≈heit** *f* zadowolenie; **~stellen** zadowalać ⟨-wolić⟩
zu|fügen *Schmerz* zada(wa)ć;

Schaden wyrządzać ⟨-dzić⟩; **⁀fuhr** *f* dowóz; (*Gas*⁀) dopływ

Zug *m* (*Feder*⁀) pociągnięcie; (*Schach*) posunięcie, ruch; (*Luft*⁀) przeciąg; (*Fest*⁀) pochód; (*beim Rauchen*) zaciągnięcie się; *Esb.* pociąg; (*Gesichts*⁀) rys

Zu|gabe *f* dodatek; **~gang** *m* dostęp; **⁀gänglich** dostępny; **⁀geben** doda(wa)ć; (*gestehen*) przyzna(wa)ć się; **⁀gehen** zamykać ⟨-mknąć⟩ się; (***auf*** *A*) zbliżać ⟨-żyć⟩ się (do *G*); **~gehörigkeit** *f* przynależność *f*

Zügel *m* cugle *m/pl.*; **⁀los** *fig.* nieokiełznany

Zu|geständnis *n* ustępstwo; **⁀gestehen** przyzna(wa)ć

Zugführer *m* kierownik pociągu

zugießen dol(ew)ać

zügig *Arbeit*: sprawny; *Verkehr*: płynny

Zugkraft *f fig.* atrakcyjność *f*

zugleich jednocześnie

Zugluft *f* przeciąg

zugreifen *fig.* ⟨s⟩korzystać z okazji; ***greifen Sie zu!*** proszę się częstować!

zugrunde: **~ *gehen*** ⟨z-⟩ ginąć; **~ *legen*** brać ⟨wziąć⟩ za podstawę; **~ *richten*** zrujnować *pf.*

zugunsten na korzyść (*G*)

zu|halten *Ohren* zat(y)kać; *Augen* zasłaniać ⟨-łonić⟩; **⁀hälter** *m* sutener; **~heilen** ⟨za⟩goić się; **~hören** (*D*) słuchać (*G*); **⁀hörer** *m* słuchacz; **~kleben** zakleić *pf.*; **~knöpfen** zapinać ⟨-piąć⟩; **~kommen** (*D*) przypadać ⟨-paść⟩ (na *A*)

Zukunft *f* przyszłość *f*

zukünftig przyszły

Zu|lage *f* dodatek; **⁀lassen** (***zu***) dopuszczać ⟨-puścić⟩ (do *G*); *Auto* zarejestrować *pf.*; *s.* **erlauben**; **~lassung** *f* dopuszczenie; rejestracja; **⁀lässig** dopuszczalny; **⁀letzt** jako ostatni; *fig.* w końcu; ***bis ⁀letzt*** do końca; **⁀machen** zamykać ⟨-mknąć⟩; **⁀meist** przeważnie; **⁀muten** (***j-m*** *A*) wymagać (*G* od kogo); **⁀nähen** zaszy(wa)ć; **~nahme** *f* wzrost, przyrost

Zuname *m* nazwisko

Zünd|holz *n* zapałka; **~kerze** *f Kfz.* świeca zapłonowa; **~schlüssel** *m* klucz do zapłonu; **~ung** *f* zapłon

zunehmen wzrastać ⟨wzrosnąć⟩; (*an Gewicht*) ⟨u⟩tyć

Zuneigung *f* sympatia

Zunge *f* język; (*Tier*⁀) ozór

zunichte: **~ *machen*** zniweczyć *pf.*

zupacken chwytać ⟨schwycić⟩

zupfen targać ⟨-gnąć⟩

zurechnungsfähig poczytalny; **⁀keit** *f* poczytalność *f*

zurecht|finden: ***sich ~finden*** ⟨z⟩orientować się; **~kommen** zdążyć *pf.*; (***mit***) da(wa)ć sobie radę (z *I*)

zurechtmachen *s.* **vorbereiten**; *sich* ~ ‹z›robić sobie makijaż

zureden perswadować

zürnen (*D*) gniewać się (na *A*)

zurück z powrotem; (*nach hinten*) wstecz; **~bekommen** otrzym(yw)ać z powrotem; **~bleiben** pozosta(wa)ć (w tyle); **~bringen** odnosić ‹-nieść› z powrotem; **~erstatten** zwracać ‹zwrócić›; **~fahren** *v/i* ‹po›jechać z powrotem; **~fliegen** *v/i* ‹po›lecieć z powrotem; **~geben** odda(wa)ć z powrotem; **~gehen** iść ‹pójść› z powrotem; **~halten** powstrzymy(w)ać (*sich* się); **~kehren**, **~kommen** wracać ‹wrócić›; **~lassen** (po)zostawi(a)ć; **~legen** odkładać ‹odłożyć› na bok; **~nehmen** odbierać ‹odebrać› (z powrotem); **~rufen** F zadzwonić *pf.* z powrotem; **~schicken** odsyłać ‹odesłać› z powrotem; **~stellen** *Uhr* cofać ‹cofnąć›; *Plan* odraczać ‹odroczyć›; **~stoßen** odpychać ‹odepchnąć›; **~treten** odstępować ‹-tąpić›; **~weichen** cofać ‹-fnąć› się; **~weisen** odrzucać ‹-cić›; **~zahlen** zwracać ‹zwrócić›, spłacać ‹-cić›; **~ziehen** odsuwać ‹-unąć›; *fig.* wycof(yw)ać (*sich* się)

Zuruf *m* okrzyk, zawołanie

Zusage *f* zgoda; *s.* **Versprechen**; **2n** przyrzekać ‹-rzec›; *s.* **gefallen**

zusammen razem; (*mit*) wraz z (*I*); **2arbeit** *f* współpraca; **~binden** związ(yw)ać; **~brechen** *v/i* załam(yw)ać się; **2bruch** *m* upadek; załamanie się; **~drücken** ściskać ‹-snąć›; **~falten** składać ‹złożyć›; **~fassen** ‹z›reasumować; **~fügen** ‹po›łączyć (w całość); spajać ‹spoić›; **~gehören** tworzyć całość, należeć do siebie; **~gesetzt** złożony; **2hang** *m* związek; **~heften** spinać ‹-iąć›; **~kleben** *v/t* sklejać ‹skleić›; **2kunft** *f* spotkanie; **2leben** *n* współżycie; **~nähen** zszy(wa)ć; **~packen** spakować *pf.*; **~rechnen** zliczać ‹zliczyć›; **~rücken** przysuwać ‹-sunąć› (się) do siebie; **~rufen** zwoł(yw)ać; **~setzen** zestawi(a)ć; składać ‹złożyć› (*sich* się); **2setzung** *f* skład; **~stellen** zestawi(a)ć; *Liste* układać ‹ułożyć›; **2stellung** *f* zestawienie; **2stoß** *m* zderzenie; **~stoßen** *v/i* zderzać ‹-rzyć› się; **~stürzen** ‹za›walić się; **~treffen** spot(y)kać się; **2treffen** *n* spotkanie (się); **~wachsen** zrastać ‹zróść› się; **~zählen** zliczać ‹-czyć›, doda(wa)ć; **~ziehen** ściągać ‹-gnąć› (*sich* się)

Zu|satz *m* dodatek; domieszka; **≈sätzlich** dodatkowy (-wo)
zuschau|en przyglądać się (*D*); **≈er** *m* widz; **≈erraum** *m* widownia
zu|schicken przys(y)łać; **≈schlag** *m* (*Geld*) dopłata; **~schließen** zamykać ⟨zamknąć⟩ na klucz; **≈schnitt** *m* krój, fason; **~schnüren** ⟨za⟩sznurować; **~schreiben** przypis(yw)ać; **≈schrift** *f* pismo, list; **≈schuss** *m* dodatek (pieniężny); dopłata; **~schütten** zasyp(yw)ać; **~sehen** *s.* **zuschauen**; **~setzen** *v/t* doda(wa)ć; *Geld* dopłacać ⟨-cić⟩; **~sichern** zapewni(a)ć; **≈sicherung** *f* zapewnienie; **~spitzen** zaostrzać ⟨-rzyć⟩ (***sich*** się)
Zustand *m* stan; *pl.* warunki *m/pl.*; **≈e**: **≈*e bringen*** (*A*) poradzić *pf.* sobie (z *G*); **~ *kommen*** dojść *pf.* do skutku
zustehen przysługiwać
zuständig właściwy; **≈keit** *f* kompetencja
zustell|en *Post* doręczać ⟨-czyć⟩; **≈gebühr** *f* opłata za doręczenie
zu|stimmen (*D*) przytakiwać ⟨-knąć⟩ (*D*); zgadzać ⟨zgodzić⟩ się (z *I*); **≈stimmung** *f* zgoda; **~stopfen** zat(y)kać; **~stoßen** *v/i* przytrafi(a)ć się (*D*), spot(y)kać (*A*); **≈taten** *f/pl. Kochk.* składniki *m/pl.*; **~teilen** przydzielać ⟨-lić⟩; **≈teilung** *f* przydział
zutragen: ***sich* ~** zdarzać ⟨-rzyć⟩ się
zutrau|en (***j-m*** *A*) spodziewać się (po kimś *G*); **≈en** *n* zaufanie
zutreffen okaz(yw)ać się słusznym; (***auf*** *A*) odnosić ⟨-nieść⟩ się (do *G*); **~d** słuszny
zu|trinken (*D*) przypi(ja)ć (do *G*); **≈tritt** *m* dostęp; wstęp; **~verlässig** pewny, godny zaufania; **≈versicht** *f* ufność *f*; **~versichtlich** ufny; **~viel** za dużo
zuvor przedtem; **~kommen** (*D*) uprzedzać ⟨-dzić⟩ (*A*); **~kommend** uprzejmy (-mie)
Zu|wachs *m* przyrost; **≈weilen** niekiedy; **≈weisen** wyznaczać ⟨-czyć⟩; *s.* **zuteilen**; **≈wenig** za mało; **≈wider** wbrew, przeciw; **≈zahlen** dopłacać ⟨-cić⟩; **≈ziehen** zaciągać ⟨-gnąć⟩; ***sich*** *et.* **≈*ziehen*** nabawi(a)ć się (*G*); **≈züglich** (*G*) z doliczeniem (*G*); **~zugsgenehmigung** *f* zezwolenie na zamieszkanie
Zwang *m* przymus; **≈los** niewymuszony (-szenie)
Zwangs|lage *f* rozpaczliwa sytuacja; **~räumung** *f* eksmisja; **~vollstreckung** *f* egzekucja sądowa; **≈weise** przymusowy (-wo)
zwanzig dwadzieścia; **≈er** F *m* dwudziestka; **~ste(r)** dwu-

dziesty

zwar wprawdzie; *und* ~ a mianowicie

Zweck *m* cel; **2los** bezcelowy; **2mäßig** stosowny, celowy; **2s** (*G*) celem, w celu (*G*)

zwei dwa, dwie; *um* ~ *Uhr* o drugiej godzinie; **2bettzimmer** *n* pokój dwuosobowy; **~deutig** dwuznaczny; **2er** *m* dwójka; **~fach** dwukrotny

Zweifel *m* wątpliwość *f*; **2haft** wątpliwy (-wie); **2los** niewątpliwy (-wie); **2n** (*an D*) wątpić (o *L*)

Zweig *m* gałąź *f*; **~stelle** *f* oddział, filia, ekspozytura

zwei|hundertste(r) dwóchsetny, dwusetny; **2kampf** *m* pojedynek; **~mal** dwa razy; **~monatig** dwumiesięczny; **~reihig** dwurzędowy; **~seitig** dwustronny; **~stöckig** dwupiętrowy

zweit: *zu* ~ we dwójkę; **~e(r)** drugi

zweiteilig dwuczęściowy

zweitens po drugie

Zwerchfell *n* przepona

Zwerg(in *f*) *m* karzeł (-rlica)

Zwetsch(g)e *f* śliwka

zwicken szczypać ⟨uszczypnąć⟩

Zwieback *m* suchar(ek)

Zwiebel *f* cebula

Zwielicht *n* półmrok

Zwietracht *f* niezgoda

Zwilling *m* bliźniak

zwingen (*zu*) zmuszać ⟨zmusić⟩ (do *G*)

zwinkern mrugać ⟨-gnąć⟩

Zwirn *m* nici *pl.*

zwischen *Prp.* (*D, A*) między (*I, A*); **2fall** *m* zajście; **2landung** *f* lądowanie na trasie; **2raum** *m* odstęp; przerwa; **2wand** *f* ścian(k)a działowa; **2zeit** *f*: *in der 2zeit* tymczasem, w międzyczasie

zwitschern szczebiotać

zwölf dwanaście; (*Uhrzeit*) dwunasta; **2** *f* dwunastka; **2fingerdarm** *m* dwunastnica; **~e(r)** dwunasty

Zylinder *m* cylinder; **2förmig** cylindryczny

zynisch cyniczny

Zahlwörter

Grundzahlen

Anmerkung: Die Form für männl. Personen ist ab 5 gleich dem Gen., also pięciu, sześciu, siedmiu usw.

1 **ein(s)** jeden *m*, jedna *f*, jedno *n*
2 **zwei** dwaj *m od.* dwóch (*v. männl. Pers.*), dwa *m u. n*, dwie *f*
3 **drei** trzej *m od.* trzech (*v. männl. Pers.*), trzy *m, f, n*
4 **vier** cztery, czterej *m od.* czterech (*v. männl. Pers.*)
5 **fünf** pięć, pięciu (*v. männl. Pers.*) *s. Anm.*
6 **sechs** sześć
7 **sieben** siedem
8 **acht** osiem
9 **neun** dziewięć
10 **zehn** dziesięć
11 **elf** jedenaście
12 **zwölf** dwanaście
13 **dreizehn** trzynaście
14 **vierzehn** czternaście
15 **fünfzehn** piętnaście
16 **sechzehn** szesnaście
17 **siebzehn** siedemnaście
18 **achtzehn** osiemnaście
19 **neunzehn** dziewiętnaście
20 **zwanzig** dwadzieścia
21 **einundzwanzig** dwadzieścia jeden
30 **dreißig** trzydzieści
40 **vierzig** czterdzieści
50 **fünfzig** pięćdziesiąt
60 **sechzig** sześćdziesiąt
70 **siebzig** siedemdziesiąt
80 **achtzig** osiemdziesiąt
90 **neunzig** dziewięćdziesiąt
100 **hundert** sto
101 **hundertundeins** sto jeden
200 **zweihundert** dwieście
300 **dreihundert** trzysta
400 **vierhundert** czterysta
500 **fünfhundert** pięćset
600 **sechshundert** sześćset
700 **siebenhundert** siedemset
800 **achthundert** osiemset
900 **neunhundert** dziewięćset
1000 **tausend** tysiąc *m*
2000 **zweitausend** dwa tysiące
3000 **dreitausend** trzy tysiące
5000 **fünftausend** pięć tysięcy
100 000 **hunderttausend** sto tysięcy
1 000 000 **eine Million** milion *m*

Ordnungszahlen

1. **erste** pierwszy *m*, pierwsza *f*, pierwsze *n*
2. **zweite** drugi *m*, druga *f*, drugie *n*
3. **dritte** trzeci
4. **vierte** czwarty
5. **fünfte** piąty
6. **sechste** szósty
7. **siebente** siódmy
8. **achte** ósmy
9. **neunte** dziewiąty
10. **zehnte** dziesiąty
11. **elfte** jedenasty
12. **zwölfte** dwunasty
13. **dreizehnte** trzynasty
14. **vierzehnte** czternasty
15. **fünfzehnte** piętnasty
16. **sechzehnte** szesnasty
17. **siebzehnte** siedemnasty
18. **achtzehnte** osiemnasty
19. **neunzehnte** dziewiętnasty
20. **zwanzigste** dwudziesty
21. **einundzwanzigste** dwudziesty pierwszy
30. **dreißigste** trzydziesty
40. **vierzigste** czterdziesty
50. **fünfzigste** pięćdziesiąty
60. **sechzigste** sześćdziesiąty
70. **siebzigste** siedemdziesiąty
80. **achtzigste** osiemdziesiąty
90. **neunzigste** dziewięćdziesiąty
100. **hundertste** setny
101. **hundertunderste** sto pierwszy
200. **zweihundertste** dwusetny
300. **dreihundertste** trzechsetny
400. **vierhundertste** czterechsetny
500. **fünfhundertste** pięćsetny
600. **sechshundertste** sześćsetny
700. **siebenhundertste** siedemsetny
800. **achthundertste** osiemsetny
900. **neunhundertste** dziewięćsetny
1000. **tausendste** tysięczny
2000. **zweitausendste** dwutysięczny
3000. **dreitausendste** trzytysięczny
5000. **fünftausendste** pięciotysięczny
100 000. **hunderttausendste** stutysięczny
1 000 000. **millionste** milionowy

$1/2$ **ein halb** pół
$1\,1/2$ **anderthalb** półtora
$1/3$ **ein Drittel** jedna trzecia
$2/3$ **zwei Drittel** dwie trzecie
$1/4$ **ein Viertel** cwierć, jedna czwarta
$3/4$ **drei Viertel** trzy czwarte
$1/5$ **ein Fünftel** jedna piąta
$5/8$ **fünf Achtel** pięć ósmych

vier und drei ist sieben cztery i trzy jest siedem
einmal raz; **zweimal** dwa razy
zweimal zwei ist vier dwa razy dwa jest cztery
zehn weniger vier ist sechs dziesięć mniej cztery jest sześć
zwanzig geteilt durch fünf ist vier dwadzieścia podzielone przez pięć jest cztery

Speisekarte

Zupy	Suppen
barszcz czerwony	Rote-Bete-Suppe
chłodnik	Rote-Bete-Kaltschale
flaczki, flaki	Kuttelflecke
grochówka	Erbsensuppe
kapuśniak	Sauerkohlsuppe
krupnik	Graupensuppe
krupnik z ryżu	Reissuppe
rosół	(Fleisch-)Brühe
– z makaronem	- mit Nudeleinlage
rosół z kury	Hühnerbrühe
zupa fasolowa	Bohnensuppe
zupa jarzynowa	Gemüsesuppe
zupa pomidorowa	Tomatensuppe
zupa szczawiowa	Sauerampfersuppe
żurek	saure Mehlsuppe

Zakąski	Vorspeisen
befsztyk tatarski	Tatar(beefsteak)
galaretka	Sülze
kiełbasa	Wurst
pasztet	Pastete
półmisek szwedzki	Schwedenplatte
rolmops	Rollmops
ryba w galarecie	Fisch in Aspik
sałatka śledziowa	Heringssalat
sałatka włoska	italien. Salat
sałatka z drobiu	Geflügelsalat
sardynki w oliwie	Ölsardinen
śledź w majonezie	Hering in Mayonnaise
śledź w oliwie	Hering in Öl
wędliny	Aufschnitt

Jarzyny, dodatki	Gemüse, Beilagen
brukselka	Rosenkohl
buraczki	Rote Bete
cebulka smażona	Röstzwiebeln
chrzan	Meerrettich
ćwikła	Rote-Bete-Salat
fasola	Bohnen
fasolka zielona	grüne Bohnen
groch	Erbsen
groszek zielony	Palerbsen
grzyby	Pilze
kalafior	Blumenkohl
kapusta	(Weiß-)Kohl, Kraut
kapusta czerwona	Rotkohl
kapusta kiszona	Sauerkraut
kurki	Pfifferlinge
marchewka	Möhren, Karotten
mizeria	Gurkensalat
ogórki	Gurken
ogórek konserwowy	Delikatessgurke
papryka	Paprika(schote)
pieczarki	Champignons
pomidory	Tomaten
pory	Porree
rzodkiewka	Radieschen
sałata z pomidorów	Tomatensalat
sałata zielona	grüner Salat
sałata z selerów	Selleriesalat
szczypiorek	Schnittlauch
szparagi	Spargel
szpinak	Spinat
ziemniaki	Kartoffeln
ziemniaki purée	Kartoffelpüree
ziemniaki z wody	Salzkartoffeln

Potrawy mączne i z jarzyn	Gerichte mit Reis, Nudeln und Gemüse
bigos	Sauerkraut mit Fleisch, gedünstet
gołąbki	Kohlrouladen
kasza gryczana	Buchweizengrütze
kluski	Mehlklößchen, Nudeln
knedle	Knödel
makaron z masłem	Makkaroni mit Butter
makaron zapiekany	Makkaroniauflauf
naleśniki	Palatschinken
– z twarogiem	- mit Quark
– z dżemem	- mit Marmelade
pierogi, pierożki	gefüllte Teigtaschen
– z kapustą	- mit Krautfüllung
– z mięsem	- mit Fleischfüllung
– z serem	- mit Quarkfüllung
ryż na mleku	Milchreis
ryż zapiekany	Reisauflauf
uszka z mięsem	Fleischpastetchen

Ryby, skorupiaki	Fische, Schalentiere
dorsz	Dorsch, Kabeljau
gładzica	Scholle
karmazyn	Rotbarsch
karp	Karpfen
krewetki	Garnelen, Krabben
lin	Schleie
łosoś	Lachs
– wędzony	- geräuchert
okoń	Barsch
pstrąg	Forelle
sandacz	Zander
szczupak	Hecht
śledź	Hering
tuńczyk	Tunfisch
węgorz	Aal

Dziczyzna i drób	Wild und Geflügel
comber jeleni	Hirschziemer
gęś pieczona	Gänsebraten
indyk	Truthahn
indyk pieczony	Putenbraten
kaczka pieczona	Entenbraten
królik	Kaninchen
kura pieczona	Brathuhn
kura duszona w jarzynach	Huhn mit Gemüse gedünstet
kurczę pieczone	Backhähnchen
pieczeń z dzika	Wildschweinbraten
pieczeń z sarny	Rehbraten
pieczeń zajęcza	Hasenbraten
podróbki gęsie	Gänseklein
potrawka z kury	Hühnerfrikassee
zając	Hase

Potrawy mięsne	Fleischgerichte
antrykot	Entrecote
baranina	Hammelfleisch
– comber barani	Hammelrücken
– udziec barani	Hammelkeule
befsztyk	Beefsteak
cielęcina	Kalbfleisch
– cielęcina w potrawce	Kalbsfrikassee
cynaderki wieprzowe	Schweinenieren
golonka	Eisbein
gulasz	Gulasch
kiełbasa smażona	Bratwurst
klops	Klops, Fleischkloß
kotlet	Kotelett
– kotlet pożarski	Frikadelle
– kotlet schabowy	Schweinekotelett
medalion cielęcy	Kalbsmedaillon
medalion wieprzowy	Schweinemedaillon
nerki cielęce	Kalbsnieren
ozór peklowany	Pökelzunge
paprykarz	Paprikagulasch

pieczeń barania	Hammelbraten
pieczeń na dziko	Sauerbraten
pieczeń wołowa	Rinderbraten
polędwica	Filet, Lende
potrawka	Ragout
rozbratel	Rostbraten
rolada	Roulade
rumsztyk	Rumpsteak
schab peklowany	Rippenspeer
schab pieczony	Schweinekarree
stek	Steak
szaszłyk	Schaschlik
sznycel cielęcy	Kalbsschnitzel
sznycel po wiedeńsku	Wiener Schnitzel
sztufada wołowa	Rinderschmorbraten
sztuka mięsa	gekochtes Rindfleisch
szynka pieczona w cieście	Schinken in Brotteig
wątróbka	Leber
wieprzowina	Schweinefleisch
wołowina	Rindfleisch
zrazy, zraziki	gedünstete Lendenschnitte
zrazy siekane	Hackfleischsteaks
żeberka	Rippchen

Sery, owoce, desery / Käse, Obst, Nachtisch

bryndza	Schafskäse
brzoskwinie	Pfirsiche
czarne jagody	Blaubeeren
czereśnie	Süßkirschen
galaretka owocowa	Obstgelee
gruszka	Birne
jabłko	Apfel
kompot	Kompott
krem	Creme
maliny	Himbeeren
morele	Aprikosen
orzechy	Nüsse
owoce	Obst, Früchte
pomarańcza	Apfelsine

porzeczki	Johannisbeeren
ser (tylżycki)	(Tilsiter) Käse
– szwajcarski	Schweizer
serek kremowy	Frischrahmkäse
serek ziołowy	Kräuterkäse
surówka owocowa	Obstsalat
śliwki	Pflaumen
truskawki	Erdbeeren
twaróg	Quark, Topfen
winogrona	Weintrauben
wiśnie	Sauerkirschen

Notizen

Notatki

Notizen

Notatki

Notizen

Notatki